TIMSS 2015
Mathematische und naturwissenschaftliche
Kompetenzen von Grundschulkindern in Deutschland
im internationalen Vergleich

D1717993

Heike Wendt, Wilfried Bos, Christoph Selter, Olaf Köller,
Knut Schwippert, Daniel Kasper (Hrsg.)

TIMSS 2015

Mathematische und naturwissenschaftliche
Kompetenzen von Grundschulkindern
in Deutschland im internationalen Vergleich

Waxmann 2016
Münster · New York

Bibliografische Informationen der Deutschen Nationalbibliothek
Die Deutsche Nationalbibliothek verzeichnet diese Publikation in
der Deutschen Nationalbibliografie; detaillierte bibliografische
Daten sind im Internet über http://dnb.dnb.de abrufbar.

ISBN 978-3-8309-3566-7

© 2016, Waxmann Verlag GmbH,
Steinfurter Straße 555, 48159 Münster

www.waxmann.com
info@waxmann.com

Umschlaggestaltung: Christian Averbeck, Münster
Titelfoto: © Szasz-Fabian Ilka Erika – Shutterstock

Satz: Stoddart Satz- und Layoutservice, Münster
Druck: Mediaprint, Paderborn

Gedruckt auf alterungsbeständigem Papier,
säurefrei gemäß ISO 9706

Inhalt

Kapitel III

Mathematische Kompetenzen im internationalen Vergleich: Testkonzeption und Ergebnisse

Christoph Selter, Daniel Walter, Gerd Walther und Heike Wendt

Kapitel IV

Naturwissenschaftliche Kompetenzen im internationalen Vergleich: Testkonzeption und Ergebnisse

Mirjam Steffensky, Thilo Kleickmann, Daniel Kasper und Olaf Köller

Kapitel V

Aus- und Fortbildung von Mathematik- und Sachunterrichtslehrkräften .189
Raphaela Porsch und Heike Wendt

Kapitel VI

Einblicke in die Gestaltung des Mathematik- und Sachunterrichts 205
Svenja Rieser, Ruven Stahns, Anke Walzebug und Heike Wendt

Kapitel VII

Bildungsangebote an Ganz- und Halbtagsgrundschulen in Deutschland 225
Heike Wendt, Martin Goy, Anke Walzebug und Renate Valtin

Kapitel VIII

Außerschulischer Nachhilfeunterricht am Ende der Grundschulzeit 247
Karin Guill und Heike Wendt

Vorwort

„Nichts ist so beständig wie der Wandel". Diese Weisheit, die auf Heraklit von Ephesos zurückgehen soll, zeigt sich auch für das Grundschulwesen in Deutschland. Seit der Jahrtausendwende haben eine Vielzahl von strukturellen wie qualitätsbezogenen Reformen sowie auch allgemeine gesellschaftliche Entwicklungsprozesse das Lehren und Lernen in Grundschulen verändert. Diese Entwicklungen kontinuierlich zu beobachten und datengestützt zu beschreiben, ist ein wichtiger Teil der *Gesamtstrategie zum Bildungsmonitoring* der *Ständigen Konferenz der Kultusminister der Länder in der Bundesrepublik Deutschland*.

Der vorliegende Band berichtet von aktuellen Befunden der *Trends in International Mathematics and Science Study* (TIMSS) 2015. Das zentrale Anliegen von TIMSS ist es, alle vier Jahre Bestandsaufnahmen zur Qualität mathematischer und naturwissenschaftlicher Bildung im internationalen Vergleich vorzunehmen und Entwicklungen in den teilnehmenden Bildungssystemen langfristig zu dokumentieren. Die Besonderheit einer Studie wie TIMSS liegt dabei, in Abgrenzung zu den ebenfalls als Teil der Gesamtstrategie durchgeführten *Bundesländervergleichen in der Primarstufe*, in der Bereitstellung eines internationalen Vergleichsmaßstabs, insbesondere mit anderen Mitgliedstaaten der Europäischen Union. Als standardisierte und wissenschaftlich verantwortete Untersuchung stellt TIMSS eine wichtige Datenbasis für die erziehungswissenschaftliche Forschung dar und schafft darüber hinaus Grundlagen, um bildungspolitisch relevante Fragestellungen zu untersuchen und damit Wissen über Faktoren zu schaffen, die die Qualität und Entwicklung von Bildungssystemen beeinflussen.

TIMSS wird von der *International Association for the Evaluation of Educational Achievement* verantwortet und feierte in der jetzigen Konzeption im Jahr 2015 das 20-jährige Bestehen. Deutschland beteiligte sich im Jahr 2015 zum dritten Mal – zuvor in den Jahren 2007 und 2011 – mit der vierten Jahrgangsstufe an der Studie. Dies ermöglicht neben der Berichterstattung aktueller Befunde aus TIMSS 2015 in nationaler und internationaler Perspektive auch den Blick auf Trendverläufe seit 2007. Neben der Frage, welche Kompetenzen Schülerinnen und Schüler am Ende der vierten Jahrgangsstufe in den Domänen Mathematik und Naturwissenschaften in Deutschland und im internationalen Vergleich erreichen, legt der vorliegende Berichtsband den Fokus auf weitere relevante Faktoren schulischen Lehrens und Lernens: Schulische Rahmenbedingungen werden hinsichtlich der Aus- und Fortbildung von Lehrerinnen und Lehrern, der Merkmale des Fachunterrichts und des Lernens im Ganztag beleuchtet. Zusätzlich werden die Nutzung von außerschulischem Nachhilfeunterricht sowie soziale Kompetenzen von Kindern am Ende der Grundschulzeit betrachtet.

Einen weiteren Themenschwerpunkt bilden die Disparitäten im Kompetenzerwerb am Ende der Grundschulzeit: Im Fokus stehen Fragen nach Leistungsunterschieden zwischen Mädchen und Jungen, Kindern unterschiedlicher sozialer Herkunft und Migrationshintergründe sowie die Bedeutung von Schülerleistungen für die Schullaufbahn- und für Übergangsempfehlungen. Ein abschließendes Kapitel gibt zudem einen knappen Überblick zu zentralen Bildungsreformen im Primarbereich seit der Jahrtausendwende und analysiert vertiefend Trends in mathematischen und naturwissenschaftlichen Kompetenzen von Grundschulkindern in Deutschland von 2007 bis 2015.

An TIMSS 2015 beteiligten sich 55 Länder und Regionen. Insgesamt wurden mehr als 300 000 Schülerinnen und Schüler getestet und befragt, sowie rund 250 000 Eltern, 20 000 Lehrerinnen und Lehrer sowie 10 000 Schulleitungen der teilnehmenden Schulen befragt. Für Deutschland liegen Daten für 3 948 Viertklässlerinnen und Viertklässler vor, ebenso wie von 2 470 Eltern, 224 Mathematik- und 226 Sachunterrichtslehrkräften sowie 184 Schulleitungen. Für ihre Bereitschaft, sich an der Studie zu beteiligen, gilt allen diesen Personen ein herzliches Dankeschön. Nur durch ihre Teilnahme und ihre Bereitschaft, entsprechende Informationen zur Verfügung zu stellen, ist es möglich, die hier dargestellten Befunde berichten zu können.

Zum Gelingen der Durchführung von TIMSS 2015 sowie zur Realisierung des vorliegenden Berichtsbandes haben zahlreiche weitere Personen beigetragen, denen an dieser Stelle ebenfalls ein herzlicher Dank ausgesprochen sei. Großer Dank gebührt darüber hinaus den Mitarbeiterinnen und Mitarbeitern in den Ministerien der Länder und des Bundes.

Professor Dr. Wilfried Bos
Wissenschaftlicher Leiter von TIMSS 2015

Kapitel I
TIMSS 2015: Wichtige Ergebnisse im Überblick

Wilfried Bos, Heike Wendt, Olaf Köller, Christoph Selter,
Knut Schwippert und Daniel Kasper

1   Einleitung

Die *Trends in International Mathematics and Science Study* (TIMSS) untersucht alle vier Jahre mathematische und naturwissenschaftliche Kompetenzen von Grundschulkindern am Ende der vierten Jahrgangsstufe im internationalen Vergleich. Die Studie wird von der *International Association for the Evaluation of Educational Achievement* (IEA) verantwortet und feierte im Jahr 2015 in der jetzigen Konzeption das 20-jährige Bestehen. Deutschland beteiligte sich im Jahr 2015 zum dritten Mal – zuvor in den Jahren 2007 und 2011 – mit der vierten Jahrgangsstufe an der Studie. Dies ermöglicht neben der Berichterstattung aktueller Befunde aus TIMSS 2015 in nationaler und internationaler Perspektive auch den Blick auf Entwicklungen im Grundschulwesen seit 2007.

Die Teilnahme an TIMSS erfolgt auf Beschluss der *Ständigen Konferenz der Kultusminister der Länder in der Bundesrepublik Deutschland* (KMK) und in Vereinbarung mit der KMK und dem *Bundesministerium für Bildung und Forschung* (BMBF). Sie ist Teil der Gesamtstrategie der KMK zum Bildungsmonitoring (KMK, 2015). Für die Durchführung der Studie und die Berichterstattung zur Studie in Deutschland war ein wissenschaftliches Konsortium – bestehend aus ausgewiesenen Wissenschaftlerinnen und Wissenschaftlern für die Bereiche Mathematikdidaktik und Naturwissenschaftsdidaktik in der Grundschule, international-vergleichende Schulleistungsforschung und *Large-Scale Assessments* – unter der Leitung von Prof. Dr. Wilfried Bos vom Institut für Schulentwicklungsforschung (IFS) der Technischen Universität Dortmund verantwortlich (siehe Kapitel 2 in diesem Band). Dieses Amt hat er gemeinsam mit seiner wissenschaftlichen Assistentin Dr. Heike Wendt ausgeübt, der auch die Projektleitung und Koordination der Studie in Deutschland oblag.

Das zentrale Anliegen von TIMSS ist es, alle vier Jahre Bestandsaufnahmen zur Qualität mathematischer und naturwissenschaftlicher Bildung in unterschiedlichen Bildungssystemen vorzunehmen und Entwicklungen langfristig zu dokumentieren. Hierzu werden Fachleistungen in den Domänen Mathematik und Naturwissenschaften unter Berücksichtigung curricularer Vorgaben und weiterer zentraler Rahmenbedingungen zu schulischen Lehr- und Lernumgebungen untersucht. Die Besonderheit von TIMSS liegt darin, einen internationalen Vergleichsmaßstab für Schülerleistungen bereitzustellen. Damit unterscheidet sich TIMSS beispielsweise von den ebenfalls als Teil der Gesamtstrategie durchgeführten *Ländervergleichen in der Primarstufe*. Als standardisierte und wissenschaftlich verantwortete Untersuchung stellt TIMSS eine wichtige Datenbasis für die erziehungswissenschaftliche Forschung dar und schafft darüber hinaus Grundlagen, um bildungspolitisch relevante Fragestellungen zu untersuchen und damit Wissen über Faktoren zu schaffen, welche die Qualität und Entwicklung von Bildungssystemen beeinflussen.

Weltweit haben sich 48 Staaten und Regionen als reguläre Teilnehmer mit der vierten Jahrgangsstufe (oder der national äquivalenten Klassenstufe) an TIMSS 2015 beteiligt, darunter 22 Staaten der *Europäischen Union* (EU) und 27 Staaten der *Organisation for Economic Co-operation and Development* (OECD). Für 21 der regulär teilnehmenden Staaten ist die Möglichkeit des Vergleichs von Entwicklungen in den Schülerkompetenzen anhand der Daten aus den Studienzyklen TIMSS 2007, 2011 und 2015 gegeben.

Die in TIMSS abgebildeten mathematischen und naturwissenschaftlichen Kompetenzen werden durch standardisierte Leistungstests erfasst. Aus einem Aufgabenpool von insgesamt 337 Aufgaben hatte jedes beteiligte Grundschulkind im Rahmen von etwa zwei Schulstunden (insgesamt 72 Minuten) je nach Kompetenzdomäne etwa 20 bis 28 Aufgaben zu bearbeiten. Die Aufgaben sind kindgerecht aufbereitet und teilweise illustriert. Etwas mehr als die Hälfte der Aufgaben ist im *Multiple-Choice*-Format gehalten. Schülerinnen und Schüler wählen hier aus zwei bis fünf vorgegebenen Antworten die richtige Lösung aus. Etwas weniger als die Hälfte der Testaufgaben ist durch ein offenes Antwortformat gekennzeichnet, welches den Schülerinnen und Schülern die Möglichkeit gibt, ihre Antworten in einem offenen Textfeld zu formulieren.

Die Auswahl von Testaufgaben wie auch alle anderen Gestaltungsmerkmale der Studie basieren auf einer Rahmenkonzeption, die von Expertinnen und Experten aus verschiedenen Teilnehmerstaaten erarbeitet wurde. Der Testentwicklung liegt ein Kompetenzmodell zugrunde, welches für jede der beiden Domänen Mathematik und Naturwissenschaften getrennt grundlegende Stoffgebiete (Inhaltsbereiche) und fachspezifisch zu aktivierende kognitive Denkprozesse und -tätigkeiten (kognitive Anforderungsbereiche) definiert. Unterschieden werden in dem Kompetenzmodell von TIMSS 2015 für beide Domänen je drei Inhaltsbereiche und drei kognitive Anforderungsbereiche. Für die Mathematik sind dies die Bereiche *Arithmetik*, *Geometrie/Messen* und *Umgang mit Daten*, und für die Naturwissenschaften die Bereiche *Biologie*, *Physik/Chemie* und *Geographie*. Die kognitiven Anforderungsbereiche stellen die zu erbringenden Denkprozesse der Schülerinnen und Schüler dar, die für eine erfolgreiche Aufgabenlösung erforderlich sind. Hier werden fachübergreifend die Anforderungen *Reproduzieren*, *Anwenden* und *Problemlösen* unterschieden. Die Differenzierung nach zwei Dimensionen (Inhaltsbereiche und kognitive Anforderungen) soll es ermöglichen, mathematische und naturwissenschaftliche Kompetenzen umfassend und zugleich so spezifisch abzubilden, dass sich ausreichende Schnittmengen mit den Curricula aller beteiligten Bildungssysteme ergeben und sich unterschiedliche Schülerleistungen als Teilkompetenzen differenziert beschreiben lassen. Etwa 80 bis 90 Prozent der mathematischen und naturwissenschaftlichen Aufgaben können für Deutschland als curricular valide eingestuft werden; das heißt, dass die untersuchten Kompetenzen entsprechend der curricularen Vorgaben bis zum Ende der Grundschulzeit vermittelt werden sollen.

In TIMSS werden die von den Schülerinnen und Schülern gezeigten Leistungen als Ergebnis eines Lernprozesses betrachtet, der nicht nur durch Unterricht und andere innerschulische Merkmale, sondern auch durch außerschulische Merkmale und Bedingungen beeinflusst wird. Konzeptionell greift die IEA zur Systematisierung dieser unterschiedlichen Faktoren auf das sogenannte Kontext-Input-Prozess-Outcome-Modell zurück (Purves, 1987). In diesem Modell werden Kontextmerkmale eines Bildungssystems von Aktivitäten und Maßnahmen und deren Qualität sowie den damit erzielten Ergebnissen unterschieden. Um auch Input- und Prozessfaktoren, also zentrale gesellschaftliche und institutionelle Rahmenbedingungen, sowie die Bereitstellung, Nutzung und Qualität schulischer Lernbedingungen für die Betrachtung mathematischer und naturwissenschaftlicher Kompetenzen nutzen zu können, werden Schülerinnen und Schüler, ihre Eltern, die Lehrkräfte, die Mathematik und Sachunterricht in der vierten Klasse erteilt haben, sowie die Schulleitungen der beteiligten Grundschulen zur Teilnahme an TIMSS mittels standardisierter Fragebögen gebeten. Die für den internationalen Vergleich vorgesehenen Fragen wurden um weitere für Deutschland relevante Fragestellungen ergänzt. Die auf Basis dieser Daten vorgenommenen Analysen zu Disparitäten der Schülerleistung, insbesondere in Bezug auf Aspekte wie soziale Herkunft, Migration oder das Geschlecht, gehören mittlerweile zum Standard eines umfassenden Bildungsmonitorings.

Insgesamt bleibt festzuhalten, dass die Anforderungen an die Grundschule – auch durch Migration und Inklusion – beständig zunehmen. Viele Lehrpersonen arbeiten engagiert und nicht selten am Rande der Belastbarkeit. Der hier fokussierte Fachunterricht stellt damit ein zentrales, nicht aber das einzige Aufgabenfeld der Lehrpersonen an Grundschulen dar.

2   Zentrale Ergebnisse

Der vorliegende Band berichtet von aktuellen Befunden aus TIMSS 2015. Der Band ergänzt die Berichterstattung der internationalen Studienleitung (Martin, Mullis, Foy & Hooper, 2016; Mullis, Martin, Foy & Hooper, 2016; Mullis, Martin, Goh & Cotter, 2016), greift insbesondere für Deutschland relevante Befunde auf und diskutiert diese themenspezifisch. Durch vertiefende Analysen vor dem Hintergrund des aktuellen Forschungsstandes wird eine differenzierte und anschlussfähige Bestandsaufnahme der Qualität mathematischer und naturwissenschaftlicher Bildung in der Grundschule dargestellt. Die zentralen Befunde der einzelnen Kapitel in diesem Band werden im Folgenden zusammengefasst.

2.1   Mathematische Kompetenzen im internationalen Vergleich

Im Fokus des Kapitels von *Selter, Walter, Walther und Wendt* stehen die mathematischen Kompetenzen von Viertklässlerinnen und Viertklässlern in Deutschland im internationalen Vergleich. Um die Ergebnisse von TIMSS 2015 einordnen zu können, wird in dem Kapitel zunächst ein Überblick zum aktuellen Forschungsstand sowie zu den curricularen Grundlagen der mathematischen Grundbildung in Deutschland gegeben. Vor diesem Hintergrund wird anschließend die Testkonzeption von TIMSS beschrieben. Basierend auf diesen Erläuterungen werden die Leistungsergebnisse in Mathematik international vergleichend und im Trend zu den Ergebnissen von TIMSS 2007 und 2011 berichtet. Eine differenzierte Bestandsaufnahme erlauben die Analysen zu den Leistungen in den Inhalts- und Anforderungsbereichen. Zur detaillierteren Beschreibung der Mathematikleistung am Ende der Grundschulzeit werden die Schülerleistungen auf Kompetenzstufen abgebildet und mit den Einstellungen zur Mathematik und mit ihrem Selbstkonzept mathematischer Fähigkeiten in Verbindung gebracht. Die zentralen Ergebnisse dieser Analysen lassen sich wie folgt zusammenfassen:

- Im *internationalen Vergleich* erzielen Viertklässlerinnen und Viertklässler in Deutschland in Mathematik einen Leistungsmittelwert von 522 Punkten. Anders als bei den Studienzyklen 2007 und 2011 befindet sich Deutschland damit nicht mehr im oberen Drittel der internationalen Rangreihe, sondern nur noch im Mittelfeld der teilnehmenden Staaten. Zu den asiatischen Teilnehmerstaaten am oberen Ende der Rangreihe besteht ein sehr großer Abstand. Aber auch im Vergleich zu einigen westeuropäischen Teilnehmern wie Nordirland (570), Irland (547), England (546), der Flämischen Gemeinschaft in Belgien (546) oder Portugal (541) fallen die Schülerleistungen in Deutschland deutlich geringer aus.

- Fast ein Viertel der Schülerinnen und Schüler in Deutschland (23 %) erzielt in Mathematik *Leistungen, die unterhalb der Kompetenzstufe III* liegen. Diese Kinder verfügen allenfalls über einfache mathematische Fertigkeiten und Fähigkeiten. Es ist davon auszugehen, dass sie in der Sekundarstufe I erhebliche Schwierigkeiten haben werden, die Anforderungen im Fach Mathematik zu erfüllen. In den asiatischen Teilnehmerstaaten, aber auch in einigen europäischen Nachbarstaaten wie der Flämischen Gemeinschaft in Belgien (12 %) oder den Niederlanden (17 %), fallen die Anteile an leistungsschwachen Schülerinnen und Schülern geringer aus als in Deutschland.

- Besonderer Aufmerksamkeit bedürfen auch jene 4 Prozent der Schülerinnen und Schüler, deren Leistungsniveau *der untersten Kompetenzstufe I* zuzuordnen ist. Diese Schülerinnen und Schüler verfügen nur über rudimentäres mathematisches Wissen. Alle Teilnehmerstaaten mit Ausnahme der USA (5 %) und Ungarn (8 %), die in TIMSS 2015 auf der Gesamtskala Mathematik besser als Deutschland abgeschnitten haben, weisen in diesem Bereich anteilig weniger Schülerinnen und Schüler auf.

- Nur 5 Prozent aller Grundschulkinder in Deutschland zeigen in TIMSS 2015 in Mathematik ein Leistungsniveau, das der *Kompetenzstufe V* zuzuordnen ist. Diese Schülerinnen und Schüler verfügen über mathematische Fertigkeiten und Fähigkeiten, um verhältnismäßig komplexe Probleme zu lösen und ihr Vorgehen zu erläutern. Im internationalen Vergleich ist der Anteil an leistungsstarken Schülerinnen und Schülern sehr gering. In den asiatischen Teilnehmerstaaten verfügen 30 bis 50 Prozent aller Kinder über ein entsprechendes Leistungsniveau, aber auch in europäischen Nachbarländern, wie beispielsweise in Dänemark (12 %), der Flämischen Gemeinschaft in Belgien (10 %), Polen (10 %) oder der Tschechischen Republik (8 %), fallen die Anteile an leistungsstarken Schülerinnen und Schülern höher aus als in Deutschland.

- *Im Vergleich zu den Ergebnissen in 2007 und 2011* liegen die Schülerleistungen in TIMSS 2015 auf dem Niveau von TIMSS 2007 und fallen signifikant schlechter aus als in TIMSS 2011. Über die Hälfte der Teilnehmerstaaten hat es indes geschafft, die mittleren Schülerleistungen in Mathematik von TIMSS 2011 zu 2015 zu verbessern. In international vergleichender Betrachtung ist Deutschland damit eines von neun Ländern, für das in der Gesamtschau der drei TIMSS-Studienzyklen keine positiven Veränderungen der Testleistungen vorliegen. Während sich für Deutschland im Vergleich zu TIMSS 2007 keine signifikanten Veränderungen hinsichtlich der Anteile von Kindern auf den unteren oder der oberen Kompetenzstufen ergeben, lassen sich für zehn Teilnehmerländer signifikante Steigerungen der Anteile der Schülerinnen und Schüler auf der Kompetenzstufe V und in zwölf Ländern signifikante Reduzierungen der Anteile der Lernenden auf den Kompetenzstufen I und II beobachten.

- *Mathematische Kompetenzbereiche*: In einer differenzierten Betrachtung nach mathematischen Inhalts- und Anforderungsbereichen lassen sich für die Schülerinnen und Schüler in Deutschland relative Leistungsstärken in den Bereichen *Geometrie/Messen* und *Umgang mit Daten* sowie *Reproduzieren* und *Problemlösen* beobachten. Relative Schwächen haben die Grundschulkinder damit beim Lösen von Aufgaben aus dem Bereich *Arithmetik* oder solchen, die eine Anwendung von Wissen, Fertigkeiten und Grundvorstellungen beim Bearbeiten von Standardaufgaben (*Anwenden*) erfordern. In diesen beiden Bereichen zeigen Grundschulkinder in TIMSS 2015 signifikant schlechtere Leistungen als in 2007. Im Bereich *Reproduzieren* hingegen sind signifikant bessere Leistungen zu beobachten.
- Auch in Bezug auf die *mathematikbezogene Einstellung und das Selbstkonzept* zeichnen sich negative Entwicklungen ab. So lassen sich im Vergleich zu TIMSS 2007 gestiegene Anteile von Kindern beobachten, die nur eine *niedrige positive Einstellung* zur Mathematik und ein *niedriges mathematisches Selbstkonzept* zum Ausdruck bringen. Insgesamt allerdings bleibt weiterhin festzuhalten, dass jeweils zwei Drittel aller Grundschulkinder in Deutschland eine sehr positive Einstellung zum Fach Mathematik äußern und über ein sehr positives Selbstkonzept verfügen.

Die Ergebnisse untermauern die Forderung nach verstärkten Bemühungen, die Maßnahmen zur Weiterentwicklung des Mathematikunterrichts in der Primarstufe zu intensivieren und dabei die Lehrpersonen insbesondere durch ein wirksames System unterrichtsrelevanter Fortbildung beständig zu unterstützen. Die zunehmende Umsetzung der Bildungsstandards in den Lehrplänen der Länder der Bundesrepublik Deutschland oder der Einsatz von Verfahren zur Qualitätsmessung auf der Ebene der Schulen scheinen allein jedenfalls bislang kein Garant dafür zu sein, dass sich die Mathematikleistungen der Grundschülerinnen und Grundschüler in Deutschland verbessern.

2.2 Naturwissenschaftliche Kompetenzen im internationalen Vergleich

Im Fokus des Kapitels von *Steffensky, Kleickmann, Kasper und Köller* stehen die naturwissenschaftlichen Kompetenzen von Viertklässlerinnen und Viertklässlern in Deutschland im internationalen Vergleich. Das Kapitel ist vergleichbar zu Kapitel 2 aufgebaut. Die zentralen Ergebnisse lassen sich wie folgt zusammenfassen:

- Das Niveau naturwissenschaftlicher Kompetenz von Schülerinnen und Schülern am Ende der vierten Jahrgangsstufe liegt bei 528 Punkten auf der TIMSS-Skala. Im *internationalen Vergleich* liegt Deutschland damit in der oberen Hälfte der Teilnehmerstaaten. Die naturwissenschaftliche Kompetenz der Schülerinnen und Schüler liegt in Deutschland deutlich über dem internationalen Mittelwert von 500 Punkten, während der Abstand zum EU-Durchschnitt (525 Punkte) und zum Durchschnitt der OECD-Staaten (527 Punkte) unbedeutend ist. Im Vergleich zu den Staaten mit dem höchsten naturwissenschaftlichen Kompetenzniveau schneidet Deutschland allerdings deutlich schlechter ab.

- Am Ende der vierten Jahrgangsstufe erreichen 22 Prozent der Schülerinnen und Schüler lediglich Leistungen auf den beiden unteren *Kompetenzstufen I und II* in den Naturwissenschaften. Diese Schülerinnen und Schüler können zwar elementares Faktenwissen abrufen, allerdings fehlt es ihnen an einem grundlegenden naturwissenschaftlichen Verständnis. Die Voraussetzungen dieser Schülerinnen und Schüler sind damit für den weiteren Wissenserwerb ungünstig. Besonders kritisch sind die 4 Prozent der Schülerinnen und Schüler einzuschätzen, die am Ende ihrer Grundschulzeit nicht dazu in der Lage sind, einfache Aufgaben zu elementarem naturwissenschaftlichem Faktenwissen sicher zu lösen (Kompetenzstufe I).

- Lediglich 8 Prozent aller Grundschulkinder in Deutschland zeigen in TIMSS 2015 in den Naturwissenschaften ein Leistungsniveau, das der *Kompetenzstufe V* zuzuordnen ist. Diese Schülerinnen und Schüler können bereits am Ende der Grundschulzeit naturwissenschaftliche Zusammenhänge verstehen und begründen. Sie weisen elementare Fähigkeiten im Bereich der naturwissenschaftlichen Denk- und Arbeitsweisen auf, zum Beispiel können sie einfache naturwissenschaftliche Experimente interpretieren.

- Sowohl bei *TIMSS 2007* als auch bei *TIMSS 2011* und *TIMSS 2015* erzielte Deutschland denselben Mittelwert in der naturwissenschaftlichen Kompetenz. In diesem Zeitraum von acht Jahren lassen sich keine Unterschiede im Niveau der naturwissenschaftlichen Kompetenz feststellen. Länder, in denen sich ebenfalls nur relativ geringe Unterschiede zwischen den drei Studienzyklen finden, sind beispielsweise Australien, die USA, Ungarn oder, wenngleich auf einem anderen Niveau, Singapur. Einen starken positiven Trend sieht man beispielsweise in der Russischen Föderation, Georgien oder Slowenien. Auch in Bezug auf die Verteilungen auf die fünf Kompetenzstufen lässt sich in Deutschland kein eindeutiger Trend über die drei Studienzyklen hinweg erkennen.

- *Naturwissenschaftliche Kompetenzbereiche*: Hinsichtlich der Inhaltsbereiche (*Biologie, Physik/Chemie* und *Geographie*) zeigt sich in Deutschland eine, wenn auch kleine, relative Stärke im Bereich *Physik/Chemie* und eine relative Schwäche im Bereich *Geographie*. In den drei kognitiven Anforderungsbereichen (*Reproduzieren, Anwenden* und *Problemlösen*) zeigen sich hingegen keine relativen Stärken oder Schwächen. Vergleichbare Ergebnisse hinsichtlich der Kompetenzbereiche fanden sich auch in den beiden vorherigen Studienzyklen TIMSS 2007 und TIMSS 2011.

- Schülerinnen und Schüler verfügen am Ende der Grundschulzeit insgesamt über eine sehr positive Einstellung zum Sachunterricht. Vermutlich sind also viele Schülerinnen und Schüler in Deutschland auch zu Beginn des naturwissenschaftlichen Unterrichts der weiterführenden Schulen bereit, sich mit naturwissenschaftlichen Fragestellungen auseinanderzusetzen. Vergleicht man die Werte für die Einstellung und das sachunterrichtsbezogene Selbstkonzept von TIMSS 2015 mit denen der vorherigen Studienzyklen, so zeigt sich bei der Einstellung ein signifikant niedrigerer Wert als bei TIMSS 2011 und TIMSS 2007. Die Änderungen in der Einstellung und dem Selbstkonzept sind aber insgesamt als sehr gering einzuschätzen.

Zusammenfassend zeigt sich, dass das Kompetenzniveau in den Naturwissenschaften über die acht Jahre hinweg stabil und vergleichbar mit vielen anderen EU- und OECD-Staaten ist. Neben der Steigerung des Niveaus der Kompetenzen besteht eine zentrale Herausforderung darin, den Anteil schwächerer Schülerinnen und Schüler auf den unteren Kompetenzstufen zu verringern und den Anteil der Schülerinnen und Schüler auf den beiden höchsten Kompetenzstufen zu vergrößern. Die Weiterentwicklung der frühen naturwissenschaftlichen Bildung ist insbesondere wichtig, wenn man die Bedeutung des Vorwissens für den weiteren Bildungserfolg berücksichtigt.

2.3 Merkmale von Lehr- und Lernbedingungen im Primarbereich

2.3.1 Aus- und Fortbildung von Mathematik- und Sachunterrichtslehrkräften

Eine Ausbildung mathematischer und naturwissenschaftlicher Kompetenzen stellt einen wesentlichen Beitrag zur Bildung von Schülerinnen und Schülern dar. Ein Unterricht durch pädagogisch und fachlich qualifizierte Lehrkräfte ist daher bereits in der Grundschule von hoher Bedeutung. *Porsch* und *Wendt* untersuchen, wie sich die Aus- und Fortbildung von Mathematik- und Sachunterrichtslehrkräften im internationalen Vergleich darstellt. Es zeigt sich, dass der Großteil aller Schülerinnen und Schüler in Deutschland in Mathematik und Sachunterricht von erfahrenen, für den Primarbereich ausgebildeten Lehrkräften unterrichtet wird, die das Fach als Haupt- oder Nebenfach im Studium belegt haben. Im internationalen Vergleich sind die Lehrkräfte in Deutschland damit gut ausgebildet und verfügen darüber hinaus über eine vergleichsweise lange Berufserfahrung. Dennoch ist festzustellen, dass in Deutschland etwa 20 Prozent aller Grundschulkinder Mathematikunterricht und etwa 40 Prozent Sachunterricht von Lehrpersonen erhalten, die fachfremd unterrichten, also andere Fächer als Mathematik, Sachunterricht oder ein naturwissenschaftliches Fach im Studium belegt haben. In Bezug auf das Fortbildungsverhalten von Lehrkräften lässt sich feststellen, dass Grundschullehrerinnen und -lehrer durchaus regelmäßig fachspezifische Fortbildungsveranstaltungen wahrnehmen. Im internationalen Vergleich liegt die Teilnahmeintensität auf dem Niveau des europäischen Durchschnitts. Beachtet man, dass für etwa 60 Prozent aller Grundschullehrkräfte das Studium mehr als zwanzig Jahre zurückliegt, stellt sich jedoch die Frage, wie bei einer vergleichsweise geringen Fortbildungsteilnahme Innovationen des Lehrens und Lernens den Unterricht erreichen können. Im Zusammenhang mit Fortbildungen als Lerngelegenheit ist der Befund herauszustellen, dass Grundschullehrkräfte in Deutschland im internationalen Vergleich deutlich seltener Veranstaltungen besuchen, die den Einsatz digitaler Medien im Unterricht fokussieren. Dieser Befund mahnt angesichts der wachsenden Bedeutung von digitalen Medien in allen Gesellschaftsbereichen Handlungsbedarf an.

2.3.2   Gestaltungsmerkmale des Mathematik- und Sachunterrichts

Für die Entwicklung mathematischer und naturwissenschaftlicher Kompetenzen von Grundschulkindern sind der Unterricht und das unterrichtliche Handeln der Lehrkräfte von zentraler Bedeutung. *Rieser, Stahns, Walzebug und Wendt* untersuchen in ihrem Beitrag, wie Lehrkräfte, aber vor allem Schülerinnen und Schüler ihren Mathematik- und Sachunterricht gestalten beziehungsweise wahrnehmen. Sie können zeigen, dass im Mathematikunterricht in Deutschland Einzel- und Gruppenarbeiten ebenso häufig eingesetzt werden wie lehrerzentrierte Arbeitsformen. Für den Sachunterricht finden sich im Vergleich zu TIMSS 2011 Hinweise auf einen zunehmenden Einsatz naturwissenschaftlicher Arbeitsweisen. Die Mehrheit der Schülerinnen und Schüler in Deutschland berichtet insgesamt von einem guten unterstützenden Klima in beiden Fächern. Die Klassenführung wird hingegen von der Mehrheit als wenig effizient eingeschätzt, was vor allem auf diejenigen Aspekte zurückzuführen ist, die die Schülerinnen und Schüler selbst unmittelbar beeinflussen können. Auffällig ist, dass der Anteil der Schülerinnen und Schüler, der den Mathematik- beziehungsweise Sachunterricht als nur wenig kognitiv aktivierend beschreibt, unter den leistungsstarken Kindern besonders hoch ist. Dies könnte ein Hinweis darauf sein, dass leistungsstarke Schülerinnen und Schüler im Mathematik- und Sachunterricht noch nicht optimal gefördert werden.

2.3.3   Bildungsangebote an Ganz- und Halbtagsgrundschulen in Deutschland

In der Bildungslandschaft in Deutschland sind Ganztagsschulen mittlerweile fest verankert. Der flächendeckende Auf- und Ausbau der Ganztagsschulen gilt als eine der größten bildungspolitischen Reformen im Primarschulbereich. Der Anteil von Kindern, die eine Ganztagsschule besuchen, ist in den letzten acht Jahren um 20 Prozentpunkte gestiegen. In Kapitel 7 vergleichen *Wendt, Goy, Walzebug und Valtin* ganztägige Bildungsangebote an Grundschulen in Deutschland mit Halbtagsschulen. Die Autorinnen und Autoren zeigen, dass die gestiegene Nachfrage nach erweiterten Betreuungs- und Bildungsangeboten das Grundschulwesen in Deutschland in den letzten zehn Jahren deutlich verändert hat. Nicht nur Ganztagsgrundschulen, sondern auch Halbtagsgrundschulen haben mittlerweile ein beachtliches Bildungsangebot geschaffen, das weit über den Unterricht hinausgeht. An den meisten Ganztagsgrundschulen ist der Ganztag ein offenes Angebot. Etwa die Hälfte der Schülerinnen und Schüler an Ganztagsschulen nimmt dieses offene Angebot mindestens dreimal die Woche wahr. Auch an Halbtagsgrundschulen nimmt mittlerweile etwa die Hälfte der Grundschulkinder mindestens einmal die Woche regelmäßig an Angeboten am Nachmittag teil und sogar etwa jedes dritte Kind an drei bis fünf Tagen in der Woche. Betrachtet man den Ausbaustand von Ganztagsschulen nicht nur hinsichtlich struktureller Merkmale, sondern auch danach, inwieweit Ganztagsgrundschulen ein Konzept der Rhythmisierung umsetzen, in dem Unterrichtsstunden und außerunterrichtliche Angebote sich über den Tag abwechseln, so zeigt sich, dass dieser anzunehmenderweise ,ideale' Ganztagsschultyp mit etwa 8 Prozent aller Grundschulen wenig verbreitet ist. Damit besucht nur etwa jedes zehnte Grundschulkind in Deutschland eine rhythmisierte Ganztagsschule. In Bezug auf Bildungsgerechtigkeit können die Autorinnen und Autoren mit

Blick auf die Bildungsteilhabe von Kindern aus sozioökonomisch schwachen Verhältnissen oder mit Migrationshintergrund feststellen, dass Ganztagsschulen durchaus Bildungsteilhabe befördern, jedoch entsprechenden Kindern nicht vermehrt Angebote unterbreiten. Nicht bestätigt werden konnte in TIMSS 2015, dass rhythmisierte Ganztagsschulen sozial bedingte Selektionseffekte stärker ausgleichen als andere Schultypen.

2.3.4 Außerschulischer Nachhilfeunterricht am Ende der Grundschulzeit

Mathematische und naturwissenschaftliche Kompetenzen werden nicht nur in der Schule entwickelt, sondern auch außerhalb des regulären Unterrichts. Privater Nachhilfeunterricht erfährt dabei seit längerer Zeit eine erhebliche Aufmerksamkeit und steht im Fokus des Beitrags von *Guill und Wendt*. In Deutschland erhält etwa jedes achte Kind am Ende der Grundschulzeit außerschulischen Nachhilfeunterricht in Mathematik. Im internationalen Vergleich ist Nachhilfeunterricht in Mathematik am Ende der Grundschulzeit in Deutschland damit wenig verbreitet. Sachunterricht spielt als Nachhilfefach nahezu keine Rolle. Nachhilfeunterricht wird in erster Linie von Schülerinnen und Schülern mit schlechteren Noten (Note 4 und schlechter) genutzt, zum Teil aber auch von Schülerinnen und Schülern mit befriedigenden und guten Noten. Kinder aus Familien mit Armutsrisiko haben dieselben Chancen, Nachhilfeunterricht zu erhalten, wie Kinder aus nicht armutsgefährdeten Familien. Offen bleibt dabei allerdings, ob alle Schülerinnen und Schüler gleich viel und vergleichbar guten Nachhilfeunterricht erhalten. Schulische Ganztagsangebote werden als Alternative zum von Eltern organisierten und oft finanzierten außerschulischen Nachhilfeunterricht diskutiert. In TIMSS 2015 konnte jedoch gezeigt werden, dass Kinder, die schulische Ganztagsangebote nutzen, nicht weniger Nachhilfeunterricht erhalten als Kinder, die an keinem schulischen Ganztagsangebot teilnehmen. Ganztagsangebote werden anscheinend bislang nicht als Alternative zu außerschulischem Nachhilfeunterricht wahrgenommen. Schülerinnen und Schüler mit vergleichsweise schwachen Mathematikleistungen (unterhalb von Kompetenzstufe III) erhalten in erster Linie durch ihre Eltern zusätzliche Unterstützung. Nur ein Fünftel dieser Kinder erhält ein spezifisches schulisches Förderangebot, knapp ein Drittel außerschulischen Nachhilfeunterricht. Fast ein Zehntel dieser Kinder erhält gar kein gezieltes Unterstützungsangebot. Angesichts des besonderen Unterstützungsbedarfes dieser Schülergruppe erscheint ein Ausbau der schulischen Unterstützungsangebote wünschenswert.

2.3.5 Geschlechtsspezifische Unterschiede in mathematischen und naturwissenschaftlichen Kompetenzen

Geschlechterunterschiede in mathematischen und naturwissenschaftlichen Kompetenzen gelten auch am Ende der Grundschulzeit als ein gesicherter Befund. *Wendt, Steinmayr und Kasper* untersuchen die im Rahmen von TIMSS 2015 beobachteten Unterschiede in mathematischen und naturwissenschaftlichen Leistungen zwischen Jungen und Mädchen. Der Beitrag stellt zunächst aktuelle Forschungsbefunde zu Geschlechtseffekten in mathematischen und naturwissenschaftlichen Kompetenzen dar und erläutert die wichtigsten theoretischen Erklärungsansätze zur Beschreibung von Geschlechtseffekten. Im Sinne eines aktuellen Kompetenzverständnisses werden auch das jeweilige fachbezogene Selbstkonzept und die Einstellung von Mädchen und Jungen in Mathematik und Naturwissenschaften sowie Unterschiede in den Noten beschrieben. Abschließend werden Trendanalysen dargestellt, die eine Entwicklung der geschlechtsspezifischen Disparitäten zwischen TIMSS 2007 und 2015 vertiefend betrachten. Es lassen sich folgende zentrale Ergebnisse festhalten:

- Auf der Basis von TIMSS 2015 lassen sich für Viertklässlerinnen und Viertklässler in Deutschland für die Gesamtskala Naturwissenschaften keine signifikanten leistungsbezogenen Disparitäten feststellen. Für die Gesamtskala Mathematik lassen sich zwar signifikante Unterschiede zwischen Mädchen und Jungen feststellen, mit 5 Punkten fällt diese Differenz aber im internationalen Vergleich sehr gering aus. Innerhalb der einzelnen Kompetenzbereiche lassen sich sowohl in Mathematik als auch in den Naturwissenschaften kleine Leistungsvorsprünge der Jungen beobachten.

- Die in TIMSS 2007 zu beobachtenden geschlechtsspezifischen Leistungsdisparitäten (12 Punkte Vorsprung in Mathematik und 5 Punkte Vorsprung in Naturwissenschaften für die Jungen) sind in Deutschland im Trend signifikant zurückgegangen. In Bezug auf diese Entwicklung erweist sich Deutschland im internationalen Vergleich als einzigartig. Bei geschlechtsspezifischer Betrachtung der Leistungsentwicklung von TIMSS 2007 zu TIMSS 2015 zeigt sich, dass Mädchen in Mathematik ihre mittleren Leistungswerte gehalten haben und in den Naturwissenschaften tendenziell etwas besser geworden sind. Jungen erzielen in TIMSS 2015 hingegen in beiden Domänen in der Tendenz schlechtere Leistungen als in TIMSS 2007. Erste vertiefende Betrachtungen geben einen Hinweis darauf, dass sich die beobachtbare Reduktion der Leistungsdisparität in Mathematik zwischen TIMSS 2007 und 2015 teilweise auf eine veränderte Zusammensetzung der Schülerschaft zurückführen lässt. Für die Naturwissenschaften kommen hingegen weitere Erklärungen in Betracht (z.B. eine bessere naturwissenschaftliche Förderung von Mädchen).

Die beobachteten Unterschiede zwischen den Geschlechtern erweisen sich im Vergleich zu herkunfts- und migrationsbedingten Disparitäten als gering. Dennoch erscheint ein kontinuierliches Monitoring dieser Leistungsdisparitäten im Grundschulwesen weiterhin notwendig, um sicherzustellen, dass reduzierte Ungleichheiten nicht schleichend wieder größer werden oder sich im Zuge gut gemeinter Förderung einer bestimmten Schülergruppe auf Kosten der anderen neu entwickeln.

2.3.6 Soziale Disparitäten der Schülerleistungen in Mathematik und Naturwissenschaften

Ein besonders stabiler Befund der empirischen Bildungsforschung ist die für eine Vielzahl von Staaten nachgewiesene enge Kopplung zwischen dem sozioökonomischen Status von Familien und dem Bildungserfolg der Kinder. Ungleiche Startbedingungen (primäre Herkunftseffekte) verstärken sich dabei im Zeitverlauf meist noch durch herkunftsbedingte Unterschiede in den familialen und institutionellen Bildungsverlaufsentscheidungen (sekundäre Herkunftseffekte). *Stubbe, Schwippert und Wendt* untersuchen in Kapitel 10 soziale Disparitäten in den mathematischen und naturwissenschaftlichen Schülerleistungen am Ende der Grundschulzeit im internationalen Vergleich und vertiefend für Deutschland. Die

Analysen der Autoren bestätigen insgesamt die aus vorangegangenen Studien bekannten und theoriekonformen Erkenntnisse: In praktisch allen Teilnehmerstaaten finden sich signifikante Unterschiede in den mathematischen und naturwissenschaftlichen Kompetenzen zwischen den Schülerinnen und Schülern der oberen im Vergleich zu denen der unteren sozialen Lage. Das Ausmaß der sozial bedingten Ungleichheit ist in Deutschland seit TIMSS 2007 konstant geblieben: Trotz verbreitetem Bemühen haben sich die sozialen Disparitäten seit TIMSS 2007 nicht signifikant verändert. Auch keinem anderen Trendteilnehmerstaat ist es gelungen, in diesem Zeitraum eine Verringerung der Disparitäten zu erreichen, in einigen dieser Staaten sind die Unterschiede sogar größer geworden. Die vertiefenden Analysen für Deutschland bestätigen die internationalen Befunde dahingehend, dass ausgeprägte soziale Disparitäten im deutschen Bildungssystem vorhanden sind, wobei die Leistungsunterschiede zwischen Kindern, deren Eltern den oberen Dienstklassen angehören, und Kindern, deren Eltern der Gruppe der Arbeiter angehören, in etwa ein bis zwei Lernjahre betragen. Ähnliches gilt, wenn Viertklässlerinnen und Viertklässler aus armutsgefährdeten Elternhäusern mit Mitschülerinnen und Mitschülern verglichen werden, die nicht armutsgefährdet sind. Im Trend zeigen sich auch für diese Variablen keine bedeutsamen Veränderungen gegenüber TIMSS 2007 und TIMSS 2011.

2.3.7 Mathematische und naturwissenschaftliche Kompetenzen von Schülerinnen und Schülern mit Migrationshintergrund

Seit vielen Jahren zeigen international vergleichende und nationale Schulleistungsuntersuchungen auf, dass Kinder aus Familien mit Migrationshintergrund schlechtere Leistungsergebnisse erzielen als ihre Mitschülerinnen und Mitschüler ohne Migrationshintergrund. *Wendt, Stubbe und Schwippert* untersuchen in Kapitel 11 migrationsbedingte Disparitäten in mathematischen und naturwissenschaftlichen Kompetenzen von Kindern am Ende der Grundschulzeit. Die Autoren stellen fest, dass in TIMSS 2015 – wie bereits in TIMSS 2007 und TIMSS 2011 – deutliche Leistungsunterschiede sowohl in Mathematik als auch in den Naturwissenschaften bestehen. Im internationalen Vergleich zeigt sich hierbei, dass nur wenige Teilnehmerstaaten signifikant größere migrationsbedingte Disparitäten aufweisen als Deutschland, es jedoch eine größere Anzahl an Staaten gibt, in denen die Unterschiede signifikant niedriger ausfallen. Auch in vertiefenden Analysen für Deutschland zeigen sich deutlich ausgeprägte migrationsbezogene Disparitäten im deutschen Bildungssystem. Die Leistungsunterschiede betragen bis zu zwei Lernjahre. Richtet man den Blick auf die Unterschiede zwischen den Erhebungen von TIMSS 2007, 2011 und 2015 in Deutschland, so zeigt sich, dass sich die Zusammensetzung der betrachteten Migrationsgruppen aufgrund internationaler gesellschaftlicher Herausforderungen verändert hat. Hierauf musste das Bildungssystem in Deutschland kontinuierlich reagieren und hat dies getan. Beim nationalen Vergleich der migrationsbedingten Leistungsdisparitäten im Trend zeigt sich, dass diese sowohl in Mathematik als auch in den Naturwissenschaften in TIMSS 2015 signifikant niedriger ausfallen als noch in TIMSS 2007; ein Effekt, der sich nominell bereits in TIMSS 2011 abzeichnete. Dieser scheint in erster Linie darauf zurückzuführen zu sein, dass es seit 2007 besser gelingt, die leistungsschwächsten Schülerinnen und Schüler mit Migrationshintergrund zu fördern. Dieser als positiv zu bewertende Befund darf jedoch nicht isoliert betrachtet werden. Auch nach dem Anstieg der

Leistungen für Schülerinnen und Schüler mit Migrationshintergrund ist fest-zustellen, dass die Leistungsstreuung innerhalb der Gruppen von Schülerinnen und Schülern mit und ohne Migrationshintergrund sowohl in Mathematik als auch in den Naturwissenschaften beträchtlich bleibt. Eine leistungsbezogene Merkmalszuschreibung nur aufgrund des Migrationsstatus einer Schülerin be-ziehungsweise eines Schülers erscheint daher verfehlt. Die sich deutlich über-lappenden Leistungsverteilungen – auch wenn diese sich im Mittel unterschei-den – verweisen in Bezug auf Überlegungen zur individuellen Förderung auf die Notwendigkeit, die Schülerinnen und Schüler auch tatsächlich individuell zu be-trachten und, gemessen am aktuellen Kompetenzstand, dann auch individuell zu fördern.

2.3.8   Soziale Kompetenzen von Kindern in Deutschland am Ende der Grundschulzeit

Schule soll nicht nur fachliche, sondern auch soziale Kompetenzen vermitteln. Unter sozialen Kompetenzen werden im Allgemeinen Sozialfähigkeiten ver-standen, die fremde wie eigene Interessen berücksichtigen. Zwar herrscht be-züglich dieses Bildungsziels in den 16 Ländern der Bundesrepublik Deutsch-land Einigkeit, dennoch ist über Ausprägungen von Sozialkompetenzen von Grundschulkindern in Deutschland noch wenig bekannt. Der Beitrag von *Frey und Wendt* ergänzt die Erkenntnislage für Viertklässlerinnen und Viertklässler in Deutschland im Jahr 2015 hinsichtlich der allgemeinen Ausprägung sozialer Kompetenz sowie im Hinblick auf Sozialkompetenzunterschiede nach Ge-schlecht, sozioökonomischem Hintergrund und Schulleistung. Die Autorinnen zeigen, dass Kinder in Deutschland am Ende ihrer Grundschulzeit weitestgehend zuversichtlich auf ihre eigenen Sozialfähigkeiten blicken. In einigen Dimensionen lassen sich Unterschiede zwischen Mädchen und Jungen und Indikatoren der so-zialen Herkunft nachweisen. Für die Aspekte Impulskontrolle und Durchsetzungs-fähigkeit, also für Facetten der sozialen Kompetenz, die stärker dem eigenen und weniger dem Wohl anderer zuträglich sind, lassen sich zudem Zusammenhänge mit den mathematischen und naturwissenschaftlichen Leistungen der Kinder fest-stellen. Etwa 20 Prozent aller Viertklässlerinnen und Viertklässler in Deutschland schätzen diese beiden Sozialkompetenzaspekte bei sich selbst eher gering ein. Hier könnten gezielte Angebote zur Stärkung kindlicher Impulskontrolle und Durchsetzungsfähigkeit genutzt werden. Lehrerfortbildungen könnten dazu bei-tragen, diagnostische Kompetenzen zu fördern, auf deren Basis Lehrkräfte Eltern bei der Förderung ihrer Kinder in diesem Bereich aktiv unterstützen können.

2.3.9   Übergang von der Primar- in die Sekundarstufe

Der Übergang von der Grundschule auf eine Schulform der Sekundarstufe I hat für den zukünftigen Bildungserfolg von Schülerinnen und Schülern in Deutschland eine zentrale Bedeutung. Diese – gerade auch im Hinblick auf den internationalen Vergleich – frühe Verteilung von Schülerinnen und Schülern auf unterschiedliche Bildungsgänge wird von vielen Bildungsexpertinnen und Bildungsexperten hauptsächlich aus zwei Gründen kritisiert: Zum einen ist eine Vorhersage der zu erwartenden Leistung bei Zehnjährigen nicht fehlerfrei mög-lich. Zum anderen hängen sowohl die Übergangsempfehlungen von Grundschulen als auch die Übergangsentscheidungen von Eltern nicht nur von der Leistung der Schülerinnen und Schüler ab, sondern auch vom sozialen Hintergrund und der Migrationsgeschichte der Familie. Die vergangenen Jahre waren durch zahlreiche Reformen der Sekundarschulstruktur geprägt. *Stubbe, Lorenz, Bos und Kasper* betrachten in ihrem Beitrag, welche Veränderungen sich für den Übergang von der Grundschule in die Sekundarstufe I ergeben haben. Die Ergebnisse lassen vermuten, dass Eltern im Jahr 2015 deutlich häufiger Schulformen mit mehreren Bildungsgängen für ihre Kinder wählen, wenn sie nicht sicher sind, dass sie den Anforderungen des Gymnasiums gewachsen sind. Die Veränderungen der Schulstruktur in den deutschen Ländern scheinen also – gewollt oder ungewollt – zu einer stärkeren Selektivität der Gymnasien beizutragen, und zwar nicht durch gestiegene Zugangshürden, sondern durch die Schaffung von Alternativangeboten. Wie in den vorangegangenen Studienzyklen der *Internationalen Grundschul-Lese-Untersuchung* (IGLU) und von TIMSS finden sich auch in dieser Erhebung ausgeprägte Herkunftseffekte auf die Schullaufbahnpräferenzen der Lehrkräfte und der Eltern. Ob die derzeitigen Reformen der Schulstruktur zu einer Reduzierung der sozialen Disparität beitragen, ist somit fraglich und muss mit Hilfe vertiefender Analysen zu TIMSS 2015 beziehungsweise im Rahmen weiterer Studien untersucht werden.

2.4 Trends in den Schülerleistungen

In der Zusammenschau von Bildungsreformen der letzten 15 Jahre, die auf das Primarschulwesen in Deutschland gerichtet waren, offenbaren sich vielfältige und vielschichtige Veränderungsprozesse, die auf unterschiedlichen Ebenen des Bildungssystems angegangen wurden. Inwiefern diesen Maßnahmen auch Steuerungsfunktionen zuzuschreiben sind und ob diesen Reformen auch tatsächliche Veränderungen des mathematischen beziehungsweise naturwissenschaftlichen Lehrens und Lernens in der Grundschule gefolgt sind, lässt sich nur schwer trennen. Offensichtlich ist hingegen, dass sich in den letzten zehn Jahren die soziodemographische und migrationsbedingte Zusammensetzung der Schülerschaft verändert hat. In Folge struktureller Reformbemühungen, integrative Angebote für Schülerinnen und Schüler mit sonderpädagogischem Förderbedarf zu schaffen, ist darüber hinaus ein Anstieg von Kindern mit sonderpädagogischen Förderbedarfen an Regelschulen festzustellen. So ist die Schülerschaft in 2015 etwas stärker von Vielfalt geprägt, als dies noch 2007 der Fall war. Es ist eine prozentuale Zunahme von Kindern zu verzeichnen, die besondere pädagogische oder sprachliche Unterstützungsbedarfe aufweisen und als Schülergruppe im Durchschnitt schlechtere Leistungen erzielen als ihre Mitschülerinnen und Mitschüler. Aus dieser Perspektive zeigt sich, dass die Grundschule im Jahr 2015 in Bezug auf die Schülerzusammensetzung unter herausfordernderen Bedingungen arbeitet, als dies noch in 2007 der Fall war. Inwieweit sich die Veränderungen der mittleren Schülerleistungen in Deutschland von TIMSS 2007 zu TIMSS 2011 und 2015 auf diese Entwicklung zurückführen lassen, wird in dem Beitrag von *Kasper, Wendt, Bos und Köller* anhand von Trendanalysen vertiefend untersucht. Für Mathematik sowie die Naturwissenschaften ist unter Kontrolle von Veränderungen in den Schülercharakteristika und differentiellen Leistungsentwicklungen ein signifikanter Leistungszuwachs von 12 beziehungsweise 22 Punkten zu beobachten. Inwieweit dieser als Erfolg der zahlreichen Bildungsreformen zu interpretieren, auf eine veränderte Förderpraxis außerhalb der Schule zurückzuführen ist oder im frühkindlichen Bereich begründet liegt, bleibt auf Basis der vorliegenden Analysen im Bereich der Spekulation. Den positiven Trend als Hinweis einer verbesserten Bildungsqualität in Deutschland zu interpretieren scheint, mit gebotener wissenschaftlicher Bedachtsamkeit, nicht abwegig. Hinsichtlich des Aspekts der Bildungsgerechtigkeit zeichnete sich in den vorgenommenen Analysen ein Trend hin zur Reduktion migrationsbezogener Leistungsdisparitäten in den Naturwissenschaften ab. Im Vergleich zu TIMSS 2007 gelingt es im Jahr 2015 anscheinend besser, insbesondere leistungsschwache Schülerinnen und Schüler mit Migrationshintergrund zu fördern.

3   Bildungspolitische und didaktische Folgerungen

Auf Grundlage der Ergebnisse von TIMSS 2007, 2011 und 2015 ergeben sich stabile Befunde, nach denen über die folgenden Maßnahmen und Forderungen nachgedacht werden könnte.

Gezielte Unterstützung für leistungsschwache Schülerinnen und Schüler
Etwa jedes vierte Grundschulkind in Deutschland erzielt in Mathematik oder den Naturwissenschaften Leistungen auf dem Niveau der Kompetenzstufen I und II. Diese Kinder sind dazu in der Lage, in Mathematik und den Naturwissenschaften basales Faktenwissen abzurufen. Ihnen fehlt es aber an einem grundlegenden Verständnis. Sie werden daher vermutlich in der Sekundarstufe I erhebliche Schwierigkeiten haben, auf diese Kompetenzen aufzubauen, ohne den Anschluss zu verlieren. Die Sekundarstufe wird hierauf ebenfalls reagieren und die Sicherung mathematischer wie naturwissenschaftlicher Basiskompetenzen auch zu ihrem Thema machen müssen. Dieser Befund verweist auf einen dringlichen Unterstützungsbedarf dieser Schülerinnen und Schüler. Es zeigt sich, dass nur etwa 19 Prozent der Kinder, die Bedarf an gezielter Förderung in Mathematik hätten, an ihrer Schule eine solche auch erhalten. Vier von fünf Kindern sind damit derzeit auf die regelmäßige Hilfe ihrer Eltern oder die Inanspruchnahme von privatem Nachhilfeunterricht angewiesen, wobei für etwa 3 Prozent aller Kinder in Deutschland gilt, dass sie weder von der Schule noch von ihren Eltern oder durch Nachhilfe Unterstützung erhalten, um ihre Leistungen zu verbessern.

Für alle Schülerinnen und Schüler, die besonders schwache Leistungen zeigen, sollte es verlässliche Unterstützungssysteme geben. Insofern sollte sowohl über Maßnahmen zur Stärkung von Kompetenzen in Diagnose und Förderung der Lehrkräfte als auch über das Angebot von Fördermaßnahmen für alle Schülerinnen und Schüler nachgedacht werden.

Ebenso könnte angedacht werden, die Schulen mit zusätzlichen Ressourcen auszustatten. Zusätzliches pädagogisches, fachdidaktisch geschultes Personal, das an Schulen zur Verfügung steht, kann dazu beitragen, die individuelle Förderung von Schülerinnen und Schülern zu optimieren und die Belastung für Lehrkräfte zu kompensieren, was auch in Hinblick auf Inklusion von Bedeutung ist. Kommunen könnten in lokalen Netzwerken Gelegenheiten für gezielte Elternarbeit schaffen sowie Schulen und Lehrkräfte dabei unterstützen, Konzepte für die Zusammenarbeit mit Eltern zu entwickeln, um sicherzustellen, dass kein Kind am Ende der Grundschulzeit mit seinen Lernproblemen alleine gelassen wird, sondern von Eltern und der Schule in partnerschaftlicher Zusammenarbeit Unterstützung erfährt. Auch die Schaffung von pädagogisch gestalteter Lernzeit im Rahmen von Ganztagsangeboten oder nachmittäglicher Lernangebote an

Halbtagsschulen, in denen sich Lehrerinnen und Lehrer um die Lernentwicklung der Schülerinnen und Schüler kümmern, sind mögliche Förderansätze. Um Begabungen und Talente bei allen Lernenden zu entdecken und zu fördern, sollten die Rahmenbedingungen dafür geschaffen werden, dass die Lernkultur an Schulen insgesamt vielfältiger wird.

Verstärkung des kognitiven Anregungspotentials im mathematischen und naturwissenschaftlichen Unterricht und Förderung leistungsstarker Schülerinnen und Schüler

Die Aufgabe von Lehrkräften ist es, unter Berücksichtigung fachspezifischer Unterrichtsziele ein Lernangebot zu schaffen, das möglichst alle Schülerinnen und Schüler optimal und gemäß ihrer individuellen Ausgangslage fördert. Die Befunde von TIMSS 2015, wie bereits die Befunde von TIMSS 2007 und 2011, geben Anlass zu der Vermutung, dass es den Grundschulen in Deutschland noch nicht optimal gelingt, Potentiale und Talente insbesondere auch von leistungsstärkeren Kindern optimal zu entfalten sowie Kinder über alle Kompetenzniveaus hinweg zu fördern und gemäß ihrer eigenen Voraussetzungen zu fordern.

Nur etwa 5 Prozent beziehungsweise 8 Prozent aller Viertklässlerinnen und Viertklässler in Deutschland zeigen in TIMSS 2015 in Mathematik beziehungsweise den Naturwissenschaften Leistungen auf dem Niveau der Kompetenzstufe V. Diese Schülerinnen und Schüler können bereits am Ende der Grundschulzeit verhältnismäßig komplexe mathematische Probleme lösen und ihr Vorgehen erläutern. Sie können naturwissenschaftliche Zusammenhänge verstehen und begründen und sie sind in der Lage, zum Beispiel einfache naturwissenschaftliche Experimente zu interpretieren und daraus Schlussfolgerungen zu ziehen. Während diese Kinder in Deutschland zu den Ausnahmetalenten zählen, zeigt sich im internationalen Vergleich, dass insbesondere in den asiatischen Teilnehmerländern, aber auch in einigen europäischen Nachbarstaaten, deutlich mehr Kinder am Ende der Grundschulzeit über ein entsprechendes Kompetenzniveau verfügen. Zudem zeigt sich, dass der Anteil der Viertklässlerinnen und Viertklässler in Deutschland, der den Mathematik- beziehungsweise Sachunterricht als weniger kognitiv aktivierend wahrnimmt, unter den leistungsstarken Kindern besonders hoch ist. Auch dies könnte ein Hinweis darauf sein, dass leistungsstarke Schülerinnen und Schüler im Mathematik- und Sachunterricht noch nicht optimal gefördert werden. Eine solche Förderung kann durch differenzierte Lernangebote (z.B. über sogenannte *Enrichment-Programme*) für einzelne Schüler oder gesamte Schülergruppen erreicht werden. Entsprechende Kompetenzen, die benötigt werden, um auch leistungsstärkere Schülerinnen und Schüler im Mathematik- beziehungsweise naturwissenschaftlichen Sachunterricht kognitiv zu aktivieren, sollten verstärkt in der Lehreraus- und -fortbildung vermittelt werden. Es gilt, zukünftig ein höheres Bewusstsein für die Notwendigkeit der Herausforderung auch der leistungsstarken Schülerinnen und Schüler zu schaffen, und die in der Mathematikdidaktik – auch in Unterrichtsentwicklungsprojekten wie *SINUS an Grundschulen* oder *PIKAS* – entwickelten, konkreten Anregungen zur unterrichtsintegrierten und außerschulischen Förderung dieser Lernenden bekannter zu machen.

Verbesserung der Lehreraus- und -fortbildung

An Grundschulen in Deutschland ist eine große Heterogenität in den Lernvoraussetzungen und Leistungen von Schülerinnen und Schülern gegeben. Um den Anforderungen eines anspruchsvollen Mathematik- und naturwissenschaftlichen Sachunterrichts zu genügen, benötigen Lehrkräfte vor allem fachliches, fachdidaktisches und pädagogisches Wissen, um sich auf diese Heterogenität einzustellen. Im internationalen Vergleich verfügen die Mathematik- und Sachunterrichtslehrkräfte in Deutschland über eine sehr große Berufserfahrung und sind fachlich wie didaktisch vergleichsweise gut ausgebildet. Obwohl die gezielte Wahrnehmung von Fortbildungsangeboten zur ständigen Erweiterung der Kompetenzen und zum professionellen Verständnis des Lehrerberufs gehören sollte, zeigt sich dennoch, dass die regelmäßige Teilnahme an Fortbildungen zu Inhalten der Mathematik oder den Naturwissenschaften und zu Aspekten der Didaktik oder fachspezifischer individueller Förderung für etwa die Hälfte der Lehrkräfte keine Selbstverständlichkeit darstellt. Bedenkt man, dass für über die Hälfte aller Lehrkräfte das Fachstudium mehr als 20 Jahre zurückliegt, gibt ebenfalls der Befund zu denken, dass Fortbildungsangebote zu Lehrplänen, zur Stärkung des kritischen Denkens oder zu Themen der Diagnostik noch seltener und Fortbildungsangebote zur Integration von Informationstechnologien fast gar nicht wahrgenommen werden. Hier besteht offenbar dringlicher Handlungsbedarf, geeignete Voraussetzungen dafür zu schaffen, dass Lehrkräfte kontinuierlich Angebote zur professionellen Kompetenzentwicklung nutzen können und auch wollen. Hierbei haben sich einzelne Fortbildungsveranstaltungen, die von einzelnen Lehrkräften besucht werden, als wenig effektiv erwiesen. Dieses Modell sollte daher um Maßnahmen ergänzt werden, die einen Transfer unterstützen und Lehrpersonen helfen, Innovationen im eigenen Unterricht zu erproben, im Team zu diskutieren, um so in anwendungsnahen Kontexten an der kontinuierlichen Professionalisierung weiterzuarbeiten.

Förderung von Schülerinnen und Schülern mit Migrationshintergrund
Kinder mit Migrationshintergrund erzielen in TIMSS 2015 etwas bessere Leistungen als in TIMSS 2007 und 2011. Allerdings verweisen die in diesem Band berichteten, vergleichsweise geringen Leistungen von Kindern mit Migrationshintergrund darauf, dass weiterhin ein erheblicher Bedarf an Förderung von Schülerinnen und Schülern mit Migrationshintergrund besteht. Die Ergebnisse zeigen, dass es auf eine differenzierte Betrachtung der individuellen Förderbedarfe ankommt. Förderprogramme sollten – auch um Stigmatisierungen zu vermeiden – konzeptionell primär an konkreten Förderbedarfen beziehungsweise Leistungsschwächen der einzelnen Schülerinnen und Schüler orientiert sein. Beachtet man, dass etwa 43 Prozent aller Kinder mit Migrationshintergrund in Familien aufwachsen, für die eine Armutsgefährdung besteht, sollten mögliche Teilnahmehemmnisse, die in der besonderen ökonomischen und sozialen Situation von Schülerfamilien begründet sind, ernst genommen werden.

Literatur

KMK – Ständige Konferenz der Kultusminister der Länder in der Bundesrepublik Deutschland. (2015). *Gesamtstrategie der Kultusministerkonferenz zum Bildungsmonitoring. Beschluss der 350. Kultusministerkonferenz vom 11.06.2015.* Zugriff am 17.10.2016 unter https://www.kmk.org/themen/qualitaetssicherung-in-schulen/bildungsmonitoring.html

Martin, M. O., Mullis, I. V. S., Foy, P. & Hooper, M. (2016). *TIMSS 2015 international results in science.* Zugriff am 18.10.2016 unter http://timssandpirls.bc.edu/timss2015/international-results/

Mullis, I. V. S., Martin, M. O., Foy, P. & Hooper, M. (2016). *TIMSS 2015 international results in mathematics*. Zugriff am 18.10.2016 unter http://timssandpirls.bc.edu/timss2015/international-results/

Mullis, I. V. S., Martin, M. O., Goh, S., & Cotter, K. (Hrsg.). (2016). *TIMSS 2015 encyclopedia: Education policy and curriculum in mathematics and science*. Zugriff am 18.10.2016 unter http://timssandpirls.bc.edu/timss2015/Encyclopedia/

Purves, A. C. (1987). The evolution of the IEA: A memoir. *Comparative Educational Review, 31*, 10–28.

Kapitel II
Ziele, Anlage und Durchführung der
Trends in International Mathematics
and Science Study (TIMSS 2015)

Heike Wendt, Wilfried Bos, Daniel Kasper, Anke Walzebug, Martin Goy und Donieta Jusufi

International vergleichende Schulleistungsuntersuchungen liefern vertiefende Informationen über einzelne nationale Bildungssysteme, aber auch über Bildungssysteme im internationalen Vergleich. Im Fokus der *Trends in International Mathematics and Science Study* (TIMSS) stehen mathematische und naturwissenschaftliche Kompetenzen von Schülerinnen und Schülern. Die Studie wird von der *International Association for the Evaluation of Educational Achievement* (IEA) verantwortet und seit 20 Jahren alle vier Jahre durchgeführt, um zyklisch wiederholt Bestandsaufnahmen zur Qualität mathematischer und naturwissenschaftlicher Bildung im internationalen Vergleich vorzunehmen und Entwicklungen in den teilnehmenden Bildungssystemen langfristig zu dokumentieren. Hierzu werden Fachleistungen in den Domänen Mathematik und Naturwissenschaften unter Berücksichtigung curricularer Vorgaben und weiterer zentraler Rahmenbedingungen schulischer Lehr- und Lernumgebungen untersucht.

Von der IEA ist TIMSS als eine Studie angelegt, in der – im Sinne eines Multi-kohortenvergleichs – fachspezifische Schülerleistungen am Ende der vierten und achten Jahrgangsstufe sowie am Ende der Sekundarstufe II (*TIMSS Advanced*) untersucht werden. Deutschland beteiligt sich seit 2007 regelmäßig und im Jahr 2015 zum dritten Mal an der Grundschuluntersuchung von TIMSS. Die Teilnahme erfolgte auf Beschluss der *Ständigen Konferenz der Kultusminister der Länder in der Bundesrepublik Deutschland* (KMK) und einer Vereinbarung zwischen der KMK und dem *Bundesministerium für Bildung und Forschung* (BMBF). Sie ist Teil der systematischen Beobachtung des deutschen Bildungssystems im Rahmen der Gesamtstrategie der Kultusministerkonferenz zum Bildungsmonitoring (KMK, 2015).

Der vorliegende Berichtsband betrachtet die Ergebnisse von TIMSS 2015 für den Grundschulbereich aus der Perspektive Deutschlands im internationalen Vergleich. In diesem Kapitel werden die zentralen Fragestellungen sowie die Anlage und die Durchführung der Studie in Deutschland dokumentiert. Darüber hinaus werden die für diesen Berichtsband genutzten Auswertungsverfahren beschrieben und Interpretationshilfen gegeben, die das Verständnis der in den Kapiteln dargestellten Analysen erleichtern.

1 Deutsche Beteiligung an vergleichenden Schulleistungsuntersuchungen in Mathematik und Naturwissenschaften

Mathematische und naturwissenschaftliche Kompetenzen von Schülerinnen und Schülern werden seitens der IEA nicht erst seit der TIMS-Studie im Jahr 1995 in den Blick genommen. Beide Kompetenzbereiche sind seit Bestehen der IEA Schwerpunktthemen von Studien mit Zielpopulationen in unterschiedlichen Jahrgangsstufen: Für die Domäne Mathematik gelten die erste und die zweite Mathematikstudie – First and Second International Mathematics Study (FIMS, SIMS) – aus den Jahren 1964 und 1980 als Wegbereiter von TIMSS. Beide Studien wurden damals mit dem Fokus auf die Sekundarstufen I und II ausgerichtet. Für die Naturwissenschaften fanden hierzu zeitlich um wenige Jahre versetzt, das heißt in den Jahren 1970/1971 und 1983/1984, die erste und die zweite Naturwissenschaftsstudie – First and Second International Science Study (FISS, SISS) – statt (Leung, 2010). Beide Studien richteten sich neben den Sekundarstufen I und II auch auf die vierte Jahrgangsstufe. Deutschland beteiligte sich an den jeweils ersten Studien FIMS und FISS (an FIMS mit einer Substichprobe der Bundesländer Hessen und Schleswig-Holstein, an FISS mit einer für Deutschland repräsentativen Stichprobe), nicht hingegen an den Folgestudien SIMS und SISS (z.B. Goy, van Ackeren & Schwippert, 2008). Mit der ersten TIMS-Studie im Jahr 1995 wurden erstmals beide Domänen, Mathematik und Naturwissenschaften, im Rahmen von nur einer Studie betrachtet. Deutschland nahm mit Schülerinnen und Schülern der Sekundarstufen I und II an diesem Studienzyklus teil (Baumert, Bos & Lehmann, 2000a, 2000b).

Die Ergebnisse der ersten TIMS-Studie fielen für Schülerinnen und Schüler der Sekundarstufen I und II in Deutschland mittelmäßig aus (Baumert et al., 1997), sodass auf Beschluss der KMK im Jahr 1997 (Konstanzer Beschluss vom 24. Oktober 1997) unter anderem vereinbart wurde, zukünftig in regelmäßigen Abständen an international-vergleichenden Schulleistungsstudien wie TIMSS teilzunehmen, um fortwährend Erkenntnisse über die Kompetenzen der Schülerinnen und Schüler im deutschen Bildungssystem zu erhalten. Seither wird diese Vereinbarung kontinuierlich zur Qualitätssicherung aus international-vergleichender Perspektive umgesetzt: Mit Blick auf die Schülerinnen und Schüler der Sekundarstufe I nimmt die Bundesrepublik Deutschland seit dem Jahr 2000 in einem Dreijahresrhythmus am Programme for International Student Assessment (PISA) teil, mit Schülerinnen und Schülern am Ende der vierten Jahrgangsstufe in einem Fünfjahresrhythmus seit 2001 an der Internationalen Grundschul-Lese-Untersuchung (IGLU/PIRLS) und in einem Vierjahresrhythmus seit 2007 an TIMSS.

Im Jahr 1995 entschied sich Deutschland zu einer Teilnahme an der ersten TIMS-Studie ausschließlich mit Schülerinnen und Schülern der Sekundarstufen I und II (Baumert et al., 2000a, 2000b). In diesem Studienzyklus wurden international jedoch auch die Mathematik- und Naturwissenschaftsleistungen von Schülerinnen und Schülern am Ende der dritten und der vierten Jahrgangsstufe erhoben. Um auch in Deutschland Erkenntnisse über die Kompetenzen in den mathematischen und naturwissenschaftlichen Domänen am Ende der Grundschulzeit zu erlangen, wurden in einer nationalen Erweiterung von IGLU/PIRLS (IGLU-E) im Jahr 2001 auch Mathematik- und Naturwissenschaftsleistungen von Viertklässlerinnen und Viertklässlern in Deutschland untersucht (Bos et al., 2003). Konzeptionell gelang es, die hierbei eingesetzten Leistungstests in Relation zu der gut fünf Jahre zuvor erhobenen internationalen Leistungsskala von TIMSS 1995 zu setzen (Prenzel, Geiser, Langeheine & Lobemeier, 2003; Walther, Geiser, Langeheine & Lobemeier, 2003). Dies ermöglichte es erstmals in Deutschland, mathematische und naturwissenschaftliche Kompetenzen von Grundschülerinnen und Grundschülern an Schulen in Deutschland umfassend zu untersuchen (Bos et al., 2003, 2004; Bos, Lankes, Prenzel, Valtin & Walther, 2005; Mullis, Martin, Gonzalez & Kennedy, 2003).

Seither bezieht sich die weitere Teilnahme Deutschlands an TIMSS auf die fachspezifischen Kompetenzen von Grundschulkindern. Im Jahr 2007 nahm die Bundesrepublik Deutschland erstmalig regulär an TIMSS für die vierte Jahrgangsstufe teil (Bos et al., 2008). Mit der Teilnahme an TIMSS 2015 liegen Informationen zu drei Erhebungszeitpunkten für das Grundschulsystem in Deutschland vor. Im Vergleich zu TIMSS 2007 und TIMSS 2011 zeichnet sich der Studienzyklus TIMSS 2015 durch folgende Besonderheiten aus:

- Veränderungen der mathematischen und naturwissenschaftlichen Leistungen von Viertklässlerinnen und Viertklässlern in Deutschland können erstmals auf nationaler Ebene nicht nur im Vergleich von TIMSS 2007 und TIMSS 2011 betrachtet werden, sondern ebenso im Trend in einer Achtjahresperspektive.
- Aufgrund der bereits im Studienzyklus zu TIMSS 2011 vorgenommenen Erweiterung um eine standardisierte Elternbefragung in einem Großteil der Teilnehmerstaaten und Regionen bietet TIMSS 2015 nun die Möglichkeit, international-vergleichend Zusammenhänge zwischen familiärer Herkunft sowie elterlichem Erziehungsverhalten einerseits und den Mathematik- und Naturwissenschaftsleistungen andererseits differenziert zu analysieren, auch im Vergleich zu TIMSS 2011.

2   Zentrale Erkenntnisse und Fragestellungen

TIMSS und ihre Vorgängerstudien FIMS und SIMS (Goy et al., 2008) zählen seit den 1960er Jahren zu den Kernstudien der IEA. Die Ziele und Grenzen dieser Studien sind dabei Gegenstand vielfältiger Diskussionen und Reflexionen (z.B. Baumert, 2016; BMBF, 2001; Bos, Postlethwaite & Gebauer, 2010; Klieme, 2013). Unterschieden wird beispielsweise zwischen verschiedenen Funktionen und Ansprüchen (z.B. Howie & Plomp, 2005). Hilfreich erscheint es, wie Klieme und Vieluf (2013) vorschlagen, Schulleistungsuntersuchungen entsprechend ihrer ,Produkte', das heißt Funktionen, die sie für unterschiedliche gesellschaftliche Gruppierungen erfüllen (Politik, Öffentlichkeit, Profession und Forschung), zu unterscheiden. In dieser Perspektive liefern Schulleistungsuntersuchungen wie TIMSS als Systemmonitoringstudien *Indikatoren*, anhand derer sich die Strukturen, Funktionen und Erträge sowie Disparitäten in Leistungen und die Bildungsteilhabe in Bildungssystemen beobachten und in einen internationalen Referenzrahmen einordnen lassen. Als standardisierte wissenschaftlich verantwortete Studien stellen Schulleistungsuntersuchungen wie TIMSS ebenso aussagekräftige und aufgrund der Repräsentativität besondere Daten dar, die zum einen Grundlagenforschung ermöglichen, zum anderen aber auch Grundlagen darstellen, um bildungspolitisch relevante Fragestellungen zu untersuchen. Sie schaffen damit Wissen über Faktoren, die die Qualität und Entwicklung von Bildungssystemen beeinflussen. Die Besonderheit einer Studie wie TIMSS liegt in Abgrenzung zu nationalen Systemmonitoringstudien wie dem vom IQB verantworteten *Ländervergleich* (Stanat, Pant, Böhme & Richter, 2012) in der Bereitstellung eines internationalen Vergleichsmaßstabs (Bos et al., 2010).

TIMSS 2015 und die damit verbundene Erhebung von umfassenden empirischen Daten erlauben repräsentative Rückschlüsse auf die im Fokus liegende Untersuchungspopulation (Schülerinnen und Schüler am Ende der vierten Jahrgangsstufe) und bieten damit folgende besondere Erkenntnismöglichkeiten:
- Die dritte Teilnahme an TIMSS ermöglicht erstmals eine belastbare Identifikation von Trends in der Entwicklung von mathematischen und naturwissenschaftlichen Kompetenzen von Schülerinnen und Schülern am Ende der vierten Jahrgangsstufe im internationalen Vergleich.
- Die standardisierte Durchführung und die statistisch angemessene Auswertung elaborierter und erprobter Kompetenztestungen in der mathematischen und naturwissenschaftlichen Grundbildung ermöglichen eine zuverlässige Einschätzung des Leistungsniveaus von Viertklässlerinnen und Viertklässlern in Deutschland im internationalen Vergleich.
- Die standardisiert administrierte und statistisch angemessen ausgewertete Befragung der Schülerinnen und Schüler zu ihren fachspezifischen Selbstkonzepten, ihren fachbezogenen Einstellungen sowie zu ihrem schulischen und außerschulischen Lernverhalten ermöglicht eine zuverlässige Einschätzung der Bedeutsamkeit dieser Aspekte für die Leistungsstände von Viertklässlerinnen und Viertklässlern in Deutschland.
- Die standardisiert administrierte und statistisch angemessen ausgewertete Befragung weiterer schulischer Akteure (z.B. Fachlehrkräfte und Schulleitungen) zu zentralen Bedingungsfaktoren schulischen Lernens ermöglicht eine zuverlässige Einschätzung der Bedeutsamkeit dieser Aspekte für die Leistungsstände von Viertklässlerinnen und Viertklässlern in Deutschland im internationalen Vergleich.
- Die optimierte Stichprobenziehung ermöglicht es, belastbare Aussagen zum Leistungsniveau und zur Bedeutsamkeit von individuellen Lernvoraussetzungen und Kontextfaktoren für Subpopulationen vorzunehmen (z.B. im Hinblick auf die Aspekte soziale Herkunft, Migrationshintergrund und Geschlecht).

Der vorliegende Berichtsband zu TIMSS 2015 fokussiert die Ergebnisse des internationalen Vergleichs aus deutscher Perspektive für den Grundschulbereich, das heißt für die Schülerschaft am Ende der vierten Jahrgangsstufe. Konzeptionelle und technische Besonderheiten sind ausschließlich für diese Zielpopulation dokumentiert. Vertiefende Fragestellungen werden in Nachfolgepublikationen aufgegriffen und behandelt. Im Mittelpunkt des vorliegenden Berichts steht die Beantwortung der folgenden Fragestellungen:

1. Welche Kompetenzniveaus zeigen Schülerinnen und Schüler in Deutschland in den Bereichen Mathematik und Naturwissenschaften im Jahr 2015 am Ende der vierten Jahrgangsstufe im internationalen Vergleich? Wie haben sich

die Ergebnisse seit TIMSS 2007 verändert? Sind beobachtbare Veränderungen für bestimmte relevante Subgruppen konstant?

2. Auf welche Kompetenzstufen lassen sich die TIMSS-Leistungskennwerte einordnen? Wie groß sind die Gruppen der auffällig leistungsschwachen und leistungsstarken Schülerinnen und Schüler? Wie unterscheiden sich die Ergebnisse von TIMSS 2007, 2011 und 2015? Sind beobachtbare Veränderungen für bestimmte relevante Subgruppen konstant?

3. Welche Ergebnisse erzielen die Viertklässlerinnen und Viertklässler in Deutschland in den domänenspezifischen Inhaltsbereichen und den kognitiven Anforderungsbereichen der TIMS-Studie? Wie unterscheiden sich die Ergebnisse von TIMSS 2007, 2011 und 2015? Sind beobachtbare Veränderungen für bestimmte Subgruppen konstant?

4. Welche Veränderungen von Lehr- und Lernbedingungen lassen sich seit TIMSS 2007 beobachten? Welche Bedeutung haben die individuellen Lernvoraussetzungen und Kontextfaktoren für Kompetenzen in den Bereichen Mathematik und Naturwissenschaften?

3　TIMSS 2015 – ein kooperatives Forschungsprojekt

International-vergleichende Schulleistungsstudien wie TIMSS erfordern aufgrund ihrer komplexen Struktur die Zusammenarbeit vieler Organisationen, Institutionen und Personen auf nationaler und internationaler Ebene. Das internationale Management der Studie wurde von der IEA an das TIMSS & PIRLS *International Study Center* (ISC) am *Boston College* in Chestnut Hill, Massachusetts, USA, unter der Leitung von Ina V. S. Mullis, Professorin an der *Lynch School of Education, Boston College*, und Michael O. Martin, ebenfalls *Research Professor* an der *Lynch School of Education, Boston College*, übertragen. Das ISC trägt die Verantwortung für das Design und die Implementation der Studie, für die internationale Koordination der Entwicklung der Instrumente und die Erhebungsprozeduren, ebenso wie für die Qualität der Datenerhebung. Das ISC verantwortet darüber hinaus die Durchführung der internationalen Skalierung (siehe Abschnitt 9) und das Verfassen des internationalen Ergebnisberichts. Für die Stichprobenziehung, die Dokumentation der nationalen Stichproben und die Berechnung der internationalen Stichprobengewichte kooperiert die internationale Studienleitung mit *Statistics Canada* in Ottawa, Ontario, und der Abteilung ,Stichprobenziehung' am *IEA Data Processing and Research Center* (DPC) in Hamburg.

In allen Teilnehmerstaaten zu TIMSS 2015 sind nationale Projektkoordinatoren (*National Research Coordinator*, NRC) für die Vorbereitung und Durchführung der Studie gemäß den international vorgegebenen Richtlinien verantwortlich. In Deutschland wurde mit dieser Aufgabe Prof. Dr. Wilfried Bos am Institut für Schulentwicklungsforschung (IFS) der Technischen Universität Dortmund betraut. Dieses Amt hat er gemeinsam mit seiner wissenschaftlichen Assistentin Dr. Heike Wendt ausgeübt, der auch die Projektleitung und Koordination der Studie in Deutschland oblag. Die Durchführung der Studie in Deutschland wird zu gleichen Teilen vom BMBF und durch die KMK finanziert.

Für die Analyse der Studienergebnisse und die Berichtslegung in Deutschland ist ein nationales Konsortium unter Federführung des IFS verantwortlich. Sprecher des nationalen Konsortiums ist Wilfried Bos. Es ist mit einschlägig ausgewiesenen Wissenschaftlerinnen und Wissenschaftlern für die Bereiche

Mathematikdidaktik und Naturwissenschaftsdidaktik in der Grundschule sowie für die Bereiche der international-vergleichenden Schulleistungsforschung und des *Large-Scale Assessments* besetzt:

Prof. Dr. Wilfried Bos	(NRC, Wissenschaftlicher Leiter von TIMSS 2015 in Deutschland und Sprecher des Konsortiums) – Professor für Bildungstorschung und Qualitätssicherung an der Technischen Universität Dortmund, Institut für Schulentwicklungsforschung (IFS)
Prof. Dr. Christoph Selter	Professor für Mathematikdidaktik an der Technischen Universität Dortmund, Institut für Entwicklung und Erforschung des Mathematikunterrichts (IEEM)
Prof. Dr. Olaf Köller	Professor für Empirische Bildungsforschung an der Christian-Albrechts-Universität zu Kiel, Geschäftsführender Direktor des Leibniz-Instituts für die Pädagogik der Naturwissenschaften und Mathematik (IPN) und Direktor der Abteilung Erziehungswissenschaft
Prof. Dr. Knut Schwippert	Professor für Erziehungswissenschaft mit dem Schwerpunkt Empirische Bildungsforschung – Internationales Bildungsmonitoring und Bildungsberichterstattung an der Universität Hamburg
Prof. Dr. Gerd Walther	(Kooptiertes Mitglied des Konsortiums) – Professor für Mathematik und ihre Didaktik an der Christian-Albrechts-Universität zu Kiel
Prof. Dr. Thilo Kleickmann	(Kooptiertes Mitglied des Konsortiums) – Professor für Schulpädagogik an der Christian-Albrechts-Universität zu Kiel
Dr. Kristina A. Frey	(Kooptiertes Mitglied des Konsortiums) – Wissenschaftliche Mitarbeiterin am Institut für Erziehungswissenschaft der Westfälischen Wilhelms-Universität Münster
Dr. Heike Wendt	(Projektleitung) – Akademische Rätin am Institut für Schulentwicklungsforschung (IFS) an der Technischen Universität Dortmund

Für die fachdidaktische Mitarbeit an TIMSS 2015 waren zwei Projektgruppen verantwortlich. Die Arbeitsgruppe für den Bereich Mathematik besteht aus Prof. Dr. Christoph Selter, Prof. Dr. Gerd Walther und Daniel Walter. Die Arbeitsgruppe für den Bereich Naturwissenschaften setzt sich aus Prof. Dr. Olaf Köller, Prof. Dr. Mirjam Steffensky und Prof. Dr. Thilo Kleickmann zusammen. Prof. Dr. Knut Schwippert und Prof. Dr. Tobias Stubbe oblag die Qualitätssicherung der Schüler- und Elternbefragung.

TIMSS 2015 wurde am IFS unter der Leitung von Dr. Heike Wendt koordiniert. Die methodische Betreuung der Studie am IFS oblag Dr. Daniel Kasper. Zu den beteiligten wissenschaftlichen Mitarbeiterinnen und Mitarbeitern des Projekts zählen: Martin Goy, Martial Mboulla Nzomo, Dr. Svenja Rieser, Felix Senger, Daniel Scott Smith und Dr. Anke Walzebug. Das Projektteam wurde von einer Vielzahl studentischer Mitarbeiterinnen und Mitarbeiter unterstützt. Hierzu zählen insbesondere Clara Baumann, Ruth Engel, Cihan Günes, Frederike Joosten, Donieta Jusufi, Beran Kosan, Katharina Roth, Lisa Schmitt, Maximilian Schultz, Charlotte Siepmann, Melek Vural, Katja Weber und Lisa Wolf. Mit der Organisation der nationalen Datenerhebung und -verarbeitung sowie der Aufgabenkodierung war das *IEA Data Processing and Research Center* (DPC) in Hamburg beauftragt.

4   Anlage und Durchführung von TIMSS 2015

Der vorliegende Bericht stellt zentrale Ergebnisse aus TIMSS 2015 für Schülerinnen und Schüler am Ende der vierten Jahrgangsstufe vor. Die Ergebnisse des internationalen Vergleichs stehen hierbei im Vordergrund; ergänzend dazu werden auch auf Deutschland fokussierte Analysen zu weiterführenden Fragestellungen referiert. Zum besseren Verständnis der Ergebnisse gibt der folgende Abschnitt einen Überblick über die der Studie zugrunde liegende Rahmenkonzeption und die untersuchten Kompetenzbereiche. Dokumentiert werden darüber hinaus die Bildungssysteme der an TIMSS 2015 teilnehmenden Staaten sowie Teilnahmemodalitäten, sowohl für den Erhebungszyklus 2015 als auch für den Trend im Vergleich der Jahre 2007, 2011 und 2015.

4.1   Die Rahmenkonzeption der Studie

Für TIMSS 2015 existiert ein Rahmenkonzept (Mullis & Martin, 2013), das stark an die Konzeption von TIMSS 2007 (Mullis et al., 2005) und TIMSS 2011 (Mullis, Drucker, Preuschoff, Arora & Stanco, 2011) angelehnt ist. Es beschreibt die theoretischen und konzeptionellen Grundlagen der Studie, die Expertinnen und Experten aus verschiedenen Teilnehmerstaaten erarbeitet haben. Weiterentwicklungen betreffen, wie auch schon in der Entwicklung von TIMSS 2007 zu TIMSS 2011, Aspekte der Messqualität und der Verwertbarkeit der Ergebnisse für die Teilnehmerstaaten (Mullis, Martin, Ruddock, O'Sullivan & Preuschoff, 2009).

Entsprechend dieser Rahmenkonzeption werden die in TIMSS gezeigten Leistungen von Schülerinnen und Schülern als Ergebnis eines Lernprozesses betrachtet, der nicht nur durch Unterricht und andere innerschulische Merkmale, sondern auch durch außerschulische Merkmale und Bedingungen beeinflusst wird. Die IEA greift seit den 1960er Jahren zur Systematisierung dieser unterschiedlichen Faktoren auf das sogenannte Kontext-Input-Prozess-Outcome-Modell (Purves, 1987) zurück. In diesem Modell werden Kontextmerkmale eines Bildungssystems von Aktivitäten und Maßnahmen und deren Qualität sowie den damit erzielten Ergebnissen unterschieden. Darüber hinaus werden mit dem sogenannten Curriculum-Modell (Robitaille et al., 1993) Handlungsebenen unterschieden, die als Kontexte Lernleistungen von Schülerinnen und Schülern beeinflussen. Die aktuelle Rahmenkonzeption von TIMSS nutzt das Curriculum-Modell als wesentliches Konzept bei der Prüfung dessen, wie Schülerinnen und Schülern fachspezifisches Wissen vermittelt wird und welche Faktoren den Kompetenzerwerb beeinflussen (Mullis, 2013). Dabei folgt TIMSS einem Ansatz, nach dem eine partielle Gültigkeit der Leistungstests für die Curricula der teilnehmenden Staaten und Regionen angestrebt wird. Schülerleistungen werden demnach im jeweils spezifischen curricularen Kontext interpretiert; eine Besonderheit der Studie, die sie von anderen international-vergleichenden Schulleistungsstudien wie IGLU/PIRLS oder PISA unterscheidet. Das Modell berücksichtigt zur Beschreibung des Curriculums eines Landes drei Aspekte: das intendierte Curriculum, das implementierte Curriculum und das erreichte Curriculum (siehe Abbildung 2.1). Das intendierte Curriculum repräsentiert die mathematischen und naturwissenschaftlichen Inhalte und Prozesse, die die Schülerinnen und Schüler nach normativen Bildungsvorgaben eines Landes in einem Fach lernen sollen. Es entspricht also den auf der Ebene eines Staates oder einer Region definierten

Kompetenzen, die Schülerinnen und Schüler bis zu einem bestimmten Zeitpunkt ihrer Schulkarriere beherrschen sollten. Validiert wird dies durch die Befragung nationaler Expertinnen und Experten. Das implementierte Curriculum hingegen richtet sich auf den tatsächlich unterrichteten Lernstoff, der mit Hilfe der Angaben aus dem Lehrkräfte- und Schulleitungsfragebogen beschrieben wird (z.B. zu Gegebenheiten der Schule und der in TIMSS befragten Klasse in Bezug auf die Durchführung des Fachunterrichts). Mit dem erreichten Curriculum werden das von den Schülerinnen und Schülern Gelernte sowie ihre Einstellungen zu dem unterrichteten Fach gefasst. Dies wird durch die erzielten Testleistungen und Befragungsergebnisse der Schülerinnen und Schüler aufgezeigt.

Abbildung 2.1:   Das TIMSS-Curriculum-Modell

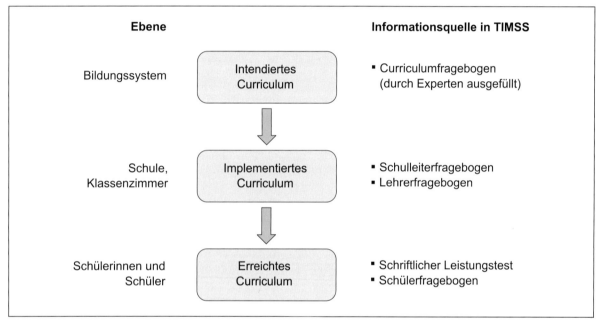

IEA: Trends in International Mathematics and Science Study   © TIMSS 2015

4.1.1   Untersuchte Kompetenzbereiche in TIMSS

TIMSS untersucht mathematische und naturwissenschaftliche Kompetenzen von Schülerinnen und Schülern am Ende der vierten Jahrgangsstufe. Das der Testentwicklung zugrunde liegende Kompetenzmodell spezifiziert getrennt für die Domänen Mathematik und Naturwissenschaften, welche grundlegenden Stoffgebiete (Inhaltsbereiche) und fachspezifisch zu aktivierenden kognitiven Denkprozesse und -tätigkeiten (kognitive Anforderungsbereiche) durch die Leistungstests für Schülerinnen und Schüler am Ende der vierten Jahrgangsstufe abgebildet werden sollen (Grønmo, Lindquist, Arora & Mullis, 2013; Jones, Wheeler & Centurino, 2013). Entwickelt wurde es von der internationalen Studienleitung in Kooperation mit Expertinnen und Experten aus verschiedenen Fachdisziplinen und Ländern. Die Differenzierung in zwei Dimensionen (Inhaltsbereiche und kognitive Anforderungen) soll es ermöglichen, mathematische und naturwissenschaftliche Kompetenzen umfassend und zugleich so spezifisch abzubilden, dass sich ausreichende Schnittmengen mit den Curricula der beteiligten Bildungssysteme ergeben und unterschiedliche Schülerleistungen als Teilkompetenzen differenziert beschreiben lassen.

Die Inhaltsbereiche decken die Stoffgebiete ab, die anhand des Leistungstests in Mathematik oder Naturwissenschaften überprüft werden. Die kognitiven Anforderungsbereiche stellen die zu erbringenden Denkprozesse der Schülerinnen und Schüler dar, die für eine erfolgreiche Aufgabenlösung erforderlich sind. Nach Inhaltsbereichen und kognitiven Anforderungsbereichen zu differenzieren gewährleistet, dass nur solche Testaufgaben eingesetzt werden, die in beiden Dimensionen qualitativ gehaltvoll sind.

Unterschieden werden in dem Kompetenzmodell von TIMSS 2015 – wie bereits in den Studienzyklen zuvor – für beide Domänen je drei Inhaltsbereiche und drei kognitive Anforderungsbereiche (siehe Tabelle 2.1). Mathematische Kompetenzen am Ende der vierten Jahrgangsstufe sind für die Bereiche *Arithmetik*, *Geometrie/Messen* und den *Umgang mit Daten* definiert, naturwissenschaftliche Kompetenzen für die Bereiche *Biologie*, *Physik* und *Geographie*. Der Inhaltsbereich *Physik* umfasst auch Themenstellungen, die in Deutschland traditionell der Chemie zugeordnet werden. Die domänenspezifischen Inhaltsbereiche werden zudem fachbezogen in verschiedene Themengebiete aufgegliedert (Grønmo et al., 2013; Jones et al., 2013; siehe auch Kapitel 3 und 4 in diesem Band). Die im TIMSS-Kompetenzmodell definierten kognitiven Anforderungsbereiche sind fachübergreifend hinsichtlich ihrer übergeordneten Einordnung gleich, hier handelt es sich um die Bereiche *Reproduzieren*, *Anwenden* und *Problemlösen*. Zu jedem der drei kognitiven Anforderungsbereiche liegen aber fachspezifische Ausdifferenzierungen vor, denen konkrete Verhaltensweisen zuzuordnen sind (ebd.).

Tabelle 2.1: Inhaltsbereiche und kognitive Anforderungsbereiche in TIMSS 2015

Mathematik		Naturwissenschaften	
Inhaltsbereiche	*Kognitive Anforderungsbereiche*	*Inhaltsbereiche*	*Kognitive Anforderungsbereiche*
Arithmetik	Reproduzieren	Biologie	Reproduzieren
Geometrie/Messen	Anwenden	Physik/Chemie	Anwenden
Umgang mit Daten	Problemlösen	Geographie	Problemlösen

IEA: Trends in International Mathematics and Science Study © TIMSS 2015

Das nach fachspezifischen Inhaltsbereichen und kognitiven Anforderungsbereichen differenzierte Kompetenzmodell bildet die Grundlage für die Entwicklung der in TIMSS 2015 eingesetzten Testaufgaben (siehe Abschnitt 5; Mullis & Martin, 2013). Nur Aufgaben, die möglichst eindeutig einem Inhaltsbereich und einem kognitiven Anforderungsniveau zuzuordnen sind, wurden in TIMSS 2015 eingesetzt. Die Gewichtung der für unterschiedliche Inhalts- und Anforderungsbereiche charakteristischen Aufgaben erfolgt nach einem vorgegeben Schlüssel (Mullis & Martin, 2013; siehe auch Kapitel 3 und 4 in diesem Band).

4.1.2 Erfassung von Bedingungsfaktoren des schulischen Lernens und des Kompetenzerwerbs in Mathematik und Naturwissenschaften

Schulisches Lernen ist in verschiedene soziale Kontexte eingebettet. Kinder entwickeln während ihrer Grundschulzeit vielfältige fachbezogene Kompetenzen, Einstellungen und ein individuelles Lernverhalten. Geprägt sind diese Kompetenzen und Einstellungen durch Erfahrungen, die Schülerinnen und Schüler in der Schule und in außerschulischen Kontexten machen. Unterschiedliche zur Verfügung stehende Ressourcen und erlebte Aktivitäten, mit denen Kinder aufwachsen, können den Erwerb fachspezifischer Kompetenzen begünstigen oder hemmen. Ebenso spielen zahlreiche individuelle Faktoren wie auch Merkmale des Unterrichts und der Schule als soziale Organisation eine zentrale Rolle bei der Kompetenzentwicklung von Schülerinnen und Schülern. In der Summe gibt es eine Vielzahl an Bedingungsfaktoren und komplexen Zusammenhängen einzelner Faktoren, die für die Analyse und die statistische Betrachtung von Unterschieden in der Schülerleistung zu berücksichtigen sind (Hooper, Mullis & Martin, 2013).

Im Rahmen von TIMSS wird diesem Umstand Rechnung getragen, indem in jedem Studienzyklus neben den Leistungsständen der Grundschülerinnen und Grundschüler am Ende der vierten Jahrgangsstufe auch Faktoren identifiziert werden, die Leistungen und Einstellungen beeinflussen können. Um dies zu ermöglichen, werden – wie auch in anderen vergleichbaren Studien – die institutionellen und gesellschaftlichen Rahmenbedingungen, die die Bereitstellung und Nutzung schulischer Lerngelegenheiten beeinflussen, durch standardisierte schriftliche Befragungen der teilnehmenden Schülerinnen und Schüler, ihrer Eltern, der unterrichtenden Lehrkräfte und der Schulleitungen erfasst (Mullis, Martin & Hooper, 2016; siehe auch Abschnitt 5.2). Kontextbefragungen wie diese ermöglichen vertiefende Analysen zu den Zusammenhängen zwischen den Leistungsergebnissen und Hintergrundmerkmalen der Schülerinnen und Schüler. So können wertvolle Informationen und Erklärungsansätze, insbesondere zu sozioökonomischen, kulturellen und sozialen Disparitäten der Schülerleistungen generiert werden.

Rahmenbedingungen schulischen Lernens werden nicht nur anhand von Befragungen der oben genannten Akteursgruppen ermittelt, sondern zusätzlich durch weitere Informationsquellen erfasst (Hooper, 2016). Wie im TIMSS-Rahmenmodell konzeptionell angelegt, werden für den internationalen Vergleich von Schülerleistungen neben den individuellen und familiären sowie den inner- und außerschulischen Lernkontexten auch Systemmerkmale berücksichtigt. Im Rahmen von TIMSS wird die internationale Berichterstattung zu den Leistungsergebnissen durch die sogenannte *Enzyklopädie* komplementiert (Mullis, Martin, Goh & Cotter, 2016). In dieser Publikation ist das Schulsystem für jeden Teilnehmerstaat beschrieben. Die Kapitel werden durch die nationalen Studienkoordinatoren nach einheitlichen Kriterien verfasst. Erläutert werden unter anderem die Organisation und die Struktur des Bildungssystems sowie die fachspezifischen Curricula, die das Lernen in den Domänen Mathematik und Naturwissenschaften betreffen. Weitere Informationen zum Bildungssystem eines Landes werden von der internationalen Studienleitung durch die Administration standardisierter Fragebögen (*Curriculum Questionnaire*) erfasst, die von Fachexpertinnen und Fachexperten der Teilnehmerstaaten bearbeitet werden. Darin enthalten sind tabellarische Darstellungen von demographischen Charakteristika der beteiligten Bildungssysteme, Beschreibungen zu Inhalten und der Beschaffenheit der jeweiligen Curricula ebenso wie Spezifika der Lehrerbildung. Die standardisierte Beschreibung zentraler Aspekte von einzelnen Bildungssystemen ermöglicht es, die in den Teilnehmerstaaten ermittelte Schülerleistung auch unter Berücksichtigung dieser Faktoren zu interpretieren.

4.2   Teilnahme und Teilnahmemodalitäten an TIMSS 2015

4.2.1   Teilnehmende 2015

An TIMSS 2015 haben sich weltweit 55 Bildungssysteme beteiligt (siehe Abbildung 2.2). Überwiegend handelt es sich hierbei um souveräne Staaten. Teilgenommen haben auch Regionen, die im Rahmen der internationalen Berichterstattung als einzelne Teilnehmer aufgeführt werden, da sie als Region für Bildungsfragen weitgehend autonom handeln und zudem an den vorangegangenen Studienzyklen separat teilgenommen haben (z.B. die Flämische Gemeinschaft in Belgien). Es haben insgesamt 48 Staaten und Regionen als reguläre Teilnehmer an der Studie teilgenommen (siehe Abbildung 2.2). Sieben Regionen sind als sogenannte Benchmark-Teilnehmer aufgelistet. Bei diesen Regionen handelt es sich um jene, die ihre Ergebnisse auf der internationalen Ergebnisskala verorten möchten, deren Leistungsdaten aber nicht in die Berechnung des internationalen Mittelwerts eingehen.

Abbildung 2.2:   Staaten und Regionen, die an TIMSS 2015 teilgenommen haben

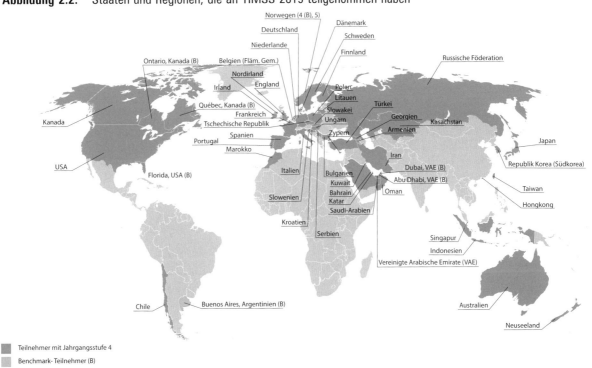

IEA: Trends in International Mathematics and Science Study

© TIMSS 2015

Im vorliegenden Berichtsband sind die Ergebnisse der Schülerinnen und Schüler auf den Gesamtskalen für Mathematik und Naturwissenschaften für alle beteiligten Staaten, Regionen und Benchmark-Teilnehmer dokumentiert (siehe Kapitel 3, Abbildung 3.5, und Kapitel 4, Abbildung 4.5, in diesem Band).[1] Wie auch in den vorangegangenen Studienzyklen werden bei der Ergebnisdarstellung Vergleichsgruppen (VG) gebildet, denen jene Staaten und Staatengruppen angehören, die sich für einen Vergleich Deutschlands – etwa aufgrund eines ähnlichen kulturellen Hintergrunds oder einer vergleichbaren wirtschaftlichen Situation – eignen. Es handelt sich hierbei um die an TIMSS 2015 teilnehmenden Mitglieder der *Europäischen Union* (EU) und der *Organisation for Economic Co-operation and Development* (OECD). Mittelwerte werden somit nicht nur für einzelne Teilnehmer berichtet, sondern auch für die beiden Vergleichsgruppen VG_{EU} und VG_{OECD}. Die Teilnehmer der Vergleichsgruppen sind in Tabelle 2.2 aufgeführt. Um im Rahmen des vorliegenden Berichtsbandes einen für Deutschland spezifischen Fokus einzunehmen, sind in den meisten Abbildungen und Tabellen der Kapitel nur die Ergebnisse derjenigen Staaten, Regionen und Benchmark-Teilnehmer dokumentiert, für die mindestens eines der folgenden Kriterien gilt: (1) Teilnehmer, die Mitglied der EU sind, (2) Teilnehmer, die der OECD angehören, (3) Teilnehmer, die auf der jeweiligen Gesamtskala (siehe Kapitel 3, Abbildung 3.5, und Kapitel 4, Abbildung 4.5, in diesem Band) besser oder nicht signifikant von Deutschland verschieden abgeschnitten haben.

Tabelle 2.2: Vergleichsgruppen in TIMSS 2015

VG_{EU} (n = 22)		VG_{OECD} (n = 27)	
Belgien (Fläm. Gem.)	Polen	Australien	Niederlande
Bulgarien	Portugal	Belgien (Fläm. Gem.)	Nordirland
Dänemark	Schweden	Chile	Norwegen (5. Jgst.)
Deutschland	Slowakei	Dänemark	Polen
England	Slowenien	Deutschland	Portugal
Finnland	Spanien	England	Republik Korea (Südkorea)
Frankreich	Tschechische Republik	Finnland	Schweden
Irland	Ungarn	Frankreich	Slowakei
Italien	Zypern	Irland	Slowenien
Kroatien		Italien	Spanien
Litauen		Japan	Tschechische Republik
Niederlande		Kanada	Türkei
Nordirland		Neuseeland	Ungarn
			USA

IEA: Trends in International Mathematics and Science Study   © TIMSS 2015

---

1 Ergebnisse zu Armenien und Florida werden nicht berichtet. Armenien ist zum Zeitpunkt dieser Berichtslegung aufgrund verzögerter Datenaufbereitung nicht Teil der internationalen Berichterstattung zu TIMSS 2015; der TIMSS-2015-Datensatz wurde von Florida nicht zur Nutzung freigegeben.

4.2.2 Teilnehmer TIMSS 2007, 2011 und 2015

Insgesamt 30 Teilnehmer (darunter 4 Benchmark-Teilnehmer) der TIMS-Studie 2015 haben sich auch an den Studienzyklen 2007 und 2011 mit der vierten Jahrgangsstufe beteiligt (siehe Abbildung 2.3).

Abbildung 2.3: Teilnehmer an TIMSS 2007, 2011 und 2015

■ Teilnehmer mit Jahrgangsstufe 4

▢ Benchmark-Teilnehmer (B)

IEA: Trends in International Mathematics and Science Study   © TIMSS 2015

4.2.3 Die TIMSS-Erweiterungsstudie *TIMSS Numeracy* und ihre Teilnehmer

In der Vergangenheit hat sich gezeigt, dass in den Staaten, in denen die mathematischen und naturwissenschaftlichen Kompetenzen der Viertklässlerinnen und Viertklässler deutlich unterhalb des internationalen Niveaus liegen, die Kompetenzen der leistungsschwächeren Kinder mit den regulären TIMSS-Instrumenten nicht angemessen erfasst werden konnten. Für TIMSS 2015 hat sich die IEA daher entschieden, TIMSS um die Studienkomponente *TIMSS Numeracy* zu erweitern. *TIMSS Numeracy* ist auf Basiskompetenzen in Mathematik gerichtet, an der TIMSS-Rahmenkonzeption orientiert und entsprechend vergleichbar zu TIMSS aufgebaut. Der Unterschied zu TIMSS liegt in der Testkonstruktion. In *TIMSS Numeracy* kommen vier Testhefte zum Einsatz, wobei das Anforderungsniveau der eingesetzten Testaufgaben vornehmlich auf und unterhalb der *Low International Benchmark* (Mullis, Martin, Foy & Hooper, 2016) liegt.

Fünf Teilnehmerstaaten sowie ein Benchmark-Teilnehmer haben im Jahr 2015 sowohl an TIMSS als auch an *TIMSS Numeracy* teilgenommen: Bahrain, Indonesien, Iran, Kuwait, Marokko und Buenos Aires. Zudem haben Südafrika und Jordanien an *TIMSS Numeracy* teilgenommen. Die Internationale Studienleitung hat sich dazu entschieden, in der internationalen Berichterstattung

die Leistungsergebnisse in Mathematik als Mittelwerte der beiden Studien darzustellen (ebd.). In dem vorliegenden Bericht wird dieser Konvention für die
Darstellung der Ergebnisse auf den Gesamtskalen (siehe Kapitel 3, Abbildung 3.5
sowie Kapitel 4, Abbildung 4.5, in diesem Band) gefolgt und mit einer Fußnote
(7) auf diese Besonderheit hingewiesen. Im Weiteren werden keine Ergebnisse
für diese Staaten berichtet. Die Ergebnisse, die Jordanien und Südafrika mit ihrer ausschließlichen Teilnahme an *TIMSS Numeracy* erzielt haben, sind nicht Teil
dieser Berichterstattung.

4.2.4   Teilnahmebedingungen der Studie

Vergleiche von Bildungssystemen setzen die Einhaltung strenger methodischer
Standards voraus. Hierzu zählen eindeutige Vorgaben, die definieren, mit welchen Schülerinnen und Schülern und unter welchen Bedingungen sich einzelne Bildungssysteme an der Studie beteiligen dürfen (Martin, Mullis & Hooper,
2016). Internationale Teilnahmebedingungen sind nachfolgend für TIMSS 2015
zusammenfassend dargestellt.

4.2.4.1 Definition der Untersuchungspopulation

In TIMSS werden systematisch Leistungen von Schülerinnen und Schülern einzelner Jahrgangsstufen in den Blick genommen. Angestrebt wird, jeweils kom-
plette Schülerjahrgänge miteinander zu vergleichen. Definiert wird die zu
untersuchende Schülerpopulation (*Zielpopulation*) allen anderen Kriterien voran-
gestellt über das Kriterium der formalen Beschulungszeit:

Für alle Teilnehmerstaaten ist verbindlich eine Zielpopulation festgelegt,
zu der alle Schülerinnen und Schüler zählen, die sich nach der *International
Standard Classification of Education* im vierten Jahr formaler Beschulung befinden (ISCED Level 1; UIS, 2015). Dies trifft in den meisten Teilnehmerstaaten
auf die Schülerinnen und Schüler der Jahrgangsstufe 4 zu. Um ergänzend zu
dieser Referenz eine entwicklungsgerechte Passung der Leistungstests und der
Durchführungsbedingungen der Tests sicherzustellen, ist ein Alterskriterium festgelegt worden, demnach das durchschnittliche Alter der Zielpopulation zum
Testzeitpunkt mindestens 9 Jahre und 6 Monate betragen soll (Mullis & Martin,
2013).

Ausschöpfung der Zielpopulation
Internationale Vergleichbarkeit setzt unter anderem voraus, dass die international definierte Zielpopulation von allen Teilnehmerstaaten ausgeschöpft
wird. Diese Vorgabe gilt als erfüllt, wenn in jedem Teilnehmerstaat diejenigen Schülerinnen und Schüler, die unter die Definition der internationalen Zielpopulation fallen, potentiell auch die Möglichkeit erhalten, für die zu untersuchende Stichprobe ausgewählt zu werden. Ausgehend von der internationalen
Definition zur *Zielpopulation* muss jeder Teilnehmer die international vorgegebenen Richtlinien zur Stichprobenziehung an die Spezifika des eigenen Systems
anpassen. Grundlage hierfür ist ein Handbuch zur Stichprobenziehung (Martin
et al., 2016; Mullis, Martin, Foy & Hooper, 2016). Umfassende Unterstützung
steht durch Expertinnen und Experten von *Statistics Canada* und dem DPC zur

Verfügung, die von der internationalen Studienleitung unter anderem mit der Stichprobenziehung beauftragt wurden.

Nationale Besonderheiten machen es einzelnen Teilnehmern nicht möglich, den internationalen Vorgaben zu entsprechen. So gibt es in fast jedem Schulsystem einzelne Schulen oder Schülergruppen, die nicht an der Erhebung teilnehmen können oder aus nationalen Gründen nicht teilnehmen sollen. Daher gibt es für jeden Teilnehmer die Möglichkeit, innerhalb der nationalen Zielpopulation einen geringen Prozentsatz an Schülerinnen und Schülern oder an Schulen festzulegen, der bei der Stichprobenziehung ausgeschlossen wird. Auch hierzu, das heißt für *Ausschlüsse von der Zielpopulation*, legt die internationale Studienleitung eindeutige Kriterien fest, wie nachfolgend aufgeführt.

Auf *Schülerebene* können jene Schülerinnen und Schüler ausgeschlossen werden, die aus körperlichen, emotionalen oder geistigen Gründen nicht dazu in der Lage sind, den Test selbstständig zu bearbeiten, ebenso wie Schülerinnen und Schüler, die weniger als ein Jahr in der Testsprache unterrichtet wurden und deren Muttersprache nicht die Testsprache ist.

Auf *Schulebene* dürfen jene Schulen ausgeschlossen werden, die in besonders schwer zugänglichen Regionen liegen, die weniger als vier Schülerinnen und Schüler im vierten Jahrgang beschulen (d.h. eine besonders geringe Schülerzahl haben), die in Bezug auf den Lehrplan oder die Schulstruktur vom nationalen Schulsystem abweichen oder die ausschließlich Schülerinnen und Schüler der auf Schülerebene genannten Ausschlusskriterien unterrichten. Insgesamt dürfen Ausschlüsse auf Schul- und Schülerebene nicht mehr als 5 Prozent der international definierten Zielpopulation betragen (Joncas & Foy, 2011).

Unter Berücksichtigung aller genannten Ausschlussquellen lässt sich die *nationale, effektiv erreichte Zielpopulation (national effective target population)* für jeden Teilnehmer beschreiben. Diese sagt aus, welche Schülerinnen und Schüler einer Population tatsächlich durch die Stichprobe der teilnehmenden Schülerinnen und Schüler repräsentiert werden. Auf der Grundlage dieser Beschreibung können auftretende Abweichungen von der international definierten Zielpopulation in den internationalen Berichten nachvollziehbar dokumentiert und bedeutsame Abweichungen hervorgehoben werden.

4.2.4.2 Veränderte Teilnahmemodalitäten in Deutschland seit TIMSS 2007

Neben Ausschlüssen von der Zielpopulation, wie in Abschnitt 4.2.4.1 beschrieben, kann es auch aufgrund von Veränderungen der Teilnahmemodalitäten in den einzelnen Staaten zu Veränderungen in der Zusammensetzung der Stichproben kommen.

In Deutschland zeigt sich im Vergleich der Erhebungszyklen von TIMSS 2007 bis TIMSS 2015, dass je nach Bundesland und je nach Erhebungsjahr unterschiedliche Verpflichtungsgrade zur Teilnahme bestehen. Einheitlich definiert ist seit TIMSS 2007, das heißt ebenso in TIMSS 2011 und in TIMSS 2015, dass die Teilnahme an dem Leistungstest für alle Schülerinnen und Schüler verpflichtend ist. Dies trifft hingegen aufgrund von bundeslandspezifisch unterschiedlichen Regelungen nicht auf die Bearbeitung des Schülerfragebogens zu (siehe Tabelle 2.3). Für die eine Hälfte der Länder der Bundesrepublik Deutschland wird die Befragung der Schülerinnen und Schüler (teil-)verpflichtend durchgeführt (Berlin, Brandburg, Bremen, Hessen, Mecklenburg-Vorpommern, Niedersachsen, Sachsen-Anhalt und Thüringen), in der anderen Hälfte nehmen Schülerinnen und

Schüler nach Vorlage einer schriftlichen Einverständniserklärung der Eltern auf freiwilliger Basis an der Befragung teil (Baden-Württemberg, Bayern, Hamburg, Nordrhein-Westfalen, Rheinland-Pfalz, Saarland, Sachsen und Schleswig-Holstein).

Auch für die Teilnahme der Lehrkräfte und der Schulleitungen bestehen je nach bundeslandspezifischer Regelung unterschiedliche Verpflichtungsgrade. Somit kann die Rechtslage eines Landes Lehrkräfte ebenso wie Schulleitungen zur Teilnahme an der TIMSS-Befragung verpflichten, teilverpflichten oder diese auf freiwilliger Basis lediglich ankündigen. Teilverpflichtungen sind vereinfacht zusammengefasst so definiert, dass Angaben zur Schule verpflichtenden, Angaben zu personenbezogenen Daten in den Fragebögen hingegen freiwilligen Charakter haben. In manchen Ländern der Bundesrepublik Deutschland haben sich die Teilnahmemodalitäten im Verlauf der Jahre 2007 bis 2015 verändert (siehe Tabelle 2.3). Die Befragung der Eltern findet seit 2007 grundsätzlich in allen Bundesländern auf freiwilliger Basis statt.

Tabelle 2.3:   Bundeslandspezifische Modalitäten der Teilnahme an TIMSS 2007, 2011 und 2015

Länder	Verpflichtungsgrade der Teilnahme an den Erhebungsinstrumenten an öffentlichen Schulen				
	Leistungstest	Schüler-fragebogen	Lehrkräfte-fragebogen	Schulleitungs-fragebogen	Eltern-fragebogen
Baden-Württemberg	verpflichtend	freiwillig	freiwillig	freiwillig	freiwillig
Bayern	verpflichtend	freiwillig	freiwillig [1]	freiwillig [1]	freiwillig
Berlin	verpflichtend	teilverpflichtend [2]	teilverpflichtend [2]	teilverpflichtend [2]	freiwillig
Brandenburg	verpflichtend	verpflichtend	verpflichtend	verpflichtend	freiwillig
Bremen	verpflichtend	verpflichtend [3]	teilverpflichtend	teilverpflichtend	freiwillig
Hamburg	verpflichtend	freiwillig	freiwillig [4]	teilverpflichtend	freiwillig
Hessen	verpflichtend	verpflichtend	teilverpflichtend	teilverpflichtend	freiwillig
Mecklenburg-Vorpommern	verpflichtend	verpflichtend [5]	verpflichtend	verpflichtend	freiwillig
Niedersachsen	verpflichtend	verpflichtend	verpflichtend	verpflichtend	freiwillig
Nordrhein-Westfalen	verpflichtend	freiwillig	verpflichtend	verpflichtend	freiwillig
Rheinland-Pfalz	verpflichtend	freiwillig	teilverpflichtend	teilverpflichtend	freiwillig
Saarland	verpflichtend	freiwillig	teilverpflichtend [6]	teilverpflichtend [6]	freiwillig
Sachsen	verpflichtend	freiwillig	freiwillig	freiwillig	freiwillig
Sachsen-Anhalt	verpflichtend	verpflichtend	verpflichtend	verpflichtend	freiwillig
Schleswig-Holstein	verpflichtend	freiwillig	freiwillig [7]	freiwillig [7]	freiwillig
Thüringen	verpflichtend	verpflichtend	verpflichtend	verpflichtend	freiwillig

1 = In Bayern war im Jahr 2007 die Teilnahme am Lehrkräfte- und Schulleitungsfragebogen noch verpflichtend.
2 = In Berlin war in den Jahren 2007 und 2011 die Teilnahme am Schüler-, Lehrkräfte- und Schulleitungsfragebogen noch verpflichtend.
3 = In Bremen war in den Jahren 2007 und 2011 die Teilnahme am Schülerfragebogen noch freiwillig.
4 = In Hamburg war in den Jahren 2007 und 2011 die Teilnahme am Lehrkräftefragebogen noch teilverpflichtend.
5 = In Mecklenburg-Vorpommern war im Jahr 2007 die Teilnahme am Schülerfragebogen noch freiwillig.
6 = Im Saarland war in den Jahren 2007 und 2011 die Teilnahme am Lehrkräfte- und Schulleitungsfragebogen noch verpflichtend.
7 = In Schleswig-Holstein war in den Jahren 2007 und 2011 die Teilnahme am Lehrkräfte- und Schulleitungsfragebogen noch teilverpflichtend.

IEA: Trends in International Mathematics and Science Study   © TIMSS 2015

Für Schulen in privater Trägerschaft gilt in sechs der 16 Länder (Baden-Württemberg, Bayern, Bremen, Hamburg, Mecklenburg-Vorpommern und Sachsen-Anhalt), dass die Teilnahme an den Leistungstests verpflichtend ist. Die Beteiligung an den Befragungsinstrumenten ist an diesen Schulen in nahezu allen Ländern freiwillig (in Bremen, Mecklenburg-Vorpommern und Sachsen-Anhalt ist sie verpflichtend).

Die Verpflichtungsgrade der bundeslandspezifischen Teilnahme an öffentlichen Schulen sind für die Erhebungszyklen von TIMSS in den Jahren 2007, 2011 und 2015 in der Tabelle 2.3 zusammengestellt. Die Tabelle dokumentiert die im Jahr 2015 bestehenden Teilnahmemodalitäten pro Land und pro Erhebungsinstrument. Abweichungen der Teilnahmebedingungen im Vergleich zu den Erhebungszyklen 2007 und 2011 sind durch Fußnoten gekennzeichnet. Insbesondere für Trendanalysen sind diese Informationen relevant, weil sie Hintergründe für mögliche veränderte Stichprobenzusammensetzungen und Teilnahmequoten der verschiedenen befragten Akteursgruppen liefern.

4.3 Verfahren und Kriterien der Stichprobenziehung

Die Stichprobenziehung in TIMSS erfolgt nach einem sogenannten zweistufigen stratifizierten Clusterdesign (Joncas & Foy, 2011). Das Vorgehen lässt sich so beschreiben, dass zunächst eine Zufallsauswahl von Schulen aus allen Schulen der national effektiv erreichten Zielpopulation gezogen wird und daran anschließend eine Klasse in den ausgewählten Schulen ermittelt wird beziehungsweise mehrere Klassen ermittelt werden. Im Einzelnen wurde in Deutschland dabei wie folgt vorgegangen:

In der *ersten Stufe* wird aus einer Liste (*Sampling Frame*), in der alle Schulen aufgeführt sind, die Teil der national effektiv erreichten Zielpopulation sind, eine Zufallsstichprobe von Schulen gezogen. Nach den Vorgaben der internationalen Studienleitung beträgt die Mindestanzahl 150 Schulen. Da Schulen mit einer größeren Anzahl an Schülerinnen und Schülern in der vierten Jahrgangsstufe auch einen höheren Anteil an der Population haben, wird die Information zur Größe der Jahrgangsstufe 4 systematisch bei der Stichprobenziehung berücksichtigt. Um die Effizienz der Stichprobe und die Präzision der Ergebnisse zu steigern, kommt zudem die Methode der Stratifizierung zur Anwendung: Alle Schulen, die als Teil der national effektiv erreichten Zielpopulation gelten, werden nach bestimmten Merkmalen (*Strata*) kategorisiert (*geschichtet*). Mögliche *Strata* sind beispielsweise die geographische Lage (z.B. Länder der Bundesrepublik Deutschland) oder der Schultyp (z.B. Förder- vs. Regelschule, privat vs. öffentlich). Diese zur Verfügung stehenden Informationen über die Schulen können dann bei der Stichprobenziehung berücksichtigt werden, sodass sichergestellt wird, dass sich die tatsächliche Verteilung der Schulen innerhalb dieser *Strata* auch in der Stichprobe widerspiegelt und dadurch spezifische Gruppen der Population adäquat repräsentiert werden.

In der *zweiten Stufe* werden innerhalb der ausgewählten Schulen Klassenstichproben gezogen. Dabei hat jede Klasse dieselbe Wahrscheinlichkeit, in die Stichprobe zu gelangen. Mit Auswahl der Klassen sind automatisch auch die Schülerinnen und Schüler bestimmt, da – abgesehen von oben beschriebenen Ausnahmen – alle Schülerinnen und Schüler einer Klasse am Test teilnehmen sollen. Laut Vorgaben der internationalen Studienleitung sind mindestens 4000 Schülerinnen und Schüler auszuwählen (Joncas & Foy, 2011).

4.3.1 Schul- und Schülerteilnahmequoten

In TIMSS, wie auch in jeder anderen Studie, ist mit Stichprobenausfällen zu rechnen. Um mögliche Datenverzerrungen aufgrund nicht teilnehmender Schulen oder Personengruppen gering zu halten, sind seitens der internationalen Studienleitung Vorgaben für minimale Beteiligungsquoten definiert worden (Joncas & Foy, 2011). Teilnehmerstaaten und Regionen, die die vorgeschriebenen Rücklaufquoten nicht erreichen, werden im Rahmen der internationalen Berichterstattung bei weniger gravierenden Abweichungen mit einer Fußnote und einer entsprechenden Erklärung in den Ländervergleich einbezogen. Erweisen sich die Rücklaufquoten jedoch als zu gering, werden die Ergebnisse gesondert berichtet.

Auf *Schulebene* liegt die minimal zu erreichende Beteiligungsquote bei 85 Prozent der ursprünglich ausgewählten Schulen. Fehlen weniger als 15 Prozent der ursprünglich ausgewählten Schulen, können nicht teilnehmende Schulen durch bereits im Rahmen der Stichprobenziehung ausgewählte Ersatzschulen im Nachrückverfahren ersetzt werden, sodass die Anforderungen zur Stichprobengröße insgesamt erfüllt werden können. Ersatzschulen müssen den ursprünglich gezogenen Schulen in den für die Stratifizierung bestimmten Merkmalen ähnlich sein.

Auf *Klassenebene* liegt die minimal zu erreichende Beteiligungsquote bei 95 Prozent der ursprünglich ausgewählten Klassen. Für nicht teilnehmende Klassen müssen Klassen in Ersatzschulen gefunden werden. Es besteht in diesen Fällen also nicht die Möglichkeit, sie durch Parallelklassen kurzfristig zu ersetzen. Auch für die Befragung der Lehrkräfte ist für die spätere Berichtlegung eine Mindestbeteiligung von 85 Prozent vorgegeben. Wie im Falle von Klassen dürfen auch Lehrkräfte nicht ersetzt werden (Joncas & Foy, 2011).

Für die *Schülerebene* ist eine Beteiligungsquote von mindestens 85 Prozent der Schülerinnen und Schüler festgelegt, wobei zusätzlich gilt, dass die Beteiligung in den einzelnen Klassen nicht unter 50 Prozent sinken darf. Um Rücklaufquoten im geforderten Maße zu erreichen, wird an Schulen, an denen am Testtag mehr als 10 Prozent der Schülerinnen und Schüler fehlen, ein Nachtest durchgeführt. Wird trotz Nachtest die Mindestrücklaufquote nicht erreicht, muss die Klasse und somit die ganze Schule von der Studie ausgeschlossen werden.

Alternativ zu den genannten Beteiligungsquoten kann auch gewährleistet werden, dass die kombinierte Schul- und Schülerteilnahmequote bei mindestens 75 Prozent liegt, das heißt, der durch Ausschluss auf Schul-, Klassen- und Schülerebene bedingte Anteil an nicht teilnehmenden Schülerinnen und Schülern darf 25 Prozent nicht überschreiten.

Als weiteres Kriterium zur Bewertung der Qualität der Stichprobe auf Schülerebene wird berücksichtigt, ob die Teilnahme an der Leistungsmessung zu verwertbaren Ergebnissen geführt hat. Interpretationsgrundlage hierzu sind die Kompetenzmittelwerte, anhand derer aufzuzeigen ist, dass für mindestens 85 Prozent der Schülerinnen und Schüler innerhalb der Stichprobe zuverlässige Leistungswerte geschätzt werden können. Die Schätzung des Leistungswertes gilt dann als zuverlässig, wenn eine Schülerin oder ein Schüler mehr Aufgaben richtig bearbeitet hat, als durch Raten richtig zu lösen sind.

4.3.2 Besonderheiten der Stichproben im internationalen Vergleich

Die Tabelle A.3 (siehe Anhang A in diesem Band) gibt einen Überblick über die Stichproben aller Teilnehmer an TIMSS 2015. Besonderheiten bezüglich der nationalen Zielpopulationen, der Schul- und Schülerteilnahmequoten sowie der Leistungsmessungen sind ebenfalls aufgelistet. Benchmark-Teilnehmer sowie Teilnehmer mit der fünften Jahrgangsstufe (Norwegen) werden gesondert aufgeführt. In Tabelle A.1 sind diese Besonderheiten entsprechend für TIMSS 2007 sowie in Tabelle A.2 für TIMSS 2011 angegeben (siehe Anhang A in diesem Band). Mit Hilfe von Fußnoten in der ersten Tabellenspalte wird auf diese Besonderheiten der Stichproben verwiesen. Entsprechende Erläuterungen geben Aufschluss über mögliche Einschränkungen für eine international-vergleichende Interpretation der Ergebnisse (siehe Abschnitt 4.3.4).

Der dritten und vierten Tabellenspalte von Tabelle A.3 ist zu entnehmen, welche Teilnehmer von TIMSS 2015 bereits am Studienzyklus 2011 beziehungsweise am Studienzyklus 2007 beteiligt waren. Die Tabellenspalten 5 bis 8 verweisen auf Besonderheiten bezüglich der Definition und Ausschöpfung der nationalen Zielpopulation und die Tabellenspalten 9 bis 13 weisen auf Besonderheiten bezüglich der *Schul- und Schülerteilnahmequoten* hin. Ergänzend sind in den Tabellenspalten 14 und 15 *Besonderheiten bezüglich der Leistungsmessung* in den Domänen Naturwissenschaften und Mathematik dokumentiert.

Wie aus der Spalte 5 (*Getestete Jahrgangsstufe*) deutlich wird, wählten England und Neuseeland als äquivalente nationale Zielpopulation gemäß den Kriterien ‚formale Beschulungszeit‘ und ‚Durchschnittsalter des Schülerjahrgangs‘ eine höhere Jahrgangsstufe. Das Durchschnittsalter der getesteten Schülerinnen und Schüler ist der sechsten Tabellenspalte zu entnehmen.

In Spalte 7 wird der *Ausschöpfungsgrad der nationalen Zielpopulation in Prozent bezogen auf die internationale Vorgabe* (100 %) illustriert. Hier zeigt sich für zwei Teilnehmer und einen Benchmark-Teilnehmer, dass die internationale Zielpopulation nicht zu 100 Prozent durch die nationale Zielpopulation abgedeckt wird. Für Georgien ist der geringe Ausschöpfungsgrad dadurch bedingt, dass hier nur Schülerinnen und Schüler getestet wurden, die in Georgisch unterrichtet werden. In Kanada wurden nur Schülerinnen und Schüler aus den Provinzen Alberta, Manitoba, Neufundland, Ontario und Québec getestet. In Florida nahmen nur diejenigen Schülerinnen und Schüler an der Erhebung teil, die staatliche Schulen besuchen.

In Spalte 8 sind die *Ausschlüsse von der Zielpopulation* als Gesamtausschlussquote in Prozent aufgeführt. Hier zeigt sich, dass die internationale Vorgabe von maximal 5 Prozent von 12 Teilnehmern und drei Benchmark-Teilnehmern überschritten wird. Deutschland (siehe Abschnitt 7) gehört zu den 16 von insgesamt 55 Teilnehmern, deren Gesamtausschlussquote auf der Ebene der nationalen Zielpopulation unter 3 Prozent liegt.

Die *Schulteilnahmequoten* (ohne und mit Ersatzschulen), die *Schülerteilnahmequoten* sowie die *Gesamtteilnahmequoten* (ohne und mit Ersatzschulen) der einzelnen Teilnehmer sind den Tabellenspalten 9 bis 13 zu entnehmen. Während eine Vielzahl der Teilnehmer die internationalen Kriterien erfüllt, zeigt sich für Belgien, Dänemark, Italien, Kanada, Neuseeland, die Niederlande und die USA, dass sie die *Schulteilnahmequote* von 85 Prozent nur unter Hinzunahme von nachrückenden Schulen erreichen. Hongkong, Nordirland und Québec hingegen gelingt dies auch mit Berücksichtigung der Ersatzschulen nicht. Die *Schülerteilnahmequote* von 85 Prozent erreichen alle Teilnehmer in TIMSS 2015.

Eine *kombinierte Schüler- und Schulgesamtteilnahmequote* von 75 Prozent hingegen erreichen Belgien (Fläm. Gem.), Dänemark, Hongkong, Kanada, die Niederlande, die USA und Buenos Aires nur unter Hinzunahme der Ersatzschulen. Nordirland und Québec liegen auch mit Ersatzschulen noch unterhalb dieser Schüler- und Schulgesamtteilnahmequote.

Die letzten beiden Tabellenspalten dokumentieren für TIMSS 2015 den Anteil der Schülerinnen und Schüler ohne skalierbare Leistungswerte in den Naturwissenschaften (Tabellenspalte 14) und in Mathematik (Tabellenspalte 15). Da diese Angaben erst seit der Erhebung im Jahr 2011 für TIMSS berichtet werden, finden sich diese Tabellenspalten nicht in der Tabelle A.1 zum Studienzyklus TIMSS 2007 wieder. Bei TIMSS 2015 weist Kuwait einen hohen Anteil von Schülerinnen und Schülern ohne auswertbare Angaben in den Leistungstests sowohl in den Naturwissenschaften als auch in Mathematik auf. Darüber hinaus liegen in Saudi-Arabien und bei dem Benchmark-Teilnehmer Abu Dhabi die Anteile der Schülerinnen und Schüler ohne gültige Leistungswerte in Mathematik sowie in Marokko in Naturwissenschaften jeweils über 15 Prozent.

4.3.3 Bedeutsamkeit der Ausschlussquote für den internationalen Vergleich

Die *Ausschlüsse von der Zielpopulation* sind für Deutschland mit einer Gesamtausschlussquote von 2.7 Prozent im internationalen Vergleich sehr gering (siehe Abschnitt 4.3.2), während andere Teilnehmer wie Serbien (11.3 %), Singapur (10.1 %), Dänemark (7.5 %), die USA (6.8 %), Italien (6.2 %) oder Schweden (5.7 %) Ausschlussquoten erreichen, die über der internationalen Vorgabe liegen.

Unterstellt man, dass Ausschlüsse von der Zielpopulation in erster Linie Schülerinnen und Schüler mit eher geringen Kompetenzen betreffen, so stellt sich die Frage, welche Mittelwerte die Viertklässlerinnen und Viertklässler in Deutschland bei vergleichbaren Ausschlussquoten erzielt hätten. In der Abbildung 2.4 sind unterschiedliche Verortungen Deutschlands auf der Gesamtskala Mathematik (siehe auch Kapitel 3, Abbildung 3.5, in diesem Band) dargestellt, die sich ergeben würden, wenn für Deutschland Ausschlussraten zugrunde gelegt würden, die mit denen ausgewählter Teilnehmer vergleichbar sind, die die Vorgabe von 5 Prozent überschreiten. Als Referenzpunkte sind zudem in der Abbildung die reellen Kompetenzmittelwerte sowohl für Deutschland als auch für diejenigen Teilnehmerstaaten angegeben, die auf der Gesamtskala signifikant besser oder nicht signifikant different zu Deutschland abschneiden. Der rechten Seite der Abbildung ist zu entnehmen, ob die Leistungsmittelwerte der dargestellten Teilnehmer unter Berücksichtigung der unterschiedlichen Ausschlussquoten signifikant besser oder schlechter ausfallen als die Leistungsmittelwerte für Deutschland. Signifikant höhere Werte sind durch ein Plus (+), signifikant niedrigere Werte durch ein Minus (-) symbolisiert.

In Abbildung 2.4 ist die Veränderung des Mittelwerts der Viertklässlerinnen und Viertklässler in Deutschland beim Vergleich der Leistung auf der Gesamtskala Mathematik in Abhängigkeit von der Ausschlussquote dargestellt. Aus der Abbildung ist ersichtlich, dass eine Erhöhung der Ausschlussquoten für Deutschland im Rahmen der internationalen Vorgaben (max. 5 Prozent) keinen bedeutsamen Einfluss auf das Abschneiden der Viertklässlerinnen und Viertklässler in Deutschland im internationalen Vergleich hätte. Erst Ausschlussquoten von 6.8 Prozent (wie in den USA) würden den Leistungsmittelwert

Abbildung 2.4:　Veränderung des Mittelwerts von Viertklässlerinnen und Viertklässlern in Deutschland beim Vergleich der Leistung auf der Gesamtskala Mathematik in Abhängigkeit von der Ausschlussquote

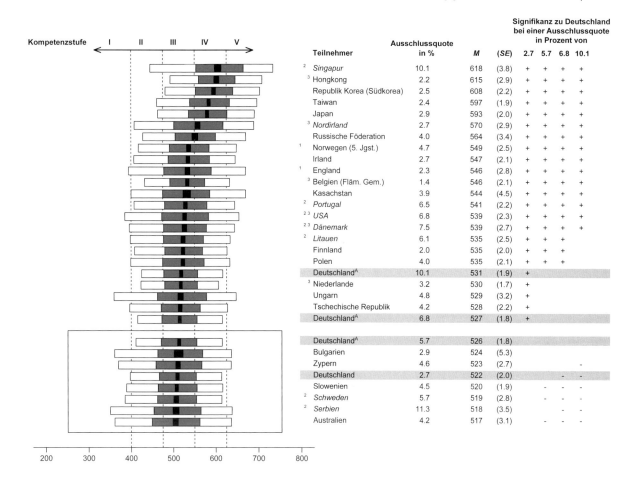

Teilnehmer	Ausschlussquote in %	M	(SE)	2.7	5.7	6.8	10.1
[2] Singapur	10.1	618	(3.8)	+	+	+	+
[3] Hongkong	2.2	615	(2.9)	+	+	+	+
Republik Korea (Südkorea)	2.5	608	(2.2)	+	+	+	+
Taiwan	2.4	597	(1.9)	+	+	+	+
Japan	2.9	593	(2.0)	+	+	+	+
[3] Nordirland	2.7	570	(2.9)	+	+	+	+
Russische Föderation	4.0	564	(3.4)	+	+	+	+
[1] Norwegen (5. Jgst.)	4.7	549	(2.5)	+	+	+	+
Irland	2.7	547	(2.1)	+	+	+	+
[1] England	2.3	546	(2.8)	+	+	+	+
[3] Belgien (Fläm. Gem.)	1.4	546	(2.1)	+	+	+	+
Kasachstan	3.9	544	(4.5)	+	+	+	+
[2] Portugal	6.5	541	(2.2)	+	+	+	+
[2 3] USA	6.8	539	(2.3)	+	+	+	+
[2 3] Dänemark	7.5	539	(2.7)	+	+	+	+
[2] Litauen	6.1	535	(2.5)	+	+	+	
Finnland	2.0	535	(2.0)	+	+	+	
Polen	4.0	535	(2.1)	+	+	+	
Deutschland[A]	10.1	531	(1.9)	+			
[3] Niederlande	3.2	530	(1.7)	+			
Ungarn	4.8	529	(3.2)	+			
Tschechische Republik	4.2	528	(2.2)	+			
Deutschland[A]	6.8	527	(1.8)	+			
Deutschland[A]	5.7	526	(1.8)				
Bulgarien	2.9	524	(5.3)				
Zypern	4.6	523	(2.7)				-
Deutschland	2.7	522	(2.0)			-	-
Slowenien	4.5	520	(1.9)		-	-	-
[2] Schweden	5.7	519	(2.8)		-	-	-
[2] Serbien	11.3	518	(3.5)		-	-	-
Australien	4.2	517	(3.1)		-	-	-

Kompetenzstufe　I　II　III　IV　V

Signifikanz zu Deutschland bei einer Ausschlussquote in Prozent von

200　300　400　500　600　700　800

Perzentile

5%　25%　75%　95%

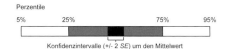

Konfidenzintervalle (+/- 2 *SE*) um den Mittelwert

☐ Nicht statistisch signifikant vom tatsächlichen deutschen Mittelwert abweichende Staaten ($p > .05$).
+ = Statistisch signifikant positive Abweichungen ($p < .05$) zu dem für Deutschland ermittelten Leistungsmittelwert unter Berücksichtigung der in der Spaltenüberschrift angegebenen Ausschlussquote.
- = Statistisch signifikant negative Abweichungen ($p < .05$) zu dem für Deutschland ermittelten Leistungsmittelwert unter Berücksichtigung der in der Spaltenüberschrift angegebenen Ausschlussquote.
Kursiv gesetzt sind die Teilnehmer, für die von einer eingeschränkten Vergleichbarkeit der Ergebnisse ausgegangen werden muss.
1 = Die nationale Zielpopulation entspricht nicht oder nicht ausschließlich der vierten Jahrgangsstufe.
2 = Der Ausschöpfungsgrad und/oder die Ausschlüsse von der nationalen Zielpopulation erfüllen nicht die internationalen Vorgaben.
3 = Die Teilnahmequoten auf Schul- und/oder Schülerebene erreichen nicht die internationalen Vorgaben.
A = Berechnung für Deutschland nach einem höheren Ausschluss von Schülerinnen und Schülern mit geringen Kompetenzwerten.

IEA: Trends in International Mathematics and Science Study　　© TIMSS 2015

der Schülerinnen und Schüler in Deutschland und damit auch die Platzierung Deutschlands im Ländervergleich signifikant positiv beeinflussen. Umgekehrt ist auch zu vermuten, dass die Leistungsmittelwerte der Teilnehmer Singapur, Portugal, USA, Dänemark oder Litauen bei geringeren Ausschlussquoten unterhalb der für diese Teilnehmer gefundenen Leistungsmittelwerte liegen würden. Festzustellen bleibt, dass die Ausschlussquoten anderer Teilnehmer nur begrenzt als Begründung für das Abschneiden Deutschlands im internationalen Vergleich herangezogen werden können. Selbst unter Ausschluss von 10 Prozent der leistungsschwächsten Viertklässlerinnen und Viertklässler aus der deutschen Stichprobe würden die Schülerinnen und Schüler beispielsweise in Singapur, der Republik Korea, Japan, der Russischen Föderation, Hongkong,

Abbildung 2.5: Veränderung des Mittelwerts von Viertklässlerinnen und Viertklässlern in Deutschland beim Vergleich der Leistung auf der Gesamtskala Naturwissenschaften in Abhängigkeit von der Ausschlussquote

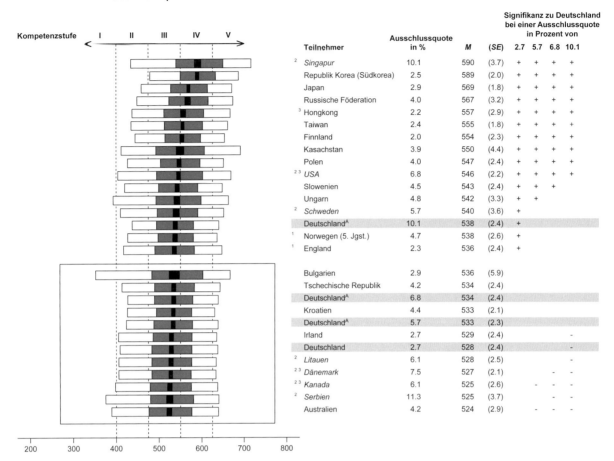

Teilnehmer	Ausschlussquote in %	M	(SE)	Signifikanz zu Deutschland bei einer Ausschlussquote in Prozent von			
				2.7	5.7	6.8	10.1
[2] *Singapur*	10.1	590	(3.7)	+	+	+	+
Republik Korea (Südkorea)	2.5	589	(2.0)	+	+	+	+
Japan	2.9	569	(1.8)	+	+	+	+
Russische Föderation	4.0	567	(3.2)	+	+	+	+
[3] Hongkong	2.2	557	(2.9)	+	+	+	+
Taiwan	2.4	555	(1.8)	+	+	+	+
Finnland	2.0	554	(2.3)	+	+	+	+
Kasachstan	3.9	550	(4.4)	+	+	+	+
Polen	4.0	547	(2.4)	+	+	+	+
[2 3] *USA*	6.8	546	(2.2)	+	+	+	+
Slowenien	4.5	543	(2.4)	+	+	+	
Ungarn	4.8	542	(3.3)	+	+		
[2] *Schweden*	5.7	540	(3.6)	+			
Deutschlandᴬ	10.1	538	(2.4)	+			
[1] Norwegen (5. Jgst.)	4.7	538	(2.6)	+			
[1] England	2.3	536	(2.4)	+			
Bulgarien	2.9	536	(5.9)				
Tschechische Republik	4.2	534	(2.4)				
Deutschlandᴬ	6.8	534	(2.4)				
Kroatien	4.4	533	(2.1)				
DeutschlandᴬÂ	5.7	533	(2.3)				
Irland	2.7	529	(2.4)				-
Deutschland	2.7	528	(2.4)				-
[2] *Litauen*	6.1	528	(2.5)				-
[2 3] *Dänemark*	7.5	527	(2.1)			-	-
[2 3] *Kanada*	6.1	525	(2.6)		-	-	-
[2] *Serbien*	11.3	525	(3.7)			-	-
Australien	4.2	524	(2.9)			-	-

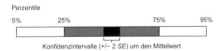

Perzentile

Konfidenzintervalle (+/– 2 SE) um den Mittelwert

☐ Nicht statistisch signifikant vom tatsächlichen deutschen Mittelwert abweichende Staaten (*p* > .05).
+ = Statistisch signifikant positive Abweichungen (*p* < .05) zu dem für Deutschland ermittelten Leistungsmittelwert unter Berücksichtigung der in der Spaltenüberschrift angegebenen Ausschlussquote.
- = Statistisch signifikant negative Abweichungen (*p* < .05) zu dem für Deutschland ermittelten Leistungsmittelwert unter Berücksichtigung der in der Spaltenüberschrift angegebenen Ausschlussquote.
Kursiv gesetzt sind die Teilnehmer, für die von einer eingeschränkten Vergleichbarkeit der Ergebnisse ausgegangen werden muss.
1 = Die nationale Zielpopulation entspricht nicht oder nicht ausschließlich der vierten Jahrgangsstufe.
2 = Der Ausschöpfungsgrad und/oder die Ausschlüsse von der nationalen Zielpopulation erfüllen nicht die internationalen Vorgaben.
3 = Die Teilnahmequoten auf Schul- und/oder Schülerebene erreichen nicht die internationalen Vorgaben.
A = Berechnung für Deutschland nach einem höheren Ausschluss von Schülerinnen und Schülern mit geringen Kompetenzwerten.

IEA: Trends in International Mathematics and Science Study © TIMSS 2015

Taiwan, Kasachstan und den USA weiterhin signifikant bessere Leistungsergebnisse in Mathematik erzielen. Ein vergleichbarer Befund lässt sich für die Naturwissenschaften festhalten (siehe Abbildung 2.5).

4.3.4 TIMSS 2015 Fußnotensystem zur Klassifikation von Teilnahmebedingungen

Die Besonderheiten der Teilnahmebedingungen sind in den Tabellen A.1, A.2 und A.3 (siehe Anhang A in diesem Band) dokumentiert. Für die Darstellung der Ergebnisse in den Abbildungen und Tabellen wurde für den vorliegenden Berichtsband in Anlehnung an die internationale Berichterstattung ein ausdifferenziertes Fußnotensystem entwickelt, das auf die TIMSS-Erhebungen in 2007, 2011 und 2015 angewendet werden kann. Die Fußnoten benennen die Besonderheiten der Stichproben der einzelnen Teilnehmer. Mit dieser Übersicht ist für eine international-vergleichende Interpretation von Ergebnissen eine Grundlage gegeben, um Einschränkungen der Vergleichbarkeit, die aus Besonderheiten der nationalen Stichproben resultieren, im Blick zu behalten. Die nachfolgend aufgeführten Fußnoten werden in diesem Berichtsband analog zur Berichtslegung zu TIMSS 2011 (Wendt, Tarelli, Bos, Frey & Vennemann, 2012) zur Kennzeichnung von Besonderheiten nationaler Stichproben verwendet:

1　= Die nationale Zielpopulation entspricht nicht oder nicht ausschließlich der vierten Jahrgangsstufe.

2　= Der Ausschöpfungsgrad und/oder die Ausschlüsse von der nationalen Zielpopulation erfüllen nicht die internationalen Vorgaben.

3　= Die Teilnahmequoten auf Schul- und/oder Schülerebene erreichen nicht die internationalen Vorgaben.

4　= Sehr hoher Anteil an Schülerinnen und Schülern mit nicht skalierbaren Leistungswerten.

Die Fußnote 4 ist nur für die Studienzyklen 2015 und 2011 relevant und wird, sofern eine Unterscheidung notwendig ist, fachspezifisch in die Fußnoten 4 (nicht skalierbare Leistungswerte in Mathematik) und 5 (nicht skalierbare Leistungswerte in den Naturwissenschaften) differenziert. Für den Vergleich zu TIMSS 2007 ist darüber hinaus die Fußnote 6 relevant, die darauf verweist, dass in Dubai die Testung in 2007 zeitlich verzögert erfolgte.

Für TIMSS 2015 wurden zwei weitere Fußnoten (7 und 8) ergänzt, die zum einen die Teilnahme an *TIMSS Numeracy* (Fußnote 7), zum anderen Besonderheiten im Hinblick auf Trendvergleiche mit den Zyklen TIMSS 2011 und TIMSS 2007 (Fußnote 8) betreffen (siehe Anhang A.3).

Kursivschreibung der Ländernamen und Kennzahlen
Ebenfalls analog zur Berichtslegung von TIMSS 2011 (Wendt et al., 2012) wird neben Fußnoten durch Kursivschreibung der Staatennamen auf eine eingeschränkte Vergleichbarkeit hingewiesen, wenn für Teilnehmer mindestens eines der folgenden Kriterien zutrifft:
- Die Gesamtausschlussquote liegt über der internationalen Vorgabe von 5 Prozent (siehe Tabelle A.3 in diesem Band; Spalte 8; *Ausschlüsse von der nationalen Zielpopulation (Gesamtquote) in %)*;
- die Schüler- und Schulgesamtteilnahmequote (mit Ersatzschulen) liegt unter 75 Prozent (siehe Tabelle A.3 in diesem Band; Spalte 13; *Gesamtteilnahmequote in %)*; und/oder
- der Anteil der Schülerinnen und Schüler ohne gültige Leistungswerte liegt über 15 Prozent (siehe Fußnoten 4 und 5).

Kursive Formatierungen der Staatennamen in den Abbildungen und Tabellen werden durch folgende Fußnote erläutert: „Kursiv gesetzt sind die Teilnehmer, für die von einer eingeschränkten Vergleichbarkeit der Ergebnisse ausgegangen werden muss".

In Trenddarstellungen indizieren Kursivsetzungen von Teilnehmern, dass in diesen Bildungssystemen Besonderheiten in den Erhebungsbedingungen vorliegen und Interpretationen von Ergebnissen im Vergleich der Studienzyklen nur unter deren Berücksichtigung erfolgen sollten (siehe hierzu auch die Erläuterungen zu Fußnote 8 sowie die Tabellen A.1, A.2 und A.3 im Anhang A in diesem Band). Teilnehmer, die mit einer Fußnote 4 markiert sind, werden nur einmal in den Gesamtskalen berichtet und dann von allen nachfolgenden Darstellungen im nationalen Berichtsband ausgespart.

5 Entwicklung und Charakteristika der Instrumente

Um die Schülerleistungen in den Domänen Mathematik und Naturwissenschaften zu erfassen, werden im Rahmen von TIMSS Leistungstests eingesetzt. Die für das schulische Lernen relevanten Hintergrundinformationen werden umfassend mit Hilfe von Fragebögen auf System-, Schul-, Lehrer-, Schüler- und Elternebene erfasst.

5.1 Leistungstests

Die Leistungstests, die im Rahmen von TIMSS eingesetzt werden, dienen der Ermittlung von Leistungsständen der Schülerinnen und Schüler in den Bereichen Mathematik und Naturwissenschaften. Die so ermittelten Schülerleistungen erlauben es, im internationalen Vergleich Aussagen über Leistungsunterschiede zu treffen, sowohl zwischen gesamten Schülerpopulationen als auch zwischen spezifischen Schülergruppen für die übergreifenden Kompetenzskalen und die jeweiligen Subdomänen (siehe Abschnitt 4.1.1). Der Aufgabenpool im Studienzyklus von TIMSS 2015 umfasst 169 Aufgaben für Mathematik und 168 Aufgaben für die Naturwissenschaften. In der Regel werden rund 60 Prozent der Aufgabenblöcke zum Zwecke der Verlinkung aus den vorangegangenen Studienzyklen übernommen, wovon rund 75 Prozent aus dem jeweils letzten und gut 25 Prozent aus dem jeweils vorletzten Zyklus stammen (Martin, Mullis & Foy, 2013). Rund 40 Prozent der Blöcke werden neu für einen Studienzyklus entwickelt. Die Entwicklung der Testaufgaben erfolgt in einem kooperativen Prozess aller Teilnehmerstaaten. Vorschläge für einzelne Aufgaben werden aus verschiedenen Teilnehmerstaaten eingereicht und von Expertinnen und Experten aus verschiedenen Fachdisziplinen und Ländern begutachtet. Maßgeblich bei der Entwicklung von TIMSS-Testaufgaben ist, dass die Aufgaben repräsentativ für die in der Rahmenkonzeption formulierten Inhalte und Anforderungen sind. So ist beispielweise sicherzustellen, dass die Aufgaben die Testziele der TIMSS-Rahmenkonzeption repräsentieren (Mullis & Martin, 2013). Die Durchführung von Feldtests in allen Teilnehmerstaaten ermöglicht es, neu ausgewählte Testaufgaben auf ihre empirische Qualität hin zu überprüfen und zu gewährleisten, dass die Testaufgaben für Schülerinnen und Schüler aller Teilnehmerstaaten vergleichbare Messeigenschaften aufweisen (Martin, Mullis & Hooper, 2016).

5.1.1 Charakteristika der Testaufgaben

Alle Testaufgaben sind kindgerecht aufbereitet, manche von ihnen sind illustriert. Gestaltet sind die Testaufgaben beider Kompetenzdomänen in zwei Formaten (für Aufgabenbeispiele siehe Kapitel 3 und 4 in diesem Band). Etwas mehr als die Hälfte der Aufgaben ist im *Multiple-Choice*-Format gehalten. Schülerinnen und Schüler wählen hier aus zwei, vier oder fünf vorgegebenen Antworten die richtige Lösung aus. Etwas weniger als die Hälfte der Testaufgaben ist durch ein offenes Antwortformat gekennzeichnet, welches den Schülerinnen und Schülern die Möglichkeit gibt, ihre Antworten frei in einem offenen Textfeld zu formulieren. Alle Testaufgaben sind sprachlich klar und prägnant formuliert, so auch die Antwortoptionen bei Aufgaben im Multiple-Choice-Format, um den Leseumfang gering zu halten (Martin et al., 2013).

5.1.2 Rotation der Testaufgaben

Jede Schülerin beziehungsweise jeder Schüler bearbeitet während der Testsitzung ein Testheft. Es enthält Mathematik- und Naturwissenschaftsaufgaben. Die Zusammenstellung der Testhefte erfolgt über domänenspezifische Blöcke von Aufgaben. Jeder Aufgabenblock umfasst zwischen 10 und 14 Einzelaufgaben. Jede Testaufgabe kann unabhängig von einer anderen bearbeitet werden, die einzelnen Aufgaben bauen also inhaltlich nicht aufeinander auf.

Wie in den meisten internationalen Leistungsstudien üblich, liegt auch der Testkonzeption in TIMSS ein multiples Matrixdesign zugrunde, das eine Rotation von 28 verschiedenen Testblöcken (jeweils 14 für Mathematik und die Naturwissenschaften) über 14 unterschiedliche Testhefte vorsieht (siehe Tabelle 2.4). Das Grundprinzip dieses Designs besteht darin, dass nicht alle Schülerinnen und Schüler alle Aufgaben bearbeiten müssen, sondern jede Schülerin und jeder Schüler nur einen Teil der Aufgaben bearbeitet. Konkret bedeutet dies, dass jedes Grundschulkind lediglich vier ausgewählte Aufgabenblöcke (zwei für Mathematik und zwei für Naturwissenschaften) bearbeitet, die in einem Testheft zusammen aufgeführt sind.

Aufgrund der ausreichend großen Stichprobe und mit Hilfe hierfür konzipierter statistischer Methoden können die Leistungswerte trotz des multiplen Matrixdesigns für die Population präzise geschätzt werden. Das heißt, es kann auch die Leistung von zwei Schülerinnen oder Schülern verglichen werden, die unterschiedliche Testteile bearbeitet haben. Durch das Rotationsdesign

Tabelle 2.4: Testheftdesign in TIMSS 2015

Dauer in Min.		\multicolumn{14}{c}{Testheft}												
		1	2	3	4	5	6	7	8	9	10	11	12	13	14
18	Teil 1	M 01	S 02	M 03	S 04	M 05	S 06	M 07	S 08	M 09	S 10	M 11	S 12	M 13	S 14
18		M 02	S 03	M 04	S 05	M 06	S 07	M 08	S 09	M 10	S 11	M 12	S 13	M 14	S 01
18	Teil 2	S 01	M 02	S 03	M 04	S 05	M 06	S 07	M 08	S 09	M 10	S 11	M 12	S 13	M 14
18		S 02	M 03	S 04	M 05	S 06	M 07	S 08	M 09	S 10	M 11	S 12	M 13	S 14	M 01

IEA: Trends in International Mathematics and Science Study   © TIMSS 2015

wird darüber hinaus sichergestellt, dass eine Hälfte der Schülerinnen und Schüler die Leistungstestung mit zwei Aufgabenblöcken aus dem Kompetenzbereich Mathematik beginnt und anschließend die Aufgabenblöcke für den Bereich Naturwissenschaften bearbeitet, während für die andere Hälfte die domänenspezifischen Testblöcke in umgekehrter Reihenfolge administriert sind (Martin et al., 2013).

5.1.3 Curriculare Validität der Testaufgaben

Bei der Entwicklung von TIMSS-Testaufgaben besteht ein maßgebliches Kriterium darin, dass die Aufgaben repräsentativ die Inhalte und Anforderungen widerspiegeln, die in der Rahmenkonzeption formuliert sind (siehe Abschnitt 4.1). Obgleich die Rahmenkonzeption von allen Teilnehmerstaaten verabschiedet wurde, ist es nicht zu verhindern, dass der Grad der Übereinstimmung zwischen den TIMSS-Tests und den länderspezifischen Curricula von Staat zu Staat variiert. Würden nur jene Aufgaben Eingang in den TIMSS-Leistungstest erhalten, die ausnahmslos in allen Staaten curricular valide sind, so würde dies stark die Testinhalte und somit auch die bearbeitbaren Forschungsfragen einschränken.

TIMSS verzichtet daher auf eine Testreduktion, führt aber traditionsgemäß seit Beginn der TIMSS-Zyklen im Jahr 1995 eine sogenannte *Test-Curriculum Matching Analysis* (TCMA) durch. Um curricular valide Testaufgaben zu gewährleisten, werden im Rahmen der TCMA alle Teilnehmerstaaten darum gebeten, jede einzelne Aufgabe hinsichtlich ihrer Validität für das nationale Curriculum zu beurteilen. Die Ergebnisse der Beurteilung für Deutschland sind in den Kapiteln 3 und 4 dieses Bandes beschrieben. Die internationale Studienleitung nutzt diese Informationen, um für jeden Teilnehmerstaat vergleichend zu ermitteln, wie seine Leistungsergebnisse (dargestellt als durchschnittliche Lösungswahrscheinlichkeit) im Vergleich zu den Ergebnissen der anderen Teilnehmer ausfallen, wenn nur jene Aufgaben berücksichtigt werden, die nach Experteneinschätzung Teil des eigenen Curriculums sind. Dieser differenzierte Vergleich der länderspezifischen Leistungsergebnisse ist Teil der internationalen Ergebnisberichte (Martin et al., 2016; Mullis et al., 2016).

Bereits in der Vergangenheit haben die Ergebnisse dieser Analysen gezeigt, dass alle Staaten in dem für ihr jeweiliges Curriculum validen Subtest eine etwas höhere durchschnittliche Lösungswahrscheinlichkeit als im Gesamttest erreichen. Dies hat sich im Studienzyklus von TIMSS 2015 bestätigt. Allerdings beträgt die Differenz bei den meisten Staaten nur wenige Prozentpunkte und ist nicht statistisch signifikant. Die Ergebnisse für Deutschland sind für Mathematik im Kapitel 3 und für die Naturwissenschaften im Kapitel 4 dargestellt. Die TIMSS-Aufgaben erlauben somit einen angemessenen und fairen Vergleich zwischen den Teilnehmerstaaten.

5.1.4 Freigegebene Aufgaben

Informationen über die Art und den Inhalt der TIMSS-Testaufgaben werden im Anschluss an die Berichtslegung der Öffentlichkeit zugänglich gemacht. Die internationale Studienleitung wird dazu im Februar 2017 Aufgabenblöcke der TIMSS-2015-Testhefte veröffentlichen. Dabei handelt es sich um sechs der 14 Testblöcke für den Bereich Mathematik sowie um sechs der 14 Testblöcke für den Bereich Naturwissenschaften. Alle in diesem Bericht verwendeten Aufgabenbeispiele stammen aus dieser Aufgabenauswahl. In den letzten Jahren hat die IEA ihr Verfahren der Nutzung von Testaufgaben verändert. Demnach muss nun eine Nutzung von Aufgaben bei der IEA beantragt werden.[2]

5.2 Kontextfragebögen

Hintergrundinformationen, die mit dem schulischen Lernen – insbesondere in Bezug auf den mathematischen und naturwissenschaftlichen Kompetenzerwerb – im Zusammenhang stehen können, werden mit Hilfe einer schriftlichen Befragung der an TIMSS teilnehmenden Schülerinnen und Schüler und der an ihrem Lernprozess beteiligten Akteure erhoben (Hooper et al., 2013). Wie für die Leistungstests beschrieben, erfolgt auch die Entwicklung der Fragebogenitems in einem kooperativen Prozess der TIMSS-Teilnehmerstaaten. Vorschläge für konkrete Fragen zur Erfassung von Hintergrundmerkmalen werden aus unterschiedlichen Teilnehmerstaaten eingereicht und von Expertinnen und Experten verschiedener Fachdisziplinen und Staaten begutachtet. Neue Fragebogenitems werden beispielsweise entwickelt, um mit den daraus gewonnenen Informationen Unterschiede in schulischen Leistungen von Schülerinnen und Schülern verschiedener Teilnehmerstaaten und Regionen umfassender als zuvor interpretieren zu können. Damit ist zugleich ein maßgebliches Kriterium bei der Entwicklung von TIMSS-Fragebogenitems beschrieben: die inhaltliche Nähe zu und der entsprechende Erkenntnisgewinn mit den durch die Rahmenkonzeption fokussierten Inhalten und Anforderungen (siehe Abschnitt 4.1). Darüber hinaus wird sichergestellt, dass die ausgewählten Fragen die Testziele der TIMSS-Rahmenkonzeption repräsentieren und sich in allen Teilnehmerstaaten einsetzen lassen. Die Überprüfung der empirischen Qualität erfolgt im Rahmen des Feldtests (Mullis & Martin, 2013). Die von Seiten der internationalen Studienleitung vorgesehenen Inhalte der Kontextfragebögen stellen für alle Teilnehmerstaaten verbindliche Vorgaben dar (Mullis & Martin, 2013). Da sich diese Inhalte nicht unbedingt mit den Fragen decken, die auch die Wissenschaft und Politik in einzelnen Staaten vorrangig beschäftigen, besteht die Möglichkeit der nationalen Erweiterung von Fragebögen. So können zusätzliche Fragebogenitems national ergänzend zu den international verbindlich vorgegebenen Fragebogenitems in einem Staat erhoben werden. Diese Möglichkeit wurde, wie in der Vergangenheit, auch für TIMSS 2015 in Deutschland genutzt.

5.2.1   Datenschutzrechtliche Begutachtung der Kontextfragebögen

Alle im Rahmen von TIMSS 2015 implementierten Verfahren der Datenerhebung wurden durch die Kultusministerien der Länder datenschutzrechtlich geprüft. Das Verfahren und die Instrumente der Studie wurden den gesetzlichen Vorgaben entsprechend begutachtet und nach eingehender Prüfung seitens der Länder – teilweise nach Berücksichtigung bundeslandspezifischer Anpassungen – für die Erhebung zugelassen.

---

2   Weiterführende Informationen sind unter folgendem Link verfügbar: http://www.iea.nl/permissions.html

5.2.2 Inhalte der Kontextfragebögen

Folgende Aspekte werden in den in Deutschland eingesetzten TIMSS-2015-Fragebögen unter anderem thematisiert.

Der *Schülerfragebogen* enthält neben Fragen zum soziodemographischen und soziokulturellen Hintergrund des Kindes (z.B. Alter, Geschlecht, Sprachgebrauch zu Hause, Muttersprache) ebenfalls Fragen zu fachspezifischen Einstellungen, Selbstkonzepten sowie emotionalen und leistungsthematischen Verhaltensweisen, zur Teilnahme an außerunterrichtlichen Angeboten (Ganztags- und Förderangebote) und zu Freizeitaktivitäten.

Die aus dem *Elternfragebogen* gewonnenen Informationen ergänzen die Angaben der Schülerinnen und Schüler zur familiären Lernumwelt. Darin erfragte Themen sind unter anderem die einer Familie zur Verfügung stehenden Ressourcen, soziodemographische Daten der Eltern (höchster Bildungsabschluss, Fragen zur Berufstätigkeit, Zusammensetzung der Familie), Bildungshintergrund der Eltern, Bildungsaspirationen der Eltern, aber auch frühe Lernerfahrungen des Kindes sowie lernunterstützende Aktivitäten und Fragen zum kognitiven Anregungsgehalt der familiären Lernumwelt.

Zur systematischen Erfassung des Unterrichtsgeschehens und spezifischer Klassenmerkmale werden im *Fragebogen für die Mathematik- und Sachunterrichtslehrkräfte* neben Personenmerkmalen (Alter, Geschlecht, Lehrerfahrung) unter anderem die eigene Ausbildung und Qualifizierung, Merkmale und Ausstattung der Klasse, Einstellungen zu unterrichtsrelevanten Aspekten, Unterrichtspraxis und Lehrmethoden, lernrelevante Voraussetzungen der Schülerinnen und Schüler sowie persönliche Einstellungen zur Mathematik und zu den Naturwissenschaften erfragt. Informationen, die zusätzlich für die in einer TIMSS-Klasse teilnehmenden Schülerinnen und Schüler benötigt werden (Noten, Schullaufbahnempfehlungen, Förderbedarfe), werden durch eine Schülerteilnahmeliste erhoben, die ebenfalls durch eine Lehrkraft ausgefüllt wird.

Der *Schulfragebogen*, der von den Schulleitungen ausgefüllt wird, umfasst unter anderem Aspekte, die Schulcharakteristika (Schulgröße, Lehrkräfte, Unterrichtszeiten, soziale und geographische Lage) betreffen, ebenso wie die Organisation, den Kontext und die Ausstattung einer Schule, pädagogische Zielsetzungen, curriculare Gestaltung, Ressourcen in Form von technischer und materieller Ausstattung, soziales Klima, Kooperationen im Kollegium, Einbindung der Eltern, außercurriculare Aktivitäten und Unterstützungssysteme der Schule, die Rolle der Schulleitung, den Umgang mit Heterogenität, Ganztagsbetreuung sowie Fragen zum zusätzlichen Kursangebot in Mathematik und in den Naturwissenschaften.

Ergänzend hierzu enthält der *Curriculumfragebogen* Fragen dazu, inwieweit die Inhalte der TIMSS-Tests in den jeweiligen intendierten Curricula vorgesehen sind. Wie in Abschnitt 4.1.2 erläutert, wird er von Fachexpertinnen und Fachexperten in den teilnehmenden Staaten ausgefüllt. Darin erfragt werden auch Rahmenbedingungen der Umsetzung des Curriculums, zum Beispiel dazu, wer über das jeweilige Curriculum entscheidet, ob und in welcher Form die Implementation des Curriculums evaluiert wird oder ob und, wenn ja, inwiefern Lehrkräfte bei der Umsetzung des Curriculums unterstützt werden.

5.2.3 Übersetzung und Gestaltung der Testinstrumente

Die Instrumente werden jedem Teilnehmerstaat seitens der internationalen Studienleitung in englischer Sprache zur Durchführung der Studie bereitgestellt. Die Schülerinnen und Schüler werden in ihrer Unterrichtssprache getestet und befragt. Jede nationale Forschungsgruppe trägt Verantwortung dafür, Versionen der Testinstrumente und Fragebögen in den für den nationalen Kontext relevanten Unterrichtssprachen zu erstellen (Martin, Mullis & Hooper, 2016). Um ein hohes Maß an Qualität und die Gestaltung nach einheitlichen Standards zu gewährleisten, legt die internationale Studienleitung präzise fest, nach welchen Richtlinien und Abläufen die Übersetzung und die Gestaltung der Instrumente erfolgen sollen. Als wichtigstes Kriterium gilt, dass bei der Übersetzung der Testaufgaben oder Fragen in die jeweilige(n) Unterrichtssprache(n) die internationale Vergleichbarkeit gewahrt bleibt. Im Speziellen gilt für die Leistungstests, dass sich durch die Übersetzung weder eine Aufgabenstellung noch eine Antwortoption in ihrem Schwierigkeitsgrad von dem international vorgegebenen Original unterscheiden darf. Hingegen ist bei der Übersetzung einzelner Fragen der Kontextfragebögen kritisch zu prüfen, ob die Fragen nicht nur international, sondern auch im nationalen Kontext einen Sinn ergeben. Gegebenenfalls muss auf Besonderheiten des nationalen Schulsystems Rücksicht genommen werden, sodass es an entsprechenden Stellen in Absprache mit der internationalen Studienleitung zu nationalen Anpassungen kommen kann.

Die Einhaltung der Prozeduren sowie die Qualität der Übersetzung werden von der internationalen Studienleitung genau kontrolliert. Nationale Anpassungen der international vorgegebenen Instrumente sind nur zulässig, sofern sie durch kulturelle Unterschiede begründet werden können (Ebbs & Korsnakova, 2016). Die Qualität der Übersetzung in andere Sprachen und mögliche nationale Adaptionen werden von Übersetzerinnen und Übersetzern der IEA durch Rückübersetzung ins Englische kritisch überprüft. Dabei identifizierte Abweichungen vom Inhalt und Layout des englischen Originals werden in Abstimmung mit der nationalen Studienleitung korrigiert und zulässige nationale Abweichungen dokumentiert.

Die Übersetzung der Testaufgaben und Fragebögen erfolgte in Deutschland wie auch im vergangenen Studienzyklus zu TIMSS 2011 in Kooperation mit der TIMSS-Forschergruppe aus Österreich. Sie wurde von einer professionellen Übersetzerin begleitet, die bereits seit TIMSS 2007 die Übersetzung der Testaufgaben und Fragebögen verantwortet und über eine breite Erfahrung im sensiblen und altersgerechten Umgang mit Begriffen und Formulierungen im Rahmen von Schulleistungsstudien verfügt. Im Anschluss an die Übersetzung wurden die Testinstrumente und Fragebögen erneut von Expertinnen und Experten begutachtet und mit Übersetzungen aus den vorangegangenen Studienzyklen abgeglichen, gegebenenfalls hatte dies kleinere sprachliche Anpassungen zur Folge.

Anders als noch im Studienzyklus zu TIMSS 2011 wurden zur Durchführung von TIMSS 2015 keine Elternanschreiben, in denen über die Studie und ihre Organisation, Komponenten der Leistungsmessung und der Befragung sowie die datenschutzrechtlichen Grundlagen informiert wird und die Eltern um ihr Einverständnis zur Teilnahme ihres Kindes gebeten werden, in verschiedene Sprachen übersetzt.

6 Erhebung

Die Haupterhebung von TIMSS 2015 fand in Deutschland in der Zeit vom 4. Mai bis zum 29. Mai 2015 statt.

6.1 Aufbau der Untersuchung

International ist ein Testablauf vorgegeben, der allen teilnehmenden Schülerinnen und Schülern genügend Zeit zur Bearbeitung der Testaufgaben und zur Beantwortung der Fragen des Schülerfragebogens zur Verfügung stellt. Die Testung und die Befragung der Schülerinnen und Schüler fanden an einem Vormittag statt. Die Schülerinnen und Schüler lösten am Testtag zunächst Testaufgaben aus den Bereichen Mathematik und Naturwissenschaften, wie sie

Tabelle 2.5: Untersuchungsablauf von TIMSS 2015

Beginn der Testsitzung:	
Verteilung des Materials, Begrüßung, Einweisung	ca. 10 min.
Bearbeitung des Testhefts Teil I	
(Mathematik und/oder Naturwissenschaften)	**36 min.**
Pause	10 min.
Bearbeitung des Testhefts Teil II	
(Mathematik und/oder Naturwissenschaften)	**36 min.**
Pause	10 min.
Einweisung in die Bearbeitung des	
Tests zum schnellen Kopfrechnen	3 min.
Bearbeitung des	**1 x 0,5 min.**
Tests zum schnellen Kopfrechnen	**4 x 0,75 min.**
Einweisung in die Bearbeitung des	
kognitiven Fähigkeitstests Teil I A+B	5 min.
Bearbeitung des kognitiven Fähigkeitstests Teil I A (CFT 20-R) Matrizen	**4 min.**
Bearbeitung des kognitiven Fähigkeitstests Teil I B (CFT 20-R) Reihenfortsetzen	**3 min.**
Einweisung in die Bearbeitung des	
kognitiven Fähigkeitstests Teil II	3 min.
Bearbeitung des kognitiven Fähigkeitstests Teil II (KFT, V3)	**7 min.**
Pause	10 min.
Einweisung in die Bearbeitung des	
Schülerfragebogens Teil I	5 min.
Bearbeitung des Schülerfragebogens Teil I	**25 min.**
Pause	10 min.
Einweisung in die Bearbeitung des	
Schülerfragebogens Teil II	5 min.
Bearbeitung des Schülerfragebogens Teil II	**20 min.**
Beenden der Testsitzung:	
Einsammeln der Materialien	ca. 5 min.
Reine Bearbeitungszeit	134,5 min.
Gesamtzeit	ca. 210,5 min.

IEA: Trends in International Mathematics and Science Study © TIMSS 2015

international vorgegeben sind (siehe Abschnitt 5.1). Die Testaufgaben sind abwechslungsreich und sinnvoll in den Testheften aufgeteilt; die Bearbeitung wird durch Pausen unterbrochen. Für die Bearbeitung von je zwei Aufgabenblöcken pro Kompetenzdomäne waren 36 Minuten vorgesehen. Dies ergab eine Gesamttestzeit von 72 Minuten (siehe Martin et al., 2013).

Ergänzend wurden in Deutschland im Anschluss an den Leistungstest kleinere Tests in allen TIMSS-Klassen durchgeführt. Mit ihnen werden die Bereiche schnelles Kopfrechnen (in Anlehnung an Haffner, Baro, Parzer & Resch, 2015) und kognitive Fähigkeiten (Heller & Perleth, 2000; Weiß, 2006) abgedeckt. Die Bearbeitungszeit dieser ergänzenden Tests betrug insgesamt 17,5 Minuten.

Der Testtag endete für die teilnehmenden Schülerinnen und Schüler mit der Bearbeitung des Schülerfragebogens, der in zwei Teile aufgeteilt wurde, damit die Schülerinnen und Schüler eine weitere Pause nehmen konnten. Für die Bearbeitung des Schülerfragebogens hatten die Schülerinnen und Schüler insgesamt 45 Minuten Zeit.

6.2   Durchführung der Erhebung

In Deutschland wurde das *IEA Data Processing and Research Center* (DPC) in Hamburg mit der Durchführung der Datenerhebung beauftragt. Die Durchführung der Erhebung erfolgte hoch standardisiert und kontrolliert nach internationalen Vorgaben. Die Arbeit des DPC umfasste den Kontakt mit den Schulen und die Auswahl der Testleiterinnen und Testleiter. Diese waren zumeist Lehramts-, Erziehungswissenschafts- oder Psychologiestudierende höheren Semesters, die bereits in früheren Studien Erfahrungen im Bereich der Testdurchführung sammeln konnten. Alle Testleiterinnen und Testleiter nahmen vor der Erhebungsphase an einer verbindlichen Schulung für die Testdurchführung teil und erhielten ein schriftliches Manual mit genauen Vorgaben für die Testdurchführung. Die Testleiterinnen und Testleiter waren dazu angehalten, den international vorgegebenen Testablauf akkurat einzuhalten. Nach standardisierter Vorgabe wurde den Kindern jeder Testteil ausführlich erklärt und die Durchführung anhand von Beispielen erläutert. Die Schülerinnen und Schüler hatten jederzeit die Möglichkeit, Verständnisfragen zur Testbearbeitung zu stellen, die nicht auf den Inhalt bezogen waren.

6.3   Qualitätssicherung

Verlässliche Aussagen aus international-vergleichenden Schulleistungsstudien wie TIMSS ableiten zu können, setzt voraus, dass der Leistungstest in allen teilnehmenden Staaten unter vergleichbaren Voraussetzungen durchgeführt wird. Mit der Teilnahme an TIMSS verpflichten sich daher alle Staaten zur Einhaltung aller Vorgaben und zur Implementation umfassender qualitätssichernder Maßnahmen.

In den Teilnehmerstaaten wurde die Einhaltung der internationalen Vorgaben stichprobenartig von unabhängigen Expertinnen und Experten überprüft. Mit dieser Aufgabe betraute Expertinnen und Experten wurden von der IEA dazu beauftragt. Mit dem sogenannten *International Quality Control Monitoring* (IQCM) in Deutschland wurde Dr. Kristina A. Frey vom Institut für Erziehungswissenschaft der Universität Münster beauftragt. Unabhängig von der Arbeit des nationalen Studienzentrums kontrollierte sie in einer international vorgegebenen Stichprobe von 10 Prozent aller Testklassen den Ablauf der Test-durchführung. Beobachtungen wurden in von der internationalen Studienleitung vorgegebenen Beobachtungsbögen dokumentiert und Schulkoordinatorinnen, Schulkoordinatoren sowie die Testleitungen im Anschluss an die besuchten Testungen mündlich befragt. Bei der Qualitätskontrolle in Deutschland wurden kcinc Mängcl in dcr Einhaltung dcr Erhcbungsstandards fcstgcstcllt.

Ergänzend zum IQCM wurde ein von der nationalen Studienleitung ver-antwortetes Qualitätsmonitoring, das sogenannte *National Quality Control Monitoring* (NQCM), an weiteren 20 zufällig ausgewählten Testschulen durch Mitarbeiterinnen des IFS durchgeführt. Neben der Qualitätsbeobachtung am Testvormittag wurden im Anschluss daran Interviews mit der Schulkoordination zur Testqualität, Organisation und zum Belastungsempfinden der Schulen durch-geführt und dokumentiert. Die Durchführung des NQCM belegte ebenso wie das IQCM, dass keine Mängel in der Einhaltung der Erhebungsstandards festzustel-len waren.

7 Stichprobe und Beteiligungsquoten in Deutschland

Die für Deutschland zufällig gezogene Schulstichprobe umfasst 210 Schulen. An jeder Schule wurde eine vierte Klasse für die Testung gezogen. Die Schulstichprobe wurde vor der Testung um sechs Schulen reduziert: Bei drei Grundschulen handelte es sich um Förderschulen, die wegen äußerst geringer Schülerzahlen nicht teilnahmen und bei denen auch die Ersatzschulen nicht ge-nug Schülerinnen und Schüler hatten, eine Schule und deren Ersatzschule haben als private Schulen die Teilnahme abgelehnt und zwei Schulen waren geschlos-sen worden. Die endgültige TIMSS-Stichprobe in Deutschland umfasst demnach 204 Schulen. Darunter befinden sich fünf nachgerückte Schulen. An allen 204 getesteten Schulen konnte die Leistungsmessung planmäßig durchgeführt werden.

Von den 4202 Schülerinnen und Schülern der Stichprobe nahmen 3948 Schülerinnen und Schüler tatsächlich am TIMSS-Test teil. Die Nicht-Teilnahme von 254 Schülerinnen und Schülern ist auf verschiedene Gründe zurückzuführen (o.g. Ausschlussgründe, Verlassen der Schule vor dem Testtag oder Abwesenheit am Testtag). Deutschland erreicht damit, ähnlich wie in TIMSS 2011 und TIMSS 2007, eine Gesamtteilnahmequote (für Schüler *und* Schulen) von 93 Prozent ex-klusive, beziehungsweise 95 Prozent inklusive Ersatzschulen (siehe Tabelle A.3 im Anhang A in diesem Band). Auf erfreulich hohe Akzeptanz stieß die TIMS-Studie auch bei Lehrkräften und Schulleitungen. Aus jeder TIMSS-Klasse liegt mindestens ein Lehrerfragebogen vor, und die Rücklaufquote der TIMSS-Schulfragebögen beträgt für Deutschland 90 Prozent. Die Rücklaufquote der Elternfragebögen fiel in TIMSS 2015 allerdings mit 63 Prozent erkennbar kleiner aus als etwa in TIMSS 2011 (80 %). Der durch die geringere Rücklaufquote be-dingte hohe Anteil an fehlenden Werten in den Elternfragebogen wurde für ver-tiefende Analysen durch multiple Imputationen ersetzt (siehe Abschnitt 11).

In Tabelle 2.6 sind die Rücklaufquoten sowie zentrale Merkmale der Schülerschaften im Vergleich zu TIMSS 2007 und 2011 dargestellt. In Bezug auf die Komposition der Schülerschaft zeigt sich, dass sich der Anteil an Mädchen in der TIMSS-Stichprobe und das durchschnittliche Alter praktisch nicht geändert haben. Der Anteil von Kindern mit Migrationshintergrund ist in TIMSS 2015 mit 22 Prozent allerdings im Vergleich zu TIMSS 2011 und 2007 etwas höher. Auch der Anteil an Kindern aus armutsgefährdeten Familien ist im Vergleich zu TIMSS

Tabelle 2.6: Beteiligungszahlen, Rücklaufquoten und zentrale Stichprobencharakteristika – TIMSS 2007, 2011 und 2015

	TIMSS 2007	TIMSS 2011	TIMSS 2015
Schulen			
Anzahl	246	198	204
Beteiligung am Schulfragebogen (%)	95	95	90
Klassen			
Anzahl	246	198	204
Lehrkräfte			
Anzahl (Mathematik/Naturwissenschaften)	240/231	208/204	224/226
Beteiligung am Lehrerfragebogen (%)	95	96	90
Schülerinnen und Schüler			
Anzahl	5200	3998	3948
Durchschnittsalter	10.4	10.4	10.4
Mädchen (%)	49	49	49
Kinder aus armutsgefährdeten Familien (%)	34	25	29
Kinder mit Migrationshintergrund (%) (beide Elternteile im Ausland geboren)	17	16	22
Testteilnahme			
Anzahl (Mathematik/Naturwissenschaften)	5194/5193	3995/3998	3948/3948
Teilnahmequote (%)	96	95	95
Beteiligung am Schülerfragebogen (%)	87	90	85
Beteiligung am Elternfragebogen (%)	77	80	63

IEA: Trends in International Mathematics and Science Study   © TIMSS 2015

2011 gestiegen. Der Anstieg an Kindern mit Migrationshintergrund ist zum Teil durch die explizite Stratifizierung der Schulen nach dem Anteil an Migranten begründet, spiegelt aber auch reale Veränderungen in der Komposition der Schülerschaft in Deutschland wider. Unter Berücksichtigung der Zusammenhänge von Migrationsstatus und Armutsgefährdung ist somit auch der leichte Anstieg von Kindern aus armutsgefährdeten Familien plausibel.

8   Aufbereitung und Analyse der Daten

Mit der Organisation der nationalen Datenverarbeitung, -aufbereitung und der Aufgabenkodierung war in Deutschland das DPC beauftragt. Die Dateneingabe und -verarbeitung erfolgte technologiegestützt, die Testhefte konnten also elektronisch eingelesen werden. Neben einer niedrigen Fehlerquote im Prozess der Datenverarbeitung hat dies den Vorteil, dass ein schnelles Zugreifen auf die Antworten einzelner Schülerinnen und Schüler auch zu einem späteren Zeitpunkt problemlos möglich ist, beispielsweise für den Fall, dass individuelle Antworten überprüft werden müssen. Antworten, die von der Scan-Software nicht erkannt werden konnten, wurden von ausgebildeten Mitarbeiterinnen und Mitarbeitern nachträglich verifiziert. Die erstellten Datensätze wurden abschließend mit Hilfe speziell entwickelter Software auf ungültige Daten und Inkonsistenzen kritisch geprüft.

8.1 Kodierung der Leistungstests

Die Schülerlösungen der bearbeiteten offen gestalteten Testaufgaben werden nach eng umrissenen internationalen Vorgaben bewertet und für die Analysen kodiert. Während bei Mehrfachwahlaufgaben die richtige Lösung eindeutig festgelegt ist, weisen Testfragen mit offenem Antwortformat (siehe Abschnitt 5.1.1 sowie Kapitel 3 und 4 in diesem Band) einen gewissen Bewertungsspielraum auf.

Die Kodierung der Fragen mit offenem Antwortformat wurde in Deutschland dem DPC übertragen und dort von erfahrenen Kodiererinnen und Kodierern übernommen, bevorzugt von jenen, die Mathematik oder ein naturwissenschaftliches Fach studieren. Im Rahmen eines vorbereitenden Trainings wurden die Kodiererinnen und Kodierer mit Beispiellösungen intensiv auf ihre Aufgabe vorbereitet. Sie erhielten eine Kodieranweisung mit genauen Beschreibungen für richtige und falsche Lösungen zu jeder einzelnen Aufgabe. Die Güte der Kodierungen wurde mit Hilfe von Doppelkodierungen geprüft. Dazu wurden 200 zufällig ausgewählte Antworten zu jeder Aufgabe von einer zweiten Person beurteilt und es wurde die Übereinstimmung zwischen der Erst- und der Zweitkodierung bestimmt. In TIMSS 2015 ist, wie auch in TIMSS 2011 und TIMSS 2007, die durchschnittliche Übereinstimmung über alle Aufgaben in allen Staaten sehr hoch (Mullis & Martin, 2013).

9   Skalierung der Leistungstests

Mit der in TIMSS eingesetzten Leistungstestung soll von den in den Testheften gezeigten Schülerantworten auf die entsprechende Kompetenz der Schülerinnen und Schüler geschlossen werden. Für die Bestimmung individueller Leistungswerte auf den Kompetenzdomänen wird in TIMSS auf statistische Modelle zurückgegriffen, die auf der *Item Response Theory* basieren (IRT; Boomsma, van Duijn & Snijders, 2000; Linden & Hambleton, 1997). In historischer Perspektive ist TIMSS ein Vorreiter der Etablierung dieser Verfahren in international-vergleichenden Schulleistungsstudien (Wendt, Bos & Goy, 2011). Mit der IRT können die Schwierigkeiten der Aufgaben und die Kompetenzen der Personen (auch als *Fähigkeiten* bezeichnet) auf derselben Skala abgebildet werden, das heißt, die

Schwierigkeiten der Aufgaben und Fähigkeiten der Personen sind anhand einer Metrik vergleichbar. Damit ist es möglich, Personen hinsichtlich ihrer Fähigkeit zu vergleichen, die unterschiedliche Aufgaben derselben Metrik bearbeitet haben.

Die beschriebene Eigenschaft von IRT-Modellen macht dieses Verfahren für die TIMS-Studien besonders interessant. Bedingt durch das in TIMSS implementierte Testheftdesign (Multi-Matrix-Design, siehe Tabelle 2.4) bearbeiten einzelne teilnehmende Schülerinnen und Schüler immer nur eine Auswahl der Testaufgaben des TIMSS-Aufgabenpools (Mullis, Cotter, Fishbein & Centurino, 2016). Durch die Etablierung einer IRT-Skala für den TIMSS-Aufgabenpool wird gewährleistet, dass dennoch ein direkter Vergleich dieser Schülerleistungen möglich ist – eine ausreichend große Stichprobe und Überlappungen der Testheftinhalte vorausgesetzt (z.B. Kolen, 1981; Kolen & Brennan, 2004; Lord, 1980). Die in TIMSS abgebildeten Kompetenzen sollen jedoch nicht zur Individualdiagnostik verwendet werden, vielmehr dienen die TIMSS-Messungen ausschließlich der Beschreibung von Kompetenzverteilungen in den untersuchten Populationen. Da diese Verteilungen möglichst genau geschätzt werden sollen, wird in TIMSS zur Ermittlung der Schülerleistung (*Personenparameter*) der *Plausible-Values*-Ansatz gewählt (Mislevy, 1991; Mislevy, Beaton, Kaplan & Sheehan, 1992); ein Verfahren, dem die Theorie der Multiplen Imputation zugrunde liegt (Rubin, 1987).

Die Grundidee des *Plausible-Value*-Ansatzes ist es, die nicht beobachtbare wahre Fähigkeit einer Person als prinzipiell unbekannt zu betrachten. Diese nicht bekannte Fähigkeit wird dann durch ‚plausible Werte‘ abgebildet. Zur Bestimmung dieser plausiblen Werte werden neben der Information über die Testleistung der Person auch eine Vielzahl von Informationen aus den Hintergrundfragebögen mit berücksichtigt. Auf der Basis dieser Information wird eine (bedingte) Wahrscheinlichkeitsverteilung für die Fähigkeit einer Person erstellt. *Plausible Values* sind jene Werte, die aus dieser bedingten Verteilung per Zufall gezogen werden. Durch die Ziehung mehrerer *Plausible Values* wird berücksichtigt, dass die Bestimmung eines fehlenden Wertes immer auch mit Unsicherheit behaftet ist. Als Konvention hat sich die Ziehung von fünf Werten etabliert. Zur angemessenen Schätzung von Populationskennwerten sind alle *Plausible Values* zu berücksichtigen und bei der Bestimmung der Stichprobenunsicherheiten auch deren Varianz. Analysen mit den Leistungsdaten müssen entsprechend immer fünfmal erfolgen und die Ergebnisse dann zusammengefasst werden.

9.1 Skalierungsmodelle

Im vorliegenden Bericht werden die Kompetenzen der Schülerinnen und Schüler auf Grundlage der Skalierung berichtet, die die internationale Studienleitung durchgeführt hat (Martin, Mullis & Hooper, 2016). Die Skalierung der Leistungsdaten aller Teilnehmerstaaten ist eine komplexe und zeitintensive Aufgabe, der umfangreiche Datenprüfungs- und Aufbereitungsschritte vorausgehen. Für den Studienzyklus 2015 erfolgte erst nach Abschluss aller Prüfungen und einem Review der Ergebnisse durch alle beteiligten nationalen Studienleitungen eine Weitergabe der Datensätze aller Teilnehmerstaaten und Regionen an die nationalen Studienleitungen im September 2016. Zentrale Modellparameter werden in der technischen Dokumentation zur Studie veröffentlicht (ebd.).

Die internationale Skalierung erfolgte im Zeitraum von Herbst 2015 bis Sommer 2016. Eine Qualitätssicherung der Berechnungen erfolgte durch Expertinnen und Experten vom US-amerikanischen *Educational Testing Service* (ETS). Ausgangspunkt der Skalierung ist eine umfassende Prüfung der Messeigenschaften jeder einzelnen Testaufgabe nach festgelegten Kriterien (ebd.). Im Ergebnis dieser Prüfungen standen für die Ermittlung der Kompetenzmittelwerte in Mathematik 169 administrierte Testaufgaben zur Verfügung. Die Kompetenzmittelwerte für die Naturwissenschaften wurden auf Basis von 168 administrierten Testaufgaben ermittelt (ebd.).

Die Bestimmung der Plausible Values erfolgte im ersten Schritt unter Nutzung eines mehrdimensionalen dreiparametrigen logistischen Modells (3-PL-Modell), in dem neben der Schwierigkeit der Aufgabe auch deren Trennschärfe und (bei Aufgaben im Multiple-Choice-Format) ein Parameter für die Ratewahrscheinlichkeit berücksichtigt werden. Die Modellparameter wurden mit dem Computerprogramm *Parscale* (Muraki & Bock, 1999) durch eine *Marginal-Maximum-Likelihood* (MML) geschätzt. In einem zweiten Schritt wurde für die Schätzung der Personenparameter (Plausible Values) die Software *MGROUP* (Sheehan, 1985) verwendet. Um genauere Schätzer der Personenparameter zu erhalten, kommt in TIMSS 2015 für die Skalierung der Subskalen (wie auch schon in TIMSS 2011) ein mehrdimensionales Antwortmodell zur Anwendung, mit dem die in den Daten enthaltene Zusammenhangsstruktur besser abgebildet werden kann.

Um zu überprüfen, inwiefern sich die in TIMSS 2015 abgebildeten Leistungen verändern würden, wenn nur die für Deutschland curricular validen Aufgaben zur Bestimmung der Plausible Values verwendet worden wären (siehe Kapitel 3 und Kapitel 4 in diesem Band), wurde von der nationalen Studienleitung die internationale Skalierung repliziert. Diese Skalierung basiert allerdings auf einem Aufgabenpool, der um die curricular nicht validen Aufgaben reduziert wurde (insgesamt 137 Aufgaben in Mathematik und 133 Aufgaben in Naturwissenschaften wurden genutzt).

10   Gewichtung und Schätzung von Stichproben- und Messfehlern

Bei groß angelegten Schulvergleichsuntersuchungen wie TIMSS wird – um die Besonderheiten der Bildungssysteme angemessen abzubilden – für jedes Land eine individuell spezifizierte Stichprobenziehung realisiert. Bei TIMSS handelt es sich dabei im Wesentlichen um eine systematische Zufallsauswahl stratifizierter Gruppen. ‚Stratifizierung' heißt, dass bestimmte Merkmale des Bildungssystems und der Schulen bei der Auswahl der Schülerinnen und Schüler berücksichtigt werden. Um die Untersuchung ökonomisch durchführen und dabei auch Aussagen über Klassenverbände machen zu können, werden in TIMSS zunächst Schulen und dann ganze Klassen (im Sinne der Stichprobentheorie werden diese als ‚Klumpen' bezeichnet) ausgewählt. Auf der Grundlage einer systematischen Zufallsziehung werden den Schulen pro Abstufung des Stratifizierungsmerkmals gemäß ihrer Größe unterschiedliche Ziehungswahrscheinlichkeiten zugewiesen. Idealtypisch ergibt sich durch diese Methode eine präzise und die Population in seinen Verhältnissen abbildende Zufallsstichprobe.

In der TIMSS-2015-Stichprobe wurden die Schulen nach dem Anteil von Schülerinnen und Schülern aus Familien mit Migrationserfahrung stratifiziert und ein eigenes Stratum für Förderschulen gebildet. Bei Analysen der Daten ergaben sich im Vergleich zu Populationsdaten (Statistisches Bundesamt, 2015) zufallsbedingte Disproportionalitäten in Bezug auf das Geschlechterverhältnis von Schülerinnen und Schülern in Förderschulen und in Bezug auf die in der Stichprobe erreichten Anteile von Inklusionsschülerinnen und -schülern, Regelschülerinnen und -schülern und Schülerinnen und Schülern an Förderschulen. Diese Verhältnisse wurden anhand von systematischen Gewichtungsanpassungen in der Stichprobe adjustiert. Dieses adjustierte Gewicht wird bei der Untersuchung von Geschlechterunterschieden in der deutschen Stichprobe genutzt – im Rahmen der Kapitel zu den internationalen Vergleichen werden die durch die Ziehungsmethode determinierten Gewichte herangezogen.

11 Umgang mit fehlenden Werten

Wie bereits oben erläutert, fiel die Rücklaufquote der Elternfragebögen in TIMSS 2015 vergleichsweise gering aus. Generell gibt es verschiedene Verfahren, wie mit fehlenden Werten (missing data) umgegangen werden kann. Fehlende Werte bei den Kompetenztests, die beispielsweise durch das rotierte Testheftdesign entstehen, werden im Rahmen der Skalierung berücksichtigt, sodass für alle Schülerinnen und Schüler vergleichbare Kompetenzwerte ermittelt werden können. Die fehlenden Werte in den Hintergrunddaten müssen hingegen bei jeder Analyse gesondert berücksichtigt werden. Um eine maximale Informationsausnutzung der vorliegenden Daten zu gewährleisten, haben sich im Wesentlichen zwei Verfahren bewährt:

1. Die durch fehlende Angaben entstandenen Informationslücken werden mit Hilfe sogenannter Imputationsverfahren aufgefüllt. Da die Vorhersage der ‚richtigen‘ Werte nur mit einer gewissen Wahrscheinlichkeit möglich ist, wird dieses Verfahren wiederholt durchgeführt und die Information, die sich durch die wiederholte Imputation im Vergleich der geschätzten Werte ergibt, für die späteren Signifikanzprüfungen im Rahmen der empirischen Analysen genutzt. Dieses Verfahren wird als multiple Imputation bezeichnet. Die Mehrfach-Imputation wird in der Regel vor den eigentlichen Analysen durchgeführt, sodass für die Analysen jeweils auf Daten zurückgegriffen wird, die keine fehlenden Werte mehr aufweisen.

2. Ein etwas anderer Weg zur Berücksichtigung von fehlenden Werten liegt der *Full-Information-Maximum-Likelihood-Methode* zugrunde (FIML; Lüdtke, Robitzsch, Trautwein & Köller, 2007). Bei dieser Methode wird im Prinzip für jeden vollständigen Teil des Datensatzes der entsprechende Modellparameter geschätzt. Die mehrfachen Schätzungen der Modellparameter werden dann so zusammengeführt, dass die Größenverhältnisse in den Teildatensätzen bestehen bleiben.

Da die FIML-Methode nicht in jedem Statistikprogramm implementiert ist, hat sich die nationale Studienleitung von TIMSS 2015 dazu entschlossen, die fehlenden Werte in den Elterndatensätzen und auch bei besonders betroffenen Schüler- sowie Lehrermerkmalen durch multiple Imputation zu ersetzen. In dem Imputationsmodell, das heißt in dem Modell, das zur Bestimmung der imputierten Werte Verwendung fand, wurden neben den zu imputierenden Merkmalen

auch die Plausible Values und das Geschlecht der Schülerinnen und Schüler berücksichtigt. Insgesamt wurden auf diesem Weg fünf vollständige Datensätze
für die Angaben der Eltern, der Schülerinnen und Schüler und der Lehrkräfte
erstellt. Diese vollständigen Datensätze wurden für die national vertiefenden Untersuchungen in diesem Berichtsband genutzt. Die international-vergleichenden Analysen basieren hingegen auf den nicht imputierten Datensätzen, um
die Vergleichbarkeit zwischen den Ländern nicht durch eine andere Datenbasis
zu verzerren.

Zu beachten ist, dass die Imputation von fehlenden Werten mit einer gewissen Unsicherheit verbunden ist. Diese Unsicherheit drückt sich im Allgemeinen
in einem höheren Standardfehler der jeweiligen Schätzung aus. Für die vertiefenden Analysen in TIMSS 2015 kann es dadurch bedingt insbesondere im
Trendvergleich dazu kommen, dass bestimmte bisher beobachtbare Effekte nicht
mehr statistisch signifikant werden. Auch die Schätzer selbst können sich durch
die Imputation nominell ändern, wenn beispielsweise fehlende Angaben von spezifischen Eltern(-gruppen), die in vorangegangenen Zyklen keine Angaben gemacht haben, jetzt imputiert bei den Analysen berücksichtigt werden. Besonders
bei der Interpretation von Trendeffekten sind derartige methodisch induzierte
Schwankungen der Schätzer und Effekte zu berücksichtigen.

12   Zur Darstellung und Interpretation der Ergebnisse

Für die Darstellung der in diesem Band vorgestellten Ergebnisse in Tabellen
und Abbildungen werden verschiedene inhaltliche Entscheidungen und statistische Kennwerte verwendet. Die wichtigsten Entscheidungen und Kennwerte
sind nachfolgend in knapper Form erläutert. Darüber hinausgehende Begriffs-
erklärungen und technische Grundlagen sind in dem technischen Bericht der internationalen Studienleitung (Martin, Mullis & Hooper, 2016) sowie in einschlä-
giger Fachliteratur dokumentiert.

Mittelwert und Standardabweichung von Leistungsdaten
Die im vorliegenden Bericht dokumentierten Ergebnisse und Vergleiche basieren auf der internationalen Stichprobe und den internationalen Kompetenz- und
Fragebogenskalen von TIMSS 2015 (Martin et al., 2016; Mullis, Martin, Foy &
Hooper, 2016). Zur Darstellung der Leistungswerte wurde für TIMSS 1995 und
damit für alle bislang nachfolgenden Studienzyklen von TIMSS ein Mittelwert
M (für arithmetisches Mittel) von 500 Punkten und eine Standardabweichung
SD (für *Standard Deviation*) von 100 Punkten festgelegt (Martin & Kelly, 1998;
Mullis et al., 1998). Die Wahl der Einheiten für diese Skala basiert ausschließlich
auf Konventionen. Werte, die nahe beim Mittelwert liegen, kommen häufiger vor
als Extremwerte. Oft ergibt sich eine Normalverteilung, wie sie in Abbildung 2.6
dargestellt ist.

Die durchschnittliche Streuung der Werte um den Mittelwert wird durch die
Standardabweichung statistisch gekennzeichnet. Im Bereich einer Standardabweichung über und unter dem Mittelwert (d.h. in Abbildung 2.6 im Bereich
von 400 bis 600 Punkten) liegen rund zwei Drittel (68.3 %) aller Testwerte der
internationalen Population. Bei zwei Standardabweichungen erhöht sich dies auf
95.5 Prozent und bei drei Standardabweichungen auf 99.7 Prozent.

Differenzen von Leistungsmittelwerten, wie sie beispielsweise im Trendvergleich zwischen den Studienzyklen berichtet werden, werden im vorliegenden Band mitunter durch das Symbol Delta (Δ) gekennzeichnet.

Internationaler Mittelwert versus Skalenmittelwert
TIMSS ist als Trendstudie konzipiert, das heißt, dass die Erhebungen in regelmäßigen Abständen wiederholt werden, um Veränderungen in den mittleren Leistungsniveaus der Teilnehmerstaaten über die Zeit hinweg darstellen zu können. Um die Schülerleistungen über die verschiedenen Zyklen vergleichen zu können, wird für die Darstellung der Ergebnisse dieselbe Skala zugrunde gelegt. Die Vergleichbarkeit der Ergebnisse wird dadurch sichergestellt, dass in jedem Zyklus Aufgaben aus den vorangegangenen Studienzyklen erneut eingesetzt werden (siehe Abschnitt 5.1). Durch die gemeinsamen Testaufgaben können die Daten von TIMSS 2015 in einer gemeinsamen Skalierung mit den Daten von TIMSS 2011 verankert werden (Foy et al., 2011). Auf gleiche Weise lässt sich TIMSS 2011 wiederum an dem vorangegangenen Studienzyklus von TIMSS 2007 verankern. Letztlich bilden die Daten der ersten TIMSS-Erhebung im Jahr 1995 den Referenzpunkt für alle Folgezyklen. Veränderungen über die Zyklen hinweg können auch im Jahr 2015 mit dem Mittelwert in TIMSS 1995 von $M = 500$ verglichen werden. Dieser Referenzwert wird in TIMSS als *Skalenmittelwert* bezeichnet.

Ist die Rede von einem *internationalen Mittelwert*, handelt es sich um einen Wert, der mit jeder TIMSS-Erhebung neu berechnet wird: den Mittelwert über alle Mittelwerte der jeweiligen Teilnehmerstaaten, wobei die Benchmark-Teilnehmer (siehe Abschnitt 4.2.1) nicht berücksichtigt werden. Im Gegensatz zum Skalenmittelwert variiert der internationale Mittelwert zwischen den Erhebungszyklen. Setzen sich zum Beispiel die Teilnehmerstaaten einer Erhebung aus Staaten zusammen, die im Vergleich zu den Staaten, die an TIMSS 1995 teilgenommen haben, insgesamt leistungsstärker sind, ergibt sich ein internationaler Mittelwert der entsprechend größer als 500 ist. In TIMSS 2015 beträgt der internationale Mittelwerte für Mathematik 509 Punkte ($SD = 65$) und der Mittelwert für Naturwissenschaften 505 Punkte ($SD = 81$). Somit sind die an TIMSS 2015 teilnehmenden Staaten im Durchschnitt leistungsstärker als die Teilnehmerstaaten im Jahr 1995. Bei der Berichterstattung zu den Hintergrunddaten wird nicht zwischen einem internationalen Mittelwert und einem Skalenmittelwert unterschieden, weil die Fragebogeninhalte im Gegensatz zu den Leistungstests in sich heterogene Inhalte abdecken, die von Erhebung zu Erhebung in Teilen variieren.

Median, Perzentile und Perzentilbänder
Neben dem Mittelwert und der Standardabweichung werden auch Perzentilwerte berichtet. Diese informieren, ebenso wie die Standardabweichung, über die Verteilung der Werte. Ein Perzentilwert gibt an, wie viel Prozent der untersuchten Personen einen bestimmten Wert erreichen oder darunter bleiben. Liegt beispielsweise der Leistungswert zum 5. Perzentil bei 318, bedeutet dies, dass 5 Prozent der untersuchten Schülerinnen und Schüler einen Punktwert von 318 oder geringer erreichen. Zugleich bedeutet dies aber auch, dass 95 Prozent der Schülerinnen und Schüler einen Wert erreichen, der höher als 318 ist. Entsprechend trennt der Punktwert des 25. Perzentils das untere Leistungsviertel ab, der des 75. Perzentils entsprechend das obere Leistungsviertel. Das 50. Perzentil, auch Median genannt, trennt die Verteilung in zwei Hälften mit gleicher Personenzahl.

Im vorliegenden Bericht werden die Perzentilwerte tabellarisch oder graphisch in Form von Perzentilbändern (siehe Abbildung 2.6) dargestellt. Passen sich die Werte wie in Abbildung 2.6 einer Normalverteilung an, ergibt sich ein symmetrisches Perzentilband. In diesem Fall fällt auch der Median mit dem Mittelwert zusammen.

Abbildung 2.6:   Normalverteilung mit Perzentilen

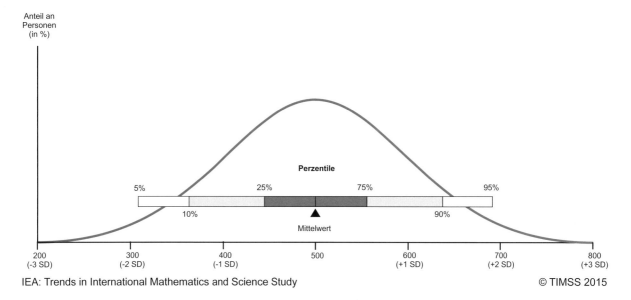

IEA: Trends in International Mathematics and Science Study   © TIMSS 2015

Kompetenzstufen

Die Leistungsskala in TIMSS deckt ein breites Kompetenzspektrum ab. Wie konzeptionell in Abschnitt 4.1.1 dargelegt, liegt dies darin begründet, dass die Testaufgaben vielseitige Inhalte ansprechen und verschiedene Prozesse kognitiver Anforderungen abbilden. Um die erreichten Kompetenzwerte der getesteten Schülerinnen und Schülern inhaltlich interpretieren zu können, werden in TIMSS sogenannte Kompetenzstufen gebildet. Ausführlich beschrieben sind die Kompetenzstufen je nach Kompetenzdomäne in den Kapiteln 3 und 4 sowie den Anhängen B und C in diesem Band.

Die Entwicklung und Beschreibung der Kompetenzstufen wird von einem international zusammengesetzten Expertengremium, dem *Science and Mathematics Item Review Committee* (SMIRC), unter Leitung der internationalen Studienleitung vorgenommen. Für die Entwicklung der Kompetenzstufen hat man zentrale Bezugspunkte auf den Leistungsskalen, sogenannte *Benchmarks*, festgelegt (Martin, Mullis & Hooper, 2016). Durch die Setzung von vier *Benchmarks* (400, 475, 550, 625) wird die Leistungsskala in fünf Abschnitte eingeteilt. In Deutschland werden diese Abschnitte als *Kompetenzstufen* bezeichnet. Die niedrige Benchmark liegt bei 400 Punkten und beschreibt den Grenzbereich zwischen Kompetenzstufe I und Kompetenzstufe II. Die durchschnittliche *Benchmark* liegt bei 475 Punkten und markiert den Beginn von Kompetenzstufe III. Die hohe und die fortgeschrittene *Benchmark* liegen bei 550 beziehungsweise 625 Punkten. Mit ihrer Überschreitung beginnen Kompetenzstufe IV beziehungsweise Kompetenzstufe V (siehe Abbildung 2.7).

Die Anordnung der internationalen *Benchmarks* und die sich daraus ergebenden Intervalle für die Kompetenzstufen sind in Abbildung 2.7 graphisch dargestellt. Das unter der niedrigen *Benchmark* liegende Intervall umfasst in Deutschland Leistungen der Kompetenzstufe I. Schülerinnen und Schüler, die

Abbildung 2.7: Beziehung von Benchmarks und Kompetenzstufen

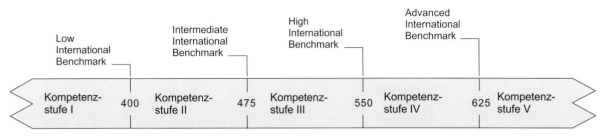

IEA: Trends in International Mathematics and Science Study   © TIMSS 2015

Kompetenzstufe I erreichen, sind nicht in der Lage, die für Kompetenzstufe II charakteristischen, dieser Schülerkohorte entsprechend relativ einfachen Aufgaben zu lösen. Das Kompetenzniveau von Schülerinnen und Schülern am unteren Ende der Leistungsskala lässt sich auf der Basis der eingesetzten Leistungstests aufgrund der geringen Anzahl richtig gelöster Aufgaben nicht mehr differenziert beschreiben. Interpretationen zu diesem Kompetenzniveau sind zu dieser Gruppe von Schülerinnen und Schülern daher nur allgemein in dem Sinne möglich, dass ausgesagt werden kann, dass diese Schülerinnen und Schüler nicht die mit dem internationalen TIMSS-Test festgelegten Mindestanforderungen erreichen.

Zur Beschreibung der Kompetenzstufen liegt eine spezifische Auswahl von Aufgaben vor, die für das auf den vier Benchmarks gezeigte Leistungsniveau charakteristisch sind. Zur Auswahl dieser Beispielaufgaben werden diejenigen Schülerinnen und Schüler ausgewählt, die folgende mittlere Leistungswerte erreichten: 395–405, 470–480, 545–555, 620–630; entsprechend lassen sie sich im Bereich von fünf Punkten unter bis fünf Punkten über einem Benchmark-Wert verorten. Diese Zuordnung ist aufgrund des genutzten Verfahrens zulässig, dass eine Darstellung von Schülerfähigkeiten und Aufgabenschwierigkeiten auf einer gemeinsamen Skala erlaubt (siehe Abschnitt 9). Mittlere *Benchmark*s werden anhand von Aufgaben beschrieben, die von mindestens 65 Prozent der zugeordneten Schülerinnen und Schüler gelöst werden, zugleich aber von weniger als 50 Prozent der Schülerinnen und Schüler der darunter liegenden *Benchmark*. Für die Kompetenzstufen am oberen und unteren Ende der Leistungsskala gelten diesem Vorgehen entsprechend leicht angepasste Kriterien (Martin & Mullis, 2011b). In Tabellen und Abbildungen dieses Bandes wird für Kompetenzstufen die Abkürzung ‚KS‘ genutzt, wo dies der besseren Darstellbarkeit dient.

Standardfehler und Signifikanz
Die Repräsentativität einer Stichprobe wie der in TIMSS gewonnenen stellt sicher, dass die anhand dieser Stichprobe erlangten Erkenntnisse auf die Grundgesamtheit übertragen werden können. Allerdings gibt es in jeder Stichprobe mehr oder weniger Abweichungen von der Grundgesamtheit. In der Regel ist die Abweichung umso geringer, je größer die gewonnenen Stichproben ausfallen. Berechnet man beispielsweise den Mittelwert für jede dieser Stichproben, lässt sich für diese Mittelwerte ähnlich wie für die Messwerte innerhalb einer Stichprobe eine Streuung berechnen. Der wahre Mittelwert der Grundgesamtheit kann für Stichprobenuntersuchungen – obgleich relativ genau – nur geschätzt werden. Die Streuung beziehungsweise das berechnete Streuungsmaß bezeichnet den Standardfehler *SE* (für *Standard Error*) oder auch Standardschätzfehler.

Abbildung 2.8: Darstellung von Perzentilbändern mit Konfidenzintervallen am Beispiel der Mathematikleistung in TIMSS 2015

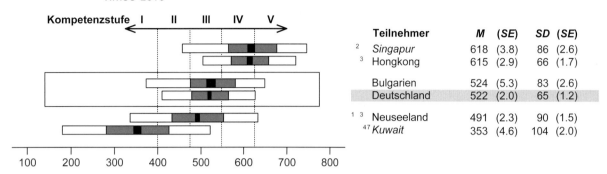

Teilnehmer	M	(SE)	SD	(SE)
[2] *Singapur*	618	(3.8)	86	(2.6)
[3] Hongkong	615	(2.9)	66	(1.7)
Bulgarien	524	(5.3)	83	(2.6)
Deutschland	522	(2.0)	65	(1.2)
[1][3] Neuseeland	491	(2.3)	90	(1.5)
[4][7] *Kuwait*	353	(4.6)	104	(2.0)

Perzentile

Konfidenzintervalle (+/- 2 SE) um den Mittelwert

☐ Nicht statistisch signifikant vom deutschen Mittelwert abweichende Staaten (p > .05).
Kursiv gesetzt sind die Teilnehmer, für die von einer eingeschränkten Vergleichbarkeit der Ergebnisse ausgegangen werden muss.
1 = Die nationale Zielpopulation entspricht nicht oder nicht ausschließlich der vierten Jahrgangsstufe.
2 = Der Ausschöpfungsgrad und/oder die Ausschlüsse von der nationalen Zielpopulation erfüllen nicht die internationalen Vorgaben.
3 = Die Teilnahmequoten auf Schul- und/oder Schülerebene erreichen nicht die internationalen Vorgaben.
4 = Sehr hoher Anteil an Schülerinnen und Schülern mit nicht skalierbaren Leistungswerten.
7 = Teilnahme an TIMSS 2015 und TIMSS Numeracy. Die Kennwerte werden in Anlehnung an die internationale Berichterstattung als Mittelwerte der beiden Studien dargestellt.

IEA: Trends in International Mathematics and Science Study   © TIMSS 2015

Der Standardfehler quantifiziert die Unsicherheit von aus Stichprobendaten geschätzten Populationswerten. Je geringer dieser ausfällt, desto genauer ist der geschätzte Populationskennwert. Sowohl für den Mittelwert als auch für die Standardabweichung gilt, dass im Bereich von rund zwei Standardfehlern (1.96) unter beziehungsweise über einem errechneten Wert mit 95-prozentiger Wahrscheinlichkeit der ‚wahre' Populationswert liegt.

Für die Interpretation der Ergebnisse dient der Standardfehler als ein wichtiges Maß zur Einschätzung, ob sich zwei oder mehr Gruppen signifikant voneinander unterscheiden. Im vorliegenden Bericht werden (wie auch in den vergangenen Berichten zu TIMSS 2007 und TIMSS 2011) Perzentilbänder zur Ergebnisdarstellung angegeben, denen Konfidenzintervalle der Mittelwerte und dabei berechnete Standardfehler zugrunde liegen. Die Konfidenzintervalle (Vertrauensintervalle) der Mittelwerte (siehe Abbildung 2.8) geben an, in welchem Wertebereich der wahre Populationswert mit 95-prozentiger Wahrscheinlichkeit liegt. Zugrunde gelegt wird das Intervall von über beziehungsweise unter 1.96 Standardfehlern um die jeweilige Statistik. Überlappen sich beispielsweise zwei Konfidenzintervalle nicht, wie in Abbildung 2.8 die Konfidenzintervalle um die mittlere Mathematikleistung von Hongkong beziehungsweise Singapur und Deutschland, so entspricht dies einem signifikanten Unterschied mit einer Irrtumswahrscheinlichkeit von α = .05.

Staatenvergleiche
Durch die Teilnahme von über 50 Staaten und Regionen an TIMSS 2015 sind vielfältige Möglichkeiten gegeben, Deutschland mit anderen Staaten oder Regionen zu vergleichen (siehe Abschnitt 4.2). Ob und, wenn ja, inwiefern Vergleiche sinnvoll oder aufschlussreich sind, hängt von inhaltlichen Aspekten ab. Zu prüfen wäre einerseits, inwiefern ein Vergleich von Bildungssystemen über-

haupt tragfähig ist. Einen umfassenden Überblick zu den Bildungssystemen der einzelnen Teilnehmerstaaten bietet die von der internationalen Studienleitung veröffentlichte Enzyklopädie (siehe Abschnitt 4.1.2). Unter Berücksichtigung nationaler Besonderheiten der Stichproben (siehe Abschnitt 4.3.2) ist jeweils zu prüfen, ob konkrete Staatenvergleiche tatsächlich zulässig sind. Ein Vergleich mit Regionen wie den Benchmark-Teilnehmern (siehe Abschnitt 4.2.1) ist nur unter Einschränkungen möglich, da bei Benchmark-Teilnehmern andere Besonderheiten des jeweiligen Schulwesens im Vordergrund stehen könnten als bei einem ganzen Staat. Dies ist auch der Grund dafür, dass die internationale Studienleitung in Absprache mit den nationalen Studienleitungen Benchmark-Teilnehmer stets getrennt in den Ergebnisdarstellungen ausweist. Dieses Vorgehen wurde bereits für die Erhebungszyklen von TIMSS 2007 und TIMSS 2011 umgesetzt und wird für TIMSS 2015 beibehalten.

Wie in Abschnitt 4.2.1 vorgestellt (siehe Tabelle 2.2) werden in TIMSS darüber hinaus Vergleichsgruppen gebildet. Ihnen gehören Staaten oder Staatengruppen an, die sich aufgrund eines ähnlichen kulturellen und ökonomischen Hintergrunds oder einer vergleichbaren wirtschaftlichen Situation für einen Staatenvergleich eignen. Dieses Vorgehen hat sich in den vergangenen Studienzyklen als sinnvoll herausgestellt (Bos et al., 2008; Bos, Wendt, Köller & Selter, 2012), sodass auch im vorliegenden Berichtsband analog zur Berichtlegung der Studien TIMSS 2007 und TIMSS 2011 als Vergleichsgruppen die Teilnehmerstaaten der EU (VG_{EU}) und die der OECD (VG_{OECD}) zur Verfügung stehen.

Entsprechend dieser Entscheidungen erfolgt die Ergebnisdarstellung in den Kapiteln dieses Bandes folgendermaßen: In den Kapiteln 3 und 4 werden die Ergebnisse zunächst für alle Teilnehmerstaaten und Regionen auf den Gesamtskalen für Mathematik und Naturwissenschaften dargestellt. Die Benchmark-Teilnehmer werden graphisch am unteren Ende der Tabelle durch einen kleinen Absatz getrennt aufgelistet. Ihre Leistungswerte fließen aus den hier dargestellten Gründen nicht in die Berechnung des internationalen Mittelwerts ein. Mit Ausnahme der Trendvergleiche werden in den auf die Gesamtskalen folgenden Abbildungen im internationalen Vergleich ausschließlich jene Teilnehmer dargestellt, für die mindestens eines der folgenden drei Kriterien gilt: (1) Mitglied der EU, (2) Mitglied der OECD und/oder (3) im Vergleich zu Deutschland signifikant bessere oder nicht signifikant unterschiedliche Leistungen auf den Gesamtskalen. In Trenddarstellungen werden die Ergebnisse aller Teilnehmerstaaten und Regionen berichtet, die an TIMSS 2007, 2011 und 2015 teilgenommen haben. In diesen Darstellungen werden keine Mittelwerte der Vergleichsgruppen VG_{EU} und VG_{OECD} berichtet, da sich über die drei Studienzyklen die Zusammensetzungen der Vergleichsgruppen durch andere Studienteilnehmer und neue Mitgliedschaften (z.B. EU-Mitgliedschaft Kroatiens in 2013) geändert haben.

Literatur

Baumert, J. (2016). Leistungen, Leistungsfähigkeit und Leistungsgrenzen der empirischen Bildungsforschung. *Zeitschrift für Erziehungswissenschaft, 19* (1), 215–253.

Baumert, J., Bos, W. & Lehmann, R. (Hrsg.). (2000a). *TIMSS/III. Dritte internationale Mathematik- und Naturwissenschaftsstudie. Mathematische und naturwissenschaftliche Bildung am Ende der Schullaufbahn. Band 1: Mathematische und naturwissenschaftliche Grundbildung am Ende der Pflichtschulzeit.* Opladen: Leske + Budrich.

Baumert, J., Bos, W. & Lehmann, R. (Hrsg.). (2000b). *TIMSS/III. Dritte internationale Mathematik- und Naturwissenschaftsstudie. Mathematische und naturwissenschaftliche Bildung am Ende der Schullaufbahn. Band 2: Am Ende der gymnasialen Oberstufe.* Opladen: Leske + Budrich.

Baumert, J., Lehmann, R., Lehrke, M., Schmitz, B., Clausen, M., Hosenfeld, I., Köller, O. & Neubrand, J. (1997). *TIMSS – Mathematisch-naturwissenschaftlicher Unterricht im internationalen Vergleich: deskriptive Befunde.* Opladen: Leske + Budrich.

BMBF – Bundesministerium für Bildung und Forschung (Hrsg.). (2001). *TIMSS – Impulse für Schule und Unterricht. Forschungsbefunde, Reforminitiativen, Praxisberichte und Video-Dokumente.* Bonn: BMBF Publik.

Boomsma, A., van Duijn, M. A. J. & Snijders, T. A. B. (Hrsg.). (2000). *Essays on item response theory.* New York: Springer.

Bos, W., Bonsen, M., Baumert, J., Prenzel, M., Selter, C. & Walther, G. (Hrsg.). (2008). *TIMSS 2007. Mathematische und naturwissenschaftliche Kompetenzen von Grundschulkindern in Deutschland im internationalen Vergleich.* Münster: Waxmann.

Bos, W., Lankes, E.-M., Prenzel, M., Schwippert, K., Valtin, R. & Walther, G. (Hrsg.). (2004). *IGLU. Einige Länder der Bundesrepublik Deutschland im nationalen und internationalen Vergleich.* Münster: Waxmann.

Bos, W., Lankes, E.-M., Prenzel, M., Schwippert, K., Walther, G. & Valtin, R. (Hrsg.). (2003). *Erste Ergebnisse aus IGLU. Schülerleistungen am Ende der vierten Jahrgangsstufe im internationalen Vergleich.* Münster: Waxmann.

Bos, W., Lankes, E.-M., Prenzel, M., Valtin, R. & Walther, G. (Hrsg.). (2005). *IGLU. Vertiefende Analysen zu Leseverständnis, Rahmenbedingungen und Zusatzstudien.* Münster: Waxmann.

Bos, W., Postlethwaite, T. N. & Gebauer, M. M. (2010). Potenziale, Grenzen und Perspektiven internationaler Schulleistungsforschung. In R. Tippelt & B. Schmidt (Hrsg.), *Handbuch Bildungsforschung* (S. 275–295). Wiesbaden: VS Verlag für Sozialwissenschaften.

Bos, W., Wendt, H., Köller, O. & Selter, C. (Hrsg.). (2012). *TIMSS 2011. Mathematische und naturwissenschaftliche Kompetenzen von Grundschulkindern in Deutschland im internationalen Vergleich.* Münster: Waxmann.

Ebbs, D., & Korsnakova, P. (2016). Translation and Translation Verification. In M. O. Martin, I. V. S. Mullis, & M. Hooper (Hrsg.), *Methods and procedures in TIMSS 2015* (S. 7.1–7.16). Zugriff am 03.11.2016 unter http://timssandpirls.bc.edu/publications/timss/2015-methods/chapter-7.html

Foy, P., Brossman, B. & Galia, J. (2011). Scaling TIMSS and PIRLS 2011 achievement data. In M. O. Martin & I. V. S. Mullis (Hrsg.), *TIMSS and PIRLS methods and procedures.* Zugriff am 17.10.2016 unter http://timssandpirls.bc.edu/methods/index.html

Goy, M., van Ackeren, I. & Schwippert, K. (2008). Ein halbes Jahrhundert internationale Schulleistungsstudien. Eine systematisierende Übersicht. *Tertium Comparationis, 14* (1), 77–107.

Grønmo, L. S., Lindquist, M., Arora, A. & Mullis, I. V. S. (2013). TIMSS 2015 mathematics framework. In I. V. S. Mullis & M. O. Martin (Hrsg.), *TIMSS 2015 assessment frameworks* (S. 11–27). Chestnut Hill, MA: TIMSS & PIRLS International Study Center, Boston College.

Haffner, J., Baro, K., Parzer, P. & Resch, F. (2005). *Heidelberger Rechentest (HRT 1–4).* Göttingen: Hogrefe.

Heller, K. A. & Perleth, C. (2000). *KFT 4–12 + R. Kognitiver Fähigkeitstest für 4. bis 12. Klasse, Revision.* Göttingen: Beltz Test.

Hooper, M. (2016). Developing the TIMSS 2015 context questionnaires. In M. O. Martin, I. V. S. Mullis, & M. Hooper (Hrsg.), *Methods and procedures in TIMSS 2015* (S. 2.1–2.8). Retrieved from http://timssandpirls.bc.edu/publications/timss/2015-methods/chapter-2.html

Hooper, M., Mullis, I. V. S. & Martin, M. O. (2013). TIMSS 2015 context questionnaire framework. In I. V. S. Mullis & M. O. Martin (Hrsg.), *TIMSS 2015 assessment frameworks* (S. 61–82). Chestnut Hill, MA: TIMSS & PIRLS International Study Center, Boston College.

Howie, S. & Plomp, T. (2005). International comparative studies of education and large-scale change. In N. Bascia, A. Cumming, A. Datnow, K. Leithwood & D. Livingstone

(Hrsg.), *International handbook of educational policy. Springer international handbooks of education, Bd. 13* (S. 75–99). Berlin: Springer.

Joncas, M. & Foy, P. (2011). Sample design in TIMSS and PIRLS. In M. O. Martin & I. V. S. Mullis (Hrsg.), *TIMSS and PIRLS methods and procedures.* Zugriff am 17.10.2016 unter http://timssandpirls.bc.edu/methods/pdf/TP_Sampling_Design.pdf

Jones, L. R., Wheeler, G. & Centurino, V. A. S. (2013). TIMSS 2015 science framework. In I. V. S. Mullis & M. O. Martin (Hrsg.), *TIMSS 2015 assessment frameworks* (S. 29–58). Chestnut Hill, MA: TIMSS & PIRLS International Study Center, Boston College.

Klieme, E. (2013). Bildung unter undemokratischem Druck? Anmerkungen zur Kritik der PISA-Studie. In S. Lin-Klitzing, D. Di Fuccia & G. Müller-Frerich (Hrsg.), *Zur Vermessung von Schule* (S. 37–51). Bad Heilbrunn: Klinkhardt.

Klieme, E. & Vieluf, S. (2013). Schulische Bildung im internationalen Vergleich. Ein Rahmenmodell für Kontextanalysen in PISA. In N. Jude & E. Klieme (Hrsg.), *PISA 2009 – Impulse für die Schul- und Unterrichtsforschung.* (Zeitschrift für Pädagogik. Beiheft 59, S. 229–246). Weinheim: Beltz.

KMK – Ständige Konferenz der Kultusminister der Länder in der Bundesrepublik Deutschland. (2015). *Gesamtstrategie der Kultusministerkonferenz zum Bildungsmonitoring* (Beschluss der 350. Kultusministerkonferenz vom 11.06.2015). Zugriff am 17.10.2016 unter https://www.kmk.org/themen/qualitaetssicherung-in-schulen/bildungsmonitoring.html

Kolen, M. J. (1981). Comparison of traditional and item response theory methods for equating tests. *Journal of Educational Measurement, 18* (1), 1–11.

Kolen, M. J. & Brennan, R. L. (2004). *Test equating, scaling, and linking. Methods and practices* (2. Aufl.). New York: Springer.

Leung, F. K. S. (2010). IEA studies in mathematics and science. In P. L. Peterson, E. L. Baker & B. McGaw (Hrsg.), *International encyclopedia of education* (3. Aufl., S. 650–655). Oxford: Elsevier.

Linden, W. v. d. & Hambleton, R. K. (1997). *Handbook of modern item response theory.* New York: Springer.

Lord, F. M. (1980). *Applications of item response theory to practical testing problems.* Hillsdale, NJ: Erlbaum.

Lüdtke, O., Robitzsch, A., Trautwein, U. & Köller, O. (2007). Umgang mit fehlenden Werten in der psychologischen Forschung: Probleme und Lösungen. *Psychologische Rundschau, 58* (2), 103–117.

Martin, M. O. & Kelly, D. L. (Hrsg.). (1998). *TIMSS. Third International Mathematics and Science Study. Technical report. Volume III: Implementation and analysis. Final year of secondary school (Population 3).* Chestnut Hill, MA: TIMSS & PIRLS International Study Center, Boston College.

Martin, M. O. & Mullis, I. V. S. (2011a). TIMSS 2011 number of items in the mathematics and science assessments. In M. O. Martin & I. V. S. Mullis (Hrsg.), *TIMSS and PIRLS methods and procedures.* Zugriff am 17.10.2016 unter http://timssandpirls.bc.edu/methods/pdf/MP_Assessment_T11.pdf

Martin, M. O. & Mullis, I. V. S. (Hrsg.). (2011b). *TIMSS and PIRLS methods and procedures.* Zugriff am 18.10.2016 unter http://timssandpirls.bc.edu/methods/index.html

Martin, M. O., Mullis, I. V. S. & Foy, P. (2013). TIMSS 2015 assessment design. In I. V. S. Mullis & M. O. Martin (Hrsg.), *TIMSS 2015 assessment frameworks* (S. 85–98). Chestnut Hill, MA: TIMSS & PIRLS International Study Center, Boston College.

Martin, M. O., Mullis, I. V. S., Foy, P. & Hooper, M. (2016). *TIMSS 2015 international results in science.* Chestnut Hill, MA: TIMSS & PIRLS International Study Center, Boston College.

Martin, M. O., Mullis, I. V. S., Foy, P. & Stanco, G. M. (2012). *TIMSS 2011 international results in science.* Chestnut Hill, MA: TIMSS & PIRLS International Study Center, Boston College.

Martin, M. O., Mullis, I. V. S. & Hooper, M. (Hrsg.). (2016). *Methods and procedures in TIMSS 2015.* Chestnut Hill, MA: TIMSS & PIRLS International Study Center, Boston College. Zugriff am 17.10.2016 unter http://timssandpirls.bc.edu/publications/timss/2015-methods.html

Mislevy, R. J. (1991). Randomization-based inference about latent variables from complex samples. *Psychometrika, 56,* 177–196.

Mislevy, R. J., Beaton, A. E., Kaplan, B. & Sheehan, K. M. (1992). Estimation population characteristics from sparse matrix samples of item responses. *Journal of Educational Measurement, 29* (2), 133–161.

Mullis, I. V. S. (2013). Introduction. In I. V. S. Mullis & M. O. Martin (Hrsg.). *TIMSS 2015 assessment framework* (S. 3–9). Chestnut Hill, MA: TIMSS & PIRLS International Study Center, Boston College.

Mullis, I. V. S., Drucker, K. T., Preuschoff, C., Arora, A. & Stanco, G. M. (2011). Assessment framework and instrument development. In M. O. Martin & I. V. S. Mullis (Hrsg.), *TIMSS and PIRLS methods and procedures.* Zugriff am 17.10.2016 unter http://timss.bc.edu/methods/pdf/TP_Instrument_Devel.pdf

Mullis, I. V. S. & Martin, M. O. (Hrsg.). (2013). *TIMSS 2015 assessment frameworks.* Chestnut Hill, MA: TIMSS & PIRLS International Study Center, Boston College.

Mullis, I. V. S., Martin, M. O., Beaton, A. E., Gonzalez, E. J., Kelly, D. L. & Smith, T. A. (1998). *Mathematics achievement in the primary school years. IEA's Third International Mathematics and Science Study (TIMSS).* Chestnut Hill, MA: TIMSS International Study Center, Boston College.

Mullis, I. V. S., Martin, M. O., Foy, P. & Arora, A. (2012). *TIMSS 2011 international results in mathematics.* Chestnut Hill, MA: TIMSS & PIRLS International Study Center, Boston College.

Mullis, I. V. S., Martin, M. O., Foy, P. & Hooper, M. (2016). *TIMSS 2015 international results in mathematics.* Chestnut Hill, MA: TIMSS & PIRLS International Study Center, Boston College.

Mullis, I. V. S., Martin, M. O., Goh, S. & Cotter, K. (2016). *TIMSS 2015 encyclopedia: Education policy and curriculum in mathematics and science.* Chestnut Hill, MA: TIMSS & PIRLS International Study Center, Boston College.

Mullis, I. V. S., Martin, M. O., Gonzalez, E. J. & Kennedy, A. M. (2003). *PIRLS 2001 international report: IEA's study of reading literacy achievement in primary schools.* Chestnut Hill, MA: TIMSS & PIRLS International Study Center, Boston College.

Mullis, I. V. S., Martin, M. O. & Hooper, M. (2016). Measuring changing educational contexts in a changing world: evolution of the TIMSS and PIRLS questionnaires. In M. Rosén, K. Y. Hansen & U. Wolff (Hrsg.), *Cognitive abilities and educational outcomes* (S. 207–222). London: Springer.

Mullis, I. V. S., Martin, M. O., Ruddock, G. J., O'Sullivan, C. Y., Arora, A. & Eberber, E. (2005). *TIMSS 2007 assessment frameworks.* Chestnut Hill, MA: TIMSS & PIRLS International Study Center, Boston College.

Mullis, I. V. S., Martin, M. O., Ruddock, G. J., O'Sullivan, C. Y. & Preuschoff, C. (2009). *TIMSS 2011 assessment frameworks.* Chestnut Hill, MA: TIMSS & PIRLS International Study Center, Boston College.

Mullis, I. V. S., Cotter, K. E., Fishbein, B. G. & Centurino, V. A. S. (2016). Developing the TIMSS 2015 achievement items. In M. O. Martin, I. V. S. Mullis, & M. Hooper (Hrsg.), *Methods and procedures in TIMSS 2015* (S. 1.1–1.22). Zugriff am 03.11.2016 unter http://timssandpirls.bc.edu/publications/timss/2015-methods/chapter-1.html

Muraki, E. & Bock, D. (1999). PARSCALE 3.5: IRT item analysis and test scoring for rating-scale data [Computer software]. Chicago, IL: Scientific Software, Inc.

Prenzel, M., Geiser, H., Langeheine, R. & Lobemeier, K. (2003). Das naturwissenschaftliche Verständnis am Ende der Grundschule. In W. Bos, E.-M. Lankes, M. Prenzel, K. Schwippert, G. Walther & R. Valtin (Hrsg.), *Erste Ergebnisse aus IGLU. Schülerleistungen am Ende der vierten Jahrgangsstufe im internationalen Vergleich* (S. 143–187). Münster: Waxmann.

Purves, A. C. (1987). The Evolution of the IEA: a memoir. *Comparative Education Review, 31* (1), 10–28.

Robitaille, D. F., Schmidt, W. H., Raizen, S., McKnight, C., Britton, E. & Nicol, C. (Hrsg.). (1993). *TIMSS monograph no. 1. Curriculum frameworks for mathematics and science.* Vancouver, BC: Pacific Educational Press.

Rubin, D. B. (1987). *Multiple imputation for nonresponse in surveys.* New York: John Wiley + Sons.

Sheehan, K. M. (1985). *M-GROUP. Estimation of group effects in multivariate models.* [Computer software]. Princeton, NJ: Educational Testing Service.

Stanat, P., Pant, H. A., Böhme, K. & Richter, D. (Hrsg.). (2012). *Kompetenzen von Schülerinnen und Schülern am Ende der vierten Jahrgangsstufe in den Fächern Deutsch und Mathematik. Ergebnisse des IQB-Ländervergleichs 2011*. Münster: Waxmann.

Statistisches Bundesamt. (2015). *Bildung und Kultur. Allgemeinbildende Schulen. Schuljahr 2014/2015* (Fachserie 11, Reihe 1). Wiesbaden: Statistisches Bundesamt.

UIS – UNESCO Institute for Statistics. (2015). *ISCED 2011 operational manual. Guidelines for classifying national education programmes and related qualifications*. Zugriff am 03.08.2016 unter http://www.uis.unesco.org/Education/Pages/international-standard-classification-of-education.aspx

Walther, G., Geiser, H., Langeheine, R. & Lobemeier, K. (2003). Mathematische Kompetenzen am Ende der vierten Jahrgangsstufe. In W. Bos, E.-M. Lankes, M. Prenzel, K. Schwippert, G. Walther & R. Valtin (Hrsg.), *Erste Ergebnisse aus IGLU. Schülerleistungen am Ende der vierten Jahrgangsstufe im internationalen Vergleich* (S. 189–226). Münster: Waxmann.

Weiß, R. H. (2005). *Grundintelligenztest Skala Z – Revision (CFT 20-R) mit Wortschatztest und Zahlenfolgentest – Revision (WS/ZF-R)*. Göttingen: Hogrefe.

Wendt, H., Bos, W. & Goy, M. (2011). On applications of Rasch models in international-comparative large-scale assessments: a historical review. *Educational Research and Evaluation, 17* (6), 419–446.

Wendt, H., Tarelli, I., Bos, W., Frey, K. & Vennemann, M. (2012). Ziele, Anlage und Durchführung der Trends in International Mathematics and Science Study (TIMSS 2011). In W. Bos, H. Wendt, O. Köller & C. Selter (Hrsg.), *TIMSS 2011. Mathematische und naturwissenschaftliche Kompetenzen von Grundschulkindern in Deutschland im internationalen Vergleich* (S. 27–68). Münster: Waxmann.

Abbildung 3.13: Vergleich der Testleistungen in Mathematik zwischen TIMSS 2007, 2011 und 2015 in den kognitiven Anforderungsbereichen *Reproduzieren, Anwenden* und *Problemlösen* II

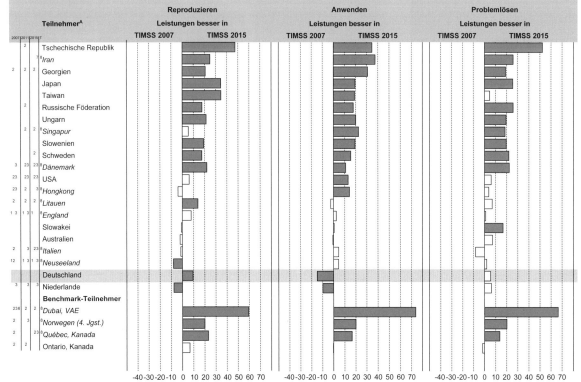

Teilnehmer[A]	Reproduzieren Veränderungen[B]						Anwenden Veränderungen[B]						Problemlösen Veränderungen[B]					
	$\Delta_{11\text{-}07}$	(SE)	$\Delta_{15\text{-}11}$	(SE)	$\Delta_{15\text{-}07}$	(SE)	$\Delta_{11\text{-}07}$	(SE)	$\Delta_{15\text{-}11}$	(SE)	$\Delta_{15\text{-}07}$	(SE)	$\Delta_{11\text{-}07}$	(SE)	$\Delta_{15\text{-}11}$	(SE)	$\Delta_{15\text{-}07}$	(SE)
Tschechische Republik	30	(3.5)+	17	(3.5)+	48	(3.6)+	19	(4.0)+	16	(3.7)+	35	(3.7)+	31	(4.6)+	21	(4.1)+	52	(4.8)+
Iran	31	(5.4)+	-6	(5.0)	25	(5.0)+	30	(5.3)+	7	(4.6)	38	(4.9)+	22	(5.3)+	4	(4.5)	26	(5.5)+
Georgien	4	(5.7)	16	(5.5)+	21	(5.8)+	17	(5.8)+	14	(5.3)+	31	(6.2)+	18	(5.8)+	1	(5.6)	19	(6.3)+
Japan	24	(2.9)+	11	(2.9)+	35	(3.3)+	9	(2.7)+	10	(2.6)+	19	(3.0)+	22	(3.0)+	3	(3.4)	26	(3.5)+
Taiwan	13	(2.8)+	21	(3.1)+	35	(3.0)+	19	(2.8)+	0	(2.9)	19	(2.8)+	6	(3.2)	-2	(4.0)	5	(3.6)
Russische Föderation	2	(5.9)	16	(4.8)+	18	(5.9)+	-9	(6.6)	27	(5.4)+	18	(6.4)+	4	(6.4)	22	(5.3)+	26	(6.6)+
Ungarn	8	(5.2)	13	(4.9)+	21	(4.7)+	7	(5.0)	13	(4.7)+	20	(5.0)+	5	(5.6)	15	(5.2)+	20	(5.5)+
Singapur	4	(5.5)	2	(5.3)	5	(5.8)	5	(5.4)	17	(5.3)+	23	(5.7)+	4	(5.5)	15	(5.8)+	19	(6.1)+
Slowenien	12	(3.4)+	7	(3.3)+	19	(2.7)+	12	(3.1)+	7	(3.1)+	19	(2.9)+	12	(3.7)+	8	(3.6)+	20	(3.2)+
Schweden	6	(3.4)	12	(4.0)+	18	(4.3)+	2	(3.2)	14	(3.5)+	16	(3.6)+	0	(4.1)	22	(4.4)+	22	(4.3)+
Dänemark	18	(3.9)+	5	(4.2)	22	(4.3)+	12	(4.1)+	-1	(4.0)	11	(3.9)+	17	(3.5)+	5	(4.2)	22	(3.9)+
USA	14	(3.5)+	-8	(3.1)-	6	(3.6)	15	(3.5)+	-2	(3.2)	13	(3.7)+	1	(3.2)	5	(3.3)	6	(3.4)
Hongkong	-3	(4.9)	-1	(4.5)	-4	(4.9)	-9	(5.0)	23	(4.5)+	14	(4.9)+	-7	(5.1)	11	(4.7)+	4	(5.0)
Litauen	5	(4.1)	8	(4.1)+	14	(4.0)+	0	(3.6)	-2	(3.8)	-3	(3.9)	8	(3.7)+	-1	(4.0)	7	(4.2)
England	6	(5.6)	2	(5.4)	8	(4.9)	0	(5.0)	2	(4.9)	3	(4.6)	-8	(5.0)	9	(4.9)	1	(4.7)
Slowakei	15	(5.7)+	-16	(4.5)-	-1	(4.9)	9	(5.9)	-9	(4.7)	1	(5.0)	12	(6.0)+	5	(4.9)	17	(5.3)+
Australien	5	(5.6)	-7	(4.9)	-2	(5.6)	-3	(4.8)	2	(4.2)	-1	(4.8)	-3	(4.6)	10	(4.0)+	7	(4.8)
Italien	-3	(4.4)	1	(4.0)	-1	(4.5)	7	(4.2)	-2	(3.8)	5	(4.0)	-5	(4.8)	-3	(4.7)	-8	(4.7)
Neuseeland	-7	(4.2)	-1	(4.1)	-8	(3.8)-	-3	(3.5)	7	(3.4)+	4	(3.5)	-12	(3.8)-	13	(3.6)+	2	(3.9)
Deutschland	9	(3.1)+	0	(3.2)	9	(3.1)+	-2	(3.3)	-13	(3.2)-	-15	(3.2)-	2	(4.2)	3	(3.9)	5	(3.7)
Niederlande	9	(3.1)+	-17	(2.7)-	-8	(3.0)-	0	(2.7)	-10	(2.4)-	-10	(2.8)-	7	(3.6)	0	(3.7)	6	(3.7)
Benchmark-Teilnehmer																		
Dubai, VAE	18	(3.4)+	42	(3.1)+	60	(3.1)+	29	(2.9)+	45	(2.9)+	74	(2.6)+	23	(3.7)+	44	(2.8)+	66	(3.4)+
Norwegen (4. Jgst.)	28	(4.3)+	-8	(4.1)	20	(4.0)+	24	(4.2)+	-4	(3.9)	20	(3.8)+	15	(4.4)+	5	(4.5)	20	(4.2)+
Québec, Kanada	18	(4.0)+	6	(5.0)	23	(5.3)+	13	(3.9)+	3	(4.8)	17	(5.0)+	12	(4.0)+	2	(5.5)	14	(5.9)+
Ontario, Kanada	11	(4.8)+	-5	(4.3)	7	(4.2)	8	(4.8)	-8	(4.2)	0	(4.0)	-5	(4.2)	3	(4.0)	-2	(3.9)

◼ Statistisch signifikante Veränderung zwischen 2007 und 2015 (*p* < .05).
+ = Mittelwert für 2011 statistisch signifikant höher als für 2007 bzw. für 2015 statistisch signifikant höher als für 2011 und/oder 2007 (*p* < .05).
- = Mittelwert für 2011 statistisch signifikant niedriger als für 2007 bzw. für 2015 statistisch signifikant niedriger als für 2011 und/oder 2007 (*p* < .05).
Kursiv gesetzt sind die Teilnehmer, für die von einer eingeschränkten Vergleichbarkeit der Ergebnisse zwischen den Studienzyklen ausgegangen werden muss.
1 = Die nationale Zielpopulation entspricht nicht oder nicht ausschließlich der vierten Jahrgangsstufe.
2 = Der Ausschöpfungsgrad und/oder die Ausschlüsse von der nationalen Zielpopulation erfüllen nicht die internationalen Vorgaben.
3 = Die Teilnahmequoten auf Schul- und/oder Schülerebene erreichen nicht die internationalen Vorgaben.
6 = Abweichender Testzeitpunkt (in Dubai, VAE erfolgte die Testung zeitlich verzögert).
7 = Teilnahme an TIMSS 2015 und TIMSS Numeracy. Die Kennwerte werden in Anlehnung an die internationale Berichterstattung als Mittelwerte der beiden Studien dargestellt.
8 = Eingeschränkte Vergleichbarkeit aufgrund veränderter Teilnahmebedingungen zwischen 2007, 2011 und 2015.
A = Die Ergebnisse von Kasachstan, Katar, Kuwait und Marokko werden aufgrund der nicht gegebenen Vergleichbarkeit zwischen den Studienzyklen 2007, 2011 und 2015 nicht berichtet.
B = Inkonsistenzen in den berichteten Differenzen sind im Rundungsverfahren begründet.
Δ = Differenz in den Leistungsmittelwerten.

IEA: Trends in International Mathematics and Science Study   © TIMSS 2015

5.5 Einstellung und Selbstkonzept

Zusätzlich zu den TIMSS-Leistungstests wurden in einer Fragebogenerhebung Informationen zu den Einstellungen zur Mathematik und zum mathematikbezogenen Selbstkonzept der Schülerinnen und Schüler gewonnen. In diesem Abschnitt werden zunächst für Deutschland die Ergebnisse aus TIMSS 2015 und anschließend Unterschiede zu den Studienzyklen von 2011 und 2007 dargestellt. Auf die Darstellung des internationalen Vergleichs der Ergebnisse wird – wie bereits in den bisherigen Berichtsbänden zu TIMSS – verzichtet, da dieser Vergleich aufgrund möglicher Referenzengruppeneffekte schwer zu interpretieren ist. Darunter werden Auswirkungen verstanden, die durch den Vergleich eigener Fähigkeiten mit denen einer Bezugsgruppe entstehen können. Für schulische Kontexte bedeutet dies, dass die Einschätzung der eigenen Leistung davon abhängig sein kann, ob eine leistungsstarke beziehungsweise leistungsschwache Referenzgruppe vorliegt. Hieraus können sich Effekte auf Einstellung und fachbezogene Selbstkonzepte der Kinder auswirken. Da die TIMS-Studien durch internationale Vergleiche von Leistungsdaten geprägt sind, wären die Ergebnisse von Referenzgruppeneffekten betroffen. Daher werden im Folgenden lediglich die nationalen Befunde berichtet (Selter et al., 2012, S. 112f).

Einstellung zur Mathematik: Im Schülerfragebogen geben die teilnehmenden Viertklässlerinnen und Viertklässler an, ob sie den folgenden Aussagen *völlig zustimmen, eher zustimmen, eher nicht zustimmen* oder *überhaupt nicht zustimmen*:

1. Ich lerne gern Mathematik.
2. Mathematik ist langweilig.
3. Ich mag Mathematik.

Für die Darstellung der Ergebnisse werden die Angaben der Schülerinnen und Schüler bei Aussage 1 und 3 mit 1 (*stimme überhaupt nicht zu*) bis 4 (*stimme völlig zu*) Punkten kodiert, bei Aussage 2 hingegen in umgekehrter Reihenfolge. Daraufhin wird der Mittelwert dieser drei Aussagen für jedes Kind berechnet. Der daraus resultierende Skalenwert gibt an, inwieweit das jeweilige Kind eine positive oder negative Einstellung zur Mathematik vertritt. Die interne Konsistenz der Skala liegt bei einem Cronbachs Alpha von $\alpha = .86$.

Nachfolgend werden Gruppen von Schülerinnen und Schülern mit niedriger, mittlerer und hoher positiver Einstellung zur Mathematik gebildet. Kinder mit einem Mittelwert (M) von $1 \leq M < 2$ werden als ‚niedrig‘, mit einem Mittelwert von $2 \leq M < 3$ als ‚mittel‘ und Kinder mit einem Mittelwert von $3 \leq M \leq 4$ als ‚hoch‘ klassifiziert.

Abbildung 3.14 stellt die Einstellung der Schülerinnen und Schüler in Deutschland zum Fach Mathematik in TIMSS 2007, 2011 und 2015 dar. Ferner ist die Verteilung der Kinder auf die Gruppen niedriger, mittlerer und positiver Einstellung wiedergegeben.

Der Vergleich der mittleren Skalenwerte zeigt, dass keine signifikanten Unterschiede zwischen den Werten von 2015 und 2011 und damit auch zur Einstellung von Schülerinnen und Schülern zur Mathematik zwischen diesen beiden Erhebungsrunden vorliegen. Die Kinder stimmten den oben angegebenen Aussagen sowohl im Jahr 2015 als auch im Jahr 2011 eher zu, was sich in dem mittleren Skalenwert von 3.10 für TIMSS 2015 beziehungsweise von 3.12 für TIMSS 2011 zeigt. Im Vergleich der mittleren Skalenwerte von 2015 und 2007

Abbildung 3.14: Mittlere positive Einstellung von Schülerinnen und Schülern zur Mathematik sowie prozentuale Verteilungen nach hoher, mittlerer und niedriger Einstellung – TIMSS 2007, 2011 und 2015 im Vergleich

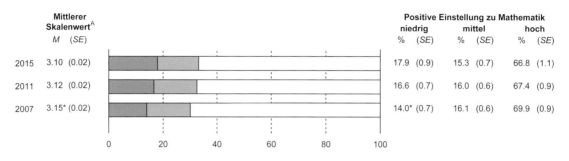

% der Schülerinnen und Schüler mit hoher positiver Einstellung zu Mathematik.
% der Schülerinnen und Schüler mit mittlerer positiver Einstellung zu Mathematik.
% der Schülerinnen und Schüler mit niedriger positiver Einstellung zu Mathematik.

A = Die Skala umfasst drei Fragen (z.B. Ich mag Mathematik.) mit vierstufigem Antwortformat (1 = Stimme überhaupt nicht zu,..., 4 = Stimme völlig zu).
★ = Unterschied zu 2015 statistisch signifikant ($p < .05$).

IEA: Trends in International Mathematics and Science Study © TIMSS 2015

zeigt sich jedoch, dass für TIMSS 2015 ein signifikant niedrigerer Wert als für TIMSS 2007 (3.15) vorliegt. Dementsprechend weisen die Schülerinnen und Schüler im Jahr 2015 eine negativere Einstellung zur Mathematik als noch im Jahr 2007 auf. Gleichwohl gilt es zu berücksichtigen, dass die Kinder in 2015 grundsätzlich eine positiv einzuschätzende Einstellung zur Mathematik zeigen.

Ein Vergleich der in Abbildung 3.14 angegebenen Gruppen zeigt darüber hinaus, dass sich im Vergleich von TIMSS 2015 und 2011 nur leichte, jedoch keine signifikanten Verschiebungen zwischen den Erhebungsrunden erkennen lassen. Anders verhält es sich bei einem Vergleich der Daten von TIMSS 2015 und TIMSS 2007. Während die Anteile der Gruppe *hoher* positiver Einstellung um 3.1 Prozentpunkte auf 66.8 Prozent und der Gruppe *mittlerer* positiver Einstellung um 0.8 Prozentpunkte auf 15.3 Prozent jeweils etwas, jedoch nicht signifikant sinkt, steigt der Anteil an Schülerinnen und Schüler mit *niedriger* positiver Einstellung um 3.9 Prozentpunkte signifikant auf 17.9 Prozent. Dementsprechend ist zu konstatieren, dass es in TIMSS 2015 im Vergleich zu TIMSS 2007 deutlich mehr Kinder mit *niedriger* positiver Einstellung gibt. Jedoch deuten die Ergebnisse insgesamt auf eine nach wie vor positive Einstellung der Grundschülerinnen und Grundschüler in Deutschland zur Mathematik hin.

Mathematikbezogenes Selbstkonzept: Neben der Einstellung der Schülerinnen und Schüler zu Mathematik wird in TIMSS auch das mathematikbezogene Selbstkonzept mit dem Schülerfragebogen erfasst. Analog zum beschriebenen Vorgehen bei der Untersuchung der Einstellungen wurden den Kindern Aussagen vorgelegt und gefragt, ob sie diesen *völlig zustimmen, eher zustimmen, eher nicht zustimmen* oder *überhaupt nicht zustimmen*. Folgende Aussagen wurden herangezogen:

1. Normalerweise bin ich gut in Mathematik.
2. Mathematik fällt mir schwerer als vielen meiner Mitschüler.
3. Ich bin einfach nicht gut in Mathematik.
4. Ich lerne schnell in Mathematik.

Die Angaben der Kinder werden bei Aussage 1 und 4 mit 1 (*stimme überhaupt nicht zu*) bis 4 (*stimme völlig zu*) Punkten kodiert, bei den Aussagen 2 und 3 in umgekehrter Reihenfolge. Sodann wird für alle Schülerinnen und Schüler der Mittelwert der Angaben gebildet, woraufhin – wie oben – Gruppen mit niedrig, mittel und hoch positivem Selbstkonzept gebildet werden. Kinder mit einem Mittelwert (M) von $1 \leq M < 2$ werden als ‚niedrig‘, Kinder mit einem Mittelwert von $2 \leq M < 3$ als ‚mittel‘ und Kinder mit einem Mittelwert von $3 \leq M \leq 4$ als ‚hoch‘ klassifiziert. Die interne Konsistenz der Skala liegt bei einem Cronbachs Alpha von $\alpha = .82$.

Abbildung 3.15: Mittleres mathematikbezogenes Selbstkonzept von Schülerinnen und Schülern sowie prozentuale Verteilungen nach hohem, mittlerem und niedrigem Selbstkonzept – TIMSS 2007, 2011 und 2015 im Vergleich

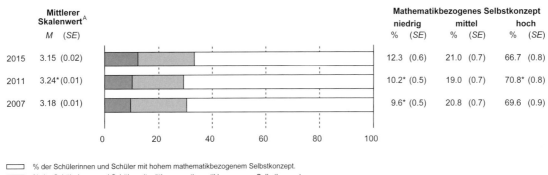

A = Die Skala umfasst vier Fragen (z.B. Normalerweise bin ich gut in Mathematik.) mit vierstufigem Antwortformat (1 = Stimme überhaupt nicht zu,..., 4 = Stimme völlig zu).
★ = Unterschied zu 2015 statistisch signifikant ($p < .05$).

IEA: Trends in International Mathematics and Science Study   © TIMSS 2015

Abbildung 3.15 zeigt, wie das mathematikbezogene Selbstkonzept der Schülerinnen und Schüler in den drei Studienzyklen von TIMSS für Deutschland ausfällt (mittlerer Skalenwert). Darüber hinaus ist die Verteilung der Schülerinnen und Schüler auf die Gruppen derjenigen Kinder mit *niedrigem*, *mittlerem* und *hohem* positiven Selbstkonzept dargestellt.

Der Vergleich der mittleren Skalenwerte von TIMSS 2011 und TIMSS 2015 zeigt, dass für TIMSS 2015 ein signifikant niedrigerer Wert von 3.15 vorliegt. Somit stimmen die Schülerinnen und Schüler den obigen Aussagen in TIMSS 2011 (3.24) eher als in TIMSS 2015 zu. Die mittleren Skalenwerte der Studienzyklen von TIMSS 2007 und 2015 weisen demgegenüber nur geringfügige, nicht signifikante Unterschiede auf.

Vergleicht man die drei oben angegebenen Gruppen über die Erhebungsrunden hinweg, so fällt auf, dass es teilweise signifikante Verschiebungen gegeben hat. Zwischen 2011 und 2015 ist der Anteil der Schülerinnen und Schüler mit *niedrigem* mathematischen Selbstkonzept um 2.1 Prozentpunkte auf 12.3 Prozent gestiegen. Hingegen ist der Anteil der Kinder mit *hohem* positiven Selbstkonzept signifikant um 4.1 Prozentpunkte auf 66.7 Prozent gesunken. In der Gruppe der Schülerinnen und Schüler mit *mittlerem* mathematischem Selbstkonzept sind hingegen keine signifikanten Unterschiede zu verzeichnen. Im Vergleich der Daten aus TIMSS 2015 und 2007 ist hingegen nur ein signifikanter Anstieg in den Anteilen der Schülerinnen und Schüler mit *niedrigem* mathematischem Selbstkonzept festzustellen. Bei den übrigen Gruppen sind hingegen keine bedeutenden Verschiebungen zu verzeichnen.

Obwohl für TIMSS 2015 ein im Vergleich zu TIMSS 2011 signifikant niedrigerer mittlerer Skalenwert sowie zu TIMSS 2011 und TIMSS 2007 jeweils signifikant höhere Anteile an Schülerinnen und Schülern mit *niedrigem* mathematischem Selbstkonzept vorliegen, gilt es zu berücksichtigen, dass das mathematische Selbstkonzept der Viertklässlerinnen und Viertklässler in Deutschland nach wie vor als positiv eingeschätzt werden kann. Zwei Drittel der Schülerinnen und Schüler verfügen in TIMSS 2015 über ein *hohes* positives mathematikbezogenes Selbstkonzept.

6 Zusammenfassung

TIMSS 2015 hat sich das Ziel gesetzt, die mathematischen und naturwissenschaftlichen Kompetenzen von Grundschülerinnen und Grundschülern am Ende ihrer Grundschulzeit im internationalen Vergleich zu erfassen. In diesem Abschnitt werden abschließend zentrale Befunde des Studienzyklus TIMSS 2015 zusammengefasst.

Leistungsmittelwerte: Viertklässlerinnen und Viertklässler in Deutschland erzielen im internationalen Vergleich einen Leistungsmittelwert von 522 Punkten. Anders als bei den Studienzyklen von TIMSS 2007 und 2011 befinden sie sich damit nicht mehr im oberen Drittel der Rangreihe, sondern nur noch im Mittelfeld der teilnehmenden Staaten und Regionen. Dennoch liegen die Testergebnisse für Deutschland signifikant über dem internationalen Mittelwert von 509 Punkten. Im Vergleich zu den Mittelwerten aller teilnehmenden EU-Staaten (527) sowie aller teilnehmenden OECD-Staaten (528) schneidet Deutschland hingegen signifikant schwächer ab. Deutschland liegt zusammen mit Bulgarien (524), Zypern (523), Slowenien (520), Schweden (519), Serbien (518) und Australien (517) in einer Staatengruppe, deren Testergebnisse sich statistisch nicht signifikant voneinander unterscheiden.

Zu den asiatischen Teilnehmerstaaten am oberen Ende der Rangreihe besteht ein sehr großer Abstand. Die in TIMSS 2015 leistungsstärksten fünf Staaten sind Singapur (618), Hongkong (615), Südkorea (608), Taiwan (597) und Japan (593). Signifikant schwächere Testergebnisse haben sich für Deutschland auch im Vergleich zu einigen westeuropäischen Teilnehmerstaaten ergeben. Hier sind unter anderem Nordirland (570), Irland (547), England (546), Belgien (546) und Portugal (541) zu nennen. Angesichts der Ergebnisse von TIMSS 2015 ist für Deutschland Entwicklungspotential festzuhalten.

Dadurch, dass Deutschland im Jahr 2015 zum dritten Mal an TIMSS im Grundschulbereich teilgenommen hat, können erstmals über einen Zeitraum von acht Jahren Trendaussagen zur mathematischen Kompetenz von Viertklässlerinnen und Viertklässlern gemacht werden. Dabei zeigt sich, dass die mathematische Kompetenz der Kinder in Deutschland in TIMSS 2015 mit 522 Punkten signifikant schwächer ist als in TIMSS 2011 mit 528 Punkten. Im Vergleich zu TIMSS 2007 lassen sich hingegen keine bedeutenden Unterschiede festhalten.

In TIMSS 2007 waren Dänemark, Litauen und die USA diejenigen Länder, deren Leistungsmittelwerte in Mathematik nur geringfügig von den Ergebnissen Deutschlands abwichen. In TIMSS 2015 liegen die Leistungsmittelwerte dieser drei Länder auf der Gesamtskala Mathematik signifikant oberhalb des deutschen Mittelwertes. Für Dänemark und die USA konnten bereits in TIMSS 2011 signifikante Leistungszuwächse zum vorhergehenden Studienzyklus verzeichnet werden. Darüber hinaus konnten diese Länder ihr Niveau auch im Jahr 2015 halten. Für Litauen lassen sich über die drei Erhebungsrunden hinweg keine statistisch signifikanten Unterschiede in den Punktwerten feststellen. Dennoch liegt der Leistungsmittelwert dieses Landes in TIMSS 2015 signifikant oberhalb des Vergleichswertes für Deutschland.

Betrachtet man alle Teilnehmer im Trend, so ist festzuhalten, dass 12 der 21 Teilnehmerstaaten in TIMSS 2015 im Vergleich zu TIMSS 2007 signifikante Leistungszuwächse erreichten. Deutschland, wie auch acht weiteren Ländern, gelang dies nicht.

In TIMSS 2011 waren Litauen, Portugal und Irland in der deutschen Leistungsgruppe. Die Leistungsmittelwerte dieser drei Länder waren in TIMSS 2015 signifikant oberhalb des entsprechenden Wertes für Deutschland. Während für Litauen – wie bereits oben beschrieben – keine statistisch bedeutsamen Unterschiede zwischen den Leistungsmittelwerten für TIMSS 2011 und 2015 festzuhalten sind, konnten Portugal und Irland in 2015 signifikant höhere Werte auf der Gesamtskala als noch in TIMSS 2011 erzielen. Für Deutschland liegen in TIMSS 2015 signifikant niedrigere Werte vor.

Eine Analyse aller Teilnehmerstaaten, die sowohl an TIMSS 2011 als auch an TIMSS 2015 teilgenommen haben, zeigt, dass 23 von 42 Teilnehmerstaaten in TIMSS 2015 signifikant höhere Leistungsmittelwerte als in TIMSS 2011 erzielten. Hingegen sind für Deutschland und vier weitere Länder signifikante Leistungsabnahmen festzustellen.

Bedeutung der curricular nicht validen Aufgaben: Fast ein Fünftel der insgesamt 169 Testaufgaben wurde in der *Test-Curriculum Matching Analysis* für Deutschland als curricular nicht valide eingeschätzt. Als vertiefende Analyse wurden, unter ausschließlicher Berücksichtigung dieser 137 für Deutschland curricular validen Testaufgaben, die Leistungsmittelwerte der an TIMSS 2015 teilnehmenden Staaten und Regionen erneut berechnet. Hier ergibt sich für Deutschland ein Leistungsmittelwert von 530 Punkten, der 8 Punkte über dem Leistungsmittelwert auf der Gesamtskala Mathematik (522) liegt. Dieser Unterschied ist statistisch jedoch nicht signifikant. Darüber hinaus ist eine nominelle Verbesserung von lediglich 3 Rangplätzen zu erkennen. Somit bleibt festzuhalten, dass die Testergebnisse der Schülerinnen und Schüler in Deutschland nicht durch das Testdesign begründet werden können. Modifikationen des Testdesigns, in denen beispielsweise lediglich die curricular validen Aufgaben für andere Teilnehmerstaaten betrachtet werden, würden vermutlich ebenso allenfalls marginale Veränderungen der Rangfolge zur Folge haben.

Leistungsstreuung: In den TIMS-Studien von 2007 und 2011 konnte für Deutschland eine im Vergleich zu vielen anderen Teilnehmerstaaten geringe Leistungsstreuung verzeichnet werden. Dieser Befund setzt sich auch in TIMSS 2015 fort. Dafür spricht sowohl die geringe Größe der Standardabweichung (65) als auch die Leistungsspanne zwischen den jeweils 5 Prozent schwächsten und 5 Prozent besten Viertklässlerinnen und Viertklässlern. Es gibt nur wenige Staaten, die eine vergleichbare oder gar extremere ‚Leistungshomogenität' aufweisen.

Eine Analyse der Leistungswerte der 5 Prozent an Kindern mit der schwächsten Mathematikleistung zeigt, dass nur in 6 Staaten signifikant höhere Leistungswerte bei dieser Schülergruppe erzielt wurden. Allerdings konnten die 5 Prozent der leistungsstärksten Kinder aus 12 Teilnehmerstaaten einen deutlich höheren Leistungswert als deutsche Grundschülerinnen und Grundschüler erreichen. Dieser Befund unterstreicht die Leistungshomogenität in Deutschland; die 5 Prozent schwächsten Kinder erzielten vergleichsweise hohe Leistungswerte und die 5 Prozent stärksten Schüler vergleichsweise niedrige.

Kompetenzstufen und extreme Leistungsgruppen: Zur detaillierteren inhaltlichen Beschreibung der Mathematikleistung der Schülerinnen und Schüler am Ende der Grundschulzeit wurden die Leistungswerte der Kinder jeweils einer von fünf Kompetenzstufen zugeordnet. Der Vergleich von TIMSS 2007 und TIMSS 2015 zur prozentualen Besetzung der Kompetenzstufen lässt dabei keine statistisch bedeutenden Unterschiede erkennen.

In TIMSS 2015 erreichten 96 Prozent der Schülerinnen und Schüler in Deutschland mindestens Stufe II, 77 Prozent mindestens Stufe III, 34 Prozent mindestens Stufe IV und nur 5 Prozent die höchste Stufe.

Dementsprechend ist festzuhalten, dass fast ein Viertel der Schülerinnen und Schüler in Deutschland am Ende ihrer Grundschulzeit nur die erste oder zweite Kompetenzstufe erreicht und damit allenfalls über einfache mathematische Fertigkeiten und Fähigkeiten verfügt. Kritisch zu betrachten ist dabei die Tatsache, dass 4 Prozent der Schülerinnen und Schüler der untersten Kompetenzstufe zuzuordnen sind und nur über rudimentäres mathematisches Wissen verfügen. Alle Teilnehmerstaaten – ausgenommen USA (5 %) und Ungarn (8 %) –, die in TIMSS 2015 auf der Gesamtskala Mathematik besser als Deutschland abschnitten, hatten in diesem Bereich anteilig weniger Schülerinnen und Schüler. Die Vergleichswerte der VG_{EU} (5 %) und VG_{OECD} (6 %) liegen hingegen knapp über dem deutschen Wert.

Die etwa 71 Prozent der Grundschülerinnen und Grundschüler auf den Kompetenzstufen III und IV wenden elementares mathematisches Wissen sowie elementare mathematische Fertigkeiten und Fähigkeiten in einfachen Situationen, aber auch bei der Lösung von mehrschrittigen Aufgaben mit inner- oder außermathematischem Kontextbezug an. Die 5 Prozent der Schülerinnen und Schüler auf der höchsten Kompetenzstufe V nutzen ihre mathematischen Fertigkeiten und Fähigkeiten verständig beim Lösen verhältnismäßig komplexer Probleme und können ihr Vorgehen erläutern.

Hinsichtlich der höchsten Kompetenzstufe V zeigt sich, dass dieser Anteil nicht nur bei den Staaten der Leistungsspitze auf der Gesamtskala, sondern auch bei Staaten ohne signifikante Leistungsunterschiede zu Deutschland, wie Serbien (10 %) und Zypern (10 %), etwa doppelt so hoch ist. Die Vergleichswerte VG_{EU} und VG_{OECD} liegen mit 9 Prozent beziehungsweise 11 Prozent ebenfalls über dem Wert für Deutschland. Anteile auf der höchsten Kompetenzstufe von mehr als 40 Prozent konnten in Singapur (50 %), Hongkong (45 %) und Südkorea (41 %) festgestellt werden. Von Werten dieser Größenordnung ist Deutschland weit entfernt.

Angesichts dieser Verteilung der Schülerinnen und Schüler in Deutschland auf die Kompetenzstufen wird der offenkundige Handlungsbedarf deutlich. Für die 4 Prozent der Schülerinnen und Schüler auf der untersten Kompetenzstufe wird anschlussfähiges Lernen in der Sekundarstufe I aufgrund ihrer Anforderungen extrem schwierig sein. Außerdem erreichen in Deutschland nur vergleichsweise sehr wenige Grundschulkinder (5 %) die höchste Kompetenzstufe.

Mathematische Inhaltsbereiche: In jedem der drei Inhaltsbereiche liegt der Leistungsmittelwert in Deutschland signifikant über dem internationalen Mittelwert. Gleichwohl liegen die Leistungswerte der Schülerinnen und Schüler in Deutschland im Bereich *Arithmetik* (515) signifikant unterhalb des Gesamtmittelwerts Mathematik für Deutschland (522). Die Testleistungen in den Bereichen *Geometrie/Messen* (531) und *Umgang mit Daten* (535) liegen hingegen signifikant oberhalb dieses Gesamtmittelwerts. Somit zeigen die Schülerinnen und Schüler in Deutschland ihre relativen Schwächen in dem anteilig mit 53 Prozent der Testaufgaben am häufigsten vertretenen Bereich *Arithmetik*. In den weniger stark vertretenen Bereichen *Geometrie/Messen* und *Umgang mit Daten* lassen sich hingegen ihre relativen Stärken festhalten.

Der Vergleich der Untersuchungsergebnisse von TIMSS 2007 und 2015 zeigt darüber hinaus, dass der erreichte Leistungsmittelwert im Bereich *Arithmetik* in 2015 signifikant unterhalb des Vergleichswertes aus TIMSS 2007 liegt. In den beiden anderen Inhaltsbereichen *Geometrie/Messen* und *Umgang mit Daten* sind keine statistisch signifikanten Unterschiede zu verzeichnen.

Kognitive Anforderungsbereiche: In jedem der drei kognitiven Anforderungsbereiche liegt der Leistungsmittelwert in Deutschland signifikant oberhalb des internationalen Mittelwerts. Die Leistungswerte der Bereiche *Reproduzieren* (524) und *Problemlösen* (535) liegen dabei signifikant oberhalb des Gesamtmittelwerts Mathematik (522). Demgegenüber liegt der Leistungsmittelwert im Bereich *Anwenden* (515) signifikant unterhalb dieses Wertes. Daraus geht hervor, dass die Schülerinnen und Schüler in Deutschland ihre relativen Schwächen im Bereich *Anwenden* aufweisen, während sie im Bereich *Problemlösen* am besten abschneiden.

Der Vergleich der Testergebnisse von TIMSS 2007 und 2015 zeigt zudem, dass die Schülerinnen und Schüler in Deutschland in TIMSS 2015 im Bereich *Reproduzieren* (524) einen signifikant besseren Leistungswert als in TIMSS 2007 (515 Punkte) erzielen. Im Bereich *Anwenden* hingegen schneiden die Kinder in TIMSS 2015 mit 515 Punkten signifikant schwächer ab als in TIMSS 2007 (530 Punkte). Für den Bereich *Problemlösen* lassen sich keine statistisch signifikanten Unterschiede zwischen den Studienzyklen feststellen.

Einstellungen: Der Vergleich der mittleren Skalenwerte der drei Studienzyklen zeigt auf einer Skala von 1 bis 4, dass für TIMSS 2015 (3.10) im Vergleich zu TIMSS 2011 (3.12) keine signifikanten Unterschiede vorliegen. Zwischen dem Wert von TIMSS 2007 und 2015 lassen sich hingegen signifikante Unterschiede feststellen. Die Schülerinnen und Schüler artikulierten in 2007 (3.15) eine signifikant positivere Einstellung zum Fach Mathematik. Darüber hinaus ist der Anteil der Kinder mit ‚niedriger‘ positiver Einstellung in TIMSS 2015 im Vergleich zu TIMSS 2007 signifikant auf 17.9 Prozent gestiegen. In den verbleibenden Gruppen sind über die Studienzyklen hinweg keine signifikanten Unterschiede festzustellen.

Insgesamt ist die Einstellung der Grundschülerinnen und Grundschüler zur Mathematik in Deutschland jedoch als positiv einzuschätzen. Dies drückt sich vor allem in dem nach wie vor hohen Anteil (66.8 %) an Kindern aus, die eine *hohe* positive mathematische Einstellung artikulieren.

Selbstkonzept: Vergleicht man den mittleren Skalenwert für TIMSS 2015 mit denjenigen für 2007 und 2011, so lassen sich nur signifikante Unterschiede im mathematischen Selbstkonzept zwischen den Erhebungsrunden aus den Jahren 2015 und 2011 feststellen. In TIMSS 2015 liegt mit 3.15 ein signifikant niedrigerer Wert als in TIMSS 2011 vor, der bei 3.24 lag. Dementsprechend weisen die Kinder in TIMSS 2015 ein deutlich niedrigeres positives mathematisches Selbstkonzept vor als noch in TIMSS 2011. Zum Studienzyklus 2007 (3.18) liegen hingegen keine signifikanten Unterschiede vor.

Der Anteil der Schülerinnen und Schüler mit *niedrigem* mathematischen Selbstkonzept ist in TIMSS 2015 (12.3 %) im Vergleich zu beiden vorhergehenden Studienzyklen jeweils signifikant größer (2011: 10.2 %; 2007: 9.6 %). Hingegen bleibt der Anteil der Kinder mit mittlerem mathematischem Selbstkonzept über die Studienzyklen hinweg nahezu stabil. Bei der Gruppe der Kinder, die ein hohes positives mathematisches Selbstkonzept artikulieren, liegt für TIMSS 2015 (66.7 %) ein signifikant niedrigerer Wert als für TIMSS 2011 (70.8 %) vor. Im Vergleich zwischen TIMSS 2015 und TIMSS 2007 (69.6 %) lassen sich diesbezüglich jedoch keine signifikanten Unterschiede verzeichnen.

Insgesamt ist trotz des signifikant gesunkenen mittleren Skalenwertes sowie des signifikant gestiegenen Anteils an Kindern, die ein *niedriges* mathematisches Selbstkonzept erkennen lassen, für die Viertklässlerinnen und Viertklässler in Deutschland ein positives mathematikbezogenes Selbstkonzept festzustellen. In TIMSS 2015 konnte für zwei Drittel der Kinder ein hohes positives mathematisches Selbstkonzept beobachtet werden.

Abschließend bleibt festzuhalten, dass die Testleistungen der Schülerinnen und Schüler in Deutschland am Ende ihrer Grundschulzeit wie auch schon in TIMSS 2007 und 2011 relativ gut sind, zumal der Leistungsmittelwert in Mathematik deutlich oberhalb des internationalen Mittelwertes aller Teilnehmerstaaten liegt. Die Leistungen der Schülerinnen und Schüler sind im Mittelfeld der internationalen Rangreihe anzusiedeln. Dieser Befund ist vor allem vor dem Hintergrund der im Vergleich zu den bisherigen TIMS-Studienzyklen veränderten Schülerpopulationen und damit verbundenen herausfordernden Bedingungen für Grundschullehrerinnen und Grundschullehrer in Deutschland (siehe Kapitel 14 in diesem Band) als positiv zu bewerten.

Insgesamt sind die Testleistungen jedoch in TIMSS 2015 etwas schwächer als in TIMSS 2007 und signifikant schlechter in TIMSS 2011. Deutschland ist eines von neun Ländern, für das in der Gesamtschau der drei Studienzyklen keine positiv signifikanten Veränderungen der Testleistungen vorliegen. In 12 anderen Staaten ist dieses der Fall.

Darüber hinaus ist auch festzuhalten, dass bezüglich der Leistungswerte besonders schwacher Schülerinnen und Schüler (Kompetenzstufen I und II) und äußerst starker Schülerinnen und Schüler (Kompetenzstufe V) im Vergleich von TIMSS 2007 und 2015 nur marginale Veränderungen vorliegen, während in 10 Teilnehmerländern signifikante Steigerungen der Anteile der Schülerinnen und Schüler auf der Kompetenzstufe V und in 12 Ländern signifikante Reduzierungen der Anteile der Lernenden auf den Kompetenzstufen I und II verzeichnet werden konnten.

Die Anforderungen an die Grundschule nehmen – auch durch Migration und Inklusion – beständig zu. Viele Lehrpersonen arbeiten engagiert, nicht selten am Rande der Belastbarkeit, wobei der Mathematikunterricht zwar ein zentrales aber nicht das einzige Aufgabenfeld darstellt. Somit untermauern die berichteten Befunde die Forderung nach verstärkten Bemühungen, Maßnahmen zur Weiterentwicklung des Mathematikunterrichts in der Primarstufe zu intensivieren und dabei die Lehrpersonen insbesondere durch ein wirksames System unterrichtsrelevanter Fortbildung und der Intensivierung der fachbezogenen, kooperativen Unterrichtsentwicklung an den Schulen beständig zu unterstützen. Die im Abschnitt 2 deutlich werdende, erfreulicherweise zunehmende Umsetzung der Bildungsstandards in den Lehrplänen der Länder der Bundesrepublik Deutschland oder der Einsatz von Verfahren zur Qualitätsmessung auf der Ebene der Schulen allein jedenfalls scheinen bislang kein Garant dafür zu sein, dass sich die Mathematikleistungen der Grundschülerinnen und Grundschüler in Deutschland verbessern.

Literatur

Bos, W., Lankes, E.-M., Prenzel, M., Schwippert, K., Walther, G. & Valtin, R. (Hrsg.). (2003). *Erste Ergebnisse aus IGLU. Schülerleistungen am Ende der vierten Jahrgangsstufe im internationalen Vergleich.* Münster: Waxmann.

Gellert, U. (2003). *Mathematikunterricht und Innovation.* Hildesheim: Franzbecker.

Gräsel, C., Jäger, M. & Willke, H. (2006). Konzeption einer übergreifenden Transferforschung unter Einbeziehung des internationalen Forschungsstandes. In R. Nickolaus & C. Gräsel (Hrsg.), *Innovation und Transfer – Expertisen zur Transferforschung* (S. 445–566). Baltmannsweiler: Schneider Verlag Hohengehren.

KMK – Ständige Konferenz der Kultusminister der Länder in der Bundesrepublik Deutschland. (2005). *Bildungsstandards im Fach Mathematik für den Primarbereich (Jahrgangsstufe 4). Beschluss vom 15.10.2004.* München: Wolters Kluwer.

MSW – Ministerium für Schule und Weiterbildung des Landes Nordrhein-Westfalen. (2008). *Richtlinien und Lehrpläne für die Grundschule in Nordrhein-Westfalen.* Frechen: Ritterbach.

Mullis, I. V. S. & Martin, M. O. (Hrsg.). (2013). *TIMSS 2015 assessment frameworks.* Chestnut Hill, MA: TIMSS & PIRLS International Study Center, Boston College.

Mullis, I. V. S., Martin, M.O., Foy, P. & Hooper, M. (2016). *TIMSS 2015 international results in mathematics.* Chestnut Hill, MA: TIMSS & PIRLS International Study Center, Boston College.

Selter, C. & Bonsen, M. (in Druck). Konzeptionelles und Beispiele aus der Arbeit des Projekts PIKAS. In R. Biehler, T. Lange, T. Leuders, B. Rösken-Winter, P. Scherer & C. Selter (Hrsg.), *Mathematikfortbildungen professionalisieren – Konzepte, Beispiele und Erfahrungen des Deutschen Zentrums für Lehrerbildung Mathematik.* Wiesbaden: Springer.

Selter, C., Walther, G., Wessel, J. & Wendt, H. (2012). Mathematische Kompetenzen im internationalen Vergleich: Testkonzeption und Ergebnisse. In W. Bos, H. Wendt, O. Köller & C. Selter (Hrsg.), *TIMSS 2011. Mathematische und naturwissenschaftliche Kompetenzen von Grundschulkindern in Deutschland im internationalen Vergleich* (S. 69–122). Münster: Waxmann.

Walther, G., Selter, C., Bonsen, M. & Bos, W. (2008). Mathematische Kompetenzen im internationalen Vergleich: Testkonzeption und Ergebnisse. In W. Bos, M. Bonsen, J. Baumert, M. Prenzel, C. Selter & G. Walther (Hrsg.), *TIMSS 2007. Mathematische und naturwissenschaftliche Kompetenzen von Grundschulkindern in Deutschland im internationalen Vergleich* (S. 49–85). Münster: Waxmann.

Walther, G., Selter, C. & Neubrand, J. (2007). Die Bildungsstandards Mathematik. In G. Walther, M. d. van Heuvel-Panhuizen, D. Granzer & O. Köller (Hrsg.), *Bildungsstandards für die Grundschule. Mathematik konkret* (S. 16–41). Berlin: Cornelsen Scriptor.

Wendt, H., Bos, W., Selter, C. & Köller, O. (2012). TIMSS 2011: Wichtige Ergebnisse im Überblick. In W. Bos, H. Wendt, O. Köller & C. Selter (Hrsg.), *TIMSS 2011. Mathematische und naturwissenschaftliche Kompetenzen von Grundschulkindern in Deutschland im internationalen Vergleich* (S. 13–26). Münster: Waxmann.

Winter, H. (1975). Allgemeine Lernziele im Mathematikunterricht? *Zentralblatt für Didaktik der Mathematik, 7* (4), 106–116.

Winter, H. (1995). Mathematikunterricht und Allgemeinbildung. *Mitteilungen der Gesellschaft für Didaktik der Mathematik, 61,* 37–46.

Kapitel IV
Naturwissenschaftliche Kompetenzen im internationalen Vergleich: Testkonzeption und Ergebnisse

Mirjam Steffensky, Thilo Kleickmann, Daniel Kasper und Olaf Köller

1   Einleitung

Naturwissenschaften stellen einen zentralen Bildungsbereich in der Grundschule dar, der in Deutschland zu dem mehrperspektivischen Fach Sachunterricht[1] gehört. Der Sachunterricht umfasst neben den Naturwissenschaften auch sozialwissenschaftliche und technische Inhaltsgebiete. Die zentrale Aufgabe des Sachunterrichts besteht darin, Schülerinnen und Schüler zu unterstützen, „die natürliche, kulturelle, soziale und technische Umwelt sachbezogen zu verstehen, sie sich bildungswirksam zu erschließen und sich darin zu orientieren, mitzuwirken und zu handeln" (GDSU, 2013, S. 9). Naturwissenschaften werden also nicht wie im Fachunterricht der Sekundarstufe I als einzelne Fächer oder als ein ausschließlich auf Naturwissenschaften bezogenes integriertes Fach unterrichtet.

Um die naturwissenschaftlichen Kompetenzen von Schülerinnen und Schülern am Ende der vierten Jahrgangsstufe einschätzen zu können, beteiligt sich Deutschland seit 2001 an internationalen Vergleichsstudien im Bereich der Grundschule. So liegen Erkenntnisse aus der nationalen Erweiterungsstudie zur *Internationalen Grundschul-Lese-Untersuchung* (IGLU-E) aus dem Jahr 2001 vor, wobei angemerkt werden muss, dass IGLU-E 2001 im Bereich der naturwissenschaftlichen Kompetenzen noch einigen methodischen Einschränkungen unterlag. Beispielsweise nahmen lediglich 12 Länder der Bundesrepublik Deutschland an der Studie teil (Bos et al., 2003). Durch die Beteiligung an der *Trends in Mathematics and Science Study* (TIMSS) in den Jahren 2007 (Bos et al., 2008), 2011 (Bos, Wendt, Köller & Selter, 2012) und 2015 liegen nun repräsentative und belastbare Befunde über einen längeren Zeitraum vor, die es ermöglichen, die naturwissenschaftlichen Kompetenzen der Viertklässlerinnen und

---

[1]   In fünf der 16 Länder in Deutschland wird das Fach anders bezeichnet (zum Beispiel *Heimat- und Sachunterricht* oder *Mensch, Natur und Kultur*). Der Einfachheit halber wird in diesem Kapitel von dem Fach Sachunterricht gesprochen.

Viertklässler international und zwischen den Erhebungsrunden zu vergleichen. Im Folgenden werden zunächst wesentliche Befunde der ersten beiden Studienzyklen zusammengefasst (Kleickmann, Brehl, Saß, Prenzel & Köller, 2012; Wittwer, Saß & Prenzel, 2008):

- Im internationalen Vergleich lag die naturwissenschaftliche Leistung der Viertklässlerinnen und Viertklässler in Deutschland sowohl TIMSS 2007 als auch TIMSS 2011 mit 528 Punkten deutlich über dem internationalen Mittelwert von 476 beziehungsweise 486 Punkten. Die Abstände zu den mittleren Leistungswerten der teilnehmenden Staaten der Europäischen Union sind für die Jahre 2007 und 2011 statistisch signifikant, aber deutlich geringer als die Abstände zu den internationalen Mittelwerten. Anzumerken ist hier allerdings, dass der direkte Vergleich mit den EU- wie auch mit den OECD-Staaten schwierig ist, da es bei beiden Untersuchungen unterschiedliche Teilnehmerstaaten in den beiden Gruppen gab. Unterschiede zwischen den mittleren Kompetenzständen bei den Schülerinnen und Schülern in Deutschland zwischen TIMSS 2007 und 2011 lassen sich nicht zeigen.

- In beiden Studienzyklen zeigte sich ein beträchtlicher Abstand zu den Staaten mit dem höchsten Kompetenzniveau. So lagen Schülerinnen und Schüler in Deutschland bei TIMSS 2007 im Mittel 59 Punkte unter den Leistungen der Schülerinnen und Schüler aus Singapur und bei TIMSS 2011 ebenfalls 59 Punkte unter den Leistungen der Schülerinnen und Schüler aus der Republik Korea.

- In beiden Studienzyklen zeigte sich in Deutschland eine im internationalen Vergleich relativ geringe Streuung der Kompetenzen, wobei diese mit 230 Punkten zwischen dem 5. und 95. Perzentil bei TIMSS 2011 etwas geringer ausfiel als bei TIMSS 2007, wo sich eine Differenz von 254 Punkten zeigte.

- Der Anteil der leistungsstärksten Viertklässlerinnen und Viertklässler (Kompetenzstufe V) hatte im Vergleich von TIMSS 2007 zu TIMSS 2011 in Deutschland geringfügig abgenommen. Ein geringer Unterschied zeigte sich zudem bei der Verteilung auf die mittlere Kompetenzstufe III (2007: 35.4%, 2011: 38.6%). Auf den beiden unteren Kompetenzstufen zeigten sich keine signifikanten Unterschiede zwischen TIMSS 2007 und 2011. In beiden Studienzyklen wurde knapp ein Viertel aller Grundschülerinnen und -schüler in Deutschland der Kompetenzstufen I und II zugeordnet. Knapp ein Viertel der Schülerinnen und Schüler verfügte also allenfalls über elementares naturwissenschaftliches Wissen.

- In den drei Inhaltsbereichen *Biologie*, *Physik/Chemie* und *Geographie* zeigen sich marginale Unterschiede zwischen TIMSS 2007 und 2011, die aber nicht statistisch signifikant sind. Gleiches gilt auch für Unterschiede zwischen beiden Studienzyklen in den drei Anforderungsbereichen (*Reproduzieren*, *Anwenden* und *Problemlösen*).

- Im Vergleich zu den anderen teilnehmenden OECD- und EU-Staaten gehörte Deutschland in beiden Studienzyklen zu den Staaten mit besonders großen Unterschieden zwischen Jungen und Mädchen in der naturwissenschaftlichen Kompetenz (2007: $M_M = 520$ gegenüber $M_J = 535$, 2011: $M_M = 522$ gegenüber $M_J = 534$). Ein differenzierter Blick auf die drei Inhaltsbereiche zeigte, dass sich die mittleren Leistungsvorteile zugunsten der Jungen durch die Unterschiede im Bereich *Physik/Chemie* und *Geographie* ergeben (Brehl, Wendt & Bos, 2012).

- Zudem zeigten die Ergebnisse aus TIMSS 2007 und 2011 deutliche soziale Disparitäten in den naturwissenschaftlichen Kompetenzen. Der Zusammenhang zwischen dem Besitz an Kulturgütern und der erreichten naturwissenschaftlichen Kompetenz war im Jahr 2007 in Deutschland im Vergleich zu den anderen Teilnehmerstaaten am stärksten ausgeprägt. Auch in TIMSS 2011 zeigte sich ein sehr enger Zusammenhang, der nur in Rumänien und Ungarn noch ausgeprägter war. Es ließen sich in Deutschland keine Unterschiede im Ausmaß der sozialen Disparitäten zwischen den Studienzyklen feststellen (Stubbe, Tarelli & Wendt, 2012). Gleiches gilt auch für die Disparitäten zwischen den Kompetenzen von Kindern mit und ohne Migrationshintergrund, die im Vergleich von TIMSS 2007 und TIMSS 2011 weitgehend identisch sind (Tarelli, Schwippert & Stubbe, 2012).

- Der überwiegende Teil der deutschen Viertklässlerinnen und Viertklässler verfügte über eine ausgesprochen positive Einstellung zum Sachunterricht und ein hohes sachunterrichtsbezogenes Selbstkonzept eigener Fähigkeiten (nicht differenziert nach naturwissenschaftlichen oder anderen Anteilen). Diese Befunde konnten sowohl für TIMSS 2007 als auch für TIMSS 2011 gezeigt werden.

Zusammenfassend lässt sich feststellen, dass es ähnlich wie im Bereich der Mathematik (Kapitel 3) kaum Unterschiede in den naturwissenschaftlichen Kompetenzen zwischen den beiden Studienzyklen 2007 und 2011 gegeben hat. Durch die weitere Teilnahme von Deutschland an TIMSS 2015 lassen sich Trends in Bezug auf die naturwissenschaftlichen Kompetenzen von Viertklässlerinnen und Viertklässlern über den Zeitraum von nun acht Jahren untersuchen. Das hier vorliegende Kapitel stellt die naturwissenschaftsbezogenen Ergebnisse aus TIMSS 2015 dar und analysiert diese, insbesondere vor dem Hintergrund der Ergebnisse aus den beiden vorangegangenen Studienzyklen.

In den folgenden drei Abschnitten werden zunächst grundlegende Aspekte *naturwissenschaftlicher Grundbildung in Deutschland* (siehe Abschnitt 2), *die TIMSS-Rahmenkonzeption zur Erfassung naturwissenschaftlicher Kompetenzen* (siehe Abschnitt 3) sowie der *TIMSS-Test zur Erfassung naturwissenschaftlicher Kompetenzen* (siehe Abschnitt 4) skizziert. Im abschließenden fünften Abschnitt werden die Ergebnisse des aktuellen Studienzyklus aus dem Jahr 2015 dargestellt. Die Darstellung orientiert sich dabei an den folgenden Fragestellungen, wobei die Unterschiede zu den Ergebnissen aus TIMSS 2007 und TIMSS 2011 bei den jeweiligen Fragestellungen berücksichtigt werden:

- Welches naturwissenschaftliche Kompetenzniveau zeigen Schülerinnen und Schüler in Deutschland am Ende der vierten Jahrgangsstufe im internationalen Vergleich? (Abschnitt 5.1)
- Wie lassen sich die Leistungskennwerte auf die Kompetenzstufen in Deutschland im internationalen Vergleich einordnen? Wie groß sind die Gruppen der auffällig leistungsstarken und leistungsschwachen Kinder? (Abschnitt 5.2)
- Welche Ergebnisse erzielen die Viertklässlerinnen und Viertklässler in Deutschland in den drei naturwissenschaftlichen Inhaltsbereichen (*Biologie, Physik/Chemie* und *Geographie*) im internationalen Vergleich? Unterscheiden sich die Leistungen der Schülerinnen und Schüler nach naturwissenschaftlichen Inhaltsbereichen? (Abschnitt 5.3)
- Welche Ergebnisse erzielen die Viertklässlerinnen und Viertklässler in Deutschland in den drei kognitiven Anforderungsbereichen *Reproduzieren, Anwenden* und *Problemlösen* im internationalen Vergleich? Unterscheiden sich die Leistungen der Schülerinnen und Schüler nach kognitiven Anforderungsbereichen? (Abschnitt 5.4)

- Wie hoch sind Einstellungen zu Naturwissenschaften und naturwissenschaftsbezogene Selbstkonzepte eigener Fähigkeiten der Schülerinnen und Schüler in
  Deutschland ausgeprägt? (Abschnitt 5.5)

Auf Ergebnisse zu Unterschieden in der naturwissenschaftlichen Kompetenz in
Abhängigkeit von Geschlecht, sozialer Herkunft und Migrationshintergrund wird
in anderen Kapiteln dieses Bandes (siehe Kapitel 9, Kapitel 10 und Kapitel 11 in
diesem Band) eingegangen.

2 Naturwissenschaftliche Grundbildung in Deutschland

Wie eingangs erwähnt, sind die Naturwissenschaften in der Grundschule kein
eigenständiges Fach, sondern Bestandteil des mehrperspektivischen Sachunterrichts. Lehrplan-, Schulbuch- und Klassenbuchanalysen des Sachunterrichts
aus den 1980er und 1990er Jahren zeigten, dass Themenfelder der Chemie und
Physik, also der unbelebten Natur, kaum behandelt wurden (Blaseio, 2004; Einsiedler, 1998). Wenn Naturwissenschaften behandelt wurden, standen biologische Themen im Vordergrund. Angestoßen durch das unerwartet schlechte
Abschneiden von Schülerinnen und Schülern in den großen internationalen Vergleichsstudien seit den 1990er Jahren (PISA 2000, TIMSS 1995: Mittel- und
Oberstufenuntersuchung) ließ sich in Deutschland ein verstärktes Interesse an
der naturwissenschaftlichen Bildung jüngerer Kinder beobachten. So wurden
Anstrengungen unternommen, um Naturwissenschaften und dabei insbesondere
auch Themenfelder der unbelebten Natur wieder verstärkt in den Unterricht der
Grundschule zu integrieren, zum Beispiel im Rahmen des Programms *Steigerung
der Effizienz des mathematisch-naturwissenschaftlichen Unterrichts* (SINUS)
an Grundschulen oder in Veränderungen der Aus- und Weiterbildung von
Lehrkräften für das Fach Sachunterricht. Mit Ausnahme des Landes Schleswig-
Holstein, in dem der Lehrplan aktuell überarbeitet wird, wurden in den vergangenen 15 Jahren in allen Ländern der Bundesrepublik Deutschland die Lehrpläne
für den Sachunterricht grundlegend und zum Teil mehrfach überarbeitet. In den
neuen Lehrplänen werden naturwissenschaftliche Themen – auch solche der unbelebten Natur – wieder stärker berücksichtigt. Auch eine Schulbuchanalyse aus
dem Jahr 2009 zeigt einen Anstieg naturwissenschaftlicher Inhalte im Sachunterricht (Blaseio, 2009).

Die stärkere Berücksichtigung naturwissenschaftlicher Inhalte ist nicht als
Vorverlagerung von Inhalten des Fachunterrichts der weiterführenden Schulen
in die Grundschule gedacht. Vielmehr geht es darum, dass Schülerinnen und
Schüler belastbare und anschlussfähige Vorstellungen oder Konzepte aufbau-
en, die grundlegend für den anschließenden Fachunterricht sind (GDSU, 2013).
Die Ziele sind dabei multikriterial ausgerichtet und orientieren sich an einer naturwissenschaftlichen Grundbildung im Sinne von *Scientific Literacy* (Bybee,
1997; Roberts, 2008). Es geht also um die Entwicklung von Wissen über zentrale Begriffe, Konzepte, Theorien (inhaltsbezogenes Wissen) sowie Wissen über
naturwissenschaftliche Denk- und Arbeitsweisen und Wissenschaftsverständnis
(prozessbezogenes Wissen), aber auch um das Interesse an Naturwissenschaften
und das Zutrauen in die eigenen naturwissenschaftlichen Fähigkeiten.

Anders als beispielsweise im Fach Mathematik gibt es für den Sachunterricht
keine länderübergreifenden einheitlichen Bildungsstandards. Im *Perspektivrahmen
Sachunterricht* der Gesellschaft für Didaktik des Sachunterrichts (GDSU, 2013),

der einen Orientierungsrahmen bei der Weiterentwicklung von Lehrplänen, aber auch für die Entwicklung von Unterrichtsmaterialien darstellt, werden inhalts- und prozessbezogene Kompetenzen dargestellt. Es werden fünf inhaltsbezogene Kompetenzbereiche (hier als Themenbereiche bezeichnet) und fünf prozessbezogene Kompetenzen (hier Denk, Arbeits- und Handlungsweisen genannt) unterschieden (GDSU, 2013):

- Unbelebte Natur – Eigenschaften von Stoffen/Körpern,
- Unbelebte Natur – Stoffumwandlungen,
- Unbelebte Natur – physikalische Vorgänge,
- Belebte Natur – Pflanzen, Tiere und ihre Unterteilungen sowie
- Belebte Natur – Entwicklungs- und Lebensbedingungen von Lebewesen.

beziehungsweise:

- Naturphänomene sachorientiert (objektiv) untersuchen und verstehen,
- Naturwissenschaftliche Methoden aneignen und anwenden,
- Naturphänomene auf Regelhaftigkeiten zurückführen,
- Konsequenzen aus naturwissenschaftlichen Erkenntnissen für das Alltagshandeln ableiten sowie
- Naturwissenschaftliches Lernen bewerten und reflektieren.

Zu jedem der genannten Bereiche finden sich mehrere Can-do-Statements (GDSU, 2013), beispielsweise: Die Schülerinnen und Schüler können:

- einfache Versuche zur Überprüfung von Vermutungen beziehungsweise zur Widerlegung von Vermutungen beraten, planen und durchführen; sowie
- beschreiben, in welcher Weise Pflanzen und Tiere mit ihrer Umgebung in enger Beziehung stehen und in welcher Weise Anpassungsvorgänge stattgefunden haben.

Auch in den Lehrplänen lassen sich inhaltsbezogene und prozessbezogene Anteile identifizieren, wobei die prozessbezogenen Kompetenzen zum Teil als eigener Bereich ausgewiesen werden, unter anderem in den Lehrplänen von Hamburg, Hessen oder Sachsen-Anhalt, und zum Teil mit den Inhaltsbereichen verknüpft sind, zum Beispiel in den Lehrplänen von Nordrhein-Westfalen und dem Saarland. Tendenziell lässt sich in den Lehrplänen ebenfalls eine große Übereinstimmung hinsichtlich der Inhalte mit den im Perspektivrahmen der GDSU (2013) aufgeführten Inhalten feststellen.

Inwiefern die neuen kompetenzorientieren Lehrpläne oder auch der Perspektivrahmen tatsächlich eine Steuerungsfunktion besitzen und mit Änderungen im (naturwissenschaftlichen) Sachunterricht einhergehen, lässt sich schwer abschätzen. Im Rahmen von TIMSS 2015 wurden die beteiligten Lehrpersonen gefragt, wie hoch der prozentuale Anteil der fünf Perspektiven in ihrem Sachunterricht in den Klassen 3 und 4 ist (siehe Tabelle 4.1).

Dabei zeigt sich, dass die Lehrpersonen der naturwissenschaftlichen Perspektive mit knapp einem Drittel den höchsten Anteil zusprechen, wobei unklar ist, wie sich dieser Anteil auf die Felder der belebten und unbelebten Natur verteilt. Gleichzeitig wird deutlich, dass es eine relativ breite Streuung der Angaben gibt. Vergleicht man die Anteile mit den älteren Untersuchungen (Strunk, Lück & Demuth, 1998), zeigt sich in etwa eine ähnliche Rangfolge der Perspektiven: Geographie und Naturwissenschaften (in den älteren Untersuchungen Biologie) stellen den Hauptteil der Themen, während Geschichte und Sozialwissenschaften zu ähnlichen Anteilen darunterliegen und Technik den kleinsten Anteil ausmacht. Bei den hier vorliegenden aktuellen Angaben muss berücksichtigt werden, dass

Tabelle 4.1: Einschätzung der Lehrpersonen zum prozentualen Anteil der fünf Perspektiven in ihrem Sachunterricht in Klasse 3 und 4 (Anteile der Schülerinnen und Schüler nach Angaben der Sachunterrichtslehrkräfte in Prozent)

Perspektiven	M	(SE)	SD	Min - Max	n
Sozialwissenschaftliche Perspektive					
Politik – Wirtschaft – Soziales	16.9	(0.6)	9.4	0 - 60	180
Naturwissenschaftliche Perspektive					
Belebte und unbelebte Natur	30.5	(0.6)	11.8	10 - 80	181
Geographische Perspektive					
Räume – Naturgrundlagen – Lebenssituationen	23.8	(0.6)	8.1	0 - 60	181
Historische Perspektive					
Zeit – Wandel	16.2	(0.5)	7.3	0 - 50	180
Technische Perspektive					
Technik – Arbeit	13.2	(0.5)	6.9	0 - 35	177

IEA: Trends in International Mathematics and Science Study © TIMSS 2015

es sich um subjektive Einschätzungen der Lehrpersonen handelt. Neben der Quantität der Inhaltsbereiche ist zudem wenig über die Qualität der Umsetzung naturwissenschaftlicher Inhalte im Sachunterricht bekannt. So wird beispielsweise angenommen, dass der naturwissenschaftliche Unterricht oft eine eher oberflächliche Behandlung vieler Einzelthemen umfasst als eine Orientierung an zentralen übergeordneten Ideen oder Konzepten (Krajcik, McNeill & Reisser 2008). Diese Orientierung an übergeordneten Ideen wird als unterstützend für die Entwicklung von vernetztem und anwendbarem Wissen angenommen (NRC, 2012). In vielen Bildungsvorgaben, zum Beispiel in den US-amerikanischen Standards (NRC, 2012) oder den Bildungsstandards für die Fächer Biologie, Chemie und Physik (KMK, 2004) werden solche zentralen übergeordneten Konzepte aufgeführt. Auch im Perspektivrahmen des Sachunterrichts (GDSU, 2013) finden sie sich in den fünf oben aufgeführten inhaltsbezogenen Bereichen wieder. Diese fokussieren zentrale Konzepte wie ‚Materie‘, ‚Lebewesen und ihre Entwicklung‘, ‚Struktur und Funktion‘ und ‚System‘. Ein an zentralen Konzepten orientierter Unterricht erfordert allerdings von den Grundschullehrpersonen ein hohes Fach- und fachdidaktisches Wissen. Inwiefern Grundschullehrpersonen hierauf durch ihre eher breite als spezialisierte Ausbildung vorbereitet sind, ist ungewiss.

3 TIMSS-Rahmenkonzeption zur Erfassung naturwissenschaftlicher Kompetenzen

Die Rahmenkonzeption von TIMSS ist in Zusammenarbeit mit den teilnehmenden Staaten entwickelt worden. Sie soll erstens sicherstellen, dass die Schnittmenge der *Inhaltsbereiche* (siehe Abschnitt 3.1) und *kognitiven Anforderungsbereiche* (siehe Abschnitt 3.2), die in der Rahmenkonzeption und in den Lehrplänen der teilnehmenden Staaten vorgesehen sind, möglichst groß ist. Zweitens soll die Rahmenkonzeption gewährleisten, dass naturwissenschaftliche

Kompetenzen möglichst breit erfasst werden. Drittens soll die Rahmenkonzeption die Analyse von Teilkompetenzen ermöglichen, um so ein differenziertes Bild der naturwissenschaftlichen Kompetenzen der Schülerinnen und Schüler zeichnen zu können (Mullis & Martin, 2013). Diesem Anspruch wurde Rechnung getragen, indem drei Inhaltsbereiche und drei kognitive Anforderungsbereiche unterschieden werden. Wie auch in den Studienzyklen 2007 und 2011 umfassen die Inhaltsbereiche in TIMSS 2015 *Biologie, Physik/Chemie* und *Geographie*, während sich die kognitiven Anforderungsbereiche weiterhin auf die drei grundlegenden Denkprozesse *Reproduzieren* von Wissen, *Anwenden* von Wissen sowie *Problemlösen* beziehen. Diese Denkprozesse sind erforderlich, um in einem naturwissenschaftlichen Inhaltsbereich kompetent zu agieren. In der Rahmenkonzeption von TIMSS werden die drei Inhaltsbereiche weiter durch Themenbereiche ausdifferenziert, und die kognitiven Anforderungsbereiche werden durch einzelne kognitive Aktivitäten weiter konkretisiert. Die Rahmenkonzeption von TIMSS 2015 unterscheidet sich in ihrer Grundstruktur nicht von den Konzeptionen der Studienzyklen 2007 und 2011, es lassen sich allenfalls kleinere Unterschiede auf der unteren Ebene der Themengebiete und der kognitiven Aktivitäten feststellen.

3.1 Naturwissenschaftliche Inhaltsbereiche

In der Rahmenkonzeption von TIMSS 2015 werden zu den drei Inhaltsbereichen *Biologie, Geographie* und *Physik/Chemie* jeweils mehrere Themengebiete beschrieben, die durch spezifische Teilaspekte konkretisiert werden (siehe Tabelle 4.2). Zudem sind in der Rahmenkonzeption, aber aus Platzgründen in der Tabelle 4.2 nicht aufgeführt, Can-do-Statements für Viertklässlerinnen und Viertklässler formuliert, diese Kompetenzerwartungen können hier aber nur exemplarisch dargestellt werden.

Im Mittelpunkt des Inhaltsbereichs *Biologie* stehen Merkmale des Lebendigen wie Entwicklung, Fortpflanzung, Stoffwechsel (Ernährung) und Bewegung sowie das Zusammenleben von Organismen in verschiedenen Lebensräumen. Außerdem sind Voraussetzungen für eine gesunde Lebensführung und umweltbewusste Verhaltensweisen wichtige Gebiete. Von den Schülerinnen und Schülern wird hier beispielsweise erwartet, dass sie die Lebenszyklen von bekannten Pflanzen und Tieren wie Bäumen, Bohnen, Menschen, Fröschen und Schmetterlingen kennen, vergleichen und diese gegenüberstellen können oder typische Anzeichen von Krankheiten wie Fieber, Husten oder Bauchweh kennen.

Im Bereich der *Physik/Chemie* liegt ein Schwerpunkt auf der Klassifizierung von Stoffen nach physikalischen Eigenschaften sowie den physikalischen und chemischen Veränderungen von Stoffen, die auf der Phänomenebene betrachtet werden. Zusätzlich geht es um Phänomene der unbelebten Natur wie Wärmeleitung, Licht und Schatten oder Magnetismus und Kräfte. So wird beispielsweise erwartet, dass Schülerinnen und Schüler die Phasenübergänge des Wassers (schmelzen, gefrieren, verdunsten und kondensieren) beschreiben und mit der Temperatur der Umgebung in Zusammenhang setzen können.

Im Bereich *Geographie* werden die Struktur der Erde, ihre Ressourcen und zyklische Prozesse sowie die Rolle der Erde im Sonnensystem thematisiert. Von den Schülerinnen und Schülern wird beispielsweise erwartet, dass sie erkennen, dass der Mond sich um die Erde bewegt und zu unterschiedlichen Zeiten im

Tabelle 4.2: Teilgebiete der einzelnen naturwissenschaftlichen Inhaltsbereiche

Inhaltsbereiche	Teilgebiete
Biologie	**Kennzeichen des Lebendigen und Lebensvorgänge** - Kennzeichen des Lebendigen - Charakteristische Merkmale und Lebensvorgänge von Tieren und Pflanzen bzw. Tier- oder Pflanzengruppen - Zusammenhang zwischen Struktur und Funktion, z.B. Knochen, Wurzeln - Reaktionen von Lebewesen auf äußere Einflüsse, z.B. Gefahr **Lebenszyklen, Fortpflanzung und Vererbung** - Lebenszyklen bekannter Tiere und Pflanzen, z.B. Schmetterlinge - Fortpflanzung und Vermehrung **Organismen in verschiedenen Lebensräumen** - Angepasstheit von Lebewesen an ihre Umwelt **Ökosysteme** - Energiefluss, z.B. Nahrungsaufnahme bei Tieren - Einfache Nahrungsketten **Gesundheit** - Anzeichen für Krankheiten, Übertragung ansteckender Krankheiten und die Möglichkeit, sich vor Ansteckung zu schützen - Gesunde Lebensführung, z.B. Ernährungsweisen
Physik/Chemie	**Klassifizierung von Stoffen, Stoffeigenschaften und Veränderungen von Stoffen** - Aggregatzustände und ihre unterschiedlichen Eigenschaften (Form, Volumen) - Eigenschaften von Stoffen, z.B. Volumen, Leitfähigkeit, Stoffklassen, z.B. Metalle, und Stoffgemische - Magnetische Anziehung und Abstoßung - Physikalische Veränderungen in Alltagssituationen, z.B. beim Schmelzen, Verdunsten, Lösen - Chemische Veränderungen in Alltagssituationen, z.B. beim Rosten, Verbrennen, Kochen **Energieformen und Energietransfer** - Energiequellen, z.B. Sonne, Wind, Kohle und deren Nutzung - Licht und Schall in Alltagssituationen, z.B. Lichtquellen oder Schatten - Wärmetransfer - Elektrizität und einfache Stromkreise **Kräfte und Bewegungen** - Kräfte, die Objekte in Bewegungen setzen, z.B. Erdanziehung, Anziehungs- und Abstoßungskräfte
Geographie	**Struktur der Erde, charakteristische Landschaftsmerkmale und Ressourcen** - Charakteristische Landschaftsmerkmale, z.B. Vorkommen von Salz- und Süßwasser - Nutzung von Ressourcen, z.B. Gewässer und Wind sowie Mensch-Umwelt-Beziehungen **Vergangene und ablaufende naturgeographische Prozesse** - Wasser auf der Erde und in der Luft, z.B. Wasserkreislauf - Wettergeschehen in der Betrachtung von Tag zu Tag, über die Jahreszeiten oder an verschiedenen Orten - Versteinerungen von Tieren und Pflanzen **Die Erde im Sonnensystem** - Planeten des Sonnensystems und ihr Bewegungen - Auswirkungen der Bewegungen der Erde, z.B. Tag und Nacht, Jahreszeiten

IEA: Trends in International Mathematics and Science Study © TIMSS 2015

Monat von der Erde aus betrachtet anders aussieht. Der Schwerpunkt liegt auf der naturgeographischen und weniger auf der humangeographischen Perspektive.

Vergleicht man die in TIMSS vorgesehenen drei Inhaltsbereiche und die dazugehörigen Themengebiete mit den im Perspektivrahmen Sachunterricht dargestellten fünf fachlichen Perspektiven, wird deutlich, dass die in der TIMSS-Konzeption vorgesehenen Anforderungen über die naturwissenschaftliche Perspektive des Perspektivrahmens hinausgehen. So werden hier auch Teile der geographischen Perspektive und der historischen Perspektive (z.B. Erdgeschichte) oder auch perspektivenübergreifende Themen, zum Beispiel Gesundheit, berücksichtigt (GDSU, 2013). Gleichzeitig zeigen sich sehr große Überschneidungen, was die zentralen Konzepte angeht, die in beiden Konzeptionen hervorgehoben werden. Auch der Vergleich mit den in vielen Lehrplänen aufgeführten Themengebieten zeigt eine große Überschneidung mit den zentralen Themen der TIMSS-Konzeption, zum Beispiel Aggregatzustände oder Lebewesen und ihre spezifischen Lebensräume.

3.2 Kognitive Anforderungsbereiche

Tabelle 4.3 gibt einen Überblick über die Denkprozesse, die den drei kognitiven Anforderungsbereichen in der TIMSS-Rahmenkonzeption zur Erfassung naturwissenschaftlicher Kompetenzen zugeordnet sind.

Tabelle 4.3: Kognitive Aktivitäten in den einzelnen Anforderungsbereichen

Reproduzieren	Anwenden	Problemlösen
- Erinnern/Wiedererkennen - Beschreiben - Angemessene Beispiele finden	- Vergleichen, Unterschiede feststellen und Klassifizieren - Zusammenhänge herstellen - Anwenden von Modellen - Informationen interpretieren - Erklären	- Analysieren von Problemen - Synthetisieren - Fragen formulieren, Hypothesen aufstellen und Vorhersagen treffen - Experimente planen - Evaluieren - Schlussfolgerungen ziehen - Generalisieren - Begründen

IEA: Trends in International Mathematics and Science Study © TIMSS 2015

Beim *Reproduzieren* geht es im Kern darum, Fakten zu naturwissenschaftlichen Sachverhalten abzurufen, zu beschreiben und angemessene Beispiele zu nennen. Beim *Anwenden* liegt der Schwerpunkt darauf, erlernte naturwissenschaftliche Konzepte auf bekannte Situationen zu übertragen und Zusammenhänge herzustellen, um Lösungen zu finden und Erklärungen zu generieren. Beim *Problemlösen* kommt es darauf an, auch unbekannte naturwissenschaftliche Probleme zu analysieren. Dieser kognitive Anforderungsbereich umfasst bereits anspruchsvolle naturwissenschaftliche Aktivitäten wie das Planen von Experimenten, das Ziehen von Schlussfolgerungen oder das Evaluieren und Begründen.

Vergleicht man die kognitiven Anforderungen, die in der TIMSS-Rahmenkonzeption beschrieben werden, mit den „Denk, Arbeits- und Handlungsweisen", die in dem Perspektivrahmen Sachunterricht aufgeführt sind (GDSU, 2013), so zeigen sich Überschneidungen der beiden Konzeptionen. Die im

Perspektivrahmen Sachunterricht beschriebenen Denk, Arbeits- und Handlungsweisen umfassen alle drei kognitiven Anforderungsbereiche der TIMSS-Konzeption.

Außer den Inhaltsbereichen und den kognitiven Anforderungsbereichen werden in der TIMSS-Rahmenkonzeption zusätzlich fünf zentrale naturwissenschaftliche Denk- und Arbeitsweisen (*science practices*) aufgeführt:

- Überprüfbare Fragen entwickeln, die auf Beobachtungen basieren.
- Evidenz generieren, indem systematische Untersuchungen durchgeführt werden, mit denen eine Hypothese bestätigt oder widerlegt werden kann.
- Mit Daten arbeiten: Darstellen und Beschreiben von Daten sowie Erkennen und Interpretieren von Mustern und Zusammenhängen in den Daten.
- Forschungsfragen beantworten, indem evidenzbasiert auf die Hypothesen Bezug genommen wird.
- Evidenzbasiertes Argumentieren, um Erklärungen und Schlussfolgerungen zu entwickeln, zu begründen und auf neue Situationen anzuwenden.

Diese Denk- und Arbeitsweisen stellen keine eigene Dimension in der Rahmenkonzeption dar, sondern sind in die Inhaltsbereiche und die kognitiven Anforderungen integriert. Sie werden also nicht in den Testaufgaben isoliert erfasst, sondern durch Aufgaben im Kontext der Inhaltsgebiete, die verschiedene kognitive Aktivitäten erfordern. Der Schwerpunkt liegt dabei insbesondere auf dem Arbeiten mit Daten und dem evidenzbasierten Argumentieren. Hier lassen sich viele Überschneidungen zu den zwei Bereichen *Anwenden* und *Problemlösen* feststellen. Beispielsweise ist das Vergleichen und Feststellen von Unterschieden (Anforderungsbereich *Anwenden*) notwendig, um mit Daten zu arbeiten.

Die in der Rahmenkonzeption aufgeführten Denk- und Arbeitsweisen werden häufig als zyklischer Prozess von der Hypothesengenerierung bis zur Dateninterpretation beschrieben, der gegebenenfalls durch die Modifikation einer Vorstellung neue Zyklen initiiert (Kuhn, 2002). Auch in aktuellen Konzeptionen des Sachunterrichts finden sich diese Denk- und Arbeitsweisen beziehungsweise dieser Zyklus, zum Beispiel unter dem Begriff Forschungskreislauf (Marquardt-Mau, 2011) oder Forscherkreislauf (Möller, Bohrmann, Hirschmann, Wilke & Wyssen, 2013) wieder.

3.3 Aufgabenbeispiele zu Inhaltsbereichen und kognitiven Anforderungsbereichen

In Abbildung 4.1 finden sich neun Beispielaufgaben, die illustrieren, wie die drei Inhaltsbereiche und die drei kognitiven Anforderungsbereiche der TIMSS-Rahmenkonzeption in Testaufgaben umgesetzt wurden. Es wird deutlich, dass die Kategorien der kognitiven Anforderungsbereiche nicht immer ganz trennscharf sind. Dies liegt neben theoretischen Überlappungen der Bereiche unter anderem auch daran, dass beispielsweise je nach verfügbarem Vorwissen der Schülerinnen und Schüler unterschiedliche kognitive Prozesse bei der Bearbeitung der Aufgaben vorstellbar sind.

Abbildung 4.1: Zuordnung von Beispielaufgaben in Naturwissenschaften zu Inhaltsbereichen und kognitiven Anforderungsbereichen

	Reproduzieren	Anwenden	Problemlösen
Biologie	Pflanzen und Tiere sind Lebewesen. Denke darüber nach, was Pflanzen **und** Tiere zum Leben brauchen. Schreibe zwei Dinge auf. 1. *Nahrung* 2. *Luft* (.49/.45)	Wie kann man sich mit einer Krankheit (zum Beispiel Grippe) bei jemandem anstecken, der neben einem hustet, auch wenn man denjenigen gar nicht berührt hat? *Wenn jemand hustet, gehen Keime in die Luft.* (.41/.31)	Sarah möchte wissen, ob Dünger sich auf das Wachstum von Pflanzen auswirkt. Sie hat vier Blumentöpfe mit derselben Art Erde. Sie pflanzt in alle Töpfe Pflanzen und gibt in zwei der Töpfe Dünger, wie in der folgenden Abbildung gezeigt. Topf 1 Dünger / Topf 2 Dünger / Topf 3 kein Dünger / Topf 4 kein Dünger Welche zwei Töpfe sollte sie miteinander vergleichen, um herauszufinden, ob der Dünger sich auf das Wachstum von Pflanzen auswirkt? Topf _1_ und Topf _3_ Erkläre deine Antwort. *In beiden Töpfen ist die gleiche Pflanze aber nur in einem Topf ist Dünger.* (.22/.31)
	In dieser Aufgabe sollen zwei Dinge genannt werden, die sowohl Pflanzen als auch Tiere zum Leben benötigen. Um die Aufgabe zu lösen, reicht es aus, einfache Beispiele (z.B. Nahrung, Luft oder Wasser) zu nennen.	In dieser Aufgabe muss erklärt werden, wie die Übertragung von Krankheiten ohne direkten Körperkontakt verläuft. Um die Aufgabe zu lösen, muss erklärt werden, dass Keime (hier können auch andere Begriffe wie Bakterien oder Krankheitserreger verwendet werden) über die Luft auf andere Personen übertragen werden können.	In dieser Aufgabe werden vier verschiedene Versuchsansätze gezeigt und es muss identifiziert werden, welche zwei Versuchsanordnungen verglichen werden müssen, um die Frage nach dem Einfluss des Düngers auf das Pflanzenwachstum zu beantworten. Die Antwort muss zusätzlich erklärt werden. Um die Aufgabe zu lösen, muss Wissen über die Variablenkontrollstrategie angewendet werden.
Physik/Chemie	Wasser kommt fest, flüssig oder gasförmig vor. Welcher der folgenden möglichen Zustände von Wasser ist fest? Ⓐ Dampf ☒ Eiswürfel Ⓒ Wolke Ⓓ Regentropfen (.76/.78)	Salem legt Eiswürfel auf eine Aluminiumfolie, die auf einem Tisch liegt. Nach einiger Zeit schmelzen die Eiswürfel. Aluminiumfolie / Eiswürfel Was ist der Grund für diese Veränderung? Ⓐ Der Tisch nimmt Wärme von den Eiswürfeln auf. Ⓑ Die Luft nimmt Wärme vom Tisch auf. Ⓒ Die Aluminiumfolie bekommt Wärme von den Eiswürfeln. ☒ Die Eiswürfel bekommen Wärme von der Luft. (.63/.70)	Marie möchte herausfinden, ob die Temperatur Einfluss darauf hat, wie schnell sich Zucker in Wasser auflöst. Welchen Versuchsaufbau sollte sie wählen? Ⓐ 30°C 50°C Ⓑ 30°C 50°C ☒ 30°C 50°C Ⓓ 30°C 50°C (.43/.40)
	In dieser Aufgabe werden die drei Aggregatzustände vorgegeben. Aus vier Beispielen von Wasser in verschiedenen Zuständen muss der feste Zustand identifiziert werden. Dies erfordert den Abruf von Wissen über typische Beispiele von Wasser in verschiedenen Zuständen.	In dieser Aufgabe muss die Wärmequelle identifiziert werden, die notwendig für das Schmelzen der Eiswürfel ist. Um die Aufgabe zu lösen, ist Wissen über die ablaufenden energetischen Prozesse bei Aggregatzustandsänderungen notwendig.	In dieser Aufgabe sind vier verschiedene Versuchsanordnungen gezeigt und es muss identifiziert werden, welche geeignet ist, um herauszufinden, bei welcher Temperatur sich Zucker schneller in Wasser löst. Um die Aufgabe zu lösen, muss Wissen über die Variablenkontrollstrategie angewendet werden.
Geographie	Unten stehen fünf Merkmale der Oberfläche der Erde. Ziehe einen Strich von jedem Merkmal zu der passenden Beschreibung. Das erste Merkmal wurde schon für dich zugeordnet. **Merkmal** — **Beschreibung** Ebene — steil Berg — flach Meer — Salzwasser Wüste — Süßwasser Fluss — trocken (.77/.83)	Ein Wissenschaftler hat in Gesteinsbrocken, die auf dem Boden liegen, Versteinerungen von Muscheln und Schnecken gefunden. Was erkennt der Wissenschaftler daran? Ⓐ dass unterschiedliche Arten von Pflanzen in diesem Gebiet gelebt haben Ⓑ dass die Muscheln und Schnecken alt waren, als sie gestorben sind Ⓒ dass die Muscheln und Schnecken andere Muscheln und Schnecken gefressen haben ☒ dass das Gebiet früher unter Wasser war (.59/.56)	Ein anderer Bauer wohnt auf einer tropischen Insel im Ozean und will Bananen anbauen. Unten siehst du eine Abbildung der Insel. Jährliche Regenmenge auf der Insel Gebiet 1 / Gebiet 2 / Gebiet 4 / Gebiet 3 Legende ☐ 101–140 cm ☐ 100 cm oder weniger ☐ 141–180 cm ■ Mehr als 180 cm Sieh dir die Abbildung der Insel und die Information in der Abbildung aus dem Teil A dieser Frage an. In welchem Gebiet sollte der Bauer Bananen anbauen? Ⓐ Gebiet 1 Ⓑ Gebiet 2 Ⓒ Gebiet 3 ☒ Gebiet 4 (.52/.56)
	In dieser Aufgabe sind fünf allgemeine Merkmale der Oberfläche der Erde aufgelistet, zu denen jeweils eine charakterisierende Beschreibung zugeordnet werden muss. Die Aufgabe erfordert den Abruf von alltagsnahem Wissen über bekannte Merkmale der Oberfläche der Erde.	In dieser Aufgabe ist ein Gesteinsbrocken mit Versteinerungen von Muscheln und Schnecken dargestellt. Die Frage ist, welche der vier vorgegebenen Schlussfolgerungen sich aus diesem Fund ziehen lässt. Die Aufgabe erfordert die Anwendung von Wissen über vergangene naturgeographische Prozesse.	Im ersten Teil der Aufgabe muss die notwendige Regenmenge für das Wachstum von Bananen aus einem Diagramm abgelesen werden (160 cm). Dann muss die Regenmenge der vier Gebiete aus der hier dargestellten Abbildung entnommen werden und mit der notwendigen Regenmenge in Bezug gesetzt werden. Die Aufgabe erfordert die Fähigkeit, Informationen aus verschiedenen Darstellungsformen abzulesen.

Die Werte in Klammern geben die relativen internationalen und nationalen Lösungshäufigkeiten an.
Abdruck und Nutzung der Aufgaben nur mit ausdrücklicher Genehmigung der IEA: http://www.iea.nl/permissions.html

4 Der TIMSS-Test zur Erfassung naturwissenschaftlicher Kompetenzen

In diesem Abschnitt wird zunächst der Aufbau des Tests, der zur Erfassung naturwissenschaftlicher Kompetenzen in TIMSS 2015 eingesetzt wurde, beschrieben (siehe Abschnitt 4.1). Anschließend werden die Ergebnisse aus den Analysen zur curricularen Validität der Testaufgaben (siehe Abschnitt 4.2) und die Kompetenzstufen, die zur Illustration der Kompetenzausprägungen der Schülerinnen und Schüler genutzt werden (siehe Abschnitt 4.3), dargestellt.

4.1 Testentwicklung und -aufbau

Die TIMSS-Testaufgaben für die Naturwissenschaften wurden in einem kooperativen Prozess entwickelt, an dem neben dem *TIMSS & PIRLS International Study Center* am *Boston College* und den nationalen Studienleitungen auch Expertinnen und Experten aus der Naturwissenschaftsdidaktik beteiligt waren (siehe Kapitel 2 in diesem Band). In diesem Prozess entwickelten die nationalen Studienleitungen und die beteiligten Vertreterinnen und Vertreter der Fachdidaktik zunächst Vorschläge für Aufgaben und Kodierungen für Aufgaben mit offenem Antwortformat. Beides wurde dann von Expertinnen und Experten aus verschiedenen Bereichen begutachtet und überarbeitet. Dabei wurde unter anderem geprüft, ob die Aufgaben akkurat in die im Unterricht des jeweiligen Landes übliche Sprache übersetzt wurden. Die so überarbeiteten Aufgaben wurden in großangelegten Feldtests erprobt, bevor dann die finalen Testaufgaben für die Haupterhebung ausgewählt wurden. Ziel dieses Prozesses war es, Aufgaben zu erhalten, die sowohl in psychometrischer Hinsicht als auch für die Schülerinnen und Schüler des jeweiligen Staates geeignet sind, naturwissenschaftliche Kompetenzen zu erfassen.

Das Ziel der TIMSS-Rahmenkonzeption, naturwissenschaftliche Kompetenzen in den Inhaltsbereichen *Biologie, Geographie* und *Physik/Chemie* sowie den kognitiven Anforderungsbereichen *Reproduzieren, Anwenden* und *Problemlösen* breit abzudecken, machte die Entwicklung einer großen Anzahl an Aufgaben erforderlich. Der finale Aufgabenpool im Bereich Naturwissenschaften bei TIMSS 2015 umfasst 168 Aufgaben für die vierte Klasse. Ungefähr die Hälfte der Testaufgaben, nämlich 82 Testaufgaben, sind Multiple-Choice-Aufgaben. Die übrigen 86 Testaufgaben erfordern eine kurze schriftliche Antwort von den Schülerinnen und Schülern oder die Zuordnung verschiedener Begriffe. 95 der 168 Aufgaben (57 %) wurden aus den Studien TIMSS 2011 und TIMSS 2007 übernommen, um die Daten aus dem Jahr 2015 mit denen der früheren Studien in Beziehung setzen zu können. Die verbleibenden 73 Aufgaben (43 %) wurden für TIMSS 2015 neu entwickelt.

Entsprechend der Struktur der Rahmenkonzeption von TIMSS lassen sich die einzelnen Testaufgaben jeweils einem Inhaltsbereich und einem kognitiven Anforderungsbereich zuordnen (s.o.). Dadurch können zusätzlich zur Erfassung der Kompetenz auf der Gesamtskala Naturwissenschaften auch Kompetenzen im Hinblick auf die einzelnen Inhalts- und Anforderungsbereiche untersucht werden. In der rechten Spalte von Tabelle 4.4 ist die Verteilung der Aufgaben auf die Inhaltsbereiche *Biologie, Physik/Chemie* und *Geographie* dargestellt. Mit 44 Prozent ist der Inhaltsbereich *Biologie* am stärksten repräsentiert. Es folgt

Tabelle 4.4: Verteilung der Testaufgaben in Naturwissenschaften auf die naturwissenschaftlichen Inhaltsbereiche – TIMSS 2007, 2011 und 2015

Naturwissenschaftliche Inhaltsbereiche	2007		2011		2015	
	n	%	*n*	%	*n*	%
Biologie	74	43	78	45	74	44
Physik/Chemie	64	37	63	36	61	36
Geographie	36	21	34	20	33	20
Gesamt	174	100	175	100	168	100

Differenzen zu 100 Prozent ergeben sich durch Rundungsfehler.

IEA: Trends in International Mathematics and Science Study © TIMSS 2015

mit 36 Prozent der Bereich *Physik/Chemie*. Der Inhaltsbereich *Geographie* ist mit 20 Prozent der Testaufgaben am schwächsten vertreten. Die Verteilung der Aufgaben auf die drei Inhaltsbereiche ist in den drei Studienzyklen annähernd gleich.

Dass Aufgaben zum Inhaltsbereich *Geographie* im Vergleich zu den Bereichen *Biologie* und *Physik/Chemie* den kleinsten Anteil ausmachen, hängt mit der lehrplanorientierten Rahmenkonzeption von TIMSS zusammen (Mullis & Martin, 2013; Kapitel 2 in diesem Band). Der Aufgabenentwicklung in TIMSS liegt ein internationaler Themenkanon zugrunde, der in möglichst vielen Curricula der Teilnehmerstaaten vorkommt. In diesem Themenkanon sind geographische Inhalte nicht so stark vertreten wie biologische oder physikalisch-chemische Inhalte. Schulbuchanalysen deuten darauf hin, dass im Sachunterricht in Deutschland geografische Inhalte vergleichsweise stark repräsentiert sind (Blaseio, 2009). Dafür sprechen auch die Befunde der Lehrkräftebefragung in Tabelle 4.1. Allerdings legen viele der Lehrpläne einen Schwerpunkt auf regionalgeographische Themen, die in der TIMSS-Rahmenkonzeption keine Rolle spielen.

Die rechte Spalte von Tabelle 4.5 zeigt die Verteilung der Aufgaben auf die drei kognitiven Anforderungsbereiche in TIMSS 2015. Die beiden Bereiche *Reproduzieren* und *Anwenden* sind mit 40 beziehungsweise 39 Prozent der

Tabelle 4.5: Verteilung der Testaufgaben in Naturwissenschaften auf die kognitiven Anforderungsbereiche – TIMSS 2007, 2011 und 2015

Kognitive Anforderungsbereiche	2007		2011		2015	
	n	%	*n*	%	*n*	%
Reproduzieren	77	44	72	41	67	40
Anwenden	63	36	71	41	66	39
Problemlösen	34	20	32	18	35	21
Gesamt	174	100	175	100	168	100

IEA: Trends in International Mathematics and Science Study © TIMSS 2015

Testaufgaben in etwa gleich stark vertreten. 21 Prozent der Testaufgaben erfordern *Problemlösen*.

Die Verteilung der Aufgaben auf die kognitiven Anforderungsbereiche *Reproduzieren, Anwenden* und *Problemlösen* macht deutlich, dass in TIMSS nicht nur einfaches Faktenwissen erfasst wird. Unter anderem erfordern die Aufgaben, Wissen auf neue naturwissenschaftliche Phänomene zu übertragen, um Erklärungen generieren zu können (Anforderungsbereich *Anwenden*). Auch müssen Probleme analysiert und aus Daten zulässige Schlussfolgerungen gezogen werden (Anforderungsbereich *Problemlösen*). Durch die Abdeckung der drei Anforderungsbereiche sind auch zentrale Elemente der prozessbezogenen Kompetenzen (naturwissenschaftliche Denk- und Arbeitsweisen) abgedeckt.

Aus Tabelle 4.5 lässt sich auch ablesen, dass die Verteilung der Aufgaben auf die drei Anforderungsbereiche in TIMSS 2007, 2011 und 2015 ähnlich ist. Kleinere Unterschiede zeigen sich zwischen TIMSS 2015 und TIMSS 2007 im Anteil der Aufgaben im Bereich *Reproduzieren* und *Anwenden*, der im Jahr 2015 leicht niedriger beziehungsweise höher ausfällt.

4.2 Curriculare Validität

Der TIMSS-Rahmenkonzeption zur Erfassung naturwissenschaftlicher Kompetenzen liegt der Anspruch zugrunde, Kompetenzen zu erfassen, die in der Schule aufgrund von curricularen Vorgaben vermittelt wurden. Dieser Anspruch gilt für alle beteiligten Staaten mit den jeweiligen Curricula, was die Schwierigkeit, einen möglichst allgemein curricular validen Test zu entwickeln, unmittelbar verdeutlicht. Um zu überprüfen, ob die Erfassung naturwissenschaftlicher Kompetenzen in TIMSS 2015 für Deutschland diesem Anspruch gerecht wird, wurden die in der TIMSS-Rahmenkonzeption vorgesehenen Inhaltsbereiche mit den curricularen Vorgaben zum naturwissenschaftlichen Lernen im Rahmen des Sachunterrichts abgeglichen. So konnte für jede der 168 in TIMSS 2015 eingesetzten Aufgaben zur Erfassung naturwissenschaftlicher Kompetenzen entschieden werden, ob sie einen Inhaltsbereich thematisiert, der curricular vorgesehen ist oder nicht.

Eine Schwierigkeit bei der Ermittlung der curricularen Validität der naturwissenschaftlichen Testaufgaben stellen die unterschiedlichen curricularen Vorgaben der Länder für den Sachunterricht in Deutschland dar. Da Bildungsfragen in Deutschland in die Zuständigkeit der Länder fallen, liegen für jedes Land eigene Lehrpläne für den Sachunterricht vor. Anders als im Fach Mathematik gibt es für das Fach Sachunterricht keine länderübergreifenden Bildungsstandards. Aus diesen Gründen wurde wie auch in den Studienzyklen 2007 und 2011 exemplarisch der Lehrplan aus Nordrhein-Westfalen für die Analyse der curricularen Validität der Aufgaben herangezogen.[2] Dieser Lehrplan spiegelt verschiedene Entwicklungen des Sachunterrichts in Deutschland gut wider. Dies sind zunächst die eingangs beschriebenen Tendenzen bezüglich der Berücksichtigung naturwissenschaftlicher Inhalte im Sachunterricht. Außerdem werden neben naturwissenschaftlichen Inhalten auch naturwissenschaftliche Denk- und Arbeitsweisen als bedeutsame Zielbereiche berücksichtigt. Inhalts- und verfahrensbezogene Anforderungen werden des Weiteren als Kompetenzen im Sinne von Can-do-

---

2 Die Wahl Nordrhein-Westfalens ist deshalb sinnvoll, da es sich hierbei um das bevölkerungsreichste Bundesland handelt und dementsprechend Schülerinnen und Schüler aus diesem Bundesland einen erheblichen Teil der TIMSS-Stichprobe ausmachen.

Statements formuliert (Ministerium für Schule und Weiterbildung des Landes Nordrhein-Westfalen, 2008). In Fällen, in denen keine klare Entscheidung möglich war, wurden bei TIMSS 2015 zusätzlich der Perspektivrahmen Sachunterricht (GDSU, 2013) sowie die für den Erhebungsraum aktuellen Lehrpläne der Länder Bayern (Bayerisches Staatsministerium für Unterricht und Kultus, 2000), Baden-Württemberg (Ministerium für Kultus, Jugend und Sport Baden-Württemberg, 2004), Niedersachsen (Niedersächsisches Kultusministerium, 2006) und Sachsen (Sächsisches Staatsministerium für Kultus 2004/2009) hinzugezogen. Zentrale Kriterien für die curriculare Passung waren die angesprochenen Inhaltsgebiete und Konzepte sowie die verwendeten Fachbegriffe. Mit der Prüfung der curricularen Validität der Aufgaben wurde eine Expertengruppe beauftragt. Aussagen über die Unterrichtsvalidität lassen sich mit dieser Analyse allerdings nicht treffen. So ist erstens wie oben erwähnt unklar, welche Steuerungsfunktion diese Vorgaben haben, und zweitens, ob durch die Mehrperspektivität des Sachunterrichts Lehrpersonen individuelle Schwerpunkte in ihrem Unterricht setzen (Einsiedler, 1998).

Tabelle 4.6 zeigt die Anteile der curricular nicht validen Testaufgaben aufgeschlüsselt nach den drei Inhaltsbereichen *Biologie, Physik/Chemie* und *Geographie*. Insgesamt sind nur 10 Prozent der Aufgaben als curricular nicht valide eingeschätzt worden. Die meisten finden sich wie auch schon in TIMSS 2007 und 2011 im Bereich der *Geographie* (15%), während in den Bereichen *Biologie* und *Physik/Chemie* lediglich je 8 Prozent als curricular nicht valide eingeschätzt wurden.

Tabelle 4.6: Anteile curricular nicht valider Testaufgaben in Naturwissenschaften nach Inhaltsbereichen – TIMSS 2007, 2011 und 2015

Naturwissenschaftliche Inhaltsbereiche	2007			2011			2015		
	Gesamt	nicht valide		Gesamt	nicht valide		Gesamt	nicht valide	
	n	*n*	%	*n*	*n*	%	*n*	*n*	%
Biologie	74	12	16	78	21	27	74	6	8
Physik/Chemie	64	3	5	63	5	8	61	5	8
Geographie	36	15	42	34	14	42	33	5	15
Gesamt	174	30	17	175	40	23	168	16	10

IEA: Trends in International Mathematics and Science Study © TIMSS 2015

In Tabelle 4.7 sind die Themengebiete aus den drei Inhaltsbereichen aufgeführt, aus denen die Aufgaben stammen, die als curricular nicht valide eingeschätzt wurden. Im Inhaltsbereich *Geographie* sieht der Lehrplan Nordrhein-Westfalen vor allem Themen aus dem Kompetenzbereich räumliche Orientierung vor, beispielsweise über die nähere Region, Deutschland und Europa. Themen wie Erdgeschichte oder das Sonnensystem sind nicht ausgewiesen. Allerdings muss angemerkt werden, dass das Thema Sonnensystem und Planeten in manchen Lehrplänen als Wahlpflichtthema erwähnt wird, zum Beispiel im sächsischen Lehrplan (Sächsisches Staatsministerium für Kultus 2004/2009), oder auch in didaktischen Materialien oft Beachtung findet. Gleichwohl ist es nicht als curricular valides Thema einzuschätzen. Weiterhin sind die Thematisierung des

Tabelle 4.7: Übergeordnete Themen curricular nicht valider Testaufgaben in Naturwissenschaften

Inhaltsbereiche	Übergeordnete Themen curricular nicht valider Aufgaben
Biologie	Gesundheit (z.B. spezifische Bestandteile von Nahrungsmiteln) Kennzeichen des Lebendigen und Lebensvorgänge (z.B. Nahrungsaufnahme spezifischer Arten, z.B. Schlangen) Ökosystem (z.B. Photosynthese) Organismen in verschiedenen Lebensräumen (z.B. Angepasstheit spezifischer Pflanzen, z.B. Kakteen)
Physik/Chemie	Kräfte und Bewegungen (z.B. Darstellung von Kräften) Stoffeigenschaften und Veränderungen von Stoffen (z.B. Massenbegriff)
Geographie	Vergangene und abgelaufene naturgeographische Prozesse (z.B. Fossilien) Die Erde im Sonnensystem

IEA: Trends in International Mathematics and Science Study   © TIMSS 2015

Kraftbegriffs und die graphischen Darstellungsformen mit Hilfe von Kraftpfeilen im Sachunterricht eher selten und finden sich in dieser Form nicht im Lehrplan von Nordrhein-Westfalen wieder. Im Inhaltsbereich *Biologie* der TIMSS-Rahmenkonzeption sind wiederum Aufgaben enthalten, die ein erstes Wissen über die Photosynthese auf der Phänomenebene erfordern.

In Abbildung 4.2 sind zwei Aufgabenbeispiele dargestellt, die als nicht curricular valide eingeschätzt wurden. So zielt das Beispiel aus der *Biologie* zumindest bei zwei der als richtig zu wertenden Antworten Luft (oder Kohlenstoffdioxid) und Sonnenlicht auf den Vorgang der Photosynthese ab, weitere richtige Antworten sind Wasser und Nährstoffe. In der zweiten Aufgabe sind Beispiele dargestellt, in denen verschiedene Kräfte eine Rolle spielen. Die Schülerinnen und Schüler müssen hier die Situationen identifizieren, in denen die Schwerkraft eine Wirkung zeigt. Auch wenn es sicher viele Schülerinnen und Schüler gibt, die diesen Begriff aus dem Alltag kennen, ist er kein regulärer Inhalt der Lehrpläne der Grundschule.

In Tabelle 4.8 ist dargestellt, wie sich die als nicht curricular valide eingeschätzten Aufgaben auf die drei kognitiven Anforderungsbereiche *Reproduzieren, Anwenden* und *Problemlösen* verteilen. Hier wird deutlich, dass die meisten der nicht curricular validen Aufgaben aus dem Bereich *Reproduzieren* stammen. In vielen Fällen war dies darauf zurückzuführen, dass die Schülerinnen und Schüler zur Lösung der Aufgaben über Faktenwissen verfügen müssen, das im Lehrplan Nordrhein-Westfalens beziehungsweise den weiteren Dokumenten nicht vorgesehen ist, wie zum Beispiel das Wissen über spezifische Tiere und Pflanzen.

Im Vergleich zu TIMSS 2007 und 2011 hat in TIMSS 2015 die Anzahl an Aufgaben, die als curricular nicht valide eingeschätzt wurde, abgenommen. Ursächlich hierfür könnte unter anderem auch der kleinere Anteil an Aufgaben im Anforderungsbereich *Reproduzieren* sowie im Inhaltsbereich *Geographie* sein. Zusammenfassend kann festgehalten werden, dass der Anteil der in TIMSS 2015 eingesetzten naturwissenschaftlichen Aufgaben, die als curricular valide eingeschätzt wurden, mit 90 Prozent sehr hoch ist. Der Anspruch der TIMSS-Rahmenkonzeption, Kompetenzen zu erfassen, die in der Schule aufgrund von

Abbildung 4.2: Beispiele curricular nicht valider Testaufgaben in Naturwissenschaften

Schreibe zwei Dinge auf, die Pflanzen von ihrer Umgebung bekommen müssen, um ihre Nahrung herzustellen.

1. *Sonnenlicht*

2. *Luft*

(.56/.57)   S061069

Aufgabenbeispiel zur Biologie
Themengebiet: Biologische Zusammenhänge in Lebensräumen

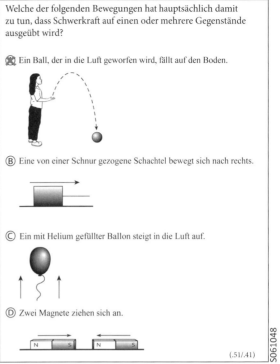

Welche der folgenden Bewegungen hat hauptsächlich damit zu tun, dass Schwerkraft auf einen oder mehrere Gegenstände ausgeübt wird?

Ⓐ Ein Ball, der in die Luft geworfen wird, fällt auf den Boden.

Ⓑ Eine von einer Schnur gezogene Schachtel bewegt sich nach rechts.

Ⓒ Ein mit Helium gefüllter Ballon steigt in die Luft auf.

Ⓓ Zwei Magnete ziehen sich an.

(.51/.41)   S061048

Aufgabenbeispiel zur Physik/Chemie
Themengebiet: Kräfte und Bewegungen

Die Werte in Klammern geben die relativen internationalen und nationalen Lösungshäufigkeiten an.
Abdruck und Nutzung der Aufgaben nur mit ausdrücklicher Genehmigung der IEA: http://www.iea.nl/permissions.html

Tabelle 4.8: Anteile curricular nicht valider Testaufgaben in Naturwissenschaften nach kognitiven Anforderungsbereichen – TIMSS 2007, 2011 und 2015

Kognitive Anforderungsbereiche	2007			2011			2015		
	Gesamt	nicht valide		Gesamt	nicht valide		Gesamt	nicht valide	
	n	n	%	n	n	%	n	n	%
Reproduzieren	77	12	16	72	21	30	67	10	15
Anwenden	63	13	21	71	13	18	66	4	6
Problemlösen	34	5	15	32	3	9	35	2	6
Gesamt	174	30	17	175	37	21	168	16	10

curricularen Vorgaben vermittelt werden, wurde also in Deutschland weitestgehend erfüllt. Gleichwohl wurde gezielt geprüft, ob Einschränkungen der curricularen Validität der Aufgaben einen Einfluss auf die Ergebnisse der Schülerinnen und Schüler im Bereich Naturwissenschaften in Deutschland haben. Darauf wird im Ergebnisteil (siehe Abschnitt 5.1) näher eingegangen.

4.3 Kompetenzstufen in den Naturwissenschaften

Um die erreichten Kompetenzwerte der Schülerinnen und Schüler in den Naturwissenschaften stärker inhaltlich interpretieren zu können, werden in TIMSS fünf Kompetenzstufen unterschieden. Mit Hilfe dieser Kompetenzstufen können Gruppen von Schülerinnen und Schülern identifiziert werden, die sich in ihren inhaltlichen und kognitiven Kompetenzen in den Naturwissenschaften voneinander unterscheiden.

Grundlegend für die Bildung solcher Kompetenzstufen ist die bei TIMSS verwendete Skalierungsmethode (siehe Kapitel 2 in diesem Band), die eine inhaltliche Interpretation der von den Schülerinnen und Schülern erreichten Kompetenzwerte erlaubt. Über eine Analyse der inhaltlichen und kognitiven Anforderungen, die zur erfolgreichen Bearbeitung der Testaufgaben erforderlich sind, können verschiedene Stufen der naturwissenschaftlichen Kompetenz unterschieden werden. Die Kompetenzstufen basieren auf vier Bezugspunkten, sogenannten Benchmarks, die in TIMSS festgelegt werden (siehe Kapitel 2 in diesem Band). Die Benchmarks teilen die Kompetenzskala in fünf Intervalle, die den Kompetenzstufen entsprechen. Die erreichten Kompetenzwerte der Schülerinnen und Schüler auf der Naturwissenschaftsskala lassen sich somit eindeutig einer der fünf Kompetenzstufen zuordnen. Welcher Kompetenzstufe Schülerinnen und Schüler mit einem bestimmten Wert auf der Kompetenzskala zugeordnet werden, kann Tabelle 4.9 entnommen werden. Die Kompetenzstufen sind hierarchisch geordnet, das heißt, Schülerinnen und Schüler, die sich beispielsweise auf Kompetenzstufe III befinden, lösen Testaufgaben, die typisch für diese Stufe sind, mit einer höheren Wahrscheinlichkeit als Testaufgaben der Stufe II. In Tabelle 4.9 wird zusammenfassend beschrieben, über welche naturwissenschaftlichen Kompetenzen die Schülerinnen und Schüler auf den fünf Kompetenzstufen verfügen. Eine ausführliche Beschreibung befindet sich im Anhang C dieses Bandes.

Schülerinnen und Schüler mit einem Kompetenzwert unter 400 Punkten befinden sich auf der untersten Kompetenzstufe. Sie verfügen lediglich über rudimentäres Anfangswissen in den Naturwissenschaften. Dagegen verfügen Schülerinnen und Schüler in den höheren Kompetenzstufen über Wissen in mehr Inhaltsbereichen und sie sind in der Lage, die in den Testaufgaben gestellten komplexeren inhaltlich-kognitiven Anforderungen zu bewältigen. Während die Testaufgaben der unteren Kompetenzstufen vor allem das Reproduzieren von Faktenwissen und eine direkte Anwendung naturwissenschaftlichen Wissens sowie ein Verständnis einfacher naturwissenschaftlicher Konzepte erfordern (Kompetenzstufen II und III), verlangen die Testaufgaben der oberen Kompetenzstufen das Erklären von Alltagsphänomenen sowie das Anwenden naturwissenschaftlicher Denk- und Arbeitsweisen und das Verstehen naturwissenschaftlicher Zusammenhänge auch in komplexeren Kontexten (Kompetenzstufen IV und V). Bis auf kleinere Veränderungen stimmen die beschriebenen Kompetenzstufen mit denen der bisherigen TIMSS-Zyklen überein.

Die Abbildungen 4.3 und 4.4 zeigen anhand von Beispielen, wie unterschiedliche Aufgaben den Kompetenzstufen zugeordnet sind. Die in Klammern gezeigten Werte entsprechen den internationalen und nationalen Lösungshäufigkeiten. Beispielsweise wurde die erste Aufgabe von 29 Prozent der Schülerinnen und Schüler im internationalen Durchschnitt und von 31 Prozent der Schülerinnen und Schüler in Deutschland gelöst. Die Zuordnung einer Aufgabe zu den Kompetenzstufen erfolgt anhand der internationalen Lösungshäufigkeiten.

Tabelle 4.9: Beschreibung der fünf Kompetenzstufen für die Gesamtskala Naturwissenschaften

Kompetenzstufe V (ab 625): Beginnendes naturwissenschaftliches Denken
Die Schülerinnen und Schüler zeigen ein grundlegendes Verständnis in den drei Inhaltsbereichen Biologie, Physik/Chemie und Geographie sowie ein Verständnis der naturwissenschaftlichen Denk- und Arbeitsweisen. Sie sind in der Lage, ihr Wissen über Merkmale und Lebensvorgänge einer Vielzahl von Lebewesen, Beziehungen in Ökosystemen und das Interagieren von Organismen mit Lebensräumen sowie über Faktoren gesundheitsbezogener Lebensführung darzustellen. Sie zeigen weiterhin ein grundlegendes Verständnis von Stoffeigenschaften, den Aggregatzuständen sowie physikalischen und chemischen Veränderungen von Stoffen, von Energieformen und -quellen sowie dem Transfer von Energie sowie von Kräften und deren Wirkungen. Auch im Bereich der Geographie verfügen sie über ein grundlegendes Verständnis von Landschaftsmerkmalen, abgelaufenen und laufenden naturgeographischen Prozessen sowie der Erde im Sonnensystem. Die Schülerinnen und Schüler weisen zudem elementare Fähigkeiten im Bereich der naturwissenschaftlichen Denk- und Arbeitsweisen auf. So können sie einfache Experimente planen, Ergebnisse aus Experimenten interpretieren, Schlüsse aus Beschreibungen und Diagrammen ziehen und Argumente bewerten.

Kompetenzstufe IV (550-624): Erklären von Alltagsphänomenen
Die Schülerinnen und Schüler verfügen über Wissen in den drei Inhaltsbereichen Biologie, Physik/Chemie und Geographie und können dieses in alltäglichen und abstrakteren Kontexten anwenden. Sie verfügen über Wissen über Merkmale und Lebenszyklen von Pflanzen und Tieren, Ökosystemen und Interaktionen zwischen Lebewesen und ihrer Umwelt und können dieses auch anwenden. Weiterhin zeigen sie Wissen über die Aggregatzustände, Eigenschaften von Stoffen und Energietransfer in praktischen Kontexten und können dies auch anwenden. Zudem weisen sie Wissen über Kräfte und Bewegungen auf. Die Schülerinnen und Schüler können ihr Wissen über die Struktur, Vorgänge und Ressourcen der Erde und ihr Wissen über die Erdgeschichte anwenden und sie verfügen über Wissen über das Sonnensystem. Sie zeigen elementare Kenntnisse und Fähigkeiten bezüglich naturwissenschaftlicher Denk- und Arbeitsweisen. So können sie vergleichen, kontrastieren und einfache Schlussfolgerungen aus Beschreibungen von Versuchen, Modellen und Diagrammen ziehen. Sie geben Erklärungen, bei denen sie ihr Wissen über naturwissenschaftliche Konzepte mit alltäglichen Erfahrungen und auch abstrakten Kontexten verbinden.

Kompetenzstufe III (475-549): Anwenden grundlegenden Alltagswissens
Die Schülerinnen und Schüler verfügen über ein Basiswissen in den drei Inhaltsbereichen Biologie, Physik/Chemie und Geographie. Sie haben ein Basiswissen über die Entwicklung von Pflanzen und Menschen sowie über das Thema Gesundheit. Außerdem verfügen sie über Wissen über Interaktionen zwischen Lebewesen und ihrer Umwelt sowie über den Einfluss von Menschen auf ihre Umwelt und sie sind in der Lage, dieses Wissen anzuwenden. Darüber hinaus haben sie ein Basiswissen über ausgewählte Eigenschaften von Materialien sowie ausgewählte Fakten zu den Themen elektrischer Strom, Energietransfer sowie Kräfte und Bewegungen und sie sind dazu in der Lage, dieses Basiswissen anzuwenden. Außerdem kennen sie grundlegende Fakten über das Sonnensystem und Charakteristika der Erde sowie spezifische Landschaftsmerkmale. Sie verfügen über die Fähigkeiten, Informationen aus Bilddiagrammen zu interpretieren, einfache Erklärungen für Phänomene der Biologie und Physik/Chemie vorzunehmen und Faktenwissen auf naturwissenschaftsbezogene Alltagssituationen anzuwenden.

Kompetenzstufe II (400-474): Reproduzieren elementaren Faktenwissens
Die Schülerinnen und Schüler verfügen über ein Basiswissen in den Bereichen Biologie und Physik/Chemie. Sie haben ein Basiswissen zum Körperbau von Tieren, zu deren Verhalten, zu Merkmalen von Pflanzen und Interaktionen zwischen Lebewesen sowie über einfache Fakten zur menschlichen Gesundheit. Die Schülerinnen und Schüler zeigen basales Wissen über die Aggregatzustände und kennen einige Eigenschaften von Materialen. Sie interpretieren einfache Diagramme, vervollständigen einfache Tabellen und geben kurze schriftliche Erläuterungen auf Fragen nach naturwissenschaftlichen Fakten.

Kompetenzstufe I (unter 400): Rudimentäres Anfangswissen
Die Schülerinnen und Schüler verfügen über rudimentäres schulisches Anfangswissen. Selbst einfache Aufgaben werden nur gelegentlich oder ansatzweise gelöst.

IEA: Trends in International Mathematics and Science Study © TIMSS 2015

Beispiele für Kompetenzstufe V:

In Aufgabe 1 sollen die Schülerinnen und Schüler zunächst entscheiden, in welcher Richtung ein Magnet gehalten werden muss, um das Auto mit einem daran befestigtem Magneten anzuschieben. Im zweiten Schritt soll diese Entscheidung dann begründet werden, zum Beispiel „die beiden Südpole stoßen einander ab". Die Aufgabe erfordert ein erstes konzeptuelles Verständnis der Eigenschaften von Materie und die Fähigkeit, dieses Wissen anzuwenden.

In der Aufgabe 2 wird die Frage nach der Ansteckung zwischen Menschen ohne direkten Körperkontakt gestellt. Die Aufgabe erfordert ein erstes Verständnis von der Übertragung von Krankheitserregern über die Luft.

Beispiel für Kompetenzstufe IV:
In Aufgabe 3 sind fünf Alltagsgegenstände abgebildet und benannt: Holzlöffel, Plastikkamm, Silberkette, Gummiball und Eisenschlüssel. Die Schülerinnen und Schüler müssen für jeden dieser Gegenstände entscheiden, ob diese leitfähig sind. Um die Aufgabe zu lösen, müssen sie Wissen über spezifische Eigenschaften von Stoffen haben. Die Aufgabe ist in die Kategorie *Reproduzieren* eingeordnet. Je nach Vorwissen kann für manche Schülerinnen und Schüler die Aufgabe auch in den kognitiven Anforderungsbereich *Anwenden* eingeordnet werden. Wenn beispielsweise unbekannt ist, ob Silber leitet, muss das Grundschulkind wissen, dass Silber ein Metall ist, Metalle elektrisch leitfähig sind und entsprechend die Silberkette auch leitet.

In der Aufgabe 4 ist eine Tabelle mit Angaben zur Temperatur und der Bewölkung an vier verschiedenen Orten dargestellt. Die Schülerinnen und Schüler müssen anhand der Tabelle entscheiden, an welchem Ort es wahrscheinlich schneien wird. Hierfür müssen sie Daten aus einer Tabelle entnehmen und diese interpretieren. Sie benötigen Wissen über Wettererscheinungen.

Beispiele für Kompetenzstufe III:
In Aufgabe 5 müssen die Schülerinnen und Schüler aus einer vorgegebenen Liste identifizieren, welchen Stoff der Körper bei der Atmung benötigt. Vorgegeben werden Kohlenstoffdioxid, Wasserstoff, Wasser und Sauerstoff. Hierbei handelt es sich um (Fach-)Begriffe, die nicht alle gleichermaßen alltagsnah sind, was die Aufgabenschwierigkeit erhöht. Um die Aufgabe richtig zu lösen, benötigen die Schülerinnen und Schüler ein grundlegendes Wissen über den menschlichen Körper und die Gesundheit.

In der Aufgabe 6 sind fünf Lebewesen abgebildet und benannt: Habicht, Insekt, Schlange, Eidechse und Gras mit Samen. Die Schülerinnen und Schüler sollen die Lebewesen in einer Nahrungskette anordnen, wobei Gras und Insekten bereits vorgegeben sind, sodass lediglich die Eidechse, die Schlange und der Habicht eingetragen werden müssen. Um diese Aufgabe richtig lösen zu können, müssen die Schülerinnen und Schüler Wissen über Nahrungsbeziehungen von Lebewesen in einem Ökosystem (hier Wüste) anwenden.

Beispiele für Kompetenzstufe II:
In Aufgabe 7 sollen die Schülerinnen und Schüler aus vier Beispielen von Wasser in unterschiedlichen Aggregatzuständen (Dampf, Eiswürfel, Wolke und Regentropfen) den festen Zustand identifizieren. Der feste Zustand ist für Grundschulkinder in der Regel leichter zu identifizieren als der gasförmige. Um die Aufgabe richtig zu lösen, ist ein elementares Wissen über Aggregatzustände ausreichend.

Aufgabe 8 zeigt eine Abbildung mit vier Tieren (Affe, Zebra, Kamel und Wal), die Grundschulkindern weitestgehend bekannt sind. Diese vier Tiere sollen den vorgegebenen Lebensräumen Tropischer Regenwald, Wüste, Meer und Steppe zugeordnet werden. Für diese Aufgabe ist ein elementares Faktenwissen über Tiere und ihre Lebensräume notwendig. Dabei handelt es sich um prominente Beispiele für Arten eines spezifischen Lebensraums.

Abbildung 4.3: Kompetenzstufen und Beispielaufgaben (Gesamtskala Naturwissenschaften) I

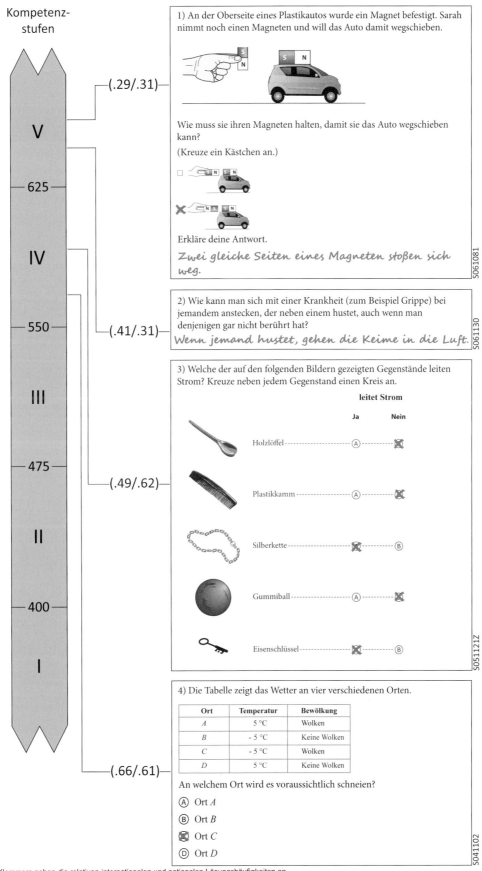

IEA: Trends in International Mathematics and Science Study   © TIMSS 2015

Abbildung 4.4: Kompetenzstufen und Beispielaufgaben (Gesamtskala Naturwissenschaften) II

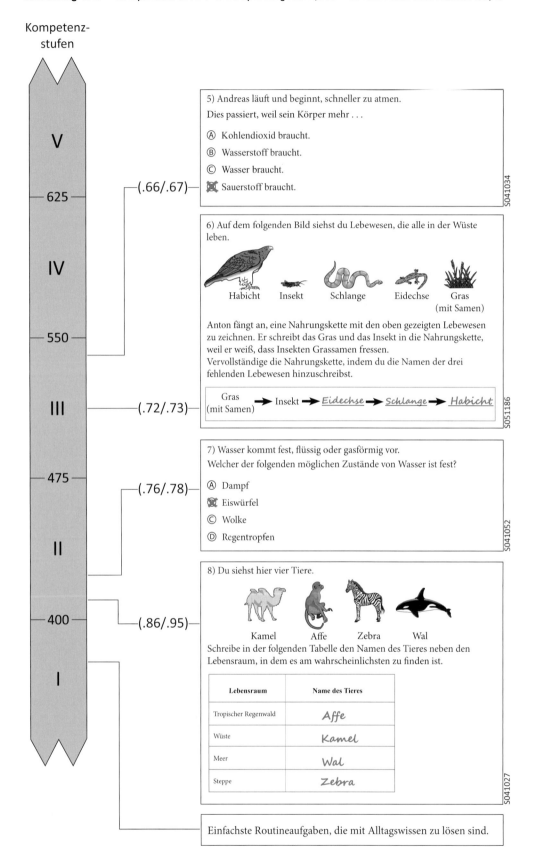

© TIMSS 2015

5 Ergebnisse

Die in diesem Kapitel dargestellten Ergebnisse des internationalen Vergleichs zur naturwissenschaftlichen Kompetenz von Schülerinnen und Schülern am Ende der vierten Jahrgangsstufe sind entlang der in Abschnitt 1 aufgeführten fünf Fragestellungen strukturiert. So werden zunächst die Ergebnisse des internationalen Vergleichs der Gesamtskala zur naturwissenschaftlichen Kompetenz (siehe Abschnitt 5.1) und dann die Verteilung der Schülerinnen und Schüler in den Teilnehmerstaaten auf die fünf Kompetenzstufen berichtet (siehe Abschnitt 5.2). Ein Fokus liegt dabei auf der Frage nach dem Anteil der auffällig leistungsschwachen und leistungsstarken Kinder. Anschließend werden die Ergebnisse zu den Kompetenzbereichen aufgeschlüsselt nach Inhaltsbereichen (siehe Abschnitt 5.3) und kognitiven Anforderungsbereichen (siehe Abschnitt 5.4) dargestellt. In Abschnitt 5.5 werden Einstellungen der Schülerinnen und Schüler zum Fach Sachunterricht sowie dem sachunterrichtsbezogenen Selbstkonzept berichtet. Neben den aktuellen Ergebnissen aus 2015 wird in den Abschnitten 5.1 bis 5.5 auf Unterschiede zu den Ergebnissen von TIMSS 2007 und TIMSS 2011 eingegangen.

Insgesamt nahmen 48 Staaten sowie 7 sogenannte Benchmark-Teilnehmer, also einzelne Regionen (etwa von Teilnehmerstaaten) wie Québec (Kanada), an TIMSS 2015 teil. In diesem Abschnitt werden auf der Gesamtskala Naturwissenschaften (siehe Abbildung 4.5) Ergebnisse aus 53 Staaten und Regionen bei TIMSS 2015 berichtet, darunter 22 Teilnehmer aus der EU beziehungsweise 27 Teilnehmer und drei Benchmark-Teilnehmer aus der OECD (zu Details der Teilnahme siehe Kapitel 2 in diesem Band). Im Vergleich zu TIMSS 2011 liegt eine ähnliche Beteiligung vor, dort nahmen 57 Staaten und Regionen teil sowie drei Staaten mit ihren sechsten Klassenstufen. In TIMSS 2007 waren 43 Staaten und Regionen beteiligt.

Zur internationalen Einordnung der Testergebnisse der Schülerinnen und Schüler in Deutschland werden in diesem Kapitel Bezüge zu sogenannten Vergleichsgruppen (VG) hergestellt. Die Ergebnisse für Deutschland werden hierbei mit den Mittelwerten der Teilnehmer verglichen, die Mitglieder der EU (VG_{EU}) bzw. Mitglieder der OECD (VG_{OECD}) sind. Aus Gründen der Vergleichbarkeit werden in den auf die Gesamtskala folgenden Darstellungen zu TIMSS 2015 Ergebnisse für eine Auswahl an Staaten und Regionen berichtet, die Mitglieder der EU oder der OECD sind beziehungsweise die auf der Gesamtskala Mathematik signifikant bessere oder nicht signifikant von Deutschland verschiedene Ergebnisse erzielt haben. Eine vollständige Darstellung der Ergebnisse aus TIMSS 2015 für alle teilnehmenden Staaten und Regionen ist dem Ergebnisbericht der internationalen Studienleitung zu entnehmen (Martin, Mullis, Foy & Hooper, 2016).

Im Unterschied zu den Tabellen und Abbildungen, in denen ausschließlich Ergebnisse nur aus TIMSS 2015 berichtet werden, wird bei allen Darstellungen, die Ergebnisse aus den drei Studienzyklen TIMSS 2007, 2011 und 2015 umfassen, auf die Angabe des internationalen Mittelwerts sowie des Mittelwerts der VG_{EU} und der VG_{OECD} verzichtet. Da es in den drei Studienzyklen unterschiedliche Teilnehmerstaaten und auch unterschiedliche Zusammensetzungen dieser Vergleichsgruppen gab, wären Veränderungen der Testergebnisse nur schwer zu interpretieren.

5.1 Kompetenzen im internationalen Vergleich

Im Folgenden werden die Ergebnisse für die Gesamtskala Naturwissenschaften im internationalen Vergleich dargestellt. Dabei wird zunächst auf Unterschiede im Niveau naturwissenschaftlicher Kompetenz zwischen den Staaten, auf die Streuung der Kompetenz innerhalb der Staaten sowie auf die Bedeutung curricular nicht valider Aufgaben für die Ergebnisse zum Niveau naturwissenschaftlicher Kompetenz im internationalen Vergleich eingegangen. Anschließend werden Ergebnisse zu Unterschieden im Niveau der naturwissenschaftlichen Kompetenz zwischen TIMSS 2007 und 2015 sowie Ergebnisse zu Unterschieden in der Streuung der Kompetenzwerte dargestellt.

Unterschiede im Niveau der naturwissenschaftlichen Kompetenz im internationalen Vergleich: In Abbildung 4.5 sind für die Kompetenz in den Naturwissenschaften die Mittelwerte (*M*) und Standardabweichungen (*SD*) mit ihren jeweiligen Standardfehlern (*SE*) für jeden Staat angegeben. Die Standardabweichung ist ein Maß der Streuung der Werte innerhalb eines Staates. Je größer sie ist, desto heterogener sind die Leistungen der Schülerinnen und Schüler. Die Standardfehler geben Auskunft über die Präzision der Mittelwerts- und Standardabweichungsschätzung. Beide Größen (*M* und *SD*) geben auf der Basis von repräsentativen Stichproben Auskunft über die Leistungen und deren Streuung in der Population. Je kleiner die Standardfehler, desto präziser diese Auskunft.

Zusätzlich zu den Mittelwerten einzelner Staaten sind die Mittelwerte für alle Teilnehmerstaaten (= Internationaler Mittelwert), für die OECD-Staaten (VG_{OECD}) und für die EU-Staaten (VG_{EU}) angegeben. Die Staaten sind entsprechend ihrem Abschneiden in TIMSS 2015 angeordnet.

Nationale Untersuchungspopulationen und -stichproben, die spezifische Besonderheiten aufweisen, sind durch die Formatierung der Bezeichnungen der Teilnehmerstaaten sowie die beigestellten Fußnoten gekennzeichnet (für eine ausführliche Erläuterung der Bedeutung der einzelnen Fußnoten siehe Kapitel 2 in diesem Band). Um eine internationale Vergleichbarkeit der Ergebnisse zu gewährleisten, ist die Einhaltung strenger methodischer Standards, die von der internationalen Studienleitung vorgegeben werden, grundlegend. Teilnehmerstaaten, die aus unterschiedlichen Gründen diese Vorgaben nicht eingehalten haben, sind in Abbildung 4.5 kursiv gesetzt. Dies trifft auf 15 der 47 Teilnehmer sowie auf 3 Benchmark-Teilnehmer zu. Für die anderen 30 Teilnehmerstaaten, unter anderem Deutschland, ist eine internationale Vergleichbarkeit der Ergebnisse uneingeschränkt gegeben. Auch für den Vergleich der Ergebnisse Deutschlands mit kursiv gesetzten Teilnehmerstaaten und Regionen ist unter Berücksichtigung der Tabellen im Anhang (*Besonderheiten der Stichproben*) zu prüfen, inwiefern ein differentes Abschneiden durch Unterschiede in den Teilnahmekonditionen bedingt sein könnte.

Wie man Abbildung 4.5 entnehmen kann, schneiden Schülerinnen und Schüler aus Singapur mit 590 Punkten beziehungsweise aus der Republik Korea (Südkorea) mit 589 Punkten im Mittel am besten ab. Mit deutlichem Abstand folgen Japan (569 Punkte) und die Russische Föderation (567 Punkte). Am schwächsten bei TIMSS 2015 mit Kompetenzwerten unter 400 Punkten schneiden Indonesien (397 Punkte), Saudi-Arabien (390 Punkte), Marokko (352 Punkte) und Kuwait (337 Punkte) ab.

In Deutschland erreichen die Schülerinnen und Schüler in den Naturwissenschaften einen Kompetenzwert von 528 Punkten und sind damit auf dem

Rangplatz 20 (von 47) zu finden. Damit liegen sie mit ihrer mittleren Kompetenz deutlich und signifikant über dem internationalen Mittelwert von 505 Punkten und sehr nah am Mittelwert der OECD-Staaten (527) und EU-Staaten (525). Der Abstand zu den Staaten mit dem höchsten naturwissenschaftlichen Kompetenzniveau ist mit 62 Punkten (Singapur) und 61 Punkten (Südkorea) beträchtlich.

Bei der Interpretation der Ergebnisse ist zu beachten, dass die Anordnung der Staaten nach Rangplätzen nicht notwendigerweise Schlüsse auf Unterschiede in der naturwissenschaftlichen Kompetenz auf Populationsebene zwischen den Staaten zulässt. Die gefundenen Unterschiede auf Stichprobenebene können Unterschiede darstellen, die nicht statistisch bedeutsam sind, das heißt, dass es zwischen den Gesamtpopulationen keine mittleren Leistungsdifferenzen gibt. In der schwarzen Umrandung von Abbildung 4.5 sind diejenigen Staaten zu finden, in denen sich das Niveau naturwissenschaftlicher Kompetenz der Schülerinnen und Schüler in den Kompetenzwerten statistisch nicht von Deutschland unterscheidet. Hierzu gehören Bulgarien, die Tschechische Republik, Kroatien, Irland, Litauen, Dänemark, Kanada, Serbien und Australien. Gleiches gilt auch für den Vergleich von Deutschland mit dem Mittelwert der beteiligten OECD-Staaten und EU-Staaten. Hier lassen sich keine statistisch bedeutsamen Unterschiede finden. Signifikant höhere Kompetenzwerte als Deutschland weisen allerdings die Staaten oberhalb der schwarzen Umrandung in Abbildung 4.5 auf. Dazu gehören neben den Spitzenreitern Singapur und der Republik Korea (Südkorea) noch Japan, die Russische Föderation, Hongkong, Taiwan, Finnland, Kasachstan, Polen, die USA, Slowenien, Ungarn, Schweden, Norwegen (5. Jgst.) und England.

Streuung der naturwissenschaftlichen Kompetenz im internationalen Vergleich: Neben der Frage, wie sich das Niveau der naturwissenschaftlichen Kompetenz in den teilnehmenden Staaten unterscheidet, ist auch interessant, wie unterschiedlich die naturwissenschaftlichen Kompetenzen von Schülerinnen und Schülern innerhalb eines Staates sind. Während für die Einschätzung des Niveaus der Mittelwert der naturwissenschaftlichen Kompetenz aller Schülerinnen und Schüler in einem Staat betrachtet wird, ist für die zweite Frage die Streuung relevant, die sich gut mit sogenannten Perzentilbändern visualisieren lässt. Aus diesem Grund sind in Abbildung 4.5 neben dem Mittelwert und der Standardabweichung für jeden Staat die Perzentilbänder für das 5., 25., 75. und 95. Perzentil angegeben. Der Kompetenzwert etwa, der dem 75. Perzentil entspricht, sagt aus, dass 75 Prozent der Schülerinnen und Schüler einen niedrigeren oder identischen Kompetenzwert und entsprechend 25 Prozent einen höheren Kompetenzwert erzielt haben.

Die Breite des Perzentilbandes vom 5. bis zum 95. Perzentil repräsentiert die Streuung der Kompetenzwerte, über die die 90 Prozent der Schülerinnen und Schüler verfügen, die nicht zu den jeweils 5 Prozent der Schülerinnen und Schüler mit den niedrigsten und höchsten Kompetenzwerten gehören. Die Breite des Perzentilbandes vom 25. bis zum 75. Perzentil gibt die Streuung der Kompetenzwerte an, über die die mittleren 50 Prozent der Schülerinnen und Schüler verfügen, die nicht zu den jeweils 25 Prozent der Schülerinnen und Schüler mit den niedrigsten und höchsten Kompetenzwerten gehören. Die Breite eines Perzentilbandes drückt somit aus, wie stark die Kompetenzwerte bei den mittleren 90 Prozent beziehungsweise den mittleren 50 Prozent der Schülerinnen und Schüler in einem Staat streuen (siehe Kapitel 2 in diesem Band). Damit erlauben die Perzentilbänder eine im Vergleich zur Angabe von Standardabweichungen differenziertere Betrachtung der Streuung der naturwis-

Abbildung 4.5: Testleistung der Schülerinnen und Schüler im internationalen Vergleich – Gesamtskala Naturwissenschaften

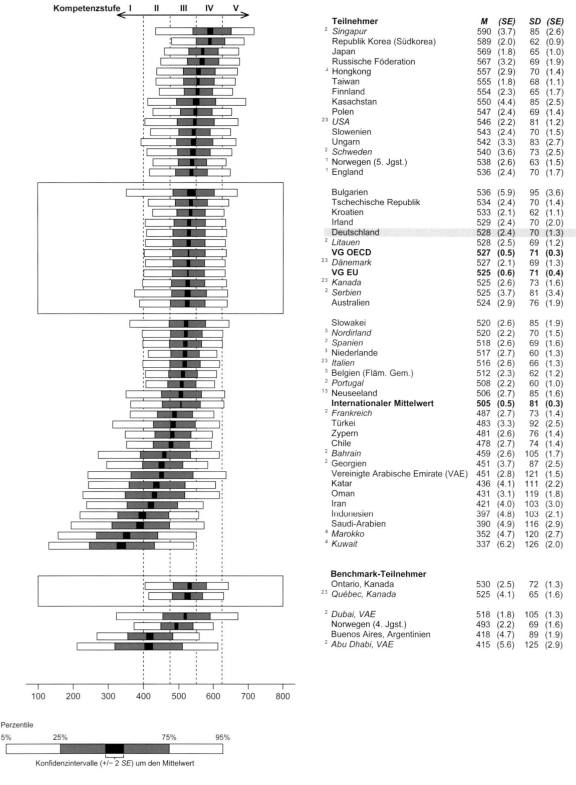

	Teilnehmer	M	(SE)	SD	(SE)
2	*Singapur*	590	(3.7)	85	(2.6)
	Republik Korea (Südkorea)	589	(2.0)	62	(0.9)
	Japan	569	(1.8)	65	(1.0)
	Russische Föderation	567	(3.2)	69	(1.9)
3	*Hongkong*	557	(2.9)	70	(1.4)
	Taiwan	555	(1.8)	68	(1.1)
	Finnland	554	(2.3)	65	(1.7)
	Kasachstan	550	(4.4)	85	(2.5)
	Polen	547	(2.4)	69	(1.4)
23	*USA*	546	(2.2)	81	(1.2)
	Slowenien	543	(2.4)	70	(1.5)
	Ungarn	542	(3.3)	83	(2.7)
2	*Schweden*	540	(3.6)	73	(2.5)
1	*Norwegen (5. Jgst.)*	538	(2.6)	63	(1.5)
1	*England*	536	(2.4)	70	(1.7)
	Bulgarien	536	(5.9)	95	(3.6)
	Tschechische Republik	534	(2.4)	70	(1.4)
	Kroatien	533	(2.1)	62	(1.1)
	Irland	529	(2.4)	70	(2.0)
	Deutschland	528	(2.4)	70	(1.3)
2	*Litauen*	528	(2.5)	69	(1.2)
	VG OECD	**527**	**(0.5)**	**71**	**(0.3)**
23	*Dänemark*	527	(2.1)	69	(1.3)
	VG EU	**525**	**(0.6)**	**71**	**(0.4)**
23	*Kanada*	525	(2.6)	73	(1.6)
2	*Serbien*	525	(3.7)	81	(3.4)
	Australien	524	(2.9)	76	(1.9)
	Slowakei	520	(2.6)	85	(1.9)
3	*Nordirland*	520	(2.2)	70	(1.5)
2	*Spanien*	518	(2.6)	69	(1.6)
3	*Niederlande*	517	(2.7)	60	(1.3)
23	*Italien*	516	(2.6)	66	(1.3)
3	*Belgien (Fläm. Gem.)*	512	(2.3)	62	(1.2)
2	*Portugal*	508	(2.2)	60	(1.0)
13	*Neuseeland*	506	(2.7)	85	(1.6)
	Internationaler Mittelwert	**505**	**(0.5)**	**81**	**(0.3)**
2	*Frankreich*	487	(2.7)	73	(1.4)
	Türkei	483	(3.3)	92	(2.5)
	Zypern	481	(2.6)	76	(1.4)
	Chile	478	(2.7)	74	(1.4)
2	*Bahrain*	459	(2.6)	105	(1.7)
2	*Georgien*	451	(3.7)	87	(2.5)
	Vereinigte Arabische Emirate (VAE)	451	(2.8)	121	(1.5)
	Katar	436	(4.1)	111	(2.2)
	Oman	431	(3.1)	119	(1.8)
	Iran	421	(4.0)	103	(3.0)
	Indonesien	397	(4.8)	103	(2.1)
	Saudi-Arabien	390	(4.9)	116	(2.9)
4	*Marokko*	352	(4.7)	120	(2.7)
4	*Kuwait*	337	(6.2)	126	(2.0)
	Benchmark-Teilnehmer				
	Ontario, Kanada	530	(2.5)	72	(1.3)
23	*Québec, Kanada*	525	(4.1)	65	(1.6)
2	*Dubai, VAE*	518	(1.8)	105	(1.3)
	Norwegen (4. Jgst.)	493	(2.2)	69	(1.6)
	Buenos Aires, Argentinien	418	(4.7)	89	(1.9)
2	*Abu Dhabi, VAE*	415	(5.6)	125	(2.9)

Perzentile

5%   25%   75%   95%

Konfidenzintervalle (+/− 2 *SE*) um den Mittelwert

☐ Nicht statistisch signifikant vom deutschen Mittelwert abweichende Staaten (*p* > .05).
Kursiv gesetzt sind die Teilnehmer, für die von einer eingeschränkten Vergleichbarkeit der Ergebnisse ausgegangen werden muss.
1 = Die nationale Zielpopulation entspricht nicht oder nicht ausschließlich der vierten Jahrgangsstufe.
2 = Der Ausschöpfungsgrad und/oder die Ausschlüsse von der nationalen Zielpopulation erfüllen nicht die internationalen Vorgaben.
3 = Die Teilnahmequoten auf Schul- und/oder Schülerebene erreichen nicht die internationalen Vorgaben.
4 = Sehr hoher Anteil an Schülerinnen und Schülern mit nicht skalierbaren Leistungswerten.

IEA: Trends in International Mathematics and Science Study   © TIMSS 2015

senschaftlichen Kompetenz. Auf der linken Seite von Abbildung 4.5 sind die Perzentilbänder graphisch dargestellt. Die genauen Werte für das 5., 25., 75. und 95. Perzentil können dem rechten Teil von Tabelle 4.10 entnommen werden.

Die Ergebnisse zeigen, dass es sehr große Unterschiede in der Streuung der naturwissenschaftlichen Kompetenz zwischen den Staaten gibt. Am geringsten ist die Streuung der naturwissenschaftlichen Kompetenz in den Niederlanden und in Portugal ausgeprägt. Hier beträgt der Unterschied zwischen dem 5. und dem 95. Perzentil 197 Punkte. Auch in Belgien (Fläm. Gem.) und Kroatien ist die Streuung mit 204 Punkten gering. Die größten Streuungen der Kompetenzwerte finden sich in Staaten mit einem sehr niedrigen Niveau naturwissenschaftlicher Kompetenz. In Kuwait, den Vereinigten Arabischen Emiraten und Marokko betragen die Kompetenzunterschiede zwischen dem 5. und dem 95. Perzentil beispielsweise mehr als 390 Punkte. In Singapur und der Republik Korea, den beiden Ländern auf den höchsten Rangplätzen, zeigt sich für die Republik Korea (Südkorea) eine eher geringe Streuung (208 Punkte), während die Streuung für Singapur mit 282 Punkten deutlich größer ist.

In Deutschland ist die Streuung der Kompetenzen vergleichsweise gering ausgeprägt. Die fünf Prozent leistungsschwächsten Schülerinnen und Schülern weisen maximal einen Kompetenzwert von 409 Punkten auf, die fünf Prozent leistungsstärksten Schülerinnen und Schüler hingegen einen Wert von minimal 638 Punkten. Der Unterschied beträgt somit 229 Punkte. Im Vergleich zu Deutschland ist die Streuung der Kompetenzwerte nur in Portugal, den Niederlanden, Kroatien, Belgien (Fläm. Gem.) und der Republik Korea (Südkorea) signifikant kleiner. Ähnliche Streuungen in der naturwissenschaftlichen Kompetenz wie in Deutschland lassen sich auch in vielen anderen OECD- und EU-Staaten finden.

Die Leistungsstreuung lässt sich auch anhand der Standardabweichung *(SD)* der Testwerte in den teilnehmenden Staaten und Regionen beschreiben. In Deutschland liegt die Standardabweichung bei 70 Punkten. Dies bedeutet, dass circa zwei Drittel der Schülerinnen und Schüler Leistungen erzielen, die zwischen 458 (528–70) und 598 (528+70) liegen. Die Standardabweichung in Deutschland entspricht der Standardabweichung der EU- und OECD-Vergleichsgruppen.

Leistungsstärkste und leistungsschwächste Gruppen: Neben der Streuung ist auch die Frage relevant, welche Kompetenzwerte die leistungsstärksten fünf Prozent und die leistungsschwächsten fünf Prozent der Schülerinnen und Schüler eines Staates erreichen. Die genauen Werte für eine Auswahl der Teilnehmerstaaten finden sich in Tabelle 4.10, statistisch signifikante Unterschiede zu Punktwerten in den Perzentilen im Vergleich zu Deutschland sind fett markiert. In Deutschland erzielen in TIMSS 2015 die fünf Prozent leistungsschwächsten Kinder Kompetenzwerte von höchstens 409 Punkten. Ähnliche Punktwerte in dieser Gruppe von Schülerinnen und Schülern finden sich unter anderem in Schweden, England und der Tschechischen Republik. In sieben Teilnehmerstaaten (Singapur, Republik Korea (Südkorea), Japan, die Russische Föderation, Hongkong, Taiwan und Finnland) erreichen die leistungsschwächsten Grundschülerinnen und -schüler signifikant höhere Kompetenzwerte im Vergleich zu Deutschland. Der minimale mittlere Kompetenzwert der fünf Prozent leistungsstärksten Schülerinnen und Schüler in Deutschland (638) ist im Vergleich zu den Punktwerten der leistungsstärksten Schülerinnen und Schüler aus Singapur, der Republik Korea (Südkorea), Kasachstan, Japan, die Russische Föderation, Hongkong, Taiwan, den USA, Polen, Slowenien, Ungarn und Schweden signifikant niedriger. Ähnliche Punktwerte im 95. Perzentil erzielen zum Beispiel Schülerinnen und Schüler aus Dänemark, Australien oder der Tschechischen Republik, während unter anderem die Niederlande und Italien signifikant niedrigere Werte erzielen.

Zusammenfassend lässt sich festhalten, dass die Schülerinnen und Schüler in Deutschland am Ende ihrer Grundschulzeit mit einem naturwissenschaftlichen Kompetenzniveau von 528 Punkten auf Rangplatz 20 der 47 Teilnehmer zu finden sind. Deutschland liegt damit im OECD- und im EU-Durchschnitt. Die Kompetenzunterschiede zwischen den leistungsstärksten und den leistungsschwächsten Schülerinnen und Schülern sind in Deutschland vergleichsweise klein.

Zur Bedeutung der curricular nicht validen Aufgaben für die Ergebnisse: Bei den Analysen zur curricularen Validität der in TIMSS 2015 eingesetzten Testaufgaben im Bereich Naturwissenschaften (siehe Abschnitt 4.2) hatte sich gezeigt, dass zehn Prozent der Aufgaben als curricular nicht valide eingeschätzt wurden. Bei diesen Aufgaben ist davon auszugehen, dass sie Inhalte thematisieren, die nicht oder zumindest nicht in allen Lehrplänen zum Sachunterricht in Deutschland vorgesehen sind. Um zu prüfen, ob diese Tatsache einen Einfluss auf die Ergebnisse zum Niveau naturwissenschaftlicher Kompetenz im internationalen Vergleich hat, wurden in einer zusätzlichen Analyse die nicht curricular validen Aufgaben ausgeschlossen (ohne Abbildung).

Es zeigt sich, dass sich unter ausschließlicher Berücksichtigung der als curricular valide gewerteten Aufgaben die für Deutschland ermittelten Ergebnisse nur geringfügig von denen unterscheiden, die sich unter Berücksichtigung des gesamten Aufgabenpools ergeben. Ein Verzicht auf die curricular nicht validen Items erhöht den Mittelwert von Deutschland um drei Punkte (530 Punkte, *SE* 2.4). Unter Berücksichtigung aller Aufgaben liegt Deutschland auf dem Rangplatz 21 (von 37), unter Berücksichtigung der ausschließlich curricular validen Aufgaben auf Rangplatz 18. Auch in den anderen Staaten zeigen sich nur geringe Rangplatzunterschiede (0–3 Plätze). Lediglich der Rangplatz der Tschechischen Republik verschiebt sich um 12 Plätze nach unten.

Insgesamt betrachtet scheint somit die Tatsache, dass 10 Prozent der Testaufgaben für Deutschland als curricular nicht valide eingeschätzt wurden nur einen geringen Einfluss auf die Ergebnisse Deutschlands im internationalen Vergleich zu haben.

Unterschiede in der naturwissenschaftlichen Kompetenz zwischen TIMSS 2007, 2011 und 2015: Da Deutschland 2015 zum dritten Mal an der TIMSS-Grundschuluntersuchung teilgenommen hat, können Unterschiede in der naturwissenschaftlichen Kompetenz von Kindern im Vergleich zu den beiden vorherigen Erhebungen dargestellt werden. In Abbildung 4.6 sind die nationalen Mittelwerte und die zugehörigen Standardfehler der naturwissenschaftlichen Kompetenz bei TIMSS 2007, 2011 und 2015 für die Staaten gegenübergestellt, die an den drei Studienzyklen teilgenommen haben (Ausnahme siehe Fußnote in der Abbildung). Außerdem ist für jeden dieser Staaten die Differenz der jeweiligen Mittelwerte zwischen den drei Studienzyklen mit dem dazugehörigen Standardfehler dargestellt.

Während sich das Niveau der naturwissenschaftlichen Kompetenz in einigen Staaten zwischen TIMSS 2007 und 2015 deutlich unterscheidet, sind die Unterschiede in anderen Staaten gar nicht vorhanden oder deutlich geringer. Neun Staaten erzielten in TIMSS 2015 ein signifikant höheres Niveau in der naturwissenschaftlichen Kompetenz als bei TIMSS 2007 (Georgien, Slowenien, Japan, die Russische Föderation, die Tschechische Republik, Litauen, Schweden, Dänemark und die Vereinigten Staaten von Amerika). Bei diesen sind die Differenzbalken im rechten Teil der Abbildung 4.6 grün markiert. In einer zweiten Gruppe von Staaten, zu denen auch Deutschland gehört, finden sich keine signifikanten Unterschiede im Kompetenzniveau zwischen TIMSS 2007 und 2015. Das mittlere Niveau der naturwissenschaftlichen Kompetenz in Deutschland entspricht im Jahr 2015 mit 528 Punkten genau dem Niveau in den Jahren 2007 und 2011. Zu dieser Gruppe gehören außerdem Ungarn, Singapur, Hongkong, Neuseeland, Taiwan, Australien, die Slowakei, England und die Niederlande. In zwei Staaten, dem Iran und Italien, ist das naturwissenschaftliche Kompetenzniveau im Jahr 2015 niedriger als in 2007.

Ein Blick auf die Teilnehmerstaaten, die in TIMSS 2007 ein ähnliches Kompetenzniveau aufwiesen wie Deutschland, zeigt für TIMSS 2015 folgendes Bild: Australien hat nach wie vor ein zu Deutschland vergleichbares Kompetenzniveau, Italien, die Slowakei und die Niederlande schneiden signifikant schlechter ab als Deutschland, während Schweden und Kasachstan besser abschneiden.

Unterschiede in der Streuung der Kompetenzwerte zwischen TIMSS 2007, 2011 und 2015: In Tabelle 4.10 ist die Streuung der Kompetenzwerte in TIMSS 2007, 2011 und 2015 dargestellt. So können Unterschiede in der Streuung der Kompetenzwerte zwischen den Studienzyklen beschrieben werden. Dargestellt sind das 5., 25., 75. und das 95. Perzentil für Staaten, die sowohl in den Jahren 2007, 2011 und 2015 an TIMSS teilgenommen haben.

Für Deutschland zeigen die Ergebnisse, dass die Streuung der naturwissenschaftlichen Kompetenz der Schülerinnen und Schüler in TIMSS 2015 in etwa so stark ausgeprägt ist wie bei TIMSS 2011 und 2007. Betrachtet man das 5. Perzentil, also den Kompetenzwert, den die 5 Prozent leistungsschwächsten Schülerinnen und Schüler maximal erreichen, so liegt dieser Wert in TIMSS 2015 bei 409 Punkten, 2011 bei 406 Punkten und 2007 bei 393 Punkten. Diese geringen deskriptiven Unterschiede sind statistisch nicht signifikant. Auch die Werte für das 95. Perzentil unterscheiden sich zwischen 2015 (638 Punkte), 2011 (636 Punkte) und 2007 (647 Punkte) nicht statistisch signifikant. Dementsprechend ist die Streuung der Kompetenzwerte, über die die mittleren 90 Prozent der Schülerinnen und Schüler verfügen, zwischen allen drei Studienzyklen sehr ähnlich. So beträgt in TIMSS 2015 der Abstand zwischen dem 5. und dem 95. Perzentil 229 Punkte, was fast dem Wert in TIMSS 2011 entspricht (230 Punkte). Im Vergleich zu TIMSS 2007 ist allerdings eine geringfügig zunehmende Homogenisierung der Kompetenzen der Schülerinnen und Schüler zu beobachten. Betrachtet man die anderen Teilnehmerstaaten, zeigt sich, dass es zwischen TIMSS 2007 und 2015 in weiteren sechs Staaten keine signifikanten Veränderungen auf allen vier Perzentilen gegeben hat. In der Mehrzahl der statistisch bedeutsamen Veränderungen sind es Steigerungen der Punktwerte in den Perzentilen, zum Beispiel in Japan, der Russischen Föderation oder Slowenien.

Zusammenfassend zeigt sich, dass sich in Deutschland das Niveau naturwissenschaftlicher Kompetenz im Vergleich zu TIMSS 2011 und 2007 nicht geän-

Abbildung 4.6: Vergleich der Testleistungen zwischen TIMSS 2007, 2011 und 2015 – Gesamtskala Naturwissenschaften

Teilnehmer[A]	2007[B] M_{07} (SE)	2011[B] M_{11} (SE)	2015 M_{15} (SE)	Veränderungen[C] M_{11}-M_{07} (SE)	M_{15}-M_{11} (SE)	M_{15}-M_{07} (SE)
Georgien	418 (4.6)	455 (3.8)	451 (3.7)	37 (6.0)+	-4 (5.4)	34 (5.9)+
Slowenien	518 (1.9)	520 (2.7)	543 (2.4)	2 (3.3)	22 (3.6)+	24 (3.1)+
Japan	548 (2.1)	559 (1.9)	569 (1.8)	11 (2.8)+	10 (2.6)+	21 (2.7)+
Russische Föderation	546 (4.8)	552 (3.5)	567 (3.2)	6 (5.9)	15 (4.7)+	21 (5.7)+
Tschechische Republik	515 (3.1)	536 (2.5)	534 (2.4)	21 (4.0)+	-2 (3.4)	19 (3.9)+
Litauen	514 (2.4)	515 (2.4)	530 (2.7)	0 (3.4)	15 (3.6)+	16 (3.6)+
Schweden	525 (2.9)	533 (2.7)	540 (3.6)	9 (3.9)+	7 (4.5)	15 (4.6)+
Dänemark	517 (2.9)	528 (2.8)	527 (2.1)	11 (4.0)+	-1 (3.5)	10 (3.5)+
USA	539 (2.7)	544 (2.1)	546 (2.2)	5 (3.4)	2 (3.0)	7 (3.5)+
Ungarn	536 (3.3)	534 (3.7)	542 (3.3)	-2 (5.0)	8 (5.0)	6 (4.7)
Singapur	587 (4.1)	583 (3.4)	590 (3.7)	-3 (5.3)	7 (5.1)	4 (5.5)
Hongkong	554 (3.5)	535 (3.8)	557 (2.9)	-19 (5.2)-	22 (4.8)+	2 (4.6)
Neuseeland	504 (2.6)	497 (2.3)	506 (2.7)	-7 (3.5)-	9 (3.5)+	1 (3.7)
Deutschland	528 (2.4)	528 (2.9)	528 (2.4)	0 (3.7)	1 (3.7)	1 (3.4)
Taiwan	557 (2.0)	552 (2.2)	555 (1.8)	-5 (3.0)	4 (2.8)	-1 (2.7)
Australien	527 (3.3)	516 (2.8)	524 (2.9)	-12 (4.4)-	8 (4.0)+	-4 (4.4)
Slowakei	526 (4.8)	532 (3.8)	520 (2.6)	6 (6.1)	-11 (4.6)-	-5 (5.4)
England	542 (2.9)	529 (2.9)	536 (2.4)	-13 (4.1)-	7 (3.8)	-6 (3.7)
Niederlande	523 (2.6)	531 (2.2)	517 (2.7)	8 (3.4)+	-14 (3.5)-	-6 (3.7)
Iran	436 (4.3)	453 (3.7)	421 (4.0)	17 (5.7)+	-32 (5.5)-	-15 (5.9)-
Italien	535 (3.2)	524 (2.7)	516 (2.6)	-11 (4.2)-	-7 (3.8)	-19 (4.1)-
Benchmark-Teilnehmer						
Dubai, VAE	460 (2.8)	461 (2.3)	518 (1.8)	2 (3.6)	57 (2.9)+	58 (3.3)+
Norwegen (4. Jgst.)	477 (3.5)	494 (2.3)	493 (2.2)	17 (4.2)+	-1 (3.2)	16 (4.1)+
Québec, Kanada	517 (2.7)	516 (2.7)	525 (4.1)	-1 (3.8)	8 (4.9)	7 (4.9)
Ontario, Kanada	536 (3.7)	528 (3.0)	530 (2.5)	-8 (4.8)	3 (3.9)	-5 (4.5)

Leistungen besser in TIMSS 2007 / TIMSS 2015

-50 -40 -30 -20 -10 0 10 20 30 40 50 60

⬚ Kein statistisch signifikanter Unterschied zum Differenzwert von Deutschland ($p > .05$).
■ Statistisch signifikante Veränderungen zwischen 2007 und 2015 ($p < .05$).
+ = Mittelwert für 2011 statistisch signifikant höher als für 2007 bzw. für 2015 statistisch signifikant höher als für 2011 und/oder 2007 ($p < .05$).
- = Mittelwert für 2011 statistisch signifikant niedriger als für 2007 bzw. für 2015 statistisch signifikant niedriger als für 2011 und/oder 2007 ($p < .05$).
Kursiv gesetzt sind die Teilnehmer, für die von einer eingeschränkten Vergleichbarkeit der Ergebnisse zwischen den Studienzyklen ausgegangen werden muss.
1 = Die nationale Zielpopulation entspricht nicht oder nicht ausschließlich der vierten Jahrgangsstufe.
2 = Der Ausschöpfungsgrad und/oder die Ausschlüsse von der nationalen Zielpopulation erfüllen nicht die internationalen Vorgaben.
3 = Die Teilnahmequoten auf Schul- und/oder Schülerebene erreichen nicht die internationalen Vorgaben.
6 = Abweichender Testzeitpunkt (in Dubai, VAE erfolgte die Testung zeitlich verzögert).
8 = Eingeschränkte Vergleichbarkeit aufgrund veränderter Teilnahmebedingungen zwischen 2007, 2011 und 2015.
A = Die Ergebnisse von Kasachstan, Katar, Kuwait und Marokko werden aufgrund der nicht gegebenen Vergleichbarkeit zwischen den Studienzyklen 2007, 2011 und 2015 nicht berichtet.
B = Abweichungen in den berichteten Standardfehlern zur internationalen Berichterstattung sind in einem differenten Berechnungsverfahren begründet.
C = Inkonsistenzen in den berichteten Differenzen sind im Rundungsverfahren begründet.

IEA: Trends in International Mathematics and Science Study © TIMSS 2015

dert hat und dass die Streuung der Kompetenzen der Schülerinnen und Schüler in allen drei Studienjahren ähnlich ausgeprägt ist.

5.2 Kompetenzstufen

In der TIMSS-Rahmenkonzeption werden fünf Stufen naturwissenschaftlicher Kompetenz unterschieden, die im Abschnitt 4.3 beschrieben wurden. Mit Hilfe der Kompetenzstufen können die Leistungen der Schülerinnen und Schüler inhaltlich beschrieben werden. Zudem lässt sich analysieren, wie viele Schülerinnen und Schüler eines jeden Landes unterschiedlich hohe Leistungs-anforderungen bewältigen, wie groß also zum Beispiel die Gruppe von Schüle-rinnen und Schülern in einem Staat ist, die eine hohe naturwissenschaftliche Kompetenz aufweist (Kompetenzstufen IV und V), und wie groß die Gruppe ist, die nur über eine niedrige naturwissenschaftliche Kompetenz verfügt, die es den Schülerinnen und Schülern lediglich in Ansätzen erlaubt, dieses Wissen produktiv einzusetzen (Kompetenzstufen II). Bildungspolitisches Ziel ist es, möglichst allen Schülerinnen und Schülern diese grundlegenden Kompetenzen zu vermitteln und gleichzeitig möglichst viele Schülerinnen und Schüler mit höheren Kompetenzen

Tabelle 4.10: Testleistungen nach Perzentilen im Vergleich: TIMSS 2007, 2011 und 2015 – Gesamtskala Naturwissenschaften

Teilnehmer[A]	TIMSS 2007 Perzentile								TIMSS 2011 Perzentile								TIMSS 2015 Perzentile							
	5	(SE)	25	(SE)	75	(SE)	95	(SE)	5	(SE)	25	(SE)	75	(SE)	95	(SE)	5	(SE)	25	(SE)	75	(SE)	95	(SE)
Singapur[8]	418	(7.0)	531	(6.0)	652	(6.0)	727	(3.9)	427	(6.7)	531	(5.8)	644	(4.1)	713	(4.0)	**434**	(7.1)	**540**	(5.2)	**650**	(3.5)	**716**	(4.9)
Japan	428 +	(7.0)	505 +	(3.1)	595 +	(1.4)	655 +	(3.2)	449	(4.1)	519 +	(2.6)	601 +	(1.9)	658 +	(2.8)	**459**	(3.9)	**528**	(2.4)	**613**	(1.9)	**671**	(4.2)
Russische Föderation	407 +	(7.6)	495 +	(6.6)	601 +	(4.2)	672	(8.8)	430 +	(5.2)	505 +	(3.6)	603 +	(2.9)	667	(4.8)	**449**	(6.8)	**524**	(3.6)	**615**	(3.4)	**674**	(2.8)
Hongkong[8]	437	(4.6)	511	(3.7)	601	(3.6)	659	(4.2)	406	(16.3)	493 +	(3.3)	585 +	(2.7)	644 +	(5.1)	**437**	(5.7)	**512**	(4.0)	**604**	(3.6)	**668**	(4.5)
Taiwan	423	(6.5)	508	(2.0)	609 −	(2.4)	679 −	(3.0)	420	(6.5)	506	(4.3)	603	(2.6)	664	(4.2)	**435**	(5.5)	**513**	(2.3)	**602**	(2.4)	**661**	(4.1)
USA	392	(4.9)	484 +	(3.2)	597	(3.4)	668	(3.2)	406	(3.9)	494	(2.4)	599	(2.5)	666	(2.3)	**404**	(5.7)	**499**	(3.2)	**602**	(2.1)	**669**	(3.4)
Slowenien	383 +	(6.2)	471 +	(3.7)	571 +	(2.8)	634 +	(2.7)	388 +	(4.9)	474 +	(2.8)	572 +	(4.2)	636 +	(4.1)	**420**	(5.7)	**493**	(3.4)	**591**	(2.4)	**648**	(3.3)
Ungarn	383	(9.4)	485	(3.8)	595	(3.4)	661	(4.7)	377	(8.7)	484	(6.4)	594	(4.0)	662	(4.2)	**393**	(10.2)	**493**	(5.6)	**598**	(2.6)	**663**	(3.6)
Schweden	400	(3.3)	478 +	(4.0)	575 +	(3.0)	642	(4.0)	403	(6.2)	486	(3.1)	586	(2.6)	648	(4.2)	**410**	(8.7)	**496**	(4.9)	**591**	(3.4)	**652**	(4.4)
England[8]	403	(6.4)	491	(6.0)	596 −	(6.3)	666 −	(6.3)	384 +	(6.3)	476 +	(5.1)	586	(3.5)	653	(3.0)	**417**	(5.1)	**490**	(3.2)	**583**	(3.0)	**648**	(4.0)
Tschechische Republik	386 +	(8.9)	467 +	(4.4)	567 +	(3.8)	635	(4.3)	412	(9.3)	491	(2.3)	586	(3.8)	648	(3.8)	**414**	(6.1)	**490**	(3.5)	**583**	(2.7)	**644**	(3.4)
Deutschland	393	(7.6)	479	(4.2)	582	(1.6)	647	(6.0)	406	(7.1)	482	(3.6)	577	(2.8)	636	(4.9)	409	(5.3)	483	(3.0)	577	(2.6)	638	(3.6)
Litauen[8]	401	(5.2)	473 +	(2.8)	559 +	(3.2)	615 +	(4.2)	397	(6.0)	471 +	(2.9)	561 +	(2.0)	620 +	(5.0)	**406**	(5.4)	**483**	(3.9)	**576**	(3.0)	**634**	(3.9)
Dänemark[8]	383 +	(6.5)	468 +	(2.6)	570	(5.1)	636	(4.7)	401	(7.0)	483	(3.7)	578	(3.1)	640	(4.3)	**406**	(4.8)	**483**	(3.3)	**575**	(2.7)	**633**	(3.1)
Australien	384	(9.0)	478	(4.4)	583	(2.6)	651	(4.8)	371	(9.0)	466	(4.3)	571	(3.0)	638	(5.3)	**389**	(7.5)	**476**	(3.8)	**576**	(3.1)	**640**	(4.8)
Slowakei	376	(13.9)	476	(4.7)	584	(2.8)	652	(6.9)	390	(13.9)	486	(4.3)	586	(2.7)	648	(5.4)	**362**	(7.3)	**473**	(4.4)	**578**	(3.2)	**645**	(3.6)
Niederlande	421	(6.3)	484	(3.6)	565	(3.9)	617	(5.0)	439 −	(8.2)	497 −	(2.2)	568 −	(1.8)	613 −	(2.2)	**414**	(5.6)	**477**	(2.8)	**559**	(2.8)	**610**	(4.1)
Italien[8]	395	(5.0)	484	(5.2)	590 −	(2.9)	664 −	(4.4)	397	(8.3)	477	(3.4)	573 −	(3.1)	641 −	(3.3)	**399**	(5.5)	**474**	(4.4)	**562**	(2.5)	**618**	(2.8)
Neuseeland[8]	344	(4.9)	447	(3.7)	568 +	(2.9)	643 −	(2.6)	345	(6.9)	442	(3.2)	558 +	(2.3)	626 +	(2.8)	**351**	(6.6)	**451**	(4.4)	**566**	(2.4)	**633**	(3.5)
Georgien[8]	273 −	(8.6)	361 +	(5.2)	477 +	(4.4)	552 +	(7.9)	299	(6.5)	401	(7.2)	516	(3.7)	585	(2.9)	**296**	(9.4)	**397**	(5.1)	**511**	(3.6)	**584**	(7.2)
Iran	267 −	(7.1)	371	(6.5)	506	(5.3)	587 −	(3.3)	274 −	(6.7)	390 −	(5.6)	523 −	(3.7)	604 −	(6.0)	**238**	(10.9)	**354**	(7.5)	**496**	(4.1)	**571**	(4.3)
Benchmark-Teilnehmer																								
Ontario, Kanada	396	(8.1)	487	(3.0)	590	(4.7)	657 −	(5.2)	393	(5.8)	479	(3.3)	581	(3.7)	646	(3.3)	405	(4.9)	484	(2.8)	580	(2.8)	643	(3.7)
Québec, Kanada[8]	405	(6.8)	474	(3.6)	563	(3.4)	623	(9.2)	417	(6.2)	478	(3.5)	556	(4.6)	611 +	(3.2)	415	(6.8)	481	(4.7)	569	(5.1)	629	(4.7)
Dubai, VAE[8]	267 +	(7.6)	390 +	(5.2)	537 +	(3.3)	620 +	(3.3)	260 +	(5.7)	386	(3.4)	544 +	(2.9)	631 +	(2.9)	**324**	(4.7)	**455**	(3.6)	**591**	(2.2)	**670**	(2.5)
Norwegen (4. Jgst.)[8]	343 +	(8.8)	429 +	(4.0)	530 +	(3.3)	593	(5.2)	383	(6.1)	453	(2.4)	538	(3.7)	593	(3.7)	**373**	(6.4)	**449**	(3.1)	**540**	(2.3)	**600**	(3.3)

Kursiv gesetzt sind die Teilnehmer, für die von einer eingeschränkten Vergleichbarkeit der Ergebnisse zwischen den Studienzyklen ausgegangen werden muss.
1 = Die nationale Zielpopulation entspricht nicht oder nicht ausschließlich der vierten Jahrgangsstufe.
2 = Der Ausschöpfungsgrad und/oder die Ausschlüsse von der nationalen Zielpopulation erfüllen nicht die internationalen Vorgaben.
3 = Die Teilnahmequoten auf Schul- und/oder Schülerebene erreichen nicht die internationalen Vorgaben.
6 = Abweichender Testzeitpunkt (in Dubai, VAE erfolgte die Testung zeitlich verzögert).
8 = Eingeschränkte Vergleichbarkeit aufgrund veränderter Teilnahmebedingungen zwischen 2007, 2011 und 2015.
A = Die Ergebnisse von Kasachstan, Katar, Kuwait und Marokko werden aufgrund der nicht gegebenen Vergleichbarkeit zwischen den Studienzyklen 2007, 2011 und 2015 nicht berichtet.
+ = Mittelwert in 2015 signifikant höher als 2007 bzw. 2011 (p < .05).
− = Mittelwert in 2015 signifikant niedriger als 2007 bzw. 2011 (p < .05).
Fett markiert sind statistisch signifikante Unterschiede zu Punktwerten in den Perzentilen im Vergleich zu Deutschland.

IEA: Trends in International Mathematics and Science Study

© TIMSS 2015

auszustatten. In diesem Abschnitt werden zunächst die Anteile der Schülerinnen und Schüler auf den fünf Kompetenzstufen im internationalen Vergleich berichtet. Anschließend werden Unterschiede in den Anteilen der Schülerinnen und Schüler auf den Kompetenzstufen zwischen TIMSS 2007, 2011 und 2015 dargestellt.

Verteilung der Schülerinnen und Schüler auf die fünf Stufen naturwissenschaftlicher Kompetenz im internationalen Vergleich: Abbildung 4.7 zeigt die Verteilung der Schülerinnen und Schüler auf die fünf Kompetenzstufen für alle teilnehmenden Staaten. Die Kompetenzen, die auf den einzelnen Stufen erforderlich sind, bauen aufeinander auf. Schülerinnen und Schüler der Kompetenzstufe IV weisen entsprechend auch die Kompetenzen der Stufen I bis III auf. Entsprechend sind auf der rechten Seite der Abbildung 4.7 die kumulierten prozentualen Anteile der Kompetenzstufen dargestellt. Die Staaten sind entsprechend ihrem Mittelwert der naturwissenschaftlichen Kompetenz in einer Rangreihe angeordnet.

Im internationalen Durchschnitt erreichen 8 Prozent der Schülerinnen und Schüler die höchste Kompetenzstufe. In Singapur und der Republik Korea (Südkorea), die beiden Länder auf den höchsten Rangplätzen, liegt der Anteil der Schülerinnen und Schüler, die der Kompetenzstufe V zugeordnet wurden, mit 37 beziehungsweise 29 Prozent deutlich höher. Beide Länder liegen damit deutlich vor der Russischen Föderation, wo 20 Prozent der Schülerinnen und Schüler die Kompetenzstufe V erreichen. Betrachtet man die unteren Kompetenzstufen, fällt bei den Ergebnissen der Republik Korea (Südkorea) auf, dass sich hier im Vergleich zu den anderen Staaten der geringste Anteil von Schülerinnen und Schülern auf den unteren Kompetenzstufen I und II befindet (4 %).

In Deutschland befinden sich 8 Prozent der Schülerinnen und Schüler auf Kompetenzstufe V. Diese Schülerinnen und Schüler sind in der Lage, ihre Kenntnisse über naturwissenschaftliche Prozesse und Zusammenhänge anzuwenden und zu begründen, sie interpretieren zum Beispiel einfache naturwissenschaftliche Experimente und ziehen Schlussfolgerungen daraus. Diese Gruppe von Schülerinnen und Schülern verfügt somit über ausgezeichnete Voraussetzungen für eine weiterführende Beschäftigung mit den Naturwissenschaften. Die Kompetenzstufe IV wird von 32 Prozent der Schülerinnen und Schüler erreicht. Diese Schülerinnen und Schüler verfügen über naturwissenschaftliche Konzepte, mit denen sie Alltagsphänomene und Sachverhalte beschreiben können. Auch sie weisen ein Wissen auf, welches zu einer erfolgreichen Teilnahme an weiterführendem naturwissenschaftlichem Unterricht beitragen kann. Am anderen Ende des Leistungsspektrums sind dagegen die Schülerinnen und Schüler mit ungünstigen Voraussetzungen für den naturwissenschaftlichen Unterricht der weiterführenden Schulen. So befinden sich 18 Prozent der Schülerinnen und Schüler auf der Kompetenzstufe II und 4 Prozent auf der Kompetenzstufe I. Schülerinnen und Schüler der Kompetenzstufe II erreichen lediglich ein elementares Basiswissen und können allenfalls einfaches Faktenwissen abrufen. Besonders kritisch sind die 4 Prozent der Schülerinnen und Schüler einzuschätzen, die am Ende ihrer Grundschulzeit nicht in der Lage sind, einfache Aufgaben zu elementarem naturwissenschaftlichem Faktenwissen sicher zu lösen. Die Anteile der Schülerinnen und Schüler auf den einzelnen Kompetenzstufen liegen in Deutschland in etwa in der Größenordnung der Anteile im OECD- und im EU-Durchschnitt.

Abbildung 4.7: Prozentuale Verteilung der Schülerinnen und Schüler auf die fünf Kompetenzstufen (Naturwissenschaften) im internationalen Vergleich

Teilnehmer	Anteil (%) derer, die mindestens folgende Kompetenzstufe erreichen			
	II %(SE)	III %(SE)	IV %(SE)	V %(SE)
[2] Singapur	97.5 (0.5)	90.2 (1.1)	71.5 (1.8)	36.7 (2.0)
Republik Korea (Südkorea)	99.7 (0.1)	95.6 (0.5)	74.9 (1.1)	29.1 (1.6)
Russische Föderation	98.5 (0.3)	90.7 (1.0)	61.8 (2.0)	20.0 (1.5)
Japan	99.0 (0.2)	92.5 (0.5)	63.3 (1.3)	19.2 (0.9)
Kasachstan	96.3 (0.6)	81.3 (1.4)	49.2 (2.5)	18.6 (1.7)
[3] Hongkong	98.1 (0.4)	87.8 (1.1)	55.4 (1.8)	16.2 (1.2)
Bulgarien	90.3 (1.5)	77.3 (2.2)	49.6 (2.5)	16.0 (1.5)
[2,3] USA	95.4 (0.5)	81.4 (0.9)	50.7 (1.1)	15.8 (0.8)
Taiwan	98.1 (0.3)	87.9 (0.8)	55.6 (1.2)	14.4 (0.7)
Ungarn	94.4 (0.9)	80.5 (1.6)	50.3 (1.5)	14.2 (1.1)
Finnland	98.5 (0.4)	89.1 (0.9)	54.3 (1.4)	12.6 (0.9)
Polen	97.4 (0.4)	85.3 (1.3)	50.9 (1.4)	12.1 (0.9)
[2] Schweden	96.0 (0.8)	82.3 (1.5)	47.3 (2.1)	11.1 (1.1)
Slowenien	96.9 (0.5)	84.0 (1.0)	48.6 (1.4)	10.8 (0.9)
[1] England	97.0 (0.5)	81.2 (1.2)	42.6 (1.5)	9.6 (0.8)
Slowakei	91.0 (0.8)	74.2 (1.2)	39.6 (1.4)	8.7 (0.6)
Tschechische Republik	96.5 (0.6)	80.9 (1.1)	43.0 (1.4)	8.7 (0.7)
VG OECD	**94.5 (0.1)**	**77.1 (0.2)**	**40.0 (0.3)**	**8.6 (0.1)**
[2] Serbien	92.6 (1.1)	76.6 (1.7)	40.5 (1.5)	8.4 (0.7)
Internationaler Mittelwert	**85.9 (0.1)**	**67.3 (0.2)**	**34.7 (0.2)**	**8.2 (0.1)**
Australien	93.7 (0.8)	75.4 (1.4)	38.8 (1.6)	7.9 (0.7)
Deutschland	96.0 (0.6)	78.4 (1.3)	39.6 (1.7)	7.6 (0.6)
VG EU	**94.8 (0.2)**	**76.9 (0.3)**	**38.4 (0.3)**	**7.5 (0.2)**
[2,3] Kanada	94.7 (0.7)	76.6 (1.4)	38.3 (1.2)	7.4 (0.5)
[1] Norwegen (5. Jgst.)	97.7 (0.6)	84.5 (1.1)	44.1 (1.8)	7.3 (0.9)
Irland	95.6 (0.6)	79.2 (1.2)	40.2 (1.6)	6.9 (0.9)
[2] Litauen	95.7 (0.5)	78.1 (1.2)	39.4 (1.6)	6.7 (0.8)
[2,3] Dänemark	95.8 (0.5)	78.1 (1.3)	38.7 (1.5)	6.6 (0.6)
[1,3] Neuseeland	88.1 (0.9)	67.0 (1.4)	32.3 (1.1)	6.3 (0.6)
Kroatien	97.8 (0.4)	83.1 (1.1)	40.8 (1.3)	6.3 (0.7)
[3] Nordirland	94.6 (0.6)	75.7 (1.3)	34.4 (1.3)	5.4 (0.6)
[2] Spanien	94.8 (0.7)	74.3 (1.6)	33.8 (1.3)	5.2 (0.5)
Türkei	82.4 (1.2)	58.4 (1.4)	23.9 (1.1)	4.1 (0.5)
[2,3] Italien	94.8 (0.7)	74.7 (1.7)	31.9 (1.5)	4.0 (0.5)
[3] Niederlande	96.7 (0.6)	76.2 (1.4)	30.3 (1.5)	2.8 (0.4)
[3] Belgien (Fläm. Gem.)	95.9 (0.6)	73.3 (1.4)	27.5 (1.5)	2.6 (0.4)
[2] Frankreich	87.8 (1.1)	58.0 (1.6)	20.2 (1.2)	2.1 (0.3)
[2] Portugal	96.0 (0.6)	71.5 (1.5)	24.6 (1.2)	2.1 (0.3)
Zypern	85.7 (1.0)	55.9 (1.4)	18.2 (1.1)	2.0 (0.3)
Chile	85.1 (1.2)	52.7 (1.5)	16.5 (1.2)	1.7 (0.2)
Benchmark-Teilnehmer				
Ontario, Kanada	95.6 (0.6)	78.6 (1.3)	41.3 (1.4)	8.5 (0.9)
[2,3] Québec, Kanada	97.0 (0.6)	77.9 (2.0)	35.3 (2.5)	5.8 (0.9)
Norwegen (4. Jgst.)	90.4 (0.9)	62.6 (1.3)	20.6 (0.9)	1.9 (0.3)

☐ % der Schülerinnen und Schüler, die genau Kompetenzstufe V erreichen.
☐ % der Schülerinnen und Schüler, die genau Kompetenzstufe IV erreichen.
☐ % der Schülerinnen und Schüler, die genau Kompetenzstufe III erreichen.
☐ % der Schülerinnen und Schüler, die genau Kompetenzstufe II erreichen.
☐ % der Schülerinnen und Schüler, die genau Kompetenzstufe I erreichen.

Kursiv gesetzt sind die Teilnehmer, für die von einer eingeschränkten Vergleichbarkeit der Ergebnisse ausgegangen werden muss.
1 = Die nationale Zielpopulation entspricht nicht oder nicht ausschließlich der vierten Jahrgangsstufe.
2 = Der Ausschöpfungsgrad und/oder Ausschlüsse von der nationalen Zielpopulation erfüllen nicht die internationalen Vorgaben.
3 = Die Teilnahmequoten auf Schul- und/oder Schülerebene erreichen nicht die internationalen Vorgaben.

IEA: Trends in International Mathematics and Science Study   © TIMSS 2015

Tabelle 4.11: Prozentuale Verteilung der Schülerinnen und Schüler auf die Kompetenzstufen in TIMSS 2007, 2011 und 2015

2007	2011	2015	T	Teilnehmer[A]	TIMSS 2007 Kompetenzstufen										TIMSS 2011 Kompetenzstufen										TIMSS 2015 Kompetenzstufen									
					I %	(SE)	II %	(SE)	III %	(SE)	IV %	(SE)	V %	(SE)	I %	(SE)	II %	(SE)	III %	(SE)	IV %	(SE)	V %	(SE)	I %	(SE)	II %	(SE)	III %	(SE)	IV %	(SE)	V %	(SE)
	2	2	8	*Singapur*	3.8	(0.5)	7.9	(0.8)	20.1	(1.2)	32.2	(1.4)	35.9	(1.9)	3.2	(0.4)	7.9	(0.8)	21.1	(1.1)-	34.6	(1.1)	33.2	(1.7)	2.5	(0.5)	7.2	(0.7)	18.8	(1.1)	34.8	(1.5)	36.7	(2.0)
				Japan	2.7	(0.4)-	11.3	(0.9)-	35.2	(0.9)-	38.4	(0.9)+	12.4	(1.0)+	1.3	(0.2)	8.4	(0.7)-	32.8	(1.2)-	43.2	(1.2)-	14.3	(1.0)+	1.0	(0.2)	6.5	(0.5)	29.2	(1.1)	44.1	(1.2)	19.2	(0.9)
	2			Russische Föderation	4.3	(0.9)-	13.9	(1.3)-	32.3	(1.3)	33.7	(1.3)+	15.8	(1.4)	2.1	(0.4)	12.2	(0.9)-	33.5	(1.4)-	36.3	(1.4)+	15.8	(1.4)+	1.5	(0.3)	7.8	(0.9)	29.0	(1.4)	41.8	(1.6)	20.0	(1.5)
2 3		3	8	*Hongkong*	2.0	(0.4)	10.1	(1.0)	33.1	(1.4)	40.7	(1.5)	14.1	(1.4)	4.5	(1.2)-	13.9	(1.1)-	37.0	(1.6)-	35.5	(1.7)	9.1	(0.9)+	1.9	(0.4)	10.3	(0.9)	32.4	(1.4)	39.3	(1.3)	16.2	(1.2)
2 3		2 3		Taiwan	3.0	(0.4)-	11.0	(0.9)	30.9	(1.1)	36.4	(1.3)+	18.7	(1.0)-	3.1	(0.4)-	11.6	(0.9)	31.8	(1.0)	38.3	(1.2)	15.2	(0.9)	1.9	(0.3)	10.2	(0.7)	32.3	(0.9)	41.2	(1.2)	14.4	(0.7)
2 3	2 3			USA	6.0	(0.6)	16.1	(0.7)-	31.2	(0.9)	31.8	(0.9)+	15.0	(0.9)	4.4	(0.4)	14.1	(0.6)	32.2	(0.7)	34.6	(0.8)	14.7	(0.8)	4.6	(0.5)	13.9	(0.6)	30.7	(0.8)	34.9	(0.9)	15.8	(0.8)
				Slowenien	7.0	(0.6)-	19.5	(0.8)-	38.0	(1.2)	29.0	(1.0)+	6.5	(0.6)+	6.6	(0.6)-	19.0	(1.2)-	38.1	(1.0)	29.4	(1.5)+	6.9	(0.6)+	3.1	(0.5)	12.9	(0.7)	35.5	(1.0)	37.7	(1.1)	10.8	(0.9)
		2		Ungarn	6.6	(0.8)	15.1	(1.5)	31.1	(1.5)	33.7	(1.5)	13.4	(1.0)	7.4	(0.9)	14.8	(1.1)	31.6	(1.2)	33.1	(1.6)	13.2	(0.9)	5.6	(0.9)	13.9	(1.3)	30.2	(1.1)	36.1	(1.1)	14.2	(1.1)
				Schweden	5.0	(0.6)	19.0	(1.1)-	38.5	(1.0)-	29.4	(1.3)+	8.0	(0.6)+	4.7	(0.5)	16.2	(0.9)	35.5	(1.0)	33.5	(1.0)	10.1	(1.0)	4.0	(0.8)	13.7	(1.1)	35.0	(1.4)	36.2	(1.6)	11.1	(1.1)
1 3	1 3[1]		8	*England*	4.7	(0.6)-	14.7	(0.8)	32.7	(1.2)+	33.5	(1.1)	14.2	(1.2)-	6.8	(0.7)-	17.7	(0.9)	33.2	(1.3)+	31.3	(1.3)	11.1	(0.9)	3.0	(0.5)	15.8	(1.0)	38.5	(1.5)	33.0	(1.3)	9.6	(0.8)
	2			Tschechische Republik	7.0	(0.8)-	21.5	(1.1)-	38.5	(1.5)	26.1	(1.7)+	7.0	(0.7)	3.5	(0.7)	15.5	(1.1)	36.7	(1.4)	34.3	(1.4)	10.0	(0.9)	3.5	(0.6)	15.6	(0.8)	37.9	(1.1)	34.2	(1.2)	8.7	(0.7)
				Deutschland	5.8	(0.6)-	17.9	(0.9)	35.4	(0.7)+	31.3	(1.1)	9.6	(0.7)-	4.3	(0.7)	17.7	(1.3)	38.6	(1.2)	32.3	(1.3)	7.1	(0.6)	4.0	(0.6)	17.6	(1.0)	38.9	(1.0)	32.0	(1.6)	7.6	(0.6)
2	2		8	*Litauen*	4.9	(0.6)	21.2	(1.2)	43.6	(1.3)-	27.0	(1.3)+	3.3	(0.4)+	5.3	(0.6)	21.4	(1.0)-	42.4	(1.2)-	26.5	(1.4)+	4.3	(0.5)+	4.3	(0.5)	17.6	(1.0)	38.7	(1.1)	32.6	(1.3)	6.7	(0.8)
3	2 3			*Dänemark*	7.1	(0.8)-	20.8	(1.0)-	37.6	(1.6)	27.7	(1.1)+	6.9	(0.8)	4.8	(0.7)	17.1	(1.1)	38.6	(1.2)	31.5	(1.3)	8.0	(0.8)	4.2	(0.5)	17.7	(1.0)	39.4	(1.3)	32.1	(1.6)	6.6	(0.6)
				Australien	6.7	(0.8)	16.9	(1.1)	35.5	(1.3)	30.6	(2.1)	10.2	(0.7)-	8.8	(1.0)	19.6	(1.0)	36.3	(1.1)	27.9	(1.2)	7.4	(0.7)	6.3	(0.8)	18.3	(0.9)	36.6	(1.0)	31.0	(1.2)	7.9	(0.7)
	3	3		Slowakei	7.5	(1.3)	17.0	(1.2)	33.7	(1.1)	31.1	(1.6)	10.6	(0.8)	5.9	(1.0)+	15.2	(1.2)	34.8	(1.4)	34.3	(1.1)-	9.8	(1.0)	9.0	(0.8)	16.8	(0.9)	34.6	(1.1)	30.8	(1.2)	8.7	(0.6)
3	3			Niederlande	2.5	(0.5)	18.2	(1.3)	45.4	(1.4)	30.2	(1.5)	3.7	(0.8)	1.2	(0.4)+	12.8	(1.3)+	48.5	(1.2)	34.6	(1.7)-	2.9	(0.5)	3.3	(0.6)	20.5	(1.2)	45.9	(1.1)	27.5	(1.4)	2.8	(0.4)
2	3	2 3	8	*Italien*	5.5	(0.7)	16.1	(0.9)+	34.5	(1.0)+	30.9	(1.2)	13.0	(1.0)-	5.3	(1.0)	18.9	(1.2)	38.9	(1.4)+	29.1	(1.4)	7.8	(0.7)-	5.2	(0.7)	20.1	(1.3)	42.8	(1.3)	27.9	(1.4)	4.0	(0.5)
1 2	1 3[1]	3	8	*Neuseeland*	13.4	(1.0)	21.7	(0.8)	32.7	(0.9)	24.5	(0.9)	7.8	(0.5)	13.8	(0.9)	23.6	(0.9)	34.3	(1.2)	23.1	(0.9)+	5.2	(0.5)	11.9	(0.9)	21.2	(1.0)	34.7	(1.0)	25.9	(0.9)	6.3	(0.6)
2	2			Georgien	41.1	(2.1)-	32.9	(1.5)	20.6	(1.7)+	4.9	(0.7)+	0.5	(0.2)	24.8	(1.6)	31.4	(1.2)	31.3	(1.3)	11.2	(1.1)	1.4	(0.4)	26.0	(1.7)	32.9	(1.1)	29.4	(1.3)	10.4	(1.0)	1.4	(0.6)
				Iran	34.7	(1.9)	29.0	(1.1)	24.6	(1.2)	10.1	(0.9)	1.6	(0.3)-	27.9	(1.5)+	27.9	(1.1)	28.0	(1.1)-	13.4	(0.9)-	2.8	(0.4)-	38.6	(1.7)	28.2	(1.2)	24.5	(1.4)	8.0	(0.7)	0.8	(0.3)
				Benchmark-Teilnehmer																														
2				Ontario, Kanada	5.4	(1.0)-	15.6	(1.1)	33.6	(1.4)+	33.5	(2.0)	11.9	(1.2)-	5.9	(0.6)	17.5	(1.2)	36.3	(1.2)	31.1	(1.2)	9.3	(0.9)	4.4	(0.6)	17.0	(1.0)	37.3	(1.3)	32.7	(1.1)	8.5	(0.9)
2	2 3	2 3		Québec, Kanada	4.3	(0.6)	21.4	(1.5)	42.3	(1.9)	27.2	(1.8)	4.8	(0.6)	2.8	(0.4)	20.7	(1.4)	47.8	(1.3)-	25.8	(1.3)	2.9	(0.5)+	3.0	(0.6)	19.1	(1.7)	42.6	(1.3)	29.5	(1.9)	5.8	(0.9)
2 3 6	2	2	8	*Dubai, VAE*	27.8	(1.4)-	24.2	(1.3)-	27.4	(1.2)	16.3	(0.8)-	4.2	(0.5)+	28.3	(1.1)-	23.3	(1.0)	25.3	(0.9)	17.3	(0.6)+	5.7	(0.7)+	13.8	(0.5)	16.6	(0.8)	27.6	(0.8)	28.0	(0.8)	14.0	(0.6)
2	3		8	*Norwegen (4. Jgst.)*	16.0	(1.4)-	30.3	(1.2)	37.1	(1.1)+	15.1	(1.3)-	1.5	(0.4)	7.6	(0.8)	28.4	(1.3)	45.2	(1.3)	17.6	(1.2)	1.2	(0.2)	9.6	(0.9)	27.8	(1.0)	42.0	(1.2)	18.7	(0.9)	1.9	(0.3)

Kursiv gesetzt sind Teilnehmer, für die von einer eingeschränkten Vergleichbarkeit der Ergebnisse zwischen den Studienzyklen ausgegangen werden muss.
1 = Die nationale Zielpopulation entspricht nicht oder nicht ausschließlich der vierten Jahrgangsstufe.
2 = Der Ausschöpfungsgrad und/oder die Ausschlüsse von den nationalen Zielpopulation erfüllen nicht die internationalen Vorgaben.
3 = Die Teilnahmequoten auf Schul- und/oder Schülerebene erreichen nicht die internationalen Vorgaben.
6 = Abweichender Testzeitpunkt (in Dubai, VAE erfolgte die Testung zeitlich verzögert).
8 = Eingeschränkte Vergleichbarkeit aufgrund veränderter Teilnahmebedingungen zwischen 2007, 2011 und 2015.
A = Die Ergebnisse von Kasachstan, Katar, Kuwait und Marokko werden auf Grund der nicht gegebenen Vergleichbarkeit zwischen den Studienzyklen 2007, 2011 und 2015 nicht berichtet.
+ = Prozentwert 2015 signifikant höher als für 2007 bzw. 2011 ($p < .05$).
- = Prozentwert 2015 signifikant niedriger als für 2007 bzw. 2011 ($p < .05$).

IEA: Trends in International Mathematics and Science Study

© TIMSS 2015

Unterschiede in den Anteilen der Schülerinnen und Schüler auf den Kompetenzstufen zwischen TIMSS 2007, 2011 und 2015: Tabelle 4.11 zeigt, wie sich die prozentualen Anteile der Schülerinnen und Schüler auf den fünf Kompetenzstufen in den einzelnen Staaten zwischen TIMSS 2007, 2011 und 2015 unterscheiden. In der Tabelle sind nur Staaten aufgeführt, die an allen drei Studienzyklen teilgenommen haben. Die Staaten sind entsprechend ihrem Mittelwert der naturwissenschaftlichen Kompetenz in einer Rangreihe angeordnet.

Für Deutschland ergeben sich kaum Unterschiede zwischen TIMSS 2015 und TIMSS 2011 hinsichtlich der Verteilung auf die Kompetenzstufen. Auch im Vergleich des längeren Zeitraums zwischen TIMSS 2015 und TIMSS 2007 zeigen sich zwar einige statistisch signifikante, aber lediglich geringfügige Unterschiede. Der Anteil der Schülerinnen und Schüler auf der Kompetenzstufe I ist im Jahr 2015 etwas niedriger als in 2007 (4.0 bzw. 5.8 Prozent), während der Anteil der Schülerinnen und Schüler auf der Kompetenzstufe III mit 38.9 Prozent in TIMSS 2015 etwas höher als in TIMSS 2007 mit 35.4 Prozent ist. Auch auf der höchsten Kompetenzstufe findet sich lediglich eine kleine Veränderung, so lag der Anteil der Schülerinnen und Schüler in TIMSS 2007 bei 9.6 Prozent und in TIMSS 2015 bei 7.6 Prozent. In neun weiteren Teilnehmerstaaten zeigt sich im Vergleich von TIMSS 2007 und TIMSS 2015 ein ähnliches Bild wie für Deutschland. So finden sich in Singapur, Hongkong, den USA, Ungarn, Neuseeland, den Niederlanden, der Slowakei, Australien und dem Iran lediglich geringfügige Verschiebungen zwischen einzelnen Kompetenzstufen. Sieben Staaten (Litauen, Georgien, Slowenien, Schweden, Japan, Russische Föderation und die Tschechische Republik) gelingt es in diesem Zeitraum, die Anteile der Schülerinnen und Schüler auf den unteren beiden Kompetenzstufen signifikant zu verringern und die der Schülerinnen und Schüler auf den oberen Kompetenzstufen zu erhöhen.

5.3 Inhaltsbereiche

Die TIMSS-Rahmenkonzeption zur Erfassung naturwissenschaftlicher Kompetenzen unterscheidet Teilbereiche der naturwissenschaftlichen Kompetenz und ermöglicht so, nach Inhaltsbereichen und Anforderungsbereichen zu differenzieren und somit spezifische Stärken und Schwächen der Schülerinnen und Schüler aufzuzeigen. Unterschieden werden (siehe Abschnitt 3) die Inhaltsbereiche *Biologie, Physik/Chemie* und *Geographie* sowie die kognitiven Anforderungsbereiche *Reproduzieren, Anwenden* und *Problemlösen*. In diesem Abschnitt werden zunächst Ergebnisse zu den Kompetenzwerten in den naturwissenschaftlichen Inhaltsbereichen im internationalen Vergleich sowie Unterschiede in diesen Ergebnissen zwischen TIMSS 2007, 2011 und 2015 berichtet.

Kompetenzen in den naturwissenschaftlichen Inhaltsbereichen im internationalen Vergleich: Abbildung 4.8 zeigt die in den einzelnen Teilnehmerstaaten erreichten Kompetenzwerte in den drei Inhaltsbereichen *Biologie, Physik/Chemie* und *Geographie.* Aufgeführt sind hier nur OECD- und EU-Staaten sowie Staaten, die eine signifikant höhere Kompetenz auf der Gesamtskala Naturwissenschaften als Deutschland aufweisen. Die Staaten sind entsprechend ihrem Kompetenzwert auf der Gesamtskala Naturwissenschaften in einer Rangfolge angeordnet.

Schülerinnen und Schüler in Deutschland zeigen im Mittel im Bereich *Physik/Chemie* einen geringfügig um 4 Punkte erhöhten Kompetenzwert im

Abbildung 4.8: Testleistung der Schülerinnen und Schüler in Naturwissenschaften im internationalen Vergleich in den Inhaltsbereichen *Biologie*, *Physik/Chemie* und *Geographie*

Teilnehmer	Biologie M	(SE)		SD	(SE)	Physik/Chemie M	(SE)		SD	(SE)	Geographie M	(SE)		SD	(SE)
[2] *Singapur*	607	(4.4)	+	97	(2.8)	603	(3.7)	+	86	(2.6)	546	(3.7)	+	91	(3.1)
Republik Korea (Südkorea)	581	(1.9)	+	64	(1.4)	597	(2.0)	+	65	(1.3)	591	(4.1)	+	81	(2.4)
Japan	556	(2.2)	+	69	(1.1)	587	(2.6)	+	69	(1.4)	563	(2.5)	+	72	(1.8)
Russische Föderation	569	(3.1)	+	71	(2.0)	567	(3.6)	+	74	(2.1)	562	(4.7)	+	79	(2.7)
[3] *Hongkong*	550	(3.7)	+	78	(1.7)	555	(3.5)	+	73	(1.8)	574	(3.1)	+	80	(2.3)
Taiwan	545	(2.0)	+	70	(1.6)	568	(2.0)	+	73	(1.2)	555	(2.5)	+	75	(1.6)
Finnland	556	(2.6)	+	65	(1.9)	547	(2.3)	+	68	(1.7)	560	(2.6)	+	81	(1.8)
Kasachstan	545	(4.1)	+	84	(2.6)	559	(5.0)	+	94	(3.3)	542	(5.4)	+	99	(3.0)
Polen	557	(2.5)	+	71	(1.5)	540	(2.1)	+	75	(1.6)	540	(2.6)	+	82	(1.3)
Slowenien	545	(2.3)	+	71	(1.6)	546	(2.4)	+	75	(1.5)	531	(4.1)	+	80	(2.8)
[23] *USA*	555	(2.6)	+	83	(1.4)	537	(2.6)		81	(1.4)	539	(2.4)	+	94	(1.5)
Ungarn	550	(3.4)	+	85	(2.4)	534	(3.5)		88	(2.5)	535	(4.0)	+	99	(2.8)
[2] *Schweden*	540	(3.3)	+	75	(2.5)	534	(3.6)		76	(2.9)	552	(4.1)	+	91	(3.2)
[1] Norwegen (5. Jgst.)	546	(2.6)	+	65	(1.7)	522	(2.8)	-	64	(1.6)	549	(3.8)	+	80	(2.4)
[1] England	536	(2.5)	+	72	(1.6)	540	(2.7)	+	70	(1.6)	527	(3.3)		83	(1.9)
Bulgarien	542	(6.3)	+	105	(3.8)	529	(6.5)		103	(3.7)	532	(6.9)		96	(4.5)
Tschechische Republik	538	(2.0)	+	70	(1.2)	531	(2.4)		75	(1.5)	531	(3.0)	+	87	(2.1)
Kroatien	531	(2.6)		63	(1.7)	535	(2.9)		69	(1.6)	535	(3.4)	+	75	(2.8)
Irland	531	(2.4)		76	(1.6)	524	(2.8)	-	70	(1.8)	535	(3.0)	+	79	(2.5)
Deutschland	528	(2.0)		69	(1.2)	532	(2.5)		72	(2.0)	519	(4.0)		90	(2.3)
[2] *Litauen*	527	(3.0)		73	(1.8)	535	(2.5)		73	(1.8)	515	(3.7)		83	(1.9)
VG OECD	**530**	**(0.5)**		**73**	**(0.3)**	**523**	**(0.5)**	-	**75**	**(0.3)**	**525**	**(0.6)**		**86**	**(0.4)**
[23] *Dänemark*	534	(2.7)	+	70	(1.5)	516	(2.7)		72	(1.4)	531	(3.0)	+	88	(1.6)
VG EU	**528**	**(0.6)**		**73**	**(0.4)**	**522**	**(0.7)**	-	**75**	**(0.4)**	**523**	**(0.8)**		**85**	**(0.5)**
[23] *Kanada*	536	(2.8)	+	75	(1.5)	518	(2.7)		78	(1.7)	513	(3.1)		81	(1.9)
[2] *Serbien*	531	(3.8)		82	(3.2)	529	(3.8)		86	(2.5)	496	(4.8)	-	94	(3.2)
Australien	531	(3.0)		80	(1.9)	516	(2.7)		77	(1.6)	520	(3.3)		91	(2.0)
Slowakei	517	(2.9)	-	83	(1.9)	526	(3.4)		95	(2.1)	514	(3.0)		91	(2.1)
[3] *Nordirland*	521	(2.7)	-	75	(1.4)	514	(2.6)	-	69	(1.8)	522	(3.0)		85	(2.4)
[2] *Spanien*	523	(2.6)		70	(1.5)	507	(2.9)	-	78	(1.8)	520	(3.0)		82	(2.4)
[3] *Niederlande*	525	(2.7)		61	(1.2)	504	(2.6)	-	65	(1.3)	520	(3.0)		78	(1.8)
[23] *Italien*	519	(2.7)	-	72	(1.2)	513	(2.9)	-	65	(1.7)	510	(3.5)		85	(2.4)
[3] Belgien (Fläm. Gem.)	513	(2.4)	-	66	(1.6)	506	(3.2)	-	65	(2.1)	513	(2.8)		72	(1.6)
[2] *Portugal*	508	(2.1)	-	61	(1.2)	502	(2.9)	-	63	(1.5)	513	(2.5)		82	(2.0)
[1] [3] *Neuseeland*	511	(2.7)	-	87	(1.6)	497	(2.5)	-	88	(2.0)	506	(3.4)	-	99	(2.6)
Internationaler Mittelwert	**506**	**(0.5)**	-	**84**	**(0.3)**	**504**	**(0.5)**	-	**86**	**(0.3)**	**499**	**(0.6)**	-	**94**	**(0.4)**
[2] *Frankreich*	490	(3.1)	-	76	(1.3)	482	(2.7)	-	73	(1.9)	485	(4.7)	-	94	(2.4)
Türkei	472	(3.3)	-	90	(2.4)	496	(3.3)	-	99	(2.5)	480	(3.3)	-	105	(3.3)
Zypern	481	(2.8)	-	75	(1.7)	486	(2.7)	-	81	(1.8)	463	(3.5)	-	98	(2.0)
Chile	487	(2.6)	-	74	(1.7)	466	(2.9)	-	80	(1.6)	465	(3.4)	-	91	(2.2)
Benchmark-Teilnehmer															
Ontario, Kanada	544	(2.6)	+	74	(1.2)	522	(2.5)		76	(2.0)	515	(3.7)		80	(2.1)
[23] *Québec, Kanada*	533	(4.3)		67	(1.5)	519	(4.9)	-	71	(1.6)	515	(4.4)		74	(1.5)
Norwegen (4. Jgst.)	502	(2.4)	-	70	(2.1)	475	(2.8)	-	74	(1.8)	498	(3.7)	-	90	(2.0)

Teilnehmer	Biologie	Physik/Chemie	Geographie

Perzentile

5% — 25% — 75% — 95%

Konfidenzintervalle (+/– 2 SE) um den Mittelwert

☐ In allen drei Bereichen statistisch signifikant positiv von den deutschen Mittelwerten abweichende Staaten (*p* < .05).
⌐¬ In allen drei Bereichen statistisch signifikant negativ von den deutschen Mittelwerten abweichende Staaten (*p* < .05).
+ = Mittelwert statistisch signifikant höher als der Mittelwert von Deutschland (*p* < .05).
– = Mittelwert statistisch signifikant niedriger als der Mittelwert von Deutschland (*p* < .05).
Kursiv gesetzt sind die Teilnehmer, für die von einer eingeschränkten Vergleichbarkeit der Ergebnisse ausgegangen werden muss.
1 = Die nationale Zielpopulation entspricht nicht oder nicht ausschließlich der vierten Jahrgangsstufe.
2 = Der Ausschöpfungsgrad und/oder die Ausschlüsse von der nationalen Zielpopulation erfüllen nicht die internationalen Vorgaben.
3 = Die Teilnahmequoten auf Schul- und/oder Schülerebene erreichen nicht die internationalen Vorgaben.

IEA: Trends in International Mathematics and Science Study

© TIMSS 2015

Vergleichswert zur Gesamtskala Naturwissenschaften. Anders sieht es im Bereich *Geographie* aus, hier zeigt sich ein um 9 Punkte niedrigerer Kompetenzwert von 519 Punkten. Die Breite des Perzentilbandes in diesem Inhaltsbereich zeigt, dass die Kompetenzwerte der mittleren 90 Prozent Schülerinnen und Schüler im Vergleich zu den anderen beiden Inhaltsbereichen stärker streuen. Das Kompetenzniveau im Bereich *Biologie* liegt mit 528 Punkten auf dem Niveau der Gesamtskala Naturwissenschaften.

Vergleicht man das Abschneiden Deutschlands in den Inhaltsbereichen mit dem OECD- und EU-Durchschnitt zeigt sich bei den Schülerinnen und Schülern in Deutschland eine relative Stärke im Bereich der *Physik/Chemie*. Sowohl der OECD- als auch der EU-Mittelwert liegen in diesem Inhaltsbereich signifikant unter dem Mittelwert in Deutschland. Die Differenz beträgt 9 Punkte zum OECD-Mittelwert und 10 Punkte zum EU-Mittelwert. In den anderen beiden Inhaltsbereichen, *Biologie* und *Geographie*, zeigen sich keine statistisch signifikanten Abweichungen vom OECD- und vom EU-Mittelwert. Zehn Staaten, Singapur, die Republik Korea (Südkorea), Japan, Russische Föderation, Hongkong, Taiwan, Finnland, Kasachstan, Polen und Slowenien, weisen in allen drei Inhaltsbereichen ein signifikant höheres Kompetenzniveau auf als Deutschland. Im Bereich der *Biologie* und *Physik/Chemie* beträgt die Differenz zu Singapur, dem Land, was in diesen Inhaltsbereichen die höchsten Punkte erzielt, 79 beziehungsweise 71 Punkte. Im Bereich der *Geographie* beträgt die Differenz zwischen Deutschland und dem Teilnehmerstaat mit dem höchsten Kompetenzniveau in diesem Inhaltsbereich, der Republik Korea (Südkorea), 72 Punkte. Fünf Staaten zeigen in allen drei Inhaltsbereichen ein signifikant niedrigeres Kompetenzniveau als Deutschland. Zu dieser Gruppe gehören Neuseeland, Frankreich, die Türkei, Zypern und Chile. Insgesamt zeigt sich, dass in den Inhaltsbereichen *Biologie* und *Geographie* 17 beziehungsweise 18 Teilnehmerstaaten statistisch signifikant besser als Deutschland abschneiden, während es im Inhaltsbereich *Physik/Chemie* 11 sind. Umgekehrt schneiden 10 beziehungsweise 6 Teilnehmerstaaten in den Inhaltsbereichen *Biologie* und *Geographie* signifikant schwächer ab, während es im Inhaltsbereich *Physik/Chemie* 16 sind. Diese Befunde unterstreichen die relative Stärke von Deutschland im Bereich *Physik/Chemie* auch im internationalen Vergleich.

Unterschiede in den Kompetenzen in den naturwissenschaftlichen Inhaltsbereichen zwischen TIMSS 2007, 2011 und 2015: In den Abbildungen 4.9 und 4.10 sind die mittleren Kompetenzwerte in den naturwissenschaftlichen Inhaltsbereichen aus TIMSS 2007, 2011 und 2015 sowie Veränderungen der Kompetenzwerte über die Studienzyklen hinweg dargestellt. In der Abbildung sind nur Staaten aufgeführt, die an allen drei Studienzyklen teilgenommen haben. Positive Werte in den Spalten Veränderungen bedeuten, dass in TIMSS 2015 beziehungsweise 2011 mehr Punkte erzielt wurden. Im unteren Teil der Abbildung 4.10 folgt eine graphische Darstellung mittels Differenzbalken. Während weiße Balken statistisch nicht signifikante Veränderungen repräsentieren, deuten grün markierte Balken auf statistisch bedeutsame Unterschiede zwischen den Erhebungszyklen hin.

Für Deutschland zeigen sich in allen drei Inhaltsbereichen einige kleinere numerische Änderungen in den Kompetenzwerten zwischen TIMSS 2007, 2011 und 2015, die zwischen einem bis maximal 7 Punkten liegen und statistisch nicht signifikant sind. In allen drei Studienzyklen sind die Kompetenzwerte im Inhaltsbereich *Geographie* im Vergleich zu den anderen Inhaltsbereichen am

Abbildung 4.9: Vergleich der Testleistungen in Naturwissenschaften zwischen TIMSS 2007, 2011 und 2015 in den Inhaltsbereichen *Biologie*, *Physik/Chemie* und *Geographie* I

	Teilnehmer[A]	Biologie			Physik/Chemie			Geographie		
		2007[B]	2011[B]	2015	2007[B]	2011[B]	2015	2007[B]	2011[B]	2015
2007|2011|2015|T		M_{07} (SE)	M_{11} (SE)	M_{15} (SE)	M_{07} (SE)	M_{11} (SE)	M_{15} (SE)	M_{07} (SE)	M_{11} (SE)	M_{15} (SE)
2 2 2	Georgien	421 (4.0)	461 (3.6)	459 (4.1)	403 (4.9)	440 (4.2)	438 (4.7)	416 (5.4)	458 (4.3)	441 (4.3)
	Slowenien	511 (2.0)	524 (2.6)	545 (2.3)	528 (2.3)	524 (3.4)	546 (2.4)	516 (3.2)	506 (2.7)	531 (4.1)
	Japan	536 (2.3)	540 (1.9)	556 (2.2)	571 (2.9)	589 (1.9)	587 (2.6)	532 (3.5)	551 (1.8)	563 (2.5)
2	Russische Föderation	545 (4.7)	556 (3.6)	569 (3.1)	552 (5.4)	548 (4.0)	567 (3.6)	541 (5.5)	552 (4.1)	562 (4.7)
2	Tschechische Republik	522 (3.5)	550 (3.0)	538 (2.0)	509 (3.4)	519 (3.1)	531 (2.4)	514 (3.5)	537 (3.4)	531 (3.0)
2 2 2 [8]	*Litauen*	518 (2.2)	520 (2.9)	529 (3.1)	511 (2.0)	514 (3.1)	538 (2.8)	508 (2.9)	501 (3.0)	517 (3.9)
2	Schweden	532 (2.8)	534 (2.7)	540 (3.3)	509 (3.2)	528 (2.5)	534 (3.6)	539 (3.7)	538 (3.2)	552 (4.1)
3 23 23 [6]	*Dänemark*	527 (3.2)	530 (2.8)	534 (2.4)	502 (2.8)	526 (2.5)	516 (2.7)	519 (3.3)	527 (3.0)	531 (3.0)
23 23 23	USA	544 (2.9)	547 (2.1)	555 (2.3)	535 (3.1)	544 (2.0)	537 (2.6)	537 (3.2)	539 (2.1)	539 (2.4)
	Ungarn	553 (3.3)	552 (3.5)	550 (3.4)	529 (3.7)	520 (3.8)	534 (3.5)	517 (4.3)	524 (4.4)	535 (4.0)
2 2 [8]	*Singapur*	595 (4.7)	597 (4.3)	607 (4.4)	597 (4.3)	598 (3.5)	603 (3.7)	565 (4.0)	541 (3.0)	546 (3.7)
23 2 3 [8]	*Hongkong*	540 (4.0)	524 (3.7)	550 (3.7)	562 (4.0)	539 (4.4)	555 (3.5)	568 (4.2)	548 (3.3)	574 (3.1)
12 1 3|1 3 [8]	*Neuseeland*	506 (2.8)	497 (2.5)	511 (2.7)	494 (3.4)	493 (2.7)	497 (2.5)	513 (3.4)	499 (3.2)	506 (3.4)
	Deutschland	531 (2.2)	525 (2.6)	528 (2.0)	527 (3.2)	535 (3.1)	532 (2.5)	524 (2.8)	520 (3.7)	519 (4.0)
	Taiwan	547 (2.8)	538 (2.4)	545 (2.0)	564 (2.5)	569 (2.0)	568 (2.0)	563 (2.9)	553 (2.5)	555 (2.5)
	Australien	529 (3.6)	516 (3.1)	531 (3.0)	521 (3.8)	514 (3.2)	516 (2.7)	536 (4.5)	520 (3.5)	520 (3.3)
	Slowakei	535 (4.6)	534 (3.5)	517 (2.9)	512 (5.2)	527 (4.0)	526 (3.4)	532 (6.5)	535 (3.8)	514 (3.0)
1 3 1 3|1 [8]	*England*	536 (3.1)	530 (2.8)	536 (2.5)	546 (3.3)	535 (3.5)	540 (2.7)	542 (3.4)	522 (3.8)	527 (3.3)
3 3 3	Niederlande	539 (2.7)	537 (1.8)	525 (2.7)	503 (3.1)	526 (2.0)	504 (2.6)	524 (3.3)	525 (2.7)	520 (3.0)
	Iran	437 (5.2)	449 (4.1)	417 (4.5)	440 (4.9)	453 (4.0)	423 (5.0)	416 (5.0)	457 (3.5)	408 (4.8)
2 3 23 [8]	*Italien*	555 (3.6)	535 (2.7)	519 (2.7)	520 (3.7)	509 (3.0)	513 (2.9)	527 (4.1)	523 (3.6)	510 (3.5)
	Benchmark-Teilnehmer									
236 2 2 [8]	*Dubai, VAE*	456 (2.8)	455 (2.9)	518 (2.6)	456 (3.5)	460 (3.2)	521 (2.2)	461 (3.8)	469 (3.0)	510 (2.9)
2 3 [8]	*Norwegen (4. Jgst.)*	482 (3.0)	496 (3.0)	502 (2.4)	461 (3.5)	482 (3.4)	475 (2.8)	490 (3.8)	506 (3.0)	498 (3.7)
2 23 [8]	*Québec, Kanada*	524 (3.0)	524 (2.5)	533 (4.3)	509 (3.1)	507 (3.1)	519 (4.9)	522 (3.0)	516 (3.5)	515 (4.4)
2 2	Ontario, Kanada	539 (4.0)	535 (3.4)	544 (2.6)	535 (3.3)	528 (3.2)	522 (2.5)	533 (4.2)	514 (3.9)	515 (3.7)

Kursiv gesetzt sind die Teilnehmer, für die von einer eingeschränkten Vergleichbarkeit der Ergebnisse zwischen den Studienzyklen ausgegangen werden muss.
1 = Die nationale Zielpopulation entspricht nicht oder nicht ausschließlich der vierten Jahrgangsstufe.
2 = Der Ausschöpfungsgrad und/oder die Ausschlüsse von der nationalen Zielpopulation erfüllen nicht die internationalen Vorgaben.
3 = Die Teilnahmequoten auf Schul- und/oder Schülerebene erreichen nicht die internationalen Vorgaben.
6 = Abweichender Testzeitpunkt (in Dubai, VAE erfolgte die Testung zeitlich verzögert).
8 = Eingeschränkte Vergleichbarkeit aufgrund veränderter Teilnahmebedingungen zwischen 2007, 2011 und 2015.
A= Die Ergebnisse von Kasachstan, Katar, Kuwait und Marokko werden aufgrund der nicht gegebenen Vergleichbarkeit zwischen den Studienzyklen 2007, 2011 und 2015 nicht berichtet.
B= Abweichungen in den berichteten Standardfehlern zur internationalen Berichterstattung sind in einem differenten Berechnungsverfahren begründet.

IEA: Trends in International Mathematics and Science Study © TIMSS 2015

niedrigsten. Während in TIMSS 2011 und 2015 die Schülerinnen und Schüler die höchsten Kompetenzwerte im Inhaltsbereich *Physik/Chemie* erzielten, schnitten die Schülerinnen und Schüler im Jahr 2007 im Inhaltsbereich *Biologie* am stärksten ab. Allerdings lag der Kompetenzwert für *Physik/Chemie* in TIMSS 2007 über dem OECD- und EU-Durchschnitt, während dies für die *Biologie* (und *Geographie*) nicht zutraf.

Fünf Teilnehmerstaaten (Georgien, Slowenien, Japan, die Russische Föderation und die Tschechische Republik) verbesserten sich in allen drei Inhaltsbereichen zwischen TIMSS 2007 und 2015. Bei den übrigen Staaten finden sich zum Teil signifikante Unterschiede in einzelnen Inhaltsbereichen. Ein einheitliches Muster über die Inhaltsbereiche hinweg lässt sich allerdings nicht erkennen.

Abbildung 4.10: Vergleich der Testleistungen in Naturwissenschaften zwischen TIMSS 2007, 2011 und 2015 in den Inhaltsbereichen *Biologie, Physik/Chemie* und *Geographie* II

Teilnehmer[A]	Biologie Veränderungen[B]						Physik/Chemie Veränderungen[B]						Geographie Veränderungen[B]					
	Δ_{11-07}	(SE)	Δ_{15-11}	(SE)	Δ_{15-07}	(SE)	Δ_{11-07}	(SE)	Δ_{15-11}	(SE)	Δ_{15-07}	(SE)	Δ_{11-07}	(SE)	Δ_{15-11}	(SE)	Δ_{15-07}	(SE)
Georgien	39	(5.4)+	-2	(5.5)	37	(5.8)+	37	(6.4)+	-2	(6.3)	35	(6.8)+	42	(6.9)+	-17	(6.1)-	25	(6.9)+
Slowenien	13	(3.3)+	21	(3.5)+	34	(3.1)+	-5	(4.1)	23	(4.1)+	18	(3.3)+	-10	(4.2)-	25	(4.9)+	15	(5.2)+
Japan	4	(2.9)	16	(2.9)+	20	(3.1)+	18	(3.4)+	-2	(3.2)	16	(3.9)+	20	(4.0)+	12	(3.1)+	31	(4.3)+
Russische Föderation	12	(5.9)	13	(4.7)+	24	(5.7)+	-4	(6.7)	19	(5.4)+	15	(6.5)+	11	(6.8)	10	(6.2)	21	(7.2)+
Tschechische Republik	27	(4.6)+	-12	(3.6)-	16	(4.0)+	10	(4.6)+	11	(3.9)+	22	(4.2)+	24	(4.9)+	-6	(4.5)	18	(4.6)+
[8] *Litauen*	2	(3.7)	9	(4.3)+	11	(3.8)+	3	(3.7)	24	(4.1)+	26	(3.4)+	-8	(4.1)	17	(4.9)+	9	(4.8)
Schweden	2	(3.9)	6	(4.3)	8	(4.3)	19	(4.0)+	6	(4.4)	26	(4.8)+	-1	(4.9)	13	(5.6)+	13	(5.6)+
[8] *Dänemark*	3	(4.3)	4	(3.7)	7	(4.0)	24	(3.7)+	-10	(3.7)-	14	(3.9)+	8	(4.5)	4	(4.3)	12	(4.5)+
USA	3	(3.5)	8	(3.1)+	12	(3.7)+	9	(3.7)+	-6	(3.3)	3	(4.0)	2	(3.9)	0	(3.2)	2	(4.0)
Ungarn	-1	(4.8)	-1	(4.8)	-2	(4.7)	-8	(5.3)	13	(5.2)+	5	(5.1)	7	(6.1)	11	(5.9)	18	(5.8)+
[8] *Singapur*	3	(6.4)	9	(6.2)	12	(6.5)	2	(5.6)	5	(5.1)	6	(5.7)	-24	(5.0)-	5	(4.7)	-18	(5.5)-
[8] *Hongkong*	-16	(5.4)-	26	(5.2)+	10	(5.5)	-23	(5.9)-	16	(5.6)+	-7	(5.3)	-20	(5.4)-	26	(4.5)+	6	(5.2)
[8] *Neuseeland*	-8	(3.7)-	14	(3.7)+	5	(3.9)	-1	(4.3)	4	(3.7)	3	(4.2)	-14	(4.7)-	7	(4.6)	-7	(4.8)
Deutschland	-6	(3.4)	3	(3.3)	-3	(3.0)	8	(4.4)	-3	(4.0)	6	(4.1)	-4	(4.6)	-1	(5.4)	-5	(4.9)
Taiwan	-9	(3.7)-	7	(3.2)+	-2	(3.5)	5	(3.3)	0	(2.8)	5	(3.2)	-10	(3.9)-	3	(3.6)	-8	(3.9)-
Australien	-14	(4.7)-	15	(4.4)+	2	(4.7)	-7	(5.0)	2	(4.2)	-5	(4.7)	-17	(5.7)-	0	(4.6)	-16	(5.6)-
Slowakei	-1	(5.8)	-16	(4.6)-	-18	(5.5)-	15	(6.6)+	-2	(5.3)	14	(6.2)+	3	(7.5)	-22	(4.8)-	-18	(7.2)-
[8] *England*	-6	(4.2)	6	(3.8)	0	(4.0)	-10	(4.8)-	5	(4.5)	-6	(4.3)	-19	(5.1)-	5	(5.0)	-14	(4.7)-
Niederlande	-3	(3.3)	-11	(3.3)-	-14	(3.8)-	22	(3.7)+	-22	(3.3)-	0	(4.1)	1	(4.2)	-5	(4.0)	-4	(4.4)
Iran	11	(6.6)	-31	(6.1)-	-20	(6.9)-	13	(6.3)+	-30	(6.4)-	-16	(7.0)-	40	(6.1)+	-49	(5.9)-	-8	(6.9)
[8] *Italien*	-20	(4.5)-	-16	(3.8)-	-36	(4.5)-	-11	(4.8)-	4	(4.2)	-7	(4.7)	-3	(5.5)	-13	(5.0)-	-16	(5.4)-
Benchmark-Teilnehmer																		
[8] *Dubai, VAE*	-1	(4.0)	62	(3.9)+	62	(3.8)+	4	(4.8)	61	(3.9)+	64	(4.2)+	8	(4.8)	41	(4.2)+	49	(4.7)+
[8] *Norwegen (4. Jgst.)*	13	(4.3)+	6	(3.9)	20	(3.8)+	21	(4.9)+	-8	(4.4)	14	(4.5)+	17	(4.9)+	-8	(4.8)	8	(5.3)
[8] *Québec, Kanada*	0	(3.8)	9	(5.0)	9	(5.2)	-2	(4.4)	12	(5.8)+	10	(5.8)	-6	(4.7)	-1	(5.6)	-7	(5.3)
Ontario, Kanada	-4	(5.2)	9	(4.3)+	5	(4.7)	-7	(4.6)	-6	(4.1)	-13	(4.2)-	-19	(5.8)-	1	(5.4)	-18	(5.6)-

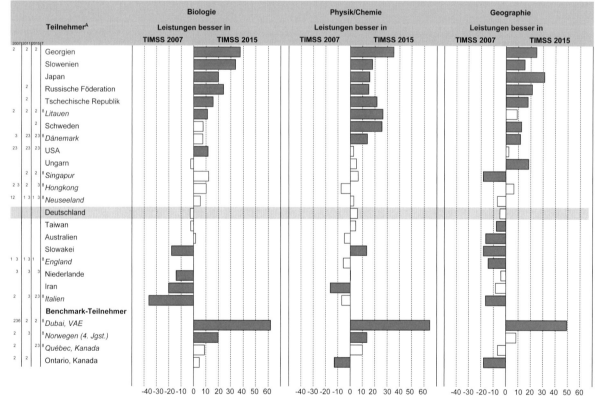

▨ Statistisch signifikante Veränderung zwischen 2007 und 2015 ($p < .05$).
+ = Mittelwert für 2011 statistisch signifikant höher als für 2007 bzw. für 2015 statistisch signifikant höher als für 2011 und/oder 2007 ($p < .05$).
- = Mittelwert für 2011 statistisch signifikant niedriger als für 2007 bzw. für 2015 statistisch signifikant niedriger als für 2011 und/oder 2007 ($p < .05$).
Kursiv gesetzt sind die Teilnehmer, für die von einer eingeschränkten Vergleichbarkeit der Ergebnisse zwischen den Studienzyklen ausgegangen werden muss.
1 = Die nationale Zielpopulation entspricht nicht oder nicht ausschließlich der vierten Jahrgangsstufe.
2 = Der Ausschöpfungsgrad und/oder die Ausschlüsse von der nationalen Zielpopulation erfüllen nicht die internationalen Vorgaben.
3 = Die Teilnahmequoten auf Schul- und/oder Schülerebene erreichen nicht die internationalen Vorgaben.
6 = Abweichender Testzeitpunkt (in Dubai, VAE erfolgte die Testung zeitlich verzögert).
8 = Eingeschränkte Vergleichbarkeit aufgrund veränderter Teilnahmebedingungen zwischen 2007, 2011 und 2015.
A = Die Ergebnisse von Kasachstan, Katar, Kuwait und Marokko werden aufgrund der nicht gegebenen Vergleichbarkeit zwischen den Studienzyklen 2007, 2011 und 2015 nicht berichtet.
B = Inkonsistenzen in den berichteten Differenzen sind im Rundungsverfahren begründet.
Δ = Differenz in den Leistungsmittelwerten.

IEA: Trends in International Mathematics and Science Study © TIMSS 2015

5.4 Kognitive Anforderungsbereiche

Analog zu den Ergebnissen im vorigen Abschnitt werden in diesem Abschnitt Ergebnisse zu den drei kognitiven Anforderungsbereichen *Reproduzieren, Anwenden* und *Problemlösen* berichtet. Für die Abbildungen dieses Abschnitts gelten dieselben Anmerkungen wie die für den vorherigen Abschnitt 5.3.

Kompetenzen in den kognitiven Anforderungsbereichen im internationalen Vergleich: Abbildung 4.11 zeigt die in den einzelnen Staaten erreichten Kompetenzwerte in den kognitiven Anforderungsbereichen *Reproduzieren, Anwenden* und *Problemlösen.* Für Deutschland zeigen die Ergebnisse keine relativen Stärken oder Schwächen der Schülerinnen und Schüler in einem der drei kognitiven Anforderungsbereiche. Das Kompetenzniveau liegt in allen drei Anforderungsbereichen nahe bei dem Kompetenzniveau auf der Gesamtskala Naturwissenschaften. Im Bereich *Reproduzieren* (527 Punkte) und *Anwenden* (529 Punkte) zeigen sich keine signifikanten Unterschiede zum OECD- und EU-Durchschnitt (OECD: 525 und 528; EU: 525 und 526 Punkte). Der Mittelwert der Schülerinnen und Schüler in Deutschland im Bereich des *Problemlösens* (532 Punkte) unterscheidet sich nicht vom OECD-Durchschnitt (528 Punkte), liegt aber mit 8 Punkten signifikant über dem EU-Durchschnitt (524 Punkte).

Im Vergleich zu Deutschland weisen elf Staaten (Singapur, die Republik Korea (Südkorea), Japan, die Russische Föderation, Hongkong, Taiwan, Finnland, Kasachstan, Polen, die USA und Schweden) ein statistisch signifikant höheres Kompetenzniveau in allen drei kognitiven Anforderungsbereichen auf. Im Bereich des *Reproduzierens* und des *Anwendens* finden sich die größten Differenzen zur Republik Korea (Südkorea) mit 55 beziehungsweise 60 Punkten. Die größten Differenzen im Bereich des *Problemlösens* zeigen sich dagegen zu Singapur mit 73 Punkten. Sechs Staaten zeigen in allen drei Inhaltsbereichen ein signifikant niedrigeres Kompetenzniveau auf als Deutschland. Zu dieser Gruppe gehören Portugal, Neuseeland, Frankreich, Türkei, Zypern und Chile. Insgesamt zeigt sich, dass 15 Teilnehmerstaaten im Anforderungsbereich *Reproduzieren,* 15 im Bereich *Anwenden* und 11 im Bereich *Problemlösen* signifikant besser abschneiden als Deutschland. Umgekehrt schneiden im *Reproduzieren* 9, beziehungsweise im *Anwenden* 12 und im *Problemlösen* 13 Teilnehmerstaaten signifikant schwächer ab als Deutschland.

Unterschiede in den Kompetenzen in den kognitiven Anforderungsbereichen zwischen TIMSS 2007, 2011 und 2015: In den Abbildungen 4.12 und 4.13 sind Kompetenzunterschiede in den kognitiven Anforderungsbereichen zwischen TIMSS 2007, 2011 und 2015 dargestellt. Für Deutschland zeigen sich marginale, nicht signifikante Veränderungen in den drei kognitiven Anforderungsbereichen zwischen TIMSS 2007, 2011 und 2015, die zwischen 1 und 7 Punkten liegen. Sieben Teilnehmerstaaten (Georgien, Slowenien, Japan, die Russische Föderation, die Tschechische Republik, Litauen und Schweden) verbesserten sich in allen drei Anforderungsbereichen zwischen TIMSS 2007 und 2015. Lediglich Italien schnitt in allen drei Anforderungsbereichen in TIMSS 2015 schwächer ab als in TIMSS 2007. Bei den übrigen Staaten finden sich zum Teil signifikante Veränderungen in einzelnen Anforderungsbereichen. In den Anforderungsbereichen *Anwenden* und *Problemlösen* lassen sich deutlich mehr Verbesserungen als Verschlechterungen feststellen, während sich im Anforderungsbereich *Reproduzieren* Veränderungen in beide Richtungen zeigen. Eine Ursache hierfür könnte sein, dass im Anfor-

Abbildung 4.11: Testleistung der Schülerinnen und Schüler in Naturwissenschaften im internationalen Vergleich in den kognitiven Anforderungsbereichen *Reproduzieren*, *Anwenden* und *Problemlösen*

Teilnehmer	Reproduzieren M	(SE)		SD	(SE)	Anwenden M	(SE)		SD	(SE)	Problemlösen M	(SE)		SD	(SE)
[2] Singapur	574	(4.1)	+	95	(2.5)	599	(4.0)	+	90	(2.6)	605	(3.6)	+	81	(2.8)
Republik Korea (Südkorea)	582	(2.2)	+	70	(1.7)	594	(1.9)	+	67	(1.3)	594	(2.2)	+	62	(1.6)
Japan	544	(2.3)	+	71	(1.3)	576	(1.8)	+	66	(1.1)	594	(1.8)	+	72	(1.5)
Russische Föderation	569	(3.9)	+	76	(2.2)	568	(3.3)	+	70	(1.9)	561	(3.8)	+	76	(2.2)
[3] Hongkong	562	(3.0)	+	74	(1.4)	554	(3.3)	+	73	(1.7)	552	(4.1)	+	82	(1.8)
Taiwan	557	(2.5)	+	71	(1.8)	553	(2.6)	+	73	(1.0)	558	(3.1)	+	70	(1.5)
Finnland	556	(3.1)	+	71	(2.3)	553	(2.4)	+	68	(1.9)	552	(2.3)	+	69	(1.8)
Kasachstan	551	(5.0)	+	91	(2.5)	547	(4.6)	+	87	(2.4)	552	(4.5)	+	95	(2.5)
Polen	544	(2.5)	+	75	(1.6)	554	(2.8)	+	69	(1.3)	542	(3.2)	+	76	(1.3)
[2][3] USA	548	(2.5)	+	88	(1.4)	546	(2.2)	+	81	(1.3)	542	(2.7)	+	76	(1.3)
[2] Schweden	538	(3.8)		78	(2.5)	540	(3.4)	+	78	(2.8)	542	(3.8)	+	75	(2.9)
Slowenien	541	(2.6)	+	75	(1.5)	546	(2.9)	+	73	(1.8)	538	(2.7)		76	(1.4)
Ungarn	550	(3.8)	+	92	(2.8)	539	(3.4)	+	84	(3.0)	533	(3.9)		86	(2.9)
[1] Norwegen (5. Jgst.)	533	(3.0)		65	(1.5)	542	(2.9)	+	67	(1.7)	537	(3.8)		72	(1.7)
[1] England	533	(2.6)		76	(1.8)	538	(2.7)	+	68	(2.5)	539	(2.7)		74	(1.7)
Bulgarien	551	(6.5)	+	101	(3.7)	536	(6.2)		100	(3.7)	507	(6.4)	-	109	(4.5)
Tschechische Republik	545	(3.0)	+	76	(2.1)	528	(2.1)		71	(1.7)	529	(2.4)		76	(1.3)
Kroatien	534	(2.9)		67	(1.5)	530	(2.2)		65	(1.3)	536	(2.4)		70	(2.0)
Irland	529	(2.5)		74	(1.7)	530	(2.5)		71	(1.7)	526	(2.9)		75	(1.7)
Deutschland	527	(3.0)		78	(1.6)	529	(2.4)		68	(1.5)	532	(2.3)		73	(1.9)
[2] Litauen	524	(2.8)		74	(1.7)	526	(2.4)		70	(1.3)	538	(3.0)		81	(2.1)
VG OECD	**525**	**(0.6)**		**77**	**(0.4)**	**528**	**(0.5)**		**74**	**(0.3)**	**528**	**(0.6)**		**76**	**(0.4)**
[2][3] Dänemark	524	(2.6)		73	(1.9)	529	(2.4)		69	(1.3)	526	(2.9)		78	(1.5)
VG EU	**525**	**(0.7)**		**76**	**(0.4)**	**526**	**(0.6)**		**73**	**(0.4)**	**524**	**(0.7)**	-	**77**	**(0.4)**
[2][3] Kanada	523	(3.1)		77	(1.6)	528	(2.6)		77	(1.5)	524	(2.6)		71	(1.8)
[2] Serbien	527	(3.9)		89	(2.8)	522	(4.5)		83	(3.3)	521	(3.9)		86	(3.1)
Australien	523	(3.3)		81	(1.8)	522	(2.7)		78	(1.6)	527	(3.0)		85	(2.3)
Slowakei	530	(3.3)		91	(2.4)	517	(2.8)	-	88	(1.7)	507	(3.4)	-	91	(1.7)
[3] Nordirland	518	(2.9)	-	74	(1.7)	519	(2.4)	-	71	(1.7)	520	(2.6)	-	77	(2.1)
[2] Spanien	522	(3.3)		78	(1.8)	514	(3.3)	-	71	(1.4)	517	(2.6)	-	74	(1.8)
[3] Niederlande	508	(2.4)	-	67	(1.4)	519	(2.4)	-	61	(1.6)	526	(2.9)		67	(1.6)
[2][3] Italien	521	(3.1)	-	72	(1.8)	513	(3.1)	-	71	(1.4)	511	(3.5)	-	71	(1.8)
[3] Belgien (Fläm. Gem.)	498	(2.7)	-	68	(1.9)	513	(2.5)	-	62	(1.3)	526	(2.9)		72	(2.0)
[2] Portugal	507	(2.9)	-	66	(1.3)	508	(1.9)	-	64	(1.1)	506	(1.9)	-	62	(1.6)
[1][3] Neuseeland	504	(2.8)	-	91	(1.8)	502	(3.1)	-	88	(1.6)	514	(2.4)	-	86	(1.9)
Internationaler Mittelwert	**504**	**(0.5)**	-	**88**	**(0.3)**	**505**	**(0.5)**	-	**84**	**(0.3)**	**503**	**(0.5)**	-	**87**	**(0.3)**
[2] Frankreich	482	(3.8)	-	77	(1.5)	494	(3.1)	-	78	(1.6)	481	(2.8)	-	78	(1.2)
Türkei	478	(3.0)	-	92	(2.7)	486	(3.1)	-	94	(2.9)	483	(3.3)	-	107	(2.8)
Zypern	467	(3.2)	-	77	(1.7)	489	(3.4)	-	78	(2.1)	490	(3.6)	-	79	(1.8)
Chile	477	(3.2)	-	81	(1.5)	476	(3.0)	-	80	(2.0)	477	(2.5)	-	70	(2.1)
Benchmark-Teilnehmer															
Ontario, Kanada	527	(2.8)		76	(1.5)	534	(2.5)		75	(1.3)	529	(2.8)		71	(1.5)
[2][3] Québec, Kanada	524	(4.3)		70	(1.5)	525	(4.5)		70	(1.4)	526	(4.6)		65	(1.9)
Norwegen (4. Jgst.)	495	(3.0)	-	72	(2.0)	494	(2.4)	-	73	(2.4)	482	(3.2)	-	80	(2.4)

Perzentile

5% 25% 75% 95%

Konfidenzintervalle (+/– 2 SE) um den Mittelwert

☐ In allen drei Bereichen statistisch signifikant positiv von den deutschen Mittelwerten abweichende Staaten (p < .05).
⸬ In allen drei Bereichen statistisch signifikant negativ von den deutschen Mittelwerten abweichende Staaten (p < .05).
+ = Mittelwert statistisch signifikant höher als der Mittelwert von Deutschland (p < .05).
– = Mittelwert statistisch signifikant niedriger als der Mittelwert von Deutschland (p < .05).
Kursiv gesetzt sind die Teilnehmer, für die von einer eingeschränkten Vergleichbarkeit der Ergebnisse ausgegangen werden muss.
1 = Die nationale Zielpopulation entspricht nicht oder nicht ausschließlich der vierten Jahrgangsstufe.
2 = Der Ausschöpfungsgrad und/oder die Ausschlüsse von der nationalen Zielpopulation erfüllen nicht die internationalen Vorgaben.
3 = Die Teilnahmequoten auf Schul- und/oder Schülerebene erreichen nicht die internationalen Vorgaben.

IEA: Trends in International Mathematics and Science Study   © TIMSS 2015

derungsbereich *Reproduzieren* in vielen Ländern eine im Vergleich zu den anderen Anforderungsbereichen höhere Anzahl an Aufgaben als curricular nicht valide eingestuft werden.

Abbildung 4.12: Vergleich der Testleistungen in Naturwissenschaften zwischen TIMSS 2007, 2011 und 2015 in den kognitiven Anforderungsbereichen *Reproduzieren, Anwenden* und *Problemlösen* I

	Reproduzieren			Anwenden			Problemlösen		
Teilnehmer[A]	2007[B]	2011[B]	2015	2007[B]	2011[B]	2015	2007[B]	2011[B]	2015
	M_{07} (SE)	M_{11} (SE)	M_{15} (SE)	M_{07} (SE)	M_{11} (SE)	M_{15} (SE)	M_{07} (SE)	M_{11} (SE)	M_{15} (SE)
Georgien	429 (4.3)	466 (3.9)	460 (4.2)	415 (4.5)	452 (4.4)	449 (4.8)	379 (6.0)	422 (5.0)	426 (4.0)
Slowenien	510 (2.0)	518 (2.2)	541 (2.6)	525 (2.5)	518 (2.8)	546 (2.9)	525 (2.0)	525 (3.6)	538 (2.7)
Japan	534 (2.7)	538 (1.8)	544 (2.3)	546 (3.2)	562 (1.6)	576 (1.8)	573 (2.3)	591 (2.0)	594 (1.8)
Russische Föderation	546 (5.6)	553 (3.8)	569 (3.9)	550 (5.3)	556 (3.6)	568 (3.3)	542 (5.2)	542 (4.2)	561 (3.8)
Tschechische Republik	521 (2.9)	551 (3.3)	545 (3.0)	515 (3.4)	534 (2.6)	528 (2.1)	507 (3.6)	516 (4.0)	529 (2.4)
Litauen	511 (2.3)	508 (2.9)	526 (3.2)	513 (3.3)	521 (2.5)	529 (2.5)	521 (2.9)	515 (2.8)	541 (3.3)
Schweden	528 (3.0)	536 (2.8)	538 (3.8)	520 (3.0)	531 (3.0)	540 (3.4)	528 (4.3)	537 (3.0)	542 (3.8)
Dänemark	517 (3.3)	524 (2.6)	524 (2.6)	513 (3.2)	532 (2.5)	529 (2.4)	524 (4.5)	527 (3.1)	526 (2.9)
USA	546 (2.7)	546 (1.9)	548 (2.5)	534 (3.1)	544 (2.1)	546 (2.2)	535 (3.0)	537 (2.3)	542 (2.7)
Ungarn	544 (3.5)	547 (3.7)	550 (3.8)	532 (3.8)	530 (3.6)	539 (3.4)	528 (4.2)	525 (4.5)	533 (3.9)
Singapur	599 (4.4)	570 (3.4)	574 (4.1)	587 (4.2)	590 (4.0)	599 (4.0)	576 (4.0)	597 (3.8)	605 (3.6)
Hongkong	553 (3.9)	537 (3.6)	562 (3.0)	552 (3.4)	529 (3.5)	554 (3.3)	563 (4.9)	541 (4.2)	552 (4.1)
Neuseeland	511 (3.4)	496 (2.7)	504 (2.8)	496 (2.7)	497 (2.6)	502 (3.1)	503 (4.0)	497 (2.9)	514 (2.4)
Deutschland	529 (2.4)	524 (4.0)	527 (2.8)	526 (2.5)	533 (2.6)	529 (2.4)	525 (2.6)	526 (3.6)	532 (2.3)
Taiwan	544 (2.8)	542 (2.7)	557 (2.5)	560 (2.2)	552 (3.1)	553 (2.6)	574 (3.2)	568 (3.2)	558 (3.1)
Australien	532 (3.6)	517 (2.8)	523 (3.3)	522 (3.8)	513 (3.0)	522 (2.7)	528 (4.1)	518 (3.4)	527 (3.0)
Slowakei	531 (4.8)	547 (3.8)	530 (3.3)	527 (4.9)	528 (4.0)	517 (2.8)	512 (5.3)	514 (4.2)	507 (3.4)
England	547 (3.4)	529 (3.2)	533 (2.6)	537 (3.2)	532 (3.1)	538 (2.7)	540 (2.8)	526 (4.4)	539 (2.7)
Niederlande	521 (2.6)	528 (2.3)	508 (2.4)	525 (2.4)	534 (2.0)	519 (2.4)	526 (2.7)	532 (2.9)	526 (2.9)
Iran	431 (5.0)	448 (4.3)	416 (4.1)	443 (4.9)	452 (3.8)	417 (4.5)	427 (4.6)	459 (3.9)	422 (4.9)
Italien	535 (4.2)	532 (3.0)	521 (3.1)	541 (3.4)	523 (2.7)	513 (3.1)	523 (3.6)	510 (2.9)	511 (3.5)
Benchmark-Teilnehmer									
Dubai, VAE	461 (2.6)	467 (2.5)	523 (2.3)	458 (3.7)	453 (2.0)	517 (2.8)	456 (3.0)	455 (3.7)	510 (2.9)
Norwegen (4. Jgst.)	480 (3.2)	502 (2.8)	495 (3.0)	472 (3.5)	487 (2.8)	494 (2.4)	475 (3.2)	493 (3.7)	482 (3.2)
Québec, Kanada	517 (3.0)	519 (2.7)	524 (4.3)	515 (3.0)	514 (2.5)	525 (4.5)	526 (3.7)	520 (3.7)	526 (4.6)
Ontario, Kanada	542 (3.7)	529 (3.1)	527 (2.8)	529 (3.9)	526 (3.3)	534 (2.5)	540 (3.4)	529 (3.7)	529 (2.8)

Kursiv gesetzt sind die Teilnehmer, für die von einer eingeschränkten Vergleichbarkeit der Ergebnisse zwischen den Studienzyklen ausgegangen werden muss.
1 = Die nationale Zielpopulation entspricht nicht oder nicht ausschließlich der vierten Jahrgangsstufe.
2 = Der Ausschöpfungsgrad und/oder die Ausschlüsse von der nationalen Zielpopulation erfüllen nicht die internationalen Vorgaben.
3 = Die Teilnahmequoten auf Schul- und/oder Schülerebene erreichen nicht die internationalen Vorgaben.
6 = Abweichender Testzeitpunkt (in Dubai, VAE erfolgte die Testung zeitlich verzögert).
8 = Eingeschränkte Vergleichbarkeit aufgrund veränderter Teilnahmebedingungen zwischen 2007, 2011 und 2015.
A = Die Ergebnisse von Kasachstan, Katar, Kuwait und Marokko werden aufgrund der nicht gegebenen Vergleichbarkeit zwischen den Studienzyklen 2007, 2011 und 2015 nicht berichtet.
B = Abweichungen in den berichteten Standardfehlern zur internationalen Berichterstattung sind in einem differenten Berechnungsverfahren begründet.

IEA: Trends in International Mathematics and Science Study   © TIMSS 2015

Abbildung 4.13: Vergleich der Testleistungen in Naturwissenschaften zwischen TIMSS 2007, 2011 und 2015 in den kognitiven Anforderungsbereichen *Reproduzieren, Anwenden* und *Problemlösen* II

2007	2011	2015	T	Teilnehmer[A]	Reproduzieren Veränderungen[B]						Anwenden Veränderungen[B]						Problemlösen Veränderungen[B]					
					Δ_{11-07}	(SE)	Δ_{15-11}	(SE)	Δ_{15-07}	(SE)	Δ_{11-07}	(SE)	Δ_{15-11}	(SE)	Δ_{15-07}	(SE)	Δ_{11-07}	(SE)	Δ_{15-11}	(SE)	Δ_{15-07}	(SE)
2	2	2		Georgien	37	(5.8)+	-6	(5.8)	31	(6.0)+	38	(6.3)+	-3	(6.5)	35	(6.6)+	43	(7.8)+	3	(6.4)	46	(7.2)+
				Slowenien	9	(2.9)+	23	(3.4)+	31	(3.3)+	-7	(3.8)	28	(4.0)+	21	(3.8)+	0	(4.1)	13	(4.5)+	13	(3.3)+
				Japan	3	(3.3)	6	(2.9)+	9	(3.5)+	16	(3.6)+	14	(2.4)+	31	(3.7)+	18	(3.0)+	3	(2.7)	21	(2.9)+
		2		Russische Föderation	7	(6.8)	15	(5.5)+	23	(6.9)+	6	(6.4)	12	(4.9)+	19	(6.2)+	0	(6.7)	19	(5.7)+	18	(6.4)+
		2		Tschechische Republik	30	(4.4)+	-6	(4.5)	24	(4.2)+	19	(4.3)+	-6	(3.4)	13	(4.0)+	9	(5.4)	12	(4.7)+	21	(4.3)+
2	2	2		*Litauen*[8]	-4	(3.7)	18	(4.3)+	14	(3.9)+	7	(4.2)	8	(3.6)+	15	(4.2)+	-5	(4.0)	26	(4.3)+	21	(4.4)+
		2		Schweden	8	(4.1)	3	(4.7)	10	(4.8)+	11	(4.2)+	9	(4.5)+	20	(4.6)+	9	(5.2)	5	(4.8)	14	(5.7)+
3	23	23		*Dänemark*[8]	7	(4.2)	0	(3.7)	7	(4.3)	19	(4.1)+	-2	(3.5)	16	(4.0)+	3	(5.4)	-2	(4.2)	1	(5.3)
23	23	23		USA	1	(3.3)	2	(3.1)	3	(3.6)	10	(3.7)+	2	(3.0)	12	(3.8)+	2	(3.8)	4	(3.6)	6	(4.0)
				Ungarn	2	(5.0)	4	(5.2)	6	(5.1)	-2	(5.2)	9	(4.9)	7	(5.1)	-3	(6.2)	8	(6.0)	5	(5.7)
	2	2		*Singapur*[8]	-29	(5.6)-	4	(5.3)	-24	(6.0)-	2	(5.8)	10	(5.7)	12	(5.8)+	20	(5.5)+	8	(5.2)	29	(5.4)+
23	2	3		*Hongkong*[8]	-16	(5.3)-	25	(4.7)+	9	(4.9)	-24	(4.8)-	25	(4.8)+	1	(4.7)	-21	(6.5)-	11	(5.9)	-10	(6.3)
12	1 3	1		*Neuseeland*[8]	-15	(4.3)-	8	(3.9)+	-7	(4.4)	1	(3.7)	5	(4.0)	6	(4.1)	-6	(5.0)	17	(3.7)+	11	(4.7)+
				Deutschland	-4	(4.6)	3	(4.9)	-1	(3.7)	7	(3.6)	-4	(3.5)	3	(3.5)	1	(4.5)	6	(4.3)	6	(3.5)
				Taiwan	-1	(3.9)	15	(3.7)+	13	(3.8)+	-7	(3.8)	1	(4.1)	-6	(3.4)	-6	(4.5)	-10	(4.4)-	-16	(4.5)-
				Australien	-14	(4.5)-	5	(4.3)	-9	(4.9)	-9	(4.8)	9	(4.1)+	0	(4.6)	-11	(5.3)-	10	(4.5)+	-1	(5.1)
				Slowakei	15	(6.1)+	-17	(5.0)-	-2	(5.8)	1	(6.3)	-11	(4.9)-	-10	(5.6)	2	(6.7)	-7	(5.4)	-4	(6.2)
1 3	1 3	1		*England*[8]	-19	(4.7)-	5	(4.1)	-14	(4.2)-	-4	(4.5)	5	(4.1)	1	(4.2)	-14	(5.2)-	12	(5.2)+	-1	(3.9)
3	3	3		Niederlande	7	(3.4)+	-19	(3.3)-	-12	(3.5)-	10	(3.1)+	-15	(3.1)-	-6	(3.4)	6	(4.0)	-6	(4.1)	0	(3.9)
				Iran	17	(6.6)+	-32	(5.9)-	-15	(6.5)-	9	(6.2)	-34	(5.9)-	-25	(6.6)-	32	(6.0)+	-37	(6.2)-	-5	(6.7)
2	3	23		*Italien*[8]	-3	(5.1)	-11	(4.3)-	-14	(5.2)-	-18	(4.4)-	-10	(4.2)-	-28	(4.6)-	-14	(4.6)-	2	(4.6)	-12	(5.0)-
				Benchmark-Teilnehmer																		
2 36	2	2		*Dubai, VAE*[8]	7	(3.6)	55	(3.4)+	62	(3.5)+	-5	(4.2)	64	(3.4)+	59	(4.6)+	-1	(4.7)	55	(4.6)+	54	(4.2)+
2	3			*Norwegen (4. Jgst.)*[8]	21	(4.3)+	-7	(4.2)	14	(4.4)+	15	(4.5)+	7	(3.7)	22	(4.3)+	17	(4.9)+	-10	(4.9)-	7	(4.5)
2		23		*Québec, Kanada*[8]	2	(4.0)	5	(5.0)	7	(5.2)	-1	(3.9)	12	(5.1)+	11	(5.4)+	-6	(5.2)	7	(5.9)	0	(5.9)
2	2			Ontario, Kanada	-14	(4.8)-	-1	(4.2)	-15	(4.6)-	-3	(5.1)	9	(4.1)+	6	(4.6)	-11	(5.1)-	0	(4.6)	-11	(4.4)-

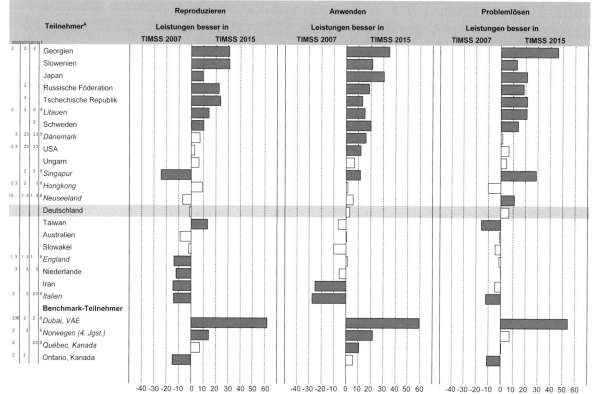

■ Statistisch signifikante Veränderung zwischen 2007 und 2015 (*p* < .05).
+ = Mittelwert für 2011 statistisch signifikant höher als für 2007 bzw. für 2015 statistisch signifikant höher als für 2011 und/oder 2007 (*p* < .05).
- = Mittelwert für 2011 statistisch signifikant niedriger als für 2007 bzw. für 2015 statistisch signifikant niedriger als für 2011 und/oder 2007 (*p* < .05).
Kursiv gesetzt sind die Teilnehmer, für die von einer eingeschränkten Vergleichbarkeit der Ergebnisse zwischen den Studienzyklen ausgegangen werden muss.
1 = Die nationale Zielpopulation entspricht nicht oder nicht ausschließlich der vierten Jahrgangsstufe.
2 = Der Ausschöpfungsgrad und/oder die Ausschlüsse von der nationalen Zielpopulation erfüllen nicht die internationalen Vorgaben.
3 = Die Teilnahmequoten auf Schul- und/oder Schülerebene erreichen nicht die internationalen Vorgaben.
6 = Abweichender Testzeitpunkt (in Dubai, VAE erfolgte die Testung zeitlich verzögert).
8 = Eingeschränkte Vergleichbarkeit aufgrund veränderter Teilnahmebedingungen zwischen 2007, 2011 und 2015.
A = Die Ergebnisse von Kasachstan, Katar, Kuwait und Marokko werden aufgrund der nicht gegebenen Vergleichbarkeit zwischen den Studienzyklen 2007, 2011 und 2015 nicht berichtet.
B = Inkonsistenzen in den berichteten Differenzen sind im Rundungsverfahren begründet.
Δ = Differenz in den Leistungsmittelwerten.

IEA: Trends in International Mathematics and Science Study   © TIMSS 2015

5.5 Einstellungen und Selbstkonzept

Neben den in der TIMSS-Konzeption beschriebenen Bereichen naturwissenschaftlicher kognitiver Kompetenzen (siehe Abschnitt 3) stellen auch positive Einstellungen gegenüber Naturwissenschaften und ein positives naturwissenschaftsbezogenes Selbstkonzept eigener Fähigkeiten wichtige Zielbereiche naturwissenschaftlichen Unterrichts dar (Anders, Hardy, Sodian & Steffensky, 2013; Koballa & Glynn, 2008). Unter Einstellungen zu Naturwissenschaften werden affektive Bewertungen von Naturwissenschaften verstanden. Sie sind eine wichtige Voraussetzung für die Bereitschaft, sich während und auch nach der Schulzeit mit naturwissenschaftlichen Sachverhalten aktiv auseinander zu setzen, zum Beispiel naturwissenschaftliche Kurse zu wählen oder naturwissenschaftsbezogene Berufe zu ergreifen (Koballa & Glynn, 2008).

Unter dem naturwissenschaftsbezogenen Selbstkonzept eigener Fähigkeiten wird die Selbsteinschätzung der Schülerinnen und Schüler hinsichtlich ihrer Leistungsstärke im Bereich der Naturwissenschaften verstanden. Ein positives naturwissenschaftsbezogenes Selbstkonzept geht mit Vertrauen in die eigenen naturwissenschaftlichen Kompetenzen einher und ist somit eine wichtige Voraussetzung für die Bereitschaft zur Auseinandersetzung mit naturwissenschaftlichen Themen darstellt (Marsh & Yeung, 1997).

Positive Einstellungen und ein positives Selbstkonzept werden auch deshalb als wichtige Zielbereiche naturwissenschaftlichen Unterrichts angesehen, weil von einer wechselseitigen Beeinflussung von Einstellungen und Selbstkonzept einerseits und der Entwicklung naturwissenschaftlicher kognitiver Kompetenzen andererseits auszugehen ist (Guay, Marsh & Boivin, 2003).

In diesem Abschnitt werden Ergebnisse aus TIMSS 2015 zu Einstellungen und zum Selbstkonzept der Schülerinnen und Schüler aus Deutschland dargestellt und mit den Ergebnissen aus TIMSS 2007 und 2011 verglichen. Auf die Darstellung des internationalen Vergleichs der Ergebnisse wurde verzichtet, da sich bei Einstellungs- und Selbstkonzeptskalen typischerweise zeigt, dass kulturspezifische Referenzgruppeneffekte zum Tragen kommen (Seaton, Marsh & Craven, 2009), die dazu führen, dass die verwendeten Messmodelle nicht universell gültig sind. Entsprechend lassen sich Mittelwertunterschiede zwischen den Staaten nur schwer interpretieren.

Im Rahmen von TIMSS wurden die Einstellungen und das Selbstkonzept nicht mit Bezug auf die Naturwissenschaften, sondern im Hinblick auf das Fach Sachunterricht erfasst. Da in Deutschland naturwissenschaftliche Inhalte in der Grundschule nicht in einem eigenen Fach unterrichtet werden, ist unklar, ob die Schülerinnen und Schüler eine klare Vorstellung davon haben, was Naturwissenschaften beziehungsweise naturwissenschaftliche Inhalte sind. Aus diesem Grund werden Einstellungen und Selbstkonzepte in TIMSS in Bezug auf das gesamte Fach Sachunterricht erfasst.

Einstellung zum Fach Sachunterricht: Die Einstellung zum Fach Sachunterricht wird in TIMSS mit Hilfe eines Fragebogens erfasst. Darin geben die Schülerinnen und Schüler an, ob sie den folgenden Aussagen über das Lernen im Sachunterricht *völlig zustimmen, eher zustimmen, eher nicht zustimmen* oder *überhaupt nicht zustimmen*:

1. Ich lerne gern im Sachunterricht.
2. Sachunterricht ist langweilig.
3. Ich mag Sachunterricht.

Die Antworten der Schülerinnen und Schüler werden bei Aussage 1 und 3 mit 1 (*stimme überhaupt nicht zu*) bis 4 (*stimme völlig zu*) Punkten kodiert, bei Aussage 2 in umgekehrter Reihenfolge. Für jedes Kind wird dann der Mittelwert über die drei Aussagen gebildet. Dieser Skalenwert drückt aus, wie stark positiv die Einstellung des Kindes zum Sachunterricht ausgeprägt ist. Die interne Konsistenz dieser Skala beträgt Cronbachs Alpha = .84.

In einem weiteren Schritt wurden drei Gruppen von Schülerinnen und Schülern mit *niedrig, mittel* und *hoch* ausgeprägter positiver Einstellung zum Sachunterricht gebildet. Kinder mit einem Mittelwert (M) von $1 \leq M < 2$ wurden als *niedrig*, Kinder mit einem Mittelwert von $2 \leq M < 3$ als *mittel* und Kinder mit einem Mittelwert von $3 \leq M \leq 4$ als *hoch* klassifiziert. Abbildung 4.14 zeigt, wie stark positiv die Einstellungen der Schülerinnen und Schüler zum Sachunterricht bei TIMSS 2007, 2011 und 2015 in Deutschland ausgeprägt waren (mittlerer Skalenwert). Außerdem ist dargestellt, wie sich die Schülerinnen und Schüler auf die Gruppen der Kinder mit *niedrig, mittel* und *hoch* positiven Einstellungen verteilen.

Abbildung 4.14: Mittlere positive Einstellung von Schülerinnen und Schülern zum Sachunterricht sowie prozentuale Verteilungen nach *hoch, mittel* und *niedrig* positiver Einstellung – TIMSS 2007, 2011 und 2015 im Vergleich

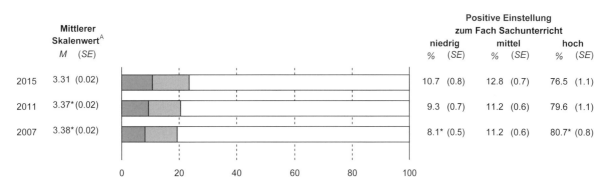

A = Die Skala umfasst drei Fragen (z.B. Ich mag Sachunterricht.) mit vierstufigem Antwortformat (1 = Stimme überhaupt nicht zu,..., 4 = Stimme völlig zu).
★ = Unterschied zu 2015 statistisch signifikant ($p < .05$).

IEA: Trends in International Mathematics and Science Study © TIMSS 2015

Die Einstellungen der Schülerinnen und Schüler zum Sachunterricht am Ende der Grundschulzeit sind in TIMSS 2015 sehr positiv ausgeprägt. Dem hohen Mittelwert von 3.31 entsprechend weisen ungefähr drei Viertel der Schülerinnen und Schüler eine *hoch* positive Einstellung auf. 13 Prozent der Schülerinnen und Schüler weisen eine *mittel* positive Einstellung auf und 11 Prozent eine *niedrig* positive Einstellung.

Im Vergleich zu TIMSS 2007 und TIMSS 2011 fällt der Skalenmittelwert um 0.07 beziehungsweise 0.08 Punkte niedriger aus. Dieser Unterschied ist statistisch signifikant. Es handelt sich dabei um sehr kleine Effekte, so entsprechen diese Differenzen einer Effektstärke von Cohens $d = .10$ beziehungsweise .11. Es finden sich kleinere Unterschiede zwischen den Studienzyklen in der Verteilung der Schülerinnen und Schüler in den drei Gruppen. Signifikant werden diese Unterschiede im Vergleich von TIMSS 2015 und TIMSS 2007 hinsichtlich der Anteile in der hohen und niedrigen Gruppe. Gleichwohl hat nach wie vor die Mehrheit der Schülerinnen und Schüler auch in TIMSS 2015 eine sehr positive Einstellung zum Sachunterricht.

Sachunterrichtsbezogenes Selbstkonzept: Auch das sachunterrichtsbezogene Selbstkonzept eigener Fähigkeiten wird in TIMSS mit Hilfe eines Fragebogens erfasst. Darin geben die Schülerinnen und Schüler an, ob sie den folgenden Aussagen *völlig zustimmen, eher zustimmen, eher nicht zustimmen* oder *überhaupt nicht zustimmen*:

1. Normalerweise bin ich gut im Sachunterricht.
2. Sachunterricht fällt mir schwerer als vielen meiner Mitschüler.
3. Ich bin einfach nicht gut im Sachunterricht.
4. Ich lerne schnell im Sachunterricht.

Die Antworten der Schülerinnen und Schüler werden bei Aussage 1 und 2 mit 1 (*stimme überhaupt nicht zu*) bis 4 (*stimme völlig zu*) Punkten kodiert, bei den Aussagen 3 und 4 in umgekehrter Reihenfolge. Für jedes Kind wird dann der Mittelwert über die vier Aussagen gebildet. Die interne Konsistenz dieser Skala beträgt Cronbachs Alpha = .78.

Genau wie bei den Einstellungen wurden die Schülerinnen und Schüler in drei Gruppen mit *niedrigem, mittlerem* und *hohem* Selbstkonzept eingeteilt. Kinder mit einem Mittelwert (M) von $1 \leq M < 2$ wurden als *niedrig*, Kinder mit einem Mittelwert von $2 \leq M < 3$ als *mittel* und Kinder mit einem Mittelwert von $3 \leq M \leq 4$ als *hoch* klassifiziert. Abbildung 4.15 zeigt, wie stark positiv das sachunterrichtsbezogene Selbstkonzept der Schülerinnen und Schüler bei TIMSS 2007, 2011 und 2015 in Deutschland ausgeprägt war (mittlerer Skalenwert). Außerdem ist dargestellt, wie sich die Schülerinnen und Schüler auf die Gruppen der Kinder mit *niedrigem, mittlerem* und *hohem* Selbstkonzept verteilen.

Abbildung 4.15: Mittleres sachunterrichtsbezogenes Selbstkonzept der Schülerinnen und Schüler sowie prozentuale Verteilungen nach *niedrigem, mittlerem* und *hohem* Selbstkonzept – TIMSS 2007, 2011 und 2015 im Vergleich

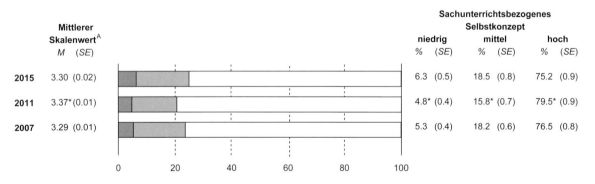

	Mittlerer Skalenwert[A]			Sachunterrichtsbezogenes Selbstkonzept		
				niedrig	mittel	hoch
	M	(SE)		% (SE)	% (SE)	% (SE)
2015	3.30	(0.02)		6.3 (0.5)	18.5 (0.8)	75.2 (0.9)
2011	3.37*	(0.01)		4.8* (0.4)	15.8* (0.7)	79.5* (0.9)
2007	3.29	(0.01)		5.3 (0.4)	18.2 (0.6)	76.5 (0.8)

☐ % der Schülerinnen und Schüler mit hohem sachunterrichtsbezogenen Selbstkonzept.
▨ % der Schülerinnen und Schüler mit mittlerem sachunterrichtsbezogenen Selbstkonzept.
▨ % der Schülerinnen und Schüler mit niedrigem sachunterrichtsbezogenen Selbstkonzept.

A = Die Skala umfasst vier Fragen (z.B. Normalerweise bin ich gut im Sachunterricht.) mit vierstufigem Antwortformat (1 = Stimme überhaupt nicht zu,..., 4 = Stimme völlig zu).
★ = Unterschied zu 2015 statistisch signifikant (p < .05).

Es zeigt sich wie schon bei den Einstellungen zum Sachunterricht, dass auch das sachunterrichtsbezogene Selbstkonzept der Schülerinnen und Schüler am Ende der Grundschulzeit sehr positiv ausgeprägt ist. Dem hohen Mittelwert von 3.30 entsprechend groß ist der Anteil der Schülerinnen und Schüler, die ein *hohes* sachunterrichtsbezogenes Selbstkonzept aufweisen: 75 Prozent der Schülerinnen und Schüler erfüllten dieses Kriterium. 19 Prozent weisen ein *mittleres* Selbstkonzept auf und etwa 6 Prozent ein *niedriges* Selbstkonzept. Im Vergleich von TIMSS 2015 und TIMSS 2011 haben sich die Anteile von der hohen Gruppe zu der mittleren beziehungsweise niedrigeren Gruppe verschoben, während sich im Vergleich zu TIMSS 2007 lediglich marginale und nicht signifikante Verschiebungen in den Anteilen sichtbar werden. Zwischen den drei Studienzyklen zeigen sich Unterschiede in der Größenordnung von 0.01 bis 0.08 Punkten. Der Unterschied zwischen TIMSS 2015 und TIMSS 2011 ist statistisch signifikant, dennoch handelt sich um kleine Effekte (TIMSS 2015–TIMSS 2011 bzw. 2007: Cohens d = .13 bzw. .02 und TIMSS 2011–TIMSS 2007: Cohens d = .11). Die Mehrheit der Schülerinnen und Schüler hat auch in diesem Studienzyklus ein sehr positiv ausgeprägtes sachunterrichtsbezogenes Selbstkonzept.

6 Zusammenfassung

In diesem Kapitel wurde dargestellt, über welche naturwissenschaftlichen Kompetenzen Schülerinnen und Schüler in Deutschland am Ende der vierten Jahrgangsstufe im internationalen Vergleich in TIMSS 2015 verfügen, und welche Unterschiede sich im Vergleich zu den Erhebungen von TIMSS 2007 und 2011 abzeichnen.

Niveau und Streuung der naturwissenschaftlichen Kompetenz: Das Niveau naturwissenschaftlicher Kompetenz von Schülerinnen und Schülern am Ende der vierten Jahrgangsstufe liegt bei 528 Punkten auf der TIMSS-Skala. Deutschland liegt damit in der oberen Hälfte der Teilnehmerstaaten. Die naturwissenschaftliche Kompetenz der Schülerinnen und Schüler ist in Deutschland deutlich über dem internationalen Mittelwert von 500 Punkten, während der Abstand zum EU-Durchschnitt (525 Punkte) und zum Durchschnitt der OECD-Staaten (528 Punkte) unbedeutend ist. Im Vergleich zu den Staaten mit dem höchsten naturwissenschaftlichen Kompetenzniveau schneidet Deutschland allerdings deutlich schlechter ab. Der Abstand ist mit 62 Punkten zu Singapur, und mit 61 Punkten zur Republik Korea (Südkorea) beträchtlich. Eine ähnliche Ausprägung der mittleren naturwissenschaftlichen Kompetenz wie in Deutschland findet sich unter anderem in Ländern wie Canada, Irland, Kroatien oder der Tschechischen Republik.

Sowohl bei TIMSS 2007 als auch bei TIMSS 2011 und TIMSS 2015 erzielte Deutschland genau denselben Mittelwert in der naturwissenschaftlichen Kompetenz. In diesem Zeitraum von acht Jahren lassen sich keine Unterschiede im Niveau der naturwissenschaftlichen Kompetenz feststellen. Länder, in denen sich ebenfalls nur relativ geringe Unterschiede zwischen den drei Studienzyklen finden, sind Australien, die Vereinigten Staaten von Amerika, Ungarn oder, wenngleich auf einem anderen Niveau, Singapur. Einen starken positiven Trend sieht man beispielsweise in der Russischen Föderation, Georgien oder Slowenien.

Die Streuung der Kompetenzen ist in Deutschland vergleichsweise gering ausgeprägt, das heißt, die Schülerinnen und Schüler sind hinsichtlich ihrer Kompetenzen relativ homogen. Der Unterschied zwischen den 5 Prozent leistungsschwächsten und den 5 Prozent leistungsstärksten Schülerinnen und Schüler ist mit 229 Punkten im Vergleich zu anderen Staaten eher gering. Ähnliche Streuungen in der naturwissenschaftlichen Kompetenz lassen sich in den anderen OECD- und EU-Staaten finden. Eine Ausnahme bilden die Niederlande und auch die Flämische Gemeinschaft in Belgien, für die die Kompetenzen der Schülerinnen und Schüler besonders homogen ausgeprägt sind. In TIMSS 2015 ist die Streuung der Kompetenzwerte der Schülerinnen und Schüler in Deutschland im Vergleich zu TIMSS 2007 und 2011 ähnlich stark ausgeprägt.

Kompetenzstufen: Anhand der in Abschnitt 4 beschriebenen fünf Kompetenzstufen können die naturwissenschaftlichen Kompetenzen der Schülerinnen und Schüler inhaltlich beschrieben werden. In Deutschland befinden sich 8 Prozent der Schülerinnen und Schüler auf der höchsten Kompetenzstufe V. Diese Schülerinnen und Schüler verstehen und begründen bereits am Ende der Grundschulzeit naturwissenschaftliche Zusammenhänge, sie interpretieren zum Beispiel einfache naturwissenschaftliche Experimente und ziehen Schlussfolgerungen daraus. Weitere 32 Prozent der Schülerinnen und Schüler befinden sich auf Kompetenzstufe IV. Diese Schülerinnen und Schüler verfügen über naturwissenschaftliche Konzepte, mit denen sie Alltagsphänomene und Sachverhalte beschreiben können. Sie können auf ausreichendes Wissen zurückgreifen, welches zu einer erfolgreichen Teilnahme an weiterführendem naturwissenschaftlichem Unterricht beitragen kann. Demgegenüber sind die Voraussetzungen der Gruppe von Schülerinnen und Schülern in Deutschland, die sich auf den Kompetenzstufen I und II befinden, ungünstig für den weiteren Wissenserwerb. Diese Schülerinnen und Schüler können zwar elementares Faktenwissen abrufen, allerdings fehlt es ihnen an einem grundlegenden naturwissenschaftlichen Verständnis. Besonders kritisch sind die 4 Prozent der Schülerinnen und Schüler einzuschätzen, die am Ende ihrer Grundschulzeit nicht in der Lage sind, einfache Aufgaben zu elementarem naturwissenschaftlichem Faktenwissen sicher zu lösen (Kompetenzstufe I). Die Anteile der Schülerinnen und Schüler auf den einzelnen Kompetenzstufen liegen in Deutschland etwa in der Größenordnung der Anteile im OECD- und im EU-Durchschnitt.

Im Vergleich zu TIMSS 2011 zeigen sich nur sehr geringe Unterschiede in der Verteilung der Kinder auf die fünf Kompetenzstufen. Auch die zum Teil statistisch signifikanten Unterschiede zwischen TIMSS 2015 und TIMSS 2007 sind lediglich als geringfügige Änderungen zu interpretieren, die keinen eindeutigen Trend über die drei Studienzyklen hinweg erkennen lassen.

Naturwissenschaftliche Kompetenzbereiche: Hinsichtlich der Inhaltsbereiche *Biologie*, *Physik/Chemie* und *Geographie* zeigen sich in Deutschland eine geringfügige relative Stärke im Bereich *Physik/Chemie* und eine relative Schwäche im Bereich *Geographie*. In den drei kognitiven Anforderungsbereichen *Reproduzieren*, *Anwenden* und *Problemlösen* zeigen sich dagegen keine relativen Stärken oder Schwächen. Vergleichbare Ergebnisse hinsichtlich der Kompetenzbereiche fanden sich auch in den beiden vorherigen Studienzyklen TIMSS 2007 und 2011.

Einstellungen und Selbstkonzept: Da in Deutschland naturwissenschaftliche Inhalte in der Grundschule im Rahmen des mehrperspektivischen Faches Sachunterricht unterrichtet werden, haben Grundschulkinder oft noch keine Vorstellung davon, was Naturwissenschaften beziehungsweise naturwissenschaftliche Inhalte sind. Aus diesem Grund werden bei TIMSS nicht die naturwissenschaftsbezogene, sondern auf den Sachunterricht bezogene Einstellung und das Selbstkonzept eigener Fähigkeiten der Schülerinnen und Schüler erfasst. Dies bedeutet aber, dass Kinder möglicherweise ihre Angaben auch auf nicht naturwissenschaftliche und geographische Perspektiven des Faches beziehen. Es zeigte sich, dass die Schülerinnen und Schüler am Ende der Grundschulzeit über sehr positive Einstellungen zum Sachunterricht verfügen, was erwarten lässt, dass die Bereitschaft, sich aktiv mit naturwissenschaftlichen Fragestellungen auch nach der Grundschulzeit auseinander zu setzen, hoch ist. 77 Prozent der Kinder befinden sich in der Gruppe der Schülerinnen und Schüler mit *hoch* positiven Einstellungen. Beim sachunterrichtsbezogenen Selbstkonzept zeigt sich ein ähnliches Bild: 75 Prozent der Schülerinnen und Schüler verfügen über ein *hohes* sachunterrichtsbezogenes Selbstkonzept.

Vergleicht man die Werte für Einstellungen und Selbstkonzept von TIMSS 2015 mit denen der vorherigen Studienzyklen, so zeigt sich bei den Einstellungen ein signifikant niedrigerer Wert als bei TIMSS 2011 und TIMSS 2007. Der mittlere Skalenwert des sachunterrichtsbezogenen Selbstkonzepts ist statistisch signifikant niedriger im Vergleich zu TIMSS 2011, aber fast identisch mit dem mittleren Skalenwert von TIMSS 2007. Die Änderungen in den Einstellungen und Selbstkonzepten sind aber unabhängig von der Signifikanz als sehr gering einzuschätzen.

Abschließend bleibt festzuhalten, dass Deutschland wie bereits bei TIMSS 2007 und TIMSS 2011 auch in dem aktuellen Studienzyklus in der oberen Hälfte der Rangreihe der Teilnehmerstaaten liegt. Das Kompetenzniveau ist über die acht Jahre hinweg stabil und vergleichbar mit vielen anderen EU- und OECD-Staaten. Erfreulich ist dabei, dass es zwischen den drei Inhaltsbereichen *Biologie, Physik/ Chemie* und *Geographie* keine gravierenden Unterschiede gibt. Der angenommene Schwerpunkt des naturwissenschaftlichen Sachunterrichts auf die belebte Natur spiegelt sich zumindest in den Befunden der letzten beiden Studienzyklen nicht wider. Die Schülerinnen und Schüler erhalten also im Rahmen des Sachunterrichts Gelegenheiten, ein inhaltlich breites naturwissenschaftliches Wissen zu entwickeln.

Gleichzeitig muss konstatiert werden, dass anders als in vielen anderen Staaten in Deutschland kein positiver Trend zwischen TIMSS 2007 und 2015 in Bezug auf das naturwissenschaftliche Kompetenzniveau zu verzeichnen ist. Der internationale Vergleich zeigt aber deutlich, dass weitere Verbesserungen in der naturwissenschaftlichen Grundbildung möglich sind. So bleibt neben dem Niveau der Kompetenz zum Beispiel die zentrale Herausforderung bestehen, den Anteil schwächerer Schülerinnen und Schüler auf den unteren Kompetenzstufen zu verringern und gleichzeitig den Anteil der Schülerinnen und Schüler auf den beiden höchsten Kompetenzstufen zu vergrößern. Die Weiterentwicklung des naturwissenschaftlichen Sachunterrichts ist insbesondere wichtig, wenn man die Bedeutung des Vorwissens für den weiteren Bildungserfolg berücksichtigt. So können im Primarbereich Grundlagen gelegt werden, die das Lernen im naturwissenschaftlichen Unterricht der weiterführenden Schulen positiv beeinflussen.

Bei der Betrachtung der Ergebnisse muss die im Vergleich zu den beiden vorherigen Studienzyklen veränderte Schülerpopulation (siehe Kapitel 14 in diesem Band) berücksichtigt werden. So ist in TIMSS 2015 der Anteil von Kindern mit ungünstigen sozialen, ökonomischen und kulturellen Voraussetzungen in der Schülerpopulation erhöht (siehe Kapitel 14 in diesem Band). Dies stellt Grundschulen vor die große Herausforderung der Förderung von Schülerinnen und Schülern mit unterschiedlichen Heterogenitätsmerkmalen. Berücksichtigt man diese veränderte Ausgangssituation, ist der sich abzeichnende Trend stabiler Leistungsmittelwerte positiv zu bewerten. Möglicherweise sind für das trotz schwieriger Bedingungen stabile Kompetenzniveau auch die verschiedenen Fördermaßnahmen für die Schul- und Unterrichtsentwicklung bedeutsam. Insbesondere sind hier die vielfältigen Sprachförderprogramme des Elementar- und Primarbereichs der letzten Jahre anzuführen. Ausreichende Kompetenzen in der mündlichen und schriftlichen Sprache gelten als Voraussetzung für die Nutzung von unterrichtlichen Lerngelegenheiten und den Erwerb fachlicher Kompetenzen. Sprachförderprogramme sind von besonderer Bedeutung für Kinder mit ungünstigen Voraussetzungen, da vorwiegend Schülerinnen und Schüler mit nicht deutscher Herkunftssprache und Kinder aus sozial schwachen, bildungsfernen Familien, in denen die kommunikative Praxis und das sprachliche Anregungsverhalten in quantitativer und qualitativer Hinsicht relativ gering ausgeprägt sind (Hoff, 2006), einen Förderbedarf aufweisen. Weitere Analysen der Daten aus den drei Studienzyklen sollen genauere Erkenntnisse über die spezifischen Voraussetzungen der Schülerinnen und Schüler und ihre naturwissenschaftlichen Kompetenzen ergeben.

Literatur

Anders, Y., Hardy, I., Sodian, B. & Steffensky, M. (2013). Zieldimensionen früher naturwissenschaftlicher Bildung im Grundschulalter und ihre Messung. In Stiftung „Haus der kleinen Forscher" (Hrsg.), *Wissenschaftliche Untersuchungen zur Arbeit der Stiftung „Haus der kleinen Forscher", Band 5* (S. 83–146). Schaffhausen: Schubi Lernmedien.

Bayerisches Staatsministerium für Unterricht und Kultus. (2000). *Lehrplan für die bayerische Grundschule*. München.

Blaseio, B. (2004). *Entwicklungstendenzen der Inhalte des Sachunterrichts. Eine Analyse der Lehrwerke von 1970 bis 2000*. Bad Heilbrunn: Klinkhardt.

Blaseio, B. (2009). Neue Entwicklungstendenzen der Inhalte des Sachunterrichts. *Zeitschrift für Grundschulforschung, 2* (1), 117–131.

Bos, W., Bonsen, M., Baumert, J., Prenzel, M., Selter, C. & Walther, G. (Hrsg.). (2008). *TIMSS 2007. Mathematische und naturwissenschaftliche Kompetenzen von Grundschulkindern in Deutschland im internationalen Vergleich*. Münster: Waxmann.

Bos, W., Lankes, E.-M., Prenzel, M., Schwippert, K., Walther, G. & Valtin, R. (Hrsg.). (2003). *Erste Ergebnisse aus IGLU. Schülerleistungen am Ende der vierten Jahrgangsstufe im internationalen Vergleich*. Münster: Waxmann.

Bos, W., Wendt, H., Köller, O. & Selter, C. (Hrsg.). (2012). *TIMSS 2011 – Mathematische und naturwissenschaftliche Kompetenzen von Grundschulkindern in Deutschland im internationalen Vergleich*. Münster: Waxmann.

Brehl, T., Wendt, H. & Bos, W. (2012). Geschlechtsspezifische Unterschiede in mathematischen und naturwissenschaftlichen Kompetenzen. In W. Bos, H. Wendt, O. Köller & C. Selter (Hrsg.), *TIMSS 2011. Mathematische und naturwissenschaftliche Kompetenzen von Grundschulkindern in Deutschland im internationalen Vergleich* (S. 203–230). Münster: Waxmann.

Bybee, R. (1997). Toward an understanding of scientific literacy. In W. Gräber & C. Bolte (Hrsg.), *Scientific literacy* (S. 37–68). Kiel: IPN.

Einsiedler, W. (1998). The curricula of elementary science education in Germany. In Japanisch-Deutsches Zentrum (Hrsg.), *Mathematics and elementary science education* (S. 25–40). Berlin: JDZB.

GDSU – Gesellschaft für Didaktik des Sachunterrichts. (2013). *Perspektivrahmen Sachunterricht* (2. vollst. überarb. und erw. Aufl.). Bad Heilbrunn: Klinkhardt.

Guay, F., Marsh, H. W. & Boivin, M. (2003). Academic self-concept and academic achievement: Developmental perspectives on their causal ordering. *Journal of Educational Psychology, 95*, 124–136.

Hoff, E. (2006). How social contexts support and shape language development. *Developmental Review, 26*, 55–88.

KMK – Ständige Konferenz der Kultusminister der Länder in der Bundesrepublik Deutschland. (2004). *Bildungsstandards im Fach Chemie für den mittleren Schulabschluss.* München: Luchterhand.

Kleickmann, T., Brehl, T., Saß, S., Prenzel, M. & Köller, O. (2012). Naturwissenschaftliche Kompetenzen im internationalen Vergleich: Testkonzeption und Ergebnisse. In W. Bos, H. Wendt, O. Köller & C. Selter (Hrsg.), *TIMSS 2011. Mathematische und naturwissenschaftliche Kompetenzen von Grundschulkindern in Deutschland im internationalen Vergleich.* (S. 123–169). Münster: Waxmann.

Koballa, T. R. & Glynn, S. M. (2008). Attitudinal and motivational constructs in science learning. In S. K. Abell & N. G. Lederman (Hrsg.), *Handbook of research on science education* (S. 75–102). New York: Routledge.

Krajcik, J., McNeill K. L. & Reisser, B. J. (2008). Learning-goals-driven design model: Developing curriculum materials that align with national standards and incorporate project-based pedagogy. *Science Education, 92*, 1–32.

Kuhn, D. (2002). What is scientific thinking and how does it develop? In U. Goswami (Hrsg.), *Handbook of childhood cognitive development* (S. 371–393). Oxford: Blackwell.

Marquardt-Mau, B. (2011). Der Forschungskreislauf: Was bedeutet Forschen im Sachunterricht? In Deutsche Telekom Stiftung und Deutsche Kinder- und Jugendstiftung (Hrsg.), *Wie gute naturwissenschaftliche Bildung an Grundschulen gelingt. Ergebnisse und Erfahrungen aus prima(r)forscher* (S. 32–37). Bonn: Deutsche Telekom Stiftung und Deutsche Kinder- und Jugendstiftung.

Marsh, H. W. & Yeung, A. S. (1997). Coursework selection: Relations to academic self-concept and achievement. *American Educational Research Journal, 34*, 691–720.

Ministerium für Kultus, Jugend und Sport Baden-Württemberg in Zusammenarbeit mit dem Landesinstitut für Erziehung und Unterricht Stuttgart. (2004). *Bildungsplan 2004 – Grundschule.* Stuttgart.

Ministerium für Schule und Weiterbildung des Landes Nordrhein-Westfalen. (2008). *Richtlinien und Lehrpläne für die Grundschule in Nordrhein-Westfalen. Deutsch. Sachunterricht. Mathematik. Englisch. Musik. Kunst. Sport. Evangelische Religionslehre. Katholische Religionslehre.* Frechen: Ritterbach.

Möller, K., Bohrmann, M., Hirschmann, A., Wilke, T. & Wyssen, H.-P. (2013). *Spiralcurriculum Magnetismus. Naturwissenschaftlich denken und arbeiten lernen. Band 2: Primarbereich.* Seelze: Friedrich Verlag.

Mullis, I. V. S. & Martin, M. O. (2013). *TIMSS 2015 assessment framework.* Chestnut Hill, MA: TIMSS & PIRLS International Study Center, Boston College.

Mullis, I. V. S., Martin, M. O., Foy, P. & Hooper, M. (2016). *TIMSS 2015 international results in mathematics.* Chestnut Hill, MA: TIMSS & PIRLS International Study Center, Boston College.

Niedersächsisches Kultusministerium. (2006). *Kerncurriculum für die Grundschule Schuljahrgänge 1–4 – Sachunterricht.* Hannover.

NRC – National Research Council. (2012). *A framework for K–12 science education: Practices, crosscutting concepts, and core ideas. Committee on a conceptual framework for new K–12 science education standards.* Board on Science Education, Division of Behavioral and Social Sciences and Education. Washington, DC: The National Academies Press.

Roberts, D. A. (2008). Scientific literacy/science literacy. In S. K. Abell & N. G. Lederman (Hrsg.), *Handbook of research on science education* (S. 729–780). New York: Routledge.

Sächsisches Staatsministerium für Kultus. (2004/2009). *Lehrplan Grundschule – Sachunterricht*. Zugriff am 02.09.2016 unter http://www.schule.sachsen.de/lpdb/web/downloads/lp_gs_sachunterricht_2009.pdf?v2

Seaton, M., Marsh, H. W. & Craven, R. G. (2009). Earning its place as a pan-human theory: Universality of the big-fish-little-pond effect across 41 culturally and economically diverse countries. *Journal of Educational Psychology, 101*, 403–419.

Strunk, U., Lück, G. & Demuth, R. (1998). Der naturwissenschaftliche Sachunterricht in Lehrplänen, Unterrichtsmaterialien und Schulpraxis. *Zeitschrift für Didaktik der Naturwissenschaften, 4*, 69–80.

Stubbe, T. C., Tarelli, I. & Wendt, H. (2012). Soziale Disparitäten der Schülerleistungen in Mathematik und Naturwissenschaften. In W. Bos, H. Wendt, O. Köller & C. Selter (Hrsg.), *TIMSS 2011. Mathematische und naturwissenschaftliche Kompetenzen von Grundschulkindern in Deutschland im internationalen Vergleich* (S. 231–246). Münster: Waxmann.

Tarelli, I., Schwippert, K. & Stubbe, T. C. (2012). Mathematische und naturwissenschaftliche Kompetenzen von Schülerinnen und Schülern mit Migrationshintergrund. In W. Bos, H. Wendt, O. Köller & C. Selter (Hrsg.), *TIMSS 2011. Mathematische und naturwissenschaftliche Kompetenzen von Grundschulkindern in Deutschland im internationalen Vergleich* (S. 247–267). Münster: Waxmann.

Wittwer, J., Saß, S. & Prenzel, M. (2008). Naturwissenschaftliche Kompetenz im internationalen Vergleich: Testkonzeption und Ergebnisse. In W. Bos, M. Bonsen, J. Baumert, M. Prenzel, C. Selter & G. Walther (Hrsg.), *TIMSS 2007. Mathematische und naturwissenschaftliche Kompetenzen von Grundschulkindern in Deutschland im internationalen Vergleich* (S. 87–124). Münster: Waxmann.

Kapitel V
Aus- und Fortbildung von Mathematik- und Sachunterrichtslehrkräften

Raphaela Porsch und Heike Wendt

Die Ausbildung mathematischer und naturwissenschaftlicher Kompetenzen stellt einen wesentlichen Beitrag zur Bildung von Schülerinnen und Schülern dar. Ein Unterricht durch pädagogisch und fachlich qualifizierte Lehrkräfte ist bereits in der Grundschule von hoher Bedeutung. Empirisch ist unter anderem aus der COACTIV-Studie (Kunter et al., 2011) bekannt, dass Kompetenzen von Lehrpersonen in einem Zusammenhang mit dem Lernerfolg von Schülerinnen und Schülern stehen. Die Aneignung von grundlegenden professionellen Kompetenzen für den Lehrerberuf erfolgt in Deutschland in zwei Phasen: In einer universitären Phase mit schulpraktischen Elementen und einer im Schwerpunkt schulpraktisch ausgerichteten zweiten Phase, dem Referendariat beziehungsweise dem Vorbereitungsdienst (Walm & Wittek, 2014). Im Hinblick auf die inhaltliche Gestaltung und die Anzahl der Ausbildungsfächer unterscheiden sich die Strukturen in den Ländern der Bundesrepublik Deutschland erheblich, sodass Grundschullehrkräfte über eine Ausbildung in zwei oder mehr Fächern verfügen können. In einer dritten Phase beziehungsweise während der Berufsausübung (KMK, 2014) soll die Teilnahme an Fort- und Weiterbildungen professionalisierend wirken und es sollen Lehrkräfte entsprechend ihrer Voraussetzungen und aktuellen Bedarfe stetig qualifiziert werden. Schließlich kann angenommen werden, dass Erfahrungen im Beruf ebenfalls zur Erweiterung professioneller Handlungskompetenzen von Lehrkräften beitragen.

In diesem Kapitel werden Aspekte der Aus- und Fortbildung von Mathematik- und Sachunterrichtslehrkräften, die in der vierten Klassenstufe tätig sind, in den Blick genommen. Dazu werden im ersten Teil die in der *Trends in International Mathematics and Science Study* (TIMSS) 2015 befragten Lehrkräfte im internationalen Vergleich im Hinblick auf ihre Qualifikation vorgestellt. Im zweiten Teil werden Informationen zum Fortbildungsverhalten und zur Berufserfahrung der Grundschullehrkräfte vorgestellt. Im letzten Teil werden Ergebnisse aus Mehrebenenanalysen berichtet. Dazu wurden neben der Fachqualifikation der

Lehrkräfte weitere Merkmale der Lehrkräfte sowie der Schülerinnen und Schüler in die Modellierung einbezogen, um deren Einfluss auf die mathematischen und naturwissenschaftlichen Kompetenzen der Viertklässlerinnen und -klässler in Deutschland zu ermitteln.

1   Qualifikation

Ein Unterricht bei Lehrkräften ohne eine entsprechende Lehrbefähigung oder mit einem fehlenden Fachstudium wird in der deutschsprachigen Literatur häufig mit dem Begriff ‚fachfremdes Unterrichten‘ verknüpft (Porsch, 2016). Aus dem IQB-Ländervergleich 2011 ist bekannt, dass etwa 27 Prozent der Lehrkräfte Mathematik an Grundschulen unterrichten, die kein entsprechendes Fachstudium absolviert haben (Richter, Kuhl, Reimers & Pant, 2012), wobei deutliche Unterschiede nach Ländern der Bundesrepublik Deutschland bestehen. Neben einem Lehrermangel für einzelne Fächer lässt sich die Situation des fachfremd erteilten Unterrichts unter anderem mit der Ausbildung der Lehrkräfte erklären. Obwohl aufgrund des Klassenlehrerprinzips an Grundschulen die Mehrheit der Fächer in der Regel von einer Lehrkraft unterrichtet wird, wurden und werden Grundschullehrkräfte in vielen Ländern sehr unterschiedlich ausgebildet. In einigen Ländern Deutschlands decken die Fächer, die Bestandteil der Ausbildung sind, bis heute nicht alle Unterrichtsfächer der Grundschule ab (Porsch, in Druck). International zeigt sich eine vergleichbare Situation: Es besteht eine hohe Diversität in der Primarstufenlehrerausbildung, die als eine Ausbildung zu Generalisten oder zu Spezialisten für einzelne Fächer (Craig, 2016) beschrieben werden kann.

Abbildung 5.1 zeigt die Anteile von Schülerinnen und Schülern nach der Qualifikation ihrer Grundschullehrkräfte im internationalen Vergleich. Unterschieden werden Lehrkräfte, die ein Primarstufenlehramt und Mathematik als Schwerpunkt oder Spezialisierung studiert haben, von jenen Lehrkräften, die ein Primarstufenlehramt mit anderen Studienschwerpunkten gewählt haben, sowie Lehrkräften, die ein Primarstufenlehramt oder Mathematik als Schwerpunkt oder Spezialisierung studiert haben.

Der internationale Vergleich zeigt, dass – mit Ausnahme von England, Frankreich und Italien – in allen Ländern über 80 Prozent aller Schülerinnen und Schüler der vierten Jahrgangsstufe in Mathematik von Lehrkräften unterrichtet werden, die entweder ausgebildete Primarstufenlehrkräfte sind oder das Fach Mathematik während des Studiums als Hauptfach belegt haben. In Deutschland trifft dies auf 95 Prozent aller Schülerinnen und Schüler zu. Deutlichere Unterschiede zwischen den Teilnehmerstaaten zeigen sich hingegen in Bezug auf die Anteile an Schülerinnen und Schülern, die von in Mathematik ausgebildeten Primarstufenlehrkräften unterrichtet werden: Während in Schweden (71 %), Hongkong (64 %), Deutschland (60 %), Singapur (59 %) und Kasachstan (55 %) über die Hälfte aller Grundschulkinder von entsprechenden Lehrkräften unterrichtet werden, liegt in den meisten Teilnehmerstaaten der Anteil zwischen 10 und 30 Prozent und in acht Teilnehmerstaaten sogar darunter.

Im internationalen Vergleich ist mit 39.9 Prozent der Anteil an Viertklässlerinnen und Viertklässlern in Deutschland, die Mathematikunterricht von Lehrkräften erteilt bekommen, die nicht Primarstufenlehramt mit dem Schwerpunkt Mathematik studiert haben, als vergleichsweise gering einzustufen. Diese Gruppe von Lehrkräften allerdings als fachfremd zu bezeichnen, würde der

Abbildung 5.1:   Formale Qualifikation der Mathematiklehrkräfte (Anteile der Schülerinnen und Schüler nach
Angaben der Mathematiklehrkräfte in Prozent)

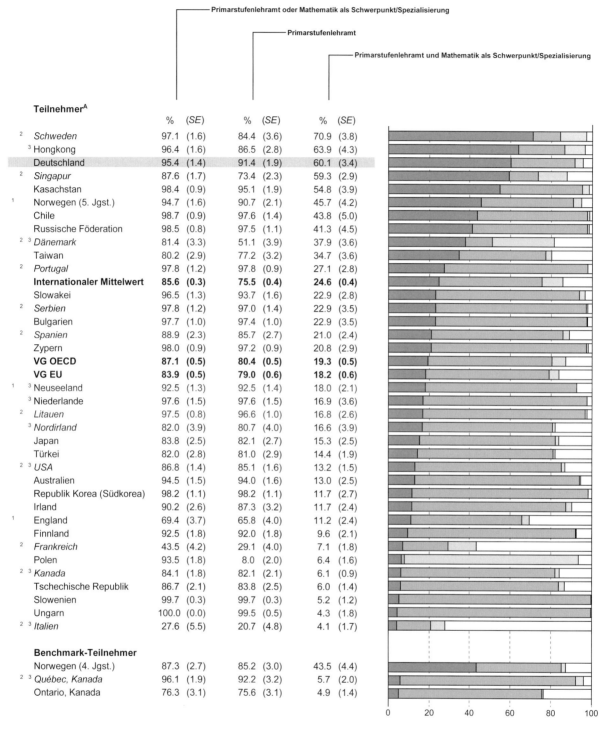

Teilnehmer[A]	%	(SE)	%	(SE)	%	(SE)
[2] *Schweden*	97.1	(1.6)	84.4	(3.6)	70.9	(3.8)
[3] Hongkong	96.4	(1.6)	86.5	(2.8)	63.9	(4.3)
Deutschland	95.4	(1.4)	91.4	(1.9)	60.1	(3.4)
[2] *Singapur*	87.6	(1.7)	73.4	(2.3)	59.3	(2.9)
Kasachstan	98.4	(0.9)	95.1	(1.9)	54.8	(3.9)
[1] Norwegen (5. Jgst.)	94.7	(1.6)	90.7	(2.1)	45.7	(4.2)
Chile	98.7	(0.9)	97.6	(1.4)	43.8	(5.0)
Russische Föderation	98.5	(0.8)	97.5	(1.1)	41.3	(4.5)
[2] [3] *Dänemark*	81.4	(3.3)	51.1	(3.9)	37.9	(3.6)
Taiwan	80.2	(2.9)	77.2	(3.2)	34.7	(3.6)
[2] *Portugal*	97.8	(1.2)	97.8	(0.9)	27.1	(2.8)
Internationaler Mittelwert	**85.6**	**(0.3)**	**75.5**	**(0.4)**	**24.6**	**(0.4)**
Slowakei	96.5	(1.3)	93.7	(1.6)	22.9	(2.8)
[2] *Serbien*	97.8	(1.2)	97.0	(1.4)	22.9	(3.5)
Bulgarien	97.7	(1.0)	97.4	(1.0)	22.9	(3.5)
[2] *Spanien*	88.9	(2.3)	85.7	(2.7)	21.0	(2.4)
Zypern	98.0	(0.9)	97.2	(0.9)	20.8	(2.9)
VG OECD	**87.1**	**(0.5)**	**80.4**	**(0.5)**	**19.3**	**(0.5)**
VG EU	**83.9**	**(0.5)**	**79.0**	**(0.6)**	**18.2**	**(0.6)**
[1] [3] Neuseeland	92.5	(1.3)	92.5	(1.4)	18.0	(2.1)
[3] *Niederlande*	97.6	(1.5)	97.6	(1.5)	16.9	(3.6)
[2] *Litauen*	97.5	(0.8)	96.6	(1.0)	16.8	(2.6)
[3] *Nordirland*	82.0	(3.9)	80.7	(4.0)	16.6	(3.9)
Japan	83.8	(2.5)	82.1	(2.7)	15.3	(2.5)
Türkei	82.0	(2.8)	81.0	(2.9)	14.4	(1.9)
[2] [3] *USA*	86.8	(1.4)	85.1	(1.6)	13.2	(1.5)
Australien	94.5	(1.5)	94.0	(1.6)	13.0	(2.5)
Republik Korea (Südkorea)	98.2	(1.1)	98.2	(1.1)	11.7	(2.7)
Irland	90.2	(2.6)	87.3	(3.2)	11.7	(2.4)
[1] England	69.4	(3.7)	65.8	(4.0)	11.2	(2.4)
Finnland	92.5	(1.8)	92.0	(1.8)	9.6	(2.1)
[2] *Frankreich*	43.5	(4.2)	29.1	(4.0)	7.1	(1.8)
Polen	93.5	(1.8)	8.0	(2.0)	6.4	(1.6)
[2] [3] *Kanada*	84.1	(1.8)	82.1	(2.1)	6.1	(0.9)
Tschechische Republik	86.7	(2.1)	83.8	(2.5)	6.0	(1.4)
Slowenien	99.7	(0.3)	99.7	(0.3)	5.2	(1.2)
Ungarn	100.0	(0.0)	99.5	(0.5)	4.3	(1.8)
[2] [3] *Italien*	27.6	(5.5)	20.7	(4.8)	4.1	(1.7)
Benchmark-Teilnehmer						
Norwegen (4. Jgst.)	87.3	(2.7)	85.2	(3.0)	43.5	(4.4)
[2] [3] *Québec, Kanada*	96.1	(1.9)	92.2	(3.2)	5.7	(2.0)
Ontario, Kanada	76.3	(3.1)	75.6	(3.1)	4.9	(1.4)

Primarstufenlehramt und Mathematik als Schwerpunkt/Spezialisierung.

Primarstufenlehramt.

Primarstufenlehramt oder Mathematik als Schwerpunkt/Spezialisierung.

Andere Schwerpunkte.

Kursiv gesetzt sind die Teilnehmer, für die von einer eingeschränkten Vergleichbarkeit der Ergebnisse ausgegangen werden muss.
1 = Die nationale Zielpopulation entspricht nicht oder nicht ausschließlich der vierten Jahrgangsstufe.
2 = Der Ausschöpfungsgrad und/oder die Ausschlüsse von der nationalen Zielpopulation erfüllen nicht die internationalen Vorgaben.
3 = Die Teilnahmequoten auf Schul- und/oder Schülerebene erreichen nicht die internationalen Vorgaben.
A = In Belgien (Fläm. Gem.) und Kroatien liegen Daten zur formalen Qualifikation der Lehrkräfte nicht bzw. nur unvollständig vor. Belgien (Fläm. Gem.) und
      Kroatien sind somit nicht Teil dieser Darstellung und der berichteten Mittelwerte (International, VG EU bzw. VG OECD).

IEA: Trends in International Mathematics and Science Study   © TIMSS 2015

Abbildung 5.2: Fachstudium der Mathematiklehrkräfte in Deutschland (Anteile der Schülerinnen und Schüler nach Angaben der Mathematiklehrkräfte in Prozent)

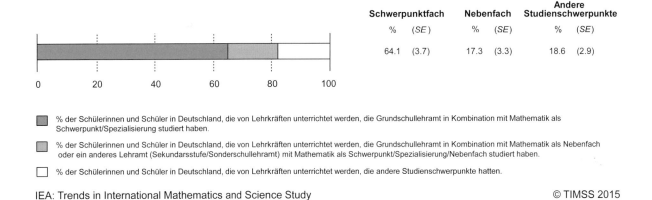

Mathematik im Fachstudium der Lehrkräfte

				Andere	
Schwerpunktfach		Nebenfach		Studienschwerpunkte	
%	(SE)	%	(SE)	%	(SE)
64.1	(3.7)	17.3	(3.3)	18.6	(2.9)

■ % der Schülerinnen und Schüler in Deutschland, die von Lehrkräften unterrichtet werden, die Grundschullehramt in Kombination mit Mathematik als Schwerpunkt/Spezialisierung studiert haben.

▨ % der Schülerinnen und Schüler in Deutschland, die von Lehrkräften unterrichtet werden, die Grundschullehramt in Kombination mit Mathematik als Nebenfach oder ein anderes Lehramt (Sekundarstufe/Sonderschullehramt) mit Mathematik als Schwerpunkt/Spezialisierung/Nebenfach studiert haben.

□ % der Schülerinnen und Schüler in Deutschland, die von Lehrkräften unterrichtet werden, die andere Studienschwerpunkte hatten.

IEA: Trends in International Mathematics and Science Study   © TIMSS 2015

Studienstruktur in Deutschland nicht gerecht (Porsch, 2016). In Deutschland wurde daher im Rahmen einer nationalen Erweiterung der Lehrerfragebögen differenziert nach dem Fach Mathematik als Haupt- beziehungsweise Nebenfach im Studium gefragt. In dieser Perspektive zeigt sich, dass in Deutschland mit 64.1 Prozent knapp zwei Drittel aller Grundschulkinder von in Mathematik umfassend ausgebildeten Primarstufenlehrkräften unterrichtet werden (siehe Abbildung 5.2). Weitere 17.3 Prozent werden von Lehrkräften unterrichtet, die Mathematik als Nebenfach im Studium belegt hatten. 18.6 Prozent aller Grundschulkinder in Deutschland haben am Ende der vierten Jahrgangsstufe Mathematikunterricht bei fachfremd unterrichtenden Lehrkräften, also solchen, die andere Fächer während des Studiums belegt hatten.

In den Abbildungen 5.3 und 5.4 werden die Verteilungen von Schülerinnen und Schülern nach den Qualifikationen der Sachunterrichtslehrkräfte betrachtet. Für den internationalen Vergleich wurde zwischen Lehrkräften unterschieden,
- die ein Primarstufenlehramt und ein naturwissenschaftliches Fach (Sachunterricht, Biologie, Geographie, Chemie, *Science*) als Schwerpunkt oder Spezialisierung studiert haben,
- die Primarstufenlehramt mit anderen Studienschwerpunkten studiert haben, sowie
- Lehrkräften, die ein Primarstufenlehramt oder ein naturwissenschaftliches Fach als Schwerpunkt oder Spezialisierung studiert haben.

Im internationalen Vergleich zeigt sich, dass auch im Sachunterricht – mit Ausnahme von Taiwan, England, Dänemark, Frankreich und Italien – in allen Ländern über 80 Prozent aller Schülerinnen und Schüler der vierten Jahrgangsstufe naturwissenschaftlichen Unterricht bei Lehrkräften haben, die entweder ausgebildete Primarstufenlehrkräfte sind oder ein naturwissenschaftliches Fach während des Studiums als Hauptfach belegt haben. In Deutschland trifft dies auf 96.6 Prozent aller Schülerinnen und Schüler zu. Deutlichere Unterschiede zwischen den Teilnehmerstaaten zeigen sich hingegen in Bezug auf die Anteile an Schülerinnen und Schülern, die von naturwissenschaftlich ausgebildeten Primarstufenlehrkräften unterrichtet werden: Während in Schweden (71 %), Singapur (55 %) und Deutschland (51 %) über die Hälfte aller Grundschul-

Abbildung 5.3: Formale Qualifikation der Sachunterrichtslehrkräfte (Anteile der Schülerinnen und Schüler nach Angaben der Sachunterrichtslehrkräfte in Prozent)

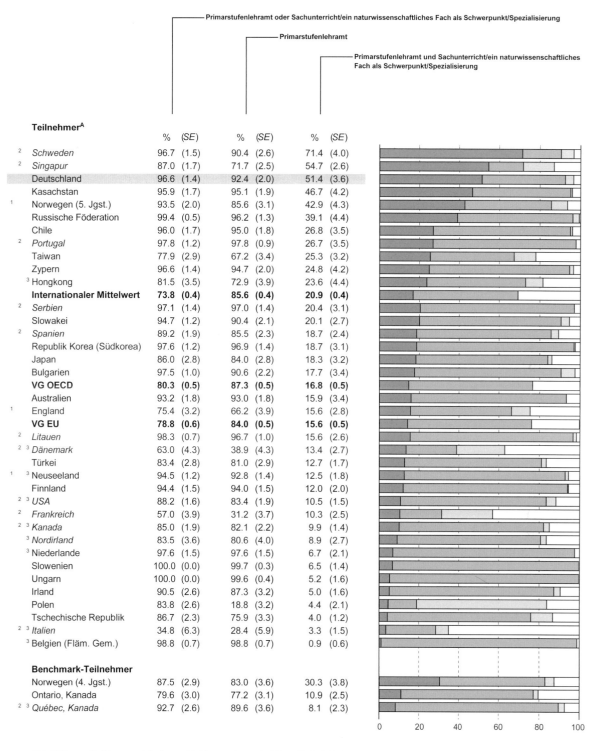

Teilnehmer[A]	Primarstufenlehramt und Sachunterricht/ein naturwissenschaftliches Fach als Schwerpunkt/Spezialisierung		Primarstufenlehramt		Primarstufenlehramt und Sachunterricht/ein naturwissenschaftliches Fach als Schwerpunkt/Spezialisierung	
	%	(SE)	%	(SE)	%	(SE)
[2] Schweden	96.7	(1.5)	90.4	(2.6)	71.4	(4.0)
[2] Singapur	87.0	(1.7)	71.7	(2.5)	54.7	(2.6)
Deutschland	96.6	(1.4)	92.4	(2.0)	51.4	(3.6)
Kasachstan	95.9	(1.7)	95.1	(1.9)	46.7	(4.2)
[1] Norwegen (5. Jgst.)	93.5	(2.0)	85.6	(3.1)	42.9	(4.3)
Russische Föderation	99.4	(0.5)	96.2	(1.3)	39.1	(4.4)
Chile	96.0	(1.7)	95.0	(1.8)	26.8	(3.5)
[2] Portugal	97.8	(1.2)	97.8	(0.9)	26.7	(3.5)
Taiwan	77.9	(2.9)	67.2	(3.4)	25.3	(3.2)
Zypern	96.6	(1.4)	94.7	(2.0)	24.8	(4.2)
[3] Hongkong	81.5	(3.5)	72.9	(3.9)	23.6	(4.4)
Internationaler Mittelwert	**73.8**	**(0.4)**	**85.6**	**(0.4)**	**20.9**	**(0.4)**
[2] Serbien	97.1	(1.4)	97.0	(1.4)	20.4	(3.1)
Slowakei	94.7	(1.2)	90.4	(2.1)	20.1	(2.7)
[2] Spanien	89.2	(1.9)	85.5	(2.3)	18.7	(2.4)
Republik Korea (Südkorea)	97.6	(1.2)	96.9	(1.4)	18.7	(3.1)
Japan	86.0	(2.8)	84.0	(2.8)	18.3	(3.2)
Bulgarien	97.5	(1.0)	90.6	(2.2)	17.7	(3.4)
VG OECD	**80.3**	**(0.5)**	**87.3**	**(0.5)**	**16.8**	**(0.5)**
Australien	93.2	(1.8)	93.0	(1.8)	15.9	(3.4)
[1] England	75.4	(3.2)	66.2	(3.9)	15.6	(2.8)
VG EU	**78.8**	**(0.6)**	**84.0**	**(0.5)**	**15.6**	**(0.5)**
[2] Litauen	98.3	(0.7)	96.7	(1.0)	15.6	(2.6)
[2][3] Dänemark	63.0	(4.3)	38.9	(4.3)	13.4	(2.7)
Türkei	83.4	(2.8)	81.0	(2.9)	12.7	(1.7)
[1][3] Neuseeland	94.5	(1.2)	92.8	(1.4)	12.5	(1.8)
Finnland	94.4	(1.5)	94.0	(1.5)	12.0	(2.0)
[2][3] USA	88.2	(1.6)	83.4	(1.9)	10.5	(1.5)
[2] Frankreich	57.0	(3.9)	31.2	(3.7)	10.3	(2.5)
[2][3] Kanada	85.0	(1.9)	82.1	(2.2)	9.9	(1.4)
[3] Nordirland	83.5	(3.6)	80.6	(4.0)	8.9	(2.7)
[3] Niederlande	97.6	(1.5)	97.6	(1.5)	6.7	(2.1)
Slowenien	100.0	(0.0)	99.7	(0.3)	6.5	(1.4)
Ungarn	100.0	(0.0)	99.6	(0.4)	5.2	(1.6)
Irland	90.5	(2.6)	87.3	(3.2)	5.0	(1.6)
Polen	83.8	(2.6)	18.8	(3.2)	4.4	(2.1)
Tschechische Republik	86.7	(2.3)	75.9	(3.3)	4.0	(1.2)
[2][3] Italien	34.8	(6.3)	28.4	(5.9)	3.3	(1.5)
[3] Belgien (Fläm. Gem.)	98.8	(0.7)	98.8	(0.7)	0.9	(0.6)
Benchmark-Teilnehmer						
Norwegen (4. Jgst.)	87.5	(2.9)	83.0	(3.6)	30.3	(3.8)
Ontario, Kanada	79.6	(3.0)	77.2	(3.1)	10.9	(2.5)
[2][3] Québec, Kanada	92.7	(2.6)	89.6	(3.6)	8.1	(2.3)

■ Primarstufenlehramt und Sachunterricht/ein naturwissenschaftliches Fach als Schwerpunkt/Spezialisierung.
■ Primarstufenlehramt.
□ Primarstufenlehramt oder Sachunterricht/ein naturwissenschaftliches Fach als Schwerpunkt/Spezialisierung.
□ Andere Schwerpunkte.

Kursiv gesetzt sind die Teilnehmer, für die von einer eingeschränkten Vergleichbarkeit der Ergebnisse ausgegangen werden muss.
1 = Die nationale Zielpopulation entspricht nicht oder nicht ausschließlich der vierten Jahrgangsstufe.
2 = Der Ausschöpfungsgrad und/oder die Ausschlüsse von der nationalen Zielpopulation erfüllen nicht die internationalen Vorgaben.
3 = Die Teilnahmequoten auf Schul- und/oder Schülerebene erreichen nicht die internationalen Vorgaben.
A= In Kroatien liegen Daten zur formalen Qualifikation der Lehrkräfte nicht bzw. nur unvollständig vor. Kroatien ist somit nicht Teil dieser Darstellung und der berichteten Mittelwerte (International, VG EU).

IEA: Trends in International Mathematics and Science Study　　　© TIMSS 2015

Abbildung 5.4: Fachstudium der Sachunterrichtslehrkräfte (Anteile der Schülerinnen und Schüler nach Angaben der Sachunterrichtslehrkräfte in Prozent)

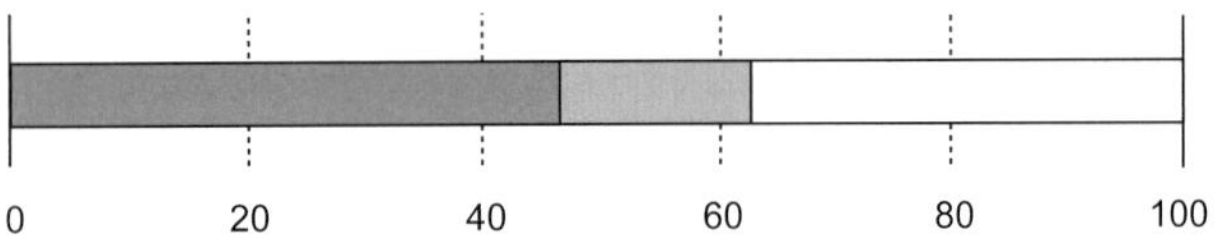

Naturwissenschaften im Fachstudium der Lehrkräfte

	Schwerpunktfach		Nebenfach		Andere Studienschwerpunkte	
	%	(SE)	%	(SE)	%	(SE)
	47.7	(3.5)	15.0	(2.6)	37.3	(3.7)

0   20   40   60   80   100

■ % der Schülerinnen und Schüler in Deutschland, die von Lehrkräften unterrichtet werden, die Grundschullehramt in Kombination mit Sachunterricht oder einem naturwissenschaftlichem Fach als Schwerpunkt/Spezialisierung studiert haben.

▨ % der Schülerinnen und Schüler in Deutschland, die von Lehrkräften unterrichtet werden, die Grundschullehramt in Kombination mit einem naturwissenschaftlichem Fach/Sachunterricht als Nebenfach oder ein anderes Lehramt (Sekundarstufe/Sonderschullehramt) mit einem naturwissenschaftlichem Fach/Sachunterricht als Schwerpunkt/Spezialisierung/Nebenfach studiert haben.

☐ % der Schülerinnen und Schüler in Deutschland, die von Lehrkräften unterrichtet werden, die andere Studienschwerpunkte hatten.

IEA: Trends in International Mathematics and Science Study   © TIMSS 2015

kinder von entsprechenden Lehrkräften unterrichtet wird, liegt in den meisten Teilnehmerstaaten der Anteil zwischen 10 und 30 Prozent und in zehn Teilnehmerstaaten sogar darunter. Im internationalen Vergleich ist mit 48.6 Prozent der Anteil an Viertklässlerinnen und Viertklässlern, die Sachunterricht von Lehrkräften erteilt bekommen, die nicht Primarstufenlehramt mit einem naturwissenschaftlichen Fach als Schwerpunkt studiert haben, also als vergleichsweise gering einzustufen. Nimmt man, wie zuvor für das Fach Mathematik, Differenzierungen nach Haupt- und Nebenfach vor (siehe Abbildung 5.4), zeigt sich, dass in Deutschland mit 37.3 Prozent etwa jedes dritte Grundschulkind Sachunterricht bei einer fachfremd unterrichtenden Lehrkraft hat.

2 Teilnahme an Fortbildungen

Zum professionellen Verständnis des Lehrerberufs gehört in Deutschland die ständige Erweiterung professioneller Kompetenzen (KMK, 2014). Den formalen Lerngelegenheiten, wie die Teilnahme an institutionell angebotenen Fortbildungsveranstaltungen, kommt eine besondere Bedeutung zu, da zum einen ihr Besuch per Rechtsverordnung beziehungsweise Schulgesetz geregelt ist, und zum anderen die Fortbildungsforschung zeigt, dass der Besuch Veränderungen im Wissen und Handeln von Lehrkräften und schließlich Wirkungen auf Schülerinnen und Schüler haben kann (Fussangel, Rürup & Gräsel, 2016). Drossel, Wendt, Schmitz und Eickelmann (2012) stellten im Rahmen einer Auswertung von TIMSS 2011 fest, dass Mathematiklehrkräfte in Deutschland im Vergleich zu anderen europäischen Teilnehmerstaaten deutlich häufiger an Veranstaltungen teilnehmen, die das Fach Mathematik, die Mathematikdidaktik oder Aspekte von individueller Förderung betreffen. Ferner zeigte sich, dass in Bezug auf die Integration von Informationstechnologien in den Unterricht fast nie von Fortbildungsaktivitäten berichtet wurde.

In Tabelle 5.1 ist für TIMSS 2015 dargestellt, zu welchen Inhalten Mathematiklehrkräfte nach eigenen Angaben in den letzten zwei Jahren Fortbildungsveranstaltungen im Bereich Mathematik besucht haben. Im internationalen Vergleich zeigt sich zunächst, dass Deutschland in fast allen Bereichen auf dem Niveau des europäischen Durchschnitts liegt, wobei sich Abweichungen in Bezug

Tabelle 5.1: Fortbildungsteilnahme der Mathematiklehrkräfte (international) nach Inhaltsbereichen (Anteile der Schülerinnen und Schüler nach Angaben der Mathematiklehrkräfte in Prozent)

Teilnehmer	Mathematische Inhalte %	(SE)	Mathematik-didaktik %	(SE)	Lehrplan zum Mathematik-unterricht %	(SE)	Stärkung kritischen Denkens oder Problem-lösens %	(SE)	Integration von Informations-technologien %	(SE)	Leistungs-feststellung im Mathematik-unterricht %	(SE)	Eingehen auf die individuellen Bedürfnisse der Schüler %	(SE)
Kasachstan	48.8	(4.1)	59.1	(4.0)	64.9	(4.1)	80.7	(3.2)	75.9	(3.8)	72.8	(3.6)	69.4	(4.0)
Polen	84.8	(2.6)	68.7	(3.9)	72.5	(3.3)	47.3	(3.8)	68.1	(3.6)	50.7	(3.9)	69.6	(3.6)
³ Hongkong	77.6	(3.2)	83.4	(3.1)	52.9	(4.0)	73.0	(4.6)	69.1	(4.0)	45.4	(4.7)	50.7	(4.7)
¹ ³ Neuseeland	73.6	(2.8)	70.0	(3.0)	62.9	(2.9)	59.1	(2.9)	41.8	(2.8)	58.3	(2.5)	61.9	(3.2)
² Singapur	64.3	(2.9)	81.0	(2.6)	59.9	(2.5)	57.7	(2.8)	58.7	(2.7)	61.5	(2.9)	42.8	(2.7)
² ³ USA	70.6	(2.4)	61.9	(2.5)	69.6	(2.5)	61.5	(2.8)	40.6	(2.3)	47.7	(2.7)	59.4	(2.6)
Zypern	85.7	(2.2)	70.1	(2.6)	86.3	(2.3)	47.6	(3.3)	50.7	(3.3)	40.3	(3.5)	25.3	(3.1)
Russische Föderation	37.3	(3.8)	42.9	(4.2)	68.4	(3.4)	50.7	(3.8)	67.3	(3.2)	65.6	(3.2)	55.1	(3.5)
² ³ Kanada	64.7	(2.9)	70.7	(2.6)	47.5	(2.6)	62.7	(2.2)	36.4	(2.7)	49.1	(2.7)	53.1	(2.5)
¹ England	64.1	(3.7)	68.0	(3.6)	72.1	(3.8)	52.2	(3.9)	30.5	(3.9)	50.7	(4.2)	43.0	(4.1)
Australien	69.9	(2.7)	62.2	(3.9)	66.4	(4.1)	50.0	(4.2)	36.6	(3.8)	42.8	(3.6)	52.3	(4.0)
³ Nordirland	49.6	(4.6)	63.3	(4.3)	54.5	(5.0)	45.8	(4.8)	39.5	(4.7)	57.0	(4.9)	44.9	(4.3)
Taiwan	44.3	(4.1)	49.9	(3.8)	46.3	(4.1)	40.2	(3.7)	34.0	(3.4)	38.8	(4.0)	62.1	(3.3)
Kroatien	59.0	(3.7)	42.9	(4.0)	36.8	(3.7)	50.3	(3.8)	31.1	(3.6)	31.4	(3.3)	56.9	(4.0)
² Schweden	56.3	(4.3)	58.1	(4.3)	43.4	(4.6)	49.8	(4.5)	10.3	(2.5)	49.3	(4.1)	23.9	(3.5)
² Litauen	12.2	(2.4)	14.2	(2.8)	13.4	(2.6)	53.7	(3.7)	60.1	(4.0)	46.4	(3.4)	54.6	(3.6)
Irland	45.7	(3.7)	37.3	(3.7)	38.3	(4.1)	45.2	(3.9)	34.4	(4.0)	25.0	(3.6)	26.8	(3.8)
² Serbien	49.3	(3.8)	33.0	(3.6)	29.1	(3.6)	44.9	(3.9)	19.4	(3.0)	29.9	(3.7)	42.0	(4.4)
Republik Korea (Südkorea)	32.0	(3.6)	39.7	(3.8)	44.3	(3.9)	42.4	(4.1)	15.6	(3.0)	32.6	(4.0)	37.6	(4.0)
Internationaler Mittelwert	**42.9**	**(0.5)**	**45.4**	**(0.5)**	**39.6**	**(0.5)**	**41.2**	**(0.5)**	**35.9**	**(0.5)**	**35.1**	**(0.5)**	**35.9**	**(0.5)**
Japan	42.7	(3.4)	52.1	(3.8)	13.5	(2.2)	30.0	(2.8)	22.5	(2.8)	16.5	(2.6)	44.0	(3.3)
² Portugal	46.2	(3.3)	36.6	(3.0)	48.7	(3.5)	22.3	(3.0)	23.2	(2.5)	13.3	(2.5)	23.8	(2.7)
² Spanien	27.0	(3.5)	33.5	(4.2)	23.0	(2.9)	32.1	(3.5)	33.6	(3.9)	17.1	(2.5)	44.5	(3.7)
Chile	44.4	(4.2)	32.7	(4.1)	27.7	(4.4)	32.4	(4.4)	27.2	(4.2)	17.2	(3.7)	25.9	(3.9)
Deutschland	43.0	(3.7)	32.8	(3.7)	32.2	(3.8)	31.7	(3.5)	1.5	(0.9)	20.3	(3.4)	44.8	(3.0)
VG OECD	**37.1**	**(0.6)**	**38.2**	**(0.6)**	**33.0**	**(0.6)**	**32.5**	**(0.6)**	**26.5**	**(0.6)**	**25.7**	**(0.6)**	**27.0**	**(0.6)**
Slowenien	19.8	(3.0)	16.9	(2.5)	30.7	(3.7)	29.1	(3.7)	29.2	(3.5)	37.9	(3.7)	29.9	(3.4)
VG EU	**34.3**	**(0.7)**	**34.6**	**(0.7)**	**31.9**	**(0.7)**	**30.9**	**(0.7)**	**29.3**	**(0.7)**	**25.4**	**(0.7)**	**29.3**	**(0.7)**
Tschechische Republik	20.7	(2.9)	31.5	(3.6)	9.4	(2.3)	28.6	(3.1)	39.6	(3.4)	9.3	(2.0)	36.1	(2.9)
³ Niederlande	22.0	(4.0)	27.6	(4.1)	14.9	(3.0)	22.7	(3.5)	17.7	(3.7)	19.3	(3.8)	48.5	(4.3)
Bulgarien	14.9	(2.7)	14.5	(2.8)	19.8	(4.0)	12.8	(2.9)	30.2	(3.8)	30.9	(3.3)	27.6	(3.5)
² ³ Italien	15.7	(2.5)	27.6	(3.1)	20.0	(2.7)	20.2	(3.0)	26.0	(3.5)	12.3	(2.6)	28.5	(3.4)
³ Belgien (Fläm. Gem.)	14.1	(2.3)	16.2	(2.6)	22.1	(3.1)	17.7	(2.6)	24.6	(3.1)	9.8	(2.1)	42.4	(3.3)
Slowakei	5.4	(1.3)	11.1	(2.0)	26.7	(2.8)	16.5	(2.8)	36.6	(3.4)	11.1	(2.0)	21.7	(2.9)
² ³ Dänemark	21.8	(3.5)	22.7	(3.2)	10.5	(2.3)	8.9	(2.1)	22.4	(3.1)	11.7	(2.4)	23.4	(3.3)
² Frankreich	25.7	(3.0)	30.1	(2.9)	12.9	(2.3)	15.6	(2.6)	9.7	(2.2)	2.7	(1.0)	14.9	(2.5)
Ungarn	14.0	(3.0)	19.8	(3.0)	9.4	(2.3)	17.1	(2.6)	14.8	(2.8)	8.8	(2.2)	26.8	(3.6)
¹ Norwegen (5. Jgst.)	17.9	(3.0)	17.6	(2.7)	6.1	(1.8)	15.6	(3.4)	14.5	(3.2)	12.6	(2.9)	11.5	(2.7)
Finnland	5.8	(1.3)	17.1	(2.3)	4.3	(1.3)	11.3	(2.0)	11.2	(2.2)	3.1	(0.9)	23.7	(2.7)
Türkei	4.6	(1.5)	6.0	(1.4)	6.0	(1.6)	9.8	(2.1)	8.6	(2.0)	7.4	(1.8)	12.5	(2.3)
Benchmark-Teilnehmer														
Ontario, Kanada	69.2	(4.2)	80.7	(2.9)	55.5	(4.0)	80.7	(3.1)	37.3	(4.1)	54.5	(3.9)	55.2	(4.2)
² ³ Québec, Kanada	61.8	(6.1)	63.0	(5.8)	31.4	(5.4)	38.0	(5.7)	33.4	(6.0)	47.0	(5.5)	40.1	(5.7)
Norwegen (4. Jgst.)	11.4	(2.4)	14.3	(3.2)	4.9	(1.8)	7.5	(2.1)	7.9	(2.5)	7.6	(1.9)	7.6	(1.8)

Kursiv gesetzt sind die Teilnehmer, für die von einer eingeschränkten Vergleichbarkeit der Ergebnisse ausgegangen werden muss.

1 = Die nationale Zielpopulation entspricht nicht oder nicht ausschließlich der vierten Jahrgangsstufe.

2 = Der Ausschöpfungsgrad und/oder die Ausschlüsse von der nationalen Zielpopulation erfüllen nicht die internationalen Vorgaben.

3 = Die Teilnahmequoten auf Schul- und/oder Schülerebene erreichen nicht die internationalen Vorgaben.

IEA: Trends in International Mathematics and Science Study

© TIMSS 2015

auf das Fortbildungsverhalten zu den Themenfeldern ‚Mathematische Inhalte‘, ‚Individualisierung‘ und ‚Integration von Informationstechnologien‘ feststellen lassen. Während Fortbildungsveranstaltungen in den Bereichen ‚Mathematische Inhalte‘ sowie ‚Individualisierung‘ von Mathematiklehrkräften in Deutschland im europäischen Vergleich besonders häufig besucht wurden, wurden Fortbildungsveranstaltungen zur ‚Integration von Informationstechnologien‘ fast gar nicht wahrgenommen. Hier ist Deutschland im internationalen Vergleich das Schlusslicht.

Zur Nutzung von Fortbildungen von Lehrkräften unter Berücksichtigung ihrer Ausbildung liegen bisher kaum Erkenntnisse vor. Qualitative Forschungsbefunde verweisen auf den Umstand, dass Fortbildungen eine Ressource für fachfremd unterrichtende Lehrkräfte darstellen können, um sich Fachwissen und fachdidaktisches Wissen, welches nicht in der ersten oder zweiten Phase der Ausbildung erworben wurde, anzueignen (z.B. Hobbs, 2012). Dieses Verhalten wird von der sogenannten Kompensationsthese beschrieben. Hohes Interesse an einem Fach veranlasst Absolventinnen und Absolventen, bestimmte Studienfächer zu wählen (Winteler, Sierwald & Schiefele, 1988). Daher kann gleichsam angenommen werden, dass Lehrerinnen und Lehrer mit einer Fachausbildung häufiger an fachbezogenen Fortbildungen teilnehmen. In diesem Zusammenhang spricht man auch von der Vertiefungs- oder Neigungshypothese. Eine Auswertung der nationalen Lehrkräftebefragung der TIMS-Studie 2007 zeigt, dass Mathematiklehrkräfte mit einer Lehrbefähigung für das Fach Mathematik häufiger fachbezogene Fortbildungen besuchten als solche ohne diese Lehrbefähigung (Porsch, 2015). Eine Auswertung der Angaben von Mathematiklehrkräften in der Sekundarstufe I im Rahmen der COACTIV-Studie (Richter, 2011) zur Teilnahme an Fortbildungen durch Lehrkräfte, die an Gymnasien und anderen Schulformen tätig sind, weist ebenfalls auf die Präferenz von Lehrkräften hin, Fortbildungen zu ihrem studierten Unterrichtsfach zu besuchen (siehe auch Desimone, Smith & Ueno, 2006).

In Tabelle 5.2 ist die Fortbildungsteilnahme von Mathematiklehrkräften in Deutschland nach Inhaltsbereichen und Schwerpunktfach dargestellt. Für die Bereiche ‚Mathematische Inhalte‘, ‚Mathematikdidaktik‘, ‚Stärkung des kritischen Denkens‘, ‚Integration von Informationstechnologien‘ sowie ‚Leistungsfeststellung‘ lassen sich keine signifikanten Unterschiede in der Fortbildungsteilnahme nach Ausbildung der Lehrkräfte feststellen. Fortbildungen zum Themenfeld Individualisierung sowie zu Lehrplänen werden hingegen signifikant seltener von Lehrkräften besucht, die Mathematik nicht für die Primarstufe oder als Nebenfach studiert haben. Entsprechend der Vertiefungs- oder Neigungshypothese wäre zu vermuten, dass diese Lehrkräfte Fortbildungsveranstaltungen zu dem betreffenden Themenfeld eher in ‚ihrem Fach‘ besucht haben.

Im Vergleich zu ihren Mathematikkolleginnen und -kollegen nehmen Sachunterrichtslehrkräfte in Deutschland etwas seltener an Fortbildungen teil. Im internationalen Vergleich zeigt sich, dass die Fortbildungsaktivitäten von Sachunterrichtslehrkräften in Deutschland in fast allen Bereichen auf dem Niveau des europäischen Durchschnitts liegen (siehe Tabelle 5.3). Allerdings nehmen Lehrkräfte in Deutschland etwas häufiger an Fortbildungsveranstaltungen zu naturwissenschaftlichen Inhalten teil und deutlich seltener an Veranstaltungen zur

Tabelle 5.2: Fortbildungsteilnahme der Mathematiklehrkräfte in Deutschland nach Inhaltsbereichen und Schwerpunktfach (Anteile der Schülerinnen und Schüler nach Angaben der Mathematiklehrkräfte in Prozent)

Inhaltsbereiche	Grundschullehramt und Mathematik als Schwerpunkt (oder Spezialisierung)		Andere Lehrämter mit Mathematik als Schwerpunkt oder Grundschullehramt mit Mathematik im Nebenfach		Andere Studienschwerpunkte	
	%	(SE)	%	(SE)	%	(SE)
Mathematische Inhalte	46.4	(4.5)	38.2	(8.3)	39.1	(8.8)
Mathematikdidaktik	34.2	(4.8)	28.9	(7.7)	42.3	(8.3)
Lehrplan zum Mathematikunterricht	38.9	(4.8)	23.2	(8.1)	29.1	(8.2)
Stärkung kritischen Denkens oder Problemlösens	35.3	(4.4)	30.4	(8.8)	30.4	(9.1)
Integration von Informationstechnologien	1.4	(1.1)	4.0	(3.6)	0.6	(1.9)
Leistungsfeststellung im Mathematikunterricht	26.1	(4.1)	17.4	(8.5)	17.4	(6.6)
Eingehen auf die individuellen Bedürfnisse der Schüler	50.4	(4.5)	28.8	(8.3)	49.1	(8.2)

IEA: Trends in International Mathematics and Science Study　　　　　　　　　© TIMSS 2015

Tabelle 5.3: Fortbildungsteilnahme der Sachunterrichtslehrkräfte (international) nach Inhaltsbereichen (Anteile der Schülerinnen und Schüler nach Angaben der Sachunterrichtslehrkräfte in Prozent)

Teilnehmer	Naturwissenschaftliche Inhalte %	(SE)	Didaktik des naturwiss. Sachunterrichts %	(SE)	Lehrplan zum naturwiss. Sachunterricht %	(SE)	Stärkung kritischen Denkens oder Problemlösens %	(SE)	Integration von Informationstechnologien %	(SE)	Leistungsfeststellung im naturwiss. Sachunterricht %	(SE)	Eingehen auf die individuellen Bedürfnisse der Schüler %	(SE)	Naturwiss. Sachunterricht fächerübergreifend gestalten %	(SE)
Kasachstan	49.8	(4.7)	59.5	(4.3)	60.5	(4.3)	76.7	(3.7)	74.0	(3.6)	66.4	(4.0)	63.8	(4.2)	61.5	(4.1)
[2] Singapur	64.2	(2.7)	77.8	(2.1)	58.0	(2.7)	60.9	(2.5)	50.5	(2.6)	65.0	(2.6)	35.5	(2.7)	32.7	(2.8)
Polen	74.1	(3.3)	48.6	(3.8)	61.0	(4.6)	43.7	(3.4)	66.6	(4.3)	34.7	(3.8)	58.8	(3.8)	38.6	(4.3)
Russische Föderation	36.7	(4.1)	40.8	(4.3)	66.4	(3.1)	48.5	(3.5)	60.4	(4.3)	62.7	(3.8)	46.8	(3.2)	54.4	(3.5)
Taiwan	63.0	(4.3)	54.4	(3.0)	55.4	(4.3)	39.8	(4.1)	43.2	(4.2)	29.1	(3.7)	41.9	(3.8)	30.2	(3.7)
[3] Hongkong	42.5	(4.7)	43.1	(4.7)	36.4	(4.7)	63.5	(5.2)	45.0	(4.9)	25.2	(3.8)	46.2	(4.9)	31.3	(4.1)
Republik Korea (Südkorea)	45.7	(4.0)	45.7	(4.2)	54.2	(4.3)	39.1	(4.1)	30.2	(3.5)	30.2	(3.6)	36.4	(4.0)	39.2	(4.1)
Kroatien	50.9	(4.1)	38.3	(3.3)	42.7	(3.5)	37.0	(3.1)	31.8	(3.8)	26.5	(3.5)	38.0	(3.7)	50.1	(3.7)
Zypern	52.0	(3.9)	60.1	(3.9)	56.0	(4.2)	47.7	(3.5)	31.6	(3.5)	25.0	(3.4)	22.0	(4.3)	20.8	(2.6)
[2][3] USA	41.6	(2.5)	32.7	(2.4)	42.8	(2.6)	40.0	(2.9)	27.8	(2.3)	22.3	(2.6)	37.0	(2.7)	41.0	(2.5)
[2] Litauen	13.0	(2.6)	15.1	(2.9)	14.6	(2.5)	46.4	(3.3)	48.5	(4.1)	27.2	(3.3)	41.4	(3.4)	42.1	(4.1)
Internationaler Mittelwert	**32.7**	**(0.5)**	**32.7**	**(0.5)**	**32.2**	**(0.5)**	**33.5**	**(0.5)**	**30.1**	**(0.5)**	**25.5**	**(0.4)**	**32.4**	**(0.5)**	**29.1**	**(0.4)**
[1] England	37.5	(4.4)	32.4	(4.0)	47.5	(4.4)	32.8	(4.0)	16.5	(3.1)	29.6	(3.8)	24.0	(3.8)	22.7	(3.3)
[3] Belgien (Fläm. Gem.)	36.5	(3.0)	25.6	(2.9)	49.7	(3.4)	20.2	(2.7)	29.1	(3.0)	15.2	(2.7)	21.7	(2.9)	24.7	(2.7)
Australien	31.4	(2.9)	26.6	(3.4)	40.3	(3.6)	32.0	(3.3)	16.4	(2.5)	15.8	(2.6)	27.7	(3.1)	22.1	(3.3)
[2] Serbien	30.6	(3.1)	20.5	(3.3)	16.2	(2.7)	30.4	(4.1)	20.2	(3.0)	19.1	(3.0)	38.3	(4.1)	29.0	(3.5)
[1][3] Neuseeland	26.0	(3.1)	27.2	(3.2)	24.4	(2.6)	36.6	(3.0)	19.6	(2.5)	10.8	(1.8)	24.7	(2.4)	26.8	(2.7)
[3] Nordirland	26.7	(4.1)	31.1	(4.2)	25.1	(4.0)	30.5	(4.1)	24.0	(4.3)	7.4	(2.5)	19.5	(3.7)	30.6	(4.1)
Slowenien	23.8	(3.1)	15.2	(2.5)	29.2	(3.6)	24.5	(3.2)	27.8	(3.4)	26.0	(3.2)	24.9	(3.3)	22.3	(3.6)
[2] Spanien	16.4	(2.7)	20.1	(3.1)	17.7	(2.6)	22.8	(2.9)	34.4	(3.6)	14.6	(2.4)	40.1	(3.6)	26.5	(3.3)
Slowakei	10.4	(1.6)	12.4	(2.3)	32.9	(3.3)	21.5	(3.2)	38.8	(3.5)	10.4	(2.1)	17.3	(2.7)	35.5	(3.4)
VG EU	**24.1**	**(0.7)**	**21.0**	**(0.6)**	**24.1**	**(0.7)**	**21.9**	**(0.6)**	**22.0**	**(0.7)**	**14.6**	**(0.6)**	**24.2**	**(0.7)**	**21.7**	**(0.7)**
[2][3] Kanada	17.9	(1.9)	17.5	(2.0)	14.5	(1.7)	32.3	(2.6)	21.7	(2.5)	11.8	(1.8)	31.4	(2.3)	23.2	(2.1)
Deutschland	36.3	(3.3)	24.1	(3.0)	28.5	(3.2)	24.8	(2.9)	6.2	(1.9)	12.0	(2.4)	22.1	(2.8)	16.1	(2.5)
[2] Schweden	31.0	(4.2)	26.6	(4.1)	29.8	(4.0)	12.0	(2.4)	6.0	(2.1)	20.9	(3.7)	18.4	(3.0)	18.3	(3.7)
VG OECD	**21.5**	**(1.0)**	**20.9**	**(0.6)**	**22.6**	**(0.6)**	**20.9**	**(0.6)**	**19.0**	**(0.5)**	**12.7**	**(0.5)**	**23.3**	**(0.6)**	**19.5**	**(0.6)**
Japan	41.4	(4.5)	41.9	(4.3)	10.6	(2.7)	10.1	(2.6)	20.2	(3.4)	10.6	(2.4)	20.1	(3.1)	3.1	(1.4)
Bulgarien	15.2	(3.4)	9.7	(2.2)	19.2	(3.4)	7.6	(2.6)	19.6	(4.0)	30.5	(3.3)	21.2	(3.0)	20.9	(3.7)
Chile	21.5	(3.5)	17.9	(3.6)	15.1	(3.4)	16.3	(3.4)	15.2	(3.3)	16.8	(3.6)	24.1	(3.8)	14.4	(3.2)
Tschechische Republik	19.4	(2.7)	13.8	(2.2)	3.2	(1.1)	16.6	(2.4)	27.9	(3.0)	4.2	(1.5)	29.5	(3.1)	14.4	(2.1)
Irland	17.8	(3.3)	14.4	(3.2)	19.6	(3.5)	16.9	(3.0)	12.2	(2.7)	6.5	(1.8)	13.0	(3.0)	24.4	(3.8)
[2] Portugal	19.2	(3.3)	17.0	(2.8)	9.4	(2.3)	10.4	(1.9)	12.0	(2.1)	5.8	(1.8)	17.8	(2.7)	10.8	(2.3)
[2][3] Italien	10.8	(2.4)	10.8	(2.6)	9.9	(2.2)	11.8	(2.4)	12.8	(2.5)	4.6	(1.3)	20.1	(3.0)	12.2	(2.7)
[2] Frankreich	14.1	(2.5)	18.2	(2.6)	10.0	(2.4)	9.4	(2.3)	7.9	(2.1)	4.2	(1.6)	12.1	(2.6)	7.9	(2.0)
[2][3] Dänemark	15.3	(2.8)	11.2	(2.7)	9.8	(2.4)	8.7	(2.2)	6.8	(1.9)	7.5	(1.9)	12.9	(2.7)	8.0	(2.2)
[3] Niederlande	3.4	(1.8)	3.1	(1.3)	5.4	(2.3)	20.6	(4.2)	4.8	(1.9)	1.6	(1.2)	24.2	(4.0)	13.0	(3.3)
Ungarn	4.0	(1.3)	8.3	(2.0)	4.4	(1.5)	12.1	(2.3)	10.2	(2.1)	4.1	(1.7)	21.3	(3.0)	9.7	(2.1)
[1] Norwegen (5. Jgst.)	11.2	(2.8)	11.1	(2.6)	6.4	(2.0)	6.3	(2.3)	2.6	(1.5)	3.7	(1.8)	11.0	(2.6)	7.0	(2.1)
Türkei	2.9	(1.0)	4.3	(1.1)	5.3	(1.4)	8.8	(2.1)	8.7	(1.8)	9.7	(2.0)	8.3	(2.0)	6.8	(1.5)
Finnland	2.6	(1.3)	5.5	(1.7)	4.9	(1.6)	4.2	(1.5)	7.5	(2.1)	2.0	(1.2)	11.6	(2.0)	7.0	(1.8)
Benchmark-Teilnehmer																
Ontario, Kanada	13.8	(2.8)	14.6	(2.6)	14.2	(2.5)	39.1	(4.0)	19.1	(3.6)	9.7	(2.4)	35.0	(4.0)	24.4	(3.6)
[2][3] Québec, Kanada	21.7	(4.2)	22.7	(4.4)	14.1	(3.1)	13.2	(3.6)	21.8	(4.8)	12.2	(3.8)	15.1	(3.7)	15.1	(4.1)
Norwegen (4. Jgst.)	6.2	(2.5)	4.9	(2.4)	2.9	(1.9)	4.3	(2.0)	4.3	(2.3)	3.1	(1.9)	9.8	(2.9)	7.1	(2.7)

Kursiv gesetzt sind die Teilnehmer, für die von einer eingeschränkten Vergleichbarkeit der Ergebnisse ausgegangen werden muss.
1 = Die nationale Zielpopulation entspricht nicht oder nicht ausschließlich der vierten Jahrgangsstufe.
2 = Der Ausschöpfungsgrad und/oder die Ausschlüsse von der nationalen Zielpopulation erfüllen nicht die internationalen Vorgaben.
3 = Die Teilnahmequoten auf Schul- und/oder Schülerebene erreichen nicht die internationalen Vorgaben.

IEA: Trends in International Mathematics and Science Study   © TIMSS 2015

Integration von Informationstechnologien. Betrachtet man die Fortbildungsteilnahme von Sachunterrichtslehrkräften in Deutschland nach Inhaltsbereichen und Schwerpunktfach, zeigen sich in den meisten Inhaltsfeldern keine signifikanten Unterschiede zwischen den Lehrkräften mit unterschiedlichen Ausbildungsschwerpunkten. Im Hinblick auf Veranstaltungen zu naturwissenschaftlichen Inhalten ist festzustellen, dass Lehrkräfte, die ein naturwissenschaftliches Fach als Nebenfach oder als Schwerpunkt für eine andere Studienstufe studiert haben, signifikant häufiger an entsprechenden Fortbildungsveranstaltungen teilnehmen als ihre Kolleginnen und Kollegen mit anderen Studienschwerpunkten. Fachlehrkräfte nehmen zudem häufiger an Fortbildungsveranstaltungen teil, in denen Aspekte der fächerübergreifenden Gestaltung des naturwissenschaftlichen Sachunterrichts behandelt werden.

Tabelle 5.4: Fortbildungsteilnahme der Sachunterrichtslehrkräfte in Deutschland nach Inhaltsbereichen und Schwerpunktfach (Anteile der Schülerinnen und Schüler nach Angaben der Sachunterrichtslehrkräfte in Prozent)

Inhaltsbereiche	Grundschullehramt und Naturwissenschaften/Sachunterricht als Schwerpunkt (oder Spezialisierung)		Andere Lehrämter mit Naturwissenschaften/Sachunterricht als Schwerpunkt oder Grundschullehramt mit Naturwissenschaften/ Sachunterricht im Nebenfach		Andere Studienschwerpunkte	
	%	(SE)	%	(SE)	%	(SE)
Naturwissenschaftliche Inhalte	38.7	(5.0)	49.2	(9.9)	31.1	(5.2)
Didaktik des naturwissenschaftlichen Sachunterrichts	25.5	(4.8)	38.3	(9.7)	20.5	(5.3)
Lehrplan zum naturwissenschaftlichen Sachunterricht	33.3	(5.4)	27.6	(8.0)	26.2	(5.4)
Stärkung kritischen Denkens oder Problemlösens	30.0	(4.6)	30.3	(10.1)	21.7	(6.1)
Integration von Informationstechnologien	7.3	(3.0)	5.5	(4.7)	6.8	(3.1)
Leistungsfeststellung im naturwissenschaftlichen Sachunterricht	15.3	(3.7)	10.4	(9.1)	12.4	(4.2)
Eingehen auf die individuellen Bedürfnisse der Schüler	22.7	(4.8)	25.7	(7.0)	24.8	(5.5)
Naturwissenschaftlichen Sachunterricht fächerübergreifend gestalten	21.8	(4.5)	19.5	(6.3)	7.9	(4.5)

IEA: Trends in International Mathematics and Science Study　　　　　　　　　　　　© TIMSS 2015

3　Berufserfahrung

Neben dem Besuch von Fortbildungen kann auch die Unterrichts- beziehungsweise Berufserfahrung als Gelegenheit zur Erweiterung professioneller Lehrkompetenzen angesehen werden. Abbildung 5.5 zeigt im internationalen Vergleich den Anteil von Schülerinnen und Schülern, deren Mathematiklehrkräfte eine unterschiedlich lange Berufserfahrung haben. Für Deutschland lässt sich zunächst feststellen, dass mit 56.8 Prozent etwa jedes zweite Grundschulkind in Deutschland in Mathematik von einer Lehrkraft unterrichtet wird, die seit mehr als 20 Jahren im Schuldienst ist. Mit durchschnittlich 22.3 Berufsjahren sind Mathematiklehrkräfte in Deutschland im internationalen Vergleich damit sehr erfahren. Lediglich in Litauen, Bulgarien und der Russischen Föderation sind Mathematiklehrkräfte im Durchschnitt signifikant mehr Jahre im Dienst. Während sich keine signifikanten Unterschiede zu Italien, Kroatien, Slowenien, der Slowakei, Portugal und Kasachstan zeigen, lässt sich feststellen, dass die durchschnittliche Berufserfahrung von Mathematiklehrkräften in Deutschland sowohl oberhalb aller anderen Teilnehmerstaaten als auch über den Mittelwerten der Vergleichsgruppen VG_{EU} und VG_{OECD} liegt. Für den Sachunterricht zeigt sich ein vergleichbares Bild (siehe Abbildung 5.6).

Den Zusammenhang von Berufserfahrung (bzw. der Dauer der Lehrtätigkeit) und dem Professionswissen – einem Bereich der professionellen Handlungskompetenz von Lehrkräften (Baumert & Kunter, 2006) – haben beispielsweise Brunner et al. (2006) im Rahmen der COACTIV-Studie durch einen Vergleich der Testergebnisse der Schülerinnen und Schüler nach Anzahl der Berufsjahre ihrer Mathematiklehrkräfte untersucht. Danach erreichten von Lehrkräften mit weniger Berufsjahren unterrichtete Schülerinnen und Schüler tendenziell bessere Leistungen in den Mathematiktests. Differenzierte Analysen konnten diesen Befund allerdings nicht für alle betrachteten Gruppen (Gymnasial- und Nicht-Gymnasiallehrkräfte sowie in der ehemaligen DDR ausgebildete Lehrkräfte) bestätigen. Tiedemann und Billmann-Mahecha (2007) berücksichtig-

Abbildung 5.5: Berufsjahre der Mathematiklehrkräfte (Anteile der Schülerinnen und Schüler nach Angaben der Mathematiklehrkräfte in Prozent)

Teilnehmer	weniger als 5 Jahre[A]		5-10 Jahre[A]		10-20 Jahre[A]		20 oder mehr Jahre[A]		Berufsjahre	
	%	(SE)	%	(SE)	%	(SE)	%	(SE)	M	(SE)
[2] *Litauen*	1.2	(0.6)	1.6	(1.0)	14.1	(2.7)	83.1	(2.8)	27.6	(0.6)
Bulgarien	3.2	(1.1)	3.5	(1.3)	8.4	(2.0)	84.9	(2.7)	26.6	(0.7)
Russische Föderation	4.2	(1.6)	4.7	(1.3)	12.0	(2.4)	79.1	(2.7)	25.2	(0.7)
Ungarn	1.4	(0.7)	7.2	(1.3)	18.0	(2.8)	73.4	(3.2)	24.3	(0.6)
[2][3] *Italien*	1.5	(1.1)	4.1	(1.6)	24.5	(3.1)	69.8	(3.4)	24.0	(0.7)
Kroatien	4.0	(1.3)	7.7	(1.8)	21.0	(3.1)	67.3	(3.2)	23.9	(0.7)
Slowenien	2.9	(1.1)	5.9	(1.5)	27.2	(3.2)	64.0	(3.0)	23.7	(0.6)
Slowakei	8.4	(1.9)	6.1	(1.6)	22.2	(2.8)	63.3	(2.7)	23.0	(0.6)
Deutschland	10.0	(2.0)	8.8	(1.9)	24.4	(3.0)	56.8	(3.3)	22.3	(0.8)
[2] *Portugal*	0.8	(0.6)	3.2	(1.1)	44.7	(3.4)	51.3	(3.4)	21.6	(0.6)
Kasachstan	8.5	(2.4)	7.4	(1.6)	25.7	(3.3)	58.3	(3.6)	20.9	(0.9)
[2] *Spanien*	8.1	(1.8)	10.9	(2.0)	28.5	(2.8)	52.5	(3.3)	20.6	(0.8)
[2] *Serbien*	6.4	(2.2)	8.8	(2.2)	22.4	(2.9)	62.5	(3.5)	20.2	(0.7)
Tschechische Republik	10.3	(2.2)	9.9	(2.0)	29.6	(3.4)	50.2	(3.7)	20.1	(0.8)
VG EU	**9.1**	**(0.4)**	**12.0**	**(0.5)**	**34.2**	**(0.7)**	**44.7**	**(0.7)**	**19.5**	**(0.2)**
Polen	6.9	(1.7)	11.4	(2.4)	34.5	(3.6)	47.3	(3.5)	19.0	(0.6)
[3] *Belgien (Fläm. Gem.)*	9.8	(1.9)	14.4	(2.3)	33.1	(2.9)	42.7	(3.5)	17.7	(0.8)
[3] *Niederlande*	9.8	(2.5)	20.2	(3.1)	37.7	(4.2)	32.4	(3.9)	17.3	(1.0)
VG OECD	**13.2**	**(0.5)**	**15.4**	**(0.5)**	**34.8**	**(0.7)**	**36.6**	**(0.6)**	**17.2**	**(0.1)**
Internationaler Mittelwert	**12.7**	**(0.3)**	**15.5**	**(0.4)**	**34.2**	**(0.7)**	**37.7**	**(0.5)**	**17.2**	**(0.1)**
Taiwan	7.6	(1.9)	9.9	(2.5)	42.0	(4.2)	40.5	(3.9)	16.7	(0.6)
Finnland	16.1	(2.2)	14.6	(1.8)	31.5	(3.1)	37.8	(2.7)	16.4	(0.5)
Zypern	1.5	(1.1)	12.9	(2.3)	51.5	(3.3)	34.1	(2.9)	16.2	(0.5)
Japan	24.5	(3.1)	15.7	(2.7)	18.4	(2.8)	41.4	(3.5)	16.1	(0.8)
Türkei	14.7	(2.1)	16.5	(2.3)	32.1	(3.3)	36.6	(3.2)	15.9	(0.6)
Republik Korea (Südkorea)	20.8	(3.0)	13.6	(2.2)	30.6	(3.4)	35.0	(3.7)	15.5	(0.7)
Australien	23.3	(3.8)	17.3	(2.8)	23.9	(3.3)	35.5	(4.0)	15.2	(0.9)
[3] *Nordirland*	13.9	(3.1)	20.5	(3.8)	30.3	(4.2)	35.4	(4.5)	15.0	(0.8)
[2][3] *Dänemark*	15.5	(2.9)	16.9	(2.8)	36.5	(3.7)	31.1	(3.4)	15.0	(0.8)
[2] *Frankreich*	9.9	(2.0)	20.8	(2.9)	41.3	(3.7)	28.1	(3.5)	14.9	(0.8)
[3] *Hongkong*	12.7	(2.4)	16.5	(3.8)	42.5	(4.6)	28.2	(3.7)	14.8	(0.8)
[2][3] *Kanada*	13.1	(1.3)	17.8	(2.2)	38.4	(2.6)	30.7	(2.9)	14.7	(0.5)
[2] *Schweden*	13.6	(3.0)	19.6	(3.3)	40.4	(4.4)	26.4	(3.9)	14.6	(0.4)
[1][3] *Neuseeland*	17.5	(1.8)	20.4	(2.0)	33.2	(2.8)	28.8	(2.4)	14.3	(0.5)
[1] Norwegen (5. Jgst.)	13.7	(2.7)	20.8	(3.9)	42.0	(4.1)	23.5	(3.9)	13.8	(0.9)
Irland	16.4	(2.7)	21.9	(3.4)	37.9	(3.9)	23.8	(3.4)	13.4	(0.8)
Chile	17.4	(3.6)	36.7	(4.6)	16.2	(3.5)	29.7	(3.7)	13.2	(0.9)
[2][3] *USA*	20.6	(2.5)	19.6	(2.0)	35.0	(2.8)	24.8	(2.4)	13.1	(0.5)
[2] *Singapur*	32.3	(2.4)	23.1	(2.2)	30.3	(2.5)	14.2	(1.9)	10.6	(0.5)
[1] England	35.1	(3.7)	21.7	(3.6)	24.2	(3.4)	19.0	(3.3)	10.6	(0.7)
Benchmark-Teilnehmer										
[2][3] *Québec, Kanada*	11.5	(3.3)	19.3	(4.8)	33.5	(4.5)	35.6	(6.0)	15.3	(1.1)
Ontario, Kanada	12.4	(2.2)	15.1	(2.9)	41.7	(3.9)	30.9	(3.4)	15.0	(0.6)
Norwegen (4. Jgst.)	16.1	(3.1)	20.6	(2.8)	34.3	(4.0)	29.0	(4.0)	14.7	(0.8)

■ Weniger als 5 Berufsjahre.
▨ Mindestens 5, aber weniger als 10 Berufsjahre.
▢ Mindestens 10, aber weniger als 20 Berufsjahre.
☐ 20 oder mehr Berufsjahre.

Kursiv gesetzt sind die Teilnehmer, für die von einer eingeschränkten Vergleichbarkeit der Ergebnisse ausgegangen werden muss.
1 = Die nationale Zielpopulation entspricht nicht oder nicht ausschließlich der vierten Jahrgangsstufe.
2 = Der Ausschöpfungsgrad und/oder die Ausschlüsse von der nationalen Zielpopulation erfüllen nicht die internationalen Vorgaben.
3 = Die Teilnahmequoten auf Schul- und/oder Schülerebene erreichen nicht die internationalen Vorgaben.
A = Inkonsistenzen in den berichteten Werten zur internationalen Berichterstattung sind in einem differenten Darstellungsverfahren begründet.

IEA: Trends in International Mathematics and Science Study   © TIMSS 2015

ten neben der formalen Qualifikation von Grundschullehrkräften ebenfalls deren Berufserfahrung und stellten in ihrer Untersuchung fest, dass beide Faktoren keinen Einfluss auf die Ausprägung der Deutsch- und Mathematikleistungen von Grundschülerinnen und -schülern haben. Clotfelter, Ladd und Vigdor (2012) konnten Unterschiede in den Schülerleistungen in geringem Maße durch die Anzahl der Berufsjahre der Lehrkräfte erklären. Allerdings finden sich keine Leistungsunterschiede, wenn Schülerinnen und Schüler von Berufsanfängern (1 Jahr bis 5 Jahre) im Vergleich zu erfahrenen Lehrerinnen und Lehrern (21 bis 27 Jahre) unterrichtet wurden. Zusammenfassend lässt sich in Hinblick auf die empirischen Erkenntnisse zur Auswirkung der Berufserfahrung festhalten: Die Berufserfahrung der Lehrkräfte – auch über das Alter operationalisiert – besitzt offenbar keine oder lediglich eine geringe Erklärungskraft. Die Befundlage

Abbildung 5.6: Berufsjahre der Sachunterrichtslehrkräfte (Anteile der Schülerinnen und Schüler nach Angaben der Sachunterrichtslehrkräfte in Prozent)

Teilnehmer	weniger als 5 Jahre[A]		5-10 Jahre[A]		10-20 Jahre[A]		20 oder mehr Jahre[A]		Berufsjahre	
	%	(SE)	%	(SE)	%	(SE)	%	(SE)	M	(SE)
[2] *Litauen*	1.3	(0.7)	1.6	(1.0)	20.7	(2.8)	76.4	(2.8)	27.4	(0.6)
Bulgarien	2.8	(1.0)	3.2	(1.2)	17.4	(3.1)	76.6	(3.2)	26.6	(0.7)
Russische Föderation	4.2	(1.6)	4.7	(1.3)	19.5	(3.8)	71.7	(3.9)	25.0	(0.7)
Ungarn	2.1	(0.9)	7.1	(1.4)	22.3	(2.8)	68.4	(3.3)	24.6	(0.7)
Kroatien	4.0	(1.3)	7.7	(1.8)	23.3	(3.3)	65.0	(3.3)	23.9	(0.7)
Slowenien	2.9	(1.1)	5.9	(1.5)	30.4	(3.2)	60.8	(3.0)	23.7	(0.6)
[2] [3] *Italien*	2.8	(1.3)	6.7	(2.0)	33.8	(3.7)	56.8	(4.2)	23.0	(0.8)
Slowakei	10.4	(2.1)	6.3	(1.6)	27.6	(3.0)	55.6	(3.1)	22.5	(0.7)
[2] *Portugal*	0.8	(0.6)	3.2	(1.1)	50.5	(3.4)	45.5	(3.4)	21.6	(0.6)
Polen	7.1	(2.1)	5.7	(1.8)	30.9	(3.7)	56.3	(4.0)	21.1	(0.8)
Kasachstan	8.5	(2.4)	7.4	(1.6)	28.7	(3.6)	55.4	(3.7)	20.9	(0.9)
Deutschland	13.6	(2.3)	8.2	(1.9)	29.3	(2.7)	48.9	(3.4)	20.8	(0.9)
[2] *Serbien*	6.4	(2.2)	8.8	(2.2)	32.1	(3.9)	52.8	(3.8)	20.2	(0.7)
Tschechische Republik	14.1	(3.0)	10.8	(2.1)	27.1	(3.1)	48.0	(3.6)	19.7	(0.9)
[2] *Spanien*	9.3	(1.9)	14.0	(2.4)	29.6	(2.8)	47.0	(3.4)	19.6	(0.8)
VG EU	**10.3**	**(0.5)**	**12.8**	**(0.5)**	**33.0**	**(0.8)**	**43.9**	**(0.7)**	**19.1**	**(0.2)**
[3] *Belgien (Fläm Gem.)*	9.8	(1.9)	14.4	(2.3)	34.9	(2.8)	40.9	(3.4)	17.7	(0.8)
[3] *Niederlande*	9.8	(2.5)	20.2	(3.1)	39.1	(4.3)	31.0	(4.0)	17.3	(1.0)
VG OECD	**14.3**	**(0.5)**	**15.8**	**(0.5)**	**33.9**	**(0.7)**	**36.1**	**(0.7)**	**17.0**	**(0.1)**
Internationaler Mittelwert	**13.9**	**(0.4)**	**16.2**	**(0.4)**	**33.1**	**(0.5)**	**36.7**	**(0.5)**	**16.9**	**(0.1)**
Japan	27.3	(3.8)	13.5	(2.6)	19.2	(3.2)	39.9	(4.1)	16.4	(1.0)
Finnland	16.9	(2.2)	17.1	(2.1)	32.3	(3.4)	33.7	(2.9)	16.2	(0.6)
Türkei	14.7	(2.1)	16.5	(2.3)	39.9	(3.2)	28.8	(2.8)	15.9	(0.6)
Australien	17.8	(2.8)	21.1	(2.7)	30.6	(3.9)	30.5	(3.5)	15.4	(0.8)
Taiwan	18.3	(3.3)	9.4	(2.6)	37.2	(3.4)	35.1	(3.6)	15.4	(0.7)
Republik Korea (Südkorea)	23.0	(2.7)	13.1	(2.2)	33.1	(3.4)	30.9	(3.6)	15.2	(0.8)
[3] *Nordirland*	14.0	(3.1)	20.0	(3.8)	39.0	(4.7)	27.0	(4.2)	15.1	(0.8)
Zypern	6.1	(1.8)	21.2	(3.1)	49.6	(4.7)	23.1	(3.9)	14.7	(0.5)
[2] *Schweden*	15.6	(3.2)	19.1	(3.3)	41.3	(4.1)	24.0	(3.8)	14.3	(0.9)
[2] [3] *Kanada*	14.2	(1.5)	19.1	(2.3)	41.6	(2.7)	25.1	(2.5)	14.3	(0.5)
[1] [3] *Neuseeland*	17.1	(1.8)	20.2	(1.9)	37.7	(2.7)	25.0	(2.2)	14.2	(0.5)
[2] *Frankreich*	12.4	(2.4)	22.9	(2.9)	42.3	(3.6)	22.4	(3.1)	14.0	(0.7)
Chile	19.5	(3.6)	31.4	(4.0)	22.7	(3.3)	26.4	(3.6)	13.4	(0.9)
Irland	16.4	(2.7)	21.9	(3.4)	38.8	(3.9)	22.9	(3.4)	13.4	(0.8)
[1] Norwegen (5. Jgst.)	18.9	(2.8)	24.3	(4.1)	34.7	(4.0)	22.0	(3.8)	13.4	(0.9)
[2] [3] *USA*	19.6	(2.5)	19.1	(2.0)	41.4	(3.0)	19.8	(2.2)	13.2	(0.5)
[2] [3] *Dänemark*	18.7	(3.4)	23.2	(3.3)	38.4	(4.1)	19.8	(3.3)	12.6	(0.7)
[3] *Hongkong*	19.7	(3.8)	23.6	(4.4)	35.7	(4.2)	21.1	(3.5)	12.5	(0.8)
[2] *Singapur*	30.1	(2.4)	23.8	(2.0)	33.1	(2.8)	13.0	(2.0)	11.0	(0.6)
[1] England	36.1	(3.9)	21.0	(3.4)	26.9	(3.1)	16.0	(3.1)	10.4	(0.8)
Benchmark-Teilnehmer										
Ontario, Kanada	12.0	(2.1)	16.6	(3.2)	45.7	(4.1)	25.7	(3.2)	14.6	(0.7)
Norwegen (4. Jgst.)	17.4	(3.4)	19.7	(3.8)	41.6	(4.5)	21.3	(3.1)	14.4	(0.7)
[2] [3] *Québec, Kanada*	17.1	(4.1)	22.4	(5.2)	34.6	(5.0)	25.9	(5.5)	14.0	(1.1)

◼ Weniger als 5 Berufsjahre.

◼ Mindestens 5, aber weniger als 10 Berufsjahre.

◻ Mindestens 10, aber weniger als 20 Berufsjahre.

◻ 20 oder mehr Berufsjahre.

Kursiv gesetzt sind die Teilnehmer, für die von einer eingeschränkten Vergleichbarkeit der Ergebnisse ausgegangen werden muss.

1 = Die nationale Zielpopulation entspricht nicht oder nicht ausschließlich der vierten Jahrgangsstufe.

2 = Der Ausschöpfungsgrad und/oder die Ausschlüsse von der nationalen Zielpopulation erfüllen nicht die internationalen Vorgaben.

3 = Die Teilnahmequoten auf Schul- und/oder Schülerebene erreichen nicht die internationalen Vorgaben.

A = Inkonsistenzen in den berichteten Werten zur internationalen Berichterstattung sind in einem differenten Darstellungsverfahren begründet.

IEA: Trends in International Mathematics and Science Study   © TIMSS 2015

ist insgesamt inkonsistent und die Ergebnisse sind schwer zu interpretieren, da „die Dauer der Berufsausübung mit verschiedenen anderen Merkmalen, wie z. B. dem fachlichen und fachdidaktischen Wissen, den schul- und klassenbezogenen Kontextbedingungen, der Berufsmotivation sowie Merkmalen des Lehrerarbeitsmarkts, konfundiert ist" (Lipowsky, 2006, S. 54).

4 Ausbildung und Schülerleistungen

Aus einer kompetenztheoretischen Perspektive wird den Kompetenzen von Lehrkräften eine hohe Bedeutung für deren unterrichtliches Handeln und damit den Lernzuwachs von Schülerinnen und Schülern zugeschrieben (Baumert & Kunter, 2006). Zur Frage des Zusammenhangs von Lehrerkompetenzen und Schülerleistungen werden in Forschungsarbeiten in der Regel Indikatoren der formalen Qualifikation wie das Vorliegen eines Fachstudiums oder einer Lehrbefähigung verwendet. Studien, die in dieser Weise den betreffenden Zusammenhang untersuchten, kommen jedoch zu unterschiedlichen Ergebnissen: Die Ausbildung der Lehrkräfte erklärt in geringem Umfang Leistungsunterschiede und zwar zum Nachteil der Grundschülerinnen und -schüler, die fachfremd unterrichtet werden (z.B. Clotfelter, Ladd & Vigdor, 2006; Klusmann & Richter, 2014; Porsch & Wendt, 2015). Andere Arbeiten konnten dagegen keine signifikanten Zusammenhänge ermitteln (z.B. Tiedemann & Billmann-Mahecha, 2007; Zuzovsky, 2009). Diese Befundlage lässt sich einerseits methodologisch begründen (Porsch & Wendt, in Druck). Andererseits lässt sich vermuten, dass eine Qualifizierung im Berufsleben der fachfremd tätigen Lehrkräfte und Unterstützungsmaßnahmen an Schulen (Hobbs, 2012) einen positiven Einfluss auf deren Kompetenzentwicklung sowie ihr Unterrichtshandeln und, in Folge, auf die Schülerleistungen nehmen kann.

Aus Abschnitt 1 dieses Kapitels lässt sich für Deutschland festhalten, dass in Mathematik 18.6 Prozent und im Sachunterricht 37.3 Prozent aller Grundschulkinder fachfremd unterrichtet werden. Vor dem Hintergrund von Studien, die die formale Qualifikation als bedeutsamen Indikator für unterschiedlich effektives Lehrerhandeln belegen, wurde untersucht, inwieweit sich auch in TIMSS 2015 Zusammenhänge mit dem Lernerfolg von Schülerinnen und Schülern feststellen lassen. Hierzu wurden unter Nutzung des imputierten Datensatzes (siehe Kapitel 2 in diesem Band) Mehrebenenanalysen berechnet. Die Ergebnisse sind in Tabelle 5.5 dargestellt. Es zeigt sich, dass die Ausbildung der Lehrkräfte allein (Modell 1) sowie unter Kontrolle von weiteren Lehrer- und Schülermerkmalen (Modelle 2 und 3) keinen generellen Einfluss auf die mathematischen oder naturwissenschaftlichen Kompetenzen von Schülerinnen und Schülern hat. Das Fortbildungsverhalten und die Berufserfahrung, die in diesem Beitrag als Lerngelegenheiten von Grundschullehrkräften im Beruf betrachtet wurden, sind ebenfalls weder signifikant noch bedeutsam bei der Erklärung der Schülerleistungen.

5 Diskussion

Die Qualifikation von Grundschullehrkräften, die Mathematik oder Sachunterricht in einer vierten Klasse unterrichten, war Schwerpunkt des vorliegenden Kapitels. Professionelle Handlungskompetenzen von Lehrkräften werden in Deutschland durch eine umfassende Ausbildung im Studium sowie im Vorbereitungsdienst erworben. Darüber hinaus wird der stetigen Qualifizierung im Berufsleben eine hohe Bedeutung zugesprochen. Entsprechend wurde im internationalen Vergleich vorgestellt, über welche formale Qualifikation Lehrkräfte an Grundschulen verfügen, welches Fortbildungsverhalten sie in Bezug auf die beiden Fächer zeigen und welchen Umfang an Berufserfahrung sie besitzen.

Tabelle 5.5: Erklärung der Testleistungen in Mathematik bzw. Naturwissenschaften durch Merkmale der Lehrkräfte (Mehrebenenanalysen)

	Mathematik						Naturwissenschaften					
	Modell 1		Modell 2		Modell 3		Modell 1		Modell 2		Modell 3	
	b	(SE)	b	(SE)	b	(SE)	b	(SE)	b	(SE)	b	(SE)
Konstante	515.8	(6.0)	198.9	(10.3)	182.1	(29.4)	524.6	(5.6)	198.6	(12.5)	174.6	(20.0)
Klassenebene												
Lehrermerkmale												
Nebenfach[A]	2.7	(8.2)ns	0.1	(6.5)ns	1.8	(8.2)ns	-2.7	(7.0)ns	-4.7	(5.7)ns	-2.0	(7.8)ns
Studienschwerpunkt[A]	5.7	(6.7)ns	4.4	(5.4)ns	5.0	(6.8)ns	4.1	(6.1)ns	2.7	(4.3)ns	-0.8	(13.9)ns
Berufserfahrung: 10 bis 20 Jahre[B]					8.6	(7.2)ns					6.3	(8.1)ns
Berufserfahrung: mehr als 20 Jahre[B]					9.9	(6.5)ns					5.6	(7.3)ns
Teilnahme an Fortbildungen: 1-2[C]					2.3	(9.4)ns					-0.3	(5.6)ns
Teilnahme an Fortbildungen: 3+[C]					3.5	(10.4)ns					3.4	(6.0)ns
Geschlecht: männlich[D]					-5.7	(10.0)ns					2.3	(8.3)ns
Schülerebene												
Geschlecht: männlich[E]			9.6	(1.8)**	9.7	(3.0)**			7.6	(2.0)**	9.4	(9.5)ns
HISEI[F]			0.6	(0.1)**	0.6	(0.1)**			0.7	(0.1)**	0.7	(0.1)**
Migrationshintergrund[G]			12.7	(2.0)**	13.0	(4.7)**			26.5	(2.4)**	28.1	(21.4)ns
Kognitive Fähigkeiten			2.8	(0.1)**	2.8	(0.2)**			2.7	(0.1)**	2.9	(0.2)**
Erklärte Varianzanteile (M/N)												
Zwischen den Schulen (20.1 %/20.6 %)	0.09		0.1		5.0		0.8		0.8		10.8	
Innerhalb der Schulen (79.9 %/79.4 %)	0.00		29.3		29.3		0.0		32.3		30.3	
Gesamt	0.02		23.5		24.4		0.2		24.2		26.3	

Abhängige Variable: Gesamtskala Mathematik bzw. Naturwissenschaften.
b = Regressionsgewicht (unstandardisiert).
Signifikanzniveau: ns = nicht signifikant; * = signifikant ($p < .05$); ** = signifikant ($p < .01$).
A = Mathematik bzw. ein naturwissenschaftliches Fach im Studium (0 = andere Studienschwerpunkte).
B = Berufserfahrung (0 = weniger als 10 Jahre).
C = Fortbildungsbesuch: (0 = keine Fortbildung in den letzten zwei Jahren).
D = Geschlecht (0 = weiblich; 1 = männlich).
E = Geschlecht (0 = Mädchen; 1 = Jungen).
F = Berufsstatus: Höchster ISEI (*International Socio-Economic Index of Occupational Status*) im Haushalt.
G = Migrationshintergrund nach Geburtsland der Eltern (0 = beide Elternteile im Ausland geboren; 1 = mindestens ein Elternteil im Ausland geboren).

IEA: Trends in International Mathematics and Science Study   © TIMSS 2015

Es zeigt sich, dass der Großteil aller Schülerinnen und Schüler in Deutschland in den Fächern Mathematik und Sachunterricht von erfahrenen und für den Primarbereich ausgebildeten Lehrkräften unterrichtet wird, die das Fach als Haupt- oder Nebenfach im Studium belegt haben. Im internationalen Vergleich sind die Lehrkräfte in Deutschland damit gut ausgebildet und verfügen darüber hinaus über eine vergleichsweise lange Berufserfahrung. Dennoch ist festzustellen, dass in Deutschland 19 Prozent aller Grundschulkinder Mathematikunterricht und 37 Prozent aller Grundschulkinder Sachunterricht bei Lehrpersonen haben, die fachfremd unterrichten, also nicht Mathematik bzw. Sachunterricht (oder ein naturwissenschaftliches Fach) im Studium belegt haben. Auch wenn in diesem Beitrag die mehrebenenanalytische Auswertung auf der Grundlage der nationalen Daten keine signifikanten Zusammenhänge der formalen Qualifikation auf die Schülerleistungen belegen konnte, ist weiter an der Forderung nach einer möglichst breiten und umfassenden Fachausbildung für Grundschullehrkräfte festzuhalten. Da neben Deutsch die Fächer Mathematik und Sachunterricht mit hoher Wahrscheinlichkeit durch eine Lehrkraft oder die Klassenlehrerin beziehungsweise den Klassenlehrer unterrichtet werden, empfiehlt sich eine Ausbildungsstruktur, die mindestens diese Fächer umfasst.

In Bezug auf das Fortbildungsverhalten von Lehrkräften lässt sich feststellen, dass Grundschullehrerinnen und -lehrer durchaus regelmäßig fachspezifische Fortbildungsveranstaltungen wahrnehmen. Im internationalen Vergleich liegt die Teilnahmeintensität auf dem Niveau des europäischen Durchschnitts. Beachtet man, dass für etwa die Hälfte aller Grundschullehrkräfte das Studium mehr als zwanzig Jahre zurückliegt, stellt sich jedoch die Frage, wie bei einer vergleichsweise geringen Fortbildungsteilnahme Innovationen den Unterricht erreichen können. Sofern die skizzierte generalistische Ausbildung nicht besteht, empfiehlt die KMK (2015) Grundschullehrerinnen und -lehrern: „Lehrkräfte nehmen Fort- und Weiterbildungsangebote in Fächern wahr, die nicht Bestandteil ihrer grundständigen Ausbildung sind" (S. 19). Wünschenswert sind differenzierte, unterschiedlichen Qualifikationen der Lehrkräfte entsprechende Angebote (Bosse, 2014).

Im Zusammenhang mit Fortbildungen als Lerngelegenheit ist abschließend der Befund herauszustellen, dass Lehrkräfte an Grundschulen in Deutschland im internationalen Vergleich deutlich seltener Veranstaltungen besuchen, die den Einsatz digitaler Medien im Unterricht fokussieren. Zwar kann mit den vorliegenden Daten nicht beantwortet werden, worin die Gründe liegen – möglicherweise in einem fehlenden Angebot oder in anderen Interessenlagen der Lehrkräfte. Trotzdem ist dieser Befund angesichts der wachsenden Bedeutung von digitalen Medien in allen Gesellschaftsbereichen und dem Handlungsbedarf für das weitere Lernen in der Grundschule (Eickelmann, Lorenz, Vennemann, Gerick & Bos, 2014) als kritisch anzusehen.

Literatur

Baumert, J. & Kunter, M. (2006). Stichwort: Professionelle Kompetenz von Lehrkräften. *Zeitschrift für Erziehungswissenschaft, 9* (4), 469–520.

Bosse, M. (2014). Wie können fachfremd unterrichtende Mathematiklehrkräfte durch Lehrerfortbildungen effektiv unterstützt werden? In J. Roth & J. Ames (Hrsg.), *Beiträge zum Mathematikunterricht 2014* (S. 221–224). Münster: WTM.

Brunner, M., Kunter, M., Krauss, S., Baumert, J., Blum, W., Dubberke, T., Jordan, A., Klusmann, U., Tsai, Y.-M. & Neubrand, M. (2006). Welche Zusammenhänge bestehen zwischen dem fachspezifischen Professionswissen von Mathematiklehrkräften und ihrer Ausbildung sowie beruflichen Fortbildung? *Zeitschrift für Erziehungswissenschaft, 9* (4), 521–544.

Clotfelter, C. T., Ladd, H. F. & Vigdor, J. L. (2006). Teacher-student matching and the assessment of teacher effectiveness. *Journal of Human Resources, 41* (4), 778–820.

Clotfelter, C. T., Ladd, H. F. & Vigdor, J. L. (2012). Teacher credentials and student achievement in high school. *Journal of Human Resources, 45* (3), 655–681.

Craig, C. J. (2016). Structure of teacher education. In J. Loughran & M. L. Hamilton (Hrsg.), *International handbook of teacher education. Volume 1* (S. 69–135). Singapur: Springer.

Desimone, L. M., Smith, T. & Ueno, K. (2006). Are teachers who need sustained, content-focused professional development getting it? An administrator's dilemma. *Educational Administration Quarterly, 42* (2), 179–215.

Drossel, K., Wendt, H., Schmitz, S. & Eickelmann, B. (2012). Merkmale der Lehr- und Lernbedingungen im Primarbereich. In W. Bos, H. Wendt, O. Köller & C. Selter (Hrsg.), *TIMSS 2011. Mathematische und naturwissenschaftliche Kompetenzen von Grundschulkindern in Deutschland im internationalen Vergleich* (S. 171–202). Münster: Waxmann.

Eickelmann, B., Lorenz, R., Vennemann, M., Gerick J. & Bos W. (Hrsg.). (2014). *Grundschule in der digitalen Gesellschaft. Befunde aus den Schulleistungsstudien IGLU und TIMSS 2011.* Münster: Waxmann.

Fussangel, K., Rürup, M. & Gräsel, C. (2016). Lehrerfortbildung als Unterstützungssystem. In H. Altrichter & K. Maag Merki (Hrsg.), *Handbuch Neue Steuerung im Schulsystem* (2. Aufl., S. 327–354). Wiesbaden: Springer Fachmedien.

Hobbs, L. (2012). Teaching out-of-field: Factors shaping identities of secondary science and mathematics. *Teaching Science, 58* (1), 21–29.

Klusmann, U. & Richter, D. (2014). Beanspruchungserleben von Lehrkräften und Schüler-leistung: Eine Analyse des IQB-Ländervergleichs für die Primarstufe. *Zeitschrift für Pädagogik, 60* (2), 202–224.

KMK – Ständige Konferenz der Kultusminister der Länder in der Bundesrepublik Deutsch-land. (2014). *Standards für die Lehrerbildung: Bildungswissenschaften. Beschluss der Kultusministerkonferenz vom 16.12.2004 i. d. F. vom 12.06.2014.* Bonn: KMK.

KMK   Ständige Konferenz der Kultusminister der Länder in der Bundesrepublik Deutsch-land. (2015). *Empfehlungen zur Arbeit in der Grundschule. Beschluss der Kultus-ministerkonferenz vom 02.07.1970 i. d. F. v. 11.06.2015.* Berlin: KMK.

Kunter, M., Baumert, J., Blum, W., Klusmann, U., Krauss, S. & Neubrand, M. (Hrsg.). (2011). *Professionelle Kompetenz von Lehrkräften. Ergebnisse des Forschungs-programms COACTIV.* Münster: Waxmann.

Lipowsky, F. (2006). Auf den Lehrer kommt es an. Empirische Evidenz für Zusammenhänge zwischen Lehrerkompetenzen, Lehrerhandeln und dem Lernen der Schüler. In C. Allemann-Ghionda & E. Terhart (Hrsg.), *Kompetenzen und Kompetenzentwicklung von Lehrerinnen und Lehrern* (Zeitschrift für Pädagogik, Beiheft 51, S. 47–70). Weinheim: Beltz.

Porsch, R. (2015). Unterscheiden sich Mathematiklehrkräfte an Grundschulen mit und ohne Fach-Lehrbefähigung hinsichtlich ihrer berufsbezogenen Überzeugungen? Ergebnisse aus TIMSS 2007. *Mathematica didactica, 38,* 5–36.

Porsch, R. (2016). Fachfremd unterrichten in Deutschland. Definition – Verbreitung – Auswirkungen. *Die Deutsche Schule, 108* (1), 9–32.

Porsch, R. (in Druck). Spezialisten oder Generalisten? Eine Betrachtung der Fachausbildung von Grundschullehrinnen und -lehrern in Deutschland. In M. Radhoff & S. Wieckert (Hrsg.), *Die Grundschule im Wandel der Zeit.* Hamburg: Dr. Kovač.

Porsch, R. & Wendt, H. (2015). Welche Rolle spielt der Studienschwerpunkt von Sachunter-richtslehrkräften für ihre Selbstwirksamkeit und die Leistungen ihrer Schülerinnen und Schüler? In H. Wendt, T. Stubbe, K. Schwippert & W. Bos (Hrsg.), *10 Jahre internati-onal vergleichende Schulleistungsforschung in der Grundschule. Vertiefende Analysen zu IGLU und TIMSS 2001 bis 2011* (S. 161–183). Münster: Waxmann.

Porsch, R. & Wendt, H. (in Druck). Mathematikunterricht und Studienschwerpunkte der Lehrkräfte: Gibt es Auswirkungen auf die Mathematikleistungen von Grundschülerin-nen und -schülern? Nationale Befunde aus TIMSS 2011. *Unterrichtswissenschaft.*

Richter, D. (2011). Lernen im Beruf. In M. Kunter, J. Baumert, W. Blum, U. Klusmann, S. Krauss & M. Neubrand (Hrsg.), *Professionelle Kompetenz von Lehrkräften. Ergebnisse des Forschungsprogramms COACTIV* (S. 317–325). Münster: Waxmann.

Richter, D., Kuhl, P., Reimers, H., & Pant, H. A. (2012). Aspekte der Aus- und Fortbildung von Lehrkräften in der Primarstufe. In P. Stanat, H. A. Pant, K. Böhme & D. Richter (Hrsg.), *Kompetenzen von Schülerinnen und Schülern am Ende der vier-ten Jahrgangsstufe in den Fächern Deutsch und Mathematik. Ergebnisse des IQB-Ländervergleichs 2011* (S. 237–250). Münster: Waxmann.

Tiedemann, J. & Billmann-Mahecha, E. (2007). Macht das Fachstudium einen Unterschied? Zur Rolle der Lehrerexpertise für Lernerfolg und Motivation in der Grundschule. *Zeitschrift für Pädagogik, 53* (1), 58–73.

Walm, M. & Wittek, D. (2014). *Lehrer_innenbildung in Deutschland im Jahr 2014. Eine phasenübergreifende Dokumentation der Regelungen in den Bundesländern. Eine Expertise im Auftrag der Max-Traeger-Stiftung* (2., überarb. Aufl.). Frankfurt a.M.: GEW.

Winteler, A., Sierwald, W. & Schiefele, U. (1988). Interesse, Leistung und Wissen: Die Erfassung von Studieninteresse und seine Bedeutung für Studienleistung und fachbe-zogenes Wissen. *Empirische Pädagogik, 2* (3), 227–250.

Zuzovsky, R. (2009). Teachers' qualifications and their impact on student achievement: Findings from TIMSS 2003 data for Israel. In M. v. Davier & D. Hastedt (Hrsg.), *Issues and methodologies in large-scale assessments* (S. 37–62). Hamburg: IEA-ETS Research Institute.

Kapitel VI
Einblicke in die Gestaltung des Mathematik- und Sachunterrichts

Svenja Rieser, Ruven Stahns, Anke Walzebug und Heike Wendt

1 Einleitung

Kompetenzen von Grundschulkindern entwickeln sich unter anderem in Abhängigkeit von unterrichtlichen Bedingungen und dem Handeln von Lehrkräften im Unterricht (Hattie, 2009; Helmke, 2010). In international vergleichenden (Video-)Studien hat sich gezeigt, dass sich die Unterrichtsgestaltung zwischen Staaten teilweise deutlich unterscheidet – in diesen Unterschieden können Gründe für das unterschiedlich erfolgreiche Abschneiden von Schülerinnen und Schülern in international durchgeführten Studien wie der *Trends in International Mathematics and Science Study* (TIMSS) gesehen werden (U.S. Department of Education, National Center for Education Statistics, 2003).

International wie national sind in den letzten Jahren Gestaltungsmerkmale des Unterrichts und ihr Zusammenhang mit der Schülerleistung in verschiedenen Fächern Gegenstand von Studien geworden, zum Beispiel Merkmale des Physikunterrichts (Seidel et al., 2006), des Mathematikunterrichts (Gabriel, 2014; Klieme, Lipowsky, Rakoczy & Ratzka, 2006; Klieme, Pauli & Reusser, 2009) und des Deutsch- beziehungsweise Leseunterrichts (Gabriel, 2014; Klieme, Steinert & Hochweber, 2010; Lankes & Carstensen, 2007; Lotz, 2016; Nortvedt, Gustafsson & Lehre, 2016). In diesen Studien, die darauf abzielen, lernwirksame Unterrichtsmerkmale zu identifizieren, hat sich die Unterscheidung zwischen „Sichtstrukturen" (Seidel & Prenzel, 2003, S. 56) und „Gelegenheitsstrukturen" (ebd.) des Unterrichts etabliert (Oser & Baeriswyl, 2001; Pauli & Reusser, 2006). Während für die Erfassung von Merkmalen auf der Ebene der Sichtstrukturen unmittelbar beobachtbare Oberflächenmerkmale des Unterrichts berücksichtigt werden (z.B. die Sozialformen), werden bei der Erfassung der Gelegenheitsstrukturen des Unterrichts Merkmale betrachtet, die auf die Unterstützung von Lernprozessen zielen (z.B. die kognitive Aktivierung der Lernenden oder die Strukturierung des Unterrichts).

Die meisten Ergebnisse zu Qualitätsmerkmalen des Unterrichts stammen aus Studien zum Unterricht in der Sekundarstufe I, zum Beispiel aus den Fragebogenerhebungen im Rahmen der international vergleichenden Leistungsstudie *Programme for International Student Assessment* (PISA) (Schiepe-Tiska et al., 2013), der Videostudie *Lehr-Lern-Prozesse im Physikunterricht* (Seidel et al., 2006) oder der Videostudie *Unterrichtsqualität, Lernverhalten und mathematisches Verständnis* (Pythagoras) (Klieme et al., 2006), während zum Grundschulunterricht verhältnismäßig wenige Ergebnisse vorliegen. Zu nennen sind für den Grundschulbereich aus der jüngeren Vergangenheit vor allem die Videostudien im Rahmen der Studie *Persönlichkeits- und Lernentwicklung von Grundschulkindern* (PERLE) für den Mathematik- und Leseanfangsunterricht (Gabriel, 2014; Lotz, 2016), die Beobachtungs- und Fragebogenstudie *Individuelle Förderung und adaptive Lern-Gelegenheiten in der Grundschule* (IGEL) für den naturwissenschaftlichen Sachunterricht (Fauth, Decristan, Rieser, Klieme & Büttner, 2014a, 2014b) und die Lehrkräftebefragungen im Rahmen der *Internationalen-Grundschul-Lese-Untersuchung* (IGLU) (Lankes & Carstensen, 2007) sowie Ergebnisse der Videostudie *VERA – Gute Unterrichtspraxis* (Kleinbub, 2010) für den weiterführenden Leseunterricht in der Grundschule. Des Weiteren wurden im Rahmen von TIMSS 2011 einige Merkmale des mathematischen und naturwissenschaftlichen Unterrichts in der Grundschule aus Sicht der Lehrkräfte erfasst (Drossel, Wendt, Schmitz & Eickelmann, 2012). Mit dem vorliegenden Kapitel soll an diese Studien angeschlossen werden, wobei – dem Design von TIMSS 2015 entsprechend – Daten aus der Lehrkräfte- und der Schülerbefragung zur Verfügung stehen. Im ersten Teil des vorliegenden Kapitels wird eine kleine Auswahl von Gestaltungsmerkmalen des Mathematik- und Sachunterrichts auf der Grundlage von Lehrkräftebefragungen international vergleichend betrachtet, um einen Eindruck davon zu gewinnen, wie der Unterricht in Deutschland im Vergleich zu den anderen Teilnehmern von TIMSS 2015 gestaltet wird (siehe Abschnitt 2). Bei den international erfassten Merkmalen handelt es sich um eine Auswahl von Gestaltungsmerkmalen des Unterrichts, die den Sichtstrukturen des Unterrichts zugeordnet werden können. Da in Studien jüngeren Datums allerdings zunehmend die Bedeutung der Gelegenheitsstrukturen des Unterrichts betont wird, wurden in Deutschland in den Schülerfragebogen von TIMSS 2015 zusätzlich Items zur Unterrichtsgestaltung aufgenommen. Diese Items lassen sich den drei Dimensionen ‚Klassenführung‘, ‚unterstützendes Sozialklima‘ und ‚kognitive Aktivierung‘ zuordnen, welche in einer Reihe von Studien Zusammenhänge mit dem Lernerfolg aufwiesen (Klieme et al., 2006; Klieme, Schümer & Knoll, 2001; Klieme et al., 2010). Wie die Schülerinnen und Schüler in Deutschland die Qualität ihres Mathematik- und Sachunterrichts hinsichtlich dieser drei Dimensionen beschreiben, wird im zweiten Teil des vorliegenden Kapitels dargestellt (siehe Abschnitt 3).

2 Merkmale des Mathematik- und Sachunterrichts im internationalen Vergleich

2.1 Arbeitsformen im Mathematikunterricht

Im Rahmen der Forschung zu Merkmalen erfolgreichen Unterrichts wurde unter anderem die Wirksamkeit verschiedener Unterrichtsmethoden evaluiert. Dabei hat sich gezeigt, dass es die eine optimale Unterrichtsmethode nicht gibt. Vielmehr unterstreichen die Forschungsergebnisse die Forderung nach Methodenvielfalt. Die Angemessenheit methodischer Entscheidungen ist vor allem an Merkmalen der konkreten Situation zu bemessen (z.B. Merkmalen der Schülerinnen und Schüler, Inhalte) (Leuders, 2001; Wiechmann, 2010).

In der ersten TIMSS-Videostudie wurde der Mathematikunterricht der achten Jahrgangsstufe in drei Ländern hinsichtlich seiner methodischen Gestaltung betrachtet. Dabei zeigte sich für Deutschland, dass das fragend-entwickelnde Unterrichtsgespräch eine dominante Rolle bei der Erarbeitung von Inhalten einnahm. Einzel- oder Gruppenarbeit wurden deutlich seltener und vor allem zur Übung bereits erarbeiteter Inhalte eingesetzt (U.S. Department of Education, National Center for Education Statistics, 1999). Aktuellere Ergebnisse der Videostudie *Unterrichtsqualität, Lernverhalten und mathematisches Verständnis* (Hugener, Pauli & Reusser, 2007; Klieme et al., 2006) zeigen, dass der Unterricht in videographierten Stunden, in denen der Satz des Pythagoras in neunten Klassen in Deutschland eingeführt wird, nicht ausschließlich in fragend-entwickelnder Form erfolgt. Vielmehr sind neben einem problemlösend-entwickelnden (sieben Klassen) auch ein darstellendes (vier Klassen) und ein problemlösend-entdeckendes Inszenierungsmuster (neun Klassen) im Mathematikunterricht in Deutschland nachzuweisen (Hugener et al., 2007). Nur das problemlösend-entdeckende Muster ist in weiten Teilen durch Schülerarbeitsphasen geprägt, das darstellende Muster hingegen durch Lehrervorträge und das problemlösend-entwickelnde Muster durch ein fragend-entwickelndes Vorgehen. Auch wenn aufgrund des geringen Stichprobenumfangs keine Repräsentativität für den Mathematikunterricht in Deutschland angenommen werden kann, deuten die Ergebnisse doch darauf hin, dass lehrerzentrierte Arbeitsweisen weiterhin regelmäßig im Mathematikunterricht der Sekundarstufe eingesetzt werden.

Im Folgenden soll überprüft werden, welche Bedeutung lehrerzentriertem Unterricht im Mathematikunterricht in der Grundschule zukommt. Auf Grundlage der Angaben der Lehrkräfte in TIMSS 2015 können Anhaltspunkte für das Ausmaß der Lehrerzentrierung im Mathematikunterricht in der Grundschule gewonnen werden. Insgesamt können hierzu drei Items genutzt werden: Die Lehrkräfte wurden um Angaben dazu gebeten, wie häufig sie jeweils die lehrerzentrierten Arbeitsformen des (1) Lehrervortrags und des (2) fragend-entwickelnden Klassengesprächs sowie die eher schülerzentrierten Arbeitsformen (3) Einzel- und Gruppenarbeit einsetzen (von 1 = *in (fast) jeder Stunde* bis 4 = *nie*).

Abbildung 6.1: Arbeitsformen im Mathematikunterricht (Anteile der Schülerinnen und Schüler in Prozent, in deren Unterricht nach Angaben der Mathematiklehrkräfte die jeweilige Arbeitsform in [fast] jeder Stunde genutzt wird)

	Lehrer-vortrag[A]		Klassen-gespräch[B]		Einzel-/Gruppenarbeit[C]		
Teilnehmer	%	(SE)	%	(SE)	%	(SE)	
[2] *Frankreich*	18.5	(2.6)	9.6	(2.0)	20.6	(3.0)	
[1] [3] Neuseeland	23.0	(2.5)	21.0	(2.5)	51.8	(3.2)	
[2] [3] *Dänemark*	30.5	(3.7)	15.5	(2.9)	62.7	(3.6)	
[2] *Singapur*	32.0	(2.2)	24.3	(2.2)	26.4	(2.0)	
[1] Norwegen (5. Jgst.)	32.4	(4.2)	31.0	(3.8)	63.6	(4.0)	
[3] Hongkong	33.2	(3.9)	16.7	(3.1)	18.5	(3.5)	
Taiwan	36.4	(3.5)	32.4	(3.5)	29.9	(3.9)	
[2] [3] *Kanada*	37.6	(2.5)	30.2	(2.9)	46.7	(2.7)	
Deutschland	41.2	(3.3)	22.0	(3.1)	39.7	(3.6)	
Australien	42.0	(3.6)	44.2	(3.4)	51.0	(3.7)	
[1] England	45.1	(3.9)	35.2	(4.0)	48.5	(4.0)	
[2] *Schweden*	46.6	(4.3)	17.4	(3.2)	39.1	(4.5)	
Japan	48.6	(3.7)	61.0	(3.8)	58.5	(3.5)	
Slowenien	48.7	(3.8)	12.9	(2.1)	30.4	(3.4)	
Ungarn	49.3	(3.7)	33.7	(3.5)	51.7	(4.1)	
[3] Belgien (Fläm. Gem.)	49.7	(3.8)	14.2	(2.5)	26.2	(3.5)	
[3] *Nordirland*	52.1	(5.0)	42.4	(4.6)	55.4	(5.2)	
VG OECD	**52.6**	**(0.7)**	**34.7**	**(0.7)**	**49.4**	**(0.7)**	
Finnland	54.8	(3.6)	22.7	(2.9)	65.9	(3.1)	
Irland	56.6	(3.8)	34.0	(3.9)	39.6	(3.9)	
Russische Föderation	56.8	(4.0)	36.2	(3.9)	40.8	(4.2)	
[2] [3] *USA*	57.1	(2.7)	68.9	(2.3)	74.9	(2.5)	
VG EU	**59.1**	**(0.7)**	**30.8**	**(0.7)**	**48.7**	**(0.8)**	
Internationaler Mittelwert	**59.9**	**(0.5)**	**39.7**	**(0.5)**	**51.9**	**(0.5)**	
Slowakei	60.4	(3.2)	34.8	(3.2)	54.7	(3.1)	
Tschechische Republik	60.8	(3.5)	30.3	(3.3)	51.9	(3.7)	
[2] *Spanien*	63.8	(3.4)	43.9	(3.6)	51.2	(3.5)	
Republik Korea (Südkorea)	64.1	(4.0)	53.1	(3.4)	62.8	(3.7)	
[3] Niederlande	64.5	(4.2)	31.9	(3.9)	47.3	(3.7)	
[2] [3] *Italien*	66.4	(3.1)	31.2	(3.7)	34.6	(4.1)	
[2] *Portugal*	68.4	(3.4)	46.3	(3.6)	55.9	(3.6)	
Chile	70.4	(3.7)	58.1	(4.6)	56.8	(4.1)	
[2] *Litauen*	73.6	(3.7)	30.4	(3.6)	62.5	(4.0)	
Polen	79.5	(3.1)	41.4	(3.8)	46.2	(3.8)	
Zypern	80.3	(3.0)	27.3	(2.7)	47.0	(3.7)	
Kasachstan	83.2	(2.7)	58.1	(3.6)	59.8	(3.4)	
[2] *Serbien*	85.3	(3.1)	43.6	(3.7)	66.3	(3.9)	
Türkei	87.8	(2.2)	50.0	(3.8)	44.8	(4.0)	
Kroatien	91.7	(2.0)	44.8	(3.7)	74.0	(3.3)	
Bulgarien	97.7	(1.1)	54.9	(4.1)	67.3	(4.7)	
Benchmark-Teilnehmer							
Ontario, Kanada	32.2	(3.1)	30.4	(4.1)	48.5	(3.5)	
Norwegen (4. Jgst.)	32.3	(3.5)	26.8	(3.5)	64.0	(3.9)	
[2] [3] *Québec, Kanada*	50.2	(6.1)	22.7	(5.0)	34.4	(5.3)	

0   20   40   60   80   100

■ Lehrervortrag.

Kursiv gesetzt sind die Teilnehmer, für die von einer eingeschränkten Vergleichbarkeit der Ergebnisse ausgegangen werden muss.

1 = Die nationale Zielpopulation entspricht nicht oder nicht ausschließlich der vierten Jahrgangsstufe.

2 = Der Ausschöpfungsgrad und/oder die Ausschlüsse von der nationalen Zielpopulation erfüllen nicht die internationalen Vorgaben.

3 = Die Teilnahmequoten auf Schul- und/oder Schülerebene erreichen nicht die internationalen Vorgaben.

A = Zuhören, wenn ich ihnen das Lösen von Problemen erkläre.

B = Aufgaben mit der ganzen Klasse unter meiner Anleitung bearbeiten.

C = Aufgaben (einzeln oder in Gruppen) unter meiner Anleitung bearbeiten.

IEA: Trends in International Mathematics and Science Study   © TIMSS 2015

Abbildung 6.1 zeigt, dass 41.2 Prozent der Schülerinnen und Schüler in Deutschland von Lehrkräften unterrichtet werden, die in (fast) jeder Unterrichtsstunde Lehrervorträge nutzen. Ähnlich häufig wird in Einzel- oder Gruppenarbeit unterrichtet – 39.7 Prozent der Schülerinnen und Schüler haben in (fast) jeder Stunde die Möglichkeit, in dieser Form zu lernen.

Mit 22 Prozent ist der Anteil der Schülerinnen und Schüler, der nach den Angaben der Lehrkräfte in (fast) jeder Stunde an einem fragend-entwickelnden Unterrichtsgespräch teilnimmt, deutlich geringer. Im internationalen Vergleich werden das fragend-entwickelnde Unterrichtsgespräch und Lehrervorträge in Deutschland verhältnismäßig selten genutzt. Der Anteil der Schülerinnen und Schüler, der in (fast) jeder Stunde diese beiden lehrerzentrierten Arbeitsformen erfährt, liegt deutlich unterhalb des internationalen Mittelwertes sowie dem der Vergleichsgruppen. Auch Einzel- oder Gruppenarbeit kommt in Deutschland im Mathematikunterricht im Vergleich mit den anderen Teilnehmern eher selten in jeder Stunde vor. Der Anteil der Schülerinnen und Schüler, der nach Angaben der Lehrkräfte in (fast) jeder Stunde in dieser Form lernt, liegt deutlich unter dem internationalen Mittelwert und den Mittelwerten der Vergleichsgruppen (siehe Abbildung 6.1). Um die Ergebnisse einzelner Teilnehmerstaaten und Regionen miteinander zu vergleichen, sollten die Besonderheiten des jeweiligen Schulsystems berücksichtigt werden. Wertvolle Hinweise dazu liefert die TIMSS-2015-Enzyklopädie (Mullis, Martin, Goh & Cotter, 2016). An dieser Stelle wird bewusst auf eine derartige Interpretation verzichtet.

Für den Mathematikunterricht an Grundschulen in Deutschland zeigt sich also, dass es keine eindeutige Dominanz lehrerzentrierter Arbeitsformen gibt, auch wenn diese, wie auch in der Sekundarstufe, durchaus eine bedeutende Rolle spielen. Im internationalen Vergleich zeigt sich, dass den lehrerzentrierten Arbeitsformen in Deutschland eine geringere Bedeutung zukommt als in den meisten anderen Teilnehmerstaaten und Regionen von TIMSS 2015. Das gilt jedoch auch für den Einsatz von Einzel- und Gruppenarbeit. Insgesamt sprechen die Ergebnisse für einen methodisch abwechslungsreichen Mathematikunterricht in der Grundschule in Deutschland. Allerdings ist zu bedenken, dass die drei abgefragten Arbeitsformen bei weitem nicht das volle Spektrum möglicher Arbeitsformen abdecken. Weiterhin kann aus den Angaben der Lehrkräfte zwar geschlossen werden, dass in den meisten Unterrichtsstunden verschiedene Arbeitsformen genutzt werden, es bleibt jedoch offen, in welchem zeitlichen Umfang und mit welchem Ziel diese jeweils eingesetzt werden (z.B. Erarbeitung neuer oder Übung bekannter Inhalte).

Die berichteten Ergebnisse ermöglichen einen Einblick in die methodische Gestaltung alltäglichen Mathematikunterrichts, lassen jedoch keine Rückschlüsse auf dessen Erfolg zu. Zahlreiche Studien haben gezeigt, dass für den Lernerfolg vor allem die kognitive Aktivität der Schülerinnen und Schüler bedeutsam ist (Mayer, 2004), die jedoch nicht durch den Einsatz einer bestimmten Arbeitsform gewährleistet werden kann. Das stützen auch Befunde der zweiten TIMSS-Videostudie, die zeigen, dass eine ähnliche Unterrichtsgestaltung zu unterschiedlichen Lernergebnissen führen kann (Pauli & Reusser, 2010).

2.2 Naturwissenschaftliche Arbeitsweisen im Sachunterricht

Lernprozesse im naturwissenschaftlichen Unterricht werden häufig als Konzept-veränderungen beschrieben. Schülerinnen und Schüler bringen teilweise stabile Vorstellungen zur Erklärung naturwissenschaftlicher Phänomene (Präkonzepte) mit in den Unterricht, die nicht unbedingt mit wissenschaftlichen Erkenntnissen übereinstimmen. Ein Ziel des naturwissenschaftlichen Unterrichts muss es sein, die Präkonzepte aufzugreifen und die Lernenden anzuregen, diese zu wissen-schaftlich angemesseneren Konzepten weiterzuentwickeln. Eine Möglichkeit zur Anregung dieses kognitiv anspruchsvollen Prozesses besteht darin, mit Hilfe naturwissenschaftlicher Arbeitsweisen im Unterricht (z.B. Experimentieren, Beobachten; Barzel, Reinhoffer & Schrenk, 2012) kognitive Konflikte zwi-schen den Präkonzepten der Schülerinnen und Schüler und den tatsächlichen Beobachtungen zu provozieren. Diese Konflikte können die Lernenden zur kri-tischen Reflexion ihrer Präkonzepte anregen (Duit, 1995; Jonen, Möller & Hardy, 2003). Dazu ist es jedoch unerlässlich, dass die Schülerinnen und Schüler kogni-tiv aktiv werden und sich mit den gemachten Erfahrungen intensiv auseinander-setzen (Mayer, 2004).

In TIMSS 2015 wurden die Lehrkräfte dazu befragt, wie häufig sie naturwis-senschaftliche Arbeitsweisen im Unterricht nutzen. Die acht eingesetzten Items wurden zu einer Skala zusammengefasst (α = .87). Die Werte der Skala kön-nen so interpretiert werden, dass Werte kleiner oder gleich 3 bedeuten, dass die Lehrkraft mindestens in einigen Stunden naturwissenschaftliche Arbeitsweisen nutzt, während Werte größer als 3 bedeuten, dass sie diese *(fast) nie* einsetzt.

Abbildung 6.2 zeigt, dass eine deutliche Mehrheit der Lehrkräfte in Deutsch-land im naturwissenschaftlichen Sachunterricht zumindest in einigen Stunden naturwissenschaftliche Arbeitsweisen einsetzt (89.5 %). Das spricht dafür, dass ein Großteil der Lehrkräfte versucht, die potentiellen Vorteile des Einsatzes na-turwissenschaftlicher Arbeitsweisen zu nutzen. Im internationalen Vergleich ist die Häufigkeit des Einsatzes naturwissenschaftlicher Arbeitsweisen im Sachunterricht in Deutschland im Mittelfeld zu verorten. Es bestehen weder auf-fällige Unterschiede zum internationalen Mittelwert noch zu den Werten der Vergleichsgruppen. Rückschlüsse auf die Qualität des Einsatzes naturwissen-schaftlicher Arbeitsweisen sind über die eingesetzten Items nicht möglich.

Drei der in TIMSS 2015 eingesetzten Items wurden bereits in TIMSS 2007 genutzt. Vergleicht man die Antworten der Lehrkräfte zu beiden Erhebungszeit-punkten, zeigt sich, dass der Einsatz naturwissenschaftlicher Arbeitsweisen an Grundschulen in Deutschland zugenommen hat. Wurden 2007 noch 14.6 Prozent der Schülerinnen und Schüler von Lehrkräften unterrichtet, die angegeben hat-ten, nie Demonstrationsexperimente zu nutzen, sinkt deren Anteil 2015 auf 6.1 Prozent. Ähnlich haben sich auch die Angaben der Lehrkräfte zur Planung von Experimenten durch die Schülerinnen und Schüler entwickelt. Während 2007 noch 17.7 Prozent der Lernenden von Lehrkräften unterrichtet wurden, die ange-geben hatten, die Kinder nie mit der Planung von Experimenten zu beauftragen, sind es 2015 nur 8.7 Prozent. Keine Veränderung findet sich hingegen bei der Durchführung von Experimenten. Laut Angaben der Lehrkräfte aus TIMSS 2007 führten 2.5 Prozent der Lernenden im Sachunterricht nie selbst Experimente durch. In TIMSS 2015 sind es mit 2.2 Prozent nur geringfügig weniger Lernende.

Auf Grundlage der Angaben der Lehrkräfte aus TIMSS 2015 lassen sich Ober-flächenmerkmale des Mathematik- und Sachunterrichts beschreiben. Die Unter-richtsphasen, die mit bestimmten Inszenierungsformen verbracht werden, „kön-

Abbildung 6.2: Einsatz naturwissenschaftlicher Arbeitsweisen im Sachunterricht (Anteile der Schülerinnen und Schüler nach Angaben der Sachunterrichtslehrkräfte in Prozent)

Teilnehmer	(fast) nie genutzt %	(SE)	mind. in einigen Std. genutzt %	(SE)
Taiwan	0.7	(0.7)	99.3	(0.7)
Japan	1.0	(0.7)	99.0	(0.7)
Zypern	1.7	(1.2)	98.3	(1.2)
Kasachstan	1.9	(1.1)	98.1	(1.1)
Republik Korea (Südkorea)	2.6	(1.3)	97.4	(1.3)
Polen	3.0	(1.2)	97.0	(1.2)
Russische Föderation	3.3	(1.2)	96.7	(1.2)
[1] England	4.7	(2.1)	95.3	(2.1)
[2] Serbien	5.4	(2.1)	94.6	(2.1)
Kroatien	5.6	(1.7)	94.4	(1.7)
Türkei	5.6	(1.7)	94.4	(1.7)
[2] Singapur	5.7	(1.3)	94.3	(1.3)
Irland	5.8	(1.6)	94.2	(1.6)
Slowakei	6.8	(1.9)	93.2	(1.9)
Slowenien	7.6	(1.9)	92.4	(1.9)
Bulgarien	8.9	(2.8)	91.1	(2.8)
Internationaler Mittelwert	**9.3**	**(0.3)**	**90.7**	**(0.3)**
[2] Portugal	9.5	(2.1)	90.5	(2.1)
Ungarn	9.5	(1.9)	90.5	(1.9)
Australien	9.6	(2.3)	90.4	(2.3)
[2] [3] Italien	9.7	(2.3)	90.3	(2.3)
Deutschland	10.5	(2.2)	89.5	(2.2)
[2] Litauen	10.7	(2.5)	89.3	(2.5)
[3] Hongkong	11.9	(3.0)	88.1	(3.0)
[2] [3] Kanada	12.8	(1.8)	87.2	(1.8)
VG EU	**12.8**	**(0.5)**	**87.2**	**(0.5)**
VG OECD	**13.0**	**(0.5)**	**87.0**	**(0.5)**
[2] Frankreich	13.6	(2.3)	86.4	(2.3)
Tschechische Republik	13.8	(2.6)	86.2	(2.6)
Chile	14.7	(3.5)	85.3	(3.5)
[2] [3] Dänemark	15.5	(3.0)	84.5	(3.0)
[2] [3] USA	15.6	(1.7)	84.4	(1.7)
[1] [3] Neuseeland	16.3	(2.0)	83.7	(2.0)
[1] Norwegen (5. Jgst.)	18.4	(4.0)	81.6	(4.0)
Finnland	18.4	(2.4)	81.6	(2.4)
[3] Belgien (Fläm. Gem.)	22.0	(3.1)	78.0	(3.1)
[2] Spanien	22.0	(2.9)	78.0	(2.9)
[2] Schweden	23.9	(3.6)	76.1	(3.6)
[3] Nordirland	24.9	(4.5)	75.1	(4.5)
[3] Niederlande	33.8	(3.9)	66.2	(3.9)
Benchmark-Teilnehmer				
Ontario, Kanada	13.1	(2.7)	86.9	(2.7)
[2] [3] Québec, Kanada	16.8	(3.6)	83.2	(3.6)
Norwegen (4. Jgst.)	27.4	(4.1)	72.6	(4.1)

☐ (Fast) nie genutzt.

■ Mindestens in einigen Stunden genutzt.

Kursiv gesetzt sind die Teilnehmer, für die von einer eingeschränkten Vergleichbarkeit der Ergebnisse ausgegangen werden muss.
1 = Die nationale Zielpopulation entspricht nicht oder nicht ausschließlich der vierten Jahrgangsstufe.
2 = Der Ausschöpfungsgrad und/oder die Ausschlüsse von der nationalen Zielpopulation erfüllen nicht die internationalen Vorgaben.
3 = Die Teilnahmequoten auf Schul- und/oder Schülerebene erreichen nicht die internationalen Vorgaben.

IEA: Trends in International Mathematics and Science Study   © TIMSS 2015

nen von den Lehrenden und den Lernenden jedoch in unterschiedlicher Qualität lernwirksam gestaltet und genutzt werden" (Seidel et al., 2006, S. 801). Einige Merkmale auf der Ebene der Gelegenheitsstrukturen des Unterrichts, die sich auf die Lernwirksamkeit des Unterrichts auswirken könnten, stehen im Folgenden im Mittelpunkt.

3   Qualität des Mathematik- und Sachunterrichts aus Schülersicht in Deutschland

Merkmale auf der Ebene der Gelegenheitsstrukturen, die für die Qualität des Physikunterrichts (in der Sekundarstufe I) von Bedeutung sind, lassen sich zum Beispiel auf Grundlage der Ergebnisse der Videostudie *Lehr-Lern-Prozesse im Physikunterricht* bestimmen. Qualitätsmerkmale des Unterrichts sind demnach die Art der Lernbegleitung in Schülerarbeits- und Klassengesprächsphasen, die Zielorientierung im Unterricht, die Fehlerkultur und die Rolle von Experimenten im Unterricht (Kobarg & Seidel, 2007; Seidel et al., 2006). Fauth et al. (2014a, 2014b) haben auf Grundlage von Befragungen von Drittklässlerinnen und Drittklässlern, deren Lehrkräften und Beobachtungen, die im Rahmen der Studie IGEL durchgeführt wurden, eine Untersuchung zur Qualität des Sachunterrichts in der Grundschule vorgelegt, in der die drei Dimensionen ‚Klassenführung‘, ‚Sozialklima‘ und ‚kognitive Aktivierung‘ berücksichtigt wurden. Damit greifen sie auf ein Modell zurück, das aus der Forschung zum Mathematikunterricht in der Sekundarstufe I entwickelt wurde (Klieme et al., 2001). Von zentraler Bedeutung für erfolgreichen Unterricht sind demnach die Dimensionen „strukturierte, klare und störungspräventive Unterrichtsführung", „unterstützendes, schülerorientiertes Sozialklima" und „kognitive Aktivierung" (Klieme et al., 2006, S. 131). Dieses Modell ist im deutschsprachigen Raum auch jenseits der Erforschung der Qualität des Mathematikunterrichts anerkannt, wenn auch die Notwendigkeit betont wird, vor allem bei der Erfassung der kognitiven Aktivierung fachspezifische Aspekte zu berücksichtigen (z.B. Lotz, 2016).

Die Wirknachweise für die drei Dimensionen, die die Popularität des Modells begründen, stammen vor allem aus Studien zum Mathematikunterricht in der Sekundarstufe I (Klieme et al., 2006; Klieme et al., 2009; Klieme et al., 2001). Der Zusammenhang zwischen den drei Dimensionen und der Leistung(-sentwicklung), dem Interesse und/oder der Motivation ist allerdings zum Teil auch für den Unterricht in einigen anderen Fächern erbracht, zum Beispiel den Sachunterricht in der Grundschule (Fauth et al., 2014a, 2014b) oder den Deutschunterricht in der Sekundarstufe I (Klieme et al., 2010). Zudem können auch Merkmale, die in Studien zur Unterrichtsqualität erhoben wurden, in denen kein Bezug zu dem Modell der drei Grunddimensionen der Unterrichtsqualität hergestellt wurde, den drei Dimensionen des Modells zugeordnet werden. So lassen sich die Merkmale, die in der Studie *Lehr-Lern-Prozesse im Physikunterricht* berücksichtigt wurden, den drei Dimensionen zuordnen (Klieme, 2006). Gleiches gilt für Merkmale wie ‚Motivierung‘, ‚Kompetenzorientierung‘ oder ‚Aktivierung‘, die in einer Aufstellung Helmkes (2010) aufgeführt werden und zum Beispiel in der Studie *VERA – Gute Unterrichtpraxis*, die sich auf Leseunterricht in der Grundschule bezieht, berücksichtigt wurden (Kleinbub, 2010).

Die Dimension ‚Unterrichtsführung‘ hat sich als zentral für erfolgreichen Unterricht erwiesen. Im Speziellen die effiziente Klassenführung steht aufgrund der Vielzahl der Befunde, die deren Bedeutung für erfolgreiches Unterrichten belegen, im Fokus (zusammenfassend Hattie, 2009). Effiziente Klassenführung zeigt sich zum Beispiel daran, dass es der Lehrkraft gelingt, Störungen zu vermeiden oder zügig zu regulieren, beispielsweise durch die Einführung klarer Regeln und Routinen sowie deren konsequenter Umsetzung (Kounin, 2006; Kunter, Baumert & Köller, 2007). Effiziente Klassenführung kann als Bedingung dafür gesehen werden, dass ein Großteil der zur Verfügung stehenden Unterrichtszeit als *time on task* genutzt werden kann. Merkmale, die der zweiten Dimension ‚Sozialklima‘ zugeordnet werden können, dienen der Entwicklung eines als unterstützend wahrgenommenen Unterrichtsklimas. Angenommen wird, dass Lernende durch ein positiv wahrgenommenes Klima bei der Entwicklung von Lernmotivation unterstützt werden. Entsprechender Unterricht zeichnet sich durch einen respektvollen Umgang mit den Schülerinnen und Schülern sowie ihren Meinungen und Vorstellungen, aber auch durch Lob und konstruktives Feedback aus (Davis, 2003; Rakoczy, 2008). Die kognitive Aktivierung wurde in der TIMSS-Videostudie so erfasst, dass sie „die Komplexität von Aufgabenstellungen und Argumentationen und die Intensität des fachlichen Lernens widerspiegelt" (Klieme et al., 2001, S. 51). Kognitiv aktivierend ist Unterricht, der dazu beiträgt, dass Schülerinnen und Schüler ein vertieftes Verständnis der Lerninhalte entwickeln. Indikatoren für eine kognitiv aktivierende Unterrichtsgestaltung sind zum Beispiel die Aktivierung von Vorwissen, die Bearbeitung anspruchsvoller Aufgaben, die Exploration von Denkweisen der Schülerinnen und Schüler sowie das Einfordern von Erklärungen für Sachverhalte (Baumert & Kunter, 2011; Klieme et al., 2006).

Erste Ergebnisse auf Basis von Daten aus TIMSS 2011 und PIRLS/IGLU 2011 liefern Hinweise darauf, dass sich ein ähnliches Modell der Unterrichtsqualität auch für diese internationalen Studien ansetzen lässt. Blömeke, Olson und Suhl (2016) nehmen auf Grundlage von sechs Items im internationalen Datensatz aus TIMSS 2011 Analysen zu den aus Sicht von Mathematiklehrkräften erhobenen Unterrichtsmerkmalen „clear instruction", „cognitive activation" und „supportive climate" (Blömeke et al., 2016, S. 32) vor, finden jedoch keinen signifikanten Zusammenhang mit der Mathematikleistung der Schülerinnen und Schüler. Jedoch zeigen Drossel et al. (2012), dass Schülerinnen und Schüler in Deutschland im Vergleich zu den Schülerinnen und Schülern in anderen Teilnehmerstaaten und Regionen verhältnismäßig selten von Lehrkräften unterrichtet werden, die von einer hohen Ausprägung dieser Merkmale berichten. Nortvedt et al. (2016) nutzen auf Klassenebene aggregierte Schülerdaten zur Unterrichtsqualität (6 Items) und betrachten deren Korrelation mit der Mathematik- und Leseleistung auf Basis der PIRLS/TIMSS-2011-Daten. Die gefundenen Korrelationen variieren deutlich zwischen den Teilnehmerstaaten und -regionen. Für die deutsche Stichprobe kann kein nennenswerter Zusammenhang festgestellt werden.

Eine Ursache für die fehlenden Zusammenhänge zwischen der Unterrichtsqualität und der Schülerleistung könnte in der Erfassung der Unterrichtsqualität liegen. So enthielten die Fragebögen der bisherigen TIMSS-Zyklen jeweils nur eine sehr geringe Anzahl an Items, mit denen sich Aspekte der Unterrichtsqualität erheben ließen. Somit konnten nur Daten zu einem kleinen Teil der Qualitätskonstrukte erhoben werden. Um zu überprüfen, wie sich der Mathematik- und Sachunterricht aus Schülersicht darstellt und um einen Zusammenhang zwischen den Schülereinschätzungen und den Lernergebnissen der Schülerinnen und Schüler herzustellen, wurden in TIMSS 2015 daher im

Schülerfragebogen Items ergänzt, welche die drei Grunddimensionen abbilden. Die teilnehmenden Schülerinnen und Schüler wurden hinsichtlich ihrer Wahrnehmung von Merkmalen der drei Dimensionen im Mathematik- und Sachunterricht befragt. Die kognitive Aktivierung wurde durch sieben Items erfasst (z.B. *„Unsere Mathematiklehrerin/unser Mathematiklehrer möchte, dass ich meine Antworten erkläre.")*. Zur Realisierung eines unterstützenden Klimas wurden fünf Items eingesetzt (z.B. *„Meine Lehrerin/mein Lehrer hört zu, wenn ich etwas sage.")*. Die Items zur kognitiven Aktivierung und zum unterstützenden Klima wurden von Fauth et al. (2014b) aus der Studie IGEL übernommen. Die fünf Items zur Klassenführung stammten aus der Studie *Professionswissen von Lehrkräften, kognitiv aktivierender Mathematikunterricht und die Entwicklung mathematischer Kompetenz* (COACTIV) (Baumert et al., 2009) (z.B. *„Unsere Mathematiklehrerin/unser Mathematiklehrer muss lange warten, bis alle Schüler leise sind.")*. Für die Items zur kognitiven Aktivierung und zum unterstützenden Klima gaben die Schülerinnen und Schüler an, wie stark sie den jeweiligen Aussagen zustimmen (von 1 = *stimme voll zu* bis 4 = *stimme gar nicht zu*). Bezüglich der Klassenführung sollten die Schülerinnen und Schüler angeben, wie häufig die erfragten Ereignisse in ihrem Unterricht vorkommen (von 1 = *jede Stunde* bis 4 = *(fast) nie*). Für die Auswertung wurden alle Items so kodiert, dass ein höherer Wert für eine positivere Ausprägung spricht. Alle Items waren einmal mit Bezug auf den Mathematik- und einmal mit Bezug auf den Sachunterricht zu beantworten. Für beide Fächer konnten die drei Dimensionen mittels explorativer Faktorenanalysen empirisch nachgewiesen werden (Rieser, Wendt & Kasper, 2016). Der Anforderung, fachspezifische Aspekte bei der Erfassung der kognitiven Aktivierung zu berücksichtigen, wurde zugunsten einer Vergleichbarkeit der beiden Fächer nicht entsprochen.

3.1 Wie nehmen Schülerinnen und Schüler die Qualität des Unterrichts wahr?

Für die Auswertungen wurden die Items zu jeder der Dimensionen zu einem Indikator zusammengefasst. Dafür wurde auf Schülerebene für jedes Item, für das die maximal positive Ausprägung ausgewählt wurde, ein Punkt vergeben. Aus allen Punkten zu jeder Dimension wurde anschließend ein Summenscore gebildet, der für die weiteren Berechnungen genutzt wurde. Für die Unterstützung durch die Lehrkraft und die Klassenführung konnte der Indikator somit Werte von 0 bis 5 annehmen, für die kognitive Aktivierung Werte von 0 bis 7. Um eine bessere Vergleichbarkeit zu gewährleisten, wurden die Werte für die kognitive Aktivierung so transformiert, dass sie ebenfalls einen minimalen Wert von 0 und einen maximalen Wert von 5 annehmen konnten. Inhaltlich können die drei Indikatoren so interpretiert werden, dass Werte bis unter 2 auf eine eher geringe, Werte von 2 bis unter 4 auf eine mittlere und Werte von 4 bis 5 auf eine hohe wahrgenommene Ausprägung der jeweiligen Dimension hinweisen. Die mittleren Skalenwerte werden in Abbildung 6.3 und Abbildung 6.4 berichtet.

Wahrgenommene Unterrichtsqualität im Mathematikunterricht

Wie aus Abbildung 6.3 hervorgeht, berichten 41.8 Prozent der Schülerinnen und Schüler in Deutschland für ihren Mathematikunterricht eine kognitive Aktivierung mittlerer Ausprägung. Von einer eher geringen kognitiven Aktivierung berichten 38.8 Prozent der Schülerinnen und Schüler. Als in hohem Maße kognitiv aktiviert beschreibt sich etwa ein Fünftel der Schülerinnen und Schüler in Deutschland (19.4 %). Das Unterrichtsklima wird insgesamt positiv eingeschätzt. Nur etwa ein Viertel der Schülerinnen und Schüler bewertet das Klima eher negativ (27.1 %), während 37.5 Prozent berichten, sich mittelstark unterstützt zu fühlen und 35.4 Prozent angeben, in hohem Maße unterstützt zu werden. Im Gegensatz dazu wird die Klassenführung im Mathematikunterricht durch die Schülerinnen und Schüler deutlich weniger positiv wahrgenommen. Etwa 60 Prozent der Schülerinnen und Schüler nehmen den Mathematikunterricht als wenig effizient organisiert wahr (60.9 %). 28.4 Prozent berichten eine durchschnittlich ausgeprägte Klassenführung, während 10.7 Prozent der Ansicht sind, dass die Klassenführung effizient erfolgt (siehe Abbildung 6.3).

Abbildung 6.3: Wahrgenommene Unterrichtsqualität im Mathematikunterricht (Anteile der Schülerinnen und Schüler in Prozent)

Unterrichtsqualität in Mathematik	Mittlerer Skalenwert			Unterrichtsqualität					
				gering		mittel		hoch	
	M	(SE)		%	(SE)	%	(SE)	%	(SE)
Kognitive Aktivierung	2.37	(0.08)		38.8	(2.0)	41.8	(1.1)	19.4	(1.8)
Unterstützendes Klima	2.66	(0.17)		27.1	(4.4)	37.5	(1.5)	35.4	(3.6)
Klassenführung	1.40	(0.05)		60.9	(1.5)	28.4	(1.0)	10.7	(0.9)

■ % der Schülerinnen und Schüler, die die Unterrichtsqualität als gering ausgeprägt einschätzen.

■ % der Schülerinnen und Schüler, die die Unterrichtsqualität als mittelstark ausgeprägt einschätzen.

☐ % der Schülerinnen und Schüler, die die Unterrichtsqualität als hoch ausgeprägt einschätzen.

IEA: Trends in International Mathematics and Science Study © TIMSS 2015

Wahrgenommene Unterrichtsqualität im Sachunterricht

Für die kognitive Aktivierung im Sachunterricht ergibt sich ein ähnliches Bild wie für den Mathematikunterricht. Mehr als ein Drittel der Schülerinnen und Schüler beschreibt die erfahrene kognitive Aktivierung als mittelstark ausgeprägt (41.4 %), während etwa jeder Fünfte angibt, im Sachunterricht stark kognitiv aktiviert zu werden (19.2 %). Der Anteil der Lernenden, der den Sachunterricht als wenig kognitiv aktivierend wahrnimmt, beläuft sich auf 41.4 Prozent. Das Unterrichtsklima wird insgesamt positiv wahrgenommen. 35.7 Prozent der Kinder berichten von einer starken Unterstützung, 33.7 Prozent von einer durchschnittlich ausgeprägten Unterstützung. Der Anteil der Kinder, die das Klima eher negativ einschätzen, liegt mit 30.7 Prozent etwas höher als im Mathematikunterricht. Die Mehrheit der Schülerinnen und Schüler beschreibt die Klassenführung im Sachunterricht als wenig effizient (59.9 %). 23.5 Prozent berichten von durchschnittlichen Ausprägungen und 16.5 Prozent beschreiben die Klassenführung im Sachunterricht als eher effizient (siehe Abbildung 6.4). Tendenziell wird die Klassenführung im Sachunterricht etwas positiver bewertet als im Mathematikunterricht.

Abbildung 6.4: Wahrgenommene Unterrichtsqualität im Sachunterricht (Anteile der Schülerinnen und Schüler in Prozent)

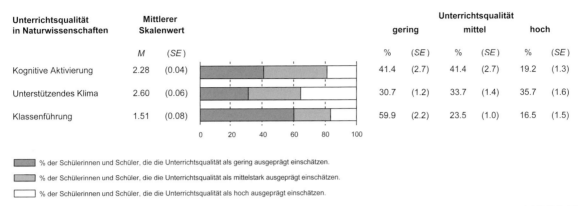

Unterrichtsqualität in Naturwissenschaften	Mittlerer Skalenwert			Unterrichtsqualität					
				gering		mittel		hoch	
	M	*(SE)*		%	*(SE)*	%	*(SE)*	%	*(SE)*
Kognitive Aktivierung	2.28	(0.04)		41.4	(2.7)	41.4	(2.7)	19.2	(1.3)
Unterstützendes Klima	2.60	(0.06)		30.7	(1.2)	33.7	(1.4)	35.7	(1.6)
Klassenführung	1.51	(0.08)		59.9	(2.2)	23.5	(1.0)	16.5	(1.5)

▨ % der Schülerinnen und Schüler, die die Unterrichtsqualität als gering ausgeprägt einschätzen.

▨ % der Schülerinnen und Schüler, die die Unterrichtsqualität als mittelstark ausgeprägt einschätzen.

☐ % der Schülerinnen und Schüler, die die Unterrichtsqualität als hoch ausgeprägt einschätzen.

IEA: Trends in International Mathematics and Science Study   © TIMSS 2015

3.2 Zum Zusammenhang von Lernstand und wahrgenommener Unterrichtsqualität

Die durch die Lernenden wahrgenommene Unterrichtsqualität kann innerhalb einer Klasse variieren. Die diesbezügliche Wahrnehmung hängt in hohem Maße von individuellen Merkmalen der Schülerinnen und Schüler ab (Hardy et al., 2011). Während eine Aufgabe für ein leistungsschwächeres Grundschulkind eine Herausforderung sein kann, kann sich eine leistungsstärkere Mitschülerin oder ein leistungsstärkerer Mitschüler bei der Bearbeitung langweilen. Um Lernende individuell zu fördern, ist eine adaptive Unterrichtsgestaltung notwendig, in der die unterschiedlichen Voraussetzungen der Kinder berücksichtigt werden (Corno, 2008; Klieme & Warwas, 2011). Je besser der Lehrkraft die Anpassung des Unterrichts an die Voraussetzungen der Lernenden gelingt, desto positiver sollten die Schülerinnen und Schüler die Qualität des Unterrichts einschätzen. Bei einer optimalen individuellen Förderung sollten sich zum Beispiel alle Lernenden unabhängig von ihren individuellen Merkmalen gleichermaßen kognitiv aktiviert und unterstützt empfinden. Im Folgenden soll geprüft werden, ob sich die Einschätzung der Unterrichtsqualität in Abhängigkeit vom Leistungsstand der Schülerinnen und Schüler unterscheidet.

Für die Auswertungen wurden die Schülerinnen und Schüler anhand der gezeigten Mathematik- beziehungsweise Naturwissenschaftsleistung in drei Gruppen unterteilt. Die erste Gruppe umfasst die Schülerinnen und Schüler, die unterdurchschnittliche Leistungen erreicht haben (Kompetenzstufe I und II), die zweite Gruppe diejenigen, die durchschnittliche Leistungen gezeigt haben (Kompetenzstufe III), und die dritte diejenigen, die überdurchschnittliche Leistungen gezeigt haben (Kompetenzstufe IV und V). Für jede dieser Gruppen werden die Anteile der Schülerinnen und Schüler betrachtet, die jede der Dimensionen als gering, mittelstark und hoch ausgeprägt beschreiben.

Wahrgenommene Unterrichtsqualität im Mathematikunterricht in Abhängigkeit vom Lernstand
Betrachtet man die Mathematikleistung der Schülerinnen und Schüler, zeigt sich, dass etwa ein Viertel von ihnen unterdurchschnittliche Leistungen (Kompetenzstufen I und II) erbringt (23.3 %). Mit 42.7 Prozent ist der Anteil derje-

nigen, deren Leistungen im durchschnittlichen Bereich (Kompetenzstufe III) liegen, deutlich höher. Etwa ein Drittel der Schülerinnen und Schüler kann der Gruppe mit überdurchschnittlichen Leistungen (Kompetenzstufen IV und V) zugeordnet werden (34.0%) (siehe Kapitel 3 in diesem Band). Der Anteil der Schülerinnen und Schüler, der von starker kognitiver Aktivierung berichtet, nimmt mit zunehmender Leistung ab: Während 25.8 Prozent der eher leistungsschwachen Schülerinnen und Schüler berichten, in hohem Maße kognitiv aktiviert zu werden, sinkt der Anteil bei den Schülerinnen und Schülern mit durchschnittlicher Leistung auf 20.1 Prozent und bei denjenigen mit hoher Leistung auf 14.2 Prozent (siehe Abbildung 6.5). Die leistungsstarken Schülerinnen und Schüler nehmen den Mathematikunterricht also eher in geringem Maße kognitiv aktivierend wahr.

Abbildung 6.5: Wahrgenommene kognitive Aktivierung nach Testleistungen in Mathematik (Anteile der Schülerinnen und Schüler in Prozent)

Leistungen in Mathematik	Mittlerer Skalenwert			Kognitive Aktivierung					
				gering		mittel		hoch	
	M	(SE)		%	(SE)	%	(SE)	%	(SE)
Kompetenzstufen IV + V	2.09	(0.06)		45.3	(1.9)	40.5	(1.6)	14.2	(1.6)
Kompetenzstufe III	2.41	(0.09)		37.9	(2.5)	42.1	(1.7)	20.1	(2.1)
Kompetenzstufen I + II	2.68	(0.12)		31.0	(3.1)	43.2	(2.3)	25.8	(3.0)

■ % der Schülerinnen und Schüler, die eine geringe kognitive Aktivierung berichten.

■ % der Schülerinnen und Schüler, die eine mittelstark ausgeprägte kognitive Aktivierung berichten.

□ % der Schülerinnen und Schüler, die eine hohe kognitive Aktivierung berichten.

IEA: Trends in International Mathematics and Science Study   © TIMSS 2015

Bezüglich des wahrgenommenen unterstützenden Klimas zeigen sich keine größeren Unterschiede zwischen den Gruppen. Hier schwankt der Anteil der Schülerinnen und Schüler, der von einem stark unterstützenden Klima berichtet, über alle drei Gruppen hinweg lediglich zwischen 33.5 und 38.1 Prozent. Auch in ihrer mittleren Wahrnehmung des unterstützenden Klimas unterscheiden sich die Gruppen nicht voneinander (siehe Abbildung 6.6).

Abbildung 6.6: Wahrgenommenes unterstützendes Klima nach Testleistungen in Mathematik (Anteile der Schülerinnen und Schüler in Prozent)

Leistungen in Mathematik	Mittlerer Skalenwert			Unterstützendes Klima					
				wenig		durchschnittlich		stark	
	M	(SE)		%	(SE)	%	(SE)	%	(SE)
Kompetenzstufen IV + V	2.78	(0.12)		25.3	(2.8)	36.6	(1.7)	38.1	(3.0)
Kompetenzstufe III	2.60	(0.19)		28.5	(5.1)	37.3	(2.0)	34.2	(4.0)
Kompetenzstufen I + II	2.60	(0.23)		27.1	(6.3)	39.4	(1.4)	33.5	(4.9)

■ % der Schülerinnen und Schüler, die ein wenig unterstützendes Klima berichten.

■ % der Schülerinnen und Schüler, die ein durchschnittlich unterstützendes Klima berichten.

□ % der Schülerinnen und Schüler, die ein stark unterstützendes Klima berichten.

IEA: Trends in International Mathematics and Science Study   © TIMSS 2015

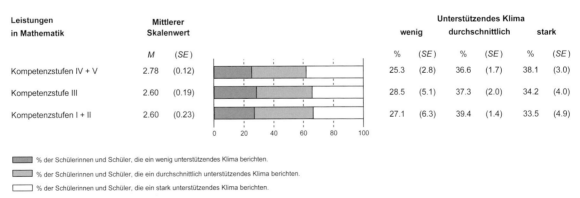

Ähnlich verhält es sich auch bezüglich der wahrgenommenen Klassenführung im Mathematikunterricht. Hier zeigt sich zwar, dass Schülerinnen und Schüler mit besserer Leistung die Klassenführung etwas positiver einschätzen, jedoch sind die Unterschiede zwischen den Gruppen absolut betrachtet sehr gering (siehe Abbildung 6.7).

Abbildung 6.7: Wahrgenommene Klassenführung nach Testleistungen in Mathematik (Anteile der Schülerinnen und Schüler in Prozent)

Leistungen in Mathematik	Mittlerer Skalenwert		Klassenführung wenig effizient		durchschnittlich		sehr effizient	
	M	(SE)	%	(SE)	%	(SE)	%	(SE)
Kompetenzstufen IV + V	1.50	(0.03)	57.8	(2.0)	30.2	(1.6)	12.0	(1.4)
Kompetenzstufe III	1.39	(0.02)	61.7	(1.2)	27.8	(1.6)	10.5	(1.2)
Kompetenzstufen I + II	1.29	(0.03)	64.1	(2.3)	26.9	(2.3)	9.0	(1.4)

0   20   40   60   80   100

▬ % der Schülerinnen und Schüler, die eine wenig effiziente Klassenführung berichten.

▬ % der Schülerinnen und Schüler, die eine durchschnittliche Klassenführung berichten.

☐ % der Schülerinnen und Schüler, die eine sehr effiziente Klassenführung berichten.

IEA: Trends in International Mathematics and Science Study   © TIMSS 2015

Wahrgenommene Unterrichtsqualität im Sachunterricht in Abhängigkeit vom Lernstand

In den Naturwissenschaften erreichen 21.5 Prozent der Schülerinnen und Schüler nur die Kompetenzstufen I und II und sind der Gruppe mit unterdurchschnittlicher Leistung zuzuordnen. Die Gruppe der Lernenden, die eine durchschnittliche Leistung (Kompetenzstufe III) erbringt, umfasst 38.9 Prozent der Schülerinnen und Schüler. Eine überdurchschnittliche Leistung (Kompetenzstufen IV und V) zeigen 39.6 Prozent der Kinder (siehe Kapitel 4 in diesem Band). Betrachtet man die wahrgenommene Unterrichtsqualität in den drei Gruppen, ergibt sich ein ähnliches Bild wie im Mathematikunterricht. Insbesondere Schülerinnen und Schüler mit einem unterdurchschnittlichen Leistungsstand berichten, dass sie im Sachunterricht in hohem Maße kognitiv aktiviert werden (24.7%), während dieser Anteil in den anderen beiden Gruppen deutlich geringer ausfällt (20.1% bei den Lernenden mit durchschnittlichem Leistungsstand und 15.3% bei Lernenden mit überdurchschnittlichem Leistungsstand; siehe Abbildung 6.8).

Abbildung 6.8: Wahrgenommene kognitive Aktivierung nach Testleistungen in Naturwissenschaften (Anteile der Schülerinnen und Schüler in Prozent)

Leistungen in Naturwissenschaften	Mittlerer Skalenwert		Kognitive Aktivierung gering		mittel		hoch	
	M	(SE)	%	(SE)	%	(SE)	%	(SE)
Kompetenzstufen IV + V	2.09	(0.05)	45.9	(1.6)	38.9	(2.1)	15.3	(1.2)
Kompetenzstufe III	2.33	(0.06)	40.2	(2.6)	39.6	(3.5)	20.1	(1.9)
Kompetenzstufen I + II	2.55	(0.09)	35.2	(2.0)	40.1	(4.3)	24.7	(2.2)

0   20   40   60   80   100

▬ % der Schülerinnen und Schüler, die eine geringe kognitive Aktivierung berichten.

▬ % der Schülerinnen und Schüler, die eine mittelstark ausgeprägte kognitive Aktivierung berichten.

☐ % der Schülerinnen und Schüler, die eine hohe kognitive Aktivierung berichten.

IEA: Trends in International Mathematics and Science Study   © TIMSS 2015

Das Klima wird in allen drei Gruppen als etwa gleich unterstützend wahrgenommen. Zwischen 33.9 und 36.3 Prozent der Schülerinnen und Schüler geben an, dass sie durch die Lehrkraft stark unterstützt werden. Auch in ihrer mittleren Wahrnehmung des unterstützenden Klimas im Sachunterricht unterscheiden sich die drei Gruppen nicht bedeutsam voneinander (siehe Abbildung 6.9).

Abbildung 6.9: Wahrgenommenes unterstützendes Klima nach Testleistungen in Naturwissenschaften (Anteile der Schülerinnen und Schüler in Prozent)

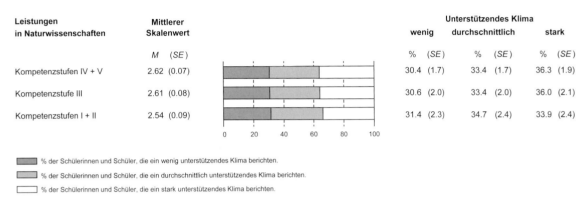

Leistungen in Naturwissenschaften	Mittlerer Skalenwert		Unterstützendes Klima					
			wenig		durchschnittlich		stark	
	M	(SE)	%	(SE)	%	(SE)	%	(SE)
Kompetenzstufen IV + V	2.62	(0.07)	30.4	(1.7)	33.4	(1.7)	36.3	(1.9)
Kompetenzstufe III	2.61	(0.08)	30.6	(2.0)	33.4	(2.0)	36.0	(2.1)
Kompetenzstufen I + II	2.54	(0.09)	31.4	(2.3)	34.7	(2.4)	33.9	(2.4)

▨ % der Schülerinnen und Schüler, die ein wenig unterstützendes Klima berichten.

▨ % der Schülerinnen und Schüler, die ein durchschnittlich unterstützendes Klima berichten.

☐ % der Schülerinnen und Schüler, die ein stark unterstützendes Klima berichten.

IEA: Trends in International Mathematics and Science Study © TIMSS 2015

Die Klassenführung beschreiben von den Schülerinnen und Schülern, die eine unterdurchschnittliche Leistung erbringen, 8.4 Prozent als effizient. In der Gruppe der Schülerinnen und Schüler mit einer durchschnittlichen Leistung liegt der Anteil bei 12.9 Prozent, in der Gruppe mit überdurchschnittlicher Leistung bei 16.0 Prozent (siehe Abbildung 6.10).

Abbildung 6.10: Wahrgenommene Klassenführung nach Testleistungen in Naturwissenschaften (Anteile der Schülerinnen und Schüler in Prozent)

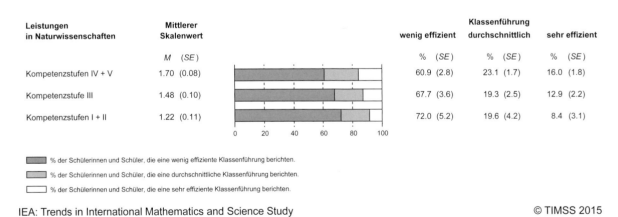

Leistungen in Naturwissenschaften	Mittlerer Skalenwert		Klassenführung					
			wenig effizient		durchschnittlich		sehr effizient	
	M	(SE)	%	(SE)	%	(SE)	%	(SE)
Kompetenzstufen IV + V	1.70	(0.08)	60.9	(2.8)	23.1	(1.7)	16.0	(1.8)
Kompetenzstufe III	1.48	(0.10)	67.7	(3.6)	19.3	(2.5)	12.9	(2.2)
Kompetenzstufen I + II	1.22	(0.11)	72.0	(5.2)	19.6	(4.2)	8.4	(3.1)

▨ % der Schülerinnen und Schüler, die eine wenig effiziente Klassenführung berichten.

▨ % der Schülerinnen und Schüler, die eine durchschnittliche Klassenführung berichten.

☐ % der Schülerinnen und Schüler, die eine sehr effiziente Klassenführung berichten.

IEA: Trends in International Mathematics and Science Study © TIMSS 2015

4   Zusammenfassung

Zur Beschreibung des Unterrichts aus Schülersicht werden Mehrebenenanalysen empfohlen. Auch für die hier genutzten Daten wurden bereits entsprechende Analysen durchgeführt, deren Ergebnisse die in diesem Kapitel berichteten Befunde stützen (Wendt, Nilsen, Kasper & Van Damme, 2016). Es kann jedoch auch argumentiert werden, dass insbesondere die individuelle Wahrnehmung des Unterrichts durch die Schülerinnen und Schüler eine entscheidende Rolle für ihre persönlichen Lernaktivitäten spielt (Helmke, 2010). Daher wurde für dieses Kapitel die individuelle Wahrnehmung der Schülerinnen und Schüler betrachtet. Diese Wahrnehmung muss nicht mit der von Lehrkräften oder externen Beobachtern übereinstimmen (Clausen, 2002; Fauth et al., 2014a; Kunter & Baumert, 2007).

Die Ergebnisse zeigen, dass sich die Mehrheit der Schülerinnen und Schüler in Deutschland im Mathematik- und im Sachunterricht mittelstark kognitiv aktiviert beschreibt. Zudem zeigt sich, dass leistungsstarke Schülerinnen und Schüler sich in eher geringem Ausmaß als kognitiv aktiviert beschreiben. Ein vergleichbarer Befund hat in der Studie *Deutsch-Englisch-Schülerleistungen International* (DESI) gezeigt: Dort haben Hauptschülerinnen und Hauptschüler den Deutschunterricht positiver wahrgenommen als Schülerinnen und Schüler an Gymnasien und Realschulen – unter anderem nahmen sie den Unterricht als kognitiv aktivierender wahr (Klieme et al., 2010). Die Autoren vermuten, dass die Einschätzung des Unterrichts an Hauptschulen aus objektiver Perspektive weniger positiv ausfallen würde und werten das Ergebnis als Hinweis auf mangelnde Validität der Schülerangaben. Das Ergebnis könnte auch ein Hinweis darauf sein, dass die leistungsstärkeren Schülerinnen und Schüler bei der Differenzierung des Unterrichts nicht ausreichend berücksichtigt werden. In der Debatte um individuelle Förderung und Differenzierung in Deutschland wird fast ausschließlich die Unterstützung leistungsschwacher Schülerinnen und Schüler fokussiert – zentrales Ziel ist, die klasseninterne Varianz der Leistungen zu verringern (z.B. Hertel, 2014). Das kann zur Folge haben, dass leistungsstarke Schülerinnen und Schüler nicht ihren Fähigkeiten entsprechend gefördert werden und ihre Potentiale nicht optimal entfalten können. Darauf weisen die Konsortien von IGLU und TIMSS seit einigen Jahren hin (u.a. Wendt, Willems, Tarelli, Euen & Bos, 2013).

Das Unterrichtsklima nehmen die Schülerinnen und Schüler in Deutschland positiv wahr. Ungefähr drei Viertel der Schülerinnen und Schüler berichten für den Mathematik- und Sachunterricht von einem zumindest durchschnittlich unterstützenden Unterrichtsklima. Dabei schneidet der Sachunterricht etwas schlechter ab als der Mathematikunterricht. Bezüglich des Mathematik- und Sachunterrichts geben leistungsstarke Kinder genauso häufig wie leistungsschwache an, von der Lehrkraft unterstützt zu werden. Das zeigt, dass es den Lehrkräften gut gelingt, auf den individuellen Unterstützungsbedarf einzugehen und so ein positives Lernklima zu schaffen, das für die Lernmotivation der Schülerinnen und Schüler von großer Bedeutung sein dürfte (Davis, 2003; Rakoczy, 2008).

Im Vergleich zu den anderen beiden Dimensionen wird die Klassenführung von den Schülerinnen und Schülern in Deutschland weniger positiv eingeschätzt. Betrachtet man die Schülerantworten auf jedes Item zur Klassenführung einzeln, so fällt auf, dass es vor allem die Fragen zur Disziplin im Unterricht sind, die negativ eingeschätzt werden. So gibt beispielsweise weniger als ein Fünftel der Schülerinnen und Schüler an, dass es im Mathematikunterricht nie oder fast nie laut und unruhig ist (17.2 %), die Schülerinnen und Schüler der Lehrkraft nicht zuhören (21.1 %) und die Lehrkraft lange warten muss, bis alle leise sind (20.6 %). Positiver werden die Fragen beantwortet, die sich auf die Arbeitsbedingungen beziehungsweise die Zeitnutzung im Unterricht beziehen. So geben 40.5 Prozent der Schülerinnen und Schüler an, im Mathematikunterricht fast immer gut arbeiten zu können, und 41.1 Prozent berichten, dass der Unterricht fast immer pünktlich anfängt. Demnach beurteilen die Schülerinnen und Schüler besonders die Aspekte der Klassenführung kritisch, die sie selbst unmittelbar zu beeinflussen vermögen. Insbesondere für den Sachunterricht zeigt sich außerdem, dass Schülerinnen und Schüler mit höherer Leistung die Klassenführung positiver bewerten. Es wäre auch denkbar, dass diese Kinder die Störungen besser ausblenden können und somit die Klassenführung als effizienter wahrnehmen. Da genauere Informationen zum Lernverhalten der Schülerinnen und Schüler fehlen, sind solche Überlegungen spekulativ.

Die berichteten Befunde zeigen, dass die Schülerinnen und Schüler in Deutschland die Qualität ihres Mathematik- und Sachunterrichts als zufriedenstellend erleben. Lediglich bezüglich der wahrgenommenen Klassenführung scheint ein deutlicher Verbesserungsbedarf zu bestehen. Um weiterführende Schlussfolgerungen zu ziehen, ist eine differenziertere Betrachtung notwendig, die insbesondere bezüglich der kognitiven Aktivierung auch stärker fachspezifische Aspekte berücksichtigt. Hierfür kann beispielsweise für den Mathematikunterricht an Vorarbeiten aus dem Projekt *PIK AS* (Selter, Bonsen, Verboom & Westermann, 2011) angeschlossen werden. Trotz dieser Einschränkung stellen die erhobenen Daten eine wertvolle Ergänzung der bisherigen Fragebogenskalen dar. Zum einen geben sie einen differenzierten und theoretisch fundierten Einblick in die Schülerwahrnehmung des Unterrichts, zum anderen können sie als Grundlage für vertiefende Analysen zur Erklärung von Leistungs- und Motivationsunterschieden zwischen den Klassen in Deutschland dienen. Des Weiteren wäre es wünschenswert, im Anschluss an die TIMSS-Videostudien Qualitätsmerkmale beziehungsweise Muster von Qualitätsmerkmalen auch international vergleichend darstellen zu können. Dementsprechend wäre der Einsatz identischer Items zur Erfassung der Unterrichtsqualität aus Schülersicht in zukünftigen TIMSS-Zyklen erstrebenswert um zu prüfen, ob Leistungsunterschiede zwischen den Teilnehmern mit Unterschieden in der Unterrichtsqualität in Verbindung stehen könnten.

Literatur

Barzel, B., Reinhoffer, B. & Schrenk, M. (2012). Das Experimentieren im Unterricht. In W. Rieß, M. Wirtz, B. Barzel & A. Schulz (Hrsg.), *Experimentieren im mathematisch-naturwissenschaftlichen Unterricht. Schüler lernen wissenschaftlich denken und arbeiten* (S. 103–128). Münster: Waxmann.

Baumert, J., Blum, W., Brunner, M., Dubberke, T., Jordan, A., Klusmann, U., Krauss, S., Kunter, M., Löwen, K., Neubrand, M. & Tsai, Y. M. (2009). *Professionswissen von Lehrkräften, kognitiv aktivierender Mathematikunterricht und die Entwicklung von mathematischer Kompetenz (COACTIV). Dokumentation der Erhebungsinstrumente.* Berlin: Max-Planck-Institut für Bildungsforschung.

Baumert, J. & Kunter, M. (2011). Das mathematikspezifische Wissen von Lehrkräften, kognitive Aktivierung im Unterricht und Lernfortschritte von Schülerinnen und Schülern. In M. Kunter, J. Baumert, W. Blum, U. Klusmann, S. Krauss & M. Neubrand (Hrsg.), *Professionelle Kompetenz von Lehrkräften. Ergebnisse des Forschungsprogramms COACTIV* (S. 163–192). Münster: Waxmann.

Blömeke, S., Olson, R. V. & Suhl, U. (2016). Relation of student achievement to the quality of their teachers and instructional quality. In T. Nilsen & J.-E. Gustafsson (Hrsg.), *Teacher quality, instructional quality and student outcomes. Relationships across countries, cohorts and time* (S. 21–50). Cham: Springer.

Clausen, M. (2002). *Unterrichtsqualität: Eine Frage der Perspektive? Empirische Analysen zur Übereinstimmung, Konstrukt- und Kriteriumsvalidität.* Münster: Waxmann.

Corno, L. (2008). On teaching adaptively. *Educational Psychologist, 43* (3), 161–173.

Davis, H. A. (2003). Conceptualizing the role and influence of student-teacher relationships on children's social and cognitive development. *Educational Psychologist, 38* (4), 207–234.

Drossel, K., Wendt, H., Schmitz, S. & Eickelmann, B. (2012). Merkmale der Lehr- und Lernbedingungen im Primarbereich. In W. Bos, H. Wendt, O. Köller & C. Selter (Hrsg.), *TIMSS 2011. Mathematische und naturwissenschaftliche Kompetenzen von Grundschulkindern in Deutschland im internationalen Vergleich* (S. 171–202). Münster: Waxmann.

Duit, R. (1995). Zur Rolle der konstruktivistischen Sichtweise in der naturwissenschaftsdidaktischen Lehr- und Lernforschung. *Zeitschrift für Pädagogik, 41* (6), 905–923.

Fauth, B., Decristan, J., Rieser, S., Klieme, E. & Büttner, G. (2014a). Grundschulunterricht aus Schüler-, Lehrer- und Beobachterperspektive: Zusammenhänge und Vorhersage von Lernerfolg. *Zeitschrift für Pädagogische Psychologie, 28* (3), 127–137.

Fauth, B., Decristan, J., Rieser, S., Klieme, E. & Büttner, G. (2014b). Student ratings of teaching quality in primary school: Dimensions and prediction of student outcomes. *Learning and Instruction, 29,* 1–9.

Gabriel, K. (2014). *Videobasierte Erfassung von Unterrichtsqualität im Anfangsunterricht der Grundschule – Klassenführung und Unterrichtsklima in Deutsch und Mathematik.* Kassel: University Press.

Hardy, I., Hertel, S., Kunter, M., Klieme, E., Warwas, J., Büttner, G. & Lühken, A. (2011). Adaptive Lerngelegenheiten in der Grundschule. Merkmale, methodisch-didaktische Schwerpunktsetzungen und erforderliche Lehrerkompetenzen. *Zeitschrift für Pädagogik, 57* (6), 819–833.

Hattie, J. A. C. (2009). *Visible learning: a synthesis of over 800 meta-analyses relating to achievement.* New York: Routledge.

Helmke, A. (2010). *Unterrichtsqualität und Lehrerprofessionalität. Diagnose, Evaluation und Verbesserung des Unterrichts* (3. Aufl.). Seelze-Velber: Kallmeyer.

Hertel, S. (2014). Adaptive Lerngelegenheiten in der Grundschule: Merkmale, methodisch-didaktische Schwerpunktsetzungen und erforderliche Lehrerkompetenzen. In B. Kopp, S. Martschinke, M. Munser-Kiefer, M. Haider, E. M. Kirschhock, G. Ranger & G. Renner (Hrsg.), *Individuelle Förderung und Lernen in der Gemeinschaft* (S. 19–34). Wiesbaden: Springer Fachmedien.

Hugener, I., Pauli, C. & Reusser, K. (2007). Inszenierungsmuster, kognitive Aktivierung und Leistung im Mathematikunterricht. Analysen aus der schweizerisch-deutschen Videostudie. In D. Lemmermöhle, M. Rothgangel, S. Bögeholz, M. Hasselhorn & R. Watermann (Hrsg.), *Professionell Lehren – Erfolgreich Lernen* (S. 109–121). Münster: Waxmann.

Jonen, A., Möller, K. & Hardy, I. (2003). Lernen als Veränderung von Konzepten – am Beispiel einer Untersuchung zum naturwissenschaftlichen Lernen in der Grundschule. In D. Cech & H. J. Schwier (Hrsg.), *Lernwege und Aneignungsformen im Sachunterricht* (S. 93–108). Bad Heilbrunn: Klinkhardt.

Kleinbub, I. (2010). *Unterrichtsqualität im Leseunterricht. Eine videobasierte Analyse in vierten Klassen.* Trier: Wissenschaftlicher Verlag.

Klieme, E. (2006). Empirische Unterrichtsforschung: aktuelle Entwicklungen, theoretische Grundlagen und fachspezifische Befunde. *Zeitschrift für Pädagogik, 52* (6), 765–773.

Klieme, E., Lipowsky, F., Rakoczy, K. & Ratzka, N. (2006). Qualitätsdimensionen und Wirksamkeit von Mathematikunterricht. Theoretische Grundlagen und ausgewählte Ergebnisse des Projekts „Pythagoras". In M. Prenzel & L. Allolio-Näcke (Hrsg.), *Untersuchungen zur Bildungsqualität von Schule. Abschlussbericht des DFG-Schwerpunktprogramms* (S. 127–146). Münster: Waxmann.

Klieme, E., Pauli, C. & Reusser, K. (2009). The Pythagoras Study: Investigating effects of teaching and learning in Swiss and German mathematics classrooms. In T. Janík & T.

Seidel (Hrsg.), *The power of video studies in investigating teaching and learning in the classroom* (S. 137–160). Münster: Waxmann.

Klieme, E., Schümer, G. & Knoll, S. (2001). Mathematikunterricht in der Sekundarstufe I. „Aufgabenkultur" und Unterrichtsgestaltung. In Bundesministerium für Bildung und Forschung (Hrsg.), *TIMSS – Impulse für Schule und Unterricht. Forschungsbefunde, Reforminitiativen, Praxisberichte und Video-Dokumente* (S. 43–57). Bonn: BMBF.

Klieme, E., Steinert, B. & Hochweber, J. (2010). Zur Bedeutung der Schulqualität für Unterricht und Lernergebnisse. In W. Bos, E. Klieme & O. Köller (Hrsg.), *Schulische Lerngelegenheiten und Kompetenzentwicklung. Festschrift für Jürgen Baumert* (S. 231–255). Münster: Waxmann.

Klieme, E. & Warwas, J. (2011). Konzepte der Individuellen Förderung. *Zeitschrift für Pädagogik, 57* (6), 805–818.

Kobarg, M. & Seidel, T. (2007). Prozessorientierte Lernbegleitung – Videoanalysen im Physikunterricht der Sekundarstufe I. *Unterrichtswissenschaft, 35* (2), 148–168.

Kounin, J. S. (2006). *Techniken der Klassenführung*. Münster: Waxmann.

Kunter, M. & Baumert, J. (2007). Who is the expert? Construct and criteria validity of student and teacher ratings of instruction. *Learning Environments Research, 9* (3), 231–251.

Kunter, M., Baumert, J. & Köller, O. (2007). Effective classroom management and the development of subject-related interest. *Learning and Instruction, 17* (5), 494–509.

Lankes, E. M. & Carstensen, C. H. (2007). Der Leseunterricht aus der Sicht der Lehrkräfte. In W. Bos, S. Hornberg, K.-H. Arnold, G. Faust, L. Fried, E.-M. Lankes, K. Schwippert & R. Valtin (Hrsg.), *IGLU 2006. Lesekompetenzen von Grundschulkindern in Deutschland im internationalen Vergleich* (S. 161–193). Münster: Waxmann.

Leuders, T. (2001). *Qualität im Mathematikunterricht in der Sekundarstufe I und II*. Berlin: Cornelsen Scriptor.

Lotz, M. (2016). *Kognitive Aktivierung im Leseunterricht in der Grundschule. Eine Videostudie zur Gestaltung und Qualität von Leseübungen im ersten Schuljahr*. Wiesbaden: Springer Fachmedien.

Mayer, R. E. (2004). Should there be a three-strike rule against pure discovery learning? The case for guided methods of instruction. *American Psychologist, 59* (1), 14–19. doi: 10.1037/0003-066X.59.114

Mullis, I. V. S., Martin, M. O., Goh, S. & Cotter, K. (Hrsg.). (2016). *TIMSS 2015 encyclopedia: Education policy and curriculum in mathematics and science*. Zugriff am 15.10.2015 unter http://timssandpirls.bc.edu/timss2015/encyclopedia/

Nortvedt, G. A., Gustafsson, J.-E. & Lehre, A. C. W. (2016). The importance of instructional quality for the relation between achievement in reading and mathematics. In T. Nilsen & J.-E. Gustafsson (Hrsg.), *Teacher quality, instructional quality and student outcomes. Relationships across countries, cohorts and time* (S. 97–113). Cham: Springer.

Oser, F. K. & Baeriswyl, F. J. (2001). Choreographies of teaching: Bridging instruction to learning. In V. Richardson (Hrsg.), *Handbook of research on teaching* (4. Auflage, S. 1031–1065). Washington, DC: American Educational Research Association.

Pauli, C. & Reusser, K. (2006). Von international vergleichenden Video Surveys zur videobasierten Unterrichtsforschung und -entwicklung. *Zeitschrift für Pädagogik, 52* (6), 774–798.

Pauli, C. & Reusser, K. (2010). Unterrichtsgestaltung im internationalen Vergleich: Die Schweiz in der TIMSS 1999 Video Study. In K. Reusser, C. Pauli & M. Waldis (Hrsg.), *Unterrichtsgestaltung und Unterrichtsqualität. Ergebnisse einer internationalen und schweizerischen Videostudie zum Mathematikunterricht* (S. 57–90). Münster: Waxmann.

Rakoczy, K. (2008). *Motivationsunterstützung im Mathematikunterricht. Unterricht aus der Perspektive von Lernenden und Beobachtern*. Münster: Waxmann.

Rieser, S., Wendt, H. & Kasper, D. (2016, August). *Student ratings of instructional quality. How valid are they across subjects?* Vortrag auf der European Conference on Educational Research (ECER) der European Educational Research Association (EERA), University College Dublin, Irland.

Schiepe-Tiska, A., Reiss, K., Obersteiner, A., Heine, J.-H., Seidel, T. & Prenzel, M. (2013). Mathematikunterricht in Deutschland: Befunde aus PISA 2012. In M. Prenzel,

C. Sälzer, E. Klieme & O. Köller (Hrsg.), *PISA 2012. Fortschritte und Herausforderungen in Deutschland* (S. 123–154). Münster:Waxmann.

Seidel, T. & Prenzel, M. (2003). Videoanalyse als Methode in der Lehr-Lern-Forschung. *Journal für LehrerInnenbildung, 3* (1), 54–61.

Seidel, T., Prenzel, M., Rimmele, R., Dalehefte, I. M., Herweg, C., Kobarg, M. & Schwindt, K. (2006). Blicke auf den Physikunterricht. Ergebnisse der IPN Videostudie. *Zeitschrift für Pädagogik, 52* (6), 799–821.

Selter, C., Bonsen, M., Verboom, L. & Westermann, A. (2011). Matheunterricht weiter entwickeln mit PIK AS. *Schule NRW* (9), 467–471.

U.S. Department of Education, National Center for Education Statistics. (1999). *The TIMSS videotape classroom study. Methods and findings from an exploratory research project on eighth-grade mathematics instruction in Germany, Japan, and the United States* (NCES 99-074), Washington, DC: U.S. Government Printing Office. Zugriff am 07.10.2016 unter https://nces.ed.gov/pubs99/1999074.pdf

U.S. Department of Education, National Center for Education Statistics. (2003). *Teaching mathematics in seven countries: Results from the TIMSS 1999 Video Study (NCES 2003-013 Revised)* (NCES (2003-013)), Washington DC: U.S. Department of Education. Zugriff am 04.10.2016 unter http://nces.ed.gov/pubs2003/2003013.pdf

Wendt, H., Nilsen, T., Kasper, D. & Van Damme, J. (2016, August). *Student ratings of instructional quality: How valid are they across countries?* Vortrag auf der European Conference on Educational Research (ECER) der European Educational Research Association (EERA), University College Dublin, Irland.

Wendt, H., Willems, A. S., Tarelli, I., Euen, B. & Bos, W. (2013). Ausreichend geförderte Talente? Zu den deutschen Ergebnissen von leistungsstarken Viertklässlerinnen und Viertklässlern in IGLU 2011 und TIMSS 2011. In C. Fischer (Hrsg.), *Schule und Unterricht adaptiv gestalten: Fördermöglichkeiten für benachteiligte Kinder und Jugendliche* (S. 23–34). Münster: Waxmann.

Wiechmann, J. (2010). Unterrichtsmethoden – vom Nutzen der Vielfalt. In J. Wiechmann (Hrsg.), *Zwölf Unterrichtsmethoden. Vielfalt für die Praxis* (5. Aufl., S. 13–23). Weinheim: Beltz.

Kapitel VII
Bildungsangebote an Ganz- und Halbtagsgrundschulen in Deutschland

Heike Wendt, Martin Goy, Anke Walzebug und Renate Valtin

1 Einleitung

In der Bildungslandschaft in Deutschland sind Ganztagsschulen mittlerweile fest verankert (z.B. Autorengruppe Bildungsberichterstattung, 2016). Der flächendeckende Auf- und Ausbau der Ganztagsschulen gilt als eine der größten bildungspolitischen Reformen im Primarschulbereich (siehe auch Kapitel 14 in diesem Band). Als Reaktion auf die Veröffentlichung der Ergebnisse des *Programme for International Student Assessment* (PISA) im Jahr 2001, die für Deutschland neben insgesamt suboptimalen Leistungsergebnissen bedeutsame Anteile an Risikogruppen aufzeigen, wurden von der *Ständigen Konferenz der Kultusministerien der Länder in der Bundesrepublik Deutschland* (KMK) sieben Handlungsfelder zur Qualitätsentwicklung im Bildungswesen formuliert. Als eines dieser Handlungsfelder wurde der „Ausbau von schulischen und außerschulischen Ganztagsangeboten mit dem Ziel erweiterter Bildungs- und Fördermöglichkeiten insbesondere für Schülerinnen und Schüler mit Bildungsdefiziten und besonderen Begabungen" definiert (KMK, 2002, S. 6). Im Investitionsprogramm „Zukunft Bildung und Betreuung" (IZBB) haben Bund und Länder den Auf- und Ausbau von Ganztagsschulen in ganz Deutschland in den Jahren 2003–2006 mit insgesamt vier Milliarden Euro zur „Schaffung einer modernen Infrastruktur" (BMBF, 2003, S. 2) unterstützt. Vor allem Grundschulen sind in diesem Rahmen gefördert worden – über 50 Prozent der im Rahmen des IZBB subventionierten Schulen sind dem Primarbereich zuzuordnen (BMBF, 2009).

Mit dem Auf- und Ausbau von Ganztagsschulen sind vielfältige Erwartungen verbunden, unter anderem mehr und intensiver Zeit zum Lernen zu nutzen, fächerübergreifende Schlüsselkompetenzen zu lehren und zu lernen, individuell zu fördern sowie eine chancengerechte Lern- und Förderkultur an Schulen zu schaffen (z.B. Holtappels, 1994, 2009; KMK, 2015a; Tillmann, 2005; Züchner & Fischer,

2014). Neben diesen Aspekten sollen Ganztagsschulen zudem die Vereinbarkeit von Familie und Beruf unterstützen. Dies deckt sich mit den Wünschen vieler Eltern. Wie Ergebnisse einer Elternbefragung aus dem Jahr 2012 belegen, wünschen sich 70 Prozent der Eltern für ihr Kind eine Ganztagsschule, hingegen nur 28 Prozent eine Halbtagsschule (Valtin, 2012). Dies zeigt auch die Nachfrage an Ganztagsgrundschulen in Deutschland: Jede vierte Grundschule mit Ganztagsangeboten verzeichnete im Jahr 2015 mehr Anmeldungen als verfügbare Plätze (Autorengruppe Bildungsberichterstattung, 2016, Tabelle D3-2A). Empirische Belege, die die Wirksamkeit des Besuchs von Ganztagsschulen auf die Schülerleistungen bestätigen könnten, liegen allerdings nicht vor. In ihrer Untersuchung an Ganztagsschulen finden Strietholt, Manitius, Berkemeyer und Bos (2015) auf Basis von Daten aus IGLU/TIMSS 2011 beispielsweise weder ein höheres Leistungsniveau noch eine Reduktion von Bildungsungleichheiten.

Begleitet wurde der Auf- und Ausbau der Schulen durch zwei Programme: das Programm *Ideen für mehr! Ganztägig lernen* der Deutschen Kinder- und Jugendstiftung sowie das bundesweite Ganztagsschulprojekt *Studie zur Entwicklung von Ganztagsschulen* (StEG). Aktuelle Befunde aus dem Teilprojekt *Angebotsqualität und individuelle Wirkung in der Primarstufe* (StEG-P), in dessen Rahmen Fördereffekte der Teilnahme an und der Qualität von Ganztagsangeboten in den Bereichen Lesen, Naturwissenschaften und Soziales Lernen an Grundschulen im Fokus stehen, zeigen, dass sich die Angebote an Ganztagsgrundschulen in Deutschland unterschiedlich ausgestalten (z.B. Lossen, Tillmann, Holtappels, Rollett & Hannemann, in Druck). In den Bereichen Naturwissenschaften und Soziales Lernen finden im Durchschnitt pro Halbjahr an einer Schule zwei Angebote statt, im Bereich Lesen sind es ein bis zwei Angebote. Die Qualität und die Gestaltung der Angebote werden von den Schülerinnen und Schülern insgesamt positiv bewertet. Jedoch hat nicht jede Schülerin beziehungsweise jeder Schüler die Chance, an diesen Angeboten teilzunehmen und von ihnen zu profitieren: Bei Leseangeboten liegt die Teilnahme bei 11 bis 14 Prozent, bei Angeboten zu Naturwissenschaften bei 11 bis 16 Prozent und bei Angeboten zum Sozialen Lernen bei 13 bis 17 Prozent (StEG-Konsortium, 2016). Hinsichtlich der Effekte von Angebot und Nutzung im Ganztag zeigen sich – bei kontinuierlicher Teilnahme – besonders bei Schülerinnen und Schülern mit Migrationshintergrund im Bereich des Sozialen Lernens positive Entwicklungen. Ähnliches zeigt sich für diese Schülergruppe bei der Angebotsnutzung qualitativ hochwertiger Leseangebote. Generell, so das Resümee der vorliegenden Befunde aus StEG-P, „scheinen qualitativ hochwertigere Ganztagsangebote Lernumgebungen zu schaffen, in denen sich Kinder aus sozial weniger privilegierten Haushalten hinsichtlich ihrer psychosozialen Lerndispositionen wie Selbstkonzept, Motivation oder Interesse besser entwickeln" (StEG-Konsortium, 2016, S. 23).

In IGLU und TIMSS werden die Schulleitungen der teilnehmenden Schulen zum Ganztag befragt. Im Trend betrachtet und zwölf Jahre nach Beginn des Ganztagsausbaus, stellt sich die Frage, wie sich der Ausbau an Grundschulen in Deutschland bislang in quantitativer und qualitativer Hinsicht vollzogen hat. Hierzu wird im vorliegenden Kapitel zunächst der Stand des Ausbaus des Grundschulganztags in den Ländern der Bundesrepublik Deutschland auf Basis aktueller Daten der Schulstatistik skizziert (siehe Abschnitt 2). Vor diesem Hintergrund wird auf Basis der Daten aus TIMSS 2015 der Fokus auf die Betrachtung von vier Schultypen gelegt, bei denen kategorial zwischen rhythmisierten und additiven Ganztagsschulen einerseits, sowie Halbtagsgrundschulen mit fachlichem und sonstigem beziehungsweise ohne Betreuungsangebot andererseits unterschieden wird (zur Kategorienentwicklung siehe Abschnitt 2.2). Im Einzelnen wird analysiert, wie sich diese Schultypen über die Grundschulen verteilen, wie Angebote von Schülerinnen und Schülern genutzt werden (siehe Abschnitt 3) und wie innerhalb der Schultypen die Zusammensetzung der Schülerschaft und die unterrichtlichen und außerunterrichtlichen Bildungsangebote ausgestaltet sind (siehe Abschnitt 4).

Unsere Analysen nehmen insbesondere den rhythmisierten Schultyp in den Blick, da vorliegende Forschung nahelegt, dass es auf diese Weise organisierten Schulen im Vergleich am besten gelingt, sozial bedingte Selektionseffekte zu reduzieren (Willems, Wendt, Gröhlich, Walzebug & Bos, 2014), lern- und schulbezogene Elternbeteiligung zu fördern (Hoeft, Lokhande & Wendt, 2014) sowie neue Zeitorganisationsformen und kooperationsorientierte Organisationskulturen im Kollegium zu etablieren (Buddeberg, Wendt, Hornberg & Bos, 2014). Vergleiche mit Daten aus IGLU/TIMSS 2011, TIMSS 2007 und IGLU 2006 sollen es ergänzend erlauben, Veränderungen im Zeitverlauf sichtbar zu machen und in Bezug zum Ausbau des Ganztags zu setzen.

2 Ausbaustand von Ganztagsgrundschulen

Die mit der Einführung von Ganztagsschulen verbundenen strukturellen Veränderungen im Primarbereich bilden sich in den von der KMK veröffentlichten statistischen Daten zu allgemeinbildenden Schulen in Ganztagsform ab. Im Schuljahr 2002/2003 betrug der Anteil der allgemeinbildenden Grundschulen in Ganztagsform 10.3 Prozent (KMK, 2007). Hiermit sind Grundschulen gemeint, die ein ganztägiges Angebot von mindestens sieben Zeitstunden an mindestens drei Tagen in der Woche bereitstellen. Im Jahr 2007, am Ende der Laufzeit des Investitionsprogramms, hatte sich dieser Anteil mit 34.9 Prozent mehr als verdreifacht (KMK, 2011). In den folgenden Jahren ist die Zahl der Ganztagsgrundschulen stetig weiter gestiegen, sodass nach rezenten Zahlen der KMK (2016) im Schuljahr 2014/2015 mehr als die Hälfte (53.3 %) aller Verwaltungseinheiten im Primarbereich ganztägig organisiert ist (KMK, 2016). Der systematische Auf- und Ausbaustand von Ganztagsgrundschulen in Deutschland ist insgesamt betrachtet in statistischen Erhebungen der KMK in den Schuljahren 2002/03 und 2014/15 dokumentiert (KMK, 2006, 2016).

In Abbildung 7.1 sind die KMK-Daten zusammenfassend dargestellt, wobei der Grad der Einfärbung der Länder der Bundesrepublik Deutschland Auskunft über die prozentuale Differenz zwischen dem Ausbaustand der Ganztagsgrundschulen (Anteil allgemeinbildender Schulen in Ganztagsform an allen Schulen) in 2002 und in 2014 gibt. Da jedoch diese Differenz keine Aussagen über den Ausbaustand eines Bundeslandes per se ermöglicht, sind in der Abbildung 7.1 ergänzend in den berichteten Balkendiagrammen die Schülerzahlen aufgeführt, das heißt der Anteil an Schülerinnen und Schülern an Grundschulen mit Ganztagsbetrieb in einem Bundesland in den Jahren 2002 und 2014. Alle in der Abbildung verwendeten und anschließend erläuterten Daten beziehen sich auf Angaben der durch die KMK befragten Schulen.

Wie aus der Abbildung 7.1 deutlich wird, ist der Anteil an Schülerinnen und Schülern an Ganztagsgrundschulen von 2002 bis 2014 bis fast auf das Achtfache gestiegen. Durch den Auf- und Ausbau der Ganztagsgrundschulen konnten also deutlich mehr Schülerinnen und Schüler an Angeboten des Ganztags teilnehmen: Im Jahr 2002 waren es 4.2 Prozent der Schülerinnen und Schüler, im Jahr

Abbildung 7.1:   Fortschritt im Aus- und Aufbaustand von Ganztagsgrundschulen in Deutschland nach KMK-Definition, 2002 bis 2014, und Anteile der Schülerinnen und Schüler an Ganztagsgrundschulen in den Jahren 2002 und 2014 (Angaben in Prozent)

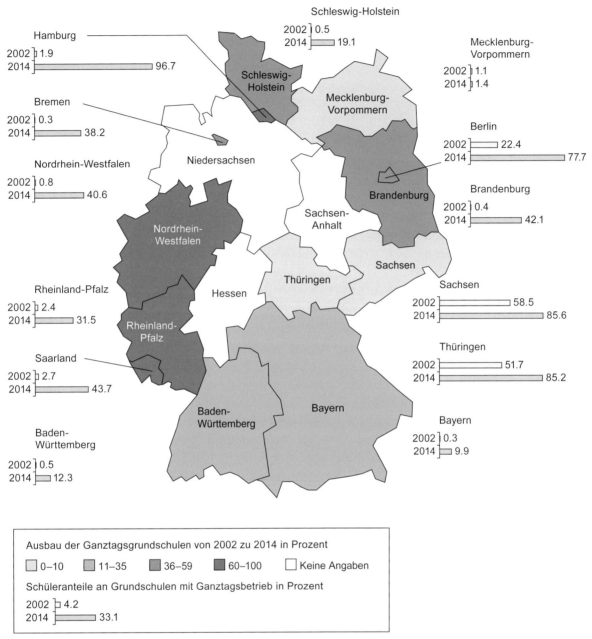

IEA: Trends in International Mathematics and Science Study   © TIMSS 2015

2014 waren es 33.1 Prozent (KMK, 2016). Die meisten Kinder besuchen eine Ganztagsgrundschule mit offener Form und nur jedes fünfte Kind besucht eine Grundschule mit verbindlichem Ganztagsangebot. Im Schuljahr 2014/2015 halten 53.3 Prozent aller Grundschulen ein Ganztagsangebot vor. Deutlich werden aber auch große Unterschiede zwischen den Ländern: In Hamburg, Nordrhein-Westfalen, dem Saarland und Rheinland-Pfalz ist der Ausbau prozentual am höchsten, in Ländern wie Mecklenburg-Vorpommern, Thüringen und Sachsen am niedrigsten. Jedoch ist in diesen letztgenannten Ländern von einem ausgebauten Hortangebot an den Schulen auszugehen. Die KMK berücksichtigt bei der Erfassung der Ganztagsangebote Horte und Hortangebote allerdings nicht, sodass dies bei den vorliegenden Prozentwerten zu beachten ist.

2.1 Formen des Ganztags

Nach der an organisatorischen Aspekten ausgerichteten Definition der KMK (2015a) handelt es sich bei Ganztagsschulen um Schulen, bei denen:

- an mindestens drei Tagen in der Woche ein ganztägiges Angebot für die Schülerinnen und Schüler bereitgestellt wird;
- dieses Angebot täglich mindestens sieben Zeitstunden umfasst;
- an allen Tagen des Ganztagsschulbetriebs den teilnehmenden Schülerinnen und Schülern ein Mittagessen angeboten wird;
- die Ganztagsangebote unter der Aufsicht und Verantwortung der Schulleitung organisiert und in enger Kooperation mit der Schulleitung durchgeführt werden; und
- die Ganztagsangebote konzeptionell mit dem Unterricht verbunden sind.

Konzeptionell werden drei Formen des Ganztagsbetriebs unterschieden, die sich hinsichtlich ihres Verbindlichkeitsgrads unterscheiden (KMK, 2015b):

- Bei der *voll gebundenen Form* sind alle Schülerinnen und Schüler dazu verpflichtet, an mindestens drei Tagen in der Woche an dem Ganztagsangebot teilzunehmen.
- Bei der *teilweise gebundenen Form* sind hingegen alle Schülerinnen und Schüler einer Klasse oder einer Klassenstufe zu einer Teilnahme verpflichtet.
- In der *offenen Form* nehmen lediglich einzelne Schülerinnen und Schüler auf Wunsch ihrer Eltern für mindestens ein Schulhalbjahr an dem ganztägigen Angebot teil.

Die Definition und die beschriebenen Formen sind als Mindestkonsens zu betrachten, da sie sich landesspezifisch bei der Ausgestaltung sowie bei der Benennung unterscheiden. Im Schuljahr 2014/2015 waren rund 84 Prozent aller Ganztagsschulen in offener Form organisiert, rund 12 Prozent in teilgebundener Form und rund 4 Prozent in voll gebundener Form (KMK, 2016).

Laut Angaben der im Rahmen von TIMSS 2015 befragten Schulleitungen in Deutschland besuchen 57.6 Prozent der Schülerinnen und Schüler eine Ganztagsgrundschule. Bei TIMSS 2011 lag dieser Anteil noch bei 46.8 Prozent und bei TIMSS 2007 nur bei 35.1 Prozent. Das entspricht einer Zunahme von über 20 Prozentpunkten. Inwieweit Unterschiede im Ausbau der Ganztagsschulen hinsichtlich der drei Formen ‚offen‘, ‚teilweise gebunden‘ und ‚voll gebunden‘ bestehen und wie sich die Entwicklung seit der vorherigen Erhebung im Jahr 2007 darstellt, ist Abbildung 7.2 zu entnehmen. Seit dem Jahr 2007 hat bei den Kindern, die an einer Ganztagsgrundschule angemeldet sind, vor allem der Anteil an Schülerinnen und Schülern zugenommen, die eine Grundschule mit offenem Ganztagsangebot besuchen. Der Anteil an Schülerinnen und Schülern, die eine voll gebundene Ganztagsschule besuchen, unterscheidet sich nicht signifikant. Eine Abnahme ist hingegen für den Anteil der Schülerinnen und Schüler zu beobachten, die eine teilweise gebundene Form besuchen. Dieser Befund kann als ein Hinweis darauf betrachtet werden, dass dieses Ganztagsmodell als Übergang bei der Entwicklung von Ganztagsschulen genutzt wurde. Die mit deutlichem Abstand am häufigsten vorhandene Form bleibt die offene Ganztagsgrundschule (70.1 %).

Abbildung 7.2: Formen des Ganztags im Vergleich von TIMSS 2007, 2011 und 2015 (Anteile der Schülerinnen und Schüler nach Angaben der Schulleitungen in Prozent)

Ganztag	2007		2011		2015	
	%	(SE)	%	(SE)	%	(SE)
Voll gebundene Form	6.9	(2.2)	13.0	(3.5)	10.2	(2.6)
Teilweise gebundene Form	28.8	(6.0)	19.5	(4.2)	19.7	(3.9)
Offene Form	64.3	(5.9)	67.5	(5.2)	70.1	(4.7)

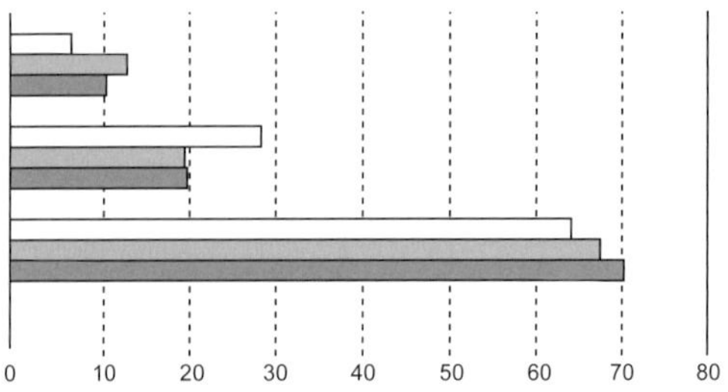

☐ TIMSS 2007.
▨ TIMSS 2011.
▧ TIMSS 2015.

IEA: Trends in International Mathematics and Science Study © TIMSS 2015

Zusätzlich zum *zeitlichen Umfang des Ganztagsangebots* und der *Organisationsform des Ganztagsbetriebs* wurden die Schulleitungen zu den drei weiteren zentralen Aspekten der KMK-Definition befragt:

1) Bereitstellung eines Mittagsessens an Tagen, an denen ein Ganztagsbetrieb angeboten wird.
2) Organisation: Die Angebote werden in enger Kooperation sowie unter der Aufsicht und Verantwortung der Schulleitungen durchgeführt.
3) Konzept: Verzahnung zusätzlicher Angebote und des Unterrichts.

Die Ergebnisse hierzu lassen sich wie folgt zusammenfassen:

1) *Mittagsangebot*: Das Angebot einer warmen Mittagsmahlzeit besteht mittlerweile an allen Ganztagsgrundschulen: an 98 Prozent der Ganztagsgrundschulen an mindestens vier Tagen in der Woche und mit 74 Prozent an drei Viertel aller Ganztagsgrundschulen täglich.
2) *Organisation*: Mit 37 Prozent gibt etwa ein Drittel der Schulleitungen die Verantwortung für die Organisation beziehungsweise für die inhaltlich-programmatische Gestaltung des Ganztagsbetriebs an den Schulverein oder andere Institutionen ab.
3) *Konzept*: Lediglich 51 Prozent der Schulen verfügen über ein Konzept zur Verzahnung von zusätzlichen Angeboten und dem Unterricht (dies gilt für 67 % der voll gebundenen Ganztagsgrundschulen und etwa die Hälfte (48 bzw. 50 %) der teilweise gebundenen und offenen Ganztagsgrundschulen).

Diese Befunde machen deutlich, dass die von der KMK gestellten (strukturellen) Anforderungen an eine Ganztagsschule gegenwärtig nur zum Teil an den Ganztagsgrundschulen realisiert werden.

2.2 Bildungs- und Betreuungsangebote an Ganz- und Halbtagsschulen im Vergleich

Auch Halbtagsschulen haben sich in den letzten Jahren verändert und verfügen mittlerweile ebenfalls über ein breites Spektrum unterrichtsergänzender und außerunterrichtlicher Bildungs- und Betreuungsangebote (Holtappels, Radisch, Rollett & Kowoll, 2010; Radisch, Klieme & Bos, 2006). Für eine Einordnung der Entwicklungen der Bildungs- und Betreuungsangebote von Ganztagsschulen ist entsprechend ein Vergleich mit Halbtagsgrundschulen geboten. Für die folgenden Abschnitte werden zu diesem Zweck vier Grundschultypen unterschieden, die bereits zu der Berichterstattung von IGLU/TIMSS 2011 genutzt wurden (Buddeberg et al., 2014; Hoeft et al., 2014; vbw, 2013; Willems et al., 2014; Willems, Wendt & Radisch, 2015):

- rhythmisierte Ganztagsschulen,
- Ganztagsschulen mit additiven Modellen der Zeitgestaltung,
- Halbtagsschulen mit fachlichem Betreuungsangebot sowie
- Halbtagsschulen mit sonstigem oder ohne Betreuungsangebot.

In dieser Typologie werden Halbtagsschulen danach differenziert, inwiefern sie über ein durch die Schule verantwortetes Nachmittagsangebot verfügen und Ganztagsgrundschulen nach Aspekten der zeitlichen Gestaltung des Lernens, also hinsichtlich der Frage, inwieweit sich entsprechend dem Konzept der Rhythmisierung fachbezogenes Lernen und Phasen der Freizeit über den Schultag abwechseln. Im Einzelnen erfolgt die Klassifikation der Grundschulen auf Basis der folgenden Kriterien (vbw, 2013):

Als *Ganztagsgrundschule* klassifiziert werden Grundschulen, die folgende Merkmale aufweisen: Die Schulleitung gibt an, dass:

- die Schule im laufenden Schuljahr einen Ganztagsbetrieb an mindestens drei Wochentagen über jeweils mindestens sieben Zeitstunden anbietet,
- das Ganztagsangebot an mindestens drei Tagen die Woche auch für die Schülerinnen und Schüler der vierten Jahrgangsstufe besteht sowie
- im Rahmen des Ganztags an mindestens einem Tag in der Woche mindestens eines der folgenden Angebote gemacht wird: Hausaufgabenhilfe, Fördergruppen, fachbezogene Lernangebote in Deutsch, in Mathematik, zum Sachunterricht, in Fremdsprachen, in Sport, in Musik oder in Kunst, in fächerübergreifenden Projekten oder Angebote in der Herkunftssprache der Schülerinnen und Schüler.

Innerhalb der Ganztagsgrundschulen werden *zwei Typen* unterschieden:

1) *Ganztagsgrundschule – rhythmisiertes Modell*: Die Schulleitung gibt – zusätzlich zu den oben genannten Kriterien einer Ganztagsschule – an, dass Fachunterrichtsstunden und andere Lern- und Freizeitphasen über den gesamten Schultag alternieren.

2) *Ganztagsgrundschule – additives Modell*: Die Schulleitung gibt – zusätzlich zu den oben genannten Kriterien einer Ganztagsschule – an, dass sämtliche Fachunterrichtsstunden nacheinander am Vormittag abgehalten werden, oder die Schulleitung macht keine konkreten Angaben zur Zeitgestaltung.

Als *Halbtagsgrundschule* klassifiziert werden Grundschulen, wenn die folgenden Merkmale gegeben sind: Die Schulleitung gibt an, dass:

- die Schule im laufenden Schuljahr keinen Ganztagsbetrieb an mindestens drei Wochentagen über jeweils mindestens sieben Zeitstunden anbietet oder
- sich das Ganztagsangebot nicht an mindestens drei Tagen in der Woche auch an die Schülerinnen und Schüler der vierten Jahrgangsstufe richtet.

Unterschieden werden auch hier *zwei Typen*:

1) *Halbtagsgrundschule mit fachlichem Betreuungsangebot:* Die Schulleitung gibt – zusätzlich zu den für Halbtagsgrundschulen genannten Kriterien – an, dass an der Schule Nachhilfe durch Lehrkräfte angeboten wird beziehungsweise Schülerinnen und Schüler ihre Hausaufgaben unter fachlicher Anleitung erledigen können.

2) *Halbtagsgrundschule mit sonstigem oder ohne Betreuungsangebot:* Die Schulleitung gibt – zusätzlich zu den oben genannten Kriterien – an, dass an der Schule außerhalb des Unterrichts beziehungsweise nach der Schule eine Betreuung oder ein eng angegliedertes Hortangebot gegeben ist oder es lassen sich den Angaben der Schulleitung nach – zusätzlich zu den für Halbtagsgrundschulen genannten Kriterien – keine weiteren Hinweise auf ein mögliches nachmittägliches Betreuungsangebot entnehmen.

Abbildung 7.3: Verteilung der Grundschultypen in Deutschland in TIMSS 2015

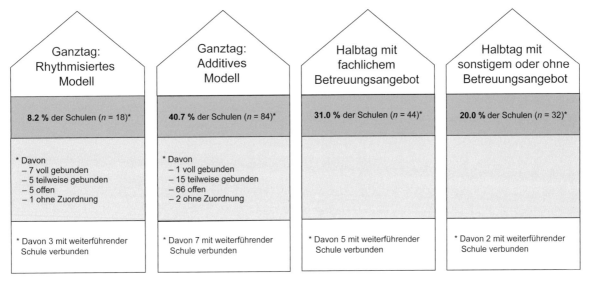

IEA: Trends in International Mathematics and Science Study © TIMSS 2015

Abbildung 7.3 zeigt, dass unter den Ganztagsgrundschulen jene mit additiven Modellen der Zeitgestaltung am häufigsten vorzufinden sind (40.7% aller Grundschulen), während nur 8.2 Prozent der erfassten Grundschulen ihren Ganztagsbetrieb in rhythmisierter Form organisieren und davon wiederum nur ein Drittel – das sind sieben Grundschulen im vorliegenden Datensatz – in der voll gebundenen Form. 31.0 Prozent der Grundschulen sind im Halbtag mit fachlichem Betreuungsangebot organisiert, während bei 20.0 Prozent der Grundschulen Halbtagsunterricht mit sonstigem oder ohne Betreuungsangebot angeboten wird.

Im Vergleich zu IGLU 2006 zeigt sich, dass der Anteil an Ganztagsschulen mit einem additiven Betreuungsmodell der Zeitgestaltung von 12.9 Prozent auf 40.7 Prozent signifikant gestiegen ist und sich fast verdreifacht hat (siehe Abbildung 7.4). Für die rhythmisierten Ganztagsschulen hingegen ist zwar nominell ein geringer Zuwachs von 4.8 Prozent auf 8.2 Prozent zu beobachten, inferenzstatistisch lässt sich dieser allerdings nicht nachweisen.

Abbildung 7.4: Grundschultypen in Deutschland im Vergleich von IGLU 2006, TIMSS 2011 und TIMSS 2015 (Anteile in Prozent)

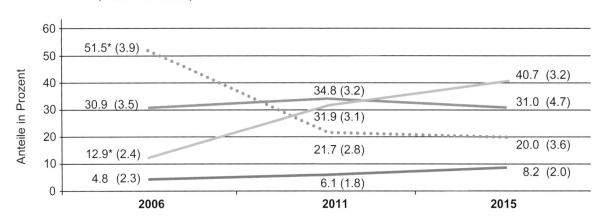

Ganztag: Rhythmisiertes Modell.
Ganztag: Additives Modell.
Halbtag mit fachlichem Betreuungsangebot.
Halbtag mit sonstigem oder ohne Betreuungsangebot.
★ = Unterschied zu 2015 statistisch signifikant ($p < .05$).

IEA: Trends in International Mathematics and Science Study   © TIMSS 2015

Bezogen auf die Verteilung der Schülerinnen und Schüler auf die vier Schultypen ergibt sich für TIMSS 2015 das in Abbildung 7.5 dargestellte Bild.

Rhythmisierte Ganztagsgrundschulen: 57.6 Prozent der Viertklässlerinnen und Viertklässler in Deutschland besuchen eine Ganztagsgrundschule. Angemeldet sind davon nur 10.4 Prozent der Schülerinnen und Schüler an einer Ganztagsschule mit rhythmisiertem Angebot, also einem Schultyp, von dem besonders positive Wirkungen auf die Lern- und Persönlichkeitsentwicklung zu erwarten sind. Noch geringer wird diese Zahl, wenn man die drei Formen des Ganztagsbetriebs (offen, teilweise und voll gebunden) betrachtet: Nur 4.0 Prozent aller Viertklässlerinnen und Viertklässler in Deutschland besuchen eine rhythmisierte Ganztagsschule der voll gebundenen Form, weitere 3 Prozent eine rhythmisierte Ganztagsschule der teilweise gebundenen Form und weitere 3 Prozent eine rhythmisierte Ganztagsschule der offenen Form.

Ganztagsgrundschulen mit additiven Modellen der Zeitgestaltung: Mit 47.2 Prozent der Viertklässlerinnen und Viertklässler in Deutschland besucht knapp die Hälfte aller Schülerinnen und Schüler eine Ganztagsgrundschule dieses Typs. Werden die drei Formen des Ganztagsbetriebs (offen, teilweise und voll gebunden) betrachtet, zeigt sich, dass mit 37.1 Prozent aller Viertklässlerinnen und Viertklässler der Großteil eine Schule mit offenem Ganztagsangebot besucht, während für lediglich 8.1 Prozent beziehungsweise 0.7 Prozent der Schülerinnen und Schüler in Deutschland berichtet wird, dass sie eine Ganztagsschule dieses Typs in teilweise beziehungsweise in voll gebundener Form besuchen.

Halbtagsgrundschulen mit fachlichem Betreuungsangebot: Mit 23.8 Prozent der Viertklässlerinnen und Viertklässler in Deutschland besucht knapp ein Viertel aller Schülerinnen und Schüler eine Grundschule dieses Schultyps.

Abbildung 7.5: Verteilung von Schülerinnen und Schülern in Deutschland auf Grundschulen nach Schultyp und Form (Anteile der Schülerinnen und Schüler in Prozent)

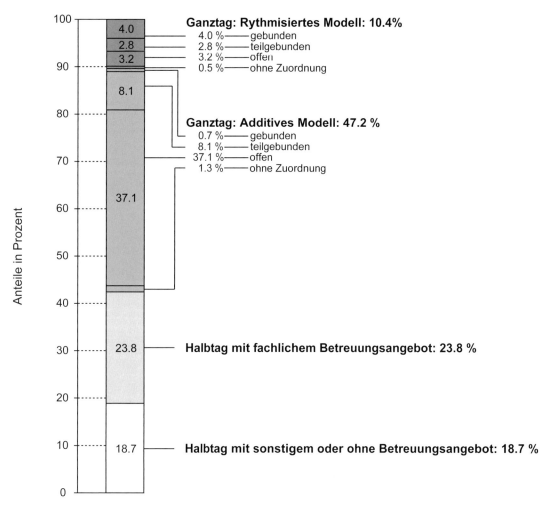

IEA: Trends in International Mathematics and Science Study   © TIMSS 2015

Halbtagsgrundschulen mit sonstigem oder ohne Betreuungsangebot: Mit 18.7 Prozent besucht etwa jedes fünfte Grundschulkind in Deutschland eine Grundschule dieses Schultyps.

Bezogen auf die Verteilung der Schülerinnen und Schüler auf die einzelnen Schultypen zeigt sich, dass die deutliche Mehrheit der Viertklässlerinnen und Viertklässler in Deutschland (89.6%) eine Schule mit (obligatorischem) Unterricht am Vormittag und (fakultativen) fachlichen Betreuungsangeboten (Nachhilfe durch Lehrkräfte oder Hausaufgabenbetreuung) am Nachmittag besucht. Die ‚ideale Ganztagsgrundschule' (rhythmisiert und voll gebunden) wird mit 4 Prozent derzeit also nur von einer Minderheit aller Viertklässlerinnen und Viertklässler in Deutschland besucht. Im Vergleich zu TIMSS 2011 und IGLU 2006 aber ist eine kleine positive Entwicklung festzustellen.

3 Nutzung von Angeboten

Wie aktuelle Befunde aus der Teilstudie StEG-P belegen, ist das Verhältnis von Angebot und Nutzung der Angebote im Ganztag an Grundschulen in Deutschland noch nicht optimal (StEG-Konsortium, 2016). Nur ein Teil der Grundschülerinnen und Grundschüler an Ganztagsschulen hat die Chance, an Ganztagsangeboten teilzunehmen und von ihnen zu profitieren. Analog zu der in Abschnitt 2.1 erläuterten Kategorisierung wird im Folgenden der Blick auf die Angebotsnutzung an Grundschulen in Deutschland gerichtet. Anders als in StEG werden dementsprechend nicht nur Angebote und deren Nutzung an Ganztags-, sondern auch an Halbtagsgrundschulen betrachtet.

Unabhängig vom besuchten Schultyp wurden die Schülerinnen und Schüler in TIMSS 2015 zunächst danach gefragt, ob sie an außerunterrichtlichen Angeboten ihrer Schule teilnehmen (generelle Teilnahme) und falls ja, an wie vielen Tagen in der Woche sie Angebote besuchen (Teilnahmeintensität). Abbildung 7.6 stellt die Schülerteilnahmequoten an den unterschiedlichen Schultypen dar. Erwartungsgemäß zeigen sich deutliche Unterschiede in der Teilnahmeintensität von Schülerinnen und Schülern an beiden Ganztagsschultypen (rhythmisiert und additiv).

Während an Halbtagsschulen rund 42 beziehungsweise 52 Prozent der Schülerinnen und Schüler *nie* an außerunterrichtlichen Angeboten teilnehmen, ist dies an Ganztagsgrundschulen mit 28 beziehungsweise 35 Prozent für weniger Kinder der Fall. Mit 44 Prozent nimmt weniger als die Hälfte der Schülerinnen und Schüler an rhythmisierten Ganztagsgrundschulen an *vier bis fünf Tagen* an den Angeboten teil, an Ganztagsgrundschulen mit additiven Modellen der Zeitstrukturierung sind dies knapp 37 Prozent. Vergleicht man die Teilnahmequoten zwischen Ganz- und Halbtagsgrundschulen, so wird der Befund be-

Abbildung 7.6: Teilnahmeintensität an nachmittäglichen Angeboten nach Grundschultyp (Anteile der Schülerinnen und Schüler nach Schülerangaben in Prozent)

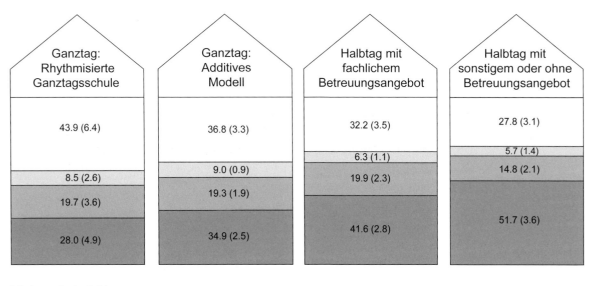

Abbildung 7.7: Angebotsnutzung (mindestens an einem Tag in der Woche) nach Grundschultyp (Anteile der Schülerinnen und Schüler nach Schülerangaben in Prozent)

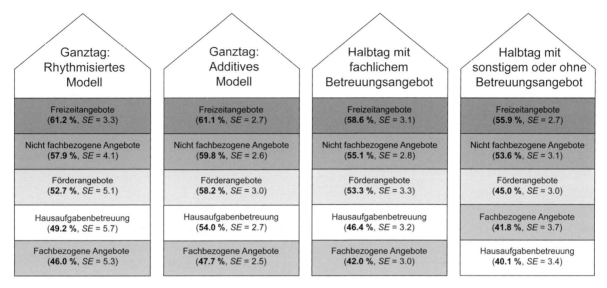

IEA: Trends in International Mathematics and Science Study © TIMSS 2015

kräftigt, dass auch an sogenannten Halbtagsgrundschulen ein beachtlicher Teil der Schülerinnen und Schüler regelmäßig an außerunterrichtlichen Angeboten teilnimmt. Je nach Halbtagsschultyp nimmt mehr als die Hälfte beziehungsweise knapp die Hälfte der Schülerinnen und Schüler mindestens einmal die Woche regelmäßig an Angeboten teil, etwa jedes dritte bis vierte Kind sogar an *vier bis fünf Tagen.*

In Abbildung 7.7 ist dargestellt, an welchen *Angebotsformen* die Schülerinnen und Schüler der vierten Klasse teilnehmen (Teilnahme mindestens einmal pro Woche). Hier zeigt sich, dass für alle betrachteten Angebotsformen die Unterschiede in Bezug auf die Schülerteilnahme zwischen den einzelnen Schultypen gering sind. Für alle vier Schultypen gilt, dass die Angebote von mehr als 40 Prozent aller Viertklässlerinnen und Viertklässler mindestens einmal pro Woche besucht werden. Anders als noch mittels der Daten aus IGLU/TIMSS 2011 festgestellt (Willems et al., 2014), zeigen sich anhand der aktuellen Daten aus TIMSS 2015 keine deutlichen Stärken der rhythmisierten Ganztagsschulen.

4 Bildungsgerechtigkeit durch Ganztagsgrundschulen

Im Vergleich zu Halbtagsschulen wird Ganztagsschulen ein besonderes Potential zum Abbau sozialer Benachteiligungen zugeschrieben. Dies liegt darin begründet, dass Ganztagsschulen durch das ‚Mehr an Zeit' und die flexibleren Zeitorganisationsmaßnahmen strukturell bessere Möglichkeiten bieten können, Schülerinnen und Schüler gemäß ihrer Eingangsvoraussetzungen zu fordern und zu fördern. Eine bedeutende Rolle dabei spielt zum einen die Rhythmisierung des Schultages, zum anderen die Verzahnung von unterrichtsergänzenden Angeboten und dem an die Curricula gebundenen Unterricht. Gegenüber Halbtagsschulen haben Ganztagsschulen die Möglichkeit, außerunterrichtliche Lern- und Bildungsangebote inhaltlich und methodisch mit dem Unterricht zu verzahnen und die so entstehenden vielschichtigen Lernangebote über den gesamten Tag zu verteilen (Arnoldt, 2011; Willems & Holtappels, 2014). Zumindest theoretisch-konzeptionell setzt die Ganztagsschule somit nicht nur auf ein ‚Mehr an Zeit', sondern aus pädagogischer Sicht auch auf die Umsetzung erweiterter, individualisierter Lern- und Bildungsangebote. Veränderungen sowohl auf Ebene der Schule als Organisation (Personaleinsatz, Zeitstrukturierung und Rhythmisierung, außerschulische Partner) als auch auf der Ebene der konkreten Lerngelegenheiten im Unterricht und in den außerunterrichtlichen Angeboten sollen bessere Möglichkeiten für fachliches und überfachliches Lernen bieten. Dabei wird erwartet, dass durch die Umsetzung innovativer und kompensatorischer pädagogischer Konzepte das Ziel der individuellen Förderung der Schülerinnen und Schüler erreicht werden kann (Bettmer, 2007; Oelkers, 2008; Steiner, 2009; Willems & Glesemann, 2015).

Willems et al. (2014) konnten auf Basis von Daten aus IGLU/TIMSS 2011 zeigen, dass es besonders rhythmisierten Ganztagsschulen – vor allem im Vergleich zu Halbtagsschulen mit oder ohne fachlichem Betreuungsangebot, aber auch im Vergleich zu additiv organisierten Ganztagsschulen – nicht nur gelingt, erwartungsgemäß höhere Teilnahmequoten bei den Schülerinnen und Schülern zu erzielen, sondern darüber hinaus auch sozialbedingte Selektionseffekte in bestimmten Bereichen zu reduzieren. So zeigte sich zunächst, dass an rhythmisierten Ganztagsschulen die Teilnahmequote armutsgefährdeter Schülerinnen und Schüler im Vergleich zwischen den vier Schultypen besonders hoch war. Armutsgefährdete Schülerinnen und Schüler nahmen zudem an rhythmisierten Ganztagsschulen häufiger und intensiver an außerunterrichtlichen Angeboten teil und nutzten auch intensiver fachbezogene Angebote, von denen im Vergleich zu reinen Betreuungs-, Spiel- und Freizeitangeboten ein besonders hohes Potential der Kompetenzförderung ausgeht. Auch für Schülerinnen und Schüler mit Migrationshintergrund zeichneten sich vergleichbare Effekte zugunsten der rhythmisierten Ganztagsschule ab. Zudem nahmen auch hier im Vergleich zwischen den Schultypen Schülerinnen und Schüler aus Familien mit einem vergleichsweise niedrigen Bildungsniveau häufiger an außerunterrichtlichen Angeboten teil.

Im Folgenden wird betrachtet, ob sich entsprechende Befunde in TIMSS 2015 zeigen. Um möglichst alle im Datensatz verfügbaren Informationen zu nutzen, wurden für die Analysen in diesem und im folgenden Unterkapitel die fehlenden Werte durch multiple Imputation ersetzt (siehe Kapitel 2 in diesem Band).

4.1 Zusammensetzung der Schülerschaft an Ganztagsgrundschulen

Zunächst stellt sich die Frage, wie sich Ganz- und Halbtagsschulen in TIMSS 2015 hinsichtlich der Zusammensetzung der Schülerschaft darstellen. Dies ist interessant, da sich zu dieser Frage bisher auf Basis der Studien IGLU und TIMSS kein einheitlicher Befund feststellen ließ. Radisch et al. (2006) konnten auf Basis der Daten von IGLU 2001 keine Unterschiede hinsichtlich der sozioökonomischen Zusammensetzung der Schülerschaft an Ganz- und Halbtagsschulen feststellen, jedoch Unterschiede hinsichtlich des Anteils an Kindern mit Migrationshintergrund nachweisen. Für das Erhebungsjahr 2006 konnten Holtappels et al. (2010) feststellen, dass Schülerinnen und Schüler an Ganztagsgrundschulen über einen signifikant niedrigeren durchschnittlichen sozioökonomischen Status und häufig über einen Migrationshintergrund verfügten. Für IGLU/TIMSS 2011 aber konnten Willems et al. (2014) keine deutlichen Unterschiede mehr in Bezug auf die mittlere soziale Zusammensetzung der Schülerschaft an Ganz- und Halbtagsgrundschulen aufzeigen. Somit ist davon auszugehen, dass

Ganz- und Halbtagsschulen im Bundesdurchschnitt aktuell mit Blick auf die Komposition der Schülerschaft unter vergleichbaren Bedingungen arbeiten.

In Tabelle 7.1 sind die Anteile von Grundschulen in Deutschland nach Schultyp und Mustern der Zusammensetzung der Schülerschaft in Bezug auf Armutsgefährdung, Migrationshintergrund (mindestens ein Elternteil im Ausland geboren) und Bücher im Haushalt dargestellt. Um die Zusammensetzungen der Schülerschaft nach Schultyp zu differenzieren, wurden zunächst die mittleren Anteile von Schülerinnen und Schülern mit spezifischen Herkunftsmerkmalen auf Schulebene ermittelt und die Prozentangaben der folgenden drei Kategorien unterschieden: Schulen mit einem geringen Anteil (0 bis 10 %), mittleren Anteil (11 bis 50 %) und hohen Anteil (über 50 %) an Schülerinnen und Schülern mit den betrachteten Herkunftsmerkmalen.

Tabelle 7.1: Anteile von Grundschulen in Deutschland nach Schultyp und Zusammensetzungsmustern der Schülerschaft in Bezug auf Armutsgefährdung, Migrationshintergrund und Bücheranzahl im Haushalt

	Ganztag: Rhythmisiertes Modell						**Ganztag: Additives Modell**					
	Schüleranteil						Schüleranteil					
	(auffällig) gering		durchschnittlich		(auffällig) hoch		(auffällig) gering		durchschnittlich		(auffällig) hoch	
	%	(SE)	%	(SE)	%	(SE)	%	(SE)	%	(SE)	%	(SE)
Armutsgefährdung	4.8	(4.4)	89.7	(9.0)	5.5	(6.6)	3.3	(2.3)	86.0	(5.1)	10.8	(4.2)
Migrationshintergrund	4.3	(10.1)	70.0	(14.6)	25.7	(12.0)	15.2	(6.3)	62.0	(9.4)	22.7	(5.9)
Max. 100 Bücher im Haushalt	0.0	(0.0)	18.5	(17.8)	81.5	(17.8)	0.4	(1.9)	13.6	(7.3)	86.0	(7.2)

	Halbtag mit fachlichem Betreuungsangebot						**Halbtag mit sonstigem oder ohne Betreuungsangebot**					
	Schüleranteil						Schüleranteil					
	(auffällig) gering		durchschnittlich		(auffällig) hoch		(auffällig) gering		durchschnittlich		(auffällig) hoch	
	%	(SE)	%	(SE)	%	(SE)	%	(SE)	%	(SE)	%	(SE)
Armutsgefährdung	8.0	(6.2)	79.5	(10.2)	12.5	(9.1)	2.5	(5.4)	88.4	(6.9)	9.2	(5.7)
Migrationshintergrund	7.3	(5.2)	79.5	(8.5)	13.2	(7.3)	21.0	(10.2)	65.0	(12.5)	14.0	(6.7)
Max. 100 Bücher im Haushalt	1.3	(1.3)	21.6	(10.7)	77.1	(10.7)	0.0	(0.0)	26.7	(10.9)	73.3	(10.9)

Schüleranteil (auffällig) gering = maximal 10 Prozent.
Schüleranteil durchschnittlich = 11 bis unter 50 Prozent.
Schüleranteil (auffällig) hoch = 50 Prozent und mehr.

IEA: Trends in International Mathematics and Science Study © TIMSS 2015

Wie aus Tabelle 7.1 ersichtlich wird, zeigen sich keine signifikanten Unterschiede zwischen den Grundschultypen in Bezug auf die verschiedenen Indikatoren der Schülerzusammensetzung. Dies gilt insbesondere für den Anteil an armutsgefährdeten Schülerinnen und Schülern, der an rund acht von zehn Schulen jedes Schultyps bei 11 bis 50 Prozent liegt.

In Bezug auf den Anteil an Kindern mit Migrationshintergrund zeigt sich, dass unter den rhythmisierten Ganztagsgrundschulen mit einem Anteil von 4.3 Prozent nur sehr wenige Schulen mit auffällig geringem Anteil an Schülerinnen und Schülern mit Migrationshintergrund vorzufinden sind. Dieser Anteil fällt auch an Halbtagsschulen mit einem fachlichen Betreuungsangebot mit 7.3 Prozent geringer aus als an Ganztagsgrundschulen mit additivem Modell

(15.2%) und Halbtagsschulen mit sonstigem oder ohne Betreuungsangebot (21.0%). Die Anteile der Schulen mit einem auffällig hohen Schüleranteil mit Migrationshintergrund (über 50% der Schülerinnen und Schüler) sind über die verschiedenen Schultypen etwas anders verteilt: Mit 25.7 beziehungsweise 22.7 Prozent zeigen sich für jede vierte bis fünfte Ganztagsgrundschule in Deutschland entsprechend auffällige Schülerzusammensetzungen, während dies mit 13.2 beziehungsweise 14.0 Prozent nur für etwa jede sechste Halbtagsgrundschule gilt.

Hinsichtlich des familiären Buchbesitzes zeigt sich für alle Schultypen, dass sich in mindestens 70 Prozent der Klassen ein auffällig hoher Prozentsatz (über 50%) an Schülerinnen und Schülern befindet, der über maximal 100 Bücher im Haushalt verfügt. Auch für diesen Indikator lassen sich nur sehr marginale Unterschiede zwischen den vier Schultypen feststellen: Mit 81.5 beziehungsweise 86.0 Prozent zeigt sich für jede achte bis neunte Ganztagsgrundschule in Deutschland ein entsprechendes Muster der Schülerzusammensetzung, während dies mit 77.1 beziehungsweise 73.3 Prozent nur für etwa jede siebte bis achte Halbtagsgrundschule gilt. Insgesamt zeigen die Ergebnisse keine deutlichen Unterschiede in der Schülerzusammensetzung zwischen den Schulen. Dies kann als ein Hinweis dafür gesehen werden, dass Ganztagsschulen mittlerweile in der Mitte der Gesellschaft angekommen sind und an unterschiedlichen Standorten ein attraktives Bildungsangebot für unterschiedliche Familien darstellen.

4.2 Teilnahme unterschiedlicher Schülergruppen an Bildungsangeboten

Aus der Perspektive der Bildungsgerechtigkeit stellt sich die Frage nach der selektiven Teilnahme an außerunterrichtlichen Bildungsangeboten an Ganz- und Halbtagsgrundschulen. Inwieweit nehmen also Kinder mit besonderen Unterstützungsbedarfen an den spezifischen Angebotsformen der vier Schultypen teil? Betrachtet wird hierzu die Teilnahmeintensität an nachmittäglichen Angeboten von Schülerinnen und Schülern aus armutsgefährdeten Familien und Schülerinnen und Schülern mit Migrationshintergrund an den vier Schultypen. Zwei Interpretationen der Befunde erscheinen relevant: Innerhalb von einzelnen Schultypen weisen Unterschiede in den Teilnahmequoten der betrachteten Schülergruppen auf *potenzielle innerschulische Selektionseffekte* hin. Zwischen den Schultypen können Hinweise dahingehend abgeleitet werden, inwieweit es den jeweiligen Schulen unterschiedlich gut gelingt, dass Schülerinnen und Schüler aus weniger privilegierten Elternhäusern an außerunterrichtlichen Bildungsangeboten der Schulen teilnehmen; die Rede ist dann von einer *schulformspezifischen sozialbedingten Selektion* (Willems et al., 2014).

Abbildung 7.8 zeigt zunächst, wie die Teilnahmeintensität von armutsgefährdeten Schülerinnen und Schülern an außerunterrichtlichen Angeboten in den einzelnen Schultypen ausfällt. Dabei wird innerhalb der einzelnen Schultypen deutlich, dass an keinem Schultyp Schülerinnen und Schüler aus armutsgefährdeten Familien signifikant häufiger an außerunterrichtlichen Angeboten ihrer Schule teilnehmen als Mitschülerinnen und Mitschüler aus ökonomisch eher privilegierten Elternhäusern. Eine innerschulische Selektion lässt sich somit, anders noch als in TIMSS 2011 (Willems et al., 2014) festgestellt, nicht mehr nachweisen. Schulformspezifische sozialbedingte Selektionseffekte bestehen in der Tendenz zwischen allen Schultypen. Während 44.7 beziehungsweise

Abbildung 7.8: Teilnahmeintensität an nachmittäglichen Angeboten nach Armutsgefährdung der Schülerfamilien und Grundschultyp (Anteile der Schülerinnen und Schüler nach Schülerangaben in Prozent)

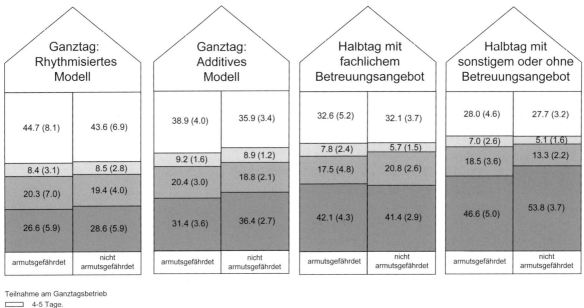

Teilnahme am Ganztagsbetrieb
- 4-5 Tage.
- 3 Tage.
- 1-2 Tage.
- nie.

IEA: Trends in International Mathematics and Science Study   © TIMSS 2015

38.9 Prozent der Schülerinnen und Schüler aus armutsgefährdeten Familien an Ganztagsgrundschulen an vier bis fünf Tagen an nachmittäglichen Angeboten teilnehmen, sind es an Halbtagsgrundschulen 32.6 beziehungsweise 28.0 Prozent. Die Nicht-Teilnahmequote von Kindern aus armutsgefährdeten Familien an Ganztagsschulen liegt bei 26.6 beziehungsweise 31.4 Prozent, wohingegen sich für die Halbtagsgrundschulen mit 42.1 beziehungsweise 46.6 Prozent diesbezüglich etwas höhere Quoten beobachten lassen. Der Befund aus IGLU/TIMSS 2011, der aufgezeigt hat, dass es nur an rhythmisierten Ganztagsschulen deutlich besser gelang, Schülerinnen und Schüler aus armutsgefährdeten Familien in die außerunterrichtlichen Ganztagsangebote einzubinden, lässt sich für TIMSS 2015 nicht mehr feststellen.

Auch in der Teilnahmeintensität von armutsgefährdeten Schülerinnen und Schülern an den außerunterrichtlichen Angeboten (siehe Abbildung 7.9) zeigen sich keine signifikanten Unterschiede zwischen den Schultypen.

Abbildung 7.10 zeigt des Weiteren, wie die Teilnahmeintensität von Schülerinnen und Schülern mit Migrationshintergrund im Vergleich zu ihren Mitschülerinnen und Mitschülern ohne Migrationshintergrund an außerunterrichtlichen Angeboten in den einzelnen Schultypen ausfällt. Die Befunde machen deutlich, dass Kinder mit Migrationshintergrund an allen Schultypen in der Tendenz etwas häufiger und intensiver an außerunterrichtlichen Angeboten teilnehmen als ihre Mitschülerinnen und Mitschüler aus Familien ohne Migrationshintergrund.

Im Vergleich der Schultypen werden in der Tendenz unterschiedliche Teilnahmemuster sichtbar: Während für die Halbtagsschulen und die Ganztagsschulen mit additiven Modellen der Zeitgestaltung die Teilnahmequoten von Kindern aus Familien mit Migrationshintergrund zwischen 54.2 und 65.2 Prozent liegen, gelingt es den rhythmisierten Ganztagsgrundschulen – mit einer Teil-

Abbildung 7.9: Angebotsnutzung (mindestens an einem Tag in der Woche) von Schülerinnen und Schülern aus armutsgefährdeten Familien nach Grundschultyp (Anteile der Schülerinnen und Schüler nach Schülerangaben in Prozent)

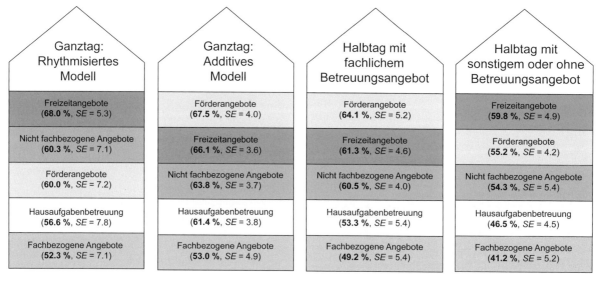

Ganztag: Rhythmisiertes Modell	Ganztag: Additives Modell	Halbtag mit fachlichem Betreuungsangebot	Halbtag mit sonstigem oder ohne Betreuungsangebot
Freizeitangebote (**68.0 %**, *SE* = 5.3)	Förderangebote (**67.5 %**, *SE* = 4.0)	Förderangebote (**64.1 %**, *SE* = 5.2)	Freizeitangebote (**59.8 %**, *SE* = 4.9)
Nicht fachbezogene Angebote (**60.3 %**, *SE* = 7.1)	Freizeitangebote (**66.1 %**, *SE* = 3.6)	Freizeitangebote (**61.3 %**, *SE* = 4.6)	Förderangebote (**55.2 %**, *SE* = 4.2)
Förderangebote (**60.0 %**, *SE* = 7.2)	Nicht fachbezogene Angebote (**63.8 %**, *SE* = 3.7)	Nicht fachbezogene Angebote (**60.5 %**, *SE* = 4.0)	Nicht fachbezogene Angebote (**54.3 %**, *SE* = 5.4)
Hausaufgabenbetreuung (**56.6 %**, *SE* = 7.8)	Hausaufgabenbetreuung (**61.4 %**, *SE* = 3.8)	Hausaufgabenbetreuung (**53.3 %**, *SE* = 5.4)	Hausaufgabenbetreuung (**46.5 %**, *SE* = 4.5)
Fachbezogene Angebote (**52.3 %**, *SE* = 7.1)	Fachbezogene Angebote (**53.0 %**, *SE* = 4.9)	Fachbezogene Angebote (**49.2 %**, *SE* = 5.4)	Fachbezogene Angebote (**41.2 %**, *SE* = 5.2)

IEA: Trends in International Mathematics and Science Study   © TIMSS 2015

Abbildung 7.10: Teilnahmeintensität an nachmittäglichen Angeboten nach Migrationshintergrund und Grundschultyp (Anteile der Schülerinnen und Schüler nach Schülerangaben in Prozent)

Ganztag: Rhythmisiertes Modell		Ganztag: Additives Modell		Halbtag mit fachlichem Betreuungsangebot		Halbtag mit sonstigem oder ohne Betreuungsangebot	
46.0 (5.3)	44.2 (8.3)	39.0 (3.2)	34.8 (2.2)	34.0 (4.0)	29.3 (3.5)	29.3 (5.7)	26.9 (2.9)
			8.0 (1.5)		5.7 (1.3)		5.1 (1.5)
5.8 (2.6)	8.3 (3.9)	7.7 (1.5)		5.0 (1.9)	19.4 (2.5)	6.8 (2.5)	12.7 (2.3)
20.8 (4.2)	17.2 (4.5)	18.4 (3.6)	18.0 (2.1)	20.5 (3.6)		18.1 (4.1)	
27.5 (5.5)	30.2 (6.6)	34.8 (4.2)	39.1 (2.7)	40.6 (3.9)	45.6 (3.6)	45.8 (5.3)	55.2 (4.2)
Migrationshintergrund: mind. ein Elternteil	Migrationshintergrund: kein Elternteil	Migrationshintergrund: mind. ein Elternteil	Migrationshintergrund: kein Elternteil	Migrationshintergrund: mind. ein Elternteil	Migrationshintergrund: kein Elternteil	Migrationshintergrund: mind. ein Elternteil	Migrationshintergrund: kein Elternteil

Teilnahme am Ganztagsbetrieb
- 4-5 Tage.
- 3 Tage.
- 1-2 Tage.
- nie.

IEA: Trends in International Mathematics and Science Study   © TIMSS 2015

nahmequote von 72.5 Prozent – etwas besser, Kinder aus Familien mit Zuwanderungsgeschichte mindestens einmal pro Woche in Angebote einzubeziehen.

Abbildung 7.11 stellt ergänzend dar, welche Angebotsformen von Schülerinnen und Schülern mit Migrationshintergrund genutzt werden. Im Vergleich der Schultypen werden hier, ebenfalls anders als noch in 2011 (Willems et al., 2014), keine unterschiedlichen Teilnahmemuster deutlich.

Abbildung 7.11: Angebotsnutzung (mindestens an einem Tag in der Woche) von Schülerinnen und Schülern aus Familien mit Migrationshintergrund nach Grundschultyp (Anteile der Schülerinnen und Schüler nach Schülerangaben in Prozent)

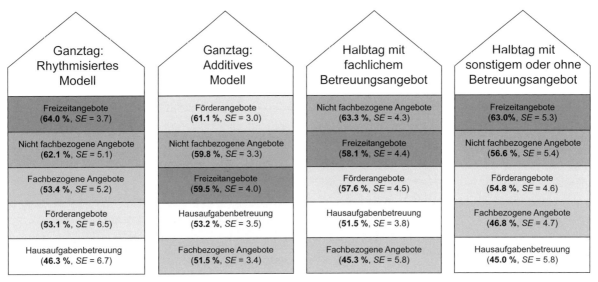

IEA: Trends in International Mathematics and Science Study   © TIMSS 2015

5   Diskussion und Ausblick

Der Auf- und Ausbau von Ganztagsschulen in Deutschland gilt als eine der größten bildungspolitischen und strukturellen Reformen der vergangenen Jahre. Seit 2002 ist ein enormer Ausbau an Ganztagsgrundschulen zu verzeichnen. Im Mai 2015 besuchten deutlich mehr als die Hälfte der Schülerinnen und Schüler in Deutschland eine Ganztagsgrundschule. Im Vergleich zu IGLU/ TIMSS 2011 entspricht dies einer Zunahme von 20 Prozentpunkten. Dabei bleibt die offene Ganztagsschule diejenige, die am häufigsten vorkommt. Betrachtet man den Ausbaustand von Ganztagsschulen nicht nur hinsichtlich struktureller Merkmale, sondern differenziert, inwieweit Ganztagsgrundschulen ein Konzept der Rhythmisierung – bei dem Unterrichtsstunden und außerunterrichtliche Angebote sich über den Tag abwechseln – umsetzen, so zeigt sich, dass dieser anzunehmenderweise ‚ideale‘ Ganztagsschultyp noch wenig verbreitet ist: Nur etwa jedes zehnte Grundschulkind in Deutschland besucht eine solche rhythmisierte Ganztagsschule. An den meisten Ganztagsgrundschulen hingegen, die von etwa 40 Prozent aller Schülerinnen und Schüler besucht werden, finden Unterricht am Vormittag und weitere Angebote am Nachmittag statt. An den meisten Schulen ist dies ein offenes Angebot, das heißt, nur etwas mehr als die Hälfte der Schülerinnen und Schüler nimmt am Ganztagsangebot (also mindestens dreimal die Woche) teil. Die vorliegenden Analysen zeigen, dass sich Ganztagsgrundschulen mit dieser Konzeption in Bezug auf ihr Bildungs- und Betreuungsangebot nicht mehr so deutlich von einem großen Teil der sogenannten Halbtagsgrundschulen unterscheiden: Auch an Halbtagsgrundschulen nimmt mittlerweile etwa die Hälfte der Grundschulkinder mindestens einmal die Woche regelmäßig an Angeboten teil und sogar etwa jedes dritte Kind an *drei bis fünf Tagen* in der Woche.

Darüber hinaus wird der Ausbau von Ganztagsschulen mit der Erwartung verknüpft, Bildungserfolge von sozial benachteiligten Schülerinnen und

Schülern zu unterstützen und damit deren Bildungschancen zu verbessern. Während sich auf der Basis von IGLU/TIMSS 2011 diesbezüglich noch deutliche Stärken der rhythmisierten Ganztagsschulen zeigten, um sozial bedingte Selektionseffekte auszugleichen, lassen sich diese in 2015 für keinen Schultyp mehr nachweisen. Kinder aus armutsgefährdeten Familien und Kinder mit Migrationshintergrund nehmen an allen Schultypen gleich intensiv an weiteren Lerngelegenheiten teil wie ihre Mitschülerinnen und Mitschüler. Allerdings betrifft dies an Ganztagsgrundschulen etwa zwei Drittel aller Kinder, während es an Halbtagsgrundschulen nur 40 bis 50 Prozent aller Schülerinnen und Schüler sind. In Sachen Bildungsgerechtigkeit lässt sich mit Blick auf die Bildungsteilhabe von Kindern aus sozial schwachen Verhältnissen oder mit Migrationshintergrund also feststellen, dass Ganztagsgrundschulen durchaus Bildungsteilhabe befördern, jedoch entsprechenden Kindern nicht vermehrt Angebote unterbreiten.

Zusammenfassend lässt sich konstatieren, dass die gestiegene Nachfrage nach erweiterten Betreuungs- und Bildungsangeboten in den letzten zehn Jahren das Grundschulwesen insgesamt verändert hat. Eine klassische Dichotomie von Halbtags- zu Ganztagsgrundschulen wird immer weniger deutlich. Dies ist sicherlich auch der vielfältigen Umsetzung von Konzepten der ‚Ganztagsschule‘ in den einzelnen Ländern der Bundesrepublik Deutschland geschuldet. Um diese Entwicklung zu verfolgen, ist auch weiterhin Bedarf an einem systematischen und differenzierten Monitoring gegeben.

Literatur

Arnoldt, B. (2011). Kooperationspartner von Ganztagsschulen: Berücksichtigung der Vielfalt. In P. Böcker & R. Laging (Hrsg.), *Bewegung, Spiel und Sport in der Ganztagsschule. Schulentwicklung, Sozialraumorientierung und Kooperationen. Jahrbuch Bewegungs- und Sportpädagogik in Theorie und Forschung, Band 9* (S. 95–103). Baltmannsweiler: Schneider Verlag Hohengehren.

Autorengruppe Bildungsberichterstattung. (2016). *Bildung in Deutschland 2016. Ein indikatorengestützter Bericht mit einer Analyse zu Bildung und Migration.* Zugriff am 15.10.2016 unter http://www.bildungsbericht.de/de/bildungsberichte-seit-2006/bildungsbericht-2016/pdf-bildungsbericht-2016/bildungsbericht-2016

Bettmer, F. (2007). Soziale Ungleichheit und Exklusion – Theoretische und empirische Bezüge im Kontext von Schule und Jugendhilfe. In F. Bettmer, S. Maykus, F. Prüß & A. Richter (Hrsg.), *Ganztagsschule als Forschungsfeld. Theoretische Klärungen, Forschungsdesigns und Konsequenzen für die Praxisentwicklung* (S. 187–211). Wiesbaden: VS Verlag für Sozialwissenschaften.

BMBF – Bundesministerium für Bildung und Forschung. (2003). *Investitionsprogramm „Zukunft Bildung und Betreuung" 2003–2007.* Zugriff am 13.05.2016. unter http://www.ganztagsschulen.org/_media/20030512_verwaltungsvereinbarung_zukunft_bildung_und_betreuung.pdf

BMBF – Bundesministerium für Bildung und Forschung (Hrsg.). (2009). *Gut angelegt. Das Investitionsprogramm Zukunft Bildung und Betreuung.* Berlin: BMBF.

Buddeberg, M., Wendt, H., Hornberg, S. & Bos, W. (2014). Lehrerkooperationen an Grundschulen mit unterschiedlicher Zeitstruktur. In M. Pfeifer (Hrsg.), *Schulqualität und Schulentwicklung. Theorien, Analysen und Potenziale* (S. 112–138). Münster: Waxmann.

Hoeft, M., Lokhande, M. & Wendt, H. (2014). *Eltern als Bildungspartner: Wie Beteiligung an Grundschulen gelingen kann.* Berlin: Forschungsbereich beim Sachverständigenrat deutscher Stiftungen für Integration und Migration.

Holtappels, H. G. (1994). *Ganztagsschule und Schulöffnung – Perspektiven für die Schulentwicklung.* Weinheim: Juventa.

Holtappels, H. G. (2009). Qualitätsmodelle – Theorien und Konzeptionen. In I. Kamski, H. G. Holtappels & T. Schnetzer (Hrsg.), *Qualität von Ganztagsschule – Konzepte und Orientierungen für die Praxis* (S. 11–25). Münster: Waxmann.

Holtappels, H. G., Radisch, F., Rollett, W. & Kowoll, M. (2010). Bildungsangebot und Schülerkompetenzen in Ganztagsgrundschulen. In W. Bos, S. Hornberg, K. H. Arnold, G. Faust, L. Fried, E.-M. Lankes, K. Schwippert, I. Tarelli & R. Valtin (Hrsg.), *IGLU 2006 – Die Grundschule auf dem Prüfstand. Vertiefende Analysen zu Rahmenbedingungen schulischen Lernens* (S. 165–198). Münster: Waxmann.

KMK – Ständige Konferenz der Kultusminister der Länder in der Bundesrepublik Deutschland. (2002). *PISA 2000 – Zentrale Handlungsfelder. Zusammenfassende Darstellung der laufenden und geplanten Maßnahmen in den Ländern (Stand: 07.10.2002). Beschluss der 299. Kultusministerkonferenz vom 17./18.10.2002.* Zugriff am 31.05.2016 unter https://www.kmk.org/fileadmin/Dateien/veroeffentlichungen_beschluesse/2002/2002_10_07-Pisa-2000-Zentrale-Handlungsfelder.pdf

KMK – Ständige Konferenz der Kultusminister der Länder in der Bundesrepublik Deutschland. (2006). *Bericht über die allgemein bildenden Schulen in Ganztagsform in den Ländern der Bundesrepublik Deutschland – 2002 bis 2004.* Zugriff am 15.10.2016 unter http://www.kmk.org/fileadmin/Dateien/pdf/Statistik/GTS_2004.pdf

KMK – Ständige Konferenz der Kultusminister der Länder in der Bundesrepublik Deutschland. (2007). *Allgemeinbildende Schulen in Ganztagsform in den Ländern in der Bundesrepublik Deutschland – Statistik 2002 bis 2005.* Zugriff am 31.05.2016 unter http://www.kmk.org/fileadmin/Dateien/pdf/Statistik/GTS_2005.pdf

KMK – Ständige Konferenz der Kultusminister der Länder in der Bundesrepublik Deutschland. (2011). *Allgemein bildende Schulen in Ganztagsform in den Ländern in der Bundesrepublik Deutschland – Statistik 2005 bis 2009.* Zugriff am 01.06.2016 unter https://www.kmk.org/fileadmin/Dateien/pdf/Statistik/GTS_2009.pdf

KMK – Ständige Konferenz der Kultusminister der Länder in der Bundesrepublik Deutschland. (2015a). *Ganztagsschulen in Deutschland. Bericht der Kultusministerkonferenz vom 03.12.2015.* Zugriff am 01.06.2016 unter http://www.kmk.org/fileadmin/Dateien/pdf/PresseUndAktuelles/2015/352-KMK-TOP-009-Ganztagsschulbericht.pdf

KMK – Ständige Konferenz der Kultusminister der Länder in der Bundesrepublik Deutschland. (2015b). *Definitionskatalog zur Schulstatistik 2015 (2).* Zugriff am 31.05.2016 unter https://www.kmk.org/fileadmin/Dateien/pdf/Statistik/Defkat2015_2.pdf

KMK – Ständige Konferenz der Kultusminister der Länder in der Bundesrepublik Deutschland. (2016). *Allgemeinbildende Schulen in Ganztagsform in den Ländern in der Bundesrepublik Deutschland – Statistik 2010 bis 2014.* Zugriff am 31.05.2016 unter https://www.kmk.org/fileadmin/Dateien/pdf/Statistik/GTS_2014_Bericht_Text.pdf

Lossen, K., Tillmann, K., Holtappels, H. G., Rollett, W. & Hannemann, J. (in Druck). Entwicklung der naturwissenschaftlichen Kompetenzen und des sachunterrichtsbezogenen Selbstkonzepts bei Schülerinnen und Schülern in Ganztagsgrundschulen. *Zeitschrift für Pädagogik.*

Oelkers, J. (2008). Chancengleichheit im deutschen Bildungswesen. In T. Coelen & H.-U. Otto (Hrsg.), *Grundbegriffe Ganztagsbildung. Ein Handbuch* (S. 851–859). Wiesbaden: VS Verlag für Sozialwissenschaften.

Radisch, F., Klieme, E. & Bos, W. (2006). Gestaltungsmerkmale und Effekte ganztägiger Angebote im Grundschulbereich. *Zeitschrift für Erziehungswissenschaft, 9* (1), 30–50.

StEG-Konsortium. (2016). *Ganztagsschule: Bildungsqualität und Wirkungen außerunterrichtlicher Angebote. Ergebnisse der Studie zur Entwicklung von Ganztagsschulen 2012–2015.* Frankfurt a.M.: Projekt StEG.

Steiner, C. (2009). Mehr Chancengleichheit durch die Ganztagsschule? In L. Stecher, C. Allemann-Ghionda, W. Helsper & E. Klieme (Hrsg.), *Ganztägige Bildung und Betreuung* (S. 81–105). Weinheim: Beltz.

Strietholt, R., Manitius, V., Berkemeyer, N. & Bos, W. (2015). Bildung und Bildungsungleichheit an Halb- und Ganztagsschulen. *Zeitschrift für Erziehungswissenschaft, 18* (4), 737–716.

Tillmann, K. J. (2005). Ganztagsschule, die richtige Antwort auf PISA? In K. Höhmann, H. G. Holtappels, I. Kamski & T. Schnetzer (Hrsg.), *Entwicklung und Organisation von Ganztagsschulen* (S. 44–58). Dortmund: IFS-Verlag.

Valtin, R. (2012). Auf dem Weg zu einer besseren Schule – bildungspolitische Folgerungen aus der 2. JAKO-O-Bildungsstudie. In D. Killus & K. J. Tillmann (Hrsg.), *Eltern ziehen Bilanz. Ein Trendbericht zu Schule und Bildungspolitik in Deutschland. Die 2. JAKO-O-Bildungsstudie* (S. 169–184). Münster: Waxmann.

vbw – Vereinigung der Bayerischen Wirtschaft e.V. (Hrsg.). (2013). *Zwischenbilanz Ganztagsgrundschulen: Betreuung oder Rhythmisierung? Gutachten des Aktionsrats Bildung.* Münster: Waxmann.

Willems, A. S. & Glesemann, B. (2015). Individuelle Förderung und der Umgang mit Heterogenität im Fachunterricht an Ganztagsgymnasien: Unterscheidet sich die Wahrnehmung leistungsstarker und -schwacher Schülerinnen und Schüler? In H. Wendt & W. Bos (Hrsg.). *Auf dem Weg zum Ganztagsgymnasium. Erste Ergebnisse der wissenschaftlichen Begleitforschung zum Projekt „Ganz In – Mit Ganztag mehr Zukunft. Das neue Ganztagsgymnasium NRW"* (S. 414–443). Münster: Waxmann.

Willems, A. S. & Holtappels, H. G. (2014). Pädagogische Prozessqualität an Ganztagsschulen. Ausgewählte Befunde des bundesweiten StEG-Bildungsmonitoring 2012 zu Zielen und Konzepten von Ganztagsgrund- und Sekundarstufenschulen. In K. Drossel, R. Strietholt & W. Bos (Hrsg.), *Empirische Bildungsforschung und evidenzbasierte Reformen im Bildungswesen* (S. 327–348). Münster: Waxmann.

Willems, A. S., Wendt, H., Gröhlich, C., Walzebug, A. & Bos, W. (2014). Mehr Chancengerechtigkeit durch die Ganztagsgrundschule? Ein Vergleich selektionsbedingter Ungleichheiten in der Bildungsteilhabe bei Schülerinnen und Schülern an Ganz- und Halbtagsgrundschulen auf Basis der IGLU und TIMSS 2011 Daten. In H. G. Holtappels, A. S. Willems, M. Pfeifer, W. Bos & N. McElvany (Hrsg.), *Jahrbuch der Schulentwicklung. Band 18* (S. 62–100). Weinheim: Beltz-Juventa.

Willems, A. S., Wendt, H. & Radisch, F. (2015). Domänenspezifische Kompetenzen und Chancengerechtigkeit im Vergleich von Ganz- und Halbtagsgrundschultypen: Zur Rolle individueller Herkunftsmerkmale und der Komposition der Schülerschaft. In H. Wendt, T. C. Stubbe, K. Schwippert & W. Bos (Hrsg.), *10 Jahre international vergleichende Schulleistungsforschung in der Grundschule. Vertiefende Analysen zu IGLU und TIMSS 2001 bis 2011* (S. 218–238). Münster: Waxmann.

Züchner, I. & Fischer, N. (2014). Kompensatorische Wirkungen von Ganztagsschulen – Ist die Ganztagsschule ein Instrument zur Entkopplung des Zusammenhangs von sozialer Herkunft und Bildungserfolg? In K. Maaz, M. Neumann & J. Baumert (Hrsg.), *Herkunft und Bildungserfolg von der frühen Kindheit bis ins Erwachsenenalter. Forschungsstand und Interventionsmöglichkeiten aus interdisziplinärer Perspektive* (Zeitschrift für Erziehungswissenschaft, Sonderheft 24, S. 349–367). Wiesbaden: Springer VS.

Kapitel VIII
Außerschulischer Nachhilfeunterricht am Ende der Grundschulzeit

Karin Guill und Heike Wendt

1 Verbreitung von außerschulischem Nachhilfeunterricht

Mathematische und naturwissenschaftliche Kompetenzen werden nicht nur in der Schule entwickelt, sondern auch im Rahmen nicht formaler und informeller Lerngelegenheiten außerhalb des regulären Unterrichts (BMFSFJ, 2005). Privater Nachhilfeunterricht erfährt dabei seit längerer Zeit eine erhebliche Aufmerksamkeit. Gemeint ist Unterricht, der in der Regel durch folgende Merkmale gekennzeichnet ist:

Nachhilfeunterricht
* findet sowohl außerfamiliär als auch außerhalb des Schulunterrichts statt,
* wird regelmäßig und häufig vorübergehend genutzt,
* wird durch Lehrkräfte, Studierende, (ältere) Schülerinnen und Schüler oder andere Personen erteilt,
* ist kostenpflichtig und
* zielt auf die Erfolgssicherung im Unterricht ab (Krüger, 1977).

Da Nachhilfeunterricht in der Regel mit zusätzlichen Kosten verbunden ist, wird er als potentieller Verstärker sozialer Disparitäten beim Bildungserfolg diskutiert (zuletzt Hille, Spieß & Staneva, 2016). Zugleich lässt sich eine hohe Verbreitung von Nachhilfeunterricht auch als Indikator der Unzufriedenheit der Schülerfamilien mit dem schulischen Förderangebot interpretieren (Haag, 2015; Klemm & Hollenbach-Biele, 2016).

Mit TIMSS 2015 ist es erstmals möglich, anhand von Fragen im internationalen Teil des Elternfragebogens die Teilnahme an Nachhilfeunterricht in Mathematik und den Naturwissenschaften am Ende der Grundschulzeit in Deutschland mit den Quoten in den anderen teilnehmenden Ländern zu vergleichen. Zusätzliche Fragen in der nationalen Ergänzung der Schüler- und

Elternfragebögen in IGLU 2006, TIMSS 2011 und TIMSS 2015 ermöglichen zudem, in Deutschland Trends in der Nutzung von Nachhilfeunterricht in ausgewählten Fächern zu identifizieren. Die jeweiligen Formulierungen der Fragen im nationalen sowie im internationalen Teil des Elternfragebogens und im Schülerfragebogen weichen jedoch voneinander ab, sodass die Angaben zu den einzelnen Fragen nicht direkt miteinander verglichen werden können.[1] Im Folgenden wird zunächst die Nachhilfenutzung im internationalen Vergleich dargestellt und anschließend für Deutschland im Trend seit dem Jahr 2006.

Im internationalen Teil des Elternfragebogens in TIMSS 2015 wurde zwischen außerschulischem Nachhilfeunterricht zum Ausgleich von Leistungsdefiziten und Nachhilfeunterricht zum Erreichen von schulischen Spitzenleistungen unterschieden. Dabei kann es sich in den verschiedenen Ländern um höchst unterschiedliche Formen von Nachhilfeunterricht handeln, vom in Deutschland eher üblichen Einzel- oder Kleingruppenunterricht bis hin zu Nachhilfeunterricht in der auch Klassenstärke überschreitenden Großgruppe (Bray, 2009). In Deutschland erhielten in den zwölf Monaten vor der TIMSS-Datenerhebung insgesamt 9.6 Prozent der Schülerinnen und Schüler an Regelschulen Nachhilfe in Mathematik: 3.4 Prozent, um Spitzenleistungen zu erzielen, und 6.1 Prozent zum Ausgleich von Leistungsdefiziten. Von diesen besuchen 56.3 Prozent seit weniger als acht Monaten Nachhilfeunterricht, 36.6 Prozent schon länger als acht Monate; das heißt, der Nachhilfeunterricht hat bereits in einem früheren Schuljahr begonnen. Damit entspricht die Verbreitung von Nachhilfeunterricht in Deutschland in etwa der mittleren Verbreitung in den EU-Staaten, liegt aber deutlich unter der mittleren Verbreitung in der Vergleichsgruppe der OECD-Staaten. Hier nutzten 7.1 Prozent der Schülerinnen und Schüler Nachhilfeunterricht in Mathematik, um Spitzenleistungen zu erreichen, und 9.1 Prozent zum Ausgleich von Leistungsproblemen. Besonders präsent ist Nachhilfeunterricht in der Republik Korea, in Singapur und Kasachstan, wo am Ende der Grundschulzeit mehr als die Hälfte der Kinder außerschulischen Nachhilfeunterricht nutzt. Wahrscheinlich unterscheidet sich auch die wöchentliche Stundenzahl, mit der Nachhilfeunterricht in Anspruch genommen wird, deutlich zwischen den Ländern (Bray, 2009), was aber in TIMSS 2015 nicht explizit abgefragt wurde.

Im Fach Sachunterricht erhielten am Ende der Grundschulzeit weniger als 1 Prozent der Schülerinnen und Schüler an Regelschulen in Deutschland Nachhilfe, um Spitzenleistungen zu erzielen, und knapp 1 Prozent zum Ausgleich von Leistungsdefiziten, insgesamt nur 1.6 Prozent der Schülerinnen und Schüler (vgl. Abb. 8.2). Außerschulische Nachhilfe in Sachunterricht ist nur in wenigen Ländern wie Singapur, Kasachstan und in der Republik Korea sehr verbreitet, während im Mittel der OECD-Staaten nur etwa 6 Prozent der Schülerinnen und Schüler in diesem Fach Nachhilfe erhalten. Da Nachhilfeunterricht in Sachunterricht in Deutschland nahezu keine Rolle spielt, liegt der Fokus im Folgenden auf Nachhilfeunterricht im Fach Mathematik.

---

1 International wurde die Nutzung von außerschulischem Nachhilfeunterricht am Ende der Grundschulzeit in TIMSS 2007 und TIMSS 2011 nicht erfragt. In IGLU 2006, TIMSS 2011 und TIMSS 2015 wurde jedoch in der nationalen Ergänzung des Elternfragebogens nach der außerschulischen Förderung in Mathematik, im Lesen und in Rechtschreibung in den letzten Jahren gefragt. Im Schülerfragebogen wurde in TIMSS 2011 und TIMSS 2015 nach der derzeitigen Nutzung von Nachhilfeunterricht (nicht dezidiert außerschulisch) in Deutsch und in Mathematik gefragt. Diese Fragen im Schüler- und im Elternfragebogen wurden in TIMSS 2015 zusätzlich zu den internationalen Items beibehalten, um einen Trendvergleich zu ermöglichen.

Abbildung 8.1: Außerschulischer Nachhilfeunterricht in Mathematik im internationalen Vergleich (Anteil der Schülerinnen und Schüler nach Elternangaben in Prozent)

Teilnehmer	um nicht in der Schule zurück- zufallen		um ausge- zeichnete Leistungen zu erzielen		Dauer, wenn Nachhilfe[A] weniger als 8 Monate		mehr als 8 Monate		Anteil an Nachhilfenutzung (in %)
	%		%	(SE)	%	(SE)	%	(SE)	
Republik Korea (Südkorea)	38.0	(0.9)	28.4	(0.9)	27.6	(0.8)	68.5	(0.8)	
[2] Singapur	31.8	(1.1)	25.9	(0.6)	30.8	(0.9)	66.6	(0.9)	
Kasachstan	18.0	(0.9)	35.0	(1.6)	70.1	(1.7)	18.4	(1.6)	
Taiwan	24.2	(0.8)	13.9	(0.7)	22.0	(1.2)	73.0	(1.4)	
[3] Belgien (Fläm. Gem.)	10.4	(0.5)	25.4	(0.5)	63.2	(1.2)	20.6	(0.7)	
Japan	19.5	(0.9)	14.8	(0.9)	25.6	(1.5)	74.4	(1.5)	
[3] Nordirland	9.0	(0.5)	23.7	(1.1)	56.8	(1.5)	18.8	(0.9)	
[1] Norwegen (5. Jgst.)	9.0	(0.5)	23.7	(1.1)	56.8	(1.5)	18.8	(0.9)	
[2] Portugal	16.1	(0.7)	7.6	(0.5)	49.5	(1.7)	32.5	(1.6)	
Ungarn	5.7	(0.4)	16.3	(0.9)	61.1	(1.8)	25.8	(1.7)	
Internationaler Mittelwert	**10.6**	**(0.1)**	**11.3**	**(0.1)**	**57.3**	**(0.4)**	**27.0**	**(0.3)**	
Chile	13.8	(0.7)	8.0	(0.7)	61.4	(2.0)	18.6	(1.4)	
[2 3] USA	10.1	(0.1)	10.7	(0.1)	74.4	(5.9)	22.8	(5.6)	
[2] Frankreich	15.4	(0.9)	4.6	(0.4)	80.6	(1.7)	12.9	(1.6)	
[2] Serbien	3.6	(0.3)	15.0	(1.1)	77.4	(2.0)	12.8	(1.6)	
Türkei	3.9	(0.3)	14.7	(0.9)	70.8	(2.0)	10.3	(1.1)	
[2] Spanien	13.7	(0.9)	3.0	(0.4)	56.3	(2.0)	35.4	(1.7)	
VG OECD	**9.1**	**(0.1)**	**7.1**	**(0.1)**	**58.2**	**(0.6)**	**29.1**	**(0.5)**	
Russische Föderation	7.9	(0.4)	7.5	(0.6)	67.6	(2.3)	19.9	(2.3)	
Australien	8.8	(0.8)	6.2	(0.8)	53.5	(3.0)	41.3	(3.0)	
[1 3] Neuseeland	9.0	(0.5)	5.5	(0.5)	56.8	(1.5)	18.8	(0.9)	
[2 3] Kanada	6.2	(0.3)	7.1	(0.5)	56.7	(1.8)	33.9	(1.6)	
Slowenien	3.5	(0.4)	9.4	(0.8)	72.2	(3.0)	14.1	(2.2)	
Zypern	8.3	(0.4)	4.5	(0.4)	59.3	(2.1)	29.4	(1.9)	
VG EU	**6.9**	**(0.1)**	**5.2**	**(0.1)**	**60.9**	**(0.7)**	**23.7**	**(0.6)**	
[2] Schweden	6.0	(0.4)	6.0	(0.8)	55.0	(2.8)	19.5	(2.3)	
Finnland	6.6	(0.7)	5.1	(0.4)	73.9	(2.0)	17.8	(1.6)	
Polen	7.5	(0.5)	3.7	(0.4)	68.6	(2.3)	21.9	(2.2)	
Bulgarien	2.3	(0.3)	8.1	(0.9)	63.6	(3.6)	18.9	(2.6)	
[2] Litauen	6.4	(0.5)	3.8	(0.4)	59.9	(3.6)	15.8	(2.1)	
Deutschland	6.1	(0.5)	3.4	(0.3)	56.3	(3.5)	36.6	(3.3)	
[3] Hongkong	6.1	(0.5)	3.4	(0.3)	56.3	(3.5)	36.6	(3.3)	
Irland	5.0	(0.4)	2.9	(0.3)	59.1	(3.5)	31.4	(3.5)	
[2 3] Italien	4.5	(0.4)	2.2	(0.3)	60.5	(3.4)	23.0	(2.9)	
Slowakei	3.7	(0.4)	2.8	(0.4)	46.3	(3.3)	12.7	(2.6)	
[3] Niederlande	3.9	(0.6)	2.4	(0.6)	45.0	(5.6)	38.1	(6.3)	
Tschechische Republik	4.6	(0.5)	1.4	(0.2)	61.8	(4.0)	23.5	(3.4)	
[2 3] Dänemark	3.3	(0.3)	2.1	(0.3)	65.3	(3.5)	17.0	(3.1)	
[1] England	3.3	(0.3)	2.1	(0.3)	65.3	(3.5)	17.0	(3.1)	
Kroatien	1.4	(0.2)	2.0	(0.3)	63.9	(5.6)	8.6	(3.2)	
Benchmark-Teilnehmer									
[2 3] Québec, Kanada	11.7	(0.6)	21.1	(0.9)	62.8	(1.7)	17.5	(1.5)	
Norwegen (4. Jgst.)	9.0	(0.5)	23.7	(1.1)	56.8	(1.5)	18.8	(0.9)	
Ontario, Kanada	1.6	(0.4)	1.5	(0.4)	72.6	(6.3)	12.2	(4.0)	

0   20   40   60   80   100

☐ Nachhilfe, um nicht in der Schule zurückzufallen.
▨ Nachhilfe, um ausgezeichnete Leistungen zu erzielen.
▦ Keine Nachhilfe.

Kursiv gesetzt sind die Teilnehmer, für die von einer eingeschränkten Vergleichbarkeit der Ergebnisse ausgegangen werden muss.

1 = Die nationale Zielpopulation entspricht nicht oder nicht ausschließlich der vierten Jahrgangsstufe.

2 = Der Ausschöpfungsgrad und/oder die Ausschlüsse von der nationalen Zielpopulation erfüllen nicht die internationalen Vorgaben.

3 = Die Teilnahmequoten auf Schul- und/oder Schülerebene erreichen nicht die internationalen Vorgaben.

A = Differenzen zu 100 Prozent entsprechen fehlenden bzw. uneindeutigen Zeitangaben.

IEA: Trends in International Mathematics and Science Study   © TIMSS 2015

Abbildung 8.2: Außerschulischer Nachhilfeunterricht in Sachunterricht im internationalen Vergleich (Anteil der Schülerinnen und Schüler nach Elternangaben in Prozent)

Teilnehmer[A]	um nicht in der Schule zurück- zufallen		um ausge- zeichnete Leistungen zu erzielen		Dauer, wenn Nachhilfe[B] weniger als 8 Monate		mehr als 8 Monate		Anteil an Nachhilfenutzung (in %)
	%	(SE)	%	(SE)	%	(SE)	%	(SE)	
[2] Singapur	24.5	(0.8)	19.0	(0.6)	33.9	(1.0)	62.2	(1.0)	
Kasachstan	15.8	(0.8)	26.1	(1.5)	67.3	(1.8)	19.6	(2.1)	
Republik Korea (Südkorea)	21.6	(0.7)	12.0	(0.6)	31.9	(1.4)	59.0	(1.6)	
Taiwan	12.9	(0.7)	7.2	(0.5)	19.0	(1.6)	71.1	(1.8)	
Japan	7.0	(0.4)	6.9	(0.6)	26.6	(2.0)	73.4	(2.0)	
Türkei	3.3	(0.3)	10.3	(0.7)	67.1	(2.5)	11.3	(1.5)	
Internationaler Mittelwert	**5.7**	**(0.1)**	**6.0**	**(0.1)**	**49.5**	**(0.7)**	**24.9**	**(0.6)**	
[3] Hongkong	6.9	(0.5)	4.4	(0.4)	40.1	(3.3)	36.2	(3.3)	
[2] Portugal	7.6	(0.6)	3.5	(0.3)	40.8	(2.7)	38.0	(3.1)	
[2] Spanien	9.3	(0.7)	1.8	(0.3)	53.3	(2.2)	39.4	(2.5)	
Chile	6.4	(0.6)	2.9	(0.3)	52.2	(3.5)	23.8	(2.9)	
[2] Schweden	3.3	(0.5)	3.0	(0.5)	57.4	(3.6)	13.1	(2.5)	
VG OECD	**3.5**	**(0.1)**	**2.7**	**(0.1)**	**50.6**	**(1.1)**	**25.8**	**(1.0)**	
Russische Föderation	2.9	(0.4)	3.2	(0.4)	48.9	(4.1)	23.7	(4.5)	
Ungarn	1.9	(0.3)	3.8	(0.4)	48.6	(3.4)	23.8	(3.7)	
[2] Serbien	1.2	(0.2)	3.9	(0.7)	57.3	(7.1)	16.3	(3.9)	
[2] Frankreich	3.6	(0.4)	1.4	(0.2)	57.2	(4.4)	16.3	(3.0)	
[2 3] Italien	2.7	(0.3)	1.8	(0.3)	55.4	(4.8)	28.3	(3.9)	
Slowenien	1.1	(0.2)	3.2	(0.4)	69.1	(6.4)	13.1	(4.0)	
[2 3] Kanada	2.2	(0.2)	1.9	(0.2)	50.7	(3.2)	20.7	(2.8)	
VG EU	**2.4**	**(0.1)**	**1.7**	**(0.1)**	**50.0**	**(1.3)**	**22.0**	**(1.1)**	
[3] Belgien (Fläm. Gem.)	2.6	(0.3)	1.4	(0.2)	34.5	(4.7)	32.5	(4.2)	
Bulgarien	1.2	(0.2)	2.7	(0.4)	44.5	(4.7)	20.2	(3.4)	
Zypern	2.4	(0.3)	1.5	(0.2)	43.4	(5.0)	25.1	(3.6)	
[2] Litauen	2.5	(0.3)	1.2	(0.3)	45.2	(5.2)	14.0	(4.2)	
Slowakei	2.1	(0.3)	1.6	(0.3)	37.2	(4.3)	9.6	(2.9)	
Polen	2.0	(0.3)	1.3	(0.2)	64.7	(4.7)	17.1	(3.9)	
[3] Nordirland	1.2	(0.5)	1.6	(0.4)	69.0	(8.0)	15.9	(6.6)	
[1 3] Neuseeland	1.4	(0.2)	1.2	(0.3)	46.5	(7.0)	25.2	(7.4)	
Australien	1.6	(0.3)	1.0	(0.3)	46.3	(6.7)	27.8	(6.3)	
Irland	1.2	(0.2)	1.1	(0.2)	54.7	(7.5)	29.4	(6.5)	
Tschechische Republik	1.5	(0.3)	0.8	(0.1)	41.5	(6.8)	28.3	(5.9)	
Finnland	1.3	(0.3)	0.8	(0.1)	61.7	(5.3)	20.8	(3.8)	
[3] Niederlande	0.6	(0.3)	1.2	(0.4)	33.0	(10.4)	22.5	(10.1)	
[1] Norwegen (5. Jgst.)	0.9	(0.2)	0.8	(0.2)	63.1	(7.1)	13.2	(7.4)	
Deutschland	0.9	(0.2)	0.7	(0.2)	41.1	(7.8)	35.6	(8.6)	
Kroatien	0.5	(0.1)	0.6	(0.1)	37.5	(9.0)	11.3	(5.6)	
[2 3] Dänemark	0.6	(0.2)	0.5	(0.1)	61.0	(7.5)	6.9	(4.1)	
Benchmark-Teilnehmer									
Ontario, Kanada	2.4	(0.3)	2.2	(0.3)	51.6	(4.2)	25.8	(4.1)	
[2 3] Québec, Kanada	2.0	(0.4)	1.6	(0.4)	47.3	(6.7)	14.4	(4.7)	
Norwegen (4. Jgst.)	0.7	(0.2)	1.0	(0.3)	70.2	(10.4)	2.7	(2.7)	

0   20   40   60   80   100

▓ Nachhilfe, um nicht in der Schule zurückzufallen.

▒ Nachhilfe, um ausgezeichnete Leistungen zu erzielen.

□ Keine Nachhilfe.

Kursiv gesetzt sind die Teilnehmer, für die von einer eingeschränkten Vergleichbarkeit der Ergebnisse ausgegangen werden muss.

1 = Die nationale Zielpopulation entspricht nicht oder nicht ausschließlich der vierten Jahrgangsstufe.

2 = Der Ausschöpfungsgrad und/oder die Ausschlüsse von der nationalen Zielpopulation erfüllen nicht die internationalen Vorgaben.

3 = Die Teilnahmequoten auf Schul- und/oder Schülerebene erreichen nicht die internationalen Vorgaben.

A = In England und den USA wurde die Nachhilfenutzung nicht erhoben. Somit sind England und die USA nicht Teil dieser Darstellung und der berichteten Mittelwerte (International, VG EU bzw. VG OECD).

B = Differenzen zu 100 Prozent entsprechen fehlenden bzw. uneindeutigen Zeitangaben.

IEA: Trends in International Mathematics and Science Study   © TIMSS 2015

Da im Elternfragebogen nicht explizit nach bezahltem Nachhilfeunterricht gefragt wurde, ist es möglich, dass die Nachhilfequoten auch Schülerinnen und Schüler einschließen, die etwa durch Unterstützung aus dem Bekanntenkreis kostenlose Nachhilfe erhalten haben (Bray & Kobakhidze, 2014). Tatsächlich gaben im Jahr 2014 in einer Elternbefragung zu den Aufwendungen für Nachhilfeunterricht etwa ein Drittel der Eltern zehn- bis zwölfjähriger Kinder, die regelmäßig Nachhilfeunterricht erhalten, an, dass damit keine finanziellen Aufwendungen verbunden seien (Weiß, 2014).

Im Hinblick auf die gesamte Schulzeit wurde für Deutschland zuletzt ein deutlicher Anstieg der Nutzung von Nachhilfeunterricht im Trendverlauf von 27 Prozent in den Jahren 2000 bis 2003, über 37 Prozent in den Jahren 2004 bis 2008, auf 47 Prozent in den Jahren 2013 bis 2015 berichtet. Dabei beziehen sich die Quoten auf 17-Jährige, die im Verlauf des Schulbesuchs irgendwann bezahlten Nachhilfeunterricht erhalten haben (Hille et al., 2016). Dieser Trend einer zunehmenden Verbreitung von Nachhilfeunterricht zeigt sich im Vergleich zwischen IGLU 2006, TIMSS 2011 und TIMSS 2015 nicht (siehe Abbildung 8.3). In IGLU 2006 berichteten in Deutschland noch etwas mehr Eltern, dass ihr Kind in den vergangenen Jahren außerschulische Förderung zur Leistungsverbesserung in Mathematik (21.5 %) oder im Lesen und in Rechtschreibung (18.6 %) erhalten habe als in TIMSS 2015, wo dies in Mathematik nur auf 15.1 Prozent und in Deutsch auf 13.8 Prozent zutrifft. Es liegt nahe, hier einen Zusammenhang mit dem fortschreitenden Ausbau des Ganztagsschulangebots zu sehen: Die Eltern greifen weniger auf außerschulische Förderangebote zurück, wenn die schulischen Angebote ausgebaut werden. Allerdings konnte bislang empirisch nicht gezeigt werden, dass Schülerinnen und Schüler an Ganztagsschulen weniger außerschulischen Nachhilfeunterricht nutzen als Schülerinnen und Schüler an Halbtagsschulen (Guill, 2012; Hille et al., 2016; Tillmann, 2014).

Ein etwas anderes Muster als bei den Elternangaben zeigt sich in den Angaben der Schülerinnen und Schüler zur aktuellen Nutzung von Nachhilfeunterricht. Gaben in 2011 14.2 Prozent die Nutzung von Nachhilfe in Mathematik an und 14.8 Prozent in Deutsch, so waren es 2015 16.4 Prozent in Mathematik und 17.2 Prozent in Deutsch. Da die Schülerinnen und Schüler nicht dezidiert nach außerschulischem Nachhilfeunterricht gefragt wurden, haben sie möglicherweise auch schulische Förderangebote als Nachhilfeunterricht erlebt und daher von einer steigenden Nutzung berichtet (ähnlich bei Klemm & Hollenbach-Biele, 2016).

Eine andere Ursache für die abnehmende Nutzung außerschulischer Förderung könnte darin liegen, dass zwischen 2006 und 2015 die Regeln zur Verbindlichkeit der Übergangsempfehlung in verschiedenen Ländern der Bundesrepublik Deutschland (u.a. Nordrhein-Westfalen und Baden-Württemberg) verändert wurden, sodass für einen substantiellen Anteil der Stichprobe der Anreiz verringert wurde, Nachhilfeunterricht zu nutzen, um den Zugang zum Gymnasium zu sichern (Guill & Lintorf, 2012). Da weder die TIMSS-2011- noch die TIMSS-2015-Daten eine Bundeslandkennung enthalten, lässt sich allerdings nicht empirisch prüfen, ob oder inwieweit die Veränderungen in den bundesweiten Nachhilfequoten spezifisch auf Rückgänge in diesen Ländern zurückzuführen sind. Daneben bietet das zunehmende Angebot von Schulen mit mehreren Bildungsgängen (siehe Kapitel 13 in diesem Band) Eltern eine Möglichkeit, ihren Kindern einen direkten Weg zum Abitur offen zu halten, ohne schon am Ende der Grundschulzeit durch die Inanspruchnahme von außerschulischem Nachhilfeunterricht den Übergang an ein Gymnasium zu unterstützen.

Abbildung 8.3: Außerschulische Förderung und Nachhilfeunterricht im Vergleich von IGLU 2006, TIMSS 2011 und TIMSS 2015 (Anteile der Schülerinnen und Schüler in Prozent)

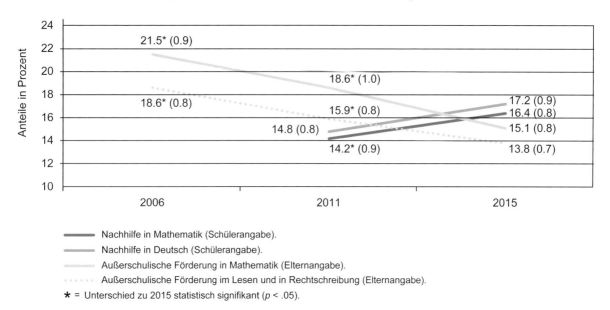

Nachhilfe in Mathematik (Schülerangabe).

Nachhilfe in Deutsch (Schülerangabe).

Außerschulische Förderung in Mathematik (Elternangabe).

Außerschulische Förderung im Lesen und in Rechtschreibung (Elternangabe).

★ = Unterschied zu 2015 statistisch signifikant ($p < .05$).

IEA: Trends in International Mathematics and Science Study   © TIMSS 2015

2 Prädiktoren der Nutzung von außerschulischem Nachhilfeunterricht

Nicht alle Schülerinnen und Schüler greifen gleichermaßen auf außerschulischen Nachhilfeunterricht zurück. Im Folgenden wird gezeigt, inwieweit die Nutzung von Nachhilfeunterricht in Mathematik an Regelschulen am Ende der Grundschulzeit mit den Leistungen der Schülerinnen und Schüler, dem familiären Armutsrisiko und der Nutzung verschiedener schulischer Ganztagsangebote zusammenhängt.

Während Nachhilfeunterricht lange primär als Unterstützungsmaßnahme für Schülerinnen und Schüler mit besonders schlechten Leistungen galt, lässt sich in TIMSS 2015 erkennen, dass er auch genutzt wird, um Spitzenleistungen zu erreichen. Dementsprechend zeigen Studien der letzten Jahre, dass Nachhilfeunterricht auch unter Schülerinnen und Schülern mit durchschnittlichen oder guten Noten verbreitet ist (Guill, 2012; Hille et al., 2016; Klemm & Hollenbach-Biele, 2016). Dieses Muster bestätigt sich in TIMSS 2015 für Nachhilfeunterricht im Fach Mathematik: Zwar finden sich die höchsten Nachhilfequoten unter Schülerinnen und Schülern mit ausreichenden (29.4 %) oder mangelhaften oder ungenügenden Noten (42.9 %) in Mathematik im Halbjahreszeugnis der vierten Jahrgangsstufe, aber auch 16.5 Prozent der Schülerinnen und Schüler mit befriedigenden Noten erhalten noch Nachhilfeunterricht. Unter den Schülerinnen und Schülern mit (sehr) guten Noten sind es noch 5.6 Prozent (siehe Abbildung 8.4). Dazu beitragen mag die Situation am Grundschulübergang, wo, insbesondere in Ländern der Bundesrepublik Deutschland mit verbindlicher Übergangsempfehlung, gute Leistungen nötig sind, um auf einen gymnasialen Bildungsgang zu wechseln (Guill & Lintorf, 2012). Um möglichst alle im Datensatz verfügbaren Informationen zu nutzen, wurden für die Analysen in diesem und im folgenden Unterkapitel die fehlenden Werte durch multiple Imputation ersetzt (siehe Kapitel 2 in diesem Band). Abweichend zu den Angaben im internationalen Vergleich ergibt sich dabei ein Anteil von 16.1 Prozent der Schülerinnen und

Abbildung 8.4: Außerschulischer Nachhilfeunterricht in Mathematik differenziert nach Halbjahresnoten und Armutsrisiko der Schülerfamilien (Anteile der Schülerinnen und Schüler in Prozent)

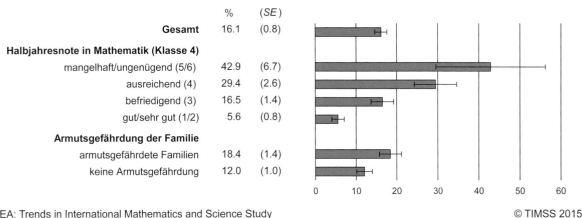

	%	(*SE*)
Gesamt	16.1	(0.8)
Halbjahresnote in Mathematik (Klasse 4)		
mangelhaft/ungenügend (5/6)	42.9	(6.7)
ausreichend (4)	29.4	(2.6)
befriedigend (3)	16.5	(1.4)
gut/sehr gut (1/2)	5.6	(0.8)
Armutsgefährdung der Familie		
armutsgefährdete Familien	18.4	(1.4)
keine Armutsgefährdung	12.0	(1.0)

IEA: Trends in International Mathematics and Science Study © TIMSS 2015

Schüler an Regelschulen, die am Ende der Grundschulzeit Nachhilfeunterricht in Mathematik nutzen, um nicht in der Schule zurückzufallen. Die Analysen hier und im Folgenden beziehen sich auf diese Schülergruppe.

Nachhilfeunterricht ist in aller Regel mit zusätzlichen Ausgaben verbunden, die nicht für alle Familien gleichermaßen gut zu bewältigen sind. Die mit Beginn des Jahres 2011 eingeführten ‚Leistungen für Bildung und Teilhabe‘ ermöglichen jedoch die staatliche Bezuschussung von Nachhilfeunterricht zum Erreichen wesentlicher Lernziele für Schülerinnen und Schüler, deren Familien staatliche Transferleistungen wie Wohngeld oder Arbeitslosengeld II erhalten (BMAS, 2014). Tatsächlich zeigt sich in TIMSS 2015, dass die Nutzung von Nachhilfeunterricht in Mathematik unabhängig vom familiären Armutsrisiko ist. Während 12.0 Prozent der Kinder aus nicht armutsgefährdeten Familien außerschulischen Nachhilfeunterricht erhalten, nutzen ihn sogar 18.4 Prozent der Kinder aus armutsgefährdeten Familien. Berücksichtigt man die Noten der Schülergruppen, zeigt sich kein statistisch signifikanter Effekt des familiären Armutsrisikos auf die regelmäßige Nutzung von Nachhilfeunterricht in Mathematik. Damit zeigt sich beim Zugang zu außerschulischem Nachhilfeunterricht in Mathematik kein Effekt des Familieneinkommens (ähnlich bei Luplow & Schneider, 2014). Mit den TIMSS-2015-Daten lässt sich hingegen die Frage, ob alle Schülerinnen und Schüler Nachhilfeunterricht in ähnlicher Intensität und Qualität erhalten und ob der Nachhilfeunterricht ihnen tatsächlich hilft, bessere Noten und Empfehlungen zu erhalten, nicht beantworten.

Neben der gezielten staatlichen Förderung von außerschulischem Nachhilfeunterricht wird der Ausbau von Ganztagsschulen als Möglichkeit diskutiert, allen Kindern zusätzliche Förderangebote zu machen, unabhängig von den finanziellen Möglichkeiten und dem Engagement ihrer Eltern. TIMSS 2015 bietet die Möglichkeit, sich diese Zusammenhänge differenzierter im Hinblick auf die Nutzung verschiedener Angebote im Ganztag anzuschauen. Dabei zeigt sich, dass die Nutzung von Nachhilfeunterricht unabhängig davon ist, wie viele Tage in der Woche die Schülerinnen und Schüler am Ganztagsangebot ihrer Schule teilnehmen (Likelihood-Ratio $\chi^2 = 10.36$ ($p > .05$)). Kinder, die die schulische Hausaufgabenbetreuung häufig (drei bis fünf Tage pro Woche) oder gelegentlich (ein bis zwei Tage pro Woche) nutzen, erhalten mit 18.5 Prozent beziehungsweise 17.5 Prozent signifikant häufiger Nachhilfeunterricht als Kinder, die dieses Angebot nie nutzen (10.0 %; Likelihood-Ratio $\chi^2 = 55.42$ ($p < .001$)). Auch

Kinder, die häufig oder gelegentlich an fachlichen Förderangeboten teilnehmen, erhalten mit 24.0 Prozent beziehungsweise 17.8 Prozent signifikant häufiger regelmäßigen Nachhilfeunterricht als Kinder, die diese Angebote nie nutzen (9.9%; Likelihood-Ratio χ^2 = 82.78 (p < .001)). Anscheinend nehmen Eltern die schulischen Angebote weniger als Alternative, sondern eher als Ergänzung zur Nutzung von außerschulischem Nachhilfeunterricht wahr.

3 Schulische und außerschulische Unterstützung von leistungsschwachen Schülerinnen und Schülern

Neben der Frage, welche Schülerinnen und Schüler primär Nachhilfeunterricht erhalten, lässt sich auch fragen, ob die Schülerinnen und Schüler, die besonderen Unterstützungsbedarf haben, diese auch erhalten. In Deutschland erreicht knapp jedes vierte Grundschulkind (23.2%) lediglich mathematische Kompetenzen unterhalb der Kompetenzstufe III (siehe Kapitel 3 in diesem Band). Es ist zu erwarten, dass diese Schülergruppe beim Lernen in der Sekundarstufe I erhebliche Schwierigkeiten haben wird und daher einen besonderen Unterstützungsbedarf hat. Diesem kann auf verschiedenen Wegen begegnet werden; durch schulische Förderangebote, besondere familiäre Unterstützung, außerschulischen Nachhilfeunterricht oder einer Kombination aus diesen Maßnahmen.

Von diesen leistungsschwächsten Schülerinnen und Schülern lernen 6 Prozent an Förderschulen. Für weitere 29.2 Prozent an den regulären Grundschulen geben die Lehrkräfte einen Förderbedarf im Rechnen an und zumindest 19.0 Prozent erhalten auch eine zusätzliche gezielte schulische Förderung im Rechnen (siehe Abbildung 8.5). Offen bleiben muss dabei, wie viele Schülerinnen und Schüler im Rahmen der Binnendifferenzierung im regulären Schulunterricht ihren Bedürfnissen entsprechend unterstützt werden. 17.1 Prozent der Schülerinnen und Schüler erhalten neben der zusätzlichen schulischen Förderung im Rechnen auch durch ihre Eltern regelmäßige Unterstützung beim Mathematiküben (mindestens ein- bis zweimal wöchentlich). 62.8 Prozent der Schülerinnen und Schüler erhalten nur diese elterliche Unterstützung, aber keine zusätzliche schulische Förderung. Damit wird die weit überwiegende Mehrheit (89.9%) der leistungsschwächsten Schülerinnen und Schüler durch ihre Eltern beim Mathematiküben unterstützt. Zum Teil werden diese Schülerinnen und Schüler zusätzlich durch privaten Nachhilfeunterricht gefördert (insgesamt 28.7%). Dabei werden 8.7 Prozent der leistungsschwächsten Schülerinnen und Schüler sehr intensiv schulisch, im Elternhaus und durch privaten Nachhilfeunterricht gefördert. Immerhin 16.5 Prozent erhalten sowohl elterliche Unterstützung als auch außerschulischen Nachhilfeunterricht. Unbefriedigend bleibt, dass 9.5 Prozent der leistungsschwächsten Schülerinnen und Schüler weder spezifische schulische Förderangebote noch direkte oder indirekte familiäre Unterstützung in Form von außerschulischem Nachhilfeunterricht erhalten.

Abbildung 8.5: Schulische und außerschulische Unterstützung von Schülerinnen und Schülern mit Mathematikleistungen unterhalb von Kompetenzstufe III (Anteile der Schülerinnen und Schüler in Prozent, bezogen auf alle Schülerinnen und Schüler mit entsprechenden Leistungen)

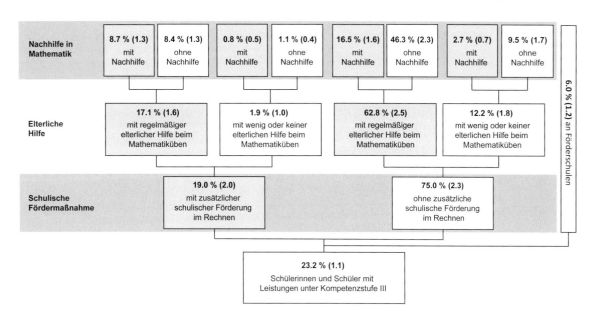

Lesebeispiel: 8.7 Prozent (Kasten links oben) der Schülerinnen und Schüler mit Leistungen unter Kompetenzstufe III erhalten außerschulische Nachhilfe in Mathematik, elterliche Hilfe beim Mathematiküben und eine zusätzliche schulische Förderung im Rechnen.

IEA: Trends in International Mathematics and Science Study   © TIMSS 2015

4   Zusammenfassung

In Deutschland erhält etwa jedes achte Kind am Ende der Grundschulzeit außerschulischen Nachhilfeunterricht in Mathematik, was im internationalen Vergleich eine relativ geringe Verbreitung von Nachhilfeunterricht bedeutet. Sachunterricht spielt als Nachhilfefach eine verschwindend geringe Rolle. Im Trendvergleich von IGLU 2006, TIMSS 2011 und TIMSS 2015 zeigt sich, dass die Nutzung außerschulischer Förderung in der Grundschule aus Elternperspektive leicht rückläufig ist.

Außerschulischer Nachhilfeunterricht wird nach wie vor in erster Linie von Schülerinnen und Schülern mit mangelhaften und nur ausreichenden Mathematiknoten, zum Teil aber auch von jenen mit Mathematiknoten im mittleren Leistungsbereich genutzt. Der prinzipielle Zugang zu außerschulischem Nachhilfeunterricht ist unabhängig vom familiären Armutsrisiko, wobei über Unterschiede in der Nutzungsintensität und der Qualität des genutzten Nachhilfeunterrichts mit den Daten aus TIMSS 2015 keine Aussagen getroffen werden können. Schülerinnen und Schüler, die schulische Ganztagsangebote nutzen, erhalten nicht seltener Nachhilfeunterricht als solche, die an keinem schulischen Ganztagsangebot teilnehmen. Diese Ganztagsangebote zur schulischen Förderung werden von den Eltern also bislang anscheinend nicht als Alternative zu außerschulischem Nachhilfeunterricht wahrgenommen (zur Leistungsförderung an Ganztagsschulen siehe Kapitel 7 in diesem Band und Strietholt, Manitius, Berkemeyer & Bos, 2015).

Schülerinnen und Schüler mit vergleichsweise schwachen Mathematikleistungen (unterhalb von Kompetenzstufe III) erhalten vor allem durch ihre Eltern zusätzliche Unterstützung beim Lernen. Nur jeweils ein Fünftel beziehungsweise knapp ein Drittel erhält ein spezifisches schulisches Förderangebot oder außerschulischen Nachhilfeunterricht. Knapp ein Zehntel dieser Kinder erhält kein gezieltes Unterstützungsangebot. Angesichts des besonderen Unterstützungsbedarfs dieser Schülergruppe erscheint ein Ausbau der schulischen Unterstützungsangebote wünschenswert.

Literatur

BMAS – Bundesministerium für Arbeit und Soziales. (2014). *Die Leistungen des Bildungspakets.* Zugriff am 14.07.2016 unter http://www.bmas.de/DE/Themen/Arbeitsmarkt/Grundsicherung/Leistungen-zur-Sicherung-des-Lebensunterhalts/Bildungspaket/leistungen-bildungspaket.html

BMFSFJ – Bundesministerium für Familie, Senioren, Frauen und Jugend. (2005). *Zwölfter Kinder- und Jugendbericht – Bericht über die Lebenssituation junger Menschen und die Leistungen der Kinder- und Jugendhilfe in Deutschland.* Berlin: BMFSFJ.

Bray, M. (2009). *Confronting the shadow education system. What government policies for what private tutoring?* Paris: UNESCO/IIEP.

Bray, M. & Kobakhidze, M. N. (2014). Measurement issues in research on shadow education: challenges and pitfalls encountered in TIMSS and PISA. *Comparative Education Review, 58* (4), 590–620.

Guill, K. (2012). *Nachhilfeunterricht. Individuelle, familiäre und schulische Prädiktoren.* Münster: Waxmann.

Guill, K. & Lintorf, K. (2012, September). *Nachhilfe am Grundschulübergang.* Vortrag auf der 77. Tagung der Arbeitsgruppe für Empirische Pädagogische Forschung (AEPF) der Deutschen Gesellschaft für Erziehungswissenschaft (DGfE), Bielefeld.

Haag, L. (2015). Nachhilfe im Spannungsfeld zwischen Schule und Elternhaus – wirklich im Spannungsfeld? *Familiendynamik, 40* (1), 30–37.

Hille, A., Spieß, C. K. & Staneva, M. (2016). More and more students, especially those from middle-income households, are using private tutoring. *DIW Economic Bulletin, 6.* Zugriff am 14.07.2016 unter https://www.diw.de/documents/publikationen/73/diw_01.c.526666.de/diw_econ_bull_2016-06.pdf

Klemm, K. & Hollenbach-Biele, N. (2016). *Nachhilfeunterricht in Deutschland: Ausmaß – Wirkung – Kosten.* Gütersloh: Bertelsmann Stiftung.

Krüger, R. (1977). Nachhilfe – Chance oder Skandal? 17 Antworten auf Fragen zu einem vernachlässigten Problem. *Die Deutsche Schule, 69* (9), 545–558.

Luplow, N. & Schneider, T. (2014). Nutzung und Effektivität privat bezahlter Nachhilfe im Primarbereich. *Zeitschrift für Soziologie, 43* (1), 31–49.

Strietholt, R., Manitius, V., Berkemeyer, N. & Bos, W. (2015). Bildung und Bildungsungleichheit an Halb- und Ganztagsschulen. *Zeitschrift für Erziehungswissenschaft, 18* (4), 737–716.

Tillmann, K.-J. (2014). Die Ganztagsschule und die Wünsche der Eltern. In D. Killus & K.-J. Tillmann (Hrsg.), *Eltern zwischen Erwartungen, Kritik und Engagement. Ein Trendbericht zu Schule und Bildungspolitik in Deutschland. Die 3. JAKO-O Bildungsstudie* (S. 71–89). Münster: Waxmann.

Weiß, M. (2014). Was kostet Eltern die Schulbildung ihres Kindes? In D. Killus & K.-J. Tillmann (Hrsg.), *Eltern zwischen Erwartungen, Kritik und Engagement. Ein Trendbericht zu Schule und Bildungspolitik in Deutschland. Die 3. JAKO-O Bildungsstudie* (S. 185–199). Münster: Waxmann.

Kapitel IX
Geschlechterunterschiede in mathematischen und naturwissenschaftlichen Kompetenzen

Heike Wendt, Ricarda Steinmayr und Daniel Kasper

1 Einleitung

Basierend auf der Tatsache, dass Bildungsangebote lange Zeit vor allem Jungen vorbehalten waren und die Bildungsbiographien von Jungen noch bis vor 40 Jahren auch in Deutschland durchweg positiver verliefen als jene von Mädchen, konzentrierte sich die Bildungsforschung und -politik in den letzten Jahrzehnten vor allem auf eine Förderung der Bildungsbeteiligung von Mädchen (Kuhl & Hannover, 2012). Und tatsächlich sind Mädchen die Gewinner der Bildungsexpansion in Deutschland, während sich im gleichen Zeitraum die Bildungsbeteiligung von Jungen qualitativ negativer entwickelt hat (Helbig, 2012). Gleichzeitig zeigt sich sowohl national als auch international weiterhin eine niedrige Beteiligung von Mädchen und Frauen in den MINT-Domänen (Ceci, Williams & Barnett, 2009). Die Bildungsforschung sucht entsprechend auf der einen Seite nach Erklärungen für die Minderleistungen von Jungen im schulischen Bereich, beispielsweise für deren schlechtere Noten in vielen Fächern im Vergleich zu Mädchen (siehe z.B. Steinmayr & Spinath, 2008), während sie sich auf der anderen Seite weiterhin mit Geschlechterunterschieden zu Lasten von Mädchen im mathematischen und naturwissenschaftlichen Bereich beschäftigt.

Das Kapitel stellt zunächst aktuelle Forschungsbefunde zu Geschlechterunterschieden in mathematischen und naturwissenschaftlichen Leistungen sowie theoretische Erklärungsansätze vor. Im Zentrum des Beitrags steht die Betrachtung von Geschlechterunterschieden in mathematischen und naturwissenschaftlichen Kompetenzen von Viertklässlerinnen und Viertklässlern im internationalen Vergleich. Im Sinne eines aktuellen Kompetenzverständnisses werden darüber hinaus die jeweiligen fachbezogenen Selbstkonzepte und Einstellungen von Mädchen und Jungen in Mathematik und Naturwissenschaften sowie Unterschiede in Noten beschrieben. Abschließend werden Trendanalysen dargestellt, die die Entwicklung der geschlechtsspezifischen Ergebnisse bei TIMSS seit dem Jahr 2007 vertiefend betrachten.

2   Geschlechterunterschiede in schulischen Leistungsvariablen

Bei der Betrachtung von Geschlechterunterschieden in schulischen Leistungsvariablen wird zwischen verschiedenen Indikatoren schulischer Leistung unterschieden (Steinmayr, Meißner, Weidinger & Wirthwein, 2014). Hierzu zählen erreichte Abschlüsse, die in einem differenzierten Schulsystem wie dem deutschen eng mit der besuchten Schulform verknüpft sind, sowie Noten, die in Deutschland die größte Rolle spielen. Noten repräsentieren – trotz aller Kritik – nach wie vor in Deutschland die von Dritten (z.B. Bildungsinstitutionen, Arbeitgebern, Eltern) anerkannte Dokumentation des Leistungsstandes der Schülerinnen und Schüler. Daher haben Noten eine große Bedeutung für die weitere akademische Laufbahn von Schülerinnen und Schülern, zum Beispiel bei der Übergangsempfehlung für die Sekundarstufe I (Stubbe, Bos & Euen, 2012) oder bei der Vergabe von Studienplätzen (Trappmann, Hell, Weigand & Schuler, 2007). Somit sind sie neben den erreichten Abschlüssen das zentrale Schulleistungskriterium in Deutschland. Sowohl in Abhängigkeit vom Indikator, der für Leistungen herangezogen wird (z.B. Noten, Testergebnisse, Schulabschluss), als auch von der betrachteten Domäne zeigen sich differentielle Geschlechterunterschiede.

Betrachtet man die Schulabschlüsse beziehungsweise die besuchten Schulformen, so zeigt sich durchgängig, dass Mädchen im Vergleich zu Jungen eine für sie vorteilhaftere Bildungsbeteiligung aufweisen. Die folgenden Häufigkeiten beziehen sich auf den vom Statistischen Bundesamt herausgegebenen Überblick über die bedeutsamsten Kennzahlen an allgemeinbildenden Schulen in Deutschland unter Berücksichtigung aller im Schuljahr 2014/2015 dort unterrichteten Schülerinnen und Schüler (Malecki, 2016). Mädchen werden häufiger frühzeitig (61%) und seltener verspätet (37%) eingeschult als Jungen und sind an Gymnasien überrepräsentiert (52%), während sie an Hauptschulen (44%) unterrepräsentiert sind. An Förderschulen fällt das Geschlechterverhältnis noch deutlicher zuungunsten der Jungen aus. Hier sind 36 Prozent der Schülerinnen und Schüler Mädchen und 64 Prozent Jungen. Im Grundschulbereich scheint der Anteil von Jungen mit sonderpädagogischem Förderbedarf noch größer zu sein (67%), wie der IQB-Ländervergleich 2011 für die Primarstufe gezeigt hat (Kocaj et al., 2015). Das Geschlechterverhältnis bei Kindern mit sonderpädagogischem Förderbedarf ist an Regel- und Förderschulen identisch, das heißt sowohl an Regel- als auch an Förderschulen werden mehr Jungen als Mädchen mit Förderbedarf unterrichtet (Kocaj et al., 2015). Darüber hinaus wiederholen Mädchen seltener als Jungen eine Klasse, verlassen seltener als Jungen die Schule ohne Schulabschluss und haben häufiger als Jungen eine Studienberechtigung (Malecki, 2016). Vor allem den letzten beiden Phänomenen sowie der höheren Bildungsbeteiligung von Mädchen an Gymnasien kommt eine große Bedeutung für die weitere Bildungskarriere zu. Diese Kennzahlen sind zum einen relevant für die Interpretation der geschlechtsspezifischen TIMSS-Ergebnisse (z.B. werden mehr Jungen als Mädchen mit Förderbedarf an allgemeinbildenden Schulen unterrichtet), zum anderen zeigen sie, wie wichtig gerade die Erforschung von Geschlechterunterschieden an der Grundschule ist, da viele der berichteten Ergebnisse (z.B. mehr Jungen als Mädchen an Hauptschulen) eine Folge von leistungsbezogenen Geschlechterunterschieden im Grundschulbereich sind.

Analog zu den besseren Bildungskarrieren erhalten Mädchen in Deutschland, aber auch in anderen Ländern, in der Regel bessere Noten als Jungen, wie eine aktuelle Meta-Analyse von Voyer und Voyer (2014) auf Basis von insgesamt 369 Studien und 538 710 Jungen und 595 332 Mädchen zeigt. Dies trifft sowohl auf den Notendurchschnitt als auch auf die Noten in den sprachlichen, gesellschafts-wissenschaftlichen und naturwissenschaftlichen Fächern zu. In Mathematik wa-ren die Unterschiede mit Ausnahme der USA (hier hatten die Mädchen eben-falls bessere Noten als die Jungen) nicht signifikant. Diese Unterschiede sind in Bezug auf den Notendurchschnitt von der Grundschule bis zum Abschluss der Sekundarstufe II gleichbleibend groß, während sie sich in den sprachlichen Fächern, den Nebenfächern und Mathematik nach der Grundschule zugunsten der Mädchen weiter vergrößern. In Deutschland zeigt sich ein ähnliches Bild. Schon in der Grundschule haben Mädchen in den meisten Fächern bessere Noten, wobei Jungen in Mathematik jedoch häufiger als Mädchen eine 1 oder eine 2 bekom-men, während Mädchen in Deutsch und Sachunterricht häufiger als Jungen die-se Noten bekommen (Bos et al., 2005). In 2013 waren 55 Prozent des doppelten Abiturjahrgangs in NRW weiblich und erzielten im Mittel einen etwas besseren Abiturdurchschnitt (2.40 vs. 2.53). Im Spitzenbereich (Abiturdurchschnittsnote 1.0) waren sogar 56.4 Prozent weiblich, während mehr Schüler als Schülerinnen die Abiturprüfung nicht bestanden haben (Landesregierung NRW, 2013). Ein ana-loges Bild zeigte sich auch in anderen Ländern der Bundesrepublik Deutschland (siehe z.B. Thoren, Viole, Harych & Brunner, 2013).

Die Geschlechterunterschiede in Noten lassen sich jedoch nur teilweise auf die objektiv erfassten schulischen Kompetenzen übertragen. Bereits in der ersten *Internationalen Grundschul-Lese-Untersuchung* (IGLU) 2001 schnitten Mädchen in Deutschland (wie in allen anderen Teilnehmerländern auch) zum Ende der Grundschulzeit hinsichtlich der Lesekompetenz besser ab als Jungen (Differenz 2001: 13 Punkte; 2006: 7 Punkte; 2011: 8 Punkte; auf einer Skala mit $M = 500$ und $SD = 100$; Bos et al., 2007; Bos, Bremerich-Vos, Tarelli & Valtin, 2012; Bos et al., 2004). Dieser Unterschied zugunsten der Mädchen vergrößert sich deut-lich bis zum Alter von 15 Jahren. Beim *Programme for International Student Assessment* (PISA) 2012 erzielten Mädchen im Lesetest 44 Punkte mehr als Jungen (auf einer Skala mit $M = 500$ und $SD = 100$; OECD, 2014). Auch wenn die in IGLU und PISA erfassten Lesekompetenzen nicht direkt vergleichbar sind (Artelt, Drechsel, Bos & Stubbe, 2008), weisen die Vergleiche doch daraufhin, dass Geschlechterunterschiede zugunsten der Mädchen in der Lesekompetenz nach der Grundschule noch deutlich zunehmen. Darüber hinaus scheint sich der Vorteil der 15-jährigen Mädchen in der Lesekompetenz seit PISA 2000 im-mer weiter zu vergrößern (OECD, 2014). Bezüglich mathematischer und natur-wissenschaftlicher Kompetenzen finden sich andere Ergebnismuster als bei der Lesekompetenz. In TIMSS 2011 zeigten sich am Ende der Grundschulzeit in Deutschland höhere Punktwerte für Jungen als für Mädchen in Mathematik und den Naturwissenschaften (Differenz Mathematik: 8 Punkte; Naturwissenschaften: 9 Punkte; Brehl, Wendt & Bos, 2012). In beiden Bereichen hatten sich die Geschlechterunterschiede aber seit TIMSS 2007 und IGLU-E 2001 verrin-gert (in IGLU-E 2001 wurden zusätzlich zur Lesekompetenz naturwissen-schaftliche und mathematischen Kompetenzen erhoben; Vergleichswerte für die Geschlechterunterschiede TIMSS 2007 Mathematik: 12 Punkte; Naturwissenschaften: 15 Punkte; IGLU-E 2001 Mathematik: 24 Punkte; IGLU-E 2001 Naturwissenschaften: 15 Punkte; Bos et al., 2008; Bos et al., 2005). Somit haben Jungen zwar zum Ende der Grundschulzeit leichte Vorteile im MINT-Bereich, jedoch zeichnet sich seit einiger Zeit der Trend ab, dass sich diese verringern. Hingegen scheinen sie sich bei 15-Jährigen in Mathematik etwas zu vergrößern (OECD, 2014), während sie sich in den Naturwissenschaften verkleinert haben, sodass sich bei PISA 2012 keine Unterschiede mehr zugunsten der Jungen in dieser Domäne zeigten.

Bei der Interpretation der Mittelwertunterschiede müssen jedoch mehrere Aspekte betrachtet werden. Zum einen finden sich die berichteten Befunde zu den Mittelwertunterschieden nicht in allen OECD-Ländern. In einigen sind die Geschlechterunterschiede in den drei Kompetenzbereichen größer, während sie sich (mit Ausnahme der Lesekompetenz) in anderen Ländern gar nicht zeigen oder sogar umkehren (Bos et al., 2012; Brehl et al., 2012). Darüber hinaus unterscheidet sich das Ausmaß der Geschlechterunterschiede in allen drei Kompetenzbereichen auch zwischen den einzelnen Ländern der Bundesrepublik Deutschland (Bos et al., 2004). Dies soll am Beispiel der Lesekompetenz kurz erläutert werden. Der gesamtdeutsche Unterschied zwischen Mädchen und Jungen betrug bei IGLU 2001 13 Kompetenzpunkte. In Baden-Württemberg fanden sich jedoch mit 5 Punkten die geringsten und in Bayern mit 16 Punkten die höchsten Geschlechterunterschiede (Bos et al., 2004; siehe vergleichbare Ergebnisse für den IQB-Ländervergleich 2011 in Böhme & Roppelt, 2012). Das bedeutet, dass sich nicht nur zwischen Staaten, sondern auch innerhalb eines Staates deutliche Differenzen darin zeigen, wie hoch die Unterschiede zwischen Mädchen und Jungen sind. Zum anderen finden sich auch differentielle Geschlechterunterschiede in den einzelnen Kompetenzbereichen. Walther, Schwippert, Lankes und Stubbe (2008) zeigten anhand der IGLU-E-2001-Daten, dass sich die Geschlechterdisparitäten in Mathematik in Abhängigkeit vom Aufgabenmaterial unterscheiden. Beispielsweise lösten Jungen auch bei ansonsten gleichen mathematischen Kompetenzen tendenziell solche Aufgaben leichter als Mädchen, die Kopfrechnen verlangen (Walther et al., 2008). Ähnliche Ergebnisse berichteten Böhme und Roppelt (2012) für den IQB-Ländervergleich 2011 (Stanat, Pant, Böhme & Richter, 2012) sowohl für das Fach Mathematik als auch für das Fach Deutsch für Schülerinnen und Schüler der vierten Jahrgangsstufe. Die Analysen erfolgten hier nicht wie bei Walther et al. (2008) auf Aufgabenebene, sondern für verschiedene Kompetenzbereiche innerhalb der beiden Fächer Mathematik und Deutsch. Während sich für die Kompetenzbereiche Lesen und Orthografie geschlechtsbedingte Disparitäten zugunsten der Mädchen fanden, zeigten sich keine Geschlechterunterschiede für den Bereich ‚Zuhören' im Fach Deutsch. In Mathematik fanden sich die größten Geschlechterunterschiede zugunsten der Jungen für den Bereich ‚Größen und Messen', während sie für die Bereiche ‚Raum und Formen' sowie ‚Daten, Häufigkeiten und Wahrscheinlichkeiten' zwar immer noch statistisch signifikant, aber praktisch kaum bedeutsam waren. Für Deutschland lässt sich zusammenfassend feststellen, dass die Geschlechterunterschiede in der Grundschule in den verschiedenen Kompetenzbereichen – wie in allen anderen Ländern – klein sind und sich nur in den Lesekompetenzen zugunsten der Mädchen im Laufe der Schulzeit deutlich vergrößern.

Um Geschlechterunterschiede in den verschiedenen Domänen beurteilen zu können, müssen gleichzeitig noch Unterschiede in der Streuung der Testwerte betrachtet werden. Dies ist deshalb wichtig, da nur die Kenntnis von Mittelwert und

Streuung eine realistische Einschätzung der Geschlechterunterschiede erlaubt. So kann ein Unterschied im Mittelwert zwischen den beiden Gruppen dadurch zustande kommen, dass sich Mädchen und Jungen auf allen Kompetenzstufen unterscheiden oder aber dadurch, dass viel mehr Jungen als Mädchen die ausgeprägt niedrigsten Kompetenzen erreichen, während die Geschlechterverteilung im oberen Kompetenzbereich gleich verteilt ist. Darüber hinaus kann es auch sein, dass sich kein Unterschied im Mittelwert, aber durchaus in der Verteilung der Testwerte zwischen zwei Gruppen zeigt. Diese Informationen bieten wichtige Ansatzpunkte für nachfolgende Interventionen, da so herausgestellt werden kann, bei welcher Gruppe oder Subgruppe Handlungsbedarf besteht. Für Jungen zeigen sich größere Unterschiede in den Testwerten als für Mädchen in den Kompetenztests in Lesen, Mathematik und Naturwissenschaften (Hedges & Nowell, 1995; Lindberg, Hyde, Petersen & Linn, 2010; Nowell & Hedges, 1998; Reilly, Neumann & Andrews, 2015). Da Jungen gleichzeitig in Mathematik im Durchschnitt leicht höhere Mittelwerte aufweisen, zeigt sich, dass Jungen in den oberen Kompetenzbereichen überrepräsentiert sind, während sich in den mittleren und unteren Kompetenzbereichen keine Geschlechterunterschiede oder eine leichte Überrepräsentation der Mädchen finden (siehe z.B. Hedges & Nowell, 1995; Machin & Pekkarinen, 2008; Nowell & Hedges, 1998). Je strenger das Cut-off-Kriterium für die oberen Testwerte gewählt wird (also die besten 5, 2 oder 1% betrachtet werden), desto mehr verschiebt sich das Zahlenverhältnis zugunsten der Jungen. Zum Beispiel fanden Nowell und Hedges (1998) ein Geschlechterverhältnis zugunsten der Jungen von 1.62:1 unter den besten 5 Prozent, von 2:1 unter den besten 3 Prozent und von 2.62:1 unter dem besten 1 Prozent in Mathematik. Ähnliche Ergebnisse finden sich für Naturwissenschaften (siehe z.B. Hedges & Nowell, 1995; Nowell & Hedges, 1998; Reilly et al., 2015).

Das beschriebene Muster zeigte sich auch in TIMSS 2011, wo Jungen in Deutschland in den beiden oberen mathematischen und naturwissenschaftlichen Kompetenzstufen, Mädchen dagegen in der mittleren und den beiden unteren Kompetenzstufen überrepräsentiert waren. Anders verhält es sich bei den Lesekompetenzen, da Mädchen zwar auch hier eine geringere Varianz, gleichzeitig aber einen höheren Mittelwert als Jungen aufweisen. Somit sind Mädchen in den oberen Leistungsstufen der Lesekompetenz überrepräsentiert (Machin & Pekkarinen, 2008; Nowell & Hedges, 1998; Reilly, 2012), auch wenn mit strengerem Cut-off-Kriterium das Geschlechterverhältnis immer ausgeglichener wird (also die besten 5%: 1.33:1; die besten 3%: 1.27:1; die besten 1%: 1.11:1; Nowell & Hedges, 1998). Im unteren Lesekompetenzbereich sind Jungen hingen deutlich überrepräsentiert, und hier nimmt das Geschlechterverhältnis zuungunsten der Jungen mit abnehmendem Kompetenzniveau weiter zu (untere 10%: 1.85:1; untere 5%: 1.97:1). Im mittleren Bereich sind Jungen leicht unterrepräsentiert (siehe auch Hedges & Friedman, 1993; Machin & Pekkarinen, 2008).

Dasselbe Muster zeigte sich auch bei IGLU 2011 in Deutschland. Hier waren die Mädchen auf den beiden höchsten Lesekompetenzstufen überrepräsentiert, während sie in der mittleren und den beiden unteren Kompetenzstufen unterrepräsentiert waren (Bos et al., 2012). Bei gleichzeitiger Betrachtung der in IGLU 2011 und TIMSS 2011 erfassten Lese-, Mathematik- und Naturwissenschaftskompetenzen waren Jungen auf der höchsten, aber auch auf der niedrigsten Kompetenzstufe überrepräsentiert (Bergold, Wendt, Kasper & Steinmayr, 2016). In der Studie zeigten sich jedoch länderspezifische Unterschiede, die einen

Zusammenhang mit verschiedenen Gleichstellungskriterien (Zugang zur Bildung und Beteiligung am Arbeitsmarkt) aufwiesen.

Für eine Einordung der Ergebnisse muss darauf hingewiesen werden, dass die Unterschiede in den Leistungen innerhalb der Geschlechtergruppen in der Regel größer sind als die Leistungsunterschiede zwischen Mädchen und Jungen. Darüber hinaus vergrößern sich Geschlechterunterschiede häufig mit zunehmender Selektivität der Stichproben (z.B. Studien mit Studierenden; Hyde, 2005), da im Laufe der akademischen Ausbildung nur diejenigen im System verbleiben, die dies können und wollen.

3 Erklärungsansätze zu Geschlechterdisparitäten im fachspezifischen Kompetenzerwerb

Wie auch bei der Darstellung von geschlechtsspezifischen Unterschieden in Leistungsindikatoren, sollte auch bei der Erklärung derselben zwischen den verschiedenen Leistungsindikatoren unterschieden werden. Eine mögliche Erklärung für den höheren schulischen Erfolg von Mädchen sind deren bessere Noten, da Noten, vor allem in Deutschland, die wichtigste Form der Leistungsbewertung (Klieme et al., 2010) und damit das wichtigste Kriterium für die weitere akademische Laufbahn darstellen. Dies gilt sowohl für den höheren Anteil der Frauen mit einer Hochschulzugangsberechtigung als auch für die höheren Übergangsquoten auf das Gymnasium. In IGLU 2006 zeigte sich auch nach Kontrolle der Intelligenz und der Lesekompetenz noch eine 15 Prozent höhere Wahrscheinlichkeit für Mädchen, eine Gymnasialempfehlung zu erhalten als für Jungen (vbw, 2009). Wurden bei IGLU 2011 noch zusätzlich Noten und weitere Schülermerkmale kontrolliert, zeigte sich jedoch kein Effekt des Geschlechts mehr auf die Übergangsempfehlung (Stubbe et al., 2012). Auch in der weiteren akademischen Laufbahn erklären Noten den höheren Bildungserfolg der Mädchen. Aufgrund ihres besseren und häufiger bestandenen Abiturs haben Mädchen auch bessere Chancen auf einen Studienplatz, zumal die Geschlechterunterschiede unter den leistungsstärksten Abiturientinnen und Abiturienten noch ausgeprägter sind und somit die Wahrscheinlichkeit, ein zugangsbeschränktes Fach studieren zu dürfen, für Abiturientinnen höher ist als für Abiturienten.

Diese Ergebnisse unterstreichen die Bedeutung von Noten für die oben berichteten geschlechtsspezifischen Unterschiede (siehe auch Kapitel 13 in diesem Band). Mehrere Arbeiten identifizierten die folgenden Merkmale als Ursache für die besseren Notendurchschnitte der Mädchen. Mädchen haben eine höhere Selbstdisziplin (Duckworth & Seligman, 2006), Selbstkontrolle (Hicks, Johnson, Iacono & McGue, 2008) und Selbstregulation (Weis, Heikamp & Trommsdorff, 2013) sowie ein höheres Interesse generell an der Schule (Houtte, 2004), sie strengen sich mehr an und arbeiten mehr mit, während sie weniger den Unterricht stören (Downey & Vogt Yuan, 2005), weniger arbeitsvermeidend sind (Steinmayr & Spinath, 2008), ein insgesamt geringeres Problem- und ein besseres Sozialverhalten zeigen (DiPrete & Jennings, 2012) und zudem weniger aggressiv und unordentlich sind (Hicks et al., 2008; Kessels & Steinmayr, 2013; Spinath, Eckert & Steinmayr, 2014; zusammenfassend siehe Hannover & Kessels, 2011). Bei den fachspezifischen Noten tragen vor allem fachspezifische Interessen und Fähigkeitsüberzeugungen zu den Geschlechterunterschieden bei (z.B. Steinmayr & Spinath, 2008), wie weiter unten im Rahmen des Erwartungs-Wert-Modells von Eccles et al. (1983) ausgeführt wird. Die Geschlechterunterschiede in Motivation, Einstellungen und Verhalten, die offensichtlich zusätzlich zur objektiven Leistung in die Benotung mit einfließen, erklären somit die bei gleichen Kompetenzen günstigeren schulischen Beurteilungen der Mädchen und tragen damit zum insgesamt geringeren Bildungserfolg der Jungen bei. Faktoren wie eine Überrepräsentation von Lehrerinnen im Schulsystem scheinen hingegen keine Rolle zu spielen (Marsh, Martin & Cheng, 2008). Auch die These, dass eine Feminisierung der Schule (bezogen auf Werte und Einstellungen) zu den Minderleistungen der Jungen führt, konnte bislang noch nicht überzeugend belegt werden (Verniers, Martinot & Dompnier, 2016).

Während die Erklärung von Geschlechterunterschieden zu Lasten der Jungen erst seit einiger Zeit im Fokus der Forschung steht, gibt es in der Forschungsliteratur eine Vielzahl von Erklärungsansätzen zur Entstehung von Geschlechterunterschieden, die sich vor allem mit Minderleistungen von Mädchen im mathematischen und naturwissenschaftlichen Bereich befassen (Ceci et al., 2009; Halpern, 2014). Wie auch schon bei der Erklärung der Geschlechterunterschiede zuungunsten der Jungen dienen zur Erklärung von Geschlechterunterschieden zuungunsten der Mädchen vor allem Unterschiede in Eigenschaften und Merkmalen, die einen Einfluss auf die Leistung haben. Eine vollständige Darstellung und differenzierte Diskussion der verschiedenen Erklärungsansätze von Geschlechterunterschieden im Leistungsbereich ist im vorliegenden Band nicht möglich. Zur Erklärung von Geschlechterunterschieden werden biologische Ansätze (Gene, Hormone, hirnphysiologische Merkmale), Fähigkeitsunterschiede in verschiedenen Bereichen (Intelligenz, logisches Denken, Problemlösen, bereichsspezifische Fähigkeiten wie mathematische oder figurale Begabungen, Konzentrationsfähigkeit, Selbstdisziplin, soziale Kompetenz, Kommunikationsfähigkeit etc.), Einstellungen, Interessen und andere motivationale Konstrukte sowie Aktivitäten herangezogen. Auch das distale (z.B. Gesellschaft) und das proximale Umfeld (z.B. Eltern, Freunde) und damit verbundene geschlechtstypische Entwicklungen (z.B. des Geschlechtsrollenselbstkonzepts), Stereotype sowie die damit verbundene gruppenspezifische Angst vor der Bestätigung vermeintlich negativer Stereotype (*Stereotype Threat*) werden als Gründe diskutiert (z.B. Ceci et al., 2009; Hannover, 2008; Kessels & Heyder, in Druck). Diese Faktoren hängen größtenteils miteinander zusammen, wobei das Geflecht der Faktoren und ihre Interaktionen untereinander bislang immer noch nicht ausreichend erforscht sind. Unbestritten ist jedoch, dass sich zumindest ein Teil der Geschlechterunterschiede auf unterschiedliche Sozialisationserfahrungen von Mädchen und Jungen und nicht vornehmlich auf biologische Einflüsse zurückführen lässt. Hierfür sprechen Verringerungen von Geschlechterunterschieden im zeitlichen Trend (Ceci et al., 2009) sowie die oben berichteten Schwankungen in den Geschlechterunterschieden zwischen den Staaten und zwischen den Ländern der Bundesrepublik Deutschland.

Eccles et al. (1983) haben versucht, einen Teil der oben genannten Faktoren im Rahmen des Erwartungs-Wert-Modells miteinander zu verbinden, wobei das Modell sukzessive erweitert wurde (Eccles & Wigfield, 2002; Wigfield, Tonks & Klauda, in Druck). Das Modell in der aktuellsten Version (Eccles & Wigfield, 2002) unterscheidet zwischen distalen und proximalen Determinanten schulischen Leistungsverhaltens. Unter distalen Determinanten werden frühere Leistungserlebnisse, Eigenschaften des Kindes (z.B. Geschlecht), Einstellungen und Verhaltensweisen von wichtigen Sozialisationspersonen sowie weitere Umweltvariablen wie gesellschaftliche Geschlechtsrollenstereotype und demographische Charakteristika der Familie verstanden (z.B. der sozioökonomische Status der Familie). Diese Variablen konstituieren die Realität des Kindes, in der es sich entwickelt und entsprechende leistungsbezogene Erlebnisse erfährt (Eccles et al., 1983). Die distalen Determinanten schulischer Leistung wirken sich über ihre subjektive Interpretation durch das Kind und weitere psychologische Variablen wie Attributionsstile (Weiner, 1986) auf die proximalen Determinanten der Schulleistung aus, wobei Eccles et al. (1983) als zentrale proximale Determinanten Erfolgserwartungen und subjektive schulische Werte aufführen. Als Indikatoren schulischen Leistungsverhaltens dienen sowohl Schulleistungsmaße als auch das schulische Wahlverhalten. Dieses Modell eignet sich zur Erklärung von Geschlechterunterschieden sowohl in Leistungsindikatoren als auch im Wahlverhalten (Eccles, 1994).

Als zentrale proximale Determinanten betrachten Eccles et al. (1983) Erfolgserwartungen und subjektive Werte. Erfolgserwartungen werden ihrerseits vor allem durch das Fähigkeitsselbstkonzept und die wahrgenommene Aufgabenschwierigkeit beeinflusst. Bezogen auf die Leistungen in verschiedenen schulischen Fächern ließen sich Erfolgserwartungen empirisch nicht vom domänenspezifischen Fähigkeitsselbstkonzept trennen (Eccles & Wigfield, 1995), sodass die in TIMSS erfassten Fähigkeitsselbsteinschätzungen als Proxyvariable für Erwartungen interpretiert werden können. Unter dem Fähigkeitsselbstkonzept versteht man die Gesamtheit der kognitiven Repräsentationen eigener Fähigkeiten (Dickhäuser, Schöne, Spinath & Stiensmeier-Pelster, 2002) beziehungsweise die Vorstellungen über die Höhe der eigenen Fähigkeiten in einem bestimmten Bereich (Dickhäuser, 2006). Entsprechend beschreibt das schulische Selbstkonzept die Vorstellungen einer Person über ihre Fähigkeiten in einem bestimmten Fach oder bezogen auf die Schule im Allgemeinen (Rost & Sparfeldt, 2002). Zum Ende der Grundschulzeit berichten Mädchen im Vergleich zu Jungen in Mathematik ein niedrigeres Fähigkeitsselbstkonzept, während sie ihre Fähigkeiten in den Naturwissenschaften ähnlich bewerten (Brehl et al., 2012). Das Fähigkeitsselbstkonzept ist auch nach Kontrolle vorangegangener Leistung ein guter Prädiktor von verschiedenen Leistungsindikatoren (Noten: siehe z.B. Steinmayr & Spinath, 2009; standardisierte Schulleistungstests: siehe z.B. Marsh, Trautwein, Lüdtke, Köller & Baumert, 2005) und sehr gut geeignet, um Geschlechterunterschiede in verschiedenen Leistungsindikatoren in Mathematik und anderen Fächern zu erklären (Brehl et al., 2012; Eccles, 1994; Steinmayr & Spinath, 2008). Dem Reciprocal-Effects-Modell zufolge beeinflussen sich Leistung und Fähigkeitsselbstkonzept gegenseitig (Marsh & Craven, 2006), sodass Veränderungen in der Leistung durchaus durch Veränderungen im Fähigkeitsselbstkonzept erklärt werden können, wie auch umgekehrt. Entsprechende Effekte wurden schon in der Grundschule nachgewiesen (siehe z.B. Weidinger, Spinath & Steinmayr, 2015).

Werte werden im Modell von Eccles et al. (1983) durch die subjektive Wertigkeit einer Aufgabe definiert, wobei hier die folgenden Werte-Komponenten unterschieden werden: intrinsische Werte, persönliche Wichtigkeit, Nützlichkeit für zukünftige Aktivitäten und Pläne sowie die durch die Aufgabe entstandenen Kosten. Den höchsten Zusammenhang mit Schulleistung weist die intrinsische Werte-Komponente auf (z.B. Steinmayr & Spinath, 2010), die konzeptuell sehr ähnlich zum Konstrukt der intrinsischen Motivation ist. Intrinsische Motivation kann dabei als ein „relativ dauerhaftes, dispositionales Merkmal einer Person verstanden werden, das sich in der Auseinandersetzung mit einem Gegenstandsbereich (z.B. Schulfach) entwickelt und als mehr oder weniger starke Wertschätzung dieses Bereichs zum Ausdruck kommt" (Schiefele, 2009, S. 163–164). Dies bedeutet konkret, dass Schülerinnen und Schüler beispielsweise Mathematik oder den Sachunterricht mögen, das jeweilige Fach interessant finden und eine Auseinandersetzung mit dem Fach eher zu positiven Emotionen führt. Dadurch sollen Informationen besser und tiefer verarbeitet werden, sodass sich intrinsische Motivation positiv auf eine Veränderung der Leistung auswirken sollte. Ein reziproker Effekt ist ebenfalls denkbar, da eine positive Leistungsrückmeldung das Bedürfnis einer Person nach Kompetenzerleben befriedigen kann (Deci & Ryan, 1985; Weidinger et al., 2015).

Mädchen berichten zum Ende der Grundschulzeit eine etwas niedrigere intrinsische Motivation als Jungen in Mathematik, während sie sich in ihrer auf den Sachunterricht bezogenen intrinsischen Motivation nicht unterscheiden (Brehl et al., 2012). In älteren Schülergruppen finden sich kleine reziproke Effekte von intrinsischer Motivation und Leistung (Guay, Ratelle, Roy & Litalien, 2010; Marsh et al., 2005). Im Grundschulbereich zeigen sich kleine Effekte der Noten auf die Veränderung der intrinsischen Motivation in den Fächern Deutsch und Mathematik (Weidinger et al., 2015; Steinmayr, Weidinger & Spinath, in Revision), während sich nur in Mathematik teilweise kleine Effekte der intrinsischen Motivation auf die Veränderung der Noten fanden (Steinmayr et al., in Revision). Bei älteren Schülerinnen und Schülern sind die Effekte jedoch etwas größer (Marsh et al., 2005).

Ähnlich wie das Fähigkeitsselbstkonzept erklären Maße zur Erfassung der intrinsischen Motivation Geschlechterunterschiede in der Schulleistung (z.B. Steinmayr & Spinath, 2008). Während die Effekte von intrinsischer Motivation auf die Schulleistung absolut gesehen eher gering sind, zeigen sich größere Effekte auf das schulische Wahlverhalten (z.B. Steinmayr & Spinath, 2010). Auch bei besonders begabten Schülerinnen und Schülern in Mathematik erklären Interessen noch Geschlechterunterschiede bei der Studienwahl (Lubinski & Benbow, 2006) und der Berufswahl (Robertson, Smeets, Lubinski & Benbow, 2010). Selbst mathematisch besonders begabte Mädchen wählen nach der Schule seltener dem MINT-Bereich zuzurechnende Studiengänge als Jungen. Diese Erkenntnisse sind vor allem vor dem Hintergrund des andauernden Fachkräftemangels insgesamt und des gleichbleibend geringen Anteils von Frauen im MINT-Bereich besonders relevant (Halpern, 2014). Da Interessen und intrinsische Motivation sowie das Fähigkeitsselbstkonzept relativ stabil sind, ist es wichtig, bereits im Grundschulalter die intrinsische Motivation näher zu betrachten. Entsprechend wurde die intrinsische Motivation schon bei TIMSS 2007 und TIMSS 2011 unter dem Begriff ‚fachspezifische positive Einstellungen' erfasst und nun auch in TIMSS 2015 wieder erhoben.

Vor dem Hintergrund der erläuterten Forschungsergebnisse und theoretischen Erklärungsansätze stellen sich folgende Fragen:
- Welche Leistungsdifferenzen ergeben sich zwischen Mädchen und Jungen in den Bereichen Mathematik und Naturwissenschaften am Ende der vierten Jahrgangsstufe? Wie unterscheiden sich die Ergebnisse von TIMSS 2007, 2011 und 2015? (siehe Abschnitte 4 und 5 dieses Kapitels)
- Unterscheiden sich Mädchen und Jungen in Deutschland in ihrer intrinsischen Motivation in (bzw. in ihren positiven Einstellungen zu) Mathematik und Sachunterricht sowie in ihrem mathematikbezogenen und sachunterrichtsbezogenen Selbstkonzept? Wie unterscheiden sich die Ausprägungen im Jahr 2015 von den Ergebnissen aus TIMSS 2007 und 2011? (Abschnitt 6)

- Wie unterscheiden sich Noten in Sachunterricht und Mathematik zwischen Mädchen und Jungen unter Berücksichtigung der objektiven Kompetenzen in diesen Fächern? (Abschnitt 7)
- Gibt es einen weiteren Trend in der Entwicklung der Leistungsunterschiede zwischen Mädchen und Jungen, und lässt sich dieser auf Veränderungen in der Zusammensetzung der Schülerschaften zurückführen? (Abschnitt 8)

Im folgenden Abschnitt werden zunächst die Ergebnisse von Mädchen und Jungen in Mathematik und anschließend in den Naturwissenschaften dargestellt. In den Abbildungen und Tabellen werden für den internationalen Vergleich alle Teilnehmerstaaten abgebildet, die Mitglieder der *Europäischen Union* (EU) und/oder der *Organisation for Economic Co-operation and Development* (OECD) sind, sowie zusätzlich alle Staaten, die in den jeweiligen Gesamtskalen in Mathematik und Naturwissenschaften signifikant höhere oder vergleichbar gute Leistungsmittelwerte erzielen konnten wie Deutschland.

Bei der Analyse der TIMSS-Daten für Deutschland wurden im Vergleich zu Populationsdaten (Statistisches Bundesamt, 2015) zufallsbedingte Disproportionalitäten in Bezug auf das Geschlechterverhältnis von Schülerinnen und Schülern in Förderschulen sowie die Anteile von Schülerinnen und Schülern an Regel- und Förderschulen sowie von Kindern mit sonderpädagogischen Förderbedarfen festgestellt. Um mögliche Verzerrungen zu reduzieren, wird für die in diesem Kapitel dargestellten Analysen eine optimierte Gewichtungsvariable verwendet (siehe Kapitel 2 in diesem Band). Diese adjustiert im Vergleich zu der generellen in TIMSS genutzten Gewichtungsvariable die TIMSS-2015-Daten in der Art, dass die geschlechterbezogenen Populationsverhältnisse besser abgebildet werden. Hieraus ergeben sich im Vergleich zur internationalen Berichterstattung für Deutschland geringfügige Abweichungen in den berichteten Anteilen und Leistungskennwerten von Mädchen und Jungen. Eine Fußnote verweist in den Abbildungen und Tabellen auf Abweichungen zur internationalen Berichterstattung.

4 Ergebnisse zu geschlechtsspezifischen Leistungsunterschieden in Mathematik

4.1 Geschlechtsspezifische Unterschiede in der Mathematikleistung

In der Abbildung 9.1 sind die Ergebnisse der Mathematikgesamtskala für Mädchen und Jungen getrennt dargestellt. Der linke Teil der Abbildung weist tabellarisch die jeweiligen Anteile von Mädchen beziehungsweise Jungen in den einzelnen Teilnehmerstaaten sowie ihre mittleren Mathematikleistungen und die dazugehörigen Standardfehler aus. Zusätzlich sind die jeweiligen Leistungsdifferenzen mit Standardfehlern aufgeführt. Diese Differenzen sind darüber hinaus im rechten Teil der Abbildung als Balkendiagramm illustriert. Statistisch signifikante Unterschiede zwischen Mädchen und Jungen sind durch eine grüne Färbung der Differenzbalken dargestellt. Teilnehmerstaaten, in denen sich die Mittelwertdifferenz nicht signifikant von der Differenz für Deutschland unterscheidet, sind durch eine schwarze Umrandung gekennzeichnet.

Betrachtet man die Ergebnisse, so zeigt sich, dass – mit Ausnahme von Finnland – in allen Teilnehmerstaaten, in denen es einen signifikanten Unter-

Abbildung 9.1: Testleistung nach Geschlecht – Gesamtskala Mathematik

Teilnehmer	Mädchen			Jungen			Differenz[A]		Vorsprung zugunsten der	
	%	M_m	(SE)	%	M_j	(SE)	M_j-M_m	(SE)	Mädchen	Jungen
[23] *Italien*	48.8	497	(2.7)	51.2	517	(3.0)	20	(2.7)		
Kroatien	48.8	496	(2.1)	51.2	508	(2.3)	12	(2.7)		
[2] *Spanien*	49.3	499	(2.7)	50.7	511	(2.7)	12	(2.4)		
Slowakei	48.5	493	(3.0)	51.5	504	(2.6)	11	(2.6)		
[2] *Portugal*	49.0	536	(2.4)	51.0	547	(2.5)	11	(2.2)		
[3] Hongkong	45.8	609	(3.8)	54.2	619	(2.8)	10	(3.3)		
[23] *Kanada*	49.1	506	(2.5)	50.9	515	(2.6)	9	(2.1)		
Australien	48.6	513	(3.1)	51.4	522	(3.9)	9	(3.5)		
[3] Niederlande	50.1	526	(1.8)	49.9	534	(2.2)	8	(2.2)		
Republik Korea (Südkorea)	48.3	604	(2.3)	51.7	612	(2.5)	7	(1.9)		
Tschechische Republik	49.4	525	(3.0)	50.6	532	(2.5)	7	(3.2)		
[23] *USA*	50.7	536	(2.3)	49.3	543	(2.6)	7	(1.9)		
Zypern	49.2	520	(2.9)	50.8	526	(3.1)	6	(2.7)		
[1] England	50.9	543	(3.0)	49.1	549	(3.3)	6	(2.9)		
[23] *Dänemark*	49.3	536	(3.1)	50.7	542	(3.0)	6	(2.8)		
[2] *Frankreich*	48.9	485	(3.2)	51.1	491	(3.2)	6	(2.8)		
Ungarn	49.4	526	(3.4)	50.6	532	(3.8)	6	(3.4)		
[3] Belgien (Fläm. Gem.)	50.1	543	(2.4)	49.9	549	(2.4)	6	(2.4)		
Taiwan	48.6	594	(2.2)	51.4	599	(2.3)	6	(2.5)		
VG EU	**49.2**	**524**	**(0.6)**	**50.8**	**529**	**(0.6)**	**5**	**(0.6)**		
VG OECD	**49.2**	**525**	**(0.5)**	**50.8**	**530**	**(0.6)**	**5**	**(0.5)**		
Deutschland[B]	48.5	520	(2.5)	51.5	524	(2.3)	5	(2.3)		
Slowenien	48.8	518	(2.1)	51.2	522	(2.4)	4	(2.6)		
Irland	47.3	545	(2.6)	52.7	549	(2.9)	4	(3.4)		
[1][3] Neuseeland	49.3	489	(2.8)	50.7	492	(2.6)	2	(2.8)		
[3] *Nordirland*	49.6	569	(3.8)	50.4	571	(3.1)	2	(3.8)		
Türkei	49.4	482	(3.2)	50.6	484	(3.5)	2	(2.7)		
Polen	50.2	534	(2.3)	49.8	536	(2.7)	1	(2.5)		
Chile	48.8	458	(2.8)	51.2	459	(3.0)	1	(3.2)		
Internationaler Mittelwert[B]	**49.0**	**506**	**(0.5)**	**51.0**	**508**	**(0.5)**	**1**	**(0.5)**		
Japan	50.0	593	(2.0)	50.0	593	(2.5)	0	(2.3)		
Russische Föderation	49.1	564	(3.7)	50.9	564	(3.7)	-1	(2.8)		
[2] *Schweden*	49.5	519	(3.2)	50.5	518	(3.2)	-1	(3.0)		
[2] *Litauen*	50.0	537	(2.8)	50.0	534	(3.1)	-2	(3.3)		
[2] *Serbien*	48.5	520	(3.7)	51.5	517	(4.7)	-3	(4.7)		
Kasachstan	48.7	546	(4.6)	51.3	543	(4.8)	-2	(2.8)		
[2] *Singapur*	48.4	620	(3.9)	51.6	616	(4.3)	-4	(3.0)		
[1] Norwegen (5. Jgst.)	49.3	551	(2.6)	50.7	547	(3.1)	-4	(2.9)		
Bulgarien	49.1	527	(5.7)	50.9	522	(5.1)	-5	(2.9)		
Finnland	48.1	540	(2.3)	51.9	531	(2.6)	-9	(2.9)		
Benchmark-Teilnehmer										
[23] *Québec, Kanada*	49.6	531	(3.9)	50.4	541	(4.8)	11	(3.8)		
Ontario, Kanada	48.7	509	(2.6)	51.3	516	(2.8)	7	(2.9)		
Norwegen (4. Jgst.)	49.2	492	(2.9)	50.8	494	(3.0)	3	(3.6)		

-10   -5   0   5   10   15   20

☐ Kein statistisch signifikanter Unterschied zum Differenzwert von Deutschland (p > .05).
■ Statistisch signifikante Unterschiede (p < .05).
Kursiv gesetzt sind die Teilnehmer, für die von einer eingeschränkten Vergleichbarkeit der Ergebnisse ausgegangen werden muss.
1 = Die nationale Zielpopulation entspricht nicht oder nicht ausschließlich der vierten Jahrgangsstufe.
2 = Der Ausschöpfungsgrad und/oder die Ausschlüsse von der nationalen Zielpopulation erfüllen nicht die internationalen Vorgaben.
3 = Die Teilnahmequoten auf Schul- und/oder Schülerebene erreichen nicht die internationalen Vorgaben.
A = Inkonsistenzen in den berichteten Differenzen sind im Rundungsverfahren begründet.
B = Für Deutschland und damit auch für den internationalen Mittelwert ergeben sich auf Grund adjustierter Gewichtung geringfügige Abweichungen zur internationalen Berichterstattung.

IEA: Trends in International Mathematics and Science Study   © TIMSS 2015

schied in der Mathematikleistung von Mädchen und Jungen gibt, dieser zugunsten der Jungen ausfällt. In Deutschland erreichen Mädchen einen Leistungsmittelwert von 520 Punkten, während Jungen eine mittlere mathematische Kompetenz von 524 Punkten erzielen. Der Unterschied von 5 Punkten, der sich unter Berücksichtigung der Nachkommastellen ergibt, ist signifikant. Für die meisten Teilnehmerstaaten und Regionen ergeben sich ebenfalls Leistungsunterschiede zugunsten der Jungen, wobei diese nicht für alle Teilnehmerstaaten signifikant sind. Größere Leistungsdifferenzen zugunsten der Jungen lassen sich in Italien (20), Kroatien (12) und Spanien (12) feststellen. Größere Leistungsdifferenzen zugunsten der Mädchen lassen sich in Finnland beobachten (9). Der mittlere Unterschied in den Vergleichsgruppen EU (VG$_{EU}$) und OECD (VG$_{OECD}$) liegt bei 5 Punkten und unterscheidet sich nicht signifikant von der Leistungsdifferenz zwischen Mädchen und Jungen in Deutschland.

4.2 Geschlechtsspezifische Unterschiede nach Inhaltsbereichen

Die TIMSS-Rahmenkonzeption zur Erfassung mathematischer Kompetenzen sieht vor, neben der mittleren Gesamtleistung auch Teilbereiche der mathematischen Kompetenz zu berücksichtigen (siehe Kapitel 3). Dies ermöglicht eine genauere Analyse der Stärken und Schwächen der Schülerinnen und Schüler. In dem hier vorliegenden Abschnitt werden zunächst die Leistungen von Mädchen und Jungen in den durch die TIMSS-Leistungstests erfassten Inhaltsbereichen *Arithmetik*, *Geometrie/Messen* und *Umgang mit Daten* beschrieben, die in der Abbildung 9.2 dargestellt sind. Im oberen Teil der Abbildung sind für die einzelnen Inhaltsbereiche jeweils die mittleren Leistungswerte mit den dazugehörigen Standardfehlern für Mädchen und Jungen und zusätzlich die jeweilige Differenz zwischen Mädchen und Jungen mit dem entsprechenden Standardfehler aufgeführt. Analog zu Abbildung 9.1 sind (hier im unteren Teil der Abbildung) die Differenzen illustriert. Leistungsunterschiede, die statistisch signifikant ausfallen, sind durch eine grüne Färbung der Balken gekennzeichnet. Die Sortierung der Teilnehmer orientiert sich an der in Abbildung 9.1 dargestellten Höhe der mittleren Leistungsdifferenz.

Wie in der Abbildung zu sehen ist, ergibt sich ein differenzierteres Bild für die drei Inhaltsbereiche. Der Leistungsvorsprung, den die Jungen auf der Gesamtskala Mathematik erzielen, lässt sich lediglich in zwei Teilnehmerstaaten – Italien und Kroatien – in allen drei Inhaltsbereichen feststellen. In den meisten anderen Teilnehmerstaaten zeigen sich Leistungsunterschiede zugunsten der Jungen, wenn überhaupt, vornehmlich in *Arithmetik,* weniger in *Geometrie/ Messen* und kaum im Bereich *Umgang mit Daten*. In zwölf Teilnehmerstaaten zeigen sich, wie auf der Gesamtskala (siehe Abbildung 9.1), keine signifikanten Leistungsdisparitäten.

Für den Bereich *Arithmetik* lassen sich für 25 der 40 dargestellten Teilnehmerstaaten und Regionen signifikante Leistungsunterschiede feststellen. Mit Ausnahme von Finnland, wo sich Leistungsvorsprünge der Mädchen beobachten lassen, fallen diese, sofern signifikant, zugunsten der Jungen aus. Die mittlere Differenz für die Vergleichsgruppe EU liegt bei 8 Punkten, die mittlere Differenz für die Vergleichsgruppe OECD bei 7 Punkten. In Deutschland erreichen Mädchen im Inhaltsbereich *Arithmetik* 510 Punkte, während der Mittelwert für Jungen in diesem Bereich bei 520 Punkten liegt. Die Differenz von 9 Punkten

Abbildung 9.2: Testleistungen in Inhaltsbereichen nach Geschlecht im internationalen Vergleich – Mathematik

Teilnehmer	Arithmetik						Geometrie/Messen						Umgang mit Daten					
	Mädchen		Jungen		Differenz[A]		Mädchen		Jungen		Differenz[A]		Mädchen		Jungen		Differenz[A]	
	M_m	(SE)	M_j	(SE)	M_j-M_m	(SE)	M_m	(SE)	M_j	(SE)	M_j-M_m	(SE)	M_m	(SE)	M_j	(SE)	M_j-M_m	(SE)
[2][3] *Italien*	499	(2.6)	520	(2.8)	21	(2.6)	497	(2.9)	510	(3.5)	13	(3.3)	490	(3.1)	506	(3.8)	16	(3.7)
Kroatien	491	(2.3)	505	(2.4)	14	(3.0)	506	(2.7)	519	(2.9)	13	(3.2)	494	(3.2)	503	(3.4)	9	(2.9)
[2] *Spanien*	497	(2.8)	511	(2.7)	14	(2.4)	497	(3.1)	508	(3.1)	11	(2.8)	506	(3.5)	512	(3.6)	7	(3.6)
Slowakei	496	(2.9)	508	(2.7)	12	(2.9)	483	(3.1)	498	(2.8)	15	(3.0)	493	(4.8)	499	(3.7)	7	(3.9)
[2] *Portugal*	535	(2.5)	546	(2.8)	12	(3.2)	534	(3.5)	544	(3.3)	10	(4.3)	542	(2.8)	550	(4.0)	8	(4.1)
[3] *Hongkong*	610	(4.1)	621	(3.1)	11	(3.6)	611	(4.5)	622	(3.8)	11	(4.6)	608	(4.4)	613	(4.3)	4	(4.2)
[2][3] *Kanada*	497	(2.6)	509	(2.6)	11	(2.2)	513	(2.7)	521	(2.8)	9	(2.2)	526	(2.7)	531	(3.1)	4	(2.3)
Australien	503	(3.3)	515	(4.2)	12	(4.2)	523	(3.7)	531	(3.8)	7	(3.5)	530	(4.6)	535	(5.6)	4	(7.2)
[3] *Niederlande*	526	(2.6)	537	(2.6)	11	(2.8)	518	(2.1)	525	(2.4)	7	(2.2)	538	(3.3)	540	(4.3)	2	(3.5)
Republik Korea (Südkorea)	605	(2.7)	614	(2.9)	9	(2.2)	608	(2.7)	612	(3.0)	4	(3.4)	606	(2.7)	608	(4.1)	2	(4.7)
Tschechische Republik	524	(3.0)	532	(2.5)	8	(2.8)	529	(3.5)	533	(2.8)	3	(3.9)	522	(3.4)	528	(3.7)	7	(4.0)
[2][3] *USA*	542	(2.2)	549	(2.7)	6	(2.3)	519	(2.5)	532	(3.0)	13	(2.3)	538	(3.2)	542	(2.8)	4	(2.3)
Zypern	523	(3.0)	534	(2.9)	10	(3.1)	524	(3.2)	523	(3.4)	-1	(3.3)	506	(4.1)	509	(4.4)	3	(3.7)
[1] England	542	(3.4)	552	(3.9)	10	(3.4)	538	(3.6)	546	(3.9)	8	(3.7)	555	(4.1)	549	(3.9)	-6	(4.8)
[2][3] *Dänemark*	530	(3.1)	539	(3.2)	9	(3.3)	553	(4.1)	557	(3.6)	4	(4.3)	526	(5.1)	526	(3.1)	0	(4.9)
[2] *Frankreich*	478	(3.4)	488	(3.1)	10	(2.7)	500	(4.0)	507	(2.9)	7	(3.4)	474	(4.6)	477	(4.0)	3	(6.0)
Ungarn	527	(3.2)	535	(3.8)	7	(3.5)	530	(4.1)	542	(4.1)	12	(4.0)	513	(4.0)	512	(4.3)	-1	(4.1)
[3] Belgien (Fläm. Gem.)	538	(2.5)	548	(2.3)	10	(2.5)	562	(2.5)	565	(3.0)	3	(3.0)	525	(2.9)	522	(4.6)	-4	(4.7)
Taiwan	595	(2.4)	603	(2.3)	8	(2.9)	597	(3.4)	597	(3.4)	-1	(3.2)	591	(3.3)	592	(2.7)	1	(4.1)
VG EU	**523**	**(0.6)**	**530**	**(0.6)**	**8**	**(0.7)**	**527**	**(0.7)**	**531**	**(0.7)**	**4**	**(0.7)**	**525**	**(0.9)**	**526**	**(0.9)**	**1**	**(0.9)**
VG OECD	**523**	**(0.6)**	**530**	**(0.6)**	**7**	**(0.6)**	**528**	**(0.6)**	**532**	**(0.6)**	**4**	**(0.7)**	**530**	**(0.7)**	**531**	**(0.7)**	**1**	**(0.8)**
Deutschland[B]	510	(2.4)	520	(2.4)	9	(2.3)	530	(3.0)	532	(3.0)	1	(3.3)	534	(3.4)	536	(3.0)	2	(3.5)
Slowenien	507	(2.2)	515	(2.4)	7	(2.8)	530	(2.5)	530	(2.6)	0	(2.9)	541	(3.7)	539	(3.5)	-2	(3.4)
Irland	549	(2.6)	553	(3.0)	4	(3.5)	538	(3.2)	546	(3.7)	8	(3.9)	547	(5.5)	548	(4.1)	1	(5.8)
[1][3] Neuseeland	483	(3.1)	488	(3.1)	5	(3.2)	487	(3.7)	490	(2.7)	3	(3.4)	506	(3.3)	506	(3.5)	0	(4.4)
[3] *Nordirland*	573	(4.1)	576	(3.1)	4	(3.9)	564	(4.1)	568	(3.9)	4	(4.6)	566	(4.5)	567	(4.2)	1	(4.4)
Türkei	487	(3.4)	491	(3.6)	4	(2.6)	474	(3.4)	476	(3.5)	2	(3.3)	478	(4.3)	474	(4.0)	-4	(4.8)
Polen	532	(2.7)	537	(2.8)	4	(3.1)	535	(2.8)	532	(3.1)	-4	(3.1)	534	(3.6)	542	(3.4)	8	(4.1)
Chile	454	(3.2)	455	(3.2)	1	(3.3)	459	(3.5)	460	(3.5)	2	(3.3)	462	(3.7)	464	(4.3)	3	(5.0)
Internationaler Mittelwert[B]	**506**	**(0.5)**	**510**	**(0.5)**	**3**	**(0.5)**	**506**	**(0.5)**	**506**	**(0.6)**	**-1**	**(0.6)**	**507**	**(0.6)**	**503**	**(0.6)**	**-4**	**(0.7)**
Japan	591	(2.2)	592	(2.7)	1	(3.1)	605	(3.4)	597	(3.1)	-8	(4.2)	594	(4.1)	593	(2.9)	-1	(4.8)
Russische Föderation	567	(3.8)	567	(3.5)	0	(3.1)	558	(4.5)	556	(4.8)	-1	(3.4)	572	(4.3)	573	(4.1)	0	(4.2)
[2] *Schweden*	513	(3.1)	515	(3.1)	3	(3.2)	524	(3.7)	522	(3.7)	-2	(3.3)	535	(5.1)	523	(3.9)	-12	(4.3)
[2] *Litauen*	539	(3.1)	537	(3.3)	-2	(3.7)	527	(4.0)	524	(3.6)	-3	(4.5)	542	(3.7)	538	(6.4)	-3	(7.5)
[2] *Serbien*	523	(3.5)	525	(4.6)	2	(4.8)	504	(4.5)	501	(5.0)	-3	(5.6)	522	(5.1)	512	(4.5)	-9	(5.8)
Kasachstan	553	(4.2)	551	(4.5)	-1	(3.4)	539	(6.0)	540	(6.3)	1	(4.4)	528	(5.8)	520	(6.1)	-8	(5.7)
[2] *Singapur*	632	(4.5)	628	(4.7)	-4	(3.5)	610	(4.5)	605	(4.5)	-5	(3.1)	603	(4.2)	597	(5.2)	-5	(4.1)
[1] Norwegen (5. Jgst.)	543	(2.7)	541	(3.2)	-2	(3.4)	562	(3.3)	556	(4.6)	-5	(4.0)	573	(3.0)	559	(4.0)	-15	(3.8)
Bulgarien	531	(5.0)	528	(4.6)	-3	(2.6)	530	(6.5)	520	(5.7)	-10	(3.4)	509	(8.7)	500	(7.0)	-9	(4.5)
Finnland	536	(2.9)	528	(2.6)	-8	(3.7)	545	(2.5)	534	(2.9)	-11	(2.3)	550	(3.8)	534	(3.6)	-16	(3.2)
Benchmark-Teilnehmer																		
[2][3] *Québec, Kanada*	526	(4.1)	539	(5.1)	13	(4.0)	538	(4.5)	547	(5.5)	8	(4.3)	539	(5.2)	543	(5.7)	4	(4.1)
Ontario, Kanada	495	(3.1)	504	(2.9)	9	(3.0)	523	(3.0)	530	(3.6)	7	(3.0)	534	(3.0)	537	(3.0)	3	(3.0)
Norwegen (4. Jgst.)	487	(2.6)	491	(3.4)	4	(4.0)	498	(3.6)	500	(4.1)	2	(5.6)	495	(3.4)	495	(4.3)	1	(5.2)

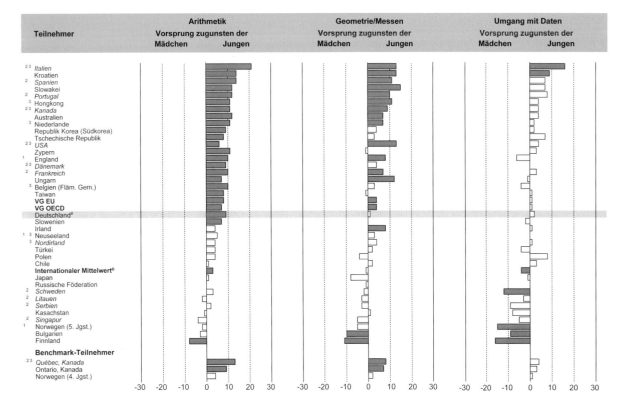

Statistisch signifikante Unterschiede ($p < .05$).

Kursiv gesetzt sind die Teilnehmer, für die von einer eingeschränkten Vergleichbarkeit der Ergebnisse ausgegangen werden muss.

1 = Die nationale Zielpopulation entspricht nicht oder nicht ausschließlich der vierten Jahrgangsstufe.

2 = Der Ausschöpfungsgrad und/oder die Ausschlüsse von der nationalen Zielpopulation erfüllen nicht die internationalen Vorgaben.

3 = Die Teilnahmequoten auf Schul- und/oder Schülerebene erreichen nicht die internationalen Vorgaben.

A = Inkonsistenzen in den berichteten Differenzen sind im Rundungsverfahren begründet.

B = Für Deutschland und damit auch für den internationalen Mittelwert ergeben sich aufgrund adjustierter Gewichtung geringfügige Abweichungen zur internationalen Berichterstattung.

IEA: Trends in International Mathematics and Science Study © TIMSS 2015

zugunsten der Jungen, die sich unter Berücksichtigung der Nachkommastellen ergibt, ist signifikant.

Für den Inhaltsbereich *Geometrie/Messen* ergeben sich insgesamt nur für 18 der hier dargestellten Teilnehmerstaaten signifikante Leistungsunterschiede. In 16 Teilnehmerstaaten und Regionen fallen diese zugunsten der Jungen aus. Für die Vergleichsgruppen EU (VG$_{EU}$) und OECD (VG$_{OECD}$) liegt der Leistungsvorsprung der Jungen bei 4 Punkten. In Deutschland erreichen Mädchen einen Mittelwert von 530 Punkten und Jungen einen Mittelwert von 532 Punkten. Der Leistungsunterschied zwischen Mädchen und Jungen fällt damit in Deutschland für diesen Inhaltsbereich nicht signifikant aus.

Für den Inhaltsbereich *Umgang mit Daten* lassen sich in den meisten Staaten und Regionen keine signifikanten Leistungsunterschiede zwischen Mädchen und Jungen feststellen. Auch in Deutschland zeigen sich in diesem Bereich keine signifikanten Unterschiede. Lediglich in Italien (16 Punkte Differenz) und Kroatien (9) lassen sich signifikante Leistungsunterschiede zugunsten von Jungen beobachten. In vier Teilnehmerstaaten – Finnland (16), Norwegen (5. Jgst.) (15), Schweden (12) und Bulgarien (9) – lassen sich signifikante Leistungsunterschiede zugunsten von Mädchen feststellen.

4.3 Geschlechtsspezifische Unterschiede nach kognitiven Anforderungsbereichen

Neben den zuvor beschriebenen Inhaltsbereichen lassen sich die Testaufgaben in TIMSS nach der Rahmenkonzeption auch in drei kognitive Anforderungsbereiche unterscheiden: das *Reproduzieren*, das *Anwenden* und das *Problemlösen*. Die Ergebnisse sind in Abbildung 9.3 dargestellt.

Der Leistungsvorsprung, den die Jungen auf der Gesamtskala Mathematik erzielen, lässt sich bei dieser Betrachtung in 9 Teilnehmerstaaten sowie den Vergleichsgruppen EU und OECD in allen drei Anforderungsbereichen feststellen. In 16 Teilnehmerstaaten und Regionen zeigen sich hingegen in allen Inhaltsbereichen keine Leistungsdisparitäten.

Für den Anforderungsbereich *Reproduzieren* ergibt sich ein vergleichsweise einheitliches Bild der geschlechtsspezifischen Leistungsunterschiede. In allen Teilnehmerstaaten, in denen sich Mädchen und Jungen in diesem Bereich signifikant unterscheiden, fällt der Unterschied zugunsten der Jungen aus. In Deutschland ergibt sich für die Mädchen eine mittlere Leistung von 522 Punkten und für die Jungen eine von 527 Punkten, wobei die Differenz (5 Punkte) nicht signifikant ist. Die mittlere Differenz zwischen Mädchen und Jungen für die Vergleichsgruppen EU (VG$_{EU}$) und OECD (VG$_{OECD}$) liegt bei 8 beziehungsweise 7 Punkten und ist statistisch signifikant.

Im Anforderungsbereich *Anwenden* ergibt sich ebenfalls ein relativ einheitliches Bild der geschlechtsspezifischen Leistungsunterschiede. Mit Ausnahme von Finnland zeigt sich in allen Teilnehmerstaaten, in denen es einen signifikanten Unterschied im Anforderungsbereich *Anwenden* von Mädchen und Jungen gibt, ein Leistungsvorsprung zugunsten der Jungen. In Deutschland haben Jungen mit 518 Punkten statistisch signifikante 6 Punkte Vorsprung vor den Mädchen. Auch im EU-Durchschnitt ergibt sich eine mittlere Differenz zugunsten der Jungen von 5 Punkten und im OECD-Durchschnitt ebenfalls eine von 5 Punkten.

Auch im Anforderungsbereich *Problemlösen* zeigt sich – mit Ausnahme von Finnland und der Russischen Föderation – in allen Teilnehmerstaaten, in denen

Abbildung 9.3: Testleistungen in kognitiven Anforderungsbereichen nach Geschlecht im internationalen Vergleich – Mathematik

Teilnehmer	Reproduzieren Mädchen M_m (SE)		Jungen M_j (SE)		Differenz[A] M_j-M_m (SE)		Anwenden Mädchen M_m (SE)		Jungen M_j (SE)		Differenz[A] M_j-M_m (SE)		Problemlösen Mädchen M_m (SE)		Jungen M_j (SE)		Differenz[A] M_j-M_m (SE)	
[2 3] *Italien*	501	(3.2)	520	(4.0)	19	(4.4)	494	(2.7)	514	(3.1)	20	(3.0)	491	(3.0)	513	(4.4)	22	(3.8)
Kroatien	497	(2.1)	508	(2.7)	11	(3.0)	493	(2.2)	504	(2.5)	11	(2.8)	497	(2.9)	517	(3.3)	19	(4.4)
[2] *Spanien*	498	(3.1)	512	(2.6)	14	(3.0)	499	(2.6)	511	(2.6)	12	(2.3)	496	(3.2)	507	(3.2)	11	(4.1)
Slowakei	484	(2.8)	497	(2.9)	13	(3.0)	491	(3.2)	502	(2.9)	10	(3.4)	509	(3.4)	521	(3.3)	12	(3.6)
[2] *Portugal*	540	(3.4)	554	(2.7)	14	(3.2)	534	(2.7)	545	(2.9)	11	(2.7)	527	(2.9)	536	(3.2)	9	(4.1)
[3] *Hongkong*	614	(4.8)	621	(3.0)	7	(4.7)	615	(4.1)	626	(3.3)	11	(3.9)	595	(4.6)	604	(3.5)	9	(4.8)
[2 3] *Kanada*	502	(2.5)	509	(2.8)	7	(2.3)	506	(2.5)	514	(2.5)	8	(2.0)	515	(2.5)	527	(2.8)	13	(2.6)
Australien	503	(3.5)	515	(4.7)	12	(4.5)	516	(3.5)	526	(3.5)	10	(3.5)	519	(3.5)	528	(3.8)	9	(4.1)
[3] *Niederlande*	515	(2.0)	526	(2.5)	12	(2.9)	528	(1.8)	533	(2.3)	5	(2.3)	540	(2.8)	546	(3.6)	6	(3.7)
Republik Korea (Südkorea)	624	(3.1)	630	(3.3)	6	(2.8)	592	(2.2)	599	(2.6)	7	(2.4)	612	(3.8)	624	(3.6)	12	(5.5)
Tschechische Republik	514	(3.3)	524	(2.6)	10	(3.1)	523	(3.0)	533	(2.7)	9	(3.0)	545	(4.0)	542	(3.2)	-3	(4.0)
[2 3] *USA*	545	(2.5)	550	(2.7)	6	(2.6)	532	(2.4)	542	(2.8)	10	(2.3)	528	(2.7)	534	(2.9)	6	(2.6)
Zypern	514	(3.1)	524	(3.3)	10	(3.1)	526	(3.0)	531	(3.8)	5	(3.7)	516	(4.2)	522	(3.3)	6	(4.2)
[1] *England*	548	(3.8)	560	(3.8)	12	(3.7)	542	(3.9)	547	(3.5)	5	(3.7)	537	(3.3)	543	(4.2)	6	(3.9)
[2 3] *Dänemark*	531	(4.4)	541	(3.2)	10	(4.1)	535	(3.2)	541	(3.1)	6	(3.1)	545	(4.3)	550	(3.9)	6	(5.1)
[2] *Frankreich*	482	(3.4)	487	(3.5)	5	(4.0)	484	(3.5)	492	(3.7)	8	(3.8)	485	(3.8)	497	(3.8)	12	(3.3)
Ungarn	530	(3.6)	535	(3.8)	5	(4.0)	523	(3.4)	529	(4.1)	6	(3.7)	525	(4.3)	534	(4.3)	9	(4.6)
[3] *Belgien (Fläm. Gem.)*	550	(3.0)	558	(2.4)	8	(2.9)	542	(2.4)	546	(2.6)	4	(2.7)	535	(3.3)	537	(3.2)	3	(3.8)
Taiwan	619	(2.7)	622	(3.1)	3	(3.6)	591	(2.4)	595	(2.7)	4	(3.0)	572	(3.6)	579	(3.3)	8	(3.3)
VG EU	**522**	**(0.7)**	**529**	**(0.7)**	**8**	**(0.8)**	**524**	**(0.7)**	**529**	**(0.7)**	**5**	**(0.7)**	**526**	**(0.8)**	**531**	**(0.8)**	**5**	**(0.9)**
VG OECD	**524**	**(0.6)**	**530**	**(0.6)**	**7**	**(0.7)**	**525**	**(0.6)**	**530**	**(0.6)**	**5**	**(0.6)**	**529**	**(0.7)**	**533**	**(0.7)**	**5**	**(0.8)**
Deutschland[B]	522	(3.0)	527	(2.8)	5	(3.6)	512	(2.7)	518	(2.6)	6	(2.8)	533	(2.8)	538	(2.9)	4	(3.1)
Slowenien	514	(2.8)	520	(2.7)	6	(4.1)	518	(2.6)	523	(2.6)	5	(3.1)	522	(2.9)	526	(3.3)	3	(4.4)
Irland	552	(3.6)	556	(3.5)	4	(4.2)	547	(2.8)	550	(3.0)	3	(3.7)	532	(3.7)	538	(3.4)	6	(4.6)
[1 3] *Neuseeland*	471	(3.1)	480	(3.1)	9	(3.4)	497	(3.2)	497	(3.2)	0	(3.3)	503	(3.5)	504	(3.5)	0	(4.6)
[3] *Nordirland*	577	(5.4)	587	(3.9)	10	(5.4)	576	(4.3)	575	(3.2)	0	(4.1)	548	(4.6)	551	(3.5)	3	(4.7)
Türkei	490	(3.5)	493	(3.8)	2	(2.8)	481	(3.6)	484	(3.8)	3	(2.7)	466	(4.0)	467	(3.8)	0	(3.1)
Polen	515	(2.5)	519	(3.0)	4	(2.6)	540	(2.3)	543	(2.7)	3	(2.7)	546	(2.5)	547	(3.0)	1	(3.1)
Chile	450	(3.0)	447	(3.6)	-3	(3.6)	461	(2.7)	464	(3.1)	4	(3.4)	464	(3.4)	467	(3.0)	2	(4.5)
Internationaler Mittelwert[B]	**506**	**(0.5)**	**507**	**(0.5)**	**2**	**(0.6)**	**506**	**(0.5)**	**507**	**(0.5)**	**1**	**(0.6)**	**507**	**(0.5)**	**507**	**(0.6)**	**0**	**(0.7)**
Japan	602	(2.9)	601	(3.2)	-1	(3.9)	590	(2.2)	588	(2.6)	-2	(2.5)	595	(2.8)	595	(4.0)	0	(4.3)
Russische Föderation	557	(4.0)	556	(3.8)	-1	(4.0)	566	(3.9)	567	(3.9)	1	(2.9)	573	(4.2)	567	(4.3)	-7	(3.2)
[2] *Schweden*	498	(3.7)	503	(3.8)	5	(3.3)	524	(3.0)	519	(3.0)	-5	(2.6)	545	(3.8)	538	(4.3)	-6	(4.7)
[2] *Litauen*	533	(3.2)	532	(3.0)	-1	(3.5)	537	(3.2)	536	(3.3)	-1	(3.6)	537	(3.3)	531	(4.1)	-6	(4.8)
[2] *Serbien*	513	(3.7)	512	(4.7)	-1	(4.7)	522	(3.8)	520	(4.3)	-3	(4.3)	517	(4.8)	516	(4.8)	-2	(5.9)
Kasachstan	547	(4.7)	544	(5.0)	-3	(4.0)	541	(4.8)	540	(5.4)	-1	(3.1)	555	(5.2)	551	(5.0)	-5	(4.1)
[2] *Singapur*	633	(4.5)	628	(4.1)	-6	(3.5)	621	(4.3)	618	(4.4)	-3	(3.5)	605	(4.9)	600	(4.9)	-5	(3.9)
[1] *Norwegen (5. Jgst.)*	545	(3.0)	543	(4.0)	-2	(3.1)	551	(2.7)	549	(3.3)	-2	(3.2)	559	(3.3)	553	(4.6)	-6	(5.6)
Bulgarien	529	(5.4)	526	(5.1)	-3	(2.5)	525	(6.1)	521	(5.4)	-4	(3.0)	524	(7.1)	518	(5.6)	-6	(5.1)
Finnland	532	(2.9)	528	(2.9)	-4	(3.7)	542	(2.7)	530	(2.4)	-12	(3.0)	547	(3.1)	534	(3.9)	-13	(3.5)
Benchmark-Teilnehmer																		
[2 3] *Québec, Kanada*	538	(4.1)	546	(5.3)	7	(3.8)	528	(4.1)	537	(4.8)	9	(3.6)	529	(4.9)	544	(5.8)	16	(4.3)
Ontario, Kanada	502	(2.9)	508	(2.9)	5	(3.0)	510	(2.7)	516	(2.8)	6	(2.9)	519	(2.9)	529	(3.3)	10	(3.5)
Norwegen (4. Jgst.)	478	(3.1)	481	(3.3)	3	(3.8)	492	(2.8)	498	(3.2)	5	(3.5)	507	(4.2)	506	(3.7)	-2	(5.2)

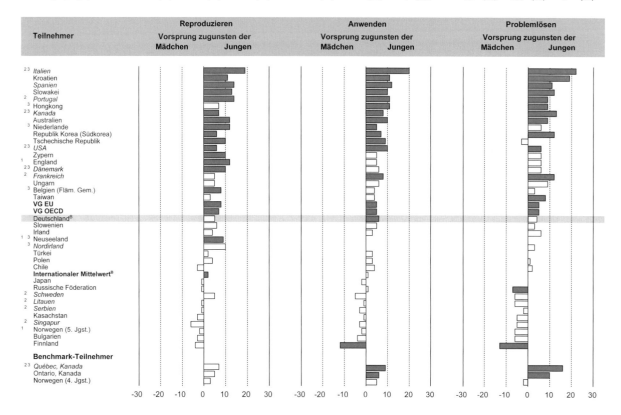

■ Statistisch signifikante Unterschiede ($p < .05$).
Kursiv gesetzt sind die Teilnehmer, für die von einer eingeschränkten Vergleichbarkeit der Ergebnisse ausgegangen werden muss.
1 = Die nationale Zielpopulation entspricht nicht oder nicht ausschließlich der vierten Jahrgangsstufe.
2 = Der Ausschöpfungsgrad und/oder die Ausschlüsse von der nationalen Zielpopulation erfüllen nicht die internationalen Vorgaben.
3 = Die Teilnahmequoten auf Schul- und/oder Schülerebene erreichen nicht die internationalen Vorgaben.
A = Inkonsistenzen in den berichteten Differenzen sind im Rundungsverfahren begründet.
B = Für Deutschland und damit auch für den internationalen Mittelwert ergeben sich aufgrund adjustierter Gewichtung geringfügige Abweichungen zur internationalen Berichterstattung.

IEA: Trends in International Mathematics and Science Study © TIMSS 2015

es statistisch signifikante geschlechtsspezifische Leistungsunterschiede gibt, dass diese zugunsten der Jungen ausfallen. In Deutschland ergeben sich hingegen im *Problemlösen* keine signifikanten Leistungsunterschiede zwischen Mädchen und Jungen. Für die Vergleichsgruppen EU (VG$_{EU}$) und OECD (VG$_{OECD}$) zeigt sich jedoch ein statistisch signifikanter Vorsprung zugunsten der Jungen von 5 Punkten.

Zusammenfassend lassen sich für den Bereich Mathematik über die Teilnehmerstaaten und Regionen hinweg keine einheitlichen Befunde zu den Geschlechterdisparitäten feststellen. In den meisten der Teilnehmerstaaten zeigen sich allerdings in der Gesamtskala oder in mindestens einem der Inhalts- oder Anforderungsbereiche kleine Leistungsunterschiede zugunsten der Jungen. Besonders ausgeprägt und sowohl in der Gesamtskala als auch für alle Inhalts- und Anforderungsbereiche nachweisbar sind diese in Italien und Kroatien; weniger ausgeprägt, jedoch für die Gesamtskala und in fast allen Inhalts- und Anforderungsbereichen feststellbar, sind die Leistungsvorsprünge zugunsten der Jungen in Australien, Spanien, der Slowakei, Portugal, Kanada, den USA und den Niederlanden sowie in den Vergleichsgruppen EU und OECD. In zehn Teilnehmerstaaten – Türkei, Polen, Chile, Japan, Litauen, Serbien, Kasachstan, Singapur, Nordirland und Norwegen (4. Jgst.) – zeigen sich hingegen weder in der Gesamtskala noch in den Inhalts- oder Anforderungsbereichen statistisch signifikante Leistungsunterschiede zwischen Mädchen und Jungen. Eine Ausnahme stellt Finnland dar: Hier zeigen sich statistisch signifikante Leistungsunterschiede sowohl in der Gesamtskala als auch in fast allen Inhalts- und Anforderungsbereichen zugunsten der Mädchen.

4.4 Mittlere Anteile auf den Kompetenzstufen

In Abbildung 9.4 sind die prozentualen Anteile von Mädchen und Jungen auf den Kompetenzstufen dargestellt. Für alle Kompetenzstufen zeigt sich, dass sich die Anteile von Mädchen und Jungen nicht signifikant voneinander unterscheiden. Auch hinsichtlich der mittleren Leistungen, die Mädchen und Jungen auf den jeweiligen Kompetenzstufen erzielen, lassen sich keine signifikanten Unterschiede feststellen.

Abbildung 9.4: Mittlere Testleistungen von Mädchen und Jungen und prozentuale Verteilungen auf die Kompetenzstufen – Mathematik

KS	Mädchen				Jungen				Differenz[A]		Anteil auf den Kompetenzstufen	
	%	(*SE*)	*M*	(*SE*)	%	(*SE*)	*M*	(*SE*)	%$_j$-%$_m$	(*SE*)	Mädchen höher	Jungen höher
V	4.6	(0.7)	635	(10.1)	6.1	(0.8)	636	(9.2)	1.5	(1.1)		
IV	28.4	(1.7)	574	(4.1)	29.2	(1.5)	575	(3.9)	0.8	(1.9)		
III	43.1	(1.5)	514	(1.9)	42.7	(1.2)	515	(1.9)	-0.3	(1.9)		
II	20.2	(1.5)	453	(5.7)	18.6	(1.1)	454	(5.5)	-1.6	(1.8)		
I	3.8	(0.8)	394	(16.5)	3.4	(0.6)	390	(14.9)	-0.4	(0.9)		

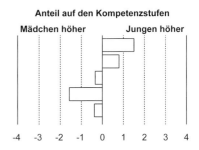

-4 -3 -2 -1 0 1 2 3 4

☐ Unterschied nicht statistisch signifikant (*p* > .05).

A = Inkonsistenzen in den berichteten Differenzen sind im Rundungsverfahren begründet.

4.5 Vergleich der Kompetenzen in TIMSS 2007, 2011 und 2015

In Kapitel 3 dieses Bandes werden für 15 Teilnehmerstaaten und Regionen positive Veränderungen in den Mathematikleistungen zwischen TIMSS 2007 und TIMSS 2015 berichtet (siehe Kapitel 3, Abbildung 3.6). In der folgenden Abbildung 9.5 werden die Veränderungen in den mittleren mathematischen Leistungen für Mädchen und Jungen getrennt dargestellt. Die Ergebnisse für die Mädchen sind dem oberen Teil der Abbildung zu entnehmen, während die Werte für die Jungen im unteren Teil dargestellt sind. Der tabellarische Teil zeigt die mittleren mathematischen Leistungswerte und die Standardfehler für die Erhebungen TIMSS 2007, 2011 und 2015 für Mädchen und Jungen sowie die Leistungsdifferenzen zwischen den drei Messzeitpunkten. In den Balkendiagrammen ist die Höhe der Differenzen zwischen TIMSS 2007 und 2015 illustriert und die Signifikanz von Unterschieden farblich hervorgehoben. Es zeigt sich, dass in allen Staaten, für die sich in der Gesamtpopulation signifikante Trends in den Entwicklungen mathematischer Kompetenzen zwischen TIMSS 2007 und 2015 beobachten ließen (15 Teilnehmerstaaten und Regionen), diese für Mädchen und Jungen gelten. In 11 dieser Teilnehmerstaaten zeigen sich dabei keine oder nur sehr geringe Unterschiede in den Veränderungswerten für Mädchen und Jungen, das heißt positive Entwicklungen in den mathematischen Kompetenzen verlaufen für Mädchen und Jungen weitgehend parallel. In Dubai, der Russischen Föderation, Schweden und Norwegen (4. Jgst.) lassen sich hingegen Unterschiede in den Veränderungswerten für Mädchen und Jungen feststellen. Lässt sich für Mädchen in der Russischen Föderation mit einem Leistungsmittelwert von 564 in TIMSS 2015 eine 16 Punkte höhere Leistung als in 2007 (548 Punkte) verzeichnen, so fällt der Leistungszuwachs für Jungen mit 24 Punkten höher aus. Für Dubai zeigen sich mit einer mittleren Differenz in den Veränderungsraten von 16 Punkten zwischen Mädchen und Jungen ähnliche Entwicklungstendenzen. In Schweden und Norwegen (4. Jgst.) hingegen zeigen sich für die Mädchen etwas positivere Zuwachsraten. In allen vier Ländern sind diese Unterschiede in den Veränderungsraten jedoch nicht signifikant. Für Deutschland lassen sich in der Tendenz ähnliche Entwicklungen feststellen. Hier haben Mädchen im Vergleich zu TIMSS 2007 in TIMSS 2015 ihre mittleren Leistungen gehalten. Für Jungen hingegen zeigt sich in der Tendenz, dass diese mit 524 Punkten in TIMSS 2015 um 7 Punkte schlechter abschneiden als in 2007, als der Leistungsmittelwert bei 531 Punkten lag. Während sich die Veränderungen zwischen TIMSS 2007 und 2015 in den Leistungsmittelwerten der Jungen nicht statistisch signifikant absichern lassen, erweisen sich diese aber mit 8 Punkten Unterschied zwischen TIMSS 2011 und 2015 als statistisch signifikant. Die für Deutschland in der Gesamtskala Mathematik feststellbare signifikante Verschlechterung des Leistungsmittelwerts von TIMSS 2011 zu 2015 von 6 Punkten (siehe Kapitel 3, Abbildung 3.6) ist folglich in negativen Leistungsentwicklungen der Jungen begründet.

Darüber hinaus ist es interessant, nicht nur (wie im Absatz zuvor beschrieben) die Entwicklung der Leistungsmittelwerte innerhalb der Gruppen von Mädchen und Jungen zu betrachten, sondern auch die geschlechtsbezogenen Leistungsdisparitäten im Trend zu untersuchen. In Abbildung 9.6 sind für die hier berichteten Teilnehmerstaaten die mittleren Leistungsunterschiede zwischen Mädchen und Jungen in TIMSS 2007, 2011 und 2015 sowie die Veränderungen dieser Leistungsdifferenzen angegeben. Im internationalen Vergleich zeigen sich lediglich für Deutschland Veränderungen in den Leistungsdisparitäten zwischen

Abbildung 9.5: Vergleich der Leistungsentwicklungen von Mädchen und Jungen in Mathematik in TIMSS 2007, 2011 und 2015 (internationaler Vergleich)

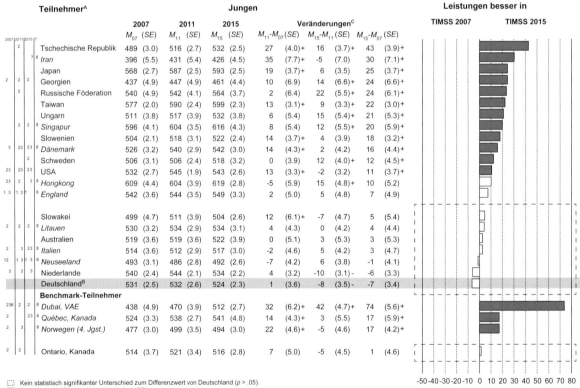

Kein statistisch signifikanter Unterschied zum Differenzwert von Deutschland ($p > .05$).
Statistisch signifikante Unterschiede ($p < .05$).
+ = Mittelwert für 2011 statistisch signifikant höher als für 2007 bzw. für 2015 statistisch signifikant höher als für 2011 und/oder 2007 ($p < .05$).
- = Mittelwert für 2011 statistisch signifikant niedriger als für 2007 bzw. für 2015 statistisch signifikant niedriger als für 2011 und/oder 2007 ($p < .05$).
Kursiv gesetzt sind die Teilnehmer, für die von einer eingeschränkten Vergleichbarkeit der Ergebnisse zwischen den Studienzyklen ausgegangen werden muss.
1 = Die nationale Zielpopulation entspricht nicht oder nicht ausschließlich der vierten Jahrgangsstufe.
2 = Der Ausschöpfungsgrad und/oder die Ausschlüsse von der nationalen Zielpopulation erfüllen nicht die internationalen Vorgaben.
3 = Die Teilnahmequoten auf Schul- und/oder Schülerebene erreichen nicht die internationalen Vorgaben.
6 = Abweichender Testzeitpunkt (in Dubai, VAE erfolgte die Testung zeitlich verzögert).
7 = Teilnahme an TIMSS 2015 und TIMSS Numeracy. Die Kennwerte werden in Anlehnung an die internationale Berichterstattung als Mittelwerte der beiden Studien dargestellt.
8 = Eingeschränkte Vergleichbarkeit aufgrund veränderter Teilnahmebedingungen zwischen 2007, 2011 und 2015.
A= Die Ergebnisse von Kasachstan, Katar, Kuwait und Marokko werden aufgrund der nicht gegebenen Vergleichbarkeit zwischen den Studienzyklen 2007, 2011 und 2015 nicht berichtet.
B= Für Deutschland ergeben sich aufgrund adjustierter Gewichtung geringfügige Abweichungen zur internationalen Berichterstattung.
C= Inkonsistenzen in den berichteten Differenzen sind im Rundungsverfahren begründet.

IEA: Trends in International Mathematics and Science Study © TIMSS 2015

Mädchen und Jungen: In 2015 fallen mit 5 Differenzpunkten die Leistungsvorsprünge der Jungen in Mathematik 7 Punkte geringer aus als in 2007 (12
Differenzpunkte). Für alle anderen der hier berichteten Teilnehmerstaaten ergeben
sich keine statistisch signifikanten Veränderungen der Leistungsdisparitäten zwischen Mädchen und Jungen. Der auf den ersten Blick erfreuliche Befund zeigt
sich bei genauerer Betrachtung allerdings als weniger positiv, schließlich sind es
die schlechteren Leistungen der Jungen in TIMSS 2015 im Vergleich zu TIMSS
2011 und 2007, mit denen sich eine Verringerung der Leistungsdisparitäten erklären lässt und nicht etwa bessere Leistungen der Mädchen.

Abbildung 9.6: Vergleich der Leistungsunterschiede in Mathematik von Mädchen und Jungen in TIMSS 2007, TIMSS 2011 und TIMSS 2015 (internationaler Vergleich)

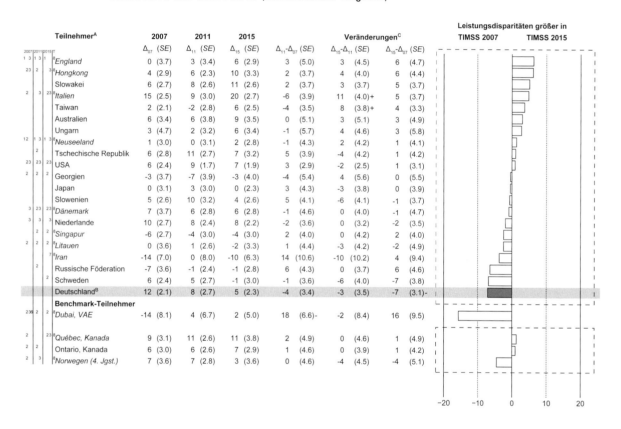

	Teilnehmer[A]	2007		2011		2015				Veränderungen[C]			
		Δ_{07}	(SE)	Δ_{11}	(SE)	Δ_{15}	(SE)	Δ_{11}-Δ_{07}	(SE)	Δ_{15}-Δ_{11}	(SE)	Δ_{15}-Δ_{07}	(SE)
1 3 1 3 1	[8]England	0	(3.7)	3	(3.4)	6	(2.9)	3	(5.0)	3	(4.5)	6	(4.7)
23 2 3	[8]Hongkong	4	(2.9)	6	(2.3)	10	(3.3)	2	(3.7)	4	(4.0)	6	(4.4)
	Slowakei	6	(2.7)	8	(2.6)	11	(2.6)	2	(3.7)	3	(3.7)	5	(3.7)
2 3 23	[8]Italien	15	(2.5)	9	(3.0)	20	(2.7)	-6	(3.9)	11	(4.0)+	5	(3.7)
	Taiwan	2	(2.1)	-2	(2.8)	6	(2.5)	-4	(3.5)	8	(3.8)+	4	(3.3)
	Australien	6	(3.4)	6	(3.8)	9	(3.5)	0	(5.1)	3	(5.1)	3	(4.9)
	Ungarn	3	(4.7)	2	(3.2)	6	(3.4)	-1	(5.7)	4	(4.6)	3	(5.8)
12 1 3 1 3	[8]Neuseeland	1	(3.0)	0	(3.1)	2	(2.8)	-1	(4.3)	2	(4.2)	1	(4.1)
2	Tschechische Republik	6	(2.8)	11	(2.7)	7	(3.2)	5	(3.9)	-4	(4.2)	1	(4.2)
23 23 23	USA	6	(2.4)	9	(1.7)	7	(1.9)	3	(2.9)	-2	(2.5)	1	(3.1)
2 2 2	Georgien	-3	(3.7)	-7	(3.9)	-3	(4.0)	-4	(5.4)	4	(5.6)	0	(5.5)
	Japan	0	(3.1)	3	(3.0)	0	(2.3)	3	(4.3)	-3	(3.8)	0	(3.9)
	Slowenien	5	(2.6)	10	(3.2)	4	(2.6)	5	(4.1)	-6	(4.1)	-1	(3.7)
3 23 23	[8]Dänemark	7	(3.7)	6	(2.8)	6	(2.8)	-1	(4.6)	0	(4.0)	-1	(4.7)
3 3 3	Niederlande	10	(2.7)	8	(2.4)	8	(2.2)	-2	(3.6)	0	(3.2)	-2	(3.5)
2 2 2	[8]Singapur	-6	(2.7)	-4	(3.0)	-4	(3.0)	2	(4.0)	0	(4.2)	2	(4.0)
2 2 2	[8]Litauen	0	(3.6)	1	(2.6)	-2	(3.3)	1	(4.4)	-3	(4.2)	-2	(4.9)
7	[8]Iran	-14	(7.0)	0	(8.0)	-10	(6.3)	14	(10.6)	-10	(10.2)	4	(9.4)
2	Russische Föderation	-7	(3.6)	-1	(2.4)	-1	(2.8)	6	(4.3)	0	(3.7)	6	(4.6)
2	Schweden	6	(2.4)	5	(2.7)	-1	(3.0)	-1	(3.6)	-6	(4.0)	-7	(3.8)
	Deutschland[B]	12	(2.1)	8	(2.7)	5	(2.3)	-4	(3.4)	-3	(3.5)	-7	(3.1)-
	Benchmark-Teilnehmer												
236 2 2	[8]Dubai, VAE	-14	(8.1)	4	(6.7)	2	(5.0)	18	(6.6)-	-2	(8.4)	16	(9.5)
2 23	[8]Québec, Kanada	9	(3.1)	11	(2.6)	11	(3.8)	2	(4.9)	0	(4.6)	1	(4.9)
2 2	Ontario, Kanada	6	(3.0)	6	(2.6)	7	(2.9)	1	(4.6)	0	(3.9)	1	(4.2)
2 3	[8]Norwegen (4. Jgst.)	7	(3.6)	7	(2.8)	3	(3.6)	0	(4.6)	-4	(4.5)	-4	(5.1)

Kein statistisch signifikanter Unterschied zum Differenzwert von Deutschland ($p > .05$).
Statistisch signifikante Unterschiede ($p < .05$).
+ = Differenzwert für 2011 statistisch signifikant höher als für 2007 bzw. für 2015 statistisch signifikant höher als für 2011 und/oder 2007 ($p < .05$).
- = Differenzwert für 2011 statistisch signifikant niedriger als für 2007 bzw. für 2015 statistisch signifikant niedriger als für 2011 und/oder 2007 ($p < .05$).
Kursiv gesetzt sind die Teilnehmer, für die von einer eingeschränkten Vergleichbarkeit der Ergebnisse zwischen den Studienzyklen ausgegangen werden muss.
1 = Die nationale Zielpopulation entspricht nicht oder nicht ausschließlich der vierten Jahrgangsstufe.
2 = Der Ausschöpfungsgrad und/oder die Ausschlüsse von der nationalen Zielpopulation erfüllen nicht die internationalen Vorgaben.
3 = Die Teilnahmequoten auf Schul- und/oder Schülerebene erreichen nicht die internationalen Vorgaben.
6 = Abweichender Testzeitpunkt (in Dubai, VAE erfolgte die Testung zeitlich verzögert).
7 = Teilnahme an TIMSS 2015 und TIMSS Numeracy. Die Kennwerte werden in Anlehnung an die internationale Berichterstattung als Mittelwerte der beiden Studien dargestellt.
8 = Eingeschränkte Vergleichbarkeit aufgrund veränderter Teilnahmebedingungen zwischen 2007, 2011 und 2015.
A = Die Ergebnisse von Kasachstan, Katar, Kuwait und Marokko werden aufgrund der nicht gegebenen Vergleichbarkeit zwischen den Studienzyklen 2007, 2011 und 2015 nicht berichtet.
B = Für Deutschland ergeben sich aufgrund adjustierter Gewichtung geringfügige Abweichungen zur internationalen Berichterstattung.
C = Inkonsistenzen in den berichteten Differenzen sind im Rundungsverfahren begründet.
Δ = Differenz in den Leistungsmittelwerten.

IEA: Trends in International Mathematics and Science Study

© TIMSS 2015

5 Ergebnisse zu geschlechtsspezifischen Leistungsunterschieden in den Naturwissenschaften

Nachdem die Leistungen von Mädchen und Jungen in Mathematik dargestellt wurden, soll es im folgenden Abschnitt um die geschlechtsspezifischen Leistungsunterschiede in den Naturwissenschaften gehen. Dabei werden die Ergebnisse in den Abbildungen analog zum vorangegangenen Abschnitt dargestellt, um den Vergleich der beiden Domänen zu erleichtern.

5.1 Geschlechtsspezifische Unterschiede in der naturwissenschaftlichen Leistung

Abbildung 9.7 zeigt die Ergebnisse der Gesamtskala Naturwissenschaften getrennt für Mädchen und Jungen. Hier lassen sich drei Gruppen von Staaten unterscheiden: Teilnehmer ohne Leistungsdisparitäten (22 Staaten und 3 Regionen), Teilnehmer in denen die Leistungsunterschiede in den Naturwissenschaften zugunsten der Jungen ausfallen (11 Staaten) und Teilnehmer in denen die Leistungsunterschiede zugunsten der Mädchen ausfallen (4 Staaten).

In Deutschland erreichen Mädchen einen Leistungsmittelwert von 527 Punkten, während Jungen eine mittlere naturwissenschaftliche Kompetenz von 530 Punkten erzielen. Der Unterschied von 3 Punkten ist nicht signifikant. Für die meisten Teilnehmer ergeben sich vergleichbare Leistungsunterschiede, wobei diese für einige Teilnehmerstaaten statistisch signifikant sind. Der mittlere Unterschied in den Vergleichsgruppen VG_{EU} und VG_{OECD} liegt bei 1 beziehungsweise 2 Punkten. Aufgrund der Stichprobengröße sind diese Differenzen signifikant. Die Leistungsdisparitäten, die sich für die meisten Teilnehmerstaaten feststellen lassen, unterscheiden sich nicht signifikant von denen in Deutschland. Größere Leistungsdifferenzen, die zugunsten der Jungen ausfallen, lassen sich lediglich in der Republik Korea (Südkorea) (11) feststellen. Größere Leistungsdifferenzen zugunsten der Mädchen lassen sich in Finnland (12), Bulgarien (8), Schweden (8) und Kasachstan (5) beobachten.

5.2 Geschlechtsspezifische Unterschiede nach Inhaltsbereichen

Um die Leistungsdisparitäten von Schülerinnen und Schülern differenzierter betrachten zu können, werden die Ergebnisse nach naturwissenschaftlichen Inhaltsbereichen und Anforderungsbereichen betrachtet. Dabei stellt Abbildung 9.8 die Leistungen von Mädchen und Jungen in den Inhaltsbereichen *Biologie*, *Physik/Chemie* und *Geographie* dar. Die Sortierung der Teilnehmer orientiert sich an der in Abbildung 9.7 dargestellten Höhe der mittleren Leistungsdifferenzen.

Wie in der Abbildung 9.8 zu sehen ist, zeigen sich für die drei Inhaltsbereiche deutliche Unterschiede in den Leistungsdisparitäten. Mit Ausnahme von Bulgarien fallen in keinem Teilnehmerstaat die Leistungsdisparitäten in allen drei Inhaltsbereichen zugunsten eines Geschlechts aus. In den anderen Teilnehmerstaaten zeigen sich, wenn überhaupt, in *Biologie* Leistungsunterschiede zugunsten der Mädchen. In *Physik/Chemie* und in *Geographie* zeigen sich demgegenüber, wenn überhaupt, Leistungsunterschiede zugunsten der Jungen. In drei

Abbildung 9.7: Testleistung nach Geschlecht – Gesamtskala Naturwissenschaften

Teilnehmer	Mädchen			Jungen			Differenz[A]		Vorsprung zugunsten der
	%	M_m	(SE)	%	M_j	(SE)	M_j-M_m	(SE)	
Republik Korea (Südkorea)	48.3	584	(2.3)	51.7	595	(2.3)	11	(2.4)	
[3] Hongkong	45.8	551	(3.9)	54.2	561	(3.3)	10	(3.9)	
[23] *Italien*	48.8	512	(3.1)	51.2	521	(2.8)	9	(2.5)	
Taiwan	48.6	551	(2.2)	51.4	560	(2.4)	9	(2.9)	
Slowakei	48.5	516	(3.2)	51.5	524	(2.7)	8	(2.7)	
Tschechische Republik	49.4	530	(2.8)	50.6	538	(2.7)	8	(2.6)	
Ungarn	49.4	538	(3.5)	50.6	546	(3.9)	8	(3.1)	
[2] *Portugal*	49.0	504	(2.5)	51.0	512	(2.4)	7	(2.2)	
Slowenien	48.8	539	(2.4)	51.2	546	(3.1)	7	(2.7)	
[2] *Spanien*	49.3	515	(2.9)	50.7	521	(2.9)	6	(2.7)	
Irland	47.3	526	(2.9)	52.7	531	(2.9)	5	(3.4)	
Japan	50.0	567	(2.0)	50.0	571	(2.3)	4	(2.4)	
[23] *Dänemark*	49.3	525	(2.5)	50.7	529	(2.6)	4	(2.8)	
[23] *USA*	50.7	544	(2.4)	49.3	548	(2.5)	4	(2.0)	
Deutschland[B]	48.5	527	(2.8)	51.5	530	(2.6)	3	(2.3)	
Kroatien	48.8	532	(2.7)	51.2	534	(2.2)	2	(2.8)	
VG OECD	**49.2**	**526**	**(0.6)**	**50.8**	**528**	**(0.6)**	**2**	**(0.5)**	
Chile	48.8	477	(3.0)	51.2	478	(3.4)	1	(3.3)	
VG EU	**49.2**	**525**	**(0.7)**	**50.8**	**526**	**(0.7)**	**1**	**(0.6)**	
Zypern	49.2	481	(2.8)	50.8	481	(2.9)	0	(2.6)	
[3] *Nordirland*	49.6	520	(3.0)	50.4	520	(2.8)	0	(3.7)	
[2] *Frankreich*	48.9	487	(3.1)	51.1	487	(2.9)	0	(2.4)	
Russische Föderation	49.1	567	(3.1)	50.9	567	(3.7)	0	(2.7)	
[2] *Singapur*	48.4	591	(3.7)	51.6	590	(4.2)	0	(2.8)	
[1] Norwegen (5. Jgst.)	49.3	538	(3.1)	50.7	537	(3.1)	-1	(3.2)	
[1] England	50.9	536	(3.0)	49.1	536	(2.6)	-1	(2.8)	
Australien	48.6	524	(3.3)	51.4	523	(3.4)	-1	(3.4)	
[3] Niederlande	50.1	517	(2.8)	49.9	517	(3.0)	-1	(2.4)	
Türkei	49.4	484	(3.3)	50.6	483	(4.0)	-1	(3.1)	
Polen	50.2	548	(2.5)	49.8	546	(3.0)	-1	(2.8)	
[3] Belgien (Fläm. Gem.)	50.1	512	(2.6)	49.9	511	(2.6)	-2	(2.4)	
[23] *Kanada*	49.1	526	(2.8)	50.9	524	(3.0)	-2	(2.2)	
[2] *Serbien*	48.5	526	(3.6)	51.5	523	(4.9)	-3	(4.6)	
[2] *Litauen*	50.0	529	(2.9)	50.0	526	(3.1)	-3	(3.4)	
[1][3] *Neuseeland*	49.3	507	(3.2)	50.7	504	(3.0)	-3	(3.1)	
Internationaler Mittelwert[B]	**49.0**	**506**	**(0.5)**	**51.0**	**501**	**(0.5)**	**-4**	**(0.6)**	
Kasachstan	48.7	552	(4.5)	51.3	547	(4.7)	-5	(2.7)	
[2] *Schweden*	49.5	544	(4.1)	50.5	536	(3.5)	-8	(2.7)	
Bulgarien	49.1	540	(6.3)	50.9	532	(5.9)	-8	(2.9)	
Finnland	48.1	560	(2.3)	51.9	548	(2.9)	-12	(2.5)	
Benchmark-Teilnehmer									
[23] *Québec, Kanada*	49.6	525	(3.6)	50.4	524	(5.3)	-1	(4.0)	
Norwegen (4. Jgst.)	49.2	493	(2.6)	50.8	493	(2.7)	-1	(2.9)	
Ontario, Kanada	48.7	533	(2.9)	51.3	528	(3.1)	-5	(3.2)	

Mädchen   Jungen

-20 -15 -10 -5   0   5   10 15 20

☐ Kein statistisch signifikanter Unterschied zum Differenzwert von Deutschland (*p* > .05).
▨ Statistisch signifikante Unterschiede (*p* < .05).
Kursiv gesetzt sind die Teilnehmer, für die von einer eingeschränkten Vergleichbarkeit der Ergebnisse ausgegangen werden muss.
1 = Die nationale Zielpopulation entspricht nicht oder nicht ausschließlich der vierten Jahrgangsstufe.
2 = Der Ausschöpfungsgrad und/oder die Ausschlüsse von der nationalen Zielpopulation erfüllen nicht die internationalen Vorgaben.
3 = Die Teilnahmequoten auf Schul- und/oder Schülerebene erreichen nicht die internationalen Vorgaben.
A = Inkonsistenzen in den berichteten Differenzen sind im Rundungsverfahren begründet.
B = Für Deutschland und damit auch für den internationalen Mittelwert ergeben sich aufgrund adjustierter Gewichtung geringfügige Abweichungen zur internationalen Berichterstattung.

IEA: Trends in International Mathematics and Science Study   © TIMSS 2015

Abbildung 9.8: Testleistungen in Inhaltsbereichen nach Geschlecht im internationalen Vergleich – Naturwissenschaften

Teilnehmer	Biologie Mädchen M_m (SE)	Jungen M_j (SE)	Differenz[A] M_j-M_m (SE)	Physik/Chemie Mädchen M_m (SE)	Jungen M_j (SE)	Differenz[A] M_j-M_m (SE)	Geographie Mädchen M_m (SE)	Jungen M_j (SE)	Differenz[A] M_j-M_m (SE)
Republik Korea (Südkorea)	581 (2.8)	582 (2.3)	0 (3.5)	589 (2.1)	605 (2.4)	16 (2.2)	578 (4.1)	603 (5.3)	25 (4.9)
[3] Hongkong	550 (5.2)	550 (3.7)	0 (5.0)	548 (4.2)	561 (4.2)	13 (4.6)	565 (4.3)	582 (4.0)	17 (5.4)
[2 3] *Italien*	519 (3.0)	519 (3.2)	0 (3.2)	506 (2.5)	520 (3.9)	14 (3.4)	504 (4.7)	517 (4.5)	13 (6.0)
Taiwan	544 (2.8)	546 (2.6)	2 (3.1)	565 (2.7)	572 (3.2)	7 (4.5)	543 (2.6)	567 (3.1)	23 (2.7)
Slowakei	519 (3.8)	516 (2.8)	-3 (3.1)	517 (3.8)	534 (3.6)	16 (2.7)	510 (3.7)	518 (3.4)	8 (3.9)
Tschechische Republik	540 (2.5)	537 (2.8)	-3 (3.4)	522 (3.2)	539 (2.6)	16 (3.3)	525 (3.9)	538 (3.2)	13 (3.8)
Ungarn	550 (3.7)	551 (3.8)	1 (3.1)	528 (3.7)	539 (4.0)	11 (3.0)	525 (4.6)	545 (5.0)	20 (5.3)
[2] *Portugal*	506 (2.4)	509 (2.7)	3 (2.8)	496 (3.8)	507 (2.6)	11 (2.8)	507 (4.4)	519 (3.2)	12 (5.7)
Slowenien	547 (2.3)	543 (3.5)	-4 (3.8)	539 (2.9)	553 (3.3)	14 (4.1)	520 (6.1)	541 (3.3)	20 (5.3)
[2] *Spanien*	522 (3.2)	524 (2.8)	2 (2.9)	502 (3.6)	512 (3.1)	11 (3.3)	515 (3.1)	524 (4.4)	9 (4.6)
Irland	532 (3.1)	529 (3.7)	-4 (4.9)	521 (3.8)	527 (3.9)	6 (5.2)	527 (3.8)	542 (4.1)	15 (5.2)
Japan	556 (2.3)	556 (2.8)	0 (2.7)	585 (3.2)	589 (3.4)	3 (4.1)	556 (3.4)	570 (3.1)	14 (4.1)
[2 3] *Dänemark*	539 (3.2)	530 (2.6)	-9 (3.1)	511 (4.2)	520 (3.2)	10 (5.1)	518 (4.6)	542 (3.4)	24 (5.5)
[2 3] *USA*	555 (2.7)	555 (2.4)	0 (2.3)	534 (2.9)	541 (2.8)	8 (2.3)	535 (2.6)	544 (2.8)	9 (2.6)
Deutschland[B]	529 (2.9)	528 (2.5)	-1 (3.6)	530 (2.9)	535 (3.0)	5 (3.0)	512 (4.7)	526 (4.1)	13 (3.8)
Kroatien	534 (3.3)	528 (2.7)	-6 (2.8)	532 (3.7)	539 (3.4)	6 (4.1)	531 (3.0)	540 (5.1)	9 (4.9)
VG OECD	**533 (0.6)**	**527 (0.6)**	**-6 (0.6)**	**520 (0.6)**	**527 (0.6)**	**7 (0.7)**	**520 (0.8)**	**530 (0.7)**	**10 (0.9)**
Chile	490 (2.9)	485 (3.1)	-5 (3.1)	462 (3.1)	469 (3.4)	7 (3.2)	461 (3.8)	468 (4.1)	8 (4.1)
VG EU	**531 (0.7)**	**525 (0.7)**	**-7 (0.7)**	**518 (0.8)**	**525 (0.8)**	**7 (0.8)**	**519 (0.9)**	**527 (0.9)**	**9 (1.0)**
Zypern	483 (3.1)	479 (3.5)	-4 (3.5)	483 (3.2)	489 (3.5)	6 (4.1)	463 (3.5)	463 (4.8)	0 (4.7)
[3] *Nordirland*	524 (3.5)	518 (3.3)	-6 (4.0)	510 (3.6)	518 (3.1)	8 (4.3)	522 (4.0)	522 (3.7)	0 (4.8)
[2] *Frankreich*	494 (3.5)	486 (3.3)	-8 (2.7)	477 (2.9)	487 (3.2)	10 (3.0)	480 (5.9)	489 (4.3)	9 (4.4)
Russische Föderation	573 (3.6)	565 (3.5)	-9 (3.4)	565 (3.9)	569 (4.0)	4 (3.1)	560 (4.7)	565 (5.7)	5 (4.6)
[2] *Singapur*	610 (4.5)	604 (5.0)	-6 (3.3)	603 (4.0)	604 (4.4)	1 (3.8)	541 (4.0)	552 (4.2)	11 (3.5)
[1] Norwegen (5. Jgst.)	552 (2.8)	540 (3.1)	-11 (3.0)	519 (3.2)	525 (3.2)	6 (3.1)	545 (4.1)	553 (4.5)	8 (3.9)
[1] England	539 (2.8)	533 (3.6)	-7 (4.0)	537 (2.9)	543 (3.2)	7 (2.8)	523 (4.2)	532 (4.0)	9 (5.0)
Australien	535 (3.1)	527 (3.8)	-8 (3.2)	513 (2.9)	519 (3.6)	6 (3.5)	516 (4.1)	524 (4.0)	8 (4.6)
[3] *Niederlande*	530 (2.5)	520 (3.5)	-10 (2.9)	503 (2.9)	505 (3.2)	2 (3.3)	514 (2.9)	527 (4.1)	13 (4.0)
Türkei	475 (3.7)	470 (3.7)	-4 (3.3)	496 (4.0)	495 (4.2)	-1 (4.7)	477 (3.7)	483 (3.7)	6 (3.5)
Polen	563 (2.7)	550 (3.2)	-13 (3.1)	536 (2.2)	544 (2.8)	8 (2.9)	542 (3.9)	539 (3.2)	-2 (4.8)
[3] Belgien (Fläm. Gem.)	517 (2.8)	508 (2.7)	-9 (2.6)	505 (3.5)	507 (3.4)	1 (2.6)	506 (3.0)	519 (3.9)	13 (3.9)
[2 3] *Kanada*	541 (3.1)	531 (2.9)	-11 (2.2)	517 (3.1)	519 (2.9)	3 (2.6)	510 (3.6)	516 (3.5)	6 (3.5)
[2] *Serbien*	535 (4.1)	527 (4.8)	-8 (4.8)	527 (4.0)	531 (4.7)	4 (4.5)	495 (6.5)	496 (5.8)	1 (7.6)
[2] *Litauen*	534 (3.5)	520 (3.3)	-14 (3.4)	533 (3.2)	537 (3.2)	5 (4.0)	512 (3.8)	519 (4.7)	7 (4.3)
[1 3] *Neuseeland*	518 (3.1)	505 (3.4)	-13 (3.5)	496 (3.0)	499 (3.0)	3 (3.2)	502 (4.4)	510 (3.3)	8 (3.9)
Internationaler Mittelwert[B]	511 (0.6)	499 (0.6)	-11 (0.7)	502 (0.6)	502 (0.6)	0 (0.7)	495 (0.7)	498 (0.7)	3 (0.8)
Kasachstan	550 (4.6)	540 (4.5)	-10 (3.8)	561 (5.2)	557 (5.4)	-4 (3.4)	542 (6.1)	542 (5.4)	1 (4.2)
[2] *Schweden*	548 (3.6)	532 (3.7)	-16 (2.9)	534 (4.2)	535 (4.0)	1 (3.9)	553 (5.0)	551 (4.6)	-2 (4.9)
Bulgarien	549 (6.8)	535 (6.4)	-14 (3.7)	533 (6.9)	526 (6.5)	-7 (3.1)	535 (7.4)	529 (7.0)	-6 (4.2)
Finnland	566 (2.2)	546 (3.9)	-20 (3.9)	550 (2.2)	545 (3.1)	-5 (3.0)	565 (2.8)	556 (3.1)	-9 (2.8)
Benchmark-Teilnehmer									
[2 3] *Québec, Kanada*	536 (4.2)	530 (5.1)	-6 (3.8)	515 (5.0)	524 (5.5)	8 (3.8)	510 (4.2)	520 (5.3)	11 (4.0)
Norwegen (4. Jgst.)	507 (2.8)	497 (2.8)	-10 (2.8)	474 (3.4)	476 (3.3)	2 (3.8)	495 (5.9)	500 (3.4)	5 (6.2)
Ontario, Kanada	551 (3.1)	537 (3.0)	-15 (3.3)	523 (3.4)	521 (2.9)	-2 (3.7)	514 (4.5)	516 (4.1)	2 (4.5)

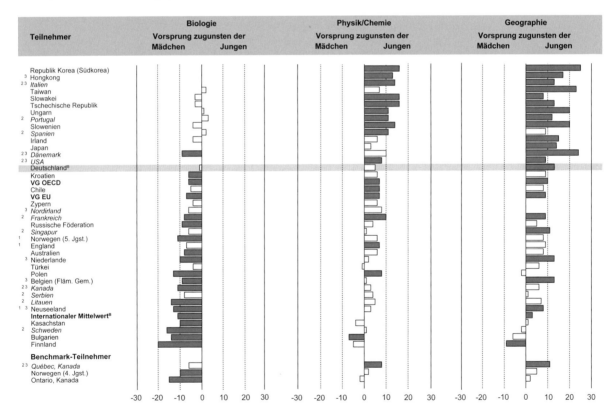

■ Statistisch signifikante Unterschiede ($p < .05$).
Kursiv gesetzt sind die Teilnehmer, für die von einer eingeschränkten Vergleichbarkeit der Ergebnisse ausgegangen werden muss.
1 = Die nationale Zielpopulation entspricht nicht oder nicht ausschließlich der vierten Jahrgangsstufe.
2 = Der Ausschöpfungsgrad und/oder die Ausschlüsse von der nationalen Zielpopulation erfüllen nicht die internationalen Vorgaben.
3 = Die Teilnahmequoten auf Schul- und/oder Schülerebene erreichen nicht die internationalen Vorgaben.
A = Inkonsistenzen in den berichteten Differenzen sind im Rundungsverfahren begründet.
B = Für Deutschland und damit auch für den internationalen Mittelwert ergeben sich aufgrund adjustierter Gewichtung geringfügige Abweichungen zur internationalen Berichterstattung.

IEA: Trends in International Mathematics and Science Study   © TIMSS 2015

Teilnehmerstaaten zeigen sich sowohl in den drei Inhaltsbereichen als auch auf der Gesamtskala (siehe Abbildung 9.7) keine Leistungsdisparitäten.

Im Inhaltsbereich *Biologie* zeigt sich in allen Teilnehmerstaaten, in denen es einen statistisch signifikanten Unterschied in den naturwissenschaftlichen Kompetenzen von Mädchen und Jungen im Bereich *Biologie* gibt, dass dieser zugunsten der Mädchen ausfällt. In insgesamt 19 Teilnehmerstaaten und 2 Regionen erzielen Mädchen höherer Kompetenzwerte im Bereich Biologie als ihre Mitschüler. Für die Vergleichsgruppe EU ergibt sich eine Differenz von 7 und für die Vergleichsgruppe OECD eine Differenz von 6 Punkten. In Deutschland hingegen zeigen sich mit 529 Punkten für Mädchen und 528 Punkten für Jungen keine signifikanten Unterschiede.

Für den Inhaltsbereich *Physik/Chemie* ergibt sich ebenfalls ein einheitliches Bild der geschlechtsspezifischen Leistungsunterschiede für die einzelnen Teilnehmer. Mit Ausnahme von Bulgarien zeigt sich in allen Teilnehmerstaaten, in denen es einen statistisch signifikanten Unterschied in den Kompetenzen von Mädchen und Jungen gibt, dass dieser zugunsten der Jungen ausfällt. In insgesamt 16 Teilnehmerstaaten und einer Region erzielen Jungen höhere Kompetenzwerte im Bereich *Physik/Chemie* als ihre Mitschülerinnen. Für die Vergleichsgruppe EU und für die Vergleichsgruppe OECD ergibt sich jeweils eine Differenz von 7 Punkten. In Deutschland hingegen zeigen sich mit 530 Punkten für Mädchen und 535 Punkten für Jungen keine signifikanten Unterschiede.

Ähnlich wie für die beiden anderen Inhaltsbereiche sind die Leistungsunterschiede für den Inhaltsbereich *Geographie* zwischen Mädchen und Jungen über die Teilnehmer hinweg relativ einheitlich. Mit Ausnahme von Finnland zeigt sich in allen Teilnehmerstaaten, in denen es einen statistisch signifikanten Unterschied in den Kompetenzen von Mädchen und Jungen gibt, dass dieser zugunsten der Jungen ausfällt. In insgesamt 22 Teilnehmerstaaten und einer Regionen erzielen Jungen höhere Kompetenzwerte im Bereich *Geographie* als ihre Mitschülerinnen. Auch in Deutschland erzielen Jungen mit 526 Punkten im Vergleich zu Mädchen mit 512 Punkten höhere Leistungen in diesem Inhaltsbereich. Der Unterschied von 13 Punkten, der sich unter Berücksichtigung der Nachkommastellen ergibt, ist statistisch signifikant. Für die Vergleichsgruppen VG_{EU} und VG_{OECD} fallen die Unterschiede mit 9 beziehungsweise 10 Punkten etwas geringer aus.

5.3 Geschlechtsspezifische Unterschiede nach kognitiven Anforderungsbereichen

Auch die naturwissenschaftlichen Kompetenzen werden nach der TIMSS-Rahmenkonzeption in drei kognitive Anforderungsbereiche *Reproduzieren*, *Anwenden* und *Problemlösen* unterschieden. Abbildung 9.9 veranschaulicht die Leistungen von Mädchen und Jungen in den drei Anforderungsbereichen. Die Sortierung der Teilnehmer orientiert sich an der in Abbildung 9.7 dargestellten Höhe der mittleren Leistungsdifferenzen. Leistungsunterschiede, die Jungen bzw. Mädchen auf der Gesamtskala Naturwissenschaften erzielen, lassen sich in allen drei Anforderungsbereichen nur für die Slowakei (zugunsten der Jungen) und für Finnland (zugunsten der Mädchen) feststellen. In acht Teilnehmerstaaten und Regionen zeigen sich hingegen in allen drei Anforderungsbereichen keine Leistungsdisparitäten.

Für den Anforderungsbereich *Reproduzieren* ergibt sich ein einheitliches Bild der geschlechtsspezifischen Leistungsunterschiede für die einzelnen Teilnehmer. Mit Ausnahme von Finnland und Bulgarien zeigt sich, dass in allen Teilnehmerstaaten, in denen es einen statistisch signifikanten Unterschied in den Kompetenzen von Mädchen und Jungen gibt, dieser zugunsten der Jungen ausfällt. In Deutschland ergibt sich für die Mädchen eine mittlere Leistung von 524 Punkten und für die Jungen von 531 Punkten, wobei die Differenz (7 Punkte) signifikant ist. Die mittlere Differenz zwischen Mädchen und Jungen für die Vergleichsgruppen VG_{EU} und VG_{OECD} liegt in vergleichbarer Größenordnung wie in Deutschland bei 6 beziehungsweise 7 Punkten und ist statistisch signifikant.

Im Anforderungsbereich *Anwenden* ergibt sich ein weniger einheitliches Bild der geschlechtsspezifischen Leistungsunterschiede für die einzelnen Teilnehmer. In den meisten Teilnehmerstaaten bestehen keine Unterschiede für diesen Kompetenzbereich. In Finnland, Schweden und Kasachstan sowie im internationalen Durchschnitt der Mittelwerte aller Teilnehmerstaaten zeigen sich Leistungsunterschiede zugunsten der Mädchen. In der Republik Korea, Hongkong, Taiwan, Italien, der Slowakei, Ungarn, Portugal und Spanien sowie im OECD-Durchschnitt lassen sich für Jungen signifikant höhere Leistungsmittelwerte feststellen.

In Deutschland zeigen sich zwischen Jungen mit 530 Punkten und Mädchen mit 529 Punkten keine signifikanten Leistungsunterschiede. Auch im EU-Durchschnitt ergibt sich kein signifikanter Unterschied; im OECD-Durchschnitt fällt der Leistungsunterschied mit 2 Punkten zugunsten der Jungen aus.

Im Anforderungsbereich *Problemlösen* fallen – mit Ausnahme der Slowakei – in allen Teilnehmerstaaten, in denen es signifikante geschlechtsspezifische Leistungsunterschiede gibt, diese zugunsten der Mädchen aus. In Deutschland ergeben sich hingegen keine Leistungsunterschiede zwischen Mädchen und Jungen. Für die Vergleichsgruppen VG_{EU} und VG_{OECD} zeigt sich hingegen jeweils ein Vorsprung zugunsten der Mädchen von 6 bzw. 5 Punkten.

Zusammenfassend zeigen sich für den Bereich Naturwissenschaften über die Teilnehmerstaaten und Regionen hinweg keine einheitlichen Befunde zu den Geschlechterdisparitäten. Für die meisten Teilnehmerstaaten lassen sich in der Gesamtskala oder in mindestens einem der Inhalts- oder Anforderungsbereiche Leistungsunterschiede feststellen. Diese fallen allerdings mal zugunsten der Jungen und mal zugunsten der Mädchen aus. Als generelles Muster zeigt sich, dass wenn in den Teilnehmerstaaten signifikante Leistungsunterschiede bestehen, diese in *Biologie* und *Problemlösen* vor allem zugunsten der Mädchen ausfallen, während Jungen besser in *Physik/Chemie*, *Geographie* und *Reproduzieren* abschneiden. Im *Anwenden* zeigen sich in den meisten Teilnehmerstaaten keine Geschlechterunterschiede. Besonders ausgeprägt, und sowohl auf der Gesamtskala als auch für fünf der sechs Inhalts- und Anforderungsbereiche nachweisbar, sind diese Leistungsvorsprünge zugunsten der Jungen nur in der Slowakei. Demgegenüber finden sich besonders ausgeprägte und sowohl auf der Gesamtskala als auch für fast alle Inhalts- und Anforderungsbereiche nachweisbare Leistungsvorsprünge zugunsten der Mädchen ausschließlich in Finnland und Bulgarien. In drei Teilnehmerstaaten – Nordirland, Serbien und Zypern – zeigen sich weder auf der Gesamtskala noch in den Inhalts- oder Anforderungsbereichen Leistungsunterschiede zwischen Mädchen und Jungen. Nordirland und Serbien zählen damit zu den einzigen Teilnehmerstaaten, in denen sich sowohl in Mathematik als auch in den Naturwissenschaften keine Leistungsunterschiede zwischen Mädchen und Jungen feststellen lassen.

Abbildung 9.9: Testleistungen in kognitiven Anforderungsbereichen nach Geschlecht im internationalen Vergleich – Naturwissenschaften

Teilnehmer	Reproduzieren						Anwenden						Problemlösen					
	Mädchen		Jungen		Differenz^A		Mädchen		Jungen		Differenz^A		Mädchen		Jungen		Differenz^A	
	M_m	(SE)	M_j	(SE)	M_j-M_m	(SE)	M_m	(SE)	M_j	(SE)	M_j-M_m	(SE)	M_m	(SE)	M_j	(SE)	M_j-M_m	(SE)
Republik Korea (Südkorea)	572	(2.9)	591	(2.6)	19	(3.3)	587	(2.7)	600	(2.0)	12	(2.8)	595	(2.0)	593	(3.3)	-1	(3.3)
[3] Hongkong	553	(3.8)	569	(3.8)	16	(4.5)	549	(4.1)	558	(4.0)	9	(4.6)	555	(6.1)	550	(4.0)	-6	(6.2)
[23] *Italien*	516	(3.4)	525	(3.8)	8	(3.7)	507	(3.9)	519	(3.2)	12	(3.5)	512	(3.2)	511	(4.4)	-1	(2.9)
Taiwan	549	(2.9)	565	(3.0)	16	(3.1)	548	(3.4)	558	(3.2)	11	(4.1)	561	(5.0)	555	(3.3)	-6	(5.7)
Slowakei	525	(3.8)	534	(3.4)	9	(2.9)	514	(3.2)	520	(3.2)	6	(3.0)	502	(4.2)	512	(3.0)	10	(2.8)
Tschechische Republik	539	(3.6)	550	(3.7)	10	(4.0)	525	(2.8)	531	(2.6)	6	(3.1)	526	(3.9)	531	(3.7)	5	(5.8)
Ungarn	545	(4.1)	555	(4.2)	10	(3.5)	534	(4.0)	543	(4.0)	9	(4.0)	533	(3.9)	533	(4.7)	0	(3.7)
[2] *Portugal*	502	(3.5)	511	(3.2)	8	(3.5)	504	(2.5)	513	(2.2)	9	(2.7)	506	(2.1)	505	(2.6)	-1	(2.8)
Slowenien	533	(3.1)	549	(2.9)	16	(3.0)	543	(3.1)	549	(3.4)	5	(3.2)	539	(3.1)	537	(3.2)	-2	(3.2)
[2] *Spanien*	517	(3.5)	527	(3.5)	10	(2.4)	511	(3.5)	517	(3.5)	6	(2.6)	516	(3.5)	518	(3.2)	2	(4.1)
Irland	523	(3.5)	534	(3.1)	11	(4.2)	527	(3.2)	533	(3.1)	6	(3.8)	529	(3.8)	523	(3.5)	-6	(4.4)
Japan	537	(2.8)	550	(3.9)	13	(5.1)	575	(2.6)	578	(2.5)	3	(3.6)	598	(1.9)	591	(2.5)	-7	(2.6)
[23] *Dänemark*	517	(2.6)	531	(3.3)	13	(2.7)	527	(2.9)	532	(2.8)	5	(3.2)	531	(3.1)	520	(4.5)	-11	(5.1)
[23] *USA*	545	(2.6)	552	(2.8)	8	(2.3)	544	(2.4)	548	(2.6)	4	(2.6)	542	(2.4)	541	(3.5)	-1	(2.4)
Deutschland^B	524	(3.1)	531	(3.4)	7	(2.9)	529	(3.0)	530	(3.0)	1	(3.4)	533	(3.2)	531	(4.1)	-2	(5.8)
Kroatien	530	(3.4)	538	(3.2)	8	(3.0)	529	(3.0)	531	(3.0)	2	(4.0)	540	(3.7)	531	(2.3)	-9	(3.7)
VG OECD	**522**	**(0.7)**	**529**	**(0.7)**	**7**	**(0.7)**	**527**	**(0.6)**	**529**	**(0.6)**	**2**	**(0.6)**	**530**	**(0.6)**	**525**	**(0.7)**	**-5**	**(0.8)**
Chile	474	(3.4)	481	(3.8)	8	(3.5)	478	(3.7)	473	(3.2)	-4	(3.6)	477	(2.7)	476	(3.1)	-1	(2.8)
VG EU	**522**	**(0.8)**	**528**	**(0.8)**	**6**	**(0.8)**	**525**	**(0.7)**	**526**	**(0.7)**	**1**	**(0.7)**	**527**	**(0.8)**	**521**	**(0.8)**	**-6**	**(0.9)**
Zypern	466	(3.7)	469	(4.7)	4	(5.6)	489	(2.9)	489	(4.4)	1	(3.2)	491	(4.6)	488	(4.1)	-4	(4.9)
[3] *Nordirland*	516	(3.8)	521	(3.3)	5	(4.1)	518	(3.2)	520	(3.9)	2	(4.3)	524	(3.1)	516	(4.1)	-9	(5.1)
[2] *Frankreich*	479	(4.3)	484	(4.0)	5	(3.3)	492	(3.6)	495	(3.4)	3	(3.0)	483	(3.7)	479	(2.7)	-4	(3.1)
Russische Föderation	565	(4.0)	572	(4.7)	6	(3.8)	569	(3.5)	567	(3.5)	-2	(2.6)	565	(4.0)	556	(4.3)	-10	(3.6)
[2] *Singapur*	569	(4.2)	579	(5.1)	9	(4.3)	598	(4.3)	600	(4.4)	2	(3.5)	610	(4.3)	600	(3.7)	-10	(3.5)
[1] Norwegen (5. Jgst.)	531	(3.1)	534	(3.4)	3	(2.5)	541	(3.3)	542	(3.5)	1	(3.7)	540	(4.6)	533	(3.8)	-7	(3.5)
[1] England	530	(3.6)	537	(3.1)	8	(4.3)	539	(3.4)	536	(2.7)	-3	(3.1)	543	(3.1)	534	(4.7)	-8	(5.9)
Australien	522	(3.6)	524	(4.2)	2	(4.2)	523	(3.5)	522	(3.6)	-1	(4.6)	532	(3.8)	523	(3.9)	-9	(5.0)
[3] Niederlande	507	(2.5)	510	(3.2)	3	(3.2)	520	(2.6)	517	(2.8)	-3	(2.5)	528	(2.2)	523	(5.0)	-5	(5.1)
Türkei	475	(3.5)	480	(3.2)	5	(3.3)	486	(3.3)	486	(3.8)	0	(3.4)	489	(3.6)	478	(4.1)	-11	(4.0)
Polen	542	(3.1)	545	(3.0)	4	(3.4)	555	(2.9)	553	(3.4)	-3	(2.9)	547	(2.8)	537	(4.3)	-10	(3.3)
[3] Belgien (Fläm. Gem.)	495	(3.2)	500	(3.5)	5	(4.2)	515	(3.0)	511	(2.5)	-4	(2.4)	530	(3.5)	521	(2.9)	-9	(3.0)
[23] *Kanada*	522	(3.6)	524	(3.2)	2	(2.7)	529	(3.1)	526	(2.7)	-3	(2.5)	530	(2.7)	520	(2.9)	-10	(2.0)
[2] *Serbien*	526	(3.8)	527	(5.2)	1	(4.9)	523	(3.9)	521	(6.2)	-2	(5.4)	524	(5.1)	517	(4.9)	-7	(6.3)
[2] *Litauen*	524	(3.1)	523	(3.8)	-1	(3.4)	527	(2.7)	525	(3.1)	-2	(3.3)	545	(3.8)	531	(3.4)	-14	(4.1)
[1] [3] *Neuseeland*	505	(3.6)	503	(2.9)	-2	(3.3)	502	(3.9)	502	(3.3)	1	(3.8)	521	(3.7)	507	(3.2)	-14	(5.0)
Internationaler Mittelwert^B	**502**	**(0.6)**	**502**	**(0.6)**	**0**	**(0.7)**	**506**	**(0.6)**	**501**	**(0.6)**	**-5**	**(0.7)**	**507**	**(0.6)**	**495**	**(0.6)**	**-11**	**(0.8)**
Kasachstan	551	(4.7)	550	(5.6)	-2	(3.2)	550	(4.7)	544	(5.1)	-7	(3.2)	556	(4.9)	547	(4.8)	-9	(3.5)
[2] *Schweden*	539	(3.8)	538	(4.4)	-1	(3.3)	546	(3.9)	534	(4.2)	-12	(4.3)	548	(4.5)	536	(5.4)	-12	(6.5)
Bulgarien	557	(6.9)	546	(6.4)	-11	(3.0)	539	(6.6)	533	(6.2)	-7	(3.6)	516	(6.9)	497	(6.4)	-19	(3.8)
Finnland	560	(3.3)	552	(3.5)	-8	(2.9)	561	(2.6)	545	(2.9)	-16	(2.8)	559	(3.1)	546	(2.6)	-13	(3.4)
Benchmark-Teilnehmer																		
[23] *Québec, Kanada*	521	(4.5)	527	(5.0)	6	(4.1)	525	(4.6)	526	(5.1)	1	(3.8)	528	(4.9)	524	(5.0)	-4	(3.7)
Norwegen (4. Jgst.)	492	(3.3)	497	(3.9)	5	(4.0)	496	(3.0)	492	(3.1)	-4	(3.7)	486	(3.4)	479	(3.9)	-8	(3.4)
Ontario, Kanada	528	(3.4)	527	(3.4)	-2	(3.8)	538	(3.1)	531	(2.9)	-7	(3.5)	536	(2.8)	522	(3.4)	-14	(3.0)

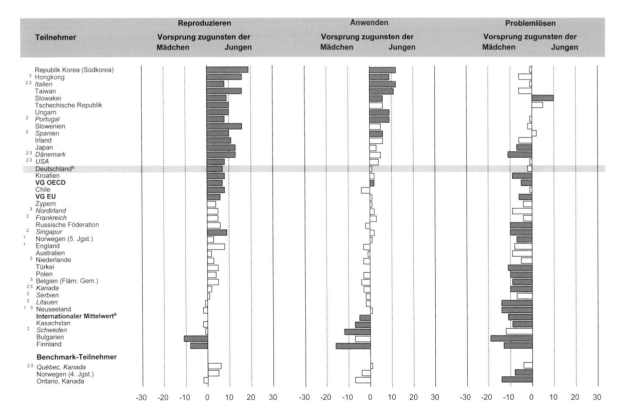

Statistisch signifikante Unterschiede ($p < .05$).

Kursiv gesetzt sind die Teilnehmer, für die von einer eingeschränkten Vergleichbarkeit der Ergebnisse ausgegangen werden muss.

1 = Die nationale Zielpopulation entspricht nicht oder nicht ausschließlich der vierten Jahrgangsstufe.

2 = Der Ausschöpfungsgrad und/oder die Ausschlüsse von der nationalen Zielpopulation erfüllen nicht die internationalen Vorgaben.

3 = Die Teilnahmequoten auf Schul- und/oder Schülerebene erreichen nicht die internationalen Vorgaben.

A = Inkonsistenzen in den berichteten Differenzen sind im Rundungsverfahren begründet.

B = Für Deutschland und damit auch für den internationalen Mittelwert ergeben sich aufgrund adjustierter Gewichtung geringfügige Abweichungen zur internationalen Berichterstattung.

IEA: Trends in International Mathematics and Science Study © TIMSS 2015

5.4 Mittlere Leistung auf den Kompetenzstufen

Die mittleren Leistungen sowie die prozentualen Anteile von Mädchen und Jungen auf den Kompetenzstufen der Naturwissenschaften sind in der Abbildung 9.10 dargestellt. Für alle Kompetenzstufen zeigt sich, dass sich die Anteile von Mädchen und Jungen und auch deren mittlere Leistungen auf den Kompetenzstufen nicht signifikant voneinander unterscheiden.

Abbildung 9.10: Mittlere Testleistungen von Mädchen und Jungen und prozentuale Verteilungen auf die Kompetenzstufen – Naturwissenschaften

KS	Mädchen				Jungen				Differenz[A]		Anteil auf den Kompetenzstufen
	%	(SE)	M	(SE)	%	(SE)	M	(SE)	$\%_j$-$\%_m$	(SE)	
V	7.1	(0.9)	633	(12.2)	7.8	(0.9)	636	(11.4)	0.7	(1.4)	
IV	31.5	(2.1)	575	(4.7)	32.7	(1.8)	577	(4.3)	1.2	(2.6)	
III	39.7	(1.9)	516	(2.8)	38.6	(1.7)	516	(3.0)	-1.1	(3.0)	
II	17.7	(1.4)	455	(7.5)	17.2	(1.2)	456	(7.4)	-0.5	(1.8)	
I	4.1	(0.8)	389	(16.2)	3.7	(0.7)	390	(16.7)	-0.4	(0.6)	

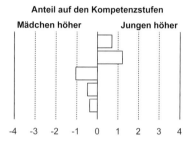

☐ Unterschied nicht statistisch signifikant (*p* > .05).

A = Inkonsistenzen in den berichteten Differenzen sind im Rundungsverfahren begründet.

5.5 Vergleich der Kompetenzen in TIMSS 2007, 2011 und 2015

In Kapitel 4 werden für elf Teilnehmerstaaten und zwei Regionen positive Veränderungen und für zwei Teilnehmerstaaten negative Veränderungen in den naturwissenschaftlichen Kompetenzen zwischen TIMSS 2007 und TIMSS 2015 berichtet (siehe Abbildung 4.6). In Abbildung 9.11 werden die Veränderungen in den mittleren mathematischen Leistungen für Mädchen und Jungen getrennt dargestellt. Es zeigt sich, dass sich – mit Ausnahme von den USA und dem Iran – in allen Staaten, für die sich in der Gesamtpopulation signifikante Trends in den Entwicklungen naturwissenschaftlicher Kompetenzen zwischen TIMSS 2007 und 2015 beobachten ließen, diese für Mädchen und Jungen gelten. In den USA lassen sich zwar für Mädchen und Jungen positive Veränderungswerte feststellen, sie sind allerdings nur für die Gruppe der Mädchen statistisch signifikant. Für den Iran lassen sich für Mädchen und Jungen negative Veränderungswerte feststellen, sie sind allerdings nur für die Gruppe der Mädchen statistisch signifikant. Für zwei weitere Teilnehmer – die Niederlande und Ontario – lassen sich darüber hinaus, im Vergleich mit den Leistungsentwicklungen in der Gesamtpopulation bei der geschlechtergetrennten Betrachtung, Veränderungen feststellen: Während sich keine signifikanten Veränderungen in den Leistungsmittelwerten für Mädchen beobachten lassen, zeigen Jungen 2015 in den Niederlanden mit -12 Veränderungspunkten und in Ontario mit -11 Veränderungspunkten im Vergleich deutlich schlechtere Leistungen als in TIMSS 2007. Für Deutschland zeigen sich in der Tendenz ähnliche Entwicklungen. Hier haben Mädchen im Vergleich zu 2007 in 2015 ihre mittleren Leistungen um 7 Punkte verbessert. Für Jungen hingegen zeigt sich in der Tendenz, dass diese mit 530 Punkten in 2015 um

Abbildung 9.11: Vergleich der Leistungsentwicklungen von Mädchen und Jungen in Naturwissenschaften in TIMSS 2007, 2011 und 2015 (internationaler Vergleich)

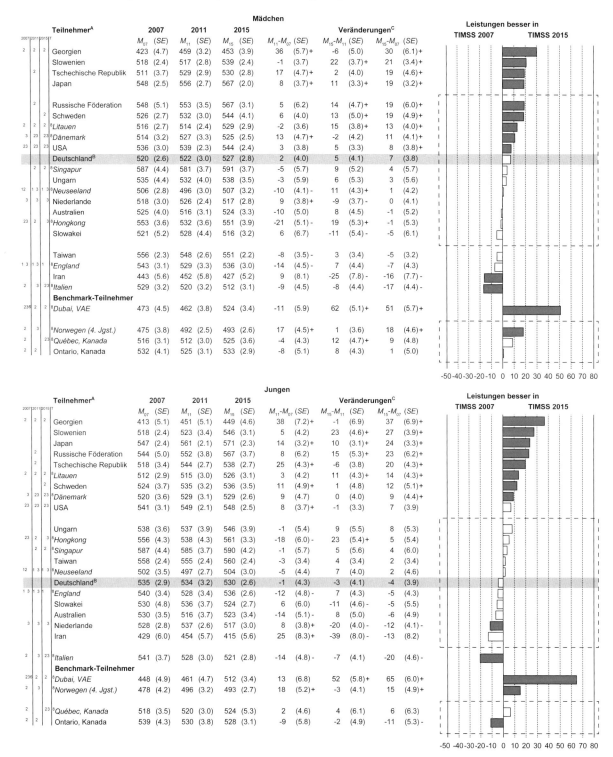

Mädchen

2007/2011/2015/T	Teilnehmer[A]	2007 M_{07}	(SE)	2011 M_{11}	(SE)	2015 M_{15}	(SE)	M_{11}-M_{07}	(SE)	M_{15}-M_{11}	(SE)	M_{15}-M_{07}	(SE)
2 2 2	Georgien	423	(4.7)	459	(3.2)	453	(3.9)	36	(5.7)+	-6	(5.0)	30	(6.1)+
	Slowenien	518	(2.4)	517	(2.8)	539	(2.4)	-1	(3.7)	22	(3.7)+	21	(3.4)+
2	Tschechische Republik	511	(3.7)	529	(2.9)	530	(2.8)	17	(4.7)+	2	(4.0)	19	(4.6)+
	Japan	548	(2.5)	556	(2.7)	567	(2.0)	8	(3.7)+	11	(3.3)+	19	(3.2)+
2	Russische Föderation	548	(5.1)	553	(3.5)	567	(3.1)	5	(6.2)	14	(4.7)+	19	(6.0)+
2	Schweden	526	(2.7)	532	(3.0)	544	(4.1)	6	(4.0)	13	(5.0)+	19	(4.9)+
2 2 2	[8]Litauen	516	(2.7)	514	(2.4)	529	(2.9)	-2	(3.6)	15	(3.8)+	13	(4.0)+
3 23 23	[8]Dänemark	514	(3.2)	527	(3.3)	525	(2.5)	13	(4.7)+	-2	(4.2)	11	(4.1)+
23 23	USA	536	(3.0)	539	(3.0)	544	(2.4)	3	(3.8)	5	(3.3)	8	(3.8)+
	Deutschland[B]	520	(2.6)	522	(3.0)	527	(2.8)	2	(4.0)	5	(4.1)	7	(3.8)
2 2	[8]Singapur	587	(4.4)	581	(3.7)	591	(3.7)	-5	(5.7)	9	(5.2)	4	(5.7)
	Ungarn	535	(4.4)	532	(4.0)	538	(3.5)	-3	(5.9)	6	(5.3)	3	(5.6)
12 1 3 1 3	[8]Neuseeland	506	(2.8)	496	(3.0)	507	(3.2)	-10	(4.1)-	11	(4.3)+	1	(4.2)
3 3 3	Niederlande	518	(3.0)	526	(2.4)	517	(2.8)	9	(3.8)+	-9	(3.7)-	0	(4.1)
	Australien	525	(4.0)	516	(3.1)	524	(3.3)	-10	(5.0)	8	(4.5)	-1	(5.2)
23 2	[8]Hongkong	553	(3.6)	532	(3.6)	551	(3.9)	-21	(5.1)-	19	(5.3)+	-1	(5.3)
	Slowakei	521	(5.2)	528	(4.4)	516	(3.2)	6	(6.7)	-11	(5.4)-	-5	(6.1)
	Taiwan	556	(2.3)	548	(2.6)	551	(2.2)	-8	(3.5)-	3	(3.4)	-5	(3.2)
1 3 1 3 1	[8]England	543	(3.1)	529	(3.3)	536	(3.0)	-14	(4.5)-	7	(4.4)	-7	(4.3)
	Iran	443	(5.6)	452	(5.8)	427	(5.2)	9	(8.1)	-25	(7.8)-	-16	(7.7)-
2 3 23	[8]Italien	529	(3.2)	520	(3.2)	512	(3.1)	-9	(4.5)	-8	(4.4)	-17	(4.4)-
	Benchmark-Teilnehmer												
236 2 2	[8]Dubai, VAE	473	(4.5)	462	(3.8)	524	(3.4)	-11	(5.9)	62	(5.1)+	51	(5.7)+
2 3	[8]Norwegen (4. Jgst.)	475	(3.8)	492	(2.5)	493	(2.6)	17	(4.5)+	1	(3.6)	18	(4.6)+
2 23	[8]Québec, Kanada	516	(3.1)	512	(3.0)	525	(3.6)	-4	(4.3)	12	(4.7)+	9	(4.8)
2 2	Ontario, Kanada	532	(4.1)	525	(3.1)	533	(2.9)	-8	(5.1)	8	(4.3)	1	(5.0)

Leistungen besser in TIMSS 2007 / TIMSS 2015

-50 -40 -30 -20 -10 0 10 20 30 40 50 60 70 80

Jungen

2007/2011/2015/T	Teilnehmer[A]	2007 M_{07}	(SE)	2011 M_{11}	(SE)	2015 M_{15}	(SE)	M_{11}-M_{07}	(SE)	M_{15}-M_{11}	(SE)	M_{15}-M_{07}	(SE)
2 2 2	Georgien	413	(5.1)	451	(5.1)	449	(4.6)	38	(7.2)+	-1	(6.9)	37	(6.9)+
	Slowenien	518	(2.4)	523	(3.4)	546	(3.1)	5	(4.2)	23	(4.6)+	27	(3.9)+
	Japan	547	(2.4)	561	(2.1)	571	(2.3)	14	(3.2)+	10	(3.1)+	24	(3.3)+
2	Russische Föderation	544	(5.0)	552	(3.8)	567	(3.7)	8	(6.2)	15	(5.3)+	23	(6.2)+
2	Tschechische Republik	518	(3.4)	544	(2.7)	538	(2.7)	25	(4.3)+	-6	(3.8)	20	(4.3)+
2 2 2	[8]Litauen	512	(2.9)	515	(3.0)	526	(3.1)	3	(4.2)	11	(4.3)+	14	(4.3)+
2	Schweden	524	(3.7)	535	(3.2)	536	(3.5)	11	(4.9)+	1	(4.8)	12	(5.1)+
3 23 23	[8]Dänemark	520	(3.6)	529	(3.1)	529	(2.6)	9	(4.7)	0	(4.0)	9	(4.4)+
23 23 23	USA	541	(3.1)	549	(2.1)	548	(2.5)	8	(3.7)+	-1	(3.3)	7	(3.9)
	Ungarn	538	(3.6)	537	(3.9)	546	(3.9)	-1	(5.4)	9	(5.5)	8	(5.3)
23 2 3	[8]Hongkong	556	(4.3)	538	(4.3)	561	(3.3)	-18	(6.0)-	23	(5.4)+	5	(5.4)
2 2	[8]Singapur	587	(4.4)	585	(3.7)	590	(4.2)	-1	(5.7)	5	(5.6)	4	(6.0)
	Taiwan	558	(2.4)	555	(2.4)	560	(2.4)	-3	(3.4)	4	(3.4)	2	(3.4)
12 1 3 1 3	[8]Neuseeland	502	(3.5)	497	(2.7)	504	(3.0)	-5	(4.4)	7	(4.0)	2	(4.6)
	Deutschland[B]	535	(2.9)	534	(3.2)	530	(2.6)	-1	(4.3)	-3	(4.1)	-4	(3.9)
1 3 1 3 1 3	[8]England	540	(3.4)	528	(3.4)	536	(2.6)	-12	(4.8)-	7	(4.3)	-5	(4.3)
	Slowakei	530	(4.8)	536	(3.7)	524	(2.7)	6	(6.0)	-11	(4.6)-	-5	(5.5)
	Australien	530	(3.5)	516	(3.7)	523	(3.4)	-14	(5.1)-	8	(5.0)	-6	(4.9)
3 3 3	Niederlande	528	(2.8)	537	(2.6)	517	(3.0)	8	(3.8)+	-20	(4.0)-	-12	(4.1)-
	Iran	429	(6.0)	454	(5.7)	415	(5.6)	25	(8.3)+	-39	(8.0)-	-13	(8.2)
2 3 23	[8]Italien	541	(3.7)	528	(3.0)	521	(2.8)	-14	(4.8)-	-7	(4.1)	-20	(4.6)-
	Benchmark-Teilnehmer												
236 2 2	[8]Dubai, VAE	448	(4.9)	461	(4.7)	512	(3.4)	13	(6.8)	52	(5.8)+	65	(6.0)+
2 3	[8]Norwegen (4. Jgst.)	478	(4.2)	496	(3.2)	493	(2.7)	18	(5.2)+	-3	(4.1)	15	(4.9)+
2 23	[8]Québec, Kanada	518	(3.5)	520	(3.0)	524	(5.3)	2	(4.6)	4	(6.1)	6	(6.3)
2 2	Ontario, Kanada	539	(4.3)	530	(3.8)	528	(3.1)	-9	(5.8)	-2	(4.9)	-11	(5.3)-

Leistungen besser in TIMSS 2007 / TIMSS 2015

-50 -40 -30 -20 -10 0 10 20 30 40 50 60 70 80

Kein statistisch signifikanter Unterschied zum Differenzwert von Deutschland ($p > .05$).
Statistisch signifikante Unterschiede ($p < .05$).
+ = Mittelwert für 2011 statistisch höher als für 2007 bzw. für 2015 statistisch signifikant höher als für 2011 und/oder 2007 ($p < .05$).
− = Mittelwert für 2011 statistisch signifikant niedriger als für 2007 bzw. für 2015 statistisch signifikant niedriger als für 2011 und/oder 2007($p < .05$).
Kursiv gesetzt sind die Teilnehmer, für die von einer eingeschränkten Vergleichbarkeit der Ergebnisse zwischen den Studienzyklen ausgegangen werden muss.
1 = Die nationale Zielpopulation entspricht nicht oder nicht ausschließlich der vierten Jahrgangsstufe.
2 = Der Ausschöpfungsgrad und/oder die Ausschlüsse von der nationalen Zielpopulation erfüllen nicht die internationalen Vorgaben.
3 = Die Teilnahmequoten auf Schul- und/oder Schülerebene erreichen nicht die internationalen Vorgaben.
6 = Abweichender Testzeitpunkt (in Dubai, VAE erfolgte die Testung zeitlich verzögert).
8 = Eingeschränkte Vergleichbarkeit aufgrund veränderter Teilnahmebedingungen zwischen 2007, 2011 und 2015.
A = Die Ergebnisse von Kasachstan, Katar, Kuwait und Marokko werden aufgrund der nicht gegebenen Vergleichbarkeit zwischen den Studienzyklen 2007, 2011 und 2015 nicht berichtet.
B = Für Deutschland ergeben sich aufgrund adjustierter Gewichtung geringfügige Abweichungen zur internationalen Berichterstattung.
C = Inkonsistenzen in den berichteten Differenzen sind im Rundungsverfahren begründet.

IEA: Trends in International Mathematics and Science Study © TIMSS 2015

4 Punkte schlechter abschneiden als in 2007, als der Leistungsmittelwert bei 535 Punkten lag. Die Leistungsunterschiede sind, wie auch im Vergleich zu 2011, für Mädchen und Jungen allerdings nicht signifikant.

In Abbildung 9.12 sind, für die hier berichteten Teilnehmerstaaten, die Entwicklung der mittleren Leistungsunterschiede zwischen Mädchen und Jungen für die Erhebungen in den Jahren 2007, 2011 und 2015 sowie die Unterschiede zwischen den Leistungsdifferenzen der Messzeitpunkte angegeben. Im internationalen Vergleich zeigen sich lediglich für Deutschland, die Niederlande und Ontario signifikante Veränderungen in den Leistungsdisparitäten zwischen Mädchen und Jungen (siehe Abbildung 9.12): Für alle drei Teilnehmer fallen in 2015 die Leistungsvorsprünge der Jungen in den Naturwissenschaften 12 Punkte geringer aus als in 2007. In Deutschland waren in 2007 und 2011 mit 15 beziehungsweise 12 Punkten die Leistungsvorsprünge der Jungen noch feststellbar. In 2015 lassen sich diese nicht mehr nachweisen (3 Differenzpunkte). Anders als in Mathematik zeigen sich in den Naturwissenschaften damit zum Teil positivere Entwicklungen in den geschlechtsspezifischen Leistungsdisparitäten: Mädchen können im Trend ihre Leistungen verbessern, was zu einer Reduktion der geschlechtsspezifischen Leistungsdisparitäten beiträgt. Die sich auch hier abzeich-

Abbildung 9.12: Vergleich der Leistungsunterschiede in den Naturwissenschaften von Mädchen und Jungen in TIMSS 2007, 2011 und 2015 (internationaler Vergleich)

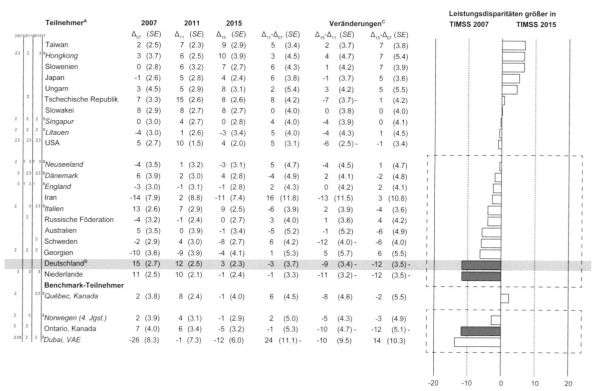

Teilnehmer[A]	2007 Δ_{07}	(SE)	2011 Δ_{11}	(SE)	2015 Δ_{15}	(SE)	Veränderungen[C] Δ_{11}-Δ_{07}	(SE)	Δ_{15}-Δ_{11}	(SE)	Δ_{15}-Δ_{07}	(SE)
Taiwan	2	(2.5)	7	(2.3)	9	(2.9)	5	(3.4)	2	(3.7)	7	(3.8)
Hongkong	3	(3.7)	6	(2.5)	10	(3.9)	3	(4.5)	4	(4.7)	7	(5.4)
Slowenien	0	(2.8)	6	(3.2)	7	(2.7)	6	(4.3)	1	(4.2)	7	(3.9)
Japan	-1	(2.6)	5	(2.8)	4	(2.4)	6	(3.8)	-1	(3.7)	5	(3.6)
Ungarn	3	(4.5)	5	(2.9)	8	(3.1)	2	(5.4)	3	(4.2)	5	(5.5)
Tschechische Republik	7	(3.3)	15	(2.6)	8	(2.6)	8	(4.2)	-7	(3.7)-	1	(4.2)
Slowakei	8	(2.9)	8	(2.7)	8	(2.7)	0	(4.0)	0	(3.8)	0	(4.0)
Singapur	0	(3.0)	4	(2.7)	0	(2.8)	4	(4.0)	-4	(3.9)	0	(4.1)
Litauen	-4	(3.0)	1	(2.6)	-3	(3.4)	5	(4.0)	-4	(4.3)	1	(4.5)
USA	5	(2.7)	10	(1.5)	4	(2.0)	5	(3.1)	-6	(2.5)-	-1	(3.4)
Neuseeland	-4	(3.5)	1	(3.2)	-3	(3.1)	5	(4.7)	-4	(4.5)	1	(4.7)
Dänemark	6	(3.9)	2	(3.0)	4	(2.8)	-4	(4.9)	2	(4.1)	-2	(4.8)
England	-3	(3.0)	-1	(3.1)	-1	(2.8)	2	(4.3)	0	(4.2)	2	(4.1)
Iran	-14	(7.9)	2	(8.8)	-11	(7.4)	16	(11.8)	-13	(11.5)	3	(10.8)
Italien	13	(2.6)	7	(2.9)	9	(2.5)	-6	(3.9)	2	(3.9)	-4	(3.6)
Russische Föderation	-4	(3.2)	-1	(2.4)	0	(2.7)	3	(4.0)	1	(3.6)	4	(4.2)
Australien	5	(3.5)	0	(3.9)	-1	(3.4)	-5	(5.2)	-1	(5.2)	-6	(4.9)
Schweden	-2	(2.9)	4	(3.0)	-8	(2.7)	6	(4.2)	-12	(4.0)-	-6	(4.0)
Georgien	-10	(3.6)	-9	(3.9)	-4	(4.1)	1	(5.3)	5	(5.7)	6	(5.5)
Deutschland[B]	15	(2.7)	12	(2.5)	3	(2.3)	-3	(3.7)	-9	(3.4)-	-12	(3.5)-
Niederlande	11	(2.5)	10	(2.1)	-1	(2.4)	-1	(3.3)	-11	(3.2)-	-12	(3.5)-
Benchmark-Teilnehmer												
Québec, Kanada	2	(3.8)	8	(2.4)	-1	(4.0)	6	(4.5)	-8	(4.6)	-2	(5.5)
Norwegen (4. Jgst.)	2	(3.9)	4	(3.1)	-1	(2.9)	2	(5.0)	-5	(4.3)	-3	(4.9)
Ontario, Kanada	7	(4.0)	6	(3.4)	-5	(3.2)	-1	(5.3)	-10	(4.7)-	-12	(5.1)-
Dubai, VAE	-26	(8.3)	-1	(7.3)	-12	(6.0)	24	(11.1)-	-10	(9.5)	14	(10.3)

Leistungsdisparitäten größer in TIMSS 2007 · TIMSS 2015

-20 -10 0 10 20

Kein statistisch signifikanter Unterschied zum Differenzwert von Deutschland ($p > .05$).
Statistisch signifikante Unterschiede ($p < .05$).
+ = Differenzwert für 2011 statistisch signifikant höher als für 2007 bzw. für 2015 statistisch signifikant höher als für 2011 und/oder 2007 ($p < .05$).
- = Differenzwert für 2011 statistisch signifikant niedriger als für 2007 bzw. für 2015 statistisch signifikant niedriger als für 2011 und/oder 2007 ($p < .05$).
Kursiv gesetzt sind die Teilnehmer, für die von einer eingeschränkten Vergleichbarkeit der Ergebnisse zwischen den Studienzyklen ausgegangen werden muss.
1 = Die nationale Zielpopulation entspricht nicht oder nicht ausschließlich der vierten Jahrgangsstufe.
2 = Der Ausschöpfungsgrad und/oder die Ausschlüsse von der nationalen Zielpopulation erfüllen nicht die internationalen Vorgaben.
3 = Die Teilnahmequoten auf Schul- und/oder Schülerebene erreichen nicht die internationalen Vorgaben.
6 = Abweichender Testzeitpunkt (in Dubai, VAE erfolgte die Testung zeitlich verzögert).
8 = Eingeschränkte Vergleichbarkeit aufgrund veränderter Teilnahmebedingungen zwischen 2007, 2011 und 2015.
A = Die Ergebnisse von Kasachstan, Katar, Kuwait und Marokko werden aufgrund der nicht gegebenen Vergleichbarkeit zwischen den Studienzyklen 2007, 2011 und 2015 nicht berichtet.
B = Für Deutschland ergeben sich aufgrund adjustierter Gewichtung geringfügige Abweichungen zur internationalen Berichterstattung.
C = Inkonsistenzen in den berichteten Differenzen sind im Rundungsverfahren begründet.
Δ = Differenz in den Leistungsmittelwerten.

IEA: Trends in International Mathematics and Science Study   © TIMSS 2015

nende schlechtere Leistungsentwicklung der Jungen bedarf wie in Mathematik einer genaueren Untersuchung.

6 Ergebnisse zu geschlechtsspezifischen Unterschieden in Einstellungen und Selbstkonzepten

Positive Einstellungen gegenüber Mathematik und den Naturwissenschaften sowie positive fachbezogene Selbstkonzepte der eigenen Fähigkeiten stellen für den Mathematik- beziehungsweise den Sachunterricht wichtige Unterrichtsziele dar (siehe Kapitel 3 und 4 in diesem Band). Im Folgenden werden die Ergebnisse zu fächerbezogenen Einstellungen und Fähigkeitsselbstkonzepten für die Mädchen und Jungen in Deutschland dargestellt. Zunächst werden die Ergebnisse zur positiven Einstellung zur Mathematik sowie zum mathematikbezogenen Selbstkonzept betrachtet. Anschließend werden Ergebnisse zu Einstellungen zum Fach Sachunterricht und zum sachunterrichtsbezogenen Selbstkonzept beschrieben. Dabei werden jeweils die mittleren Einstellungen und Selbstkonzepte in 2007, 2011 und 2015 sowie die Verteilung auf die Kategorien hohe, mittlere und niedrige positive Einstellung sowie hohes, mittleres und niedriges Selbstkonzept dargestellt. Detaillierte Informationen zur Skalenbildung finden sich in den Kapiteln 3 und 4 dieses Bandes.

6.1 Geschlechtsspezifische mathematikbezogene Einstellungen und Selbstkonzepte

In Abbildung 9.13 sind die mittleren Skalenwerte zur positiven Einstellung zur Mathematik in 2007, 2011 und 2015 für Mädchen und Jungen dargestellt. Zusätzlich werden die Verteilungen der Schülerinnen und Schüler auf die Gruppen von Kindern mit niedrigen, mittleren und hohen positiven Einstellungen abgebildet.

Sowohl Jungen als auch Mädchen haben im Durchschnitt eine positive Einstellung zur Mathematik. Mehr als drei Viertel berichten von mittleren bis hohen positiven Einstellungen zur Mathematik. Im Vergleich von Mädchen und Jungen zeigt sich, dass Jungen im Mittel signifikant höhere positive Einstellungen als Mädchen haben, wobei die Differenz in 2015 0.18 Punkte beträgt. Diese Differenz entspricht einer Effektgröße von Cohens $d = .20$, was als kleiner Effekt bezeichnet werden kann.

Im Vergleich der Studienzyklen zeigen sich für Jungen seit 2007 keine signifikanten Veränderungen in ihren Einstellungen zur Mathematik. Stellt man die mittleren Skalenwerte der positiven Einstellung zur Mathematik von Mädchen und Jungen in Abbildung 9.13 gegenüber, zeigt sich für Mädchen in Deutschland ein signifikant geringerer Wert für 2015 (3.01 Punkte) im Vergleich zu 2007 (3.07 Punkte). Vergleicht man die drei Gruppen ‚niedrige positive Einstellung‘, ‚mittlere positive Einstellung‘ und ‚hohe positive Einstellung‘ miteinander, so fällt auf, dass es gegenüber 2007 leichte Veränderungen für die Mädchen gegeben hat. Gab 2007 nur ungefähr jedes sechste Mädchen an, eine niedrige positive Einstellung zur Mathematik zu haben, ist es in 2015 knapp jedes fünfte Mädchen. Für die Jungen ergeben sich in den drei Gruppen keine signifikanten Veränderungen zwischen den drei TIMSS-Erhebungszyklen.

Abbildung 9.13: Prozentuale Verteilung auf der Skala ‚positive Einstellung zur Mathematik' in TIMSS 2007, 2011 und 2015 – Mädchen und Jungen im Vergleich

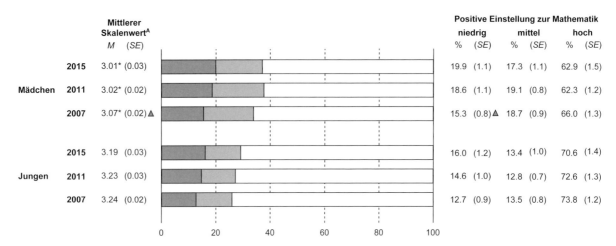

		Mittlerer Skalenwert[A]			Positive Einstellung zur Mathematik					
					niedrig		mittel		hoch	
		M	(SE)		%	(SE)	%	(SE)	%	(SE)
	2015	3.01*	(0.03)		19.9	(1.1)	17.3	(1.1)	62.9	(1.5)
Mädchen	2011	3.02*	(0.02)		18.6	(1.1)	19.1	(0.8)	62.3	(1.2)
	2007	3.07*	(0.02)▲		15.3	(0.8)▲	18.7	(0.9)	66.0	(1.3)
	2015	3.19	(0.03)		16.0	(1.2)	13.4	(1.0)	70.6	(1.4)
Jungen	2011	3.23	(0.03)		14.6	(1.0)	12.8	(0.7)	72.6	(1.3)
	2007	3.24	(0.02)		12.7	(0.9)	13.5	(0.8)	73.8	(1.2)

☐ % der Schülerinnen und Schüler mit hoher positiver Einstellung zur Mathematik.
◫ % der Schülerinnen und Schüler mit mittlerer positiver Einstellung zur Mathematik.
■ % der Schülerinnen und Schüler mit niedriger positiver Einstellung zur Mathematik.
A = Die Skala umfasst drei Fragen (z.B. Ich mag Mathematik.) mit vierstufigem Antwortformat (1 = Stimme überhaupt nicht zu,..., 4 = Stimme völlig zu).
▲ = Veränderungen von 2007 bzw. 2011 zu 2015 statistisch signifikant ($p < .05$).
★ = Unterschied in den mittleren Skalenwerten zu Jungen statistisch signifikant ($p < .05$).

IEA: Trends in International Mathematics and Science Study   © TIMSS 2015

In Abbildung 9.14 sind die mittleren Skalenwerte zum mathematikbezogenen Selbstkonzept in 2007, 2011 und 2015 für Mädchen und Jungen dargestellt. Insgesamt zeigt sich, dass sowohl Jungen als auch Mädchen im Durchschnitt über hohe Selbstkonzepte in Mathematik verfügen. Mindestens vier von fünf Kindern berichten von mittleren bis hohen positiven Selbstkonzepten. Im Vergleich von Mädchen und Jungen zeigt sich, dass Jungen im Mittel über signifikant höhere Selbstkonzepte verfügen als ihre Mitschülerinnen, wobei die Differenz in 2015 0.28 Punkte beträgt. Diese Differenz entspricht einer Effektgröße von Cohens $d = .36$, was als mittlerer Effekt bezeichnet werden kann.

Im Vergleich der Studienzyklen deutet sich für Mädchen eine negative Entwicklung an. Sowohl im Vergleich zu 2007 als auch zu 2011 ist der Skalenwert von 3.05 beziehungsweise 3.09 auf 3.01 in der Erhebung 2015 gesunken. Für Jungen zeigen sich im Vergleich der Werte von 2007 und 2015 keine signifikanten Veränderungen in ihren mathematikbezogenen Selbstkonzepten. Die positive Veränderung, die sich von 2007 auf 2011 feststellen ließ, lässt sich 2015 nicht mehr nachweisen, da das Niveau wieder auf das von 2007 gefallen ist.

Vergleicht man die drei Gruppen der (niedrigen, mittleren bzw. hohen) Selbstkonzeptausprägung miteinander, lassen sich für Mädchen keine signifikanten Veränderungen feststellen. Für Jungen ergaben sich in den drei Gruppen kleine signifikante Veränderungen zwischen 2011 und 2015. Es zeigt sich, dass der Anteil an Jungen mit niedrigem mathematikbezogenem Selbstkonzept gestiegen und der Anteil von Jungen mit hohem mathematikbezogenem Selbstkonzept gesunken ist.

Insgesamt wird für die Einstellung zur Mathematik und das mathematikbezogene Selbstkonzept ersichtlich, dass Jungen sowohl eine höhere positive Einstellung zur Mathematik haben als auch ein höheres Selbstkonzept verzeichnen können. Im Vergleich zu 2007 und 2011 zeichnen sich sowohl in Bezug auf die Einstellungen als auch die mathematikbezogenen Selbstkonzepte für Mädchen als auch Jungen leichte negative Entwicklungen ab.

Abbildung 9.14: Prozentuale Verteilung auf der Skala ‚mathematikbezogenes Selbstkonzept' in TIMSS 2007, 2011 und 2015 – Mädchen und Jungen im Vergleich

		Mittlerer Skalenwert[A]			Mathematikbezogenes Selbstkonzept					
					niedrig		mittel		hoch	
		M	(SE)		%	(SE)	%	(SE)	%	(SE)
Mädchen	2015	3.01*	(0.02)		15.8	(0.9)	23.9	(1.1)	60.3	(1.2)
	2011	3.09*	(0.02)▲		13.7	(0.9)	22.4	(0.9)	63.8	(1.2)
	2007	3.05*	(0.02)▲		12.6	(1.0)	24.4	(1.0)	63.0	(1.2)
Jungen	2015	3.29	(0.02)		8.6	(0.7)	17.9	(0.9)	73.5	(1.1)
	2011	3.39	(0.02)▲		6.7	(0.5)▲	15.5	(1.0)	77.8	(1.0)
	2007	3.30	(0.02)		6.6	(0.6)	17.3	(1.0)	76.1	(1.1)

0   20   40   60   80   100

☐ % der Schülerinnen und Schüler mit hohem mathematikbezogenem Selbstkonzept.
▨ % der Schülerinnen und Schüler mit mittlerem mathematikbezogenem Selbstkonzept.
▩ % der Schülerinnen und Schüler mit niedrigem mathematikbezogenem Selbstkonzept.
A = Die Skala umfasst vier Fragen (z.B. Normalerweise bin ich gut in Mathematik.) mit vierstufigem Antwortformat (1 = Stimme überhaupt nicht zu,..., 4 = Stimme völlig zu).
▲ = Veränderungen von 2007 bzw. 2011 zu 2015 statistisch signifikant ($p < .05$).
★ = Unterschied in den mittleren Skalenwerten zu Jungen statistisch signifikant ($p < .05$).

IEA: Trends in International Mathematics and Science Study   © TIMSS 2015

6.2 Geschlechtsspezifische sachunterrichtsbezogene Einstellungen und Selbstkonzepte

Für die Naturwissenschaften wurden im Rahmen von TIMSS die Einstellung und das Selbstkonzept im Hinblick auf das Fach Sachunterricht erfasst, denn in Deutschland werden naturwissenschaftliche Inhalte in der Grundschule nicht in einem eigenen Fach unterrichtet, sodass nicht davon ausgegangen werden kann, dass die Schülerinnen und Schüler eine klare Vorstellung davon haben, was Naturwissenschaften beziehungsweise naturwissenschaftliche Inhalte sind.

Die Einstellung zum Fach Sachunterricht und das sachunterrichtsbezogene Selbstkonzept werden ebenso wie in Mathematik in TIMSS mit Hilfe eines Schülerfragebogens erfasst, wobei nähere Informationen dem Kapitel 4 dieses Bandes entnommen werden können.

In Abbildung 9.15 sind sowohl die mittleren Einstellungen zum Sachunterricht von Mädchen und Jungen im Vergleich von 2007, 2011 und 2015 dargestellt als auch die prozentualen Verteilungen von Mädchen und Jungen auf die Kategorien einer niedrigen, mittleren bzw. hohen positiven Einstellung zum Sachunterricht abgebildet. Es zeigt sich, dass die Einstellungen der Schülerinnen und Schüler zum Sachunterricht am Ende der Grundschulzeit sehr positiv ausgeprägt sind. Mehr als drei Viertel der Jungen und der Mädchen in Deutschland bringen hohe positive Einstellungen zum Fach Sachunterricht zum Ausdruck. Mädchen erreichen einen Mittelwert von 3.33 Punkten und Jungen von 3.30 Punkten. Der Unterschied zwischen Mädchen und Jungen ist nicht signifikant. Im Vergleich der Studienzyklen zeigen sich nur für die Jungen geringe Veränderungen: So lässt sich für Jungen in 2015 (3.30 Punkte) im Vergleich zu 2007 (3.38 Punkte) ein signifikant geringerer Mittelwert feststellen. Vergleicht man die drei Gruppen ‚niedrige positive Einstellung', ‚mittlere positive Einstellung' und ‚hohe positive Einstellung' miteinander, lassen sich keine signifikanten Veränderungen beobachten.

Abbildung 9.15: Prozentuale Verteilung auf der Skala ‚positive Einstellung zum Fach Sachunterricht' in TIMSS 2007, 2011 und 2015 – Mädchen und Jungen im Vergleich

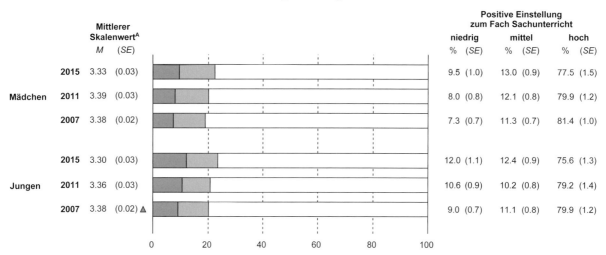

		Mittlerer Skalenwert[A]						Positive Einstellung zum Fach Sachunterricht					
								niedrig		mittel		hoch	
		M	(SE)					%	(SE)	%	(SE)	%	(SE)
Mädchen	2015	3.33	(0.03)					9.5	(1.0)	13.0	(0.9)	77.5	(1.5)
	2011	3.39	(0.03)					8.0	(0.8)	12.1	(0.8)	79.9	(1.2)
	2007	3.38	(0.02)					7.3	(0.7)	11.3	(0.7)	81.4	(1.0)
Jungen	2015	3.30	(0.03)					12.0	(1.1)	12.4	(0.9)	75.6	(1.3)
	2011	3.36	(0.03)					10.6	(0.9)	10.2	(0.8)	79.2	(1.4)
	2007	3.38	(0.02) ▲					9.0	(0.7)	11.1	(0.8)	79.9	(1.2)

☐ % der Schülerinnen und Schüler mit hoher positiver Einstellung zum Fach Sachunterricht.
▨ % der Schülerinnen und Schüler mit mittlerer positiver Einstellung zum Fach Sachunterricht.
▪ % der Schülerinnen und Schüler mit niedriger positiver Einstellung zum Fach Sachunterricht.
A = Die Skala umfasst drei Fragen (z.B. Ich mag Sachunterricht.) mit vierstufigem Antwortformat (1 = Stimme überhaupt nicht zu,..., 4 = Stimme völlig zu).
▲ = Veränderungen von 2007 bzw. 2011 zu 2015 statistisch signifikant ($p < .05$).
★ = Unterschied in den mittleren Skalenwerten zu Jungen statistisch signifikant ($p < .05$).

IEA: Trends in International Mathematics and Science Study   © TIMSS 2015

Wie schon bei den Einstellungen zum Sachunterricht zeigt sich, dass auch das sachunterrichtsbezogene Selbstkonzept der Schülerinnen und Schüler am Ende der Grundschulzeit sehr positiv ausgeprägt ist (siehe Abbildung 9.16). In 2015 lässt sich für Mädchen im Mittel für das Selbstkonzept ein Wert von 3.29 Punkten feststellen und für Jungen von 3.31 Punkten. Der Geschlechterunterschied ist wie auch in 2007 und 2011 nicht signifikant. Mehr als 90 Prozent der Jungen und der Mädchen berichten von einem mittleren bis hoch ausgeprägten sachunterrichtsbezogenen Selbstkonzept.

Im Vergleich zu TIMSS 2007 zeigt sich für Mädchen ein signifikant höheres Selbstkonzept. Im Vergleich zu 2011 ist dieses in 2015 signifikant gesunken. Für Jungen lassen sich 2015 im Vergleich zu 2007 keine signifikanten Veränderungen feststellen. Die kleine positive Veränderung, die sich zwischen 2007 und 2011 beobachten ließ, lässt sich 2015 nicht mehr feststellen, da auch hier die Mittelwerte von 2011 nach 2015 etwas zurückgegangen sind. Im Vergleich der drei Gruppen der (niedrigen, mittleren bzw. hohen) Selbstkonzeptausprägung lassen sich für beide Geschlechter signifikante Veränderungen beobachten: Von 2011 zu 2015 ist der Anteil an Mädchen mit einem vergleichsweise niedrigen Selbstkonzept etwas gestiegen. Für die Jungen zeigt sich im Vergleich zu 2007 ein etwas höherer Anteil von Jungen mit niedrigem Selbstkonzept und im Vergleich zu 2007 ein gesunkener Anteil an Jungen mit hohem positiven Selbstkonzept.

Insgesamt wird (auch für den Sachunterricht) deutlich, dass Grundschülerinnen und Grundschüler in Deutschland sowohl in Bezug auf Mathematik als auch den Sachunterricht über positive Einstellungen und positive Selbstkonzepte verfügen. Unterschiede zwischen den Geschlechtern lassen sich vornehmlich in Mathematik feststellen, sie sind jedoch auch hier insgesamt eher schwach und, wenn überhaupt, zugunsten der Jungen ausgeprägt.

Abbildung 9.16: Prozentuale Verteilung auf der Skala ‚sachunterrichtsbezogenes Selbstkonzept' in TIMSS 2007, 2011 und 2015 – Mädchen und Jungen im Vergleich

| | | Mittlerer Skalenwert[A] | | Sachunterrichtsbezogenes Selbstkonzept | | | | | |
| | | | | niedrig | | mittel | | hoch | |
		M	(SE)	%	(SE)	%	(SE)	%	(SE)
Mädchen	2015	3.29	(0.02)	6.5	(0.6)	17.9	(1.1)	75.6	(1.2)
	2011	3.35	(0.02) ▲	4.5	(0.6) ▲	16.9	(1.0)	78.6	(1.1)
	2007	3.25*	(0.02) ▲	6.1	(0.6)	18.2	(0.8)	75.7	(1.1)
Jungen	2015	3.31	(0.02)	6.2	(0.7)	18.9	(1.0)	74.9	(1.2)
	2011	3.39	(0.02) ▲	5.0	(0.6)	14.6	(1.0) ▲	80.4	(1.1) ▲
	2007	3.33	(0.02)	4.5	(0.4) ▲	18.2	(0.9)	77.3	(1.1)

0   20   40   60   80   100

☐ % der Schülerinnen und Schüler mit hohem sachunterrichtsbezogenem Selbstkonzept.
▨ % der Schülerinnen und Schüler mit mittlerem sachunterrichtsbezogenem Selbstkonzept.
▮ % der Schülerinnen und Schüler mit niedrigem sachunterrichtsbezogenem Selbstkonzept.
A = Die Skala umfasst vier Fragen (z.B. Normalerweise bin ich gut im Sachunterricht.) mit vierstufigem Antwortformat (1 = Stimme überhaupt nicht zu,..., 4 = Stimme völlig zu).
▲ = Veränderungen von 2007 bzw. 2011 zu 2015 statistisch signifikant (*p* < .05).
* = Unterschied in den mittleren Skalenwerten zu Jungen statistisch signifikant (*p* < .05).

IEA: Trends in International Mathematics and Science Study   © TIMSS 2015

7 Ergebnisse zu geschlechtsspezifischen Unterschieden in Noten

Noten sind am Ende der Grundschulzeit das zentrale Schulleistungskriterium (KMK, 2015). Neben der Deutschnote ist insbesondere die Mathematiknote einer Schülerin oder eines Schülers, und zu geringeren Anteilen auch die Note im Sachunterricht, entscheidend für die Schullaufbahnempfehlungen und -entscheidungen von Lehrkräften und Eltern (siehe Kapitel 13 in diesem Band). In Tabelle 9.1 sind die Notenmittelwerte sowie die Verteilungen der Schülerinnen und Schüler in Deutschland nach Noten und Geschlecht dargestellt. Es zeigt sich, dass Jungen im Vergleich zu ihren Mitschülerinnen im Durchschnitt etwas bessere Noten in Mathematik erhalten. Der Unterschied von 0.1 Noten ist statistisch signifikant, entspricht aber mit einer Effektgröße von Cohens *d* =.09 einem sehr kleinen Effekt. Im Sachunterricht hingegen erhalten Mädchen im Vergleich zu ihren Mitschülern im Durchschnitt bessere Noten. Der Unterschied von 0.2 Noten ist statistisch signifikant. Mit einer Effektgröße von Cohens *d* =.20 handelt es sich aber um einen kleinen Effekt, wobei hier Notenunterschiede etwas deutlicher ausfallen als für Mathematik.

Im Folgenden werden die Zusammenhänge zwischen der Mathematiknote und den Leistungen auf der Gesamtskala Mathematik betrachtet. Auf eine Analyse der Zusammenhänge für die Sachunterrichtsnote wird verzichtet, da die im TIMSS-Test erfassten Kompetenzen die für die Naturwissenschaften bedeutsamen Inhaltsfelder des Sachunterrichts nicht abdecken (siehe Kapitel 4 in diesem Band), die der Note im Sachunterricht zugrunde liegen.

In Abbildung 9.17 sind für Mathematik die Notenverteilungen für Mädchen und Jungen in Mathematik differenziert nach den Testleistungen dargestellt. In der Abbildung ist zunächst zu erkennen, dass Schülerinnen wie Schüler mit

Tabelle 9.1: Mittelwerte und Verteilungen der Noten in Mathematik und Sachunterricht nach Geschlecht (Anteile der Schülerinnen und Schüler in Prozent)

	Mathematiknote (Halbjahreszeugnis 4. Jahrgangsstufe)												
			1		**2**		**3**		**4**		**5**		**6**	
	M	*(SE)*	%	*(SE)*	%	*(SE)*	%	*(SE)*	%	*(SE)*	%	*(SE)*	%	*(SE)*
Mädchen	2.7*	(0.03)	8.9	(0.8)	36.8	(1.4)	35.9	(1.2)	15.5	(1.1)	2.9	(0.4)	0.05	(0.05)
Jungen	2.6	(0.03)	10.6	(0.8)	39.5	(1.2)	33.1	(1.3)	14.6	(0.8)	2.3	(0.4)	0.00	(0.00)
Gesamt	2.6	(0.02)	9.7	(0.6)	38.2	(1.0)	34.4	(0.9)	15.0	(0.7)	2.6	(0.3)	0.02	(0.02)

	Sachunterrichtsnote (Halbjahreszeugnis 4. Jahrgangsstufe)												
			1		**2**		**3**		**4**		**5**		**6**	
	M	*(SE)*	%	*(SE)*	%	*(SE)*	%	*(SE)*	%	*(SE)*	%	*(SE)*	%	*(SE)*
Mädchen	2.3*	(0.03)	16.1*	(1.3)	47.2	(1.4)	29.3*	(1.4)	6.9*	(0.8)	0.5	(0.2)	0.00	(0.00)
Jungen	2.5	(0.03)	11.2	(0.8)	44.5	(1.5)	32.5	(1.2)	11.0	(0.8)	0.8	(0.3)	0.00	(0.00)
Gesamt	2.4	(0.03)	13.6	(0.9)	45.8	(1.2)	31.0	(1.1)	9.0	(0.6)	0.6	(0.2)	0.00	(0.00)

Differenzen zu 100 Prozent ergeben sich durch Rundungsfehler.
* = Unterschied zu Jungen statistisch signifikant (*p* < .05).

IEA: Trends in International Mathematics and Science Study © TIMSS 2015

Abbildung 9.17: Schulnoten von Mädchen und Jungen differenziert nach Testleistungen (Gesamtskala Mathematik; Anteile in Prozent)

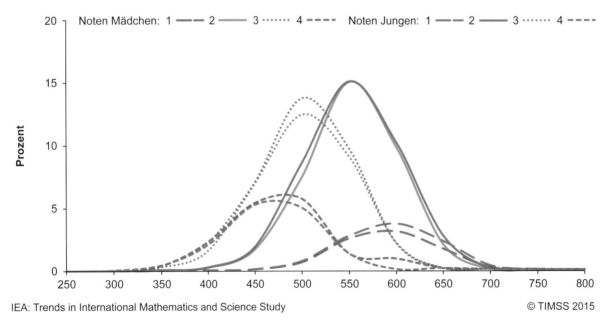

IEA: Trends in International Mathematics and Science Study © TIMSS 2015

identischen Testleistungen zum Teil sehr unterschiedliche Noten erhalten – ein Befund, der ausführlicher in Kapitel 13 diskutiert wird. Deutlich sind ebenfalls die Überlappungen in den Kurven für Mädchen und Jungen zu erkennen, die darauf hindeuten, dass sich die schlechteren Mathematiknoten, die Mädchen im Vergleich zu ihren Mitschülern erhalten, auf Unterschiede in den tatsächlichen mathematischen Kompetenzen zurückführen lassen. Auch ordinale Regressionsanalysen (ohne Darstellung) zeigen, dass sich der Geschlechtereffekt in den Noten zugunsten der Jungen (β = 0.10; SE = 0.08) unter Kontrolle der mathematischen Leistungen nicht mehr inferenzstatistisch nachweisen lässt. Geschlechterunterschiede in der Notenvergabe in Mathematik scheinen also durchaus auf objektivierbare Leistungsunterschiede zwischen Jungen und Mädchen zurückzuführen zu sein. Inwieweit allerdings weitere Schülermerkmale wie Gewissenhaftigkeit oder Anstrengungsbereitschaft (Lintorf, 2012) diesen Effekt moderieren oder mediieren wäre in vertiefenden Analysen zu untersuchen.

8 Trends in geschlechtsspezifischen Leistungsdisparitäten zwischen TIMSS 2007, 2011 und 2015

Wie in den Abschnitten 4 und 5 beschrieben lässt sich für Deutschland sowohl für Mathematik als auch für die Naturwissenschaften eine Reduktion der geschlechtsspezifischen Leistungsdisparitäten von TIMSS 2007 zu 2015 beobachten. In Bezug auf diese Entwicklung stellt Deutschland im internationalen Vergleich eine Besonderheit dar. Allerdings zeigt sich auch, dass dieser Befund im Vergleich zu 2007 für beide Domänen scheinbar auf schlechtere Leistungen der Jungen zurückzuführen ist. Es stellt sich die Frage, inwieweit diese Entwicklung in Zusammenhang mit anderen Schülermerkmalen steht, die sich möglicherweise zwischen 2007 und 2015 verändert haben. Um dieser Frage nachzugehen, wurden Mehrebenenanalysen gerechnet (für eine vertiefende Erläuterung siehe Kapitel 14 in diesem Band), in denen die geschlechtsspezifischen Leistungsdisparitäten zwischen den Studienzyklen unter Kontrolle weiterer Schülermerkmale betrachtet wurden. Mehrebenanalysen gelten in der empirischen Bildungsforschung als Verfahren, um komplexe Datenstrukturen angemessen abbilden zu können. In der regulären Berichterstattung von TIMSS kommen diese aufgrund von forschungspragmatischen, aber auch forschungstheoretischen Überlegungen nicht als Standardverfahren zum Einsatz. In Tabelle 9.2 sind als zentrales Ergebnis dieser komplexen Modelle die durchschnittlichen geschlechtsspezifischen Leistungsdisparitäten in den Schulen als Leistungsvorsprünge der Jungen in Mathematik und den Naturwissenschaften in 2007, 2011 und 2015 dargestellt. In Modell I sind als Referenz die in den Abbildungen 9.6 und 9.12 dargestellten Leistungsvorsprünge der Jungen angegeben.

Es zeigt sich zunächst, dass sich bereits unter Berücksichtigung der Mehrebenenstruktur in den Schulen keine signifikanten Veränderungen in den Leistungsdisparitäten zwischen Mädchen und Jungen zwischen den Studienzyklen mehr nachweisen lassen (Modell II). Auch unter Kontrolle von Veränderungen, die sich zwischen den Studienzyklen in Folge der Bemühungen um Schaffung integrativer Angebote für Schülerinnen und Schüler mit sonderpädagogischem Förderbedarf (Stichwort: Inklusion) ergeben haben, sind sowohl für Mathematik als auch die Naturwissenschaften keine signifikanten Veränderungen

Tabelle 9.2: Leistungsvorsprünge der Jungen in Mathematik und Naturwissenschaften in TIMSS 2007, 2011 und 2015 ohne und mit Berücksichtigung zentraler Schülermerkmale

Modell	Mathematik			Naturwissenschaften		
	Δ_{07}	Δ_{11}	Δ_{15}	Δ_{07}	Δ_{11}	Δ_{15}
I	12*	8	5	15*	12*	-
II	9	9	9	12	12	12
III	26	26	26	-	-	-
IV	17	17	17	26*	21*	13

Modell I: Lineare Regressionen.
Modell II: Trendmodell unter Berücksichtigung der Mehrebenenstruktur.
Modell III: Modell II unter Kontrolle des sonderpädagogischen Förderbedarfs sowie Interaktionen zwischen sonderpädagogischem Förderbedarf und Studienzyklus (siehe Kapitel 14 in diesem Band).
Modell IV: Modell III unter Kontrolle von: Sonderpädagogischer Förderbedarf, HISEI, Migrationshintergrund, KFT, Einstellungen zu Mathematik bzw. Naturwissenschaften, sachunterrichts- bzw. mathematikbezogenes Selbstkonzept, KFT, Interaktion zwischen sonderpädagogischem Förderbedarf und Studienzyklus, sowie Interaktionen zwischen Migrationsstatus und Studienzyklus.
Alle dargestellten Leistungsvorsprünge sind statistisch signifikant ($p < .05$).
Δ = Leistungsvorsprung der Jungen.
★ = Statistisch signifikante Veränderung des Leistungsvorsprungs zu 2015 ($p < .05$).

IEA: Trends in International Mathematics and Science Study   © TIMSS 2015

der Leistungsdisparitäten zwischen Mädchen und Jungen zwischen TIMSS 2007, 2011 und 2015 mehr festzustellen (Modell III). Unter Kontrolle genereller Einflüsse weiterer Schülermerkmale (HISEI, Migrationshintergrund, KFT, Einstellungen und Selbstkonzept) sowie möglicher Veränderungen zwischen den Schülerschaften in 2007, 2011 und 2015 hinsichtlich migrationsbezogener Merkmale der Schülerfamilien (Modell IV) lässt sich für die Naturwissenschaften in den Schulen ein signifikanter Rückgang der Leistungsdisparitäten von 2007 zu 2015 auf einen signifikanten Leistungsvorsprung von 13 Punkten beobachten, der zugunsten der Jungen ausfällt. Für Mathematik lässt sich auch in diesem Modell keine signifikante Veränderung der geschlechtsbezogenen Leistungsdisparitäten feststellen. Zusammenfassend lassen die hier dargestellten Analysen vermuten, dass sich die beobachtbare Reduktion der Leistungsdisparitäten zwischen 2007 und 2015 für Mathematik auf eine Veränderung der Zusammensetzung der Schülerschaften zwischen 2007 und 2015 zurückführen lässt. Insbesondere für die Naturwissenschaften scheint es lohnenswert, neben der Veränderung der Zusammensetzung der Schülerschaften weiteren Erklärungen nachzugehen.

9   Zusammenfassung

Geschlechterunterschiede in mathematischen und naturwissenschaftlichen Kompetenzen gelten auch am Ende der Grundschulzeit als gesicherter Befund. Auf Basis von TIMSS lassen sich für Viertklässlerinnen und Viertklässler in Deutschland für die Gesamtskala Naturwissenschaften keine signifikanten Leistungsdisparitäten und für die Gesamtskala Mathematik mit statistisch signifikanten fünf Punkten auch im internationalen Vergleich sehr geringe Leistungsdisparitäten zwischen Mädchen und Jungen feststellen. Die differenzierte Betrachtung nach mathematischen Inhalts- und Anforderungsbereichen zeigt, dass sich der Leistungsvorsprung, der sich in den mathematischen Kompetenzen für Jungen beobachten lässt, auf im Vergleich zu ihren Mitschülerinnen relative Leistungsstärken in der *Arithmetik* und dem *Anwenden* zurückführen lässt. Für *Geometrie/Messen*, den *Umgang mit Daten*, sowie das *Reproduzieren* und

Problemlösen lassen sich keine geschlechtsspezifischen Leistungsunterschiede nachweisen.

Auf der Gesamtskala Naturwissenschaften lassen sich keine geschlechtsspezifischen Leistungsunterschiede feststellen. Auch bei einer differenzierten Betrachtung nach Inhalts- und Anforderungsbereichen sind für vier Bereiche keine Leistungsunterschiede zwischen Mädchen und Jungen nachweisbar. Lediglich in *Geographie* und *Reproduzieren* lassen sich Leistungsvorsprünge der Jungen von 13 bzw. 7 Punkten beobachten.

Im Vergleich zu 2007, wo die Leistungsvorsprünge der Jungen für die Mathematik bei 12 Punkten und für die Naturwissenschaften bei 15 Punkten lagen, sind geschlechtsspezifische Leistungsdisparitäten in Deutschland in beiden Domänen signifikant zurückgegangen. In Bezug auf diese Entwicklung erweist sich Deutschland im internationalen Vergleich als einzigartig. Bei geschlechtsspezifischer Betrachtung der Leistungsentwicklungen von 2007 zu 2015 zeigt sich, dass Mädchen in Mathematik ihre mittleren Leistungswerte gehalten und in den Naturwissenschaften in der Tendenz sogar etwas verbessert haben. Jungen erzielen in 2015 hingegen in der Tendenz in beiden Domänen schlechtere Leistungen als in 2007. Erste vertiefende Betrachtungen geben Hinweise darauf, dass sich die beobachtbare Reduktion der Leistungsdisparitäten zwischen 2007 und 2015 für Mathematik auf eine Veränderung der Zusammensetzung der Schülerschaften zwischen 2007 und 2015 zurückführen lässt. Für die Naturwissenschaften scheinen hingegen neben der Veränderung der Zusammensetzung der Schülerschaften weitere Erklärungen, wie beispielsweise eine bessere naturwissenschaftliche Förderung von Mädchen, in Frage zu kommen.

Neben den mathematischen und naturwissenschaftlichen Kompetenzen wurden geschlechtsbedingte Disparitäten in den positiven Einstellungen gegenüber der Mathematik und den Naturwissenschaften sowie positive fachbezogene Selbstkonzepte betrachtet. Hier zeigt sich, dass die große Mehrheit der Mädchen und Jungen in Deutschland am Ende der Grundschulzeit sowohl über positive Einstellungen als auch Selbstkonzepte verfügt. Während sich für die Naturwissenschaften keine Unterschiede zwischen Mädchen und Jungen nachweisen lassen, zeigen in der Mathematik Jungen im Vergleich zu Mädchen etwas höhere Einstellungs- und Selbstkonzeptwerte. Im Vergleich zu TIMSS 2007 und 2011 zeigen sich nur geringe Veränderungen: Mädchen äußern im Vergleich zu 2007 etwas häufiger niedrige positive Einstellungen zur Mathematik wie auch niederigere Selbstkonzepte. Zudem zeigen Jungen in 2015 im Vergleich zu 2007 etwas geringere positive Einstellungen zu den Naturwissenschaften und auch niedrigere sachunterrichtsbezogene Selbstkonzepte. Eine Überprüfung der Frage, inwieweit hier Zusammenhänge zwischen Veränderungen in den Fähigkeitsselbstkonzepten und Leistungen bestehen, ist vertiefenden Analysen vorbehalten. Handlungsbedarfe könnten sich in dem Entgegenwirken eines negativen Entwicklungstrends in den Einstellungen und Selbstkonzepten von Mädchen ergeben.

Eine Vielzahl von Studien konnte zeigen, dass Mädchen, auch am Ende der Grundschulzeit, häufig bessere Noten erhalten als ihre Mitschüler. Daher wurden in diesem Kapitel auch geschlechtsspezifische Unterschiede in den Mathematik- und Naturwissenschaftsnoten betrachtet. Für den Sachunterricht ließen sich in der Tat etwas bessere Noten für die Mädchen feststellen. In Mathematik hingegen wurde für Jungen ein etwas besserer Notendurchschnitt als für Mädchen festgestellt. Unter Kontrolle der in TIMSS erreichten Testleistungen erwies sich dieser Unterschied jedoch als nicht mehr statistisch signifikant. Die These der vergleichsweise besseren Benotung von Mädchen lässt sich damit auf Basis von TIMSS 2015 für die Mathematik nicht bestätigen.

Auch wenn sich die beobachteten Unterschiede zwischen den Geschlechtern im Vergleich zu beispielsweise herkunfts- beziehungsweise migrationsbedingten Disparitäten als gering erweisen, so erscheint ein kontinuierliches Monitoring von geschlechtsbedingten Leistungsdisparitäten im Grundschulwesen weiterhin notwendig um sicherzustellen, dass reduzierte Ungleichheiten nicht schleichend wieder entstehen oder sich gar im Zuge gut gemeinter Förderung einer bestimmten Schülergruppe auf Kosten der anderen neu entwickeln.

Literatur

Artelt, C., Drechsel, B., Bos, W. & Stubbe, T. C. (2008). Lesekompetenz in PISA und PIRLS/IGLU – ein Vergleich. In M. Prenzel & J. Baumert (Hrsg.), *Vertiefende Analysen zu PISA 2006* (Zeitschrift für Erziehungswissenschaft, Sonderheft 10, S. 35–52). Wiesbaden: Springer.

Bergold, S., Wendt, H., Kasper, D. & Steinmayr, R. (2016, 18. Juli). Academic competencies: Their interrelatedness and gender differences at their high end. *Journal of Educational Psychology*. Advance online publication. doi:10.1037/edu0000140

Böhme, K. & Roppelt, A. (2012). Geschlechtsbezogene Disparitäten. In P. Stanat, H. A. Pant, K. Böhme & D. Richter (Hrsg.), *Kompetenzen von Schülerinnen und Schülern am Ende der vierten Jahrgangsstufe in den Fächern Deutsch und Mathematik. Ergebnisse des IQB-Ländervergleichs 2011* (S. 173–190). Münster: Waxmann.

Bos, W., Bonsen, M., Baumert, J., Prenzel, M., Selter, C. & Walther, G. (2008). *TIMSS 2007. Mathematische und naturwissenschaftliche Kompetenzen von Grundschulkindern in Deutschland im internationalen Vergleich.* Münster: Waxmann.

Bos, W., Bremerich-Vos, A., Tarelli, I. & Valtin, R. (2012). Lesekompetenzen im internationalen Vergleich. In W. Bos, I. Tarelli, A. Bremerich-Vos & K. Schwippert (Hrsg.), *IGLU 2011. Lesekompetenzen von Grundschulkindern in Deutschland im internationalen Vergleich* (S. 91–135). Münster: Waxmann.

Bos, W., Hornberg, S., Arnold, K.-H., Faust, L. F., Lankes, E.-M., Schwippert, K. & Valtin, R. (2007). *IGLU 2006. Lesekompetenzen von Grundschulkindern in Deutschland im internationalen Vergleich.* Münster:Waxmann.

Bos, W., Lankes, E.-M., Prenzel, M., Schwippert, K., Valtin, R. & Walther, G. (2004). *IGLU. Einige Länder der Bundesrepublik Deutschland im nationalen und internationalen Vergleich.* Münster: Waxmann.

Bos, W., Lankes, E.-M., Prenzel, M., Schwippert, K., Valtin, R. & Walther, G. (2005). *IGLU. Vertiefende Analysen zu Leseverständnis, Rahmenbedingungen und Zusatzstudien.* Münster: Waxmann.

Brehl, T., Wendt, H. & Bos, W. (2012). Geschlechtsspezifische Unterschiede in mathematischen und naturwissenschaftlichen Kompetenzen. In W. Bos, H. Wendt, O. Köller & C. Selter (Hrsg.), *TIMSS 2011. Mathematische und naturwissenschaftliche Kompetenzen von Grundschulkindern in Deutschland im internationalen Vergleich* (S. 203–230). Münster: Waxmann.

Ceci, S. J., Williams, W. M. & Barnett, S. M. (2009). Women's underrepresentation in science: Sociocultural and biological considerations. *Psychological Bulletin, 135* (2), 218–261.

Deci, E. L. & Ryan, R. M. (1985). The general causality orientations scale: Self-determination in personality. *Journal of Research in Personality, 19* (2), 109–134.

Dickhäuser, O. (2006). Fähigkeitsselbstkonzepte. Entstehung, Auswirkung, Förderung. *Zeitschrift für Pädagogische Psychologie, 20*, 5–8.

Dickhäuser, O., Schöne, C., Spinath, B. & Stiensmeier-Pelster, J. (2002). Die Skalen zum akademischen Selbstkonzept. Konstruktion und Überprüfung eines neuen Instrumentes. *Zeitschrift für Differentielle und Diagnostische Psychologie, 23* (4), 393–405.

DiPrete, T. A. & Jennings, J. L. (2012). Social and behavioral skills and the gender gap in early educational achievement. *Social Science Research, 41* (1), 1–15.

Downey, D. B. & Vogt Yuan, A. S. (2005). Sex differences in school performance during high school: Puzzling patterns and possible explanations. *The Sociological Quarterly, 46* (2), 299–321.

Duckworth, A. L. & Seligman, M. E. P. (2006). Self-discipline gives girls the edge: Gender in self-discipline, grades, and achievement test scores. *Journal of Educational Psychology, 98* (1), 198–208.

Eccles, J. S. (1994). Understanding women's educational and occupational choices: Applying the Eccles et al. model of achievement-related choices. *Psychology of Women Quarterly, 18* (4), 585–609.

Eccles, J. S., Adler, T. F., Futterman, R., Goff, S. B., Kaczala, C. M., Meece, J. L & Midgley, C. (1983). Expectancies, values, and academic behaviors. In J. T. Spence (Hrsg.), *Achievement and achievement motives. Psychological and sociological approaches* (S. 76–146). San Francisco, CA: W.H. Freeman and Company.

Eccles, J. S. & Wigfield, A. (1995). In the mind of the actor: The structure of adolescents' achievement task values and expectancy-related beliefs. *Personality and Social Psychology Bulletin, 21* (3), 215–225.

Eccles, J. S. & Wigfield, A. (2002). Motivational beliefs, values, and goals. *Annual Review of Psychology, 53* (1), 109–132.

Guay, F., Ratelle, C. F., Roy, A. & Litalien, D. (2010). Academic self-concept, autonomous academic motivation, and academic achievement: Mediating and additive effects. *Learning and Individual Differences, 20* (6), 644–653.

Halpern, D. F. (2014). It's complicated – in fact, it's complex. Explaining the gender gap in academic achievement in science and mathematics. *Psychological Science in the Public Interest, 15* (3), 72–74.

Hannover, B. (2008). Vom biologischen zum psychologischen Geschlecht: Die Entwicklung von Geschlechtsunterschieden. In A. Renkl (Hrsg.), *Lehrbuch Pädagogische Psychologie* (S. 339–388). Bern: Huber.

Hannover, B. & Kessels, U. (2011). Sind Jungen die neuen Bildungsverlierer? Empirische Evidenz für Geschlechterdisparitäten zuungunsten von Jungen und Erklärungsansätze. *Zeitschrift für Pädagogische Psychologie, 25,* 89–103.

Hedges, L. V. & Friedman, L. (1993). Gender differences in variability in intellectual abilities: A reanalysis of Feingold's results. *Review of Educational Research, 63* (1), 94–105.

Hedges, L. V. & Nowell, A. (1995). Sex differences in mental test scores, variability, and numbers of high-scoring individuals. *Science, 269* (5220), 41–45.

Helbig, M. (2012). *Sind Mädchen besser? Der Wandel geschlechtsspezifischen Bildungserfolgs in Deutschland.* Frankfurt a.M.: Campus.

Hicks, B. M., Johnson, W., Iacono, W. G. & McGue, M. (2008). Moderating effects of personality on the genetic and environmental influences of school grades helps to explain sex differences in scholastic achievement. *European Journal of Personality, 22,* 247–268.

Houtte, M. v. (2004). Why boys achieve less at school than girls: The difference between boys' and girls' academic culture. *Educational Studies, 30* (2), 159–173.

Hyde, J. S. (2005). The gender similarities hypothesis. *American Psychologist, 60* (6), 581–592.

Kessels, U. & Heyder, A. (in Druck). Geschlechtsunterschiede. In D. Rost, J. Sparfeldt & S. Buch (Hrsg.), *Handwörterbuch Pädagogische Psychologie* (5. Auflage). Weinheim: Beltz.

Kessels, U. & Steinmayr, R. (2013). Macho-man in school: Toward the role of gender role self-concepts and help seeking in school performance. *Learning and Individual Differences, 23,* 234–240.

Klieme, E., Artelt, C., Hartig, J., Jude, N., Köller, O., Prenzel, M., Schneider, W. & Stanat, P. (Hrsg.). (2010). *PISA 2009. Bilanz nach einem Jahrzehnt.* Münster: Waxmann.

KMK – Ständige Konferenz der Kultusminister der Länder in der Bundesrepublik Deutschland. (2015). *Übergang von der Grundschule in Schulen des Sekundarbereichs 1 und Förderung, Beobachtung und Orientierung in den Jahrgangsstufen 5 und 6 (sog. Orientierungsstufe).* Zugriff am 01.10.2016 unter http://www.kmk.org/fileadmin/dateien/veroeffentlichungen_beschluesse/2015/2015_02_19-Uebergang_Grundschule-SI-Orientierungsstufe.pdf

Kocaj, A., Kuhl, P., Rjosk, C., Jansen, M., Pant, H. A. & Stanat, P. (2015). Der Zusammenhang zwischen Beschulungsart, Klassenkomposition und schulischen Kompetenzen von Kindern mit sonderpädagogischem Förderbedarf. In P. Kuhl, P. Stanat, B. Lütje-Klose, C. Gresch, H. A. Pant & M. Prenzel (Hrsg.), *Inklusion von Schülerinnen und Schülern mit sonderpädagogischem Förderbedarf in Schulleistungserhebungen* (S. 335–370). Wiesbaden: Springer.

Kuhl, P. & Hannover, B. (2012). Differenzielle Benotungen von Mädchen und Jungen. *Zeitschrift für Entwicklungspsychologie und Pädagogische Psychologie, 44* (3), 153–162.

Landesregierung NRW. (2013). *Ergebnisse des Zentralabiturs 2013* (Presseinformation). Düsseldorf: Landesregierung Nordrhein-Westfalen.

Lindberg, S. M., Hyde, J. S., Petersen, J. L. & Linn, M. C. (2010). New trends in gender and mathematics performance: A meta-analysis. *Psychological Bulletin, 136* (6), 1123–1135.

Lintorf, K. (2012). *Wie vorhersagbar sind Grundschulnoten? Prädiktionskraft individueller und kontextspezifischer Merkmale.* Heidelberg: Springer.

Lubinski, D. & Benbow, C. P. (2006). Study of mathematically precocious youth after 35 years: Uncovering antecedents for the development of math-science expertise. *Perspectives on Psychological Science, 1* (4), 316–345.

Machin, S. & Pekkarinen, T. (2008). Global sex differences in test score variability. *Science, 322* (5906), 1331–1332.

Malecki, A. (2016). *Schulen auf einen Blick.* Wiesbaden: Statistisches Bundesamt.

Marsh, H. W. & Craven, R. G. (2006). Reciprocal effects of self-concept and performance from a multidimensional perspective: Beyond seductive pleasure and unidimensional perspectives. *Perspectives on Psychological Science, 1* (2), 133–163.

Marsh, H. W., Martin, A. J. & Cheng, J. H. S. (2008). A multilevel perspective on gender in classroom motivation and climate: Potential benefits of male teachers for boys? *Journal of Educational Psychology, 100* (1), 78–95.

Marsh, H. W., Trautwein, U., Lüdtke, O., Köller, O. & Baumert, J. (2005). Academic self-concept, interest, grades, and standardized test scores: Reciprocal effects models of causal ordering. *Child Development, 76* (2), 397–416.

Nowell, A. & Hedges, L. V. (1998). Trends in gender differences in academic achievement from 1960 to 1994: An analysis of differences in mean, variance, and extreme scores. *Sex roles, 39* (1), 21–43.

OECD – Organisation for Economic Co-operation and Development. (2014). *PISA 2012 results. What students know and can do. Student performance in mathematics, reading and science (Volume I). Revised edition, February 2014.* Paris: OECD.

Reilly, D. (2012). Gender, culture, and sex-typed cognitive abilities. *PLoS ONE, 7* (7), 1–16.

Reilly, D., Neumann, D. L. & Andrews, G. (2015). Sex differences in mathematics and science achievement: A meta-analysis of National Assessment of Educational Progress assessments. *Journal of Educational Psychology, 107* (3), 645–662.

Robertson, K. F., Smeets, S., Lubinski, D. & Benbow, C. P. (2010). Beyond the threshold hypothesis: Even among the gifted and top math/science graduate students, cognitive abilities, vocational interests, and lifestyle preferences matter for career choice, performance, and persistence. *Current Directions in Psychological Science, 19* (6), 346–351.

Rost, D. H. & Sparfeldt, J. R. (2002). Facetten des schulischen Selbstkonzepts. Ein Verfahren zur Messung des differentiellen Selbstkonzepts schulischer Leistungen und Fähigkeiten (DISK-Gitter). *Diagnostica, 48* (3), 130–140.

Schiefele, U. (2009). Motivation. In E. Wild & J. Möller (Hrsg.), *Pädagogische Psychologie* (S. 151–177). Heidelberg: Springer.

Spinath, B., Eckert, C. & Steinmayr, R. (2014). Gender differences in school success: What are the roles of students' intelligence, personality and motivation? *Educational Research, 56* (2), 230–243.

Stanat, P., Pant, H. A., Böhme, K. & Richter, D. (2012). *Kompetenzen von Schülerinnen und Schülern am Ende der vierten Jahrgangsstufe in den Fächern Deutsch und Mathematik. Ergebnisse des IQB-Ländervergleichs 2011.* Münster: Waxmann.

Statistisches Bundesamt. (2015). *Bildung und Kultur. Allgemeinbildende Schulen. Schuljahr 2014/2015* (Fachserie 11, Reihe 1). Wiesbaden: Statistisches Bundesamt.

Steinmayr, R. & Spinath, B. (2008). Sex differences in school achievement: What are the roles of personality and achievement motivation? *European Journal of Personality, 22* (3), 185–209.

Steinmayr, R. & Spinath, B. (2009). The importance of motivation as a predictor of school achievement. *Learning and Individual Differences, 19* (1), 80–90.

Steinmayr, R. & Spinath, B. (2010). Konstruktion und erste Validierung einer Skala zur Erfassung subjektiver schulischer Werte (SESSW). *Diagnostica, 56* (4), 195–211.

Steinmayr, R., Meißner, A., Weidinger, A. F. & Wirthwein, L. (2014). Academic achievement. In L. H. Meyer (Hrsg.), *Oxford Bibliographies Online: Education*. New York: Oxford University Press. doi: 10.1093/OBO/9780199756810-0108

Steinmayr, R., Weidinger, A. F. & Spinath, B. (in Revision). How strong is the influence of the onset of grades in elementary school on students' intrinsic motivation? *British Journal of Educational Psychology*.

Stubbe, T. C., Bos, W. & Euen, B. (2012). Der Übergang von der Primar- in die Sekundarstufe. In W. Bos, I. Tarelli, A. Bremerich-Vos & K. Schwippert (Hrsg.), *IGLU 2011. Lesekompetenzen von Grundschulkindern in Deutschland im internationalen Vergleich* (S. 209–226). Münster: Waxmann.

Thoren, K., Viole, B., Harych, P. & Brunner, M. (2013). *Abitur Berlin 2013*. Berlin: Institut für Schulqualität der Länder Berlin und Brandenburg.

Trapmann, S., Hell, B., Weigand, S. & Schuler, H. (2007). Die Validität von Schulnoten zur Vorhersage des Studienerfolgs – eine Metaanalyse. *Zeitschrift für Pädagogische Psychologie, 21* (1), 11–27.

vbw – Vereinigung der Bayerischen Wirtschaft e. V. (Hrsg.). (2009). *Geschlechterdifferenzen im Bildungssystem. Aktionsrat Bildung Jahresgutachten 2009*. Wiesbaden: VS Verlag für Sozialwissenschaften.

Verniers, C., Martinot, D. & Dompnier, B. (2016). The feminization of school hypothesis called into question among junior and high school students. *British Journal of Educational Psychology, 86* (3), 369–381.

Voyer, D. & Voyer, S. D. (2014). Gender differences in scholastic achievement: A meta-analysis. *Psychological Bulletin, 140* (4), 1174–1204.

Walther, G., Schwippert, K., Lankes, E.-M. & Stubbe, T. (2008). Können Mädchen doch rechnen? Vertiefende Analysen zu Geschlechtsdifferenzen im Bereich Mathematik auf Basis der Internationalen Grundschul-Lese-Untersuchung IGLU. *Zeitschrift für Erziehungswissenschaft, 11*, 30–46.

Weidinger, A. F., Spinath, B. & Steinmayr, R. (2015). Zur Bedeutung von Grundschulnoten für die Veränderung von Intrinsischer Motivation und Fähigkeitsselbstkonzept in Deutsch. *Zeitschrift für Pädagogische Psychologie, 29* (3–4), 193–204.

Weiner, B. (1986). *An attributional theory of motivation and emotion*. New York: Springer.

Weis, M., Heikamp, T. & Trommsdorff, G. (2013). Gender differences in school achievement: The role of self-regulation. *Frontiers in Psychology, 4* (442), 1–10.

Wigfield, A., Tonks, S. & Klauda, S. L. (in Druck). Expectancy-value theory. In K. R. Wentzel & D. Miele (Hrsg.), *Handbook of motivation in school* (2. Auflage). New York: Routledge.

Kapitel X
Soziale Disparitäten der Schülerleistungen in Mathematik und Naturwissenschaften

Tobias C. Stubbe, Knut Schwippert und Heike Wendt

1   Einleitung

In einer Pressemitteilung vom 22. September 2016 wies das Statistische Bundesamt darauf hin, dass in Westdeutschland die Armutsgefährdung in den vergangenen 10 Jahren gestiegen ist. Insbesondere in Nordrhein-Westfalen, in Berlin und in Bremen ist das Armutsrisiko zwischen 2005 und 2015 deutlich angewachsen. Auch in allen anderen westdeutschen Flächenländern liegen diese Werte 2015 höher als 2005. Lediglich in Hamburg gibt es keine Veränderungen und in den ostdeutschen Flächenländern zeigt sich ein (auf hohem Niveau) leichter Rückgang der Quoten (Statistisches Bundesamt, 2016).

Allgemein weisen steigende Armutsgefährdungsquoten auf größer werdende soziale Ungleichheit hin. Von Bedeutung für die empirische Bildungsforschung sind insbesondere die geringeren Bildungschancen von Kindern und Jugendlichen, die in Armut aufwachsen (siehe aktuell hierzu Bertelsmann Stiftung, 2016; Laubstein, Holz & Seddig, 2016).

Im Rahmen der Teilnahme an der *Trends in International Mathematics and Science Study* (TIMSS) wurde bereits 2007 die Armutsgefährdung von Viertklässlerinnen und Viertklässlern ergänzend zu anderen Indikatoren der sozialen Herkunft erstmals in einer großen Schulleistungsstudie in Deutschland in den Blick genommen (Bos, Stubbe & Buddeberg, 2010; Stubbe, Tarelli & Wendt, 2012). Empirisch besteht ein enger Zusammenhang zwischen Armut und anderen Indikatoren des sozialen Status. Die Einbeziehung eines Armuts-Indikators in Schulleistungsstudien verspricht dennoch einen zusätzlichen Erkenntnisgewinn, da in den letzten Jahren in Deutschland auch vermehrt Familien mit vergleichsweise hohem kulturellem beziehungsweise sozialem Kapital von Armut bedroht sind. So wurde in einer Studie zum Niedriglohnsektor festgestellt, dass angesichts des Überangebots an Arbeitskräften die gering Qualifizierten im deutschen Niedriglohnsektor durch qualifizierte Arbeitnehmer verdrängt werden (Bosch &

Kalina, 2007). Hinzu kommen Alleinerziehende und Mehrkindfamilien, die – über alle Bildungsniveaus hinweg – überproportional häufig von Armut betroffen sind (Butterwegge, 2000). Das bedeutet, dass auch Personen, die in verschiedenen Merkmalen des sozialen Hintergrunds hohe Werte aufweisen, von Armut bedroht sein können, beispielsweise wenn sie alleinerziehend sind oder viele Kinder haben.

2 Sozialer Status und Bildungserfolg

Ein besonders stabiler Befund der empirischen Bildungsforschung ist die für eine Vielzahl von Staaten nachgewiesene enge Kopplung zwischen dem sozioökonomischen Status von Familien und dem Bildungserfolg ihrer Kinder (siehe aktuell hierzu Jungkamp & John-Ohnesorg, 2016). Ungleiche Startbedingungen (primäre Herkunftseffekte) verstärken sich dabei im Zeitverlauf meist noch durch herkunftsbedingte Unterschiede in den familialen und institutionellen Bildungsverlaufsentscheidungen (sekundäre Herkunftseffekte; siehe Kapitel 13 in diesem Band).

In Folge der Bildungsexpansion, die insgesamt einem immer größeren Anteil der Bevölkerung hohe Schul- beziehungsweise Hochschulabschlüsse ermöglicht und so den Eindruck erweckt hat, dass soziale Disparitäten verringert wurden, stand dieses Thema in der Bundesrepublik Deutschland lange Zeit nicht mehr im Fokus des öffentlichen Interesses. Dies hat sich erst mit der Teilnahme an großen Schulleistungsstudien geändert. Aus dieser Perspektive lassen sich für Deutschland im internationalen Vergleich regelmäßig sehr große soziale Disparitäten feststellen. Im Rahmen der Studie *Programme for International Student Assessment* (PISA) 2000 schnitt Deutschland bei den 15-Jährigen in Bezug auf soziale Disparitäten von allen Teilnehmerstaaten am ungünstigsten ab (Baumert & Schümer, 2001). Entsprechend konstatierten zahlreiche Autorinnen und Autoren, dass die Bildungsexpansion insgesamt nicht zu einem Abbau an sozialen Disparitäten beigetragen hat (z.B. Becker & Lauterbach, 2004; Blossfeld, 1993; Schimpl-Neimanns, 2000; Solga, 2005; Vester, 2004, 2005).

In den weiteren PISA-Zyklen fiel der Zusammenhang zwischen sozialer Herkunft und erreichten Kompetenzen in Deutschland zwar etwas geringer aus, aber weiterhin gibt es kaum Staaten, in denen das Ausmaß der sozialen Disparitäten in der Sekundarstufe signifikant höher ausfällt (Müller & Ehmke, 2013). Auch für die Grundschule wurde im Rahmen der bisherigen Publikationen zur *Internationalen Grundschul-Lese-Untersuchung* (IGLU) und zu TIMSS für Deutschland im internationalen Vergleich eine eher überdurchschnittliche Kopplung zwischen dem sozialen Status und dem Bildungserfolg der Schülerinnen und Schüler berichtet (Stubbe et al., 2012; Wendt, Stubbe & Schwippert, 2012).

Im Vergleich der Länder in der Bundesrepublik Deutschland im Rahmen von IGLU-E 2006 wurden zum Teil deutliche Unterschiede auch auf nationaler Ebene festgestellt. In Berlin und Hamburg waren die sozialen Disparitäten statistisch signifikant höher als im Bundesdurchschnitt und in Bayern signifikant niedriger (Stubbe, Bos & Hornberg, 2008). Im Rahmen der IQB-Ländervergleiche 2011 und 2012 werden soziale Disparitäten mit der sogenannten ‚Steigung des sozialen Gradienten' gemessen. Je höher dieser Wert ist, umso stärker ist der Zusammenhang zwischen sozialem Status und schulischen Kompetenzen. Im Kompetenzbereich Mathematik zeigte sich bundesweit für die vierte Klasse eine Steigung des sozialen Gradienten von 35 Punkten und für die neunte Jahrgangsstufe eine Steigung von 40 Punkten. In der Grundschule fanden sich die nominell niedrigsten Werte in Brandenburg (28 Punkte) und Hessen (31 Punkte), während für die drei Stadtstaaten und Baden-Württemberg Steigungen der sozialen Gradienten von 37 bis 43 Punkten berichtet wurden. In der Sekundarstufe waren diese Werte nominell in Brandenburg (49 Punkte), Berlin, Bremen (jeweils 44 Punkte) und Baden-Württemberg (43 Punkte) am höchsten. Jeweils 33 Punkte betrug die Steigung in Sachsen und Thüringen. Mit Ausnahme des Wertes für die Bremer Grundschulen waren diese Differenzen vom deutschen Mittelwert allerdings nicht signifikant (Richter, Kuhl & Pant, 2012).

3 Indikatoren des sozialen Status

Ein zentraler Aspekt bei der Analyse von sozial bedingten Disparitäten ist die Frage, wie der sozioökonomische Status von Familien valide gemessen werden kann. Theoretisch lassen sich die Erhebungsinstrumente, die zurzeit in der empirischen Bildungsforschung zur Operationalisierung des sozialen Status eingesetzt werden, auf der Grundlage der Arbeiten von Pierre Bourdieu (1983) zur Unterscheidung von ökonomischem, kulturellem und sozialem Kapital ordnen. Als ökonomisches Kapital beschreibt Bourdieu alles, was direkt in Geld umwandelbar ist. Beim kulturellen Kapital unterscheidet Bourdieu (a) das erworbene Wissen einer Person (inkorporiertes Kulturkapital), (b) Besitztümer wie Bücher oder Musikinstrumente, die nur von Personen adäquat genutzt werden können, die über das notwendige inkorporierte Kulturkapital verfügen (objektiviertes Kulturkapital), und (c) offizielle schulische und akademische Titel (institutionalisiertes Kulturkapital). Soziales Kapital besteht nach Bourdieu aus den Beziehungsnetzwerken der Menschen. Dabei hängt das Ausmaß des sozialen Kapitals, über das eine Person verfügt, zum einen von der Größe dieses Netzes ab und zum anderen von dem Kapital, das die übrigen Personen im Netzwerk besitzen. Coleman (1988) grenzt von dem sozialen Kapital außerhalb der Familie das soziale Kapital innerhalb der Familie ab und betont dessen Wichtigkeit für den Erwerb von schulischen Kompetenzen.

Im Folgenden werden die Indikatoren der sozialen Herkunft, die in diesem Beitrag genutzt werden, kurz vorgestellt. Die Frage nach der Anzahl der im Haushalt vorhandenen *Bücher* kann mithin als „Klassiker" unter den Instrumenten zur Erfassung von sozialem Status in der internationalen Schulleistungsforschung bezeichnet werden. Die Frage weist sowohl für Schüler- als auch für Elternbefragungen gute Messeigenschaften auf und ist zudem einfach und ökonomisch in ihrer Administration. Die Variable erfasst primär das objektivierte Kulturkapital, liefert damit aber auch einen Hinweis auf das ökonomische Kapital. Indirekt misst die Variable zusätzlich das inkorporierte (und institutionalisierte) Kulturkapital, da ein Zusammenhang zwischen dem Bildungsniveau einer Familie und der Anzahl der Bücher, die diese besitzt, besteht (Bildungsnähe des Elternhauses). Auch wenn aktuell eine zunehmende Digitalisierung von Texten zu beobachten ist, stellt das Buch nach wie vor einen geeigneten Indikator für den Status von Familien dar. Obwohl auch zunehmend in E-Medien investiert wird, bleibt das gedruckte Buch immer noch ein wichtiges Medium zum Wissenserwerb, zur Unterhaltung sowie zur Freizeitgestaltung und damit auch ein wichtiges Erkennungsmerkmal kulturellen und ökonomischen Kapitals in den Familien. Die fünfstufige Abfrage dieser Information (0–10 Bücher, 11–25

Bücher, 26–100 Bücher, 101–200 Bücher und mehr als 200 Bücher) hat sich in internationalen Schulvergleichsuntersuchungen für eine annähernde Erfassung des sozialen Hintergrunds bewährt.

Beim *Bildungsniveau der Eltern* handelt es sich um einen direkten Indikator für das kulturelle Kapital in der Schülerfamilie. Zusätzlich bietet diese Variable einen Hinweis auf das ökonomische Kapital im Haushalt, da ein höherer Bildungsabschluss in der Regel ein höheres Einkommen bedeutet. Im Rahmen von TIMSS 2015 wurde – wie auch in den vorangegangenen Erhebungen von 2007 und 2011 – der höchste Bildungsabschluss von Mutter und Vater mit Hilfe der internationalen Bildungsskala der UNESCO (*International Standard Classification of Education* – ISCED) erhoben (Schroedter, Lechert & Lüttinger, 2006; UNESCO, 2003).

Der *Berufsstatus* von Personen liefert indirekt Informationen über das kulturelle Kapitel (das Bildungsniveau, das für bestimmte Berufe notwendig ist) und das ökonomische Kapital (das Einkommen in den einzelnen Berufen). Bedingt durch die sehr hohe Anzahl von unterschiedlichen Berufen muss der jeweilige Beruf zunächst offen erfragt und mit Hilfe der Nominalskala *International Standard Classification of Occupations* (ISCO) kodiert werden. Dabei wird jedem Beruf ein vierstelliger Code zugewiesen, der allerdings noch keine Aussagen über den Status eines Berufes erlaubt (Hoffmann, 2003). Diese Codes lassen sich in die verschiedenen Indizes des Berufsstatus überführen. Alle 20 Jahre werden die ISCO-Codes aktualisiert (zuletzt 2008). In der empirischen Bildungsforschung werden vor allem zwei Indizes des Berufsstatus genutzt, die auf unterschiedliche theoretische Annahmen zurückgreifen und unterschiedliche statistische Eigenschaften haben:

- Der *International Socio-Economic Index of Occupational Status* (ISEI) gibt an, wie gut ein Beruf geeignet ist, um die Ausbildung einer Person in Einkommen umzuwandeln. Die Skala ist eindimensional und nimmt ganzzahlige Werte zwischen 16 und 90 an (Ganzeboom, de Graaf & Treiman, 1992; Ganzeboom & Treiman, 1996). In der empirischen Bildungsforschung wird häufig der höchste ISEI im Haushalt (HISEI) genutzt.
- Erikson, Goldthorpe und Portocarero (1979) teilen Berufe in distinkte Gruppen ein, die sich in Hinblick auf unterschiedliche Dimensionen durch hohe interne Homogenität und hohe externe Heterogenität auszeichnen. Bei diesen sogenannten 'EGP-Klassen' handelt es sich um eine Nominalskala.

Schließlich liefert das *Einkommen* von Haushalten direkte Angaben über das ökonomische Kapital. Aus dieser Variable kann zusammen mit Informationen über die Haushaltsgröße die bereits erwähnte *Armutsgefährdung* berechnet werden. Als armutsgefährdet gelten nach gängiger Definition Haushalte, die über weniger als 60 Prozent des medianen Nettoäquivalenzeinkommens in dem jeweiligen Staat verfügen. Zur Berechnung wird zunächst die Armutsgefährdungsgrenze eines Haushalts ermittelt, die als Produkt aus dem medianen Nettoäquivalenzeinkommen und der gewichteten Haushaltsgröße definiert ist (Haushaltsvorstand: 1.0; jedes weitere Haushaltsmitglied, das mindestens 14 Jahre alt ist: 0.5; jedes Kind, das maximal 13 Jahre alt ist: 0.3). Liegt schließlich das jeweilige Haushaltsnettoeinkommen einer Familie unter der Armutsgefährdungsgrenze, wird der Haushalt als armutsgefährdet bezeichnet (Bardone & Guio, 2005).

Im Rahmen von TIMSS 2015 wurden in Deutschland national alle in diesem Abschnitt vorgestellten Indikatoren eingesetzt. International kamen wie schon 2011 deutlich weniger Indikatoren für den sozioökonomischen Status von Familien zum Einsatz. Aus diesem Grund werden in Abschnitt 4 zunächst internationale Vergleiche unter Berücksichtigung der Anzahl der Bücher im Haushalt berichtet, bevor im fünften Abschnitt vertiefend soziale Disparitäten im deutschen Bildungssystem dargestellt werden. Festzuhalten bleibt, dass alle Indikatoren zur Erfassung der sozialen Herkunft hoch miteinander korreliert sind, sodass sich Befunde in Abhängigkeit der genutzten Variable nur geringfügig unterscheiden.

4 Der Zusammenhang zwischen sozialer Herkunft und Kompetenzen in Mathematik und Naturwissenschaften im internationalen Vergleich

Dass der schulische Erfolg vom sozialen Hintergrund der Schülerinnen und Schüler abhängt, ist ein international immer wieder festzustellender Befund. Um diesen vor dem Hintergrund historischer und kultureller Unterschiede zwischen den Teilnehmerstaaten vergleichend erfassen zu können, haben sich die an TIMSS beteiligten Staaten darauf verständigt, die Anzahl der Bücher im Haushalt zu erfassen. Bei der Betrachtung sozialer Unterschiede hat es sich in vorliegenden Studien bewährt, die Information über den heimischen Buchbesitz zu nutzen, indem Schülerinnen und Schüler, die in Haushalten leben, die über maximal 100 Bücher verfügen, von denjenigen mit mehr als 100 Büchern im Haushalt unterschieden werden.

Abbildung 10.1 zeigt für die beiden Gruppen die prozentualen Anteile in den einzelnen Staaten sowie die mittleren Mathematikkompetenzwerte. Zudem wird die Leistungsdifferenz zwischen den beiden Gruppen graphisch dargestellt.

Betrachtet man den internationalen Mittelwert für den heimischen Buchbesitz, so ist festzustellen, dass 74.1 Prozent der Schülerinnen und Schüler angeben, zu Hause maximal 100 Bücher zu haben. Entsprechend können international rund ein Viertel der Kinder (25.9 %) zu Hause mehr als 100 Bücher nutzen. Teilnehmerstaaten, in denen der Anteil von Familien mit einem umfangreichen durchschnittlichen Buchbesitz am niedrigsten ist, sind Chile (11.5 %), die Türkei (14.1 %), Kroatien (15.3 %) und Serbien (15.6 %). Am höchsten ist der Anteil von Familien, die über mehr als 100 Bücher verfügen, in Südkorea (72.9 %), gefolgt von Australien (37.6 %), Finnland (37.4 %), Irland (37.1 %), Neuseeland (36.4 %) und Ungarn (36.2 %). Auch in Deutschland (31.7 %) liegt der Anteil von Familien mit vielen Büchern über dem Durchschnitt.

Mit Ausnahme von Chile findet sich in allen Teilnehmerstaaten bei den Schülerinnen und Schülern mit mehr als 100 Büchern ein signifikanter Leistungsvorsprung in Mathematik vor denen mit maximal 100 Büchern. Diese Differenz beträgt in Deutschland 39 Punkte, was dem Unterschied von mehr als einem Lernjahr entspricht (Wendt, Kasper, Bos, Vennemann & Goy, in Druck). Signifikant größere Unterschiede in den Leistungen in Mathematik finden sich in Ungarn (64 Punkte), Nordirland, der Slowakei und Südkorea (jeweils 53 Punkte) sowie Neuseeland (48 Punkte). In 12 Teilnehmerstaaten sind die sozialen Disparitäten signifikant geringer ausgeprägt als in Deutschland. Neben Chile (9 Punkte) ist der Wert in Kasachstan (19 Punkte) und in den Niederlanden (23 Punkte) am niedrigsten.

Analog zu Abbildung 10.1 zeigt Abbildung 10.2 die Ergebnisse für den Kompetenzbereich Naturwissenschaften. Die Anteile von Familien mit mehr als beziehungsweise maximal 100 Büchern entsprechen hierbei den im Zusammenhang mit den Leistungsunterschieden in Mathematik berichteten Anteilen. Bezüglich

Abbildung 10.1: Leistungsvorsprung in Mathematik von Kindern aus Familien mit mehr als 100 Büchern vor Kindern aus Familien mit maximal 100 Büchern

Teilnehmer	maximal 100 Bücher			mehr als 100 Bücher			Differenz[A]	
	%	$M_{\leq 100}$	(SE)	%	$M_{>100}$	(SE)	$M_{>100}\text{-}M_{\leq 100}$	(SE)
Ungarn	63.8	507	(3.2)	36.2	571	(3.2)	64	(4.1)
[3] Nordirland	65.5	552	(3.1)	34.5	606	(3.7)	53	(4.2)
Slowakei	75.2	485	(2.7)	24.8	539	(3.0)	53	(3.5)
Republik Korea (Südkorea)	27.1	569	(2.6)	72.9	622	(2.4)	53	(3.3)
[1 3] Neuseeland	63.6	474	(2.5)	36.4	522	(2.9)	48	(3.3)
[1] England	68.0	531	(3.4)	32.0	578	(3.9)	47	(4.4)
[2] Singapur	69.2	604	(4.0)	30.8	650	(4.4)	46	(4.2)
Türkei	85.9	481	(2.8)	14.1	526	(6.3)	45	(6.3)
Irland	62.9	532	(2.5)	37.1	576	(2.5)	44	(3.1)
[2] Schweden	65.3	504	(3.1)	34.7	547	(2.8)	43	(3.4)
Australien	62.4	502	(2.9)	37.6	544	(3.6)	42	(2.8)
Bulgarien	81.0	518	(5.9)	19.0	560	(4.5)	42	(6.3)
[23] USA	71.6	528	(2.1)	28.4	569	(3.2)	41	(2.7)
[2] Frankreich	71.5	477	(3.0)	28.5	518	(3.5)	41	(4.0)
[2] Serbien	84.4	513	(3.7)	15.6	553	(5.3)	41	(5.5)
Taiwan	73.3	587	(1.9)	26.7	626	(2.7)	39	(2.8)
[23] Dänemark	67.3	527	(3.2)	32.7	566	(3.2)	39	(3.9)
Deutschland	68.3	514	(2.3)	31.7	553	(2.1)	39	(2.8)
[2] Litauen	81.7	529	(2.5)	18.3	567	(3.6)	39	(3.4)
VG OECD	**69.6**	**517**	**(0.5)**	**30.4**	**555**	**(0.6)**	**38**	**(0.7)**
Polen	71.9	525	(2.2)	28.1	562	(3.0)	38	(3.0)
Tschechische Republik	68.4	516	(2.5)	31.6	554	(2.4)	38	(2.8)
VG EU	**71.7**	**517**	**(0.6)**	**28.3**	**554**	**(0.7)**	**37**	**(0.8)**
[3] Hongkong	65.9	602	(3.0)	34.1	639	(3.9)	37	(4.3)
Japan	78.5	585	(1.8)	21.5	622	(3.5)	37	(3.3)
[1] Norwegen (5. Jgst.)	69.0	540	(2.7)	31.0	571	(3.4)	31	(3.5)
[2] Portugal	77.9	535	(2.4)	22.1	566	(3.0)	31	(3.3)
Internationaler Mittelwert	**74.1**	**499**	**(0.4)**	**25.9**	**530**	**(0.6)**	**30**	**(0.7)**
[23] Kanada	70.3	503	(2.3)	29.7	532	(2.7)	30	(2.2)
[3] Belgien (Fläm. Gem.)	72.9	538	(2.0)	27.1	568	(3.4)	30	(3.6)
[23] Italien	81.1	502	(2.5)	18.9	531	(4.0)	29	(3.8)
Finnland	62.6	525	(2.1)	37.4	554	(2.3)	29	(2.7)
Kroatien	84.7	498	(1.7)	15.3	527	(4.0)	29	(4.0)
[2] Spanien	68.4	497	(2.7)	31.6	524	(2.2)	27	(2.4)
Zypern	66.7	517	(2.6)	33.3	542	(3.7)	26	(3.5)
Russische Föderation	78.5	559	(3.0)	21.5	583	(6.1)	24	(4.8)
Slowenien	73.7	514	(2.0)	26.3	538	(2.7)	24	(3.0)
[3] Niederlande	77.8	525	(1.7)	22.2	548	(3.0)	23	(3.0)
Kasachstan	84.0	541	(4.6)	16.0	561	(6.9)	19	(6.6)
Chile	88.5	459	(2.5)	11.5	468	(5.4)	9	(5.5)
Benchmark-Teilnehmer								
Ontario, Kanada	68.0	503	(2.5)	32.0	536	(2.7)	33	(2.8)
[23] Québec, Kanada	76.8	529	(3.8)	23.2	559	(5.0)	30	(4.4)
Norwegen (4. Jgst.)	70.7	485	(2.6)	29.3	514	(3.0)	29	(3.5)

Leistungsvorsprung in Mathematik

:::: Kein statistisch signifikanter Unterschied zum Differenzwert von Deutschland ($p > .05$).
■ Statistisch signifikante Unterschiede ($p < .05$).
Hierbei gesellt sind die Teilnehmer, für die von einer eingeschränkten Vergleichbarkeit der Ergebnisse ausgegangen werden muss.
1 = Die nationale Zielpopulation entspricht nicht oder nicht ausschließlich der vierten Jahrgangsstufe.
2 = Der Ausschöpfungsgrad und/oder die Ausschlüsse von der nationalen Zielpopulation erfüllen nicht die internationalen Vorgaben.
3 = Die Teilnahmequoten auf Schul- und/oder Schülerebene erreichen nicht die internationalen Vorgaben.
A = Inkonsistenzen in den berichteten Differenzen sind im Rundungsverfahren begründet.

IEA: Trends in International Mathematics and Science Study   © TIMSS 2015

Abbildung 10.2: Leistungsvorsprung in Naturwissenschaften von Kindern aus Familien mit mehr als 100 Büchern vor Kindern aus Familien mit maximal 100 Büchern

Teilnehmer	maximal 100 Bücher			mehr als 100 Bücher			Differenz[A]	
	%	$M_{\leq100}$	(SE)	%	$M_{>100}$	(SE)	$M_{>100}$-$M_{\leq100}$	(SE)
Slowakei	75.2	506	(2.9)	24.8	566	(2.9)	61	(3.4)
Ungarn	63.8	522	(3.6)	36.2	579	(3.0)	57	(4.1)
Bulgarien	81.0	527	(6.5)	19.0	583	(4.4)	57	(6.3)
[2] *Singapur*	69.2	575	(3.9)	30.8	626	(4.2)	51	(4.2)
[1][3] *Neuseeland*	63.6	488	(2.7)	36.4	539	(3.1)	51	(3.2)
[3] *Nordirland*	65.5	503	(2.5)	34.5	553	(2.5)	50	(3.3)
Republik Korea (Südkorea)	27.1	554	(2.2)	72.9	603	(2.0)	49	(2.6)
[2] *Schweden*	65.3	524	(3.9)	34.7	572	(3.5)	48	(4.1)
[1] *England*	68.0	521	(2.9)	32.0	568	(3.0)	46	(3.3)
Deutschland	68.3	519	(2.5)	31.7	563	(2.3)	44	(2.8)
Irland	62.9	513	(2.6)	37.1	557	(2.8)	44	(3.2)
[23] *USA*	71.6	534	(2.1)	28.4	577	(3.1)	43	(2.7)
[2] *Frankreich*	71.5	476	(2.7)	28.5	518	(3.1)	42	(3.3)
Taiwan	73.3	545	(2.0)	26.7	586	(2.3)	41	(2.8)
[2] *Litauen*	81.7	521	(2.6)	18.3	561	(3.3)	41	(3.7)
Tschechische Republik	68.4	522	(2.7)	31.6	562	(2.5)	40	(2.9)
[3] *Hongkong*	65.9	543	(3.1)	34.1	583	(3.7)	40	(4.0)
Australien	62.4	510	(2.5)	37.6	549	(3.6)	39	(2.8)
VG EU	**71.7**	**515**	**(0.6)**	**28.3**	**554**	**(0.7)**	**39**	**(0.8)**
Türkei	85.9	482	(3.0)	14.1	520	(6.3)	39	(6.0)
[3] *Belgien (Fläm. Gem.)*	72.9	502	(2.2)	27.1	538	(3.3)	36	(3.2)
[2] *Serbien*	84.4	520	(4.0)	15.6	555	(4.4)	35	(5.1)
VG OECD	**69.6**	**516**	**(0.5)**	**30.4**	**554**	**(0.6)**	**38**	**(0.7)**
[23] *Kanada*	70.3	515	(2.6)	29.7	551	(2.9)	36	(2.1)
Polen	71.9	538	(2.4)	28.1	574	(3.0)	36	(2.6)
[23] *Dänemark*	67.3	516	(2.7)	32.7	551	(2.6)	35	(3.8)
Japan	78.5	562	(1.8)	21.5	596	(2.7)	35	(2.7)
Finnland	62.6	542	(2.5)	37.4	575	(2.4)	33	(2.7)
[1] *Norwegen (5. Jgst.)*	69.0	528	(2.7)	31.0	561	(3.2)	33	(3.1)
Kroatien	84.7	529	(2.0)	15.3	561	(4.1)	32	(3.9)
Internationaler Mittelwert	**74.1**	**496**	**(0.5)**	**25.9**	**526**	**(0.7)**	**31**	**(0.7)**
Zypern	66.7	474	(2.7)	33.3	503	(3.2)	30	(3.5)
Russische Föderation	78.5	561	(2.9)	21.5	590	(5.3)	29	(4.3)
[2] *Spanien*	68.4	510	(3.0)	31.6	538	(2.5)	28	(2.9)
[23] *Italien*	81.1	512	(2.7)	18.9	540	(3.5)	28	(3.5)
[2] *Portugal*	77.9	503	(2.2)	22.1	530	(2.8)	27	(2.5)
[3] *Niederlande*	77.8	512	(2.9)	22.2	536	(3.4)	24	(3.7)
Slowenien	73.7	537	(2.5)	26.3	561	(3.0)	24	(3.0)
Kasachstan	84.0	546	(4.5)	16.0	569	(7.3)	23	(7.0)
Chile	88.5	478	(2.7)	11.5	487	(5.8)	9	(5.5)
Benchmark-Teilnehmer								
Ontario, Kanada	68.0	520	(2.6)	32.0	556	(3.3)	36	(3.2)
Norwegen (4. Jgst.)	70.7	483	(2.7)	29.3	517	(2.8)	34	(3.9)
[23] *Québec, Kanada*	76.8	517	(4.0)	23.2	551	(4.4)	34	(3.8)

Leistungsvorsprung in Naturwissenschaften

0   20   40   60

▯ Kein statistisch signifikanter Unterschied zum Differenzwert von Deutschland (*p* > .05).
■ Statistisch signifikante Unterschiede (*p* < .05).
Kursiv gesetzt sind die Teilnehmer, für die von einer eingeschränkten Vergleichbarkeit der Ergebnisse ausgegangen werden muss.
1 = Die nationale Zielpopulation entspricht nicht oder nicht ausschließlich der vierten Jahrgangsstufe.
2 = Der Ausschöpfungsgrad und/oder die Ausschlüsse von der nationalen Zielpopulation erfüllen nicht die internationalen Vorgaben.
3 = Die Teilnahmequoten auf Schul- und/oder Schülerebene erreichen nicht die internationalen Vorgaben.
A = Inkonsistenzen in den berichteten Differenzen sind im Rundungsverfahren begründet.

IEA: Trends in International Mathematics and Science Study   © TIMSS 2015

der Unterschiede in den Naturwissenschaften ist jedoch im Vergleich zur Mathematik auffällig, dass die Anzahl der Teilnehmerstaaten, die signifikant niedrigere Differenzen aufweisen als Deutschland, deutlich größer ist. Neben Chile, wo keine signifikanten Unterschiede zwischen den naturwissenschaftlichen Leistungen von Schülerinnen und Schülern mit mehr als 100 Büchern gegenüber Mitschülerinnen und Mitschülern mit maximal 100 Büchern zu beobachten sind, weisen 15 weitere Teilnehmerstaaten mit 23 bis 36 Punkten signifikant niedrigere Differenzen auf. Nur in der Slowakei und Ungarn fallen die Differenzen mit 61 beziehungsweise 57 Punkten signifikant größer aus als in Deutschland. Die in Deutschland festgestellte Differenz von 44 Punkten zwischen den beiden Gruppen entspricht in dieser Testdomäne nahezu zwei Lernjahren (Wendt et al., in Druck).

Da die Information über den heimischen Buchbesitz in TIMSS 2007, 2011 und 2015 einheitlich erhoben wurde, können die Unterschiede der sozialen Herkunft zwischen den Studienzyklen miteinander verglichen werden. Die Abbildungen 10.3 und 10.4 dokumentieren den Vergleich der Studien für die Leistungen in Mathematik und in den Naturwissenschaften.

Abbildung 10.3: Unterschiede im Leistungsvorsprung in Mathematik von Kindern aus Familien mit mehr als 100 Büchern vor denen mit maximal 100 Büchern im Vergleich von TIMSS 2007, 2011 und 2015

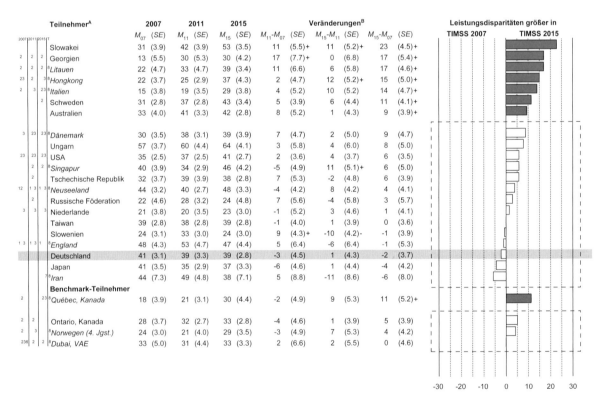

2007 2011 2015 T	Teilnehmer[A]	M_{07}	(SE)	M_{11}	(SE)	M_{15}	(SE)	M_{11}-M_{07}	(SE)	M_{15}-M_{11}	(SE)	M_{15}-M_{07}	(SE)
	Slowakei	31	(3.9)	42	(3.9)	53	(3.5)	11	(5.5)+	11	(5.2)+	23	(4.5)+
2 2 2	Georgien	13	(5.5)	30	(5.3)	30	(4.2)	17	(7.7)+	0	(6.8)	17	(5.4)+
2 2 2 [8]*Litauen*		22	(4.7)	33	(4.7)	39	(3.4)	11	(6.6)	6	(5.8)	17	(4.6)+
23 2 3 [8]*Hongkong*		22	(3.7)	25	(2.9)	37	(4.3)	2	(4.7)	12	(5.2)+	15	(5.0)+
2 3 23 [8]*Italien*		15	(3.8)	19	(3.5)	29	(3.8)	4	(5.2)	10	(5.2)	14	(4.7)+
2	Schweden	31	(2.8)	37	(2.8)	43	(3.4)	5	(3.9)	6	(4.4)	11	(4.1)+
	Australien	33	(4.0)	41	(3.3)	42	(2.8)	8	(5.2)	1	(4.3)	9	(3.9)+
3 23 23 [8]*Dänemark*		30	(3.5)	38	(3.1)	39	(3.9)	7	(4.7)	2	(5.0)	9	(4.7)
	Ungarn	57	(3.7)	60	(4.4)	64	(4.1)	3	(5.8)	4	(6.0)	8	(5.0)
23 23 23	USA	35	(2.5)	37	(2.5)	41	(2.7)	2	(3.6)	4	(3.7)	6	(3.5)
2 2 [8]*Singapur*		40	(3.9)	34	(2.9)	46	(4.2)	-5	(4.9)	11	(5.1)+	6	(5.0)
2	Tschechische Republik	32	(3.7)	39	(3.9)	38	(2.8)	7	(5.3)	-2	(4.8)	6	(3.9)
12 1 3 [8]*Neuseeland*		44	(3.2)	40	(2.7)	48	(3.3)	-4	(4.2)	8	(4.2)	4	(4.1)
2	Russische Föderation	22	(4.6)	28	(3.2)	24	(4.8)	7	(5.6)	-4	(5.8)	3	(5.7)
3 3 3	Niederlande	21	(3.8)	20	(3.5)	23	(3.0)	-1	(5.2)	3	(4.6)	1	(4.1)
	Taiwan	39	(2.8)	38	(2.8)	39	(2.8)	-1	(4.0)	1	(3.9)	0	(3.6)
	Slowenien	24	(3.1)	33	(3.0)	24	(3.0)	9	(4.3)+	-10	(4.2)-	-1	(3.9)
1 3 1 3 1 [8]*England*		48	(4.3)	53	(4.7)	47	(4.4)	5	(6.4)	-6	(6.4)	-1	(5.3)
	Deutschland	41	(3.1)	39	(3.3)	39	(2.8)	-3	(4.5)	1	(4.3)	-2	(3.7)
	Japan	41	(3.5)	35	(2.9)	37	(3.3)	-6	(4.6)	1	(4.4)	-4	(4.2)
7 [8]*Iran*		44	(7.3)	49	(4.8)	38	(7.1)	5	(8.8)	-11	(8.6)	-6	(8.0)
	Benchmark-Teilnehmer												
2 23 [8]*Québec, Kanada*		18	(3.9)	21	(3.1)	30	(4.4)	-2	(4.9)	9	(5.3)	11	(5.2)+
2 2	Ontario, Kanada	28	(3.7)	32	(2.7)	33	(2.8)	-4	(4.6)	1	(3.9)	5	(3.9)
2 3 [8]*Norwegen (4. Jgst.)*		24	(3.0)	21	(4.0)	29	(3.5)	-3	(4.9)	7	(5.3)	4	(4.2)
236 2 2 [8]*Dubai, VAE*		33	(5.0)	31	(4.4)	33	(3.3)	2	(6.6)	2	(5.5)	0	(4.6)

Kein statistisch signifikanter Unterschied zum Differenzwert von Deutschland ($p > .05$).
Statistisch signifikante Veränderungen zwischen 2007 und 2015 ($p < .05$).
+ = Mittelwert für 2011 statistisch signifikant höher als für 2007 bzw. für 2015 statistisch signifikant höher als für 2011 und/oder 2007 ($p < .05$).
- = Mittelwert für 2011 statistisch signifikant niedriger als für 2007 bzw. für 2015 statistisch signifikant niedriger als für 2011 und/oder 2007 ($p < .05$).
Kursiv gesetzt sind die Teilnehmer, für die von einer eingeschränkten Vergleichbarkeit der Ergebnisse zwischen den Studienzyklen ausgegangen werden muss.
1 = Die nationale Zielpopulation entspricht nicht oder nicht ausschließlich der vierten Jahrgangsstufe.
2 = Der Ausschöpfungsgrad und/oder die Ausschlüsse von der nationalen Zielpopulation erfüllen nicht die internationalen Vorgaben.
3 = Die Teilnahmequoten auf Schul- und/oder Schülerebene erreichen nicht die internationalen Vorgaben.
6 = Abweichender Testzeitpunkt (in Dubai, VAE erfolgte die Testung zeitlich verzögert).
7 = Teilnahme an TIMSS 2015 und TIMSS Numeracy. Die Kennwerte werden in Anlehnung an die internationale Berichterstattung als Mittelwerte der beiden Studien dargestellt.
8 = Eingeschränkte Vergleichbarkeit aufgrund veränderter Teilnahmebedingungen zwischen 2007, 2011 und 2015.
A = Die Ergebnisse von Kasachstan, Katar, Kuwait und Marokko werden aufgrund der nicht gegebenen Vergleichbarkeit zwischen den Studienzyklen 2007, 2011 und 2015 nicht berichtet.
B = Inkonsistenzen in den berichteten Differenzen sind im Rundungsverfahren begründet.

Abbildung 10.4: Unterschiede im Leistungsvorsprung in Naturwissenschaften von Kindern aus Familien mit mehr als 100 Büchern vor denen mit maximal 100 Büchern im Vergleich von TIMSS 2007, 2011 und 2015

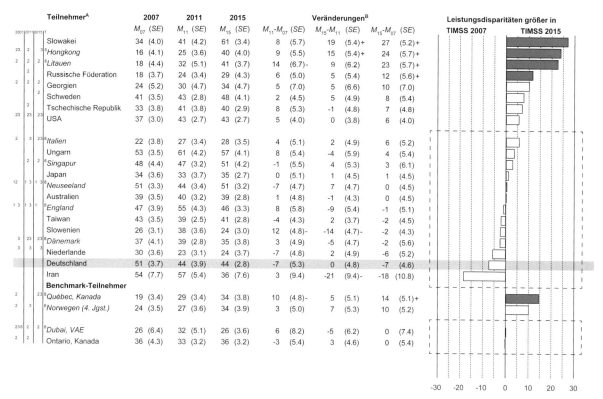

Teilnehmer[A]	2007 M_{07} (SE)	2011 M_{11} (SE)	2015 M_{15} (SE)	Veränderungen[B] M_{11}-M_{07} (SE)	M_{15}-M_{11} (SE)	M_{15}-M_{07} (SE)
Slowakei	34 (4.0)	41 (4.2)	61 (3.4)	8 (5.7)	19 (5.4)+	27 (5.2)+
[8]Hongkong	16 (4.1)	25 (3.6)	40 (4.0)	9 (5.5)	15 (5.4)+	24 (5.7)+
[8]Litauen	18 (4.4)	32 (5.1)	41 (3.7)	14 (6.7)-	9 (6.2)	23 (5.7)+
Russische Föderation	18 (3.7)	24 (3.4)	29 (4.3)	6 (5.0)	5 (5.4)	12 (5.6)+
Georgien	24 (5.2)	30 (4.7)	34 (4.7)	5 (7.0)	5 (6.6)	10 (7.0)
Schweden	41 (3.5)	43 (2.8)	48 (4.1)	2 (4.5)	5 (4.9)	8 (5.4)
Tschechische Republik	33 (3.8)	41 (3.8)	40 (2.9)	8 (5.3)	-1 (4.8)	7 (4.8)
USA	37 (3.0)	43 (2.7)	43 (2.7)	5 (4.0)	0 (3.8)	6 (4.0)
[8]Italien	22 (3.8)	27 (3.4)	28 (3.5)	4 (5.1)	2 (4.9)	6 (5.2)
Ungarn	53 (3.8)	61 (4.2)	57 (4.1)	8 (5.4)	-4 (5.9)	4 (5.4)
[8]Singapur	48 (4.4)	47 (3.2)	51 (4.2)	-1 (5.5)	4 (5.3)	3 (6.1)
Japan	34 (3.6)	33 (3.7)	35 (2.7)	0 (5.1)	1 (4.5)	1 (4.5)
[8]Neuseeland	51 (3.3)	44 (3.4)	51 (3.2)	-7 (4.7)	7 (4.7)	0 (4.5)
Australien	39 (3.5)	40 (3.2)	39 (2.8)	1 (4.8)	-1 (4.3)	0 (4.5)
[8]England	47 (3.9)	55 (4.3)	46 (3.3)	8 (5.8)	-9 (5.4)	-1 (5.1)
Taiwan	43 (3.5)	39 (2.5)	41 (2.8)	-4 (4.3)	2 (3.7)	-2 (4.5)
Slowenien	26 (3.1)	38 (3.6)	24 (3.0)	12 (4.8)-	-14 (4.7)-	-2 (4.3)
[8]Dänemark	37 (4.1)	39 (2.8)	35 (3.8)	3 (4.9)	-5 (4.7)	-2 (5.6)
Niederlande	30 (3.6)	23 (3.1)	24 (3.7)	-7 (4.8)	2 (4.9)	-6 (5.2)
Deutschland	51 (3.7)	44 (3.9)	44 (2.8)	-7 (5.3)	0 (4.8)	-7 (4.6)
Iran	54 (7.7)	57 (5.4)	36 (7.6)	3 (9.4)	-21 (9.4)-	-18 (10.8)
Benchmark-Teilnehmer						
[8]Québec, Kanada	19 (3.4)	29 (3.4)	34 (3.8)	10 (4.8)-	5 (5.1)	14 (5.1)+
[8]Norwegen (4. Jgst.)	24 (3.5)	27 (3.6)	34 (3.9)	3 (5.0)	7 (5.3)	10 (5.2)
[8]Dubai, VAE	26 (6.4)	32 (5.1)	26 (3.6)	6 (8.2)	-5 (6.2)	0 (7.4)
Ontario, Kanada	36 (4.3)	33 (3.2)	36 (3.2)	-3 (5.4)	3 (4.6)	0 (5.4)

Kein statistisch signifikanter Unterschied zum Differenzwert von Deutschland (*p* > .05).
■ Statistisch signifikante Veränderungen zwischen 2007 und 2015 (*p* < .05).
+ = Mittelwert für 2011 statistisch höher als für 2007 bzw. für 2015 statistisch signifikant höher als für 2011 und/oder 2007 (*p* < .05).
- = Mittelwert für 2011 statistisch signifikant niedriger als für 2007 bzw. für 2015 statistisch signifikant niedriger als für 2011 und/oder 2007 (*p* < .05).
Kursiv gesetzt sind die Teilnehmer, für die von einer eingeschränkten Vergleichbarkeit der Ergebnisse zwischen den Studienzyklen ausgegangen werden muss.
1 = Die nationale Zielpopulation entspricht nicht oder nicht ausschließlich der vierten Jahrgangsstufe.
2 = Der Ausschöpfungsgrad und/oder die Ausschlüsse von der nationalen Zielpopulation erfüllen nicht die internationalen Vorgaben.
3 = Die Teilnahmequoten auf Schul- und/oder Schülerebene erreichen nicht die internationalen Vorgaben.
6 = Abweichender Testzeitpunkt (in Dubai, VAE erfolgte die Testung zeitlich verzögert).
8 = Eingeschränkte Vergleichbarkeit aufgrund veränderter Teilnahmebedingungen zwischen 2007, 2011 und 2015.
A = Die Ergebnisse von Kasachstan, Katar, Kuwait und Marokko werden aufgrund der nicht gegebenen Vergleichbarkeit zwischen den Studienzyklen 2007, 2011 und 2015 nicht berichtet.
B = Inkonsistenzen in den berichteten Differenzen sind im Rundungsverfahren begründet.

IEA: Trends in International Mathematics and Science Study   © TIMSS 2015

Werden die Differenzen der Leistungen in Mathematik zwischen Schülerinnen und Schülern mit einem heimischen Buchbestand bis maximal 100 Bücher und jenen mit über 100 Büchern im Haushalt verglichen, so zeigen sich in Deutschland für die Erhebungszyklen von TIMSS in 2007, 2011 und 2015 im Vergleich sehr geringe, nicht signifikante Veränderungen (maximal 3 Punkte). Keiner der Teilnehmerstaaten zeigt von 2007 bis 2015 eine signifikante Verringerung der sozialen Disparitäten. Eine signifikante Vergrößerung der Unterschiede weisen jedoch acht Staaten auf, wobei die Unterschiede in Litauen und Georgien mit 17 und in der Slowakei mit 23 Punkten erheblich ausfallen.

Bezüglich der naturwissenschaftlichen Kompetenzen zeigt sich ein ähnliches Bild. In Deutschland sind von 2007 bis 2015 nominelle Verringerungen von 7 Punkten festzustellen, die jedoch nicht signifikant sind. Auch in dieser Domäne weist kein Teilnehmerstaat signifikante Verringerungen der Disparitäten auf. Bei fünf Teilnehmern haben die Differenzen zugenommen, wobei Litauen (23 Punkte), Hongkong (24 Punkte) und die Slowakei (27 Punkte) die größten signifikanten Veränderungen in den Leistungsunterschieden zwischen Schülerinnen und Schülern mit einem heimischen Buchbesitz von maximal 100 Büchern und jenen mit mehr als 100 Büchern aufweisen. Diese Veränderungen zeichneten sich bereits 2011 ab und sind als ein Zeichen zunehmender sozialer Ungleichheit in diesen Staaten zu interpretieren.

Mit Hilfe von Regressionsanalysen kann für alle Teilnehmerstaaten der Varianzanteil der Mathematik- beziehungsweise Naturwissenschaftskompetenz bestimmt werden, der durch die fünfstufige Variable ‚Bücher im Haushalt' erklärt wird. Die Abbildungen 10.5 und 10.6 zeigen für TIMSS 2015 den Zusammenhang zwischen dieser Varianzaufklärung und der Ausprägung der Mathematik- beziehungsweise Naturwissenschaftskompetenzen in den Teilnehmerstaaten.

Abbildung 10.5: Zusammenhang zwischen der erklärten Varianz der Mathematikkompetenz auf Individualebene durch die Anzahl der Bücher im Haushalt und den mittleren Mathematikkompetenzen in den Teilnehmerstaaten

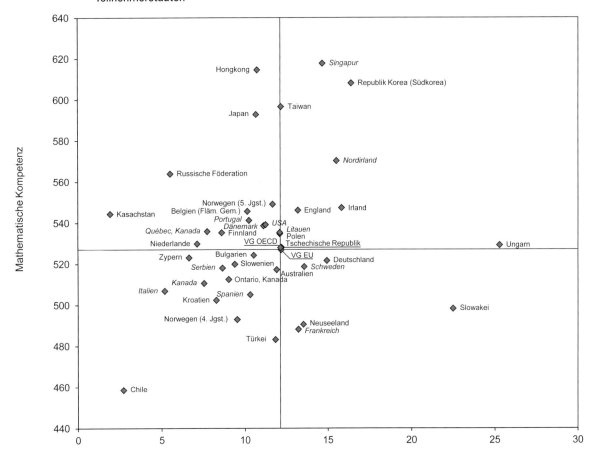

Kursiv gesetzt sind die Teilnehmer, für die von einer eingeschränkten Vergleichbarkeit der Ergebnisse ausgegangen werden muss.

IEA: Trends in International Mathematics and Science Study   © TIMSS 2015

Abbildung 10.6: Zusammenhang zwischen der erklärten Varianz der Naturwissenschaftskompetenz auf Individualebene durch die Anzahl der Bücher im Haushalt und den mittleren Naturwissenschaftskompetenzen
in den Teilnehmerstaaten

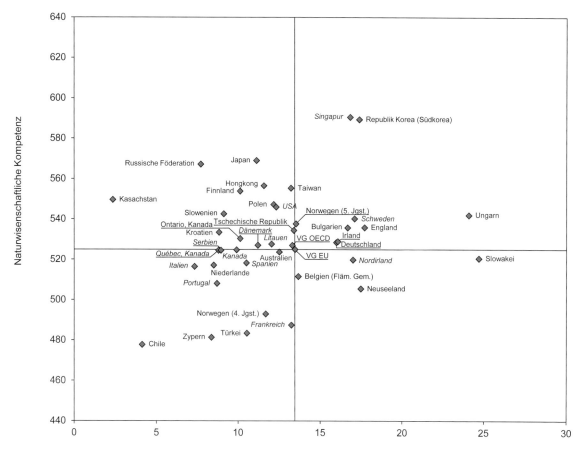

Kursiv gesetzt sind die Teilnehmer, für die von einer eingeschränkten Vergleichbarkeit der Ergebnisse ausgegangen werden muss.

IEA: Trends in International Mathematics and Science Study   © TIMSS 2015

Die mittlere erklärte Varianz der Mathematikkompetenz (VG EU) beträgt
12.2 Prozent und die mittlere Mathematikkompetenz 527 Punkte. Im Falle der
Naturwissenschaftskompetenz werden 13.5 Prozent der Varianz erklärt und der
Mittelwert liegt bei 525 Punkten.

In den oberen linken Quadranten der beiden Abbildungen finden sich diejenigen Staaten, die es schaffen, an ihren Grundschulen ein hohes Leistungsniveau
zu erreichen, und bei denen gleichzeitig die durch die Anzahl der Bücher im
Haushalt erklärbaren Unterschiede in den erreichten Kompetenzen relativ gering
ausfallen. In Abhängigkeit von der jeweiligen Situation in den Staaten kann dies
als ein Hinweis auf geringe soziale Disparitäten in den Schülerleistungen interpretiert werden. Kasachstan fällt in dieser Gruppe in beiden Abbildungen durch
besonders geringe Anteile der erklärten Varianz auf. Zudem finden sich in beiden Kompetenzbereichen beispielsweise ostasiatische Teilnehmer wie Hongkong
und Japan, skandinavische Teilnehmer wie Dänemark und Finnland, aber auch
die Russische Föderation und die USA. Einen ebenfalls unterdurchschnittlichen
Zusammenhang zwischen der Anzahl der Bücher im Haushalt und den individuellen Kompetenzen, aber gleichzeitig unterdurchschnittliche Leistungen, zei-

gen beispielsweise Chile, Italien, Spanien, Zypern und die Türkei (untere linke Quadranten).

In den jeweils rechten Quadranten befinden sich die Teilnehmer mit einem überdurchschnittlichen Anteil an erklärter Varianz, was auf eine enge Kopplung zwischen sozialer Herkunft und Leistung hinweisen kann. Im Kompetenzbereich Naturwissenschaften gehört Deutschland neben Singapur, die Republik Korea (Südkorea), Ungarn, Schweden, Bulgarien, England und Irland zu den Staaten, in denen die Kinder zugleich eine überdurchschnittliche Kompetenz erreichen (oberer rechter Quadrant). Während die meisten dieser Teilnehmer auch bei der Mathematikkompetenz zu dieser Gruppe gehören, findet sich Deutschland in der Abbildung 10.5 zusammen mit Schweden, Neuseeland, Frankreich und der Slowakei im unteren rechten Quadranten, was bedeutet, dass ein relativ hoher Zusammenhang der mathematischen Leistung mit dem heimischen Buchbesitz mit einem insgesamt unterdurchschnittlichem Leistungsniveau zusammenfällt.

5 Der Zusammenhang zwischen sozialer Herkunft und Kompetenzen in Mathematik und Naturwissenschaften in Deutschland

Wie bereits dargestellt, sind die unterschiedlichen Variablen zum Berufsstatus von Personen besonders geeignete Indikatoren für den sozialen Status von Familien. Daher wurden die Eltern in offener Form nach ihren Berufen gefragt, um anschließend EGP-Klassen und ISEI berechnen zu können.

Schülerinnen und Schüler, deren Eltern der oberen Dienstklasse angehören, erreichen in TIMSS 2015 im Bereich Mathematik 550 Punkte und im Bereich Naturwissenschaften 558 Punkte (siehe Tabelle 10.1). Unter Berücksichtigung von Nachkommastellen liegen die Kinder von (Fach-)Arbeitern in Mathematik 35 Punkte und in den Naturwissenschaften 37 Punkte unter diesen Werten. Dies entspricht in Mathematik einem Lernjahr, in Naturwissenschaften etwa anderthalb Lernjahren (Wendt et al., in Druck). Die Differenz zu Kindern von un- und angelernten Arbeitern beträgt, ebenfalls unter Berücksichtigung von Nachkommastellen, sogar 54 Punkte (Mathematik) beziehungsweise 60 Punkte (Naturwissenschaften).

Im Vergleich von TIMSS 2007 und TIMSS 2011 ist zu erkennen, dass es zwischen den ersten beiden Erhebungen nur geringfügige Veränderungen gegeben hat. Zwischen 2011 und 2015 gab es eine konzeptionelle Veränderung bei der Berechnung der Kennwerte.

In TIMSS 2015 werden fehlende Werte multipel imputiert, was im Rahmen von TIMSS 2007 und TIMSS 2011 nicht geschehen ist (siehe Kapitel 2 in diesem Band). Da tendenziell insbesondere von leistungsschwächeren Schülerinnen und Schülern die Elternfragebögen fehlen, sind die nicht imputierten Stichproben für die ersten beiden Zyklen positiv verzerrt, was bedeutet, dass die berichteten Mittelwerte die Populationsdaten tendenziell überschätzen. Bei der aktuellen Erhebung von 2015 wurde dieses Manko durch die Imputation der fehlenden Werte statistisch korrigiert, sodass die aktuellen Werte bessere Schätzer für die Populationsdaten darstellen als nicht imputierte Werte.

Tabelle 10.1 ist somit zu entnehmen, dass die Leistungen für TIMSS 2015 in allen EGP-Klassen und in beiden Kompetenzbereichen zum Teil deutlich unter den Werten der vorangegangenen Studien liegen. Dies darf auf-

Tabelle 10.1: Mittlere Testleistungen in Mathematik und Naturwissenschaften je EGP-Klasse in Deutschland bei TIMSS 2007, 2011 und 2015

Sozioökonomische Stellung der Familie (EGP-Klasse)[A]	Mathematik					
	2007		2011		2015	
	M (*SE*)	*SD* (*SE*)	*M* (*SE*)	*SD* (*SE*)	*M* (*SE*)	*SD* (*SE*)
Obere Dienstklasse (I)	564 (2.7)	56 (1.9)	558 (3.1)	59 (2.3)	550 (3.5)	62 (2.2)
Untere Dienstklasse (II)	548 (2.6)	59 (1.8)	548 (3.0)	58 (2.6)	536 (3.1)	63 (2.4)
Routinedienstleistungen (III)	526 (7.6)	66 (6.9)	526 (4.9)	58 (3.9)	516 (3.8)	62 (2.9)
Selbstständige (IV)	534 (4.1)	63 (3.7)	524 (4.8)	54 (4.4)	513 (4.3)	61 (2.9)
(Fach-)Arbeiter (V, VI)	521 (3.0)	65 (2.1)	524 (2.9)	58 (2.7)	514 (3.7)	63 (2.3)
Un- und angelernte Arbeiter (VII)	504 (3.9)	67 (3.3)	512 (3.1)	57 (2.1)	495 (3.9)	63 (3.3)
Gesamt	535 (2.0)	65 (1.4)	535 (2.1)	60 (1.3)	522 (2.0)	65 (1.2)

Sozioökonomische Stellung der Familie (EGP-Klasse)[A]	Naturwissenschaften					
	2007		2011		2015	
	M (*SE*)	*SD* (*SE*)	*M* (*SE*)	*SD* (*SE*)	*M* (*SE*)	*SD* (*SE*)
Obere Dienstklasse (I)	572 (3.1)	64 (2.4)	563 (3.5)	64 (2.5)	558 (3.5)	65 (2.5)
Untere Dienstklasse (II)	554 (2.9)	68 (2.8)	552 (3.4)	64 (2.6)	544 (3.9)	66 (2.7)
Routinedienstleistungen (III)	536 (6.8)	70 (6.9)	528 (6.1)	65 (3.8)	523 (5.0)	66 (3.0)
Selbstständige (IV)	533 (5.2)	72 (3.8)	528 (5.8)	62 (4.1)	519 (5.1)	67 (3.1)
(Fach-)Arbeiter (V, VI)	521 (3.3)	76 (2.8)	524 (3.1)	64 (2.7)	522 (3.7)	68 (2.5)
Un- und angelernte Arbeiter (VII)	503 (4.2)	76 (3.3)	508 (3.6)	63 (2.2)	498 (4.3)	67 (2.9)
Gesamt	539 (2.2)	75 (1.6)	537 (2.7)	67 (1.4)	528 (0.5)	71 (0.3)

A = Die EGP-Klassifikation erfolgte für den Studienzyklus 2007 auf Basis des ISCO-88-Kodes (ILO, 1990), für die Studienzyklen 2011 und 2015 auf Basis des ISCO-08-Kodes (ILO, 2012).

IEA: Trends in International Mathematics and Science Study   © TIMSS 2015

grund der Umstellung bei der Bestimmung der Werte nicht als allgemeiner Leistungsrückgang interpretiert werden (siehe Kapitel 3 und 4 in diesem Band). Die zentrale Aussage der Tabelle 10.1 ist, dass Unterschiede zwischen den einzelnen EGP-Klassen in allen drei Erhebungen sehr ähnlich sind.

Der Zusammenhang zwischen den beiden Kompetenzdomänen und der zweiten Variable für den Berufsstatus – dem ISEI – lässt sich gut anhand von Regressionsanalysen darstellen (ohne Abbildung). 2015 liegt der soziale Gradient (Steigung der Regressionsgeraden auf Individualebene) des höchsten ISEI im Haushalt (HISEI) in Mathematik bei 1.10 und unterscheidet sich somit nicht signifikant von dem entsprechenden Wert aus TIMSS 2011 (1.07); dieser Wert liegt aber signifikant unterhalb des Wertes aus TIMSS 2007 (1.41). Auch in den Naturwissenschaften gibt es keine signifikante Veränderung des sozialen Gradienten von 2011 bis 2015. Beide Werte liegen aber signifikant unterhalb des Wertes aus dem Jahr 2007 (2015: 1.24; 2011: 1.27; 2007: 1.63).

Ein weiterer Indikator für den sozialen Status, der ausschließlich für Deutschland vorliegt, ist die Armutsgefährdung der Schülerfamilien. Nach der offiziellen Definition der EU (Bardone & Guio, 2005) gelten 29.0 Prozent der Familien, deren Kinder sich an TIMSS 2015 beteiligt haben, als armutsgefährdet. Wie Abbildung 10.7 zu entnehmen ist, variiert diese Quote allerdings stark zwischen gesellschaftlichen Gruppen.

Abbildung 10.7: Armutsgefährdungsquoten nach Migrationshintergrund, höchstem Bildungsabschluss und EGP-Klasse (in Prozent)

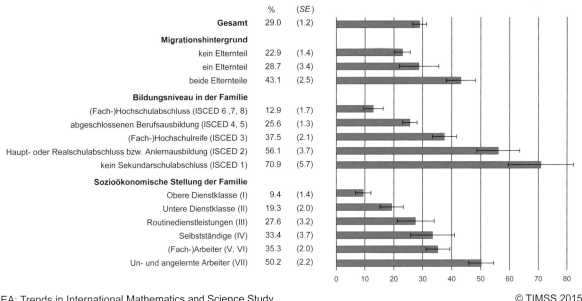

© TIMSS 2015

Abbildung 10.7 ist zu entnehmen, dass 43.1 Prozent der Familien, in denen beide Eltern im Ausland geboren wurden, armutsgefährdet sind (2011: 49.4 %), während dies nur 22.9 Prozent der Familien betrifft, bei denen beide Elternteile in Deutschland geboren wurden (2011: 19.2 %). Damit hat sich die Differenz zwischen diesen beiden Gruppen nominell (aber nicht signifikant) verringert. Ein noch deutlicherer Zusammenhang zeigt sich zwischen dem höchsten Bildungsniveau der Eltern und der Armutsgefährdung der Familien. Verfügen die Eltern über einen Haupt- oder Realschulabschluss (ohne abgeschlossene Berufsausbildung) oder über eine Anlernausbildung, beträgt die Armutsgefährdungsquote 56.1 Prozent. Hingegen sind nur 12.9 Prozent der Familien armutsgefährdet, in denen mindestens ein Elternteil über einen (Fach-)Hochschulabschluss verfügt. Ähnliche Ergebnisse zeigen sich für die EGP-Klassen: Hier variieren die Quoten zwischen 9.4 Prozent in der oberen Dienstklasse und 50.2 Prozent in der Gruppe der un- und angelernten Arbeiter.

Wie Tabelle 10.2 entnommen werden kann, liegt die Mathematikkompetenz von Kindern aus nicht armutsgefährdeten Elternhäusern 39 Punkte über der Mathematikkompetenz von armutsgefährdeten Schülerinnen und Schülern. Für den Bereich Naturwissenschaften fällt diese Differenz mit 44 Punkten geringfügig größer aus. Im Vergleich zu TIMSS 2011 und TIMSS 2007 ergeben sich keine signifikanten Veränderungen.

Bedingt durch die geringe Größe der Teilstichproben – insbesondere für armutsgefährdete Schülerinnen und Schüler aus bildungsnahen Elternhäusern – erlauben die vorliegenden Daten kaum generalisierbare Aussagen zu Unterschieden zwischen den einzelnen EGP-Klassen. Nominell finden sich aber theoriekonform in den oberen sozialen Lagen größere Differenzen zwischen armutsgefährdeten und nicht armutsgefährdeten Familien als in den unteren sozialen Lagen.

Tabelle 10.2: Mittlere Mathematik- und Naturwissenschaftskompetenz nach Armutsgefährdung und EGP-Klasse

Sozioökonomische Stellung der Familie (EGP-Klasse)	Mathematik									
	nicht armutsgefährdet				armutsgefährdet				Differenz[A]	
	M_n	(SE)	SD	(SE)	M_a	(SE)	SD	(SE)	M_n-M_a	(SE)
Obere Dienstklasse (I)	553	(3.0)	60	(2.2)	518	(14.0)	70	(7.0)	35	(13.4)
Untere Dienstklasse (II)	543	(3.7)	61	(2.6)	507	(6.7)	60	(4.6)	36	(7.7)
Routinedienstleistungen (III)	524	(4.7)	59	(3.9)	496	(8.0)	64	(5.6)	28	(9.6)
Selbstständige (IV)	521	(4.6)	59	(2.7)	495	(7.6)	62	(5.2)	26	(8.4)
(Fach-)Arbeiter (V, VI)	524	(3.7)	61	(2.9)	497	(5.8)	63	(3.9)	28	(6.0)
Un- und angelernte Arbeiter (VII)	510	(4.7)	61	(3.6)	481	(5.3)	60	(4.5)	29	(6.6)
Gesamt	533	(2.1)	62	(1.3)	494	(3.1)	63	(2.1)	39	(3.2)

Sozioökonomische Stellung der Familie (EGP-Klasse)	Naturwissenschaften									
	nicht armutsgefährdet				armutsgefährdet				Differenz[A]	
	M_n	(SE)	SD	(SE)	M_a	(SE)	SD	(SE)	M_n-M_a	(SE)
Obere Dienstklasse (I)	562	(3.1)	62	(2.7)	521	(13.6)	75	(7.5)	41	(13.4)
Untere Dienstklasse (II)	551	(4.5)	63	(3.3)	514	(7.8)	67	(5.1)	37	(9.3)
Routinedienstleistungen (III)	532	(6.0)	63	(4.4)	499	(8.5)	68	(5.2)	33	(10.2)
Selbstständige (IV)	529	(5.6)	64	(3.6)	497	(8.4)	67	(5.4)	32	(9.5)
(Fach-)Arbeiter (V, VI)	533	(4.2)	67	(3.2)	501	(5.9)	65	(4.3)	32	(7.0)
Un- und angelernte Arbeiter (VII)	514	(5.6)	67	(3.6)	483	(6.3)	65	(4.4)	30	(8.4)
Gesamt	541	(2.7)	66	(1.8)	497	(4.0)	68	(2.4)	44	(4.8)

A = Inkonsistenzen in den berichteten Differenzen sind im Rundungsverfahren begründet.

IEA: Trends in International Mathematics and Science Study © TIMSS 2015

6 Zusammenfassung

Die vorliegenden Befunde aus TIMSS 2015 bestätigen insgesamt die aus vorangegangenen Studien bekannten und theoriekonformen Erkenntnisse. In praktisch allen Teilnehmerstaaten finden sich signifikante Unterschiede in den mathematischen und naturwissenschaftlichen Kompetenzen zwischen den Schülerinnen und Schülern der oberen beziehungsweise der unteren sozialen Lagen. In Deutschland hat sich das Ausmaß dieser Disparitäten – trotz verbreiteter Bemühungen – seit TIMSS 2007 nicht signifikant verändert. Bei keinem Trendteilnehmerstaat hat es in diesem Zeitraum eine Verringerung der Disparitäten gegeben, bei einigen sind die Unterschiede jedoch größer geworden.

Zwischen den Teilnehmerstaaten unterscheidet sich das Ausmaß der sozialen Disparitäten allerdings wie schon in den vorangegangenen Erhebungen zum Teil deutlich. Das kann entweder bedeuten, dass die Statusunterschiede zwischen den oberen und den unteren sozialen Lagen in einigen Staaten ausgeprägter sind als in anderen, oder, dass es einigen Staaten besser gelingt als anderen, die primären Herkunftseffekte der Schülerinnen und Schüler im Laufe der ersten vier Schuljahre nicht noch größer werden zu lassen oder sie sogar zu verringern. Die Notwendigkeit, soziale Disparitäten bei der Beschreibung von Bildungssystemen zu berücksichtigen, wird somit auch durch die aktuelle Untersuchung bekräftigt.

Auf nationaler Ebene erlauben die Daten aus TIMSS 2015 vertiefende Analysen, da hier mehr Indikatoren zur Erfassung der sozialen Lage eingesetzt wurden. Es bestätigen sich die internationalen Befunde dahingehend, dass ausgeprägte soziale Disparitäten im deutschen Bildungssystem vorhanden sind, wobei die Leistungsunterschiede zwischen Kindern, deren Eltern den Dienstklassen angehören, und Kindern, deren Eltern den Gruppen der Arbeiter angehören, je nach verglichenen Gruppen und Testdomäne, in etwa ein bis zwei Lernjahre betragen. Ähnliches gilt, wenn Viertklässlerinnen und Viertklässler aus armutsgefährdeten Elternhäusern mit Mitschülerinnen und Mitschülern verglichen werden, die nicht armutsgefährdet sind. Im Trend zeigen sich auch für diese Variablen keine bedeutsamen Veränderungen gegenüber TIMSS 2007 und TIMSS 2011.

Literatur

Bardone, L. & Guio, A.-C. (2005). In-work poverty. New commonly agreed indicators at the EU level. *Statistics in focus, 5,* 1–11.

Baumert, J. & Schümer, G. (2001). Familiäre Lebensverhältnisse, Bildungsbeteiligung und Kompetenzerwerb. In J. Baumert, E. Klieme, M. Neubrand, M. Prenzel, U. Schiefele, W. Schneider, P. Stanat, K.-J. Tillmann & M. Weiß (Hrsg.), *PISA 2000. Basiskompetenzen von Schülerinnen und Schülern im internationalen Vergleich* (S. 323–407). Opladen: Leske+Budrich.

Becker, R. & Lauterbach, W. (2004). Dauerhafte Bildungsungleichheiten – Ursachen, Mechanismen, Prozesse und Wirkungen. In R. Becker & W. Lauterbach (Hrsg.), *Bildung als Privileg?* (S. 9–40). Wiesbaden: VS Verlag für Sozialwissenschaften.

Bertelsmann Stiftung. (2016). *Steigende Kinderarmut beeinträchtigt Chancen fürs ganze Leben.* Pressemitteilung vom 12.09.2016. Zugriff am 03.10.2016 unter http://www.bertelsmann-stiftung.de/de/presse/pressemitteilungen/pressemitteilung/pid/steigende-kinderarmut-beeintraechtigt-chancen-fuers-ganze-leben/

Blossfeld, H.-P. (1993). Changes in educational opportunities in the Federal Republic of Germany. A longitudinal study of cohorts born between 1916 and 1965. In Y. Shavit & H.-P. Blossfeld (Hrsg.), *Persistent inequality. Changing educational attainment in thirteen countries* (S. 51–74). Boulder, CO: Westview Press.

Bos, W., Stubbe, T. C. & Buddeberg, M. (2010). Gibt es eine armutsbedingte Bildungsbenachteiligung? Die Operationalisierung verschiedener Indikatoren der sozialen Herkunft in der empirischen Bildungsforschung. In D. H. Rost (Hrsg.), *Intelligenz, Hochbegabung, Vorschulerziehung, Bildungsbenachteiligung* (S. 165–208). Münster: Waxmann.

Bosch, G. & Kalina, T. (2007). Niedriglöhne in Deutschland – Zahlen, Fakten, Ursachen. In G. Bosch & C. Weinkopf (Hrsg.), *Arbeiten für wenig Geld. Niedriglohnbeschäftigung in Deutschland* (S. 20–105). Frankfurt a.M.: Campus.

Bourdieu, P. (1983). Ökonomisches Kapital, kulturelles Kapital, soziales Kapital. In R. Kreckel (Hrsg.), *Soziale Ungleichheiten* (S. 183–198). Göttingen: Schwartz.

Butterwegge, C. (2000). *Kinderarmut in Deutschland. Ursachen, Erscheinungsformen und Gegenmaßnahmen.* Frankfurt a.M.: Campus.

Coleman, J. S. (1988). Social capital in the creation of human capital. *American Journal of Sociology, 94,* 95–120.

Erikson, R., Goldthorpe, J. H. & Portocarero, L. (1979). Intergenerational class mobility in three Western European societies: England, France and Sweden. *British Journal of Sociology, 30* (4), 415–441.

Ganzeboom, H. B. G., de Graaf, P. M. & Treiman, D. J. (1992). A standard international socio-economic index of occupational status. *Social Science Research, 21* (1), 1–56.

Ganzeboom, H. B. G. & Treiman, D. J. (1996). Internationally comparable measures of occupational status for the 1988 International Standard Classification of Occupations. *Social Science Research, 25* (3), 201–239.

Hoffmann, E. (2003). International statistical comparisons of occupational and social structures. Problems, possibilities and the role of ISCO-88. In J. H. P. Hoffmeyer-Zlotnik & C. Wolf (Hrsg.), *Advances in cross-national comparison. A European working book for demographic and socio-economic variables* (S. 137–158). New York: Plenum Press.

ILO – International Labour Office. (1990). *International Standards Classification of Occupations. ISCO-88.* Genf: International Labour Office.

ILO – International Labour Office. (2012). *International Standards Classification of Occupations. ISCO-08.* Genf: International Labour Office.

Jungkamp, B. & John-Ohnesorg, M. (Hrsg.). (2016). *Soziale Herkunft und Bildungserfolg.* Berlin: Schriftenreihe des Netzwerk Bildung.

Laubstein, C., Holz, G. & Seddig, N. (2016). *Armutsfolgen für Kinder und Jugendliche. Erkenntnisse aus empirischen Studien in Deutschland.* Gütersloh: Bertelsmann Stiftung.

Müller, K. & Ehmke, T. (2013). Soziale Herkunft als Bedingung der Kompetenzentwicklung. In M. Prenzel, C. Sälzer, E. Klieme & O. Köller (Hrsg.), *PISA 2012. Fortschritte und Herausforderungen in Deutschland* (S. 245–274). Münster: Waxmann.

Richter, D., Kuhl, P. & Pant, H. A. (2012). Soziale Disparitäten. In P. Stanat, H. A. Pant, K. Böhme & D. Richter (Hrsg.), *Kompetenzen von Schülerinnen und Schülern am Ende der vierten Jahrgangsstufe in den Fächern Deutsch und Mathematik* (S. 191–207). Münster: Waxmann.

Schimpl-Neimanns, B. (2000). Soziale Herkunft und Bildungsbeteiligung. Empirische Analysen zu herkunftsspezifischen Bildungsungleichheiten zwischen 1950 und 1989. *Kölner Zeitschrift für Soziologie und Sozialpsychologie, 52* (4), 636–669.

Schroedter, J. H., Lechert, Y. & Lüttinger, P. (2006). *Die Umsetzung der Bildungsskala ISCED-1997 für die Volkszählung 1970, die Mikrozensus-Zusatzerhebung 1971 und die Mikrozensen 1976–2004. ZUMA-Methodenbericht 2006/08.* Zugriff am 03.10.2016 unter http://www.gesis.org/fileadmin/upload/ forschung/publikationen/gesis_reihen/gesis_methodenberichte/2006/06_08_Schroedter.pdf

Solga, H. (2005). Meritokratie – die moderne Legitimation ungleicher Bildungschancen. In P. A. Berger & H. Kahlert (Hrsg.), *Institutionalisierte Ungleichheiten. Wie das Bildungswesen Chancen blockiert* (S. 19–38). Weinheim: Juventa.

Statistisches Bundesamt. (2016). *Armutsgefährdung in Westdeutschland im 10-Jahres-Vergleich gestiegen* (Pressemitteilung vom 22. September 2016 – 334/16). Wiesbaden: Statistisches Bundesamt.

Stubbe, T. C., Bos, W. & Hornberg, S. (2008). Soziale und kulturelle Disparitäten der Schülerleistungen in den Ländern der Bundesrepublik Deutschland. In W. Bos, S. Hornberg, K.-H. Arnold, G. Faust, L. Fried, E.-M. Lankes, K. Schwippert & R. Valtin (Hrsg.), *IGLU-E 2006. Die Länder der Bundesrepublik Deutschland im nationalen und internationalen Vergleich* (S. 103–109). Münster: Waxmann.

Stubbe, T. C., Tarelli, I. & Wendt, H. (2012). Soziale Disparitäten der Schülerleistungen in Mathematik und Naturwissenschaften. In W. Bos, H. Wendt, O. Köller & C. Selter (Hrsg.), *TIMSS 2011. Mathematische und naturwissenschaftliche Kompetenzen von Grundschulkindern in Deutschland im internationalen Vergleich* (S. 231–246). Münster: Waxmann.

UNESCO – United Nations Educational, Scientific and Cultural Organization. (2003). International Standard Classification of Education, ISCED 1997. In J. H. P. Hoffmeyer-Zlotnik & C. Wolf (Hrsg.), *Advances in cross-national comparison. A European working book for demographic and socio-economic variables* (S. 195–220). New York: Plenum Press.

Vester, M. (2004). Die Illusion der Bildungsexpansion. Bildungsöffnungen und soziale Segregation in der Bundesrepublik Deutschland. In S. Engler & B. Krais (Hrsg.), *Das kulturelle Kapital und die Macht der Klassenstrukturen. Sozialstrukturelle Verschiebungen und Wandlungsprozesse des Habitus* (S. 13–54). Weinheim: Juventa.

Vester, M. (2005). Die selektive Bildungsexpansion. Die ständische Regulierung der Bildungschancen in Deutschland. In P. A. Berger & H. Kahlert (Hrsg.), *Institutionalisierte Ungleichheit. Wie das Bildungswesen Chancen blockiert* (S. 39–70). Weinheim: Juventa.

Wendt, H., Kasper, D., Bos, W., Vennemann, M. & Goy, M. (in Druck). Wie viele Punkte auf der TIMSS-Metrik entsprechen einem Lernjahr? Leistungszuwächse in Mathematik und Naturwissenschaften am Ende der Grundschulzeit. In T. Eckert & B. Gniewosz (Hrsg.), *Bildungsgerechtigkeit* (S. 121–153). Wiesbaden: VS Verlag für Sozialwissenschaften.

Wendt, H., Stubbe, T. C. & Schwippert, K. (2012). Soziale Herkunft und Lesekompetenzen von Schülerinnen und Schülern. In W. Bos, I. Tarelli, A. Bremerich-Vos & K. Schwippert (Hrsg.), *IGLU 2011. Lesekompetenzen von Grundschulkindern in Deutschland im internationalen Vergleich* (S. 175–190). Münster: Waxmann.

Kapitel XI
Mathematische und naturwissenschaftliche Kompetenzen von Schülerinnen und Schülern mit Migrationshintergrund

Heike Wendt, Knut Schwippert und Tobias C. Stubbe

1   Einführung

Die Grundschule hat den Auftrag, Kindern grundlegende Kompetenzen zu vermitteln. Verfolgt wird dabei der Anspruch, dass die Schülerinnen und Schüler am
Ende der Grundschulzeit bestimmte Leistungsziele erreicht haben sollten; diese Ziele sind für die Grundschule beispielsweise durch die Bildungsstandards
in den Fächern Mathematik und Deutsch verbindlich festgelegt (KMK, 2005a,
2005b). Nationale und internationale Schulleistungsstudien belegen seit Jahren,
dass sich die Leistungen von Schülerinnen und Schülern derselben Altersgruppe
aufgrund unterschiedlicher Hintergrundmerkmale voneinander unterscheiden.
Der Migrationshintergrund ist ein solches Merkmal. Spätestens seit der *International Reading Literacy Study* (Elley, 1992; Lehmann, Peek, Pieper & Stritzky,
1995) ist bekannt, dass Schülerinnen und Schüler mit Migrationshintergrund
im Vergleich zu ihren Mitschülerinnen und Mitschülern ohne Migrationshintergrund im Durchschnitt niedrigere Leistungen erzielen (Haag, Böhme &
Stanat, 2012; Steinmann, Wendt & Bos, 2016; Stanat, Rauch & Segeritz, 2010).
Befunde aus IGLU und TIMSS belegen seit 2001, dass Viertklässlerinnen und
Viertklässler mit Migrationshintergrund in Deutschland im Lesen, in Mathematik
und in Naturwissenschaften in den niedrigen Kompetenzstufen überrepräsentiert, in den höchsten Kompetenzstufen hingegen deutlich unterrepräsentiert sind
(Schwippert, Bos & Lankes, 2003; Bonsen, Kummer & Bos, 2008; Schwippert,
Wendt & Tarelli, 2012; Tarelli, Schwippert & Stubbe, 2012; Schurig, Wendt,
Kasper & Bos, 2015; Wendt & Kasper, 2016). Die Leistungsunterschiede lie-
gen in Mathematik in der Größenordnung dessen, was Kinder in einem Schuljahr
durchschnittlich dazulernen (Wendt, Kasper, Bos, Vennemann & Goy, in Druck),
in den Naturwissenschaften sogar noch deutlich darüber. Dabei zeigt der IQB-
Ländervergleich 2011 jedoch deutliche regionale Unterschiede auf (Stanat, Pant,
Böhme & Richter, 2012). Besonders hoch fallen dabei zuwanderungsbezogene

Disparitäten in den drei Stadtstaaten aus. Darüber hinaus zeigten sich für einige Länder wie beispielsweise Bayern und Rheinland-Pfalz keine Unterschiede zwischen Kindern mit einem im Ausland geborenen Elternteil und Kindern ohne Migrationshintergrund.

Um die Leistungsunterschiede zu Ungunsten von Schülerinnen und Schülern aus Familien mit jüngerer Migrationsgeschichte zu beschreiben, lassen sich auf der Grundlage internationaler und nationaler Forschungsarbeiten im Wesentlichen zwei Ansätze unterscheiden: In *individueller Perspektive* lassen sich familiäre und individuelle Eigenschaften von Schülerinnen und Schülern mit Migrationshintergrund dahingehend betrachten, inwieweit sich diese nachteilig auf ihren Kompetenzerwerb auswirken. Diskutiert wird hier der Unterschied zwischen Familien mit und ohne Migrationshintergrund im Hinblick auf verschiedene sozioökonomische und soziokulturelle Merkmale, wie beispielsweise die Einkommensverhältnisse oder das Bildungsniveau der Eltern. Es zeigt sich, dass ein nicht unerheblicher Anteil der Leistungsdisparitäten auf Unterschiede in den sozioökonomischen Lebensverhältnissen zurückzuführen ist (Autorengruppe Bildungsberichterstattung, 2016; Stanat & Edele, 2011). Belegt ist zudem, dass Schülerinnen und Schüler mit Migrationshintergrund, deren Eltern mit ihnen zu Hause Deutsch sprechen, bessere Leistungen aufweisen als jene, deren Eltern nicht mit ihren Kindern zu Hause Deutsch sprechen (Tarelli et al., 2012; Schwippert et al., 2012). Auch spielt die Art, wie eine Sprache oder auch mehrere Sprachen in der Familie erworben und gefördert wird beziehungsweise werden, eine Rolle für den Kompetenzerwerb (Kempert et al., 2016; Walzebug, 2014). In *institutioneller Perspektive* lässt sich betrachten, inwieweit sich Merkmale des Bildungssystems oder der Schule auf den Kompetenzerwerb von Kindern auswirken. Im Fokus stehen hier neben der Qualität der pädagogischen Arbeit und spezifischen Unterstützungsangeboten für Schülerinnen und Schüler mit Migrationshintergrund auch Fragen der Bildungsentscheidungen in Kombination mit verschiedenen Bildungsabschlussmöglichkeiten und Fragen nach der Durchlässigkeit des Schulsystems sowie nach zentralen Kontextfaktoren des Schulbesuchs (Dronkers, Levels & de Heus, 2014; Morris-Lange, Wendt & Wohlfarth, 2013; Rjosk et al., 2014; Siewert, 2013; Stanat, Schwippert & Gröhlich, 2010).

TIMSS erlaubt es auf repräsentativen Datenbasen Leistungsdisparitäten in ihren Größenordnungen sowohl im internationalen Vergleich als auch im nationalen Trendvergleich von 2007 über 2011 bis 2015 einzuordnen. Damit können Veränderungen in den Entwicklungen von unterschiedlichen Leistungsständen von Kindern aus Familien mit und ohne Migrationshintergrund in Deutschland untersucht werden. In der aktuellen TIMS-Studie ist dabei insbesondere interessant, wie sich Ergebnisse, die in TIMSS 2011 auf eine Verringerung von Leistungsunterschieden zwischen Kindern mit und ohne Migrationshintergrund hindeuteten (Tarelli et al., 2012), im Trend fortgesetzt haben.

Eine Herausforderung bei der Untersuchung von Leistungsdisparitäten zwischen Kindern aus Familien mit und ohne Migrationsgeschichte im internationalen Vergleich ist, dass der Migrationshintergrund unterschiedlich definiert werden kann. Die Entscheidungsgrundlage für die Auswahl von Indikatoren in einer Untersuchung ist im Bezug zu vorangehenden Studien, in dem jeweils interessierenden Referenzrahmen und schließlich auch in den unterschiedlichen Erhebungspraktiken von Studienzyklen zu sehen. Migration hat viele Facetten und somit ist auch die Gruppe von Kindern und Jugendlichen mit Migrationshintergrund vielfältig. Weltpolitische Ereignisse sowie bundespolitische Gesetzeslagen verändern stetig die Gruppe derer, die als Schülerinnen und Schüler mit Migrationshintergrund betrachtet werden könnten. Im vorliegenden Berichtsband zu TIMSS werden in den nationalen Analysen Schülerinnen und Schüler dann als Kinder mit Migrationshintergrund beschrieben, wenn ein Elternteil oder beide Elternteile außerhalb Deutschlands geboren wurden.

Auch wenn aktuell die Integration von Kindern und Jugendlichen mit Fluchterfahrung zu einer zentralen Herausforderung für Schule und Unterricht zählt, lassen sich aufgrund des 2013 festgelegten Stichprobendesigns (Mullis & Martin, 2013) auf der Basis von TIMSS zu dieser Schülergruppe noch keine verlässlichen Aussagen treffen. Insgesamt geben weniger als 1.2 Prozent aller Eltern in TIMSS 2015 an, dass sie selbst und auch ihr Kind nicht in Deutschland geboren wurden und sie selber und ihre Kinder somit zu den Migranten der ersten Generation zählen. Der Anteil von 1 Prozent Kindern von Migranten der ersten Generation liegt damit unter den Zahlen des Statistischen Bundesamtes (2014: 5.0 % der unter 15-Jährigen; Bünning, 2016). Dies hat zwei Gründe: Zum einen gewährleisten in TIMSS sogenannte Ausschlusskriterien (siehe Kapitel 2 in diesem Band) unter anderem, dass nur diejenigen Schülerinnen und Schüler an der Testung teilnehmen, die mindestens seit einem Jahr in der Testsprache des teilnehmenden Landes unterrichtet werden. Hiervon waren zum Zeitpunkt der Testung von TIMSS 2015 im Mai des letzten Jahres die meisten neu zugewanderten Kinder betroffen (1 % der Schülerinnen und Schüler in der Stichprobe). Zum anderen liegen die jüngeren größeren fluchtbedingten Zuwanderungen nach Deutschland zeitlich nicht weit genug vor der Erhebung von TIMSS im Mai/Juni 2015, sodass nur sehr wenige Kinder von neu zugewanderten Flüchtlingen zum Testzeitpunkt bereits als anerkannte Flüchtlinge die vierte Jahrgangsstufe einer Grundschule in Deutschland besuchten. Diese erst kürzlich in Deutschland eingereisten Schulkinder mit Fluchterfahrung zählen damit zu den Schülerinnen und Schülern mit Migrationshintergrund und sind Teil der im vorliegenden Kapitel berichteten Befunde, sie werden aber nicht gesondert ausgewiesen.

Nachfolgend wird über die mathematischen und naturwissenschaftlichen Kompetenzen von Schülerinnen und Schülern der vierten Jahrgangsstufe aus Familien mit und ohne Migrationshintergrund berichtet. Zunächst werden im internationalen Vergleich die Schülerinnen und Schüler anhand der Auskunft der Eltern nach deren Geburtsland unterschieden. Diese Frage wurde in Deutschland bereits seit 2007, international jedoch erst ab 2015 in TIMSS erhoben. Ein Vergleich mit den vorangegangenen Studienzyklen von 2007 und 2011 kann daher nur auf nationaler Ebene vorgenommen werden. Darüber hinaus wird aufgrund der Umstellung bei den abgefragten Kategorien nach dem heimischen Sprachgebrauch in den internationalen Hintergrundfragebögen für Schülerinnen und Schüler zwischen 2007, 2011 und 2015 ebenfalls auf einen Vergleich dieses Merkmals im Trend verzichtet. In 2011 wurden die in 2007 und 2015 getrennt abgefragten Angaben „ich spreche zu Hause immer Deutsch" beziehungsweise „ich spreche zu Hause fast immer Deutsch" in einer Kategorie zusammengefasst. Durch die Veränderung der Anzahl der Kategorien ergeben sich somit auch verschiedene Wertigkeiten der Kategorien – was einer Darstellung im Trend entgegensteht. In diesem Kapitel wurde für den internationalen Vergleich der Frage nach dem Geburtsland der Eltern der Vorzug vor dem heimischen Sprachgebrauch gegeben, da das Geburtsland zuverlässiger über Migrationserfahrungen in den Familien Auskunft gibt als der heimische Sprachgebrauch. Diese Entscheidung wurde vor dem Hintergrund dessen getroffen, dass es in TIMSS 2015 Teilnehmerstaaten gibt, in denen nicht nur eine Nationalsprache verwendet wird, sondern verschiedene Verkehrssprachen gesprochen werden. Die Nutzung einer anderen Sprache als der Testsprache (i.d.R. der Majoritätssprache) würde in diesen Fällen nicht auf Migrationserfahrungen in der Familie verweisen.

Im Anschluss an die Analysen im internationalen Vergleich werden auf Deutschland fokussierte Analysen zu Merkmalen von Schülerinnen und Schülern mit Migrationshintergrund und deren Familien vorgestellt. Die Befunde werden um eine Betrachtung von Unterschieden auf nationaler Ebene zwischen den Studienzyklen von 2007, 2011 und 2015 ergänzt. Anders als für den internationalen Vergleich (siehe Abschnitt 2) basieren diese Analysen nicht auf Daten, wie sie durch die internationale Studienleitung am Boston College zur Verfügung gestellt wurden, sondern auf einem für Deutschland generierten Datensatz (siehe Kapitel 2 in diesem Band). Stichprobenverluste, die beim internationalen Datensatz aufgrund fehlender Werte hinzunehmen sind, wurden hier anhand vorhandener Hintergrundmerkmale empirisch geschätzt (imputiert). So ist es möglich, auch Observationen bei den Analysen zu berücksichtigen, für die nur einzelne Antworten vorliegen.

2 Mathematische und naturwissenschaftliche Kompetenzen der Schülerinnen und Schüler nach Migrationshintergrund in den Familien im internationalen Vergleich

Um die Übersichtlichkeit des internationalen Vergleichs zu erhöhen, fokussieren die nachfolgend berichteten Gegenüberstellungen auf die TIMSS-Teilnehmerstaaten, die Mitglieder der *Europäischen Union* (EU) sind, die der *Organisation for Economic Co-operation and Development* (OECD) angehören und schließlich auch auf die Teilnehmerstaaten, deren Leistungswerte auf der Gesamtskala Mathematik beziehungsweise Naturwissenschaften statistisch signifikant über den für Deutschland berichteten Mittelwerten liegen oder sich von diesen nicht signifikant unterscheiden. Zur Erfassung des Migrationshintergrunds wird auf die international erfragte Variable zum Geburtsland der Eltern zurückgegriffen. Bei den internationalen Vergleichen werden somit Schülerinnen und Schüler unterschieden, deren Eltern angeben, dass (a) beide im Ausland, (b) jeweils ein Elternteil im Ausland und eines im Teilnehmerstaat oder (c) beide im jeweiligen Teilnehmerstaat (= ‚kein Elternteil im Ausland') geboren wurden.

Im linken Teil der Abbildung 11.1 sind die Verteilung des Geburtslandes der Eltern und die Leistungen der jeweiligen Gruppen im internationalen Vergleich dargestellt. Im rechten Teil der Abbildung ist der Leistungsvorsprung in Mathematik für diejenigen Kinder visualisiert, deren Eltern angeben, beide im Teilnehmerstaat geboren worden zu sein, vor jenen, deren Eltern angeben, beide im Ausland geboren worden zu sein.

Die für Deutschland festgestellte Differenz liegt mit 34 Punkten signifikant über den mittleren Differenzen der TIMSS-Teilnehmerstaaten (Internationaler Mittelwert: 15 Punkte) und dem Durchschnitt der Mitglieder der OECD (27 Punkte). Kein signifikanter Unterschied liegt zwischen der Differenz in Deutschland und dem Durchschnitt der Mitglieder der EU (30 Punkte).

In vier der Teilnehmerstaaten ist der Leistungsunterschied zwischen Schülerinnen und Schülern aus Familien ohne Migrationshintergrund und Schülerinnen und Schülern, bei denen beide Eltern Migrationserfahrungen haben, signifikant

Abbildung 11.1: Testleistungen der Schülerinnen und Schüler in Mathematik nach Migrationshintergrund der Eltern im internationalen Vergleich

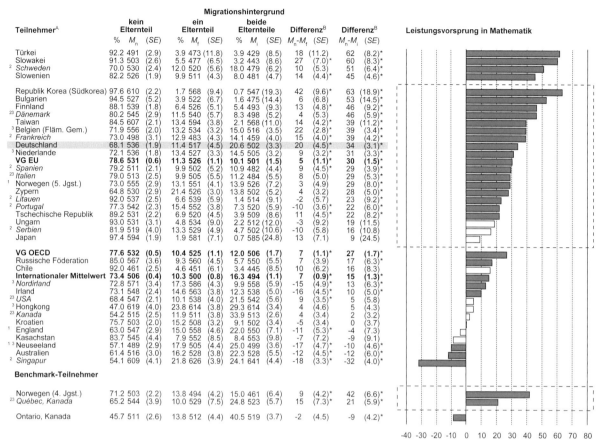

: Kein statistisch signifikanter Unterschied zum Differenzwert von Deutschland ($p > .05$).
■ = Statistisch signifikante Unterschiede ($p < .05$).
★ = Statistisch signifikante Unterschiede ($p < .05$).
Kursiv gesetzt sind die Teilnehmer, für die von einer eingeschränkten Vergleichbarkeit der Ergebnisse ausgegangen werden muss.
1 = Die nationale Zielpopulation entspricht nicht oder nicht ausschließlich der vierten Jahrgangsstufe.
2 = Der Ausschöpfungsgrad und/oder die Ausschlüsse von der nationalen Zielpopulation erfüllen nicht die internationalen Vorgaben.
3 = Die Teilnahmequoten auf Schul- und/oder Schülerebene erreichen nicht die internationalen Vorgaben.
A = In Polen wurde der Migrationshintergrund nicht erhoben. Somit ist Polen nicht Teil dieser Darstellung und der berichteten Mittelwerte (International, VG EU, VG OECD).
B = Inkonsistenzen in den berichteten Differenzen sind im Rundungsverfahren begründet.

IEA: Trends in International Mathematics and Science Study   © TIMSS 2015

größer als in Deutschland. Diese Differenz beträgt in der Türkei 62 Punkte, in der Slowakei 60 Punkte, in Schweden 51 Punkte und in Slowenien 45 Punkte. Der Abbildung 11.1 kann ebenfalls entnommen werden, dass es 13 Staaten (ohne Benchmark-Teilnehmer) gibt, in denen die migrationsbedingte Disparität signifikant niedriger ausfällt als in Deutschland. Bei drei dieser Staaten und einem Benchmark-Teilnehmer weisen Kinder aus Familien ohne Migrationshintergrund (kein Elternteil) signifikant niedrigere Leistungen in Mathematik auf als Kinder aus Familien mit Migrationshintergrund (beide Elternteile). In Neuseeland beträgt diese Differenz 10 Punkte, in Australien 12 und in Singapur 32 Punkte. Diesen drei Staaten ist eine besonders selektive Einwanderungspolitik gemein.

Verglichen mit den Kompetenzunterschieden in Mathematik zwischen Schülerinnen und Schülern, deren Eltern beide nicht im Ausland geboren wurden gegenüber jenen, die zwei im Ausland geborene Eltern haben, sind in den naturwissenschaftlichen Kompetenzen insgesamt größere Unterschiede festzustellen (siehe Abbildung 11.2). Der in Deutschland festzustellende Unterschied liegt in den Naturwissenschaften bei 52 Punkten. Diese Differenz liegt signifikant über dem Mittelwert der Vergleichsgruppe EU (40 Punkte), über dem Mittelwert der Vergleichsgruppe OECD (37 Punkte) und über dem internatio-

Abbildung 11.2: Testleistungen der Schülerinnen und Schüler in Naturwissenschaften nach Migrationshintergrund der Eltern im internationalen Vergleich

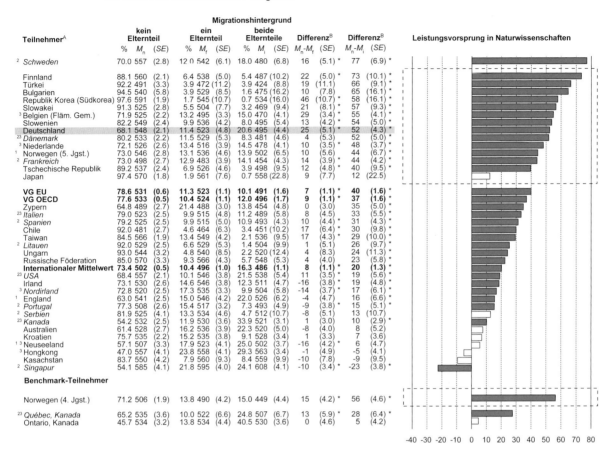

Teilnehmer[A]	kein Elternteil % M_n (SE)	ein Elternteil % M_t (SE)	beide Elternteile % M_i (SE)	Differenz[B] M_n-M_t (SE)	Differenz[B] M_n-M_i (SE)
[2] Schweden	70.0 557 (2.8)	12.0 542 (6.1)	18.0 480 (6.8)	16 (5.1) *	77 (6.9) *
Finnland	88.1 560 (2.1)	6.4 538 (5.0)	5.4 487 (10.2)	22 (5.0) *	73 (10.1) *
Türkei	92.2 491 (3.3)	3.9 472 (11.2)	3.9 424 (8.8)	19 (11.1)	66 (9.1) *
Bulgarien	94.5 540 (5.8)	3.9 529 (8.5)	1.6 475 (16.2)	10 (7.8)	65 (16.1) *
Republik Korea (Südkorea)	97.6 591 (1.9)	1.7 545 (10.7)	0.7 534 (16.0)	46 (10.7) *	58 (16.1) *
Slowakei	91.3 525 (2.8)	5.5 504 (7.7)	3.2 469 (9.4)	21 (8.1) *	57 (9.3) *
[3] Belgien (Fläm. Gem.)	71.9 525 (2.2)	13.2 495 (3.3)	15.0 470 (4.1)	29 (3.4) *	55 (4.1) *
Slowenien	82.2 549 (2.4)	9.9 536 (4.2)	8.0 495 (5.4)	13 (4.2) *	54 (5.0) *
Deutschland	68.1 548 (2.1)	11.4 523 (4.8)	20.6 495 (4.4)	25 (5.1) *	52 (4.3) *
[23] Dänemark	80.2 533 (2.2)	11.5 529 (5.3)	8.3 481 (4.6)	4 (5.3)	52 (5.0) *
[3] Niederlande	72.1 526 (2.6)	13.4 516 (3.9)	14.5 478 (4.1)	10 (3.5) *	48 (3.7) *
[1] Norwegen (5. Jgst.)	73.0 546 (2.8)	13.1 536 (4.6)	13.9 502 (6.5)	10 (5.6)	44 (6.7) *
[2] Frankreich	73.0 498 (2.7)	12.9 483 (3.9)	14.1 454 (4.3)	14 (3.9) *	44 (4.2) *
Tschechische Republik	89.2 537 (2.4)	6.9 526 (4.6)	3.9 498 (9.5)	12 (4.8) *	40 (9.5) *
Japan	97.4 570 (1.8)	1.9 561 (7.6)	0.7 558 (22.8)	9 (7.7)	12 (22.5)
VG EU	**78.6 531 (0.6)**	**11.3 523 (1.1)**	**10.1 491 (1.6)**	**7 (1.1) ***	**40 (1.6) ***
VG OECD	**77.6 533 (0.5)**	**10.4 524 (1.1)**	**12.0 496 (1.7)**	**9 (1.1) ***	**37 (1.6) ***
Zypern	64.8 489 (2.7)	21.4 488 (3.0)	13.8 454 (4.8)	0 (3.0)	35 (5.0) *
[23] Italien	79.0 523 (2.5)	9.9 515 (4.8)	11.2 489 (5.8)	8 (4.5)	33 (5.5) *
[2] Spanien	79.2 525 (2.5)	9.9 515 (5.0)	10.9 493 (4.3)	10 (4.4) *	31 (4.3) *
Chile	92.0 481 (2.7)	4.6 464 (6.3)	3.4 451 (10.2)	17 (6.4) *	30 (9.8) *
Taiwan	84.5 566 (1.9)	13.4 549 (4.2)	2.1 536 (9.5)	17 (4.3) *	29 (10.0) *
[2] Litauen	92.0 529 (2.5)	6.6 529 (5.3)	1.4 504 (9.9)	1 (5.1)	26 (9.7) *
Ungarn	93.0 544 (3.2)	4.8 540 (8.5)	2.2 520 (12.4)	4 (8.3)	24 (11.3) *
Russische Föderation	85.0 570 (3.3)	9.3 566 (4.3)	5.7 548 (5.3)	4 (4.0)	23 (5.8) *
Internationaler Mittelwert	**73.4 502 (0.5)**	**10.4 496 (1.0)**	**16.3 486 (1.1)**	**8 (1.1) ***	**20 (1.3) ***
[23] USA	68.4 557 (2.1)	10.1 546 (3.8)	21.5 538 (5.4)	11 (3.5) *	19 (5.6) *
Irland	73.1 530 (2.6)	14.6 546 (3.8)	12.3 511 (4.7)	-16 (3.8) *	19 (4.8) *
[3] Nordirland	72.8 520 (2.5)	17.3 535 (3.3)	9.9 504 (5.8)	-14 (3.7) *	17 (6.1) *
[1] England	63.0 541 (2.5)	15.0 546 (4.2)	22.0 526 (6.2)	-4 (4.7)	16 (6.6) *
[2] Portugal	77.3 508 (2.6)	15.4 517 (3.2)	7.3 493 (4.9)	-9 (3.8) *	15 (5.1) *
[2] Serbien	81.9 525 (4.1)	13.3 534 (4.6)	4.7 512 (10.7)	-8 (5.1)	13 (10.7)
[23] Kanada	54.2 532 (2.5)	11.9 530 (3.6)	33.9 521 (3.1)	1 (3.0)	10 (2.9) *
Australien	61.4 528 (2.7)	16.2 536 (3.9)	22.3 520 (5.0)	-8 (4.0) *	8 (5.2)
Kroatien	75.7 535 (2.2)	15.2 535 (3.8)	9.1 528 (3.4)	1 (3.3)	7 (3.6)
[13] Neuseeland	57.1 507 (3.3)	17.9 523 (4.1)	25.0 502 (3.7)	-16 (4.2) *	6 (4.7)
[3] Hongkong	47.0 557 (4.1)	23.8 558 (4.1)	29.3 563 (3.4)	-1 (4.9)	-5 (4.1)
Kasachstan	83.7 550 (4.2)	7.9 560 (9.3)	8.4 559 (9.9)	-10 (7.8)	-9 (9.5)
[2] Singapur	54.1 585 (4.1)	21.8 595 (4.0)	24.1 608 (4.1)	-10 (3.4) *	-23 (3.8) *
Benchmark-Teilnehmer					
Norwegen (4. Jgst.)	71.2 506 (1.9)	13.8 490 (4.2)	15.0 449 (4.4)	15 (4.2) *	56 (4.6) *
[23] Québec, Kanada	65.2 535 (3.6)	10.0 522 (6.6)	24.8 507 (6.7)	13 (5.9) *	28 (6.4) *
Ontario, Kanada	45.7 534 (3.2)	13.8 534 (4.4)	40.5 530 (3.6)	0 (4.6)	5 (4.2)

Leistungsvorsprung in Naturwissenschaften: -40 -30 -20 -10 0 10 20 30 40 50 60 70 80

⌐ ¬ Kein statistisch signifikanter Unterschied zum Differenzwert von Deutschland ($p > .05$).
■ Statistisch signifikante Unterschiede ($p < .05$).
★ = Statistisch signifikante Unterschiede ($p < .05$).
Kursiv gesetzt sind die Teilnehmer, für die von einer eingeschränkten Vergleichbarkeit der Ergebnisse ausgegangen werden muss.
1 = Die nationale Zielpopulation entspricht nicht oder nicht ausschließlich der vierten Jahrgangsstufe.
2 = Der Ausschöpfungsgrad und/oder die Ausschlüsse von der nationalen Zielpopulation erfüllen nicht die internationalen Vorgaben.
3 = Die Teilnahmequoten auf Schul- und/oder Schülerebene erreichen nicht die internationalen Vorgaben.
A = In Polen wurde der Migrationshintergrund nicht erhoben. Somit ist Polen nicht Teil dieser Darstellung und der berichteten Mittelwerte (International, VG EU, VG OECD).
B = Inkonsistenzen in den berichteten Differenzen sind im Rundungsverfahren begründet.

IEA: Trends in International Mathematics and Science Study   © TIMSS 2015

nalen Mittelwert der Teilnehmerstaaten von 20 Punkten. Lediglich in Schweden liegt die beobachtete Differenz bei 77 Punkten. Bei 21 Teilnehmerstaaten liegt der Unterschied zwischen den beiden betrachteten Gruppen signifikant unter dem von Deutschland. In einem dieser Länder (Singapur) ist der Leistungsvorsprung von Kindern aus Familien mit Migrationshintergrund mit 23 Punkten signifikant größer als bei den Kindern, die aus Familien kommen, in denen beide Eltern nicht im Ausland geboren wurden.

3 Deskriptive Befunde zur Lage von Schülerinnen und Schülern mit Migrationshintergrund in Deutschland

Im internationalen Vergleich zeigt sich, dass die Leistungsunterschiede zwischen Schülerinnen und Schülern aus Familien mit und ohne Migrationshintergrund in Deutschland signifikant höher ausfallen als in einer Reihe von anderen Teilnehmerstaaten, die Mitglieder der EU oder der OECD sind. Dies ist ein

Befund, der sich bereits in TIMSS 2007 (Bonsen et al., 2008) und TIMSS 2011 (Tarelli et al., 2012) feststellen ließ. Ebenso zeigt sich wie bereits in 2007 und 2011, dass die Leistungsdisparitäten in Deutschland in naturwissenschaftlichen Kompetenzen deutlich höher ausfallen als in mathematischen Kompetenzen. Nachfolgend wird ein vertiefender Blick auf Schülerinnen und Schüler aus Familien mit und ohne Migrationshintergrund und ihre Leistungen in Mathematik und Naturwissenschaften in Deutschland gerichtet. Im Fokus stehen Fragen der Entwicklung von Leistungsdisparitäten im Vergleich von TIMSS 2007, TIMSS 2011 und TIMSS 2015.

Tabelle 11.1: Angaben zur Verteilung von Viertklässlerinnen und Viertklässlern im Hinblick auf den Gebrauch der deutschen Sprache, den Erwerbsstatus von Mutter und Vater sowie den Kindergartenbesuch und die Armutsgefährdung der Familien nach Migrationshintergrund (Anteile in Prozent)

Migrationshintergrund	Viertklässler	Gebrauch der deutschen Sprache zu Hause				Min. 3 Jahre Kindergarten-besuch	Erwerbstätigkeit [A]		Armuts-gefährdung der Familie
		immer	fast immer	manchmal	nie		Vater	Mutter	
	%	%	%	%	%	%	%	%	%
beide Elternteile	22.4	19.7	25.0	50.9	4.4	57.0	84.2	61.8	43.1
ein Elternteil	11.3	40.4	27.2	31.6	0.9	62.8	85.7	68.8	28.7
kein Elternteil	66.3	84.7	11.0	4.0	0.2	71.8	88.5	76.3	22.9

A = Voll- oder Teilzeit.
Differenzen zu 100 Prozent ergeben sich durch Rundungsfehler.
Abweichungen der hier berichteten Werte zu Abbildungen 11.1 und 11.2 beruhen auf der Imputation der fehlenden Werte für die nationalen Analysen.

IEA: Trends in International Mathematics and Science Study

© TIMSS 2015

In Tabelle 11.1 sind einige Überblicksstatistiken für den deutschen Teildatensatz dargestellt. Der Anteil von Viertklässlerinnen und Viertklässlern aus Familien mit Migrationshintergrund liegt in Deutschland bei 33.7 Prozent. Bei zwei Drittel dieser Kinder geben die Eltern an, dass sie beide im Ausland geboren wurden, bei einem Drittel, dass eines der Elternteile in Deutschland und eines im Ausland geboren wurde. Vergleicht man diese Angaben mit den Erhebungen in TIMSS 2007 und 2011, zeigt sich, dass der Anteil von Schülerinnen und Schülern, bei dem beide Eltern im Ausland geboren wurden, von 17 Prozent (2007) beziehungsweise 16 Prozent (2011) auf 22 Prozent (2015) gestiegen ist, während der Anteil von Kindern mit einem im Ausland und einem in Deutschland geborenen Elternteil praktisch gleich geblieben ist (2007: 11 %; 2011: 12 %; 2015: 11 %, siehe Abbildung 11.3). Die vorwiegende Sprache, die bei Schülerinnen und Schülern zu Hause gesprochen wird, ist Deutsch. Lediglich sehr wenige Kinder geben an, nie zu Hause Deutsch zu sprechen – unabhängig davon, ob nur ein Elternteil im Ausland geboren wurde oder beide Elternteile im Ausland geboren wurden. Die von manchen befürchtete Entstehung von Parallelgesellschaften lässt sich repräsentativ für Deutschland in den TIMSS-Daten nicht belegen. Die Daten weisen eher auf eine gelungene sprachliche Integration hin. Etwas differenzierter sieht dies aus, wenn auf den zeitweisen Gebrauch einer anderen Sprache geschaut wird. Der überwiegende Anteil der Schülerinnen und Schüler mit Eltern ohne Migrationshintergrund gibt an, ‚immer' (84.7 %) beziehungsweise ‚fast immer' (11.0 %) zu Hause Deutsch zu sprechen. In den Familien, in denen ein Elternteil in Deutschland und eines im Ausland geboren wurde, sind die häufigsten Kategorien ‚immer' und ‚manchmal' (40.4 % und 31.6 %) – wobei 27.2 Prozent dieser Eltern angeben, ‚fast immer' ebenfalls Deutsch zu sprechen. Etwas weiter verschoben ist diese Verteilung in den Familien, in denen beide Eltern angeben, im Ausland geboren worden zu sein. Mit 50.9 Prozent ist die Antwort ‚manchmal' am häufigsten gewählt, gefolgt von ‚fast immer' (25.0 %) – rund ein Fünftel dieser Eltern gibt an, ‚immer' zu Hause Deutsch zu sprechen. In der Analyse von Sprachgruppen beziehungsweise Herkunftsstaaten würde darüber hinaus ein besonderes Auswertungspotential liegen, da sich, was den schulischen Erfolg angeht, unterschiedliche Sprach- beziehungsweise Migrationsgruppen hierin unterscheiden (Haag et al., 2012). In TIMSS 2015 sind die Stichproben für diese Schülergruppen jedoch zu gering, um aussagekräftige Vergleiche vornehmen zu können.

Ebenfalls in einem systematischen Zusammenhang mit dem Status des Migrationshintergrundes der Familien stehen der Kindergartenbesuch und die Erwerbstätigkeit der Eltern (siehe Tabelle 11.1). Der Anteil von Kindern, die vor der Grundschule mindestens drei Jahre in den Kindergarten gegangen sind, ist in den Familien, in denen beide Eltern im Ausland geboren wurden, am niedrigsten (57.0 %) und in den Familien mit zwei in Deutschland geborenen Eltern am höchsten (71.8 %). Auch beim Anteil der Eltern in Erwerbstätigkeit ist der Anteil bei den Eltern am höchsten, die beide in Deutschland geboren wurden. Jedoch ist hierbei der Unterschied bei den Vätern zwischen den Migrationsgruppen deutlich geringer ausgeprägt (84.2 % vs. 88.5 %) als bei den Müttern (61.8 % vs. 76.3 %). Dies mag auf die verbreitete familiäre Praxis zurückzuführen sein, dass sich vornehmlich die Mütter um die Kinder und den Haushalt kümmern. Entsprechend der Beschäftigungssituation ist der Anteil von Kindern, die in armutsgefährdeten Familien aufwachsen, dann am größten, wenn beide Eltern im Ausland geboren wurden (43.1 %), gefolgt von Familien mit einem im Ausland geborenen Elternteil (28.7 %). Der geringste Anteil bei der Armutsgefährdung ist damit in den Familien vorhanden, in denen beide Eltern in Deutschland geboren wurden – jedoch stammt auch für diese Schülergruppe mehr als jedes fünfte Kind (22.9 %) aus armutsgefährdeten Familien.

4   Kompetenzunterschiede in Deutschland

In Abbildung 11.3 sind die mathematischen Kompetenzen von Schülerinnen und Schülern aus Familien mit unterschiedlichem Migrationshintergrund für 2007, 2011 und 2015 dargestellt. Abbildung 11.4 visualisiert nochmals pointiert die Unterschiede zwischen den Erhebungen von TIMSS.

In den verschiedenen Erhebungsjahren zeigt sich, dass sich die mathematischen Leistungen jeweils signifikant zwischen den drei Gruppen mit unterschiedlichem Migrationshintergrund unterscheiden. In 2015 erzielen Schülerinnen und Schüler ohne Migrationshintergrund im Vergleich zu ihren Mitschülerinnen und Mitschülern mit Migrationshintergrund mit 17 Differenzpunkten (ein Elternteil im Ausland geboren) beziehungsweise 31 Differenzpunkten (beide Elternteile im Ausland geboren) signifikant bessere Leistungen (siehe Abbildung 11.3 rechte Spalte). Während sich im Vergleich von 2015 zu 2011 keine signifikanten Veränderungen ergeben, fallen die migrationsbezogenen Leistungsdisparitäten in Mathematik im Vergleich zu 2007 signifikant geringer aus.

Aus Abbildung 11.3 wird im Vergleich der Erhebungen deutlich, dass die Spreizung des unteren Leistungsbereichs in beiden Migrationsgruppen mit einem beziehungsweise zwei im Ausland geborenen Elternteilen in 2015 und 2011 nied-

Abbildung 11.3: Testleistungen der Schülerinnen und Schüler in Mathematik in Deutschland nach Migrationshintergrund der Eltern – TIMSS 2007, 2011 und 2015 im Vergleich

Migrationshintergrund	%	$(SE)^A$	M	$(SE)^A$	SD	$(SE)^A$	Δ	(SE)
TIMSS 2015								
kein Elternteil	66.3	(1.7)	534	(2.7)	64	(1.8)	– RG –	
ein Elternteil	11.3	(0.7)	517	(4.4)	65	(2.7)	-16.9	(4.7)
beide Elternteile	22.4	(1.6)	503	(3.7)	62	(2.4)	-31.0	(3.3)
TIMSS 2011								
kein Elternteil	72.3	(1.4)	541	(1.9)	58	(1.4)	– RG –	
ein Elternteil	11.6	(0.6)	522	(4.3)	63	(2.1)	-18.3	(4.3)
beide Elternteile	16.1	(1.1)	501	(3.8)	60	(2.3)	-39.2	(3.6)
TIMSS 2007								
kein Elternteil	71.4	(1.4)	540	(2.0)	66	(1.7)	– RG –	
ein Elternteil	11.4	(0.7)	507	(4.1)	70	(3.9)	-32.1*	(3.8)
beide Elternteile	17.2	(1.0)	495	(3.3)	69	(2.4)	-45.0*	(3.3)

Δ = Differenz zum Leistungsmittelwert der Schülerinnen und Schüler ohne Migrationshintergrund.
★ = Unterschied zu 2015 statistisch signifikant.
A = Abweichungen zu den in Tarelli, Schwippert und Stubbe (2012) berichteten Standardfehlern begründen sich in einem optimierten Berechnungsverfahren.
RG = Referenzgruppe.
Abweichungen der hier berichteten Werte zur Abbildung 11.1 beruhen auf der Imputation der fehlenden Werte für die nationalen Analysen.

IEA: Trends in International Mathematics and Science Study   © TIMSS 2015

Abbildung 11.4: Unterschiede im Leistungsvorsprung in Mathematik in Deutschland nach Migrationshintergrund der Eltern – TIMSS 2007, 2011 und 2015 im Vergleich

Migrationshintergrund	2007	2011	2015	Veränderungen^A			Leistungsvorsprung
	M_{07} (SE)	M_{11} (SE)	M_{15} (SE)	M_{11}-M_{07} (SE)	M_{15}-M_{11} (SE)	M_{15}-M_{07} (SE)	2007 höher 2015 höher
kein Elternteil	540 (2.1)	541 (2.0)	534 (2.7)	1 (2.9)	-7 (3.4)	-6 (3.2)	
ein Elternteil	507 (4.3)	522 (4.2)	517 (4.4)	15* (6.0)	-5 (5.3)	10 (6.1)	
beide Elternteile	495 (3.5)	501 (3.8)	503 (3.7)	7 (5.2)	2 (4.6)	8 (4.4)	

-30 -20 -10 0 10 20 30

☐ Keine statistisch signifikante Veränderung zwischen 2007 und 2015 (p > .05).
■ Statistisch signifikante Veränderung zwischen 2007 und 2015 (p < .05).
★ = Statistisch signifikante Veränderung zwischen 2007 und 2011 bzw. zwischen 2011 und 2015 (p < .05).
A = Inkonsistenzen in den berichteten Differenzen sind im Rundungsverfahren begründet.
Abweichungen der hier berichteten Werte zur Abbildung 11.1 beruhen auf der Imputation der fehlenden Werte für die nationalen Analysen.

IEA: Trends in International Mathematics and Science Study   © TIMSS 2015

riger ausfallen als in 2007. Hier scheint es in jüngerer Zeit besser zu gelingen, die besonders schwachen Schülerinnen und Schüler zu fördern.

Vergleicht man die durchschnittlichen Leistungsstände innerhalb der Gruppen mit verschiedenem Migrationshintergrund, zeigen sich zwischen 2007 und 2015 keine signifikanten Unterschiede (siehe Abbildung 11.4). In der Tendenz zeigt sich allerdings, dass sich die geringeren Leistungsdisparitäten zwischen 2007 und 2015 auf bessere Leistungen der Schülerinnen und Schüler mit Migrationshintergrund, aber auch auf etwas geringere Leistungen der Kinder aus Familien ohne Migrationshintergrund zurückführen lassen.

Abbildung 11.5: Testleistungen der Schülerinnen und Schüler in Naturwissenschaften in Deutschland nach Migrationshintergrund der Eltern – TIMSS 2007, 2011 und 2015 im Vergleich

Migrationshintergrund	% (SE)[A]	M (SE)[A]	SD (SE)[A]	Δ (SE)
TIMSS 2015				
kein Elternteil	66.3 (1.7)	545 (3.0)	66 (1.8)	– RG –
ein Elternteil	11.3 (0.7)	523 (4.8)	67 (3.2)	-22.2 (5.4)
beide Elternteile	22.4 (1.6)	498 (5.0)	68 (2.6)	-47.2 (4.5)
TIMSS 2011				
kein Elternteil	72.3 (1.4)	546 (2.4)	64 (1.4)	– RG –
ein Elternteil	11.6 (0.6)	518 (5.4)	72 (3.0)	-27.6 (4.7)
beide Elternteile	16.1 (1.1)	488 (4.3)	64 (3.8)	-57.4 (3.8)
TIMSS 2007				
kein Elternteil	71.4 (1.4)	548 (2.2)	73 (1.7)	– RG –
ein Elternteil	11.4 (0.7)	503 (5.2)	82 (4.8)	-44.7* (5.1)
beide Elternteile	17.2 (1.0)	477 (3.8)	79 (2.8)	-71.2* (3.9)

Δ = Differenz zum Leistungsmittelwert der Schülerinnen und Schüler ohne Migrationshintergrund.
★ = Unterschied zu 2015 statistisch signifikant.
A = Abweichungen zu den in Tarelli, Schwippert und Stubbe (2012) berichteten Standardfehlern begründen sich in einem optimierten Berechnungsverfahren.
RG = Referenzgruppe.
Abweichungen der hier berichteten Werte zur Abbildung 11.2 beruhen auf der Imputation der fehlenden Werte für die nationalen Analysen.

IEA: Trends in International Mathematics and Science Study © TIMSS 2015

Abbildung 11.6: Unterschiede im Leistungsvorsprung in Naturwissenschaften in Deutschland nach Migrationshintergrund der Eltern – TIMSS 2007, 2011 und 2015 im Vergleich

Migrationshintergrund	2007 M_{07} (SE)	2011 M_{11} (SE)	2015 M_{15} (SE)	$M_{11}-M_{07}$ (SE)	$M_{15}-M_{11}$ (SE)	$M_{15}-M_{07}$ (SE)
kein Elternteil	548 (2.2)	546 (2.4)	545 (3.0)	-2 (3.2)	0 (4.4)	-3 (3.7)
ein Elternteil	503 (5.2)	518 (5.0)	523 (4.8)	15* (7.2)	5 (8.7)	20* (7.1)
beide Elternteile	477 (3.8)	488 (4.0)	498 (5.0)	11* (5.6)	10 (7.4)	21* (6.3)

☐ Keine statistisch signifikante Veränderung zwischen 2007 und 2015 (p > .05).
■ Statistisch signifikante Veränderung zwischen 2007 und 2015 (p < .05).
★ = Statistisch signifikante Veränderung zwischen 2007 und 2011 bzw. zwischen 2011 und 2015 (p < .05).
A = Inkonsistenzen in den berichteten Differenzen sind im Rundungsverfahren begründet.
Abweichungen der hier berichteten Werte zur Abbildung 11.2 beruhen auf der Imputation der fehlenden Werte für die nationalen Analysen.

IEA: Trends in International Mathematics and Science Study © TIMSS 2015

In den Naturwissenschaften fallen auch in TIMSS 2015 die Leistungsunterschiede zwischen den Schülerinnen und Schülern in den Gruppen mit unterschiedlichem Migrationshintergrund im Vergleich zu Mathematik deutlich höher aus. Schülerinnen und Schüler ohne Migrationshintergrund erzielen mit 545 Punkten Leistungsvorsprünge von 22 beziehungsweise 47 Punkten im Vergleich zu ihren Mitschülerinnen und Mitschülern mit Migrationshintergründen (siehe Abbildung 11.5 rechte Spalte). Dieser Leistungsunterschied von 47 Punkten zwischen Kindern ohne Migrationshintergrund und solchen, deren Eltern beide im Ausland geboren wurden, ist beachtlich. Wie auch für Mathematik fallen die

Leistungsdifferenzen zwischen den Kindern mit unterschiedlichem Migrationshintergrund in 2015 allerdings deutlich geringer aus als im Vergleich zu 2007. Wie in Abbildung 11.5 ersichtlich, lassen sich die Ergebnisse auch hier auf bessere Leistungen der leistungsschwächeren Schülerinnen und Schüler zurückführen.

Vergleicht man die durchschnittlichen Leistungsstände innerhalb der Gruppen mit verschiedenem Migrationshintergrund, zeigen sich für die Naturwissenschaften zwischen 2007 und 2015 deutliche signifikante Unterschiede, die hervorgehoben nochmals in Abbildung 11.6 dargestellt sind. Während die Kinder ohne Migrationshintergrund ihre vergleichsweise guten Leistungen halten, lassen sich für beide Migrationsgruppen mit 20 beziehungsweise 21 Veränderungspunkten signifikante Verbesserungen in den naturwissenschaftlichen Leistungen feststellen – eine positive Entwicklung, die sich bereits mit den Ergebnissen von TIMSS 2011 andeutete (Tarelli et al., 2012).

Abbildung 11.7: Prozentuale Verteilung der Schülerinnen und Schüler in Deutschland auf die fünf Kompetenzstufen (Mathematik) nach Migrationshintergrund der Eltern – TIMSS 2007, 2011 und 2015 im Vergleich

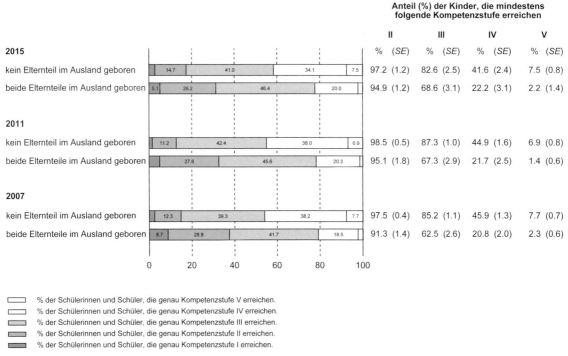

Abbildung 11.7 zeigt die prozentuale Verteilung der Schülerinnen und Schüler auf die mathematischen Kompetenzstufen. Für jede Erhebung von TIMSS werden jeweils Schülerinnen und Schüler mit zwei im Ausland geborenen Elternteilen (‚mit Migrationshintergrund, beide Elternteile im Ausland geboren‘) und mit zwei in Deutschland geborenen Elternteilen (‚ohne Migrationshintergrund‘) im direkten Vergleich gegenübergestellt. Einheitlich zeigt sich in allen Erhebungen, dass Kinder aus Familien ohne Migrationshintergrund systematisch öfter höhere Kompetenzstufen erreichen und dass Kinder aus Familien mit Migrationshintergrund öfter lediglich ein rudimentäres beziehungsweise niedriges Niveau erreichen. Dies bedeutet, dass diese Schülerinnen und Schüler mit hoher Wahrscheinlichkeit erhebliche Schwierigkeiten beim Lernen in der

Sekundarstufe I haben werden (siehe Kapitel 3). Bei TIMSS 2015 erreichen lediglich 2.2 Prozent der Schülerinnen und Schüler, deren Eltern beide im Ausland geboren wurden, die Kompetenzstufe V, während es 7.5 Prozent der Schülerinnen und Schüler sind, deren Eltern beide in Deutschland geboren wurden. Hingegen weisen 17.4 Prozent der Kinder aus Familien ohne Migrationshintergrund bedenklich niedrige mathematische Kompetenzen auf. Bei den Kindern mit zwei im Ausland geborenen Eltern liegt dieser Anteil bei 31.4 Prozent – also bei fast jedem dritten Kind. Auch wenn insgesamt die Leistungsunterschiede zwischen Kindern mit und ohne Migrationshintergrund signifikant seit 2007 gesunken sind (siehe Abbildung 11.3), so stellen diese Anteile für den zukünftigen Lernprozess in Mathematik eine besondere Herausforderung dar.

Richtet man den Blick auf die entsprechende Verteilung der Kinder auf die unterschiedlichen Kompetenzstufen in den Naturwissenschaften (siehe Abbildung 11.8), zeigt sich die Ungleichverteilung zwischen Kindern mit zwei im Ausland geborenen Elternteilen und Kindern mit keinem im Ausland geborenen Elternteil noch deutlicher. Während im Jahr 2015 Kinder aus Familien ohne Migrationshintergrund zu 10.4 Prozent die Kompetenzstufe V erreichen, ist dieser Anteil mit 2.8 Prozent signifikant geringer bei Kindern, deren Eltern beide im Ausland geboren wurden. Am unteren Leistungsspektrum kehren sich diese Verhältnisse um: Während 13.8 Prozent der Kinder aus Familien ohne Migrationshintergrund die Kompetenzstufe III (grundlegendes Alltagswissen) nicht erreichen, ist dieser Anteil mit 35.8 Prozent bei den Schülerinnen und Schülern, deren Eltern beide im Ausland geboren wurden, rund doppelt so hoch – ein signifikanter Unterschied. Schülerinnen und Schüler, die nicht Kompetenzstufe III erreichen, vermögen es nur in Ansätzen, naturwissenschaftliches Wissen produktiv einzusetzen (siehe Kapitel 4 in diesem Band).

Abbildung 11.8: Prozentuale Verteilung der Schülerinnen und Schüler in Deutschland auf die fünf Kompetenzstufen (Naturwissenschaften) nach Migrationshintergrund der Eltern – TIMSS 2007, 2011 und 2015 im Vergleich

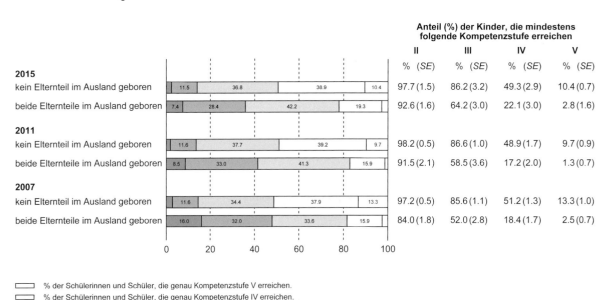

5 Schlussfolgerungen

Sowohl für Mathematik als auch für die Naturwissenschaften lässt sich über alle drei Erhebungen von TIMSS (2007, 2011 und 2015) feststellen, dass die Schülerinnen und Schüler, deren Eltern beide in Deutschland geboren wurden, durchgängig im Mittel die höchsten Leistungen erreichen. In allen vorliegenden Zyklen liegen die erreichten Kompetenzen der Kinder, die angeben, dass ein Elternteil oder beide Elternteile im Ausland geboren wurden, niedriger. Vergleicht man die Kompetenzen von Schülerinnen und Schülern, die angeben, dass ein Elternteil im Ausland geboren wurde, mit denen der Schülerinnen und Schüler, die angeben, dass beide Elternteile im Ausland geboren wurden, so zeigen sich für letztere wiederum weitere signifikante Rückstände sowohl im Bereich mathematischer als auch im Bereich naturwissenschaftlicher Kompetenzen. Die beobachteten Leistungsunterschiede zwischen den Kindern, deren Eltern beide im Ausland geboren wurden, und jenen, deren Eltern beide in Deutschland geboren wurden, liegt sowohl in den mathematischen als auch in den naturwissenschaftlichen Kompetenzen 2015 signifikant niedriger als noch in TIMSS 2007 und 2011. Diese Verringerung der Disparitäten ist insbesondere durch den Anstieg der Kenntnisse von Schülerinnen und Schülern zu erklären, die etwas bessere Leistungen im unteren Kompetenzbereich erzielen.

Aber auch wenn die Befundlage zu den jeweiligen durchschnittlichen Leistungen in den Gruppen mit unterschiedlichem Migrationshintergrund empirisch eindeutig ist, sollten auch die in den Gruppen zu beobachtenden Leistungsstreuungen Beachtung finden. So erreichen auch Schülerinnen und Schüler aus Familien mit einem im Ausland geborenen Elternteil oder zwei im Ausland geborenen Elternteilen mathematische beziehungsweise naturwissenschaftliche Leistungen, die an die hohen Kompetenzen heranreichen. Ebenso gibt es eine Reihe von Schülerinnen und Schülern, deren Eltern beide in Deutschland geboren wurden, die nur sehr schwache naturwissenschaftliche beziehungsweise mathematische Kompetenzen aufweisen. Auch wenn die analytische Trennung der Kinder in Gruppen mit unterschiedlichem Migrationshintergrund für wissenschaftliche Zwecke hilfreich ist, so ist es selbstverständlich in der pädagogischen Praxis geboten, die jeweiligen Ausgangslagen von allen Schülerinnen und Schülern individuell zu prüfen und Kinder entsprechend ihrer Unterstützungsbedarfe und nicht aufgrund pauschaler Zuordnungen zu Migrationskategorien zu fördern.

Literatur

Autorengruppe Bildungsberichterstattung. (2016). *Bildung in Deutschland 2016. Ein indikatorengestützter Bericht mit einer Analyse zu Bildung und Migration.* Bielefeld: Bertelsmann. Zugriff am 03.10.2016 unter http://www.bildungsbericht.de/de/bildungs berichte-seit-2006/bildungsbericht-2016/pdf-bildungsbericht-2016/bildungsbericht-2016

Bonsen, M., Kummer, N. & Bos, W. (2008). Schülerinnen und Schüler mit Migrationshintergrund. In W. Bos, M. Bonsen, J. Baumert, M. Prenzel, C. Selter & G. Walther (Hrsg.), *TIMSS 2007. Mathematische und naturwissenschaftliche Kompetenzen von Grundschulkindern in Deutschland im internationalen Vergleich* (S. 157–175). Münster: Waxmann.

Bünning, M. (2016). Soziale Lage und soziale Schichtung. In Statistisches Bundesamt (Destatis)/Wissenschaftszentrum Berlin für Sozialforschung (in Zusammenarbeit mit dem Sozioökonomischen Panel (SOEP) am Deutschen Institut für Wirtschaftsforschung) (Hrsg.), *Datenreport 2016. Ein Sozialbericht für die Bundesrepublik*

Deutschland. Zugriff am 03.10.2016 unter https://www.destatis.de/DE/Publikationen/ Datenreport/Downloads/Datenreport2016Kap7.pdf?__blob=publicationFile

Dronkers, J., Levels, M. & Heus, M. de (2014). Migrant pupils' scientific performance: The influence of educational system features of origin and destination countries. *Large-scale Assessments in Education, 2*:3. doi: 10.1186/2196-0739-2-3

Elley, W. B. (1992). *The IEA Study of Reading Literacy: Achievement and instruction in thirty-two school systems.* Exeter: Pergamon.

Haag, N., Böhme, K. & Stanat, P. (2012). Zuwanderungsbezogene Disparitäten. In P. Stanat, H. A. Pant, K. Böhme & D. Richter (Hrsg.), *Kompetenzen von Schülerinnen und Schülern am Ende der vierten Jahrgangsstufe in den Fächern Deutsch und Mathematik. Ergebnisse des IQB-Ländervergleichs 2011* (S. 209–235). Münster: Waxmann.

Kempert, S., Edele, A., Rauch, D., Wolf, K. M., Paetsch, J., Darsow, A., Maluch, J. & Stanat, P. (2016). Die Rolle der Sprache für zuwanderungsbezogene Ungleichheiten im Bildungserfolg. In C. Diehl, C. Hunkler & C. Kristen (Hrsg.), *Ethnische Ungleichheiten im Bildungsverlauf. Mechanismen, Befunde, Debatten* (S. 157–241). Wiesbaden: Springer VS.

KMK – Ständige Konferenz der Kultusminister der Länder in der Bundesrepublik Deutschland. (2005a). *Bildungsstandards im Fach Mathematik für den Primarbereich (Jahrgangsstufe 4). Beschluss vom 15.10.2004.* München: Wolters Kluwer.

KMK – Ständige Konferenz der Kultusminister der Länder in der Bundesrepublik Deutschland. (2005b). *Bildungsstandards im Fach Deutsch für den Primarbereich (Jahrgangsstufe 4). Beschluss vom 15.10.2004.* München: Wolters Kluwer.

Lehmann, R. H., Peek, R., Pieper, I. & Stritzky, R. v. (1995). *Leseverständnis und Lesegewohnheiten deutscher Schüler und Schülerinnen.* Weinheim: Beltz.

Morris-Lange, S., Wendt, H. & Wohlfarth, C. (2013). *Segregation an deutschen Schulen. Ausmaß, Folgen und Handlungsempfehlungen für bessere Bildungschancen.* Berlin: SVR-Forschungsbereich.

Mullis, I. V. S. & Martin, M. O. (2013). *TIMSS 2015 assessment frameworks.* Chestnut Hill, MA: TIMSS & PIRLS International Study Center, Boston College.

Rjosk, C., Richter, D., Hochweber, J., Lüdtke, O., Klieme, E. & Stanat, P. (2014). Socio-economic and language minority classroom composition and individual reading achievement: The mediating role of instructional quality. *Learning and Instruction, 32*, 63–72.

Schurig, M., Wendt, H., Kasper, D. & Bos, W. (2015). Fachspezifische Stärken und Schwächen von Viertklässlerinnen und Viertklässlern in Deutschland im europäischen Vergleich. In H. Wendt, T. C. Stubbe, K. Schwippert & W. Bos (Hrsg.), *10 Jahre international vergleichende Schulleistungsforschung in der Grundschule. Vertiefende Analysen zu IGLU und TIMSS 2001 bis 2011* (S. 35–54). Münster: Waxmann.

Schwippert, K., Bos, W. & Lankes, E.-M. (2003). Heterogenität und Chancengleichheit am Ende der vierten Jahrgangsstufe im internationalen Vergleich. In W. Bos, E.-M. Lankes, M. Prenzel, K. Schwippert, G. Walther & R. Valtin (Hrsg.), *Erste Ergebnisse aus IGLU. Schülerleistungen am Ende der vierten Jahrgangsstufe im internationalen Vergleich* (S. 265–302). Münster: Waxmann.

Schwippert, K., Wendt, H. & Tarelli, I. (2012). Lesekompetenzen von Schülerinnen und Schülern mit Migrationshintergrund. In W. Bos, I. Tarelli, A. Bremerich-Vos & K. Schwippert (Hrsg.), *IGLU 2011. Lesekompetenzen von Grundschulkindern in Deutschland im internationalen Vergleich* (S. 191–207). Münster: Waxmann.

Siewert, J. (2013). *Herkunftsspezifische Unterschiede in der Kompetenzentwicklung: Weil die Schule versagt? Untersuchungen zum Ferieneffekt in Deutschland.* Münster: Waxmann.

Stanat, P. & Edele, A. (2011). Migration und soziale Ungleichheit. In H. Reinders, H. Ditton, C. Gräsel & B. Gniewosz (Hrsg.), *Empirische Bildungsforschung. Gegenstandsbereiche* (S. 181–192). Wiesbaden: VS Verlag für Sozialwissenschaften.

Stanat, P., Pant, H. A., Böhme, K. & Richter, D. (2012). *Kompetenzen von Schülerinnen und Schülern am Ende der vierten Jahrgangsstufe in den Fächern Deutsch und Mathematik. Ergebnisse des IQB-Ländervergleichs 2011.* Münster: Waxmann.

Stanat, P., Rauch, D. & Segeritz, M. (2010). Schülerinnen und Schüler mit Migrationshintergrund. In E. Klieme, C. Artelt, J. Hartig, N. Jude, O. Köller, M. Prenzel, W. Schneider & P. Stanat (Hrsg.), *PISA 2009. Bilanz nach einem Jahrzehnt* (S. 200–230). Münster: Waxmann.

Stanat, P., Schwippert, K. & Gröhlich, C. (2010). Der Einfluss des Migrantenanteils in Schulklassen auf den Kompetenzerwerb: Längsschnittliche Überprüfung eines umstrittenen Effekts. In C. P. Allemann-Ghionda, P. Stanat, K. Göbel & C. Röhner (Hrsg.), *Migration, Identität, Sprache und Bildungserfolg* (Zeitschrift für Pädagogik, 55. Beiheft, S. 147–164). Weinheim: Beltz.

Steinmann, I., Wendt, H. & Bos, W. (2016). Leistungsdisparität von Grundschulkindern mit und ohne Migrationshintergrund im Lichte von IGLU/TIMSS 2011. In T. Goll, M. Oberle & S. Rappenglück (Hrsg.), *Herausforderung Migration. Perspektiven der politischen Bildung* (S. 22–32). Schwalbach am Taunus: Wochenschau.

Tarelli, I., Schwippert, K. & Stubbe, T. C. (2012). Mathematische und naturwissenschaftliche Kompetenzen von Schülerinnen und Schülern mit Migrationshintergrund. In W. Bos, H. Wendt, O. Köller & C. Selter (Hrsg.), *TIMSS 2011. Mathematische und naturwissenschaftliche Kompetenzen von Grundschulkindern in Deutschland im internationalen Vergleich* (S. 247–267). Münster: Waxmann.

Walzebug, A. (2014). *Sprachlich bedingte soziale Ungleichheit. Theoretische und empirische Betrachtungen am Beispiel mathematischer Testaufgaben und ihrer Bearbeitung.* Münster: Waxmann.

Wendt, H., Kasper, D., Bos, W., Vennemann, M. & Goy, M. (in Druck). Wie viele Punkte auf der TIMSS-Metrik entsprechen einem Lernjahr? Leistungszuwächse in Mathematik und Naturwissenschaften am Ende der Grundschulzeit. In T. Eckert & B. Gniewosz (Hrsg.), *Bildungsgerechtigkeit* (S. 121–153). Wiesbaden: VS Verlag für Sozialwissenschaften.

Wendt, H. & Kasper, D. (2016). Subject-specific strength and weaknesses of fourth-grade students in Europe: a comparative latent profile analysis of multidimensional proficiency patterns based on PIRLS/TIMSS combined 2011. *Large-scale Assessments in Education, 4:14.* doi: 10.1186/s40536-016-0026-2

Kapitel XII
Soziale Kompetenz von Kindern in Deutschland am Ende der Grundschulzeit

Kristina A. Frey und Heike Wendt

1 Einleitung

Soziale Bedürfnisse und ihre Erfüllung gehören unabdingbar zum Menschsein, von frühester Kindheit an (Bowlby, 2010). Der Erwerb sozialer Kompetenzen ist für Eltern ein entsprechend vordringliches Erziehungsziel (IfD Allensbach, 2015), das auch erziehungswissenschaftlich gestützt wird: „Die Festigung sozialer Kompetenzen kann […] als eine der wichtigsten Entwicklungsaufgaben in der Kindheit angesehen werden" (Fend & Stöckli, 1997, S. 20). Eine höhere Sozialkompetenz bereits im Kindergarten kann noch Jahrzehnte später mit einer günstigeren Entwicklung einhergehen (Jones, Greenberg & Crowley, 2015).

Der Schule kommt bei der Vermittlung sozialer Kompetenzen besondere Verantwortung zu (Klieme, Artelt & Stanat, 2001, S. 216), einerseits im Allgemeinen, weil Kinder dort den Großteil ihrer Zeit mit sozialen Kontakten verbringen (Jonkmann, Trautwein & Lüdtke, 2009, S. 338), und andererseits im Besonderen, weil der schulische Bildungsauftrag über die akademische Förderung hinaus ausdrücklich auch die Förderung des sozialen Miteinanders umfasst: Die Kultusministerkonferenz verankert Bildungsziele wie „Toleranz, Achtung vor der Würde des anderen Menschen und Respekt vor anderen Überzeugungen" sowie explizit die „Bereitschaft zu sozialem Handeln" in der Konzeption der Bildungsstandards (KMK, 2005, S. 6) und betont, dass der schulische Bildungsauftrag auch auf „Persönlichkeitsentwicklung und Weltorientierung" ziele. Auch die Schulgesetze aller 16 Länder der Bundesrepublik Deutschland verweisen ausdrücklich und oft wortreich auf diesen sozialen Bildungsauftrag, der in den länderspezifischen Lehrplänen weiter konkretisiert wird (Frey, 2013, S. 50 ff.). Zahlreiche Förderprogramme mit sozialem Fokus sind daher im schulischen Kontext implementiert – national (z.B. buddy e. V., 2015; Cierpka & Schick, 2014; genialsozial, 2016; Huckepack Kinderförderung e. V., 2016; sozialgenial, 2013) wie international (z.B. Beland, 1988; Hagelskamp, Brackett, Rivers & Salovey, 2013; WHO, 1994).

Die auf das soziale Miteinander bezogenen Bildungsziele werden vorwiegend im Konstrukt der sozialen Kompetenz verallgemeinert. Soziale Kompetenz gilt als die „Gesamtheit des Wissens, der Fähigkeiten und Fertigkeiten einer Person, welche die Qualität eigenen Sozialverhaltens – im Sinne der [Verwirklichung eigener Ziele bei gleichzeitiger Wahrung der sozialen Akzeptanz] [...] – fördert" (Kanning, 2005, S. 4). Damit werden unter sozialer Kompetenz soziale Fähigkeiten subsumiert, die sowohl dem Interesse der eigenen Person als auch dem der Interaktionspartner zutragen. Es handelt sich bei sozialer Kompetenz aufgrund ihrer Multidimensionalität streng genommen immer um soziale Kompetenz*en* im Plural (Kanning, 2002, S. 155; Kanning, 2003, S. 11). Da soziale Kompetenz aber auch ein „Oberbegriff" (Kanning, 2003, S. 17) ist, wird im Rahmen dieses Beitrags im allgemeinen Fall von sozialer Kompetenz im Singular gesprochen, ohne damit aber die Existenz nur einer einzigen unidimensionalen sozialen Kompetenz zu meinen.

Obwohl die Förderung sozialer Kompetenz ein für sich stehendes zentrales schulisches Bildungsanliegen ist, geschieht ihre Erfolgskontrolle nicht wie die der fachlichen Bildungsziele: Wie die soziale Kompetenz von Schülerinnen und Schülern ausgeprägt ist, ist national wie international relativ unbekannt, verglichen mit der Datenlage zu beispielsweise mathematischen oder sprachlichen Fachkompetenzen. Dies liegt sicherlich am noch immer „beklagenswerten Zustand" (Petermann, 1999, S. 131), in dem sich die Diagnostik der sozialen Kompetenz befindet. Indikatoren sozialer Kompetenz, bezüglich derer breite wissenschaftliche Einigkeit bestehen würde, existieren nicht (zusammenfassend Rost, 2009, S. 80 f.) und obwohl es unter methodischen Gesichtspunkten zu problematisieren ist, werden in groß angelegten Studien meist Fragebogenitems eingesetzt (Frey, 2013, S. 70 ff.).

1.1 Ausprägung sozialer Kompetenz bei Grundschulkindern in Deutschland

Lange lag keine großangelegte Untersuchung zur sozialen Kompetenz im Grundschulbereich in Deutschland vor, bis in der nationalen Ergänzung zur internationalen Schulleistungsstudie *Trends in International Mathematics and Science Study* (TIMSS) 2007 – und in der Folge auch in den Zyklen TIMSS 2011 und 2015 – Sozialkompetenzangaben erhoben wurden, die für Viertklässlerinnen und Viertklässler in Deutschland repräsentativ sind. Die Ergebnisse von 2007 fokussierten zunächst die Güte des Messinstruments sozialer Kompetenz (Frey, 2013; Frey & Bos, 2012), insbesondere die nationale Ergänzung von 2011 lieferte ausdrücklich Auswertungen zur Ausprägung sozialer Kompetenz von Viertklässlerinnen und Viertklässlern in Deutschland, die durch die fortgesetzte Erhebung im Rahmen von TIMSS 2015 erweitert werden. In 2011 schätzten die meisten Viertklässlerinnen und Viertklässler in Deutschland ihre Sozialkompetenz hinsichtlich Dimensionen, die ausdrücklich in wohlwollender Art und Weise auf andere ausgerichtet sind (Perspektivenübernahme, Empathie, Regulation der Gefühle anderer und prosoziales Verhalten), hoch positiv ein (Frey, Wendt & Kasper, 2015). Stärker auf die eigene Person bezogene Sozialkompetenzdimensionen (Impulskontrolle und Durchsetzungsfähigkeit) wurden von zwei Dritteln der Viertklässlerinnen und Viertklässler eher mäßig eingeschätzt.

1.2 Sozialkompetenzunterschiede nach Geschlecht

Theoretisch lassen sich Geschlechterunterschiede biologisch (Geschlechterunterschiede sind anlagebedingt begründet), soziokulturell (Geschlechterunterschiede sind durch das soziale Umfeld erworben) oder biosozial (anlagebedingte Geschlechterunterschiede führen zu Reaktionen des sozialen Umfelds, die ihrerseits die Geschlechterunterschiede bekräftigen) erklären (Feingold, 1994, S. 430 f.). Empirisch ist zwar grundsätzlich „das Ausmaß der Geschlechterunterschiede im Vergleich zu den unabhängig vom Geschlecht auftretenden interindividuellen Differenzen als relativ gering einzuschätzen" (Trautner, 1991, S. 329). Oft zeigen sich Mädchen aber stärker sozial orientiert als Jungen (Eisenberg, Fabes & Spinrad, 2006, S. 696 f.; McClure, 2000; Walker, 2005; Walker, Irving & Berthelsen, 2002), während Jungen oft durchsetzungsstärker als Mädchen sind (Feingold, 1994). In der Tat gelten aber Geschlechterunterschiede auch im Sozialverhalten nicht als gesichert (Hyde, 2005) oder als altersabhängig (Barbu, Cabanes & Le Maner-Idrissi, 2011), weshalb belastbare Stichproben für die Untersuchung von Geschlechterunterschieden sozialer Kompetenz, wie sie die nationalen Ergänzungen zu TIMSS bereitstellen, nach wie vor notwendig sind. In der Auswertung zu TIMSS 2011 zeigten sich signifikante Geschlechterunterschiede sozialer Kompetenz unter Viertklässlerinnen und Viertklässlern: Auch unter Kontrolle kognitiver Leistungsfähigkeit schätzten sich Mädchen in allen Sozialkompetenzdimensionen höher ein als Jungen, mit Ausnahme von Durchsetzungsfähigkeit, bezüglich derer sich Jungen positiver einschätzten (Frey et al., 2015).

1.3 Sozialkompetenzunterschiede nach sozioökonomischem Hintergrund

Untersuchungen aus dem angloamerikanischen Bereich zeigen seit einigen Jahren die Bedeutung des sozioökonomischen Hintergrunds nicht nur für das akademische Fortkommen des Kindes, sondern auch für die Entwicklung sozialer Kompetenz auf (z.B. Brophy-Herb, Lee, Nievar & Stollak, 2007; Foster, Lambert, Abbott-Shim, McCarty & Franze, 2005; Schmitt, Sacco, Ramey, Ramey & Chan, 1999). Generell wird angenommen, dass Familien mit hohem sozioökonomischen Status ihren Kindern ein Spektrum an für das kindliche Fortkommen zuträglichen Angeboten, elterlichen Handlungen und sozialen Beziehungen bieten, während Kinder aus Familien mit niedrigem sozioökonomischen Status weniger Zugänge zu solchen Ressourcen und Erfahrungen haben, was entwicklungsbezogene Risiken birgt (Bradley & Corwyn, 2002, S. 372).

Für den deutschen Sprachraum liegen bislang noch wenige Untersuchungen zu Sozialkompetenzunterschieden nach sozioökonomischem Hintergrund vor. In einer für Deutschland repräsentativen Stichprobe 15-Jähriger zeigten sich Zusammenhänge zwischen dem sozioökonomischen Status und aggressiven Orientierungen, wobei ein höherer sozioökonomischer Status mit geringeren aggressiven Tendenzen einherging (Kunter & Stanat, 2002). Auch im Vorschulalter erwies sich der familiäre Sozialstatus als Einflussfaktor für die kindliche Sozialkompetenz (Rudolph, Franze, Gottschling-Lang & Hoffmann, 2013). Die nationale Ergänzung zu TIMSS 2011 hingegen lieferte keine starken Argumente für Sozialkompetenzunterschiede nach sozioökonomischem Status (Frey et al., 2015). Unter Kontrolle kognitiver Leistungsfähigkeit gab es nur hinsichtlich der Impulskontrolle Unterschiede: Viertklässlerinnen und Viertklässler, deren Eltern Facharbeiter waren, gaben an, in geringerem Maße zur Kontrolle ihrer Impulse in der Lage zu sein, als Kinder, deren Eltern Berufe hatten, die in Dienstklassen I und II fielen; bei den übrigen untersuchten fünf Sozialkompetenzdimensionen zeigten sich keine Unterschiede nach sozioökonomischem Status. Der Erkenntnisstand zur Frage nach Sozialkompetenzunterschieden nach sozioökonomischem Status im Kindesalter ist demnach nicht eindeutig und würde von weiteren Untersuchungen profitieren.

1.4 Sozialkompetenzunterschiede nach Schulleistung

In schulischen Kontexten wird oft diskutiert, welche Bedeutung sozialen Kompetenzen im Vergleich zu akademischen Kompetenzen zukommt. Ein Beispiel für entsprechende Debatten ist der in einigen Ländern der Bundesrepublik Deutschland geführte Diskurs um die sogenannten „Kopfnoten" – also Bewertungen für Arbeits- und Sozialverhalten im Schulzeugnis. In entsprechenden Diskursen wird häufig politisch unter Verweis auf ihre mögliche Kompensationseigenschaft hohe Sozialkompetenz schlechten Schulleistungen gegenübergestellt (z.B. RP Online, 2008). Eine entsprechende Argumentation setzt streng genommen voraus, dass sich soziale und akademische Kompetenzen unabhängig voneinander entwickeln. In evolutionspsychologischer Sichtweise versteht sich die soziale Interaktion als Ursprung intellektueller menschlicher Entwicklung (Byrne & Whiten, 1992; Humphrey, 1976). Entsprechend ist von einem positiven Zusammenhang zwischen sozialer und akademischer Kompetenz auszugehen. So konnte beispielsweise anwendungsorientierte Forschung zeigen, dass frühes Sozialverhalten spätere akademische Leistung vorhersagt (DiPrete & Jennings, 2012; Izard et al., 2001), bisweilen besser noch als frühe akademische Leistung es kann (Caprara, Barbaranelli, Pastorelli, Bandura & Zimbardo, 2000). Insgesamt stützt die empirische Befundlage überwiegend die Annahme eines positiven Zusammenhangs zwischen akademischen und sozialen Kompetenzen (zusammenfassend Frey, 2013, S. 76 ff.). Sie ist allerdings nicht einheitlich (Barchard, 2003, S. 841) und bedarf entsprechend weiterer belastbarer Untersuchungen (Frey & Bos, 2012, S. 39).

Vor dem Hintergrund der erläuterten Forschungsergebnisse und theoretischen Erklärungsansätze stellen sich folgende Fragen:
1) Wie hoch ist die Sozialkompetenz von Viertklässlerinnen und Viertklässlern in Deutschland im Jahr 2015 ausgeprägt?
2) Zeigen sich im Jahr 2015 Unterschiede in der Sozialkompetenz von Viertklässlerinnen und Viertklässlern in Deutschland nach Geschlecht?
3) Zeigen sich im Jahr 2015 Unterschiede in der Sozialkompetenz von Viertklässlerinnen und Viertklässlern in Deutschland nach ihrem sozioökonomischen Hintergrund?

4) Zeigen sich im Jahr 2015 Unterschiede in der Sozialkompetenz von Viertklässlerinnen und Viertklässlern in Deutschland nach ihrer Schulleistung?

Die in diesem Kapitel dargestellten Analysen und Ergebnisse beruhen auf dem für Deutschland imputierten Datensatz (siehe Kapitel 2 in diesem Band). Stichprobenverluste, die beim internationalen Datensatz aufgrund fehlender Werte hinzunehmen sind, wurden hier anhand vorhandener Hintergrundmerkmale empirisch geschätzt (imputiert). Hierdurch ist es möglich, auch Beobachtungen bei den Analysen zu berücksichtigen, für die nur einzelne Antworten vorliegen.

Als Indikatoren der Sozialkompetenz werden 24 Items aus der nationalen Erweiterung des TIMSS-Schülerfragebogens genutzt. Diese lassen sich in sechs Sozialkompetenzdimensionen (Skalen) zu je vier Items zusammenfassen (siehe Tabelle 12.1). Alle Skalen wurden bereits im Rahmen der Studien TIMSS 2007 und 2011 eingesetzt. Das Instrument geht zurück auf ein theoretisch und empirisch begründetes Sozialkompetenzmodell (Kanning, 2002, 2005; Frey, 2013, S. 137 ff.). Die operationalisierten Sozialkompetenzdimensionen umfassen (1) Perspektivenübernahme, (2) Empathie, (3) Regulation der Gefühle anderer, (4) prosoziales Verhalten, (5) Impulsivität und (6) Durchsetzungsfähigkeit (Frey, 2013, S. 155 ff.). Alle Items haben ein vierstufiges Antwortformat (4 = stimmt gar nicht, ..., 1 = stimmt genau) und weisen für Gruppenvergleiche mindestens ausreichende Reliabilitäten auf (.68 < α < .87, Frey, 2013, S. 174 ff.). Um beide Aspekte der Sozialkompetenzdefinition zu berücksichtigen (sowohl anderen wie auch eigenen Interessen gerecht werden, s.o.), haben die vier Sozialkompetenzdimensionen Perspektivenübernahme, Empathie, Regulation der Gefühle anderer und prosoziales Verhalten eine explizit prosoziale Orientierung (d.h. ihre Items drücken aus, in wohlwollender Art und Weise auf andere ausgerichtet zu sein), während die zwei Sozialkompetenzdimensionen Impulsivität und Durchsetzungsfähigkeit nicht explizit prosozial ausgerichtet sind, sondern eine stärkere ‚Ich-Orientierung' aufweisen (Frey, 2013, S. 154).

Eine Kompetenz über Selbstbeschreibungen zu operationalisieren ist unter diagnostischen Gesichtspunkten eine Herausforderung (Cattell, 1986); in großangelegten Bildungsstudien entspricht es für soziale Kompetenz aber dem gängigen Vorgehen und wird bisweilen sogar Tests vorgezogen (Frey, 2013, S. 58 ff., S. 72). Alternative Erfassungsmethoden, wie beispielsweise die der Verhaltensbeobachtung, kommen aus erfassungsökonomischen Gründen im Rahmen einer Schulleistungsstudie wie TIMSS in der Regel nicht in Frage.

Tabelle 12.1 fasst Angaben zum Instrument der Erfassung sozialer Kompetenz zusammen. Die Skalenreliabilitäten, die aus der Schülerstichprobe von TIMSS 2015 gewonnen wurden, sind gut bis sehr gut und nur im Falle der Skala Durchsetzungsfähigkeit befriedigend (Rost, 2005, S. 132). Für die Analysen wurden die Sozialkompetenzitems bei Bedarf so rekodiert, dass eine höhere Antwortausprägung im Sinne einer höheren Sozialkompetenz interpretiert werden kann. Die Skala Impulsivität ist somit als ‚Impulskontrolle' zu verstehen und wird in Text, Tabellen und Abbildungen fortan so bezeichnet.

Tabelle 12.1: Angaben zum Instrument zur Erfassung sozialer Kompetenz

Dimension sozialer Kompetenz[1]	Inhaltliche Dimensionsbeschreibung	Beispielitem der Skala	Cronbachs α[2]
Perspektivenübernahme	Kognitives Einfühlungsvermögen (objektivierte Wahrnehmung der Gefühlszustände anderer)	*„Die Gefühle anderer kann ich gut erkennen."* [3]	.83
Empathie	Emotionales Einfühlungsvermögen (affektives Nachempfinden der Gefühlszustände anderer)	*„Es bedrückt mich, wenn ich sehe, dass jemand ausgelacht wird."* [4]	.84
Regulation der Gefühle anderer	Anderen zuhören und gleichzeitig verbal Einfluss nehmen können	*„Wenn andere traurig sind, kann ich sie gut trösten."* [5]	.84
Prosoziales Verhalten	Verhalten des Handelnden ist in erster Linie auf das Wohlergehen anderer ausgerichtet	*„Ich teile oft mit anderen (z.B. Süßigkeiten, Spielzeug, Buntstifte)."* [6]	.75
Impulsivität	Mangelndes Vermögen, einer initialen Handlungsabsicht zu widerstehen	*„Ich tue und sage oft etwas, ohne darüber nachgedacht zu haben."* [7]	.79
Durchsetzungsfähigkeit	Berücksichtigung eigener Interessen	*„Manchmal sage ich nichts, obwohl ich eigentlich Recht habe."* [8]	.67

Jede Dimension wurde mit vier Items operationalisiert (vierstufiges Antwortformat: 1 = stimmt genau, ... , 4 = stimmt gar nicht). Sozialkompetenzdimensionen mit explizit prosozialer Ausrichtung sind grün hinterlegt. Ausführliche Informationen zum Instrument sind Frey (2013) zu entnehmen.
1 = Bauen auf dem Sozialkompetenzmodell nach Kanning (2002, 2005) auf.
2 = Stichprobe von 2015 (3406 < *N* < 3504), Wendt, Bos, Tarelli, Vaskova und Walzebug (2016, S. 82-87).
3 = Quelle: Rindermann (2009).
4 = Quelle: Stadler, Janke und Schmeck (2004).
5 = Quelle: Rindermann (2009).
6 = Quelle: Goodman (1997).
7 = Quelle: Stadler, Janke und Schmeck (2004).
8 = Quelle: Fend und Prester (1986).

IEA: Trends in International Mathematics and Science Study © TIMSS 2015

2 Ergebnisse

Zunächst interessierte die Ausprägung sozialer Kompetenz von Viertklässlerinnen und Viertklässlern in Deutschland in 2015 (Frage 1). Für eine Betrachtung der Ausprägung sozialer Kompetenzen in Deutschland wurde zunächst für jede der sechs Sozialkompetenzdimensionen der Mittelwert gebildet. Er drückt aus, wie stark positiv die jeweilige Selbsteinschätzung des Kindes bezüglich der betreffenden Sozialkompetenzdimension ausfällt. In einem weiteren Schritt wurden für jede Sozialkompetenzdimension Schülergruppen mit niedriger, mittlerer und hoher positiver Selbsteinschätzung gebildet. Dazu wurden je Sozialkompetenzdimension – entsprechend dem internationalen Vorgehen bei anderen Konstrukten (Martin, Mullis & Hooper, 2016) – Kinder mit einem Mittelwert von 1 bis 1.99 als niedrig, Kinder mit einem Mittelwert von 2.00 bis 2.99 als mittelmäßig und Kinder mit einem Mittelwert von 3.00 bis 4.00 als hoch sozialkompetent klassifiziert.

In Abbildung 12.1 sind (links) für jede der sechs Sozialkompetenzdimensionen die mittleren Sozialkompetenzangaben der Schülerinnen und Schüler sowie (rechts) die prozentuale Verteilung der Schülerinnen und Schüler nach niedrigen, mittleren und hohen Kompetenzwerten für die verschiedenen Dimensionen sozialer Kompetenz dargestellt. Insgesamt ist die Selbsteinschätzung von Grundschulkindern in Deutschland am Ende der Grundschulzeit 2015 positiv ausgeprägt: Die Mittelwerte von 2.25 bis 3.45 liegen mehrheitlich oberhalb des theoretischen Mittelwerts der Skala (2.5). Im Vergleich der Skalenwerte fällt auf, dass Schülerinnen und Schüler sich bezüglich der ausdrücklich prosozial ausgerichteten Sozialkompetenzdimensionen (Perspektivenübernahme, Empathie, Regulation der Gefühle anderer und prosoziales Verhalten) mit Mittelwerten zwischen 3.12 und 3.45 positiver einschätzen als bezüglich Impulskontrolle (M = 2.40) und Durchsetzungsfähigkeit (M = 2.25). Schülerinnen und Schüler in Deutschland schätzen sich 2015 bezüglich ihrer in wohlwollender Weise auf andere ausgerichteten Kompetenzen demnach positiver ein als in Bezug auf ihr Vermögen, eigene Impulse zu kontrollieren und sich gegenüber anderen durchzusetzen. Dieser Befund zeigte sich auch in den Daten zu TIMSS 2011 (Frey et al., 2015) und TIMSS 2007 (Frey, 2013, S. 174 f.).

Abbildung 12.1: Mittlere Sozialkompetenzwerte und prozentuale Verteilung nach niedrigen, mittleren und hohen Kompetenzwerten (Angaben der Schülerinnen und Schüler)

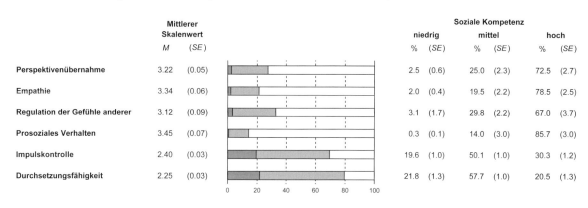

| | Mittlerer Skalenwert | | | Soziale Kompetenz | | | | | |
| | | | | niedrig | | mittel | | hoch | |
	M	(SE)		%	(SE)	%	(SE)	%	(SE)
Perspektivenübernahme	3.22	(0.05)		2.5	(0.6)	25.0	(2.3)	72.5	(2.7)
Empathie	3.34	(0.06)		2.0	(0.4)	19.5	(2.2)	78.5	(2.5)
Regulation der Gefühle anderer	3.12	(0.09)		3.1	(1.7)	29.8	(2.2)	67.0	(3.7)
Prosoziales Verhalten	3.45	(0.07)		0.3	(0.1)	14.0	(3.0)	85.7	(3.0)
Impulskontrolle	2.40	(0.03)		19.6	(1.0)	50.1	(1.0)	30.3	(1.2)
Durchsetzungsfähigkeit	2.25	(0.03)		21.8	(1.3)	57.7	(1.0)	20.5	(1.3)

▨ % der Schülerinnen und Schüler mit niedrigen Sozialkompetenzangaben.
▨ % der Schülerinnen und Schüler mit mittleren Sozialkompetenzangaben.
☐ % der Schülerinnen und Schüler mit hohen Sozialkompetenzangaben.

IEA: Trends in International Mathematics and Science Study   © TIMSS 2015

Für die prosozialen Sozialkompetenzdimensionen zeigen sich große Anteile an Schülerinnen und Schülern, die gemäß ihrer Selbsteinschätzung über hohe soziale Kompetenzen verfügen: Fast 90 Prozent der Grundschulkinder in Deutschland (86 %) schätzen sich bezüglich ihres prosozialen Verhaltens sehr positiv ein, das heißt, sie betrachten sich selbst als hilfsbereit, nett und teilen gerne mit anderen. Ein ähnlich großer Anteil (rund 80 %) sagt von sich selbst, empathisch zu sein und auf Gefühlsäußerungen anderer mit Mitgefühl zu reagieren. Mit 73 Prozent geben über zwei Drittel aller Grundschulkinder in Deutschland an, in der Lage zu sein, emotionale Zustände anderer identifizieren und differenzieren zu können (Perspektivenübernahme). Mit 67 Prozent ist der Anteil derer nur etwas geringer, der sich sehr positiv in Fähigkeiten einschätzt, die darauf abzielen, anderen Personen in schwierigen Situationen kommunikativ beizustehen und zum Beispiel durch Trösten positiv auf sie einzuwirken (Regulation der Gefühle anderer).

Für Impulskontrolle und Durchsetzungsfähigkeit ergeben sich deutlich heterogenere Verteilungen: Mit 30 beziehungsweise 21 Prozent bringt lediglich bis zu ein Drittel aller Viertklässlerinnen und Viertklässler in Deutschland hohe positive

Selbsteinschätzungen zum Ausdruck und etwa jedes fünfte Kind hält sich für weniger gut in der Lage, die eigenen Impulse zu kontrollieren (20 %) oder sich gut durchsetzen zu können (22 %).

Ferner interessierte, ob sich unter Viertklässlerinnen und Viertklässlern in Deutschland Sozialkompetenzunterschiede nach Geschlecht zeigen, ob also Jungen und Mädchen 2015 über unterschiedlich ausgeprägte Sozialkompetenz verfügen (Frage 2). Die Angabe zum Geschlecht der Schülerinnen und Schüler entstammt dem internationalen TIMSS-Schülerfragebogen („Bist du ein Mädchen oder ein Junge?").

Es ist Abbildung 12.2 zu entnehmen, dass Mädchen in fast allen Dimensionen sozialer Kompetenz nominal höhere positive Selbsteinschätzungen zum Ausdruck bringen als ihre Mitschüler (Perspektivenübernahme +0.12, Empathie +0.29, Regulation der Gefühle anderer +0.19, prosoziales Verhalten +0.21 und Impulskontrolle +0.17). Für die Durchsetzungsfähigkeit zeigt sich hingegen ein nominal höherer Skalenwert für die Jungen (+0.07). Die Unterschiede zwischen den Geschlechtern erweisen sich allerdings nur bezüglich vier der sechs Dimensionen (Empathie, Regulation der Gefühle anderer, prosoziales Verhalten und Impulskontrolle) auch als statistisch signifikant ($p < .05$).

Abbildung 12.2: Mittlere Sozialkompetenzwerte und prozentuale Verteilung nach niedrigen, mittleren und hohen Kompetenzwerten und Geschlecht (Angaben der Schülerinnen und Schüler)

	Mittlerer Skalenwert				Soziale Kompetenz					
					niedrig		mittel		hoch	
	M	(SE)			%	(SE)	%	(SE)	%	(SE)
Perspektivenübernahme										
Jungen	3.16	(0.08)			3.4	(1.0)	27.3	(2.6)	69.3	(3.4)
Mädchen	3.28	(0.04)			1.4	(0.4)	22.6*	(2.2)	76.0*	(2.3)
Empathie										
Jungen	3.20	(0.08)			3.0	(0.7)	25.5	(2.4)	71.5	(2.8)
Mädchen	3.49*	(0.05)			0.9*	(0.3)	12.9*	(2.1)	86.2*	(2.3)
Regulation der Gefühle anderer										
Jungen	3.03	(0.12)			4.5	(2.2)	33.5	(2.3)	62.0	(4.1)
Mädchen	3.22*	(0.06)			1.6*	(1.1)	25.8*	(2.5)	72.5*	(3.4)
Prosoziales Verhalten										
Jungen	3.35	(0.08)			0.6	(0.2)	19.2	(3.4)	80.2	(3.6)
Mädchen	3.56*	(0.06)			0.1	(0.1)	8.3*	(2.6)	91.6*	(2.6)
Impulskontrolle										
Jungen	2.32	(0.04)			22.6	(1.4)	50.2	(1.2)	27.1	(1.2)
Mädchen	2.49*	(0.03)			16.3*	(1.1)	49.9	(1.6)	33.8*	(1.6)
Durchsetzungsfähigkeit										
Jungen	2.28	(0.05)			20.5	(1.8)	57.5	(1.5)	22.0	(1.3)
Mädchen	2.21	(0.04)			23.2	(1.3)	58.0	(1.5)	18.8	(1.7)

0   20   40   60   80   100

▨ % der Schülerinnen und Schüler mit niedrigen Sozialkompetenzangaben.
▨ % der Schülerinnen und Schüler mit mittleren Sozialkompetenzangaben.
▢ % der Schülerinnen und Schüler mit hohen Sozialkompetenzangaben.
✳ = Unterschied zu Jungen statistisch signifikant ($p < .05$).

IEA: Trends in International Mathematics and Science Study   © TIMSS 2015

Gemäß ihrer Selbsteinschätzung verfügen signifikant ($p < .05$) mehr Mädchen als Jungen bezüglich Perspektivenübernahme, Empathie, Regulation der Gefühle anderer, prosoziales Verhalten und Impulskontrolle über hohe soziale Kompetenzen: Neun von zehn Grundschülerinnen in Deutschland (92 %) schätzen sich in der Dimension prosoziales Verhalten sehr positiv ein, das heißt, sie betrachten sich selbst als hilfsbereit, nett und teilen gerne mit anderen, gegenüber etwa 10 Prozent weniger Jungen (80%). Der Anteil Mädchen, der berichtet, empathisch zu sein und auf Gefühlsäußerungen anderer mit Mitgefühl zu reagieren (Empathie), ist vergleichbar (86%), demgegenüber beträgt der Anteil der Jungen knapp 15 Prozent weniger (72%). 76 Prozent der Mädchen gegenüber 69 Prozent der Jungen sagt von sich selbst, emotionale Zustände anderer gut identifizieren und verstehen zu können (Perspektivenübernahme). Etwa 73 Prozent aller Viertklässlerinnen in Deutschland schätzen sich sehr positiv in Hinblick auf die eigenen Fähigkeiten ein, anderen Personen in schwierigen Situationen kommunikativ beizustehen und zum Beispiel durch Trösten positiv auf diese einzuwirken (Regulation der Gefühle anderer); der Anteil der Jungen (62%) beträgt abermals etwa 10 Prozent weniger. Auch bezüglich der nicht explizit prosozialen Fähigkeit Impulskontrolle bringen mehr Mädchen (34%) als Jungen (27%) eine hohe positive Selbsteinschätzung zum Ausdruck. Hingegen unterscheiden sich Jungen und Mädchen nicht signifikant hinsichtlich ihrer selbstberichteten Fähigkeit, sich gegenüber anderen mehr oder weniger behaupten zu können (Durchsetzungsfähigkeit). Die heterogenere Verteilung bezüglich der beiden nicht explizit prosozialen Sozialkompetenzdimensionen Impulskontrolle und Durchsetzungsfähigkeit zeigt sich für beide Geschlechter gleichermaßen: Sowohl Jungen als auch Mädchen schätzen sich nominal seltener sehr positiv ein, wenn es um nicht explizit prosoziale Sozialkompetenzdimensionen geht.

Sozialkompetenzunterschiede interessierten auch hinsichtlich des sozioökonomischen Status der Schülerfamilien (Frage 3). Als Statusvariablen wurden Variablen aus der nationalen Erweiterung des TIMSS-Elternfragebogens zum Beruf von Vater und Mutter genutzt, darunter auch offene Berufsangaben, die entsprechend den Arbeiten von Erikson, Goldthorpe und Portocarero (1979) in die für Deutschland üblichen EGP-Klassen (Baumert & Schümer, 2001, S. 339) überführt wurden (siehe Kapitel 10 in diesem Band). Als Vergleichsgruppe diente EGP-Klasse VII (un- und angelernte Arbeiter).

Die Ergebnisse sind in Abbildung 12.3 dargestellt. Es fällt auf, dass insgesamt nur wenige Unterschiede bestehen, im Großen und Ganzen unterscheidet sich die Sozialkompetenz von Viertklässlerinnen und Viertklässlern also nicht nach ihrem sozioökonomischen Status. Erwähnenswerte, weil signifikante ($p < .05$) Ausnahmen bestehen hinsichtlich Impulskontrolle und Durchsetzungsfähigkeit: Gegenüber Kindern von un- und angelernten Arbeitern schätzen Kinder von Eltern der Dienstklasse II ihre Impulskontrolle und ihre Durchsetzungsfähigkeit höher ein, was für die Impulskontrolle auch für Kinder von Eltern der Dienstklasse I zutrifft (Mittelwertsvergleich). Bei genauerer Betrachtung (prozentuale Verteilung auf niedrige, mittlere und hohe Sozialkompetenz) geben gegenüber Kindern von un- und angelernten Arbeitern Kinder von Eltern der Dienstklasse I häufiger an, ihre Impulse gut kontrollieren zu können (36% vs. 26%). Kinder von Eltern der Dienstklasse II geben häufiger als Kinder von un- und angelernten Arbeitern an, sich gegenüber anderen gut durchsetzen zu können (24% vs. 17%), und seltener, ihre Impulse weniger gut kontrollieren zu können (17% vs. 24%).

Abbildung 12.3: Mittlere Sozialkompetenzwerte und prozentuale Verteilung nach niedrigen, mittleren und hohen Kompetenzwerten (Angaben der Schülerinnen und Schüler) nach sozioökonomischem Status (EGP-Klassen)

| | Mittlerer Skalenwert | | | Soziale Kompetenz | | | | | |
| | | | | niedrig | | mittel | | hoch | |
	M	(SE)		%	(SE)	%	(SE)	%	(SE)
Perspektivenübernahme									
Obere Dienstklasse (I)	3.26	(0.06)		1.9	(0.7)	24.1	(3.0)	74.0	(3.4)
Untere Dienstklasse (II)	3.23	(0.07)		2.4	(1.2)	24.2	(2.7)	73.4	(3.4)
(Fach-)Arbeiter (V, VI)	3.18	(0.06)		2.6	(0.9)	27.4	(2.1)	70.0	(2.5)
Un- und angelernte Arbeiter (VII)	3.23	(0.08)		2.3	(0.8)	24.9	(3.1)	72.7	(3.0)
Empathie									
Obere Dienstklasse (I)	3.39	(0.05)		1.5	(0.7)	17.5	(1.6)	81.0	(2.0)
Untere Dienstklasse (II)	3.35	(0.09)		2.2	(0.6)	18.7	(4.1)	79.2	(4.3)
(Fach-)Arbeiter (V, VI)	3.30	(0.07)		1.6	(0.5)	22.4	(2.1)	76.1	(2.1)
Un- und angelernte Arbeiter (VII)	3.33	(0.06)		3.1	(0.9)	18.1	(2.6)	78.8	(2.9)
Regulation der Gefühle anderer									
Obere Dienstklasse (I)	3.12	(0.08)		2.8	(1.3)	29.7	(2.6)	67.5	(3.6)
Untere Dienstklasse (II)	3.12	(0.09)		3.2	(2.2)	30.2	(2.8)	66.6	(4.1)
(Fach-)Arbeiter (V, VI)	3.10	(0.09)		3.0	(1.4)	30.5	(2.8)	66.5	(3.6)
Un- und angelernte Arbeiter (VII)	3.14	(0.11)		3.6	(1.9)	27.9	(2.7)	68.5	(4.2)
Prosoziales Verhalten									
Obere Dienstklasse (I)	3.49	(0.05)		0.2	(0.2)	12.5	(2.2)	87.3	(2.3)
Untere Dienstklasse (II)	3.48	(0.10)		0.3	(0.2)	12.8	(3.4)	87.0	(3.4)
(Fach-)Arbeiter (V, VI)	3.43	(0.08)		0.3	(0.3)	15.4	(2.7)	84.2	(2.8)
Un- und angelernte Arbeiter (VII)	3.44	(0.06)		0.5	(0.3)	14.6	(3.7)	84.9	(3.8)
Impulskontrolle									
Obere Dienstklasse (I)	2.50*	(0.04)		16.9	(1.8)	47.4	(2.3)	35.7*	(2.0)
Untere Dienstklasse (II)	2.50*	(0.06)		16.5*	(2.0)	48.9	(3.0)	34.6	(2.5)
(Fach-)Arbeiter (V, VI)	2.34	(0.07)		21.0	(1.8)	52.3	(2.2)	26.8	(2.4)
Un- und angelernte Arbeiter (VII)	2.30	(0.06)		23.7	(2.2)	50.7	(2.2)	25.5	(2.1)
Durchsetzungsfähigkeit									
Obere Dienstklasse (I)	2.31	(0.05)		19.4	(2.1)	57.1	(2.4)	23.4	(1.6)
Untere Dienstklasse (II)	2.34*	(0.06)		18.4	(2.5)	57.6	(3.7)	24.0*	(2.6)
(Fach-)Arbeiter (V, VI)	2.25	(0.05)		20.9	(1.9)	59.5	(2.9)	19.6	(2.4)
Un- und angelernte Arbeiter (VII)	2.13	(0.07)		27.3	(3.1)	55.9	(2.1)	16.8	(2.1)

0   20   40   60   80   100

■ % der Schülerinnen und Schüler mit niedrigen Sozialkompetenzangaben.
■ % der Schülerinnen und Schüler mit mittleren Sozialkompetenzangaben.
□ % der Schülerinnen und Schüler mit hohen Sozialkompetenzangaben.
∗ = Unterschied zu Un- und angelernte Arbeiter (VII) statistisch signifikant ($p < .05$).

IEA: Trends in International Mathematics and Science Study © TIMSS 2015

Ob sich Kinder je nach kognitivem Leistungsniveau systematisch in ihrer selbstberichteten Sozialkompetenz unterscheiden (Frage 4), wurde für die kognitive Leistung anhand der standardisierten TIMSS-Leistung in Mathematik und den Naturwissenschaften untersucht. Das Leistungsniveau kann in TIMSS in fünf aufeinander aufbauenden Kompetenzstufen ausgedrückt werden, die jeweils einen durch Schülerinnen und Schüler beherrschten Aufgabenbereich inhaltlich umschreiben (siehe Kapitel 3 und Kapitel 4 in diesem Band). Für die hier berichteten Analysen wurden die fünf Kompetenzstufen zu drei zusammengefasst (unterhalb Kompetenzstufe III, auf Kompetenzstufe III und IV, auf Kompetenzstufe V). Wie sich Kinder mit hoher, mittlerer und niedriger Sozialkompetenz auf die TIMSS-Kompetenzstufen verteilen, ist bezüglich der Mathematikleistung Abbildung 12.4 und bezüglich der Naturwissenschaftsleistung Abbildung 12.5 zu entnehmen. Da sich auf der Dimension prosoziales Verhalten besonders geringe Unterschiede in der Antworttendenz der Schülerinnen und Schüler gezeigt haben (siehe Abbildung 12.1 und dazugehörige Beschreibung), wird aufgrund der sich ergebenden geringen Zellhäufigkeiten nach Kompetenzen für diese Abbildungen auf eine differenzierte Berechnungen und Darstellung bezüglich der Dimension prosoziales Verhalten verzichtet.

Abbildung 12.4: Prozentuale Verteilung der Schülerinnen und Schüler auf die Kompetenzstufen (Mathematik) nach niedrigen, mittleren und hohen Sozialkompetenzwerten (Angaben der Schülerinnen und Schüler)

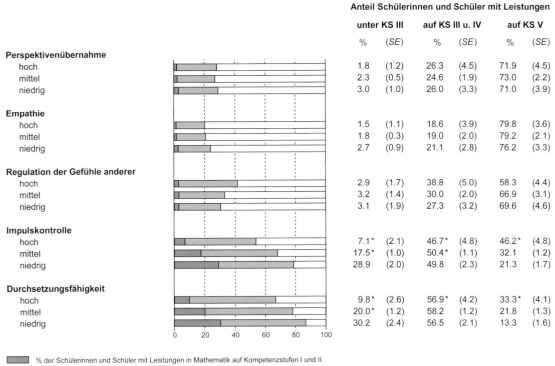

Anteil Schülerinnen und Schüler mit Leistungen

	unter KS III		auf KS III u. IV		auf KS V	
	%	(SE)	%	(SE)	%	(SE)
Perspektivenübernahme						
hoch	1.8	(1.2)	26.3	(4.5)	71.9	(4.5)
mittel	2.3	(0.5)	24.6	(1.9)	73.0	(2.2)
niedrig	3.0	(1.0)	26.0	(3.3)	71.0	(3.9)
Empathie						
hoch	1.5	(1.1)	18.6	(3.9)	79.8	(3.6)
mittel	1.8	(0.3)	19.0	(2.0)	79.2	(2.1)
niedrig	2.7	(0.9)	21.1	(2.8)	76.2	(3.3)
Regulation der Gefühle anderer						
hoch	2.9	(1.7)	38.8	(5.0)	58.3	(4.4)
mittel	3.2	(1.4)	30.0	(2.0)	66.9	(3.1)
niedrig	3.1	(1.9)	27.3	(3.2)	69.6	(4.6)
Impulskontrolle						
hoch	7.1*	(2.1)	46.7*	(4.8)	46.2*	(4.8)
mittel	17.5*	(1.0)	50.4*	(1.1)	32.1	(1.2)
niedrig	28.9	(2.0)	49.8	(2.3)	21.3	(1.7)
Durchsetzungsfähigkeit						
hoch	9.8*	(2.6)	56.9*	(4.2)	33.3*	(4.1)
mittel	20.0*	(1.2)	58.2	(1.2)	21.8	(1.3)
niedrig	30.2	(2.4)	56.5	(2.1)	13.3	(1.6)

▓ % der Schülerinnen und Schüler mit Leistungen in Mathematik auf Kompetenzstufen I und II.

▒ % der Schülerinnen und Schüler mit Leistungen in Mathematik auf Kompetenzstufen III und IV.

☐ % der Schülerinnen und Schüler mit Leistungen in Mathematik auf Kompetenzstufe V.

★ = Unterschied zu Schülerinnen und Schülern mit niedrigen Sozialkompetenzangaben statistisch signifikant ($p < .05$).

Aufgrund besonders geringer Varianz im Antwortverhalten und daraus in Kombination mit dem Kompetenzstufen resultierender geringer Zellhäufigkeiten, wird auf eine Darstellung der Verteilungen für die Dimension prosoziales Verhalten verzichtet.

IEA: Trends in International Mathematics and Science Study   © TIMSS 2015

Die Abbildungen machen sichtbar, dass sich nur die nicht ausdrücklich prosozialen Kompetenzen (Impulskontrolle und Durchsetzungsfähigkeit) nach standardisierter Mathematik- und Naturwissenschaftsleistung signifikant ($p < .05$) unterscheiden. Für die ausdrücklich prosozialen Sozialkompetenzangaben (Perspektivenübernahme, Empathie und Regulation der Gefühle anderer) gilt, dass Kinder sich je nach Schulleistungsniveau in Mathematik und den Naturwissenschaften nicht als sozial kompetenter oder weniger sozial kompetent bezeichnen und umgekehrt. Anders verhält es sich für die nicht ausdrücklich prosozial ausgerichteten Dimensionen Impulskontrolle und Durchsetzungsfähigkeit: Viertklässlerinnen und Viertklässler, die nach eigenen Angaben ihre Impulse gut im Griff haben, haben signifikant seltener als Kinder, die nach eigenen Angaben ihre Impulse nicht gut im Griff haben, sehr schlechte mathematische und naturwissenschaftliche Schulleistungen (7 bis 8 % vs. 29 % unter Kompetenzstufe III). Das trifft auch auf Kinder zu, die nach eigenen Angaben ihre Impulse zumindest mäßig im Griff haben (18 % vs. 29 % unter Kompetenzstufe III). Viertklässlerinnen und Viertklässler, die nach eigenen Angaben ihre Impulse gut im Griff haben, erzielen zudem signifikant häufiger als Kinder, die nach eigenen Angaben ihre Impulse nicht gut im Griff haben, sehr gute naturwissenschaftliche Schulleistungen (46 bis 47 % vs. 20 bis 21 % auf Kompetenzstufe V). Für Durchsetzungsfähigkeit zeigt sich der gleiche Befund: Viertklässlerinnen und Viertklässler, die sich nach eigenen Angaben gut anderen gegenüber durchsetzen, haben signifikant seltener als Kinder, die sich nach eigenen Angaben nicht gut gegenüber anderen durchsetzen, sehr schlechte mathematische und naturwissenschaftliche Schulleistungen (10 bis 13% vs. 30 bis 31% unter Kompetenzstufe III). Das trifft auch auf Kinder zu, die sich nach eigenen Angaben zumindest mäßig gut anderen gegenüber durchsetzen (20% vs. 30 bis 31% unter Kompetenzstufe III). Viertklässlerinnen und Viertklässler, die sich nach eigenen Angaben anderen gegenüber gut durchsetzen können haben zudem signifikant häufiger als Kinder, die sich nach eigenen Angaben anderen gegenüber nicht gut durchsetzen, sehr gute naturwissenschaftliche Schulleistungen (33 bis 34% vs. 12 bis 13% auf Kompetenzstufe V).

Abbildung 12.5: Prozentuale Verteilung der Schülerinnen und Schüler auf die Kompetenzstufen (Naturwissenschaften) nach niedrigen, mittleren und hohen Sozialkompetenzwerten (Angaben der Schülerinnen und Schüler)

| | Anteil Schülerinnen und Schüler mit Leistungen | | | | | |
| | unter KS III | | auf KS III u. IV | | auf KS V | |
	%	(SE)	%	(SE)	%	(SE)
Perspektivenübernahme						
hoch	2.6	(3.9)	25.2	(12.1)	72.2	(15.7)
mittel	2.5	(0.5)	25.0	(2.0)	72.5	(2.3)
niedrig	2.7	(1.0)	25.9	(3.2)	71.4	(3.7)
Empathie						
hoch	1.6	(0.8)	15.9	(2.8)	82.5	(3.0)
mittel	1.9	(0.4)	19.1	(1.9)	78.9	(2.1)
niedrig	2.3	(0.9)	21.8	(3.0)	75.8	(3.6)
Regulation der Gefühle anderer						
hoch	2.9	(1.4)	33.7	(3.3)	63.5	(3.6)
mittel	3.2	(1.4)	30.1	(2.0)	66.7	(3.1)
niedrig	3.1	(1.8)	27.6	(3.4)	69.3	(4.8)
Impulskontrolle						
hoch	7.6*	(2.1)	45.3*	(4.2)	47.1*	(4.2)
mittel	18.0*	(1.0)	50.3	(1.3)	31.7	(1.3)
niedrig	28.8	(2.2)	51.0	(2.3)	20.2	(1.9)
Durchsetzungsfähigkeit						
hoch	12.8*	(2.5)	53.6*	(4.2)	33.6*	(3.5)
mittel	20.0*	(1.2)	58.4	(1.2)	21.5	(1.2)
niedrig	30.7	(2.4)	56.9	(2.1)	12.4	(1.8)

0 20 40 60 80 100

▓ % der Schülerinnen und Schüler mit Leistungen in Naturwissenschaften auf Kompetenzstufen I und II.

▒ % der Schülerinnen und Schüler mit Leistungen in Naturwissenschaften auf Kompetenzstufen III und IV.

□ % der Schülerinnen und Schüler mit Leistungen in Naturwissenschaften auf Kompetenzstufe V.

$*$ = Unterschied zu Schülerinnen und Schülern mit niedrigen Sozialkompetenzangaben statistisch signifikant ($p < .05$).

Aufgrund besonders geringer Varianz im Antwortverhalten und daraus in Kombination mit dem Kompetenzstufen resultierender geringer Zellhäufigkeiten, wird auf eine Darstellung der Verteilungen für die Dimension prosoziales Verhalten verzichtet.

IEA: Trends in International Mathematics and Science Study   © TIMSS 2015

3   Zusammenfassung und Diskussion

Viertklässlerinnen und Viertklässler in Deutschland schätzen im Jahr 2015 ihre Sozialkompetenz positiv ein, besonders hinsichtlich Dimensionen, die ausdrücklich in wohlwollender Art und Weise auf andere ausgerichtet sind (Perspektivenübernahme, Empathie, Regulation der Gefühle anderer und prosoziales Verhalten). Der Großteil der Kinder (zwischen 67 % und 86 %) ist bezüglich dieser Dimensionen sogar der Kategorie hoch ausgeprägter Sozialkompetenz zuzuordnen. Dem Anteil sozialer Kompetenz in Bezug auf Interessen anderer tragen Kinder in Deutschland in 2015 demnach in besonderer Weise Rechnung. Anders sieht es für die stärker auf die eigene Person bezogenen Dimensionen Impulskontrolle und Durchsetzungsfähigkeit aus, hier liegen die durchschnittlichen Einschätzungen gerade eben im mittleren Skalenbereich und nur ein knappes Drittel (21 % bis 30 %) lässt sich hoch ausgeprägter Sozialkompetenz zuordnen; ein ähnlich hoher Anteil (20 % bis 22 %) verbleibt hier im Bereich niedriger Sozialkompetenz. Die soziale Kompetenz, die die eigenen Interessen (Durchsetzungsfähigkeit) und Impulskontrolle betrifft, wird demnach deutlich zurückhaltender eingeschätzt.

Die stärkere Zurückhaltung bei der Einschätzung der eigenen Sozialkompetenz hinsichtlich Impulskontrolle und Durchsetzungsfähigkeit zeigt sich für beide Geschlechter gleichermaßen. Ebenso ließen sich keine signifikanten Unterschiede zwischen Mädchen und Jungen in der Einschätzung ihrer Durchsetzungsfähigkeit finden. Der Anteil Mädchen, der seine soziale Kompetenz auf der Dimension Perspektivenübernahme als hoch ausgeprägt einschätzt, ist zwar signifikant größer als der entsprechende Anteil Jungen, aber im Mittelwert zeigt sich dieser Vorsprung der Mädchen nur nominal, aber nicht als auch zufallskritisch abzusichern. Das Ausbleiben eines signifikanten Vorsprungs von Mädchen bezüglich des Mittelwerts von Perspektivenübernahme überrascht, insbesondere vor dem Hintergrund der Ergebnisse aus den Jahren 2011 (Frey et al., 2015) und 2007 (Frey, 2013, S. 187 f.). Das Ausbleiben ist dadurch zu erklären, dass Jungen 2015 (M_{2015} = 3.16) häufiger höhere Fähigkeiten bezüglich Perspektivenübernahme bekunden als in den Vorjahren (M_{2011} = 3.03, M_{2007} = 2.93, ohne Abbildung). Jungen haben also ihrer eigenen Aussage nach gegenüber den Vorjahren in der Fähigkeit aufgeholt, die Gefühle anderer zu erkennen und nachzufühlen. Ob es sich hierbei um eine dauerhafte oder zufällige Steigerung handelt, ist den vorliegenden Daten nicht zu entnehmen. Eine einschränkungslos höhere prosoziale Kompetenz von Mädchen kann 2015 jedenfalls nicht festgehalten werden, da es zumindest bezüglich der Perspektivenübernahme keine bedeutsamen Mittelwertsunterschiede gibt. Mädchen schätzen allerdings ihre Fähigkeiten in den übrigen vier Sozialkompetenzdimensionen – Empathie, Regulation der Gefühle anderer, prosoziales Verhalten und Impulskontrolle – signifikant höher ein als Jungen. Bezüglich der prosozialen Dimensionen war ein leichter Vorsprung der Mädchen theoretisch und empirisch nicht unerwartet (siehe Abschnitt 1.2) und auch der Vorsprung der Mädchen bezüglich Impulskontrolle zeigte sich bereits 2011 (Frey et al., 2015) und 2007 (Frey, 2013, S. 187 f.). Insgesamt bestätigen die vorliegenden Ergebnisse in der Zusammenschau mit den Daten aus vorangegangenen Erhebungszyklen einerseits, dass kindliche Geschlechterunterschiede im Sozialverhalten nicht belastbar zu belegen sind (keine signifikanten Differenzen bezüglich der Mittelwerte der Dimensionen Perspektivenübernahme und Durchsetzungsfähigkeit). Andererseits sind die diesbezüglich vorgelegten Ergebnisse aber durchaus ein empirisches Argument mehr für das Vorhandensein von spezifischen Geschlechterunterschieden im sozialen Bereich, die sich auch über die letzten Jahre hinweg immer wieder gezeigt haben (Vorsprung der Mädchen in Perspektivenübernahme, Empathie, Regulation der Gefühle anderer, prosoziales Verhalten und Impulskontrolle).

Der Befund zur Frage, ob die Sozialkompetenz von Kindern sich je nach sozioökonomischem Status ihres Elternhauses unterscheidet, ist weniger differenziert: Viertklässlerinnen und Viertklässler unterscheiden sich im Großen und Ganzen nicht systematisch in ihrer Sozialkompetenzeinschätzung je nachdem, welcher sozialen Dienstklasse ihre Eltern angehören. Ausnahmen zeigten sich nur hinsichtlich Impulskontrolle und Durchsetzungsfähigkeit: Kinder von Eltern der Dienstklassen I und II gaben etwas häufiger als Kinder von un- und angelernten Arbeitern an, ihre Impulse gut kontrollieren und sich gegenüber anderen durchsetzen zu können ($p < .05$). Die weitgehende Unabhängigkeit der Sozialkompetenz – zumindest der prosozialen Sozialkompetenz – vom sozioökonomischen Status widerspricht zwar angloamerikanischen Befunden (siehe Abschnitt 1.3), zeigte sich aber für Grundschulkinder in Deutschland bereits in 2011 (Frey et al., 2015) und ist insofern ein erfreuliches Ergebnis, als es dem schulischen und gesellschaftlichen Bildungsauftrag entspricht, Kinder in allen Bereichen unabhängig von ihrem sozioökonomischen Hintergrund zu fördern.

Zuletzt wurde untersucht, ob sich Kinder je nach mathematischem und naturwissenschaftlichem Schulleistungsniveau hinsichtlich ihrer Sozialkompetenz unterscheiden. Für prosoziale Sozialkompetenzdimensionen ist das nicht der Fall, mathematisch und naturwissenschaftlich hoch- oder niedrigleistende Kinder unterscheiden sich nicht signifikant in ihrer prosozialen Kompetenz. Das ist insofern plausibel, als die ausdrücklich prosozialen Dimensionen nicht in erster Linie solche kognitiven Fähigkeiten erfordern, die sich in standardisierten Schulleistungstests valide niederschlagen. Prosoziale Kompetenz erfordert, die eigene Person zurückzunehmen und die Bedürfnisse anderer wertzuschätzen. Selbstredend sind kognitive Entwicklung und Reifung auch für prosoziale Kompetenz maßgeblich, aber womöglich ließe sich der für prosoziale Kompetenz entscheidende kognitive Entwicklungsstand eher durch andere kognitive Maße abbilden als durch Schulleistungstests.

Für Impulskontrolle und Durchsetzungsfähigkeit gibt es dagegen signifikante Unterschiede je nach Schulleistungsniveau: Kinder, die nach eigenen Angaben ihre Impulse (zumindest einigermaßen) gut im Griff haben und Kinder, die sich nach eigenen Angaben (zumindest einigermaßen) gut anderen gegenüber durchsetzen, haben seltener sehr schlechte und häufiger sehr gute mathematische und naturwissenschaftliche Schulleistungen. Für Impulskontrolle und Durchsetzungsfähigkeit könnte es sich deshalb anders als für die prosozialen Dimensionen verhalten, weil diese beiden Dimensionen inhaltlich keine solche (pro-)soziale Ausrichtung haben. Für die Dimension Impulskontrolle wird, im Vergleich zu den anderen sechs Dimensionen, in den Formulierungen der Items der Sozialbezug am wenigsten hergestellt, andere Personen werden gar nicht genannt. Hingegen werden selbstregulative und damit in besonderem Maße kognitive Fähigkeiten angesprochen (sich beherrschen können, Geduld haben, überlegt handeln). Eigenschaften wie Frustrationstoleranz oder Zielbezogenheit, die in schulischen Performanzsituationen bedeutsam sind, dürften bei Kindern, die behaupten, ihre Impulse besser im Griff zu haben, auch häufiger gezeigt werden. Insofern ist plausibel, dass beherrschtere Kinder häufiger bessere und seltener schlechte Schulleistung zeigen. Zwar hat die Dimension Durchsetzungsfähigkeit, bezüglich derer sich ebenfalls Unterschiede in der Schulleistung zeigen, keinen entsprechenden Kognitionsbezug. Im Unterschied zu den ausdrücklich pro-sozialen Dimensionen beschreibt Durchsetzungsfähigkeit aber – wie Impuls-kontrolle – Fähigkeiten mit stärkerer Ich-Bezogenheit. Hier geht es um den ,gesunden Egoismus', den Selbsterhaltungstrieb. Es erscheint zumindest für leis-tungsorientierte Gesellschaften plausibel, dass die stärkere Berücksichtigung des eigenen Vorteils sich unter anderem auch in besserer Schulleistung niederschlägt. Insofern erweist sich das differenzierte Ergebnismuster – in Abhängigkeit von der Schulleistung ergeben sich Unterschiede für Impulskontrolle und Durch-setzungsfähigkeit, nicht aber für die prosozialen Kompetenzdimensionen – als durchaus erklärbar und plausibel. In 2011 wurde der Zusammenhang zwischen Sozialkompetenz und Schulleistung nicht untersucht, aber in 2007 fiel er ganz ähnlich aus (Frey, 2013, S. 197, 231 f.).

Sicherlich ist es erfreulich, dass Kinder in Deutschland am Ende ihrer Grund-schulzeit im Großen und Ganzen zuversichtlich auf ihre eigenen Sozialfähigkeiten blicken. Da Schule einen erheblichen Anteil an der kindlichen Erziehung hat, ist dieser Befund auch ein schulischer Erfolg: Schule und Lehrkräfte tragen ins-besondere zum sozialen Selbstkonzept ihrer Schülerinnen und Schüler bedeut-sam bei (Hascher & Neuenschwander, 2011). Die hier berichteten Befunde mah-nen aber auch, soziale Kompetenz nicht nur hinsichtlich prosozialer Aspekte zu definieren, die sich fürsorglich auf andere richten, sondern im Blick zu behal-ten, dass auch dem eigenen Wohl zuträgliche Fähigkeiten wie Impulskontrolle und Durchsetzungsfähigkeit wichtig sind. Erstens bekundeten diesbezüglich etwa 20 Prozent der Kinder eigene Schwächen (gegenüber 0–3 % bei prosozia-len Dimensionen), zweitens zeigte sich gerade für diese Facetten eine gewisse Nähe zu guten schulischen Leistungen. Ein kausaler Zusammenhang zwischen der Fähigkeit, die eigenen Bedürfnisse im Griff, die eigenen Interessen im Blick zu haben, und eigenem Fortkommen ist nicht unplausibel („good things come to those who can wait"; Mischel, 2014). Kinder wären schon frühzeitig durch Eltern und Lehrkräfte in der Beherrschung unerwünschter Impulse und in der ge-sunden Wertschätzung eigener Ziele zu unterstützen. Vor dem Hintergrund der berichteten Befunde ist eine solche Unterstützung insbesondere für Kinder von un- und angelernten Arbeitern wichtig, die nur bezüglich Impulskontrolle und Durchsetzungsfähigkeit gegenüber Kindern von Eltern der Dienstklassen I und II ein gewisses Defizit zeigten. Eltern, Schulen und Lehrkräfte sollten entsprechen-de Angebote zur Stärkung kindlicher Impulskontrolle und Durchsetzungsfähigkeit kennen (z.B. Fex, 2016; Sicher-Stark-Initiative, 2016). Insbesondere Lehrkräfte sollten in der Lage sein, diesbezügliche Stärken und besonders Schwächen zu diagnostizieren, um Eltern bei der Förderung beraten und aktiv unterstützen zu können. Die Wahrnehmung gezielter Fortbildungsangebote ist dafür von großem Vorteil.

Literatur

Barbu, S., Cabanes, G. & Le Maner-Idrissi, G. (2011). Boys and girls on the playground: Sex differences in social development are not stable across early childhood. *PLoS ONE, 6* (1), e16407.

Barchard, K. A. (2003). Does emotional intelligence assist in the prediction of academic success? *Educational and Psychological Measurement, 63* (5), 840–858.

Baumert, J. & Schümer, G. (2001). Familiäre Lebensverhältnisse, Bildungsbeteiligung und Kompetenzerwerb. In J. Baumert, E. Klieme, M. Neubrand, M. Prenzel, U. Schiefele,

W. Schneider & M. Weiß (Hrsg.), *PISA 2000. Basiskompetenzen von Schülerinnen und Schülern im internationalen Vergleich* (S. 323–407). Opladen: Leske+Budrich.

Beland, K. (1988). *Second Step. A violence-prevention curriculum. Grades 1–3.* Seattle, WA: Committee for Children.

Bowlby, J. (2010). *Frühe Bindung und kindliche Entwicklung* (6. Aufl.). München: Ernst Reinhardt.

Bradley, R. H. & Corwyn, R. F. (2002). Socioeconomic status and child development. *Annual Review of Psychology, 53* (1), 371–399.

Brophy-Herb, H. E., Lee, R. E., Nievar, M. A. & Stollak, G. (2007). Preschoolers' social competence: Relations to family characteristics, teacher behaviors and classroom climate. *Journal of Applied Developmental Psychology, 28*, 134–148.

Byrne, R. W. & Whiten, A. (Hrsg.). (1992). *Social expertise and the evolution of intellect in monkeys, apes, and humans* (2. Aufl.). Oxford: Clarendon Press.

buddy e. V. (2015). *Kompetenzorientierung fördern. Chancengerechtigkeit schaffen. Bildungserfolg ermöglichen. Jahresbericht 2014/2015.* Düsseldorf: buddy e. V. – Forum Neue Lernkultur. Zugriff am 5.10.2016 unter http://www.buddyev.de/fileadmin/user_upload/allgemein/pdf/Publikationen/BUDDY_GB_2014_2015.pdf

Caprara, G. V., Barbaranelli, C., Pastorelli, C., Bandura, A. & Zimbardo, P. G. (2000). Prosocial foundations of children's academic achievement. *Psychological Science, 11* (4), 302–306.

Cattell, R. B. (1986). General principles across the media of assessment. In R. B. Cattell (Hrsg.), *Functional psychological testing* (S. 15–32). New York: Brunner-Mazel.

Cierpka, M. & Schick, A. (Hrsg.). (2014). *Handbuch Faustlos – Grundschule. Ein Curriculum zur Förderung sozial-emotionaler Kompetenzen und zur Gewaltprävention.* Göttingen: Hogrefe.

DiPrete, T. A. & Jennings, J. L. (2012). Social and behavioral skills and the gender gap in early educational achievement. *Social Science Research, 41* (1), 1–15.

Eisenberg, N., Fabes, R. A. & Spinrad, T. L. (2006). Prosocial development. In N. Eisenberg (Hrsg.), *Handbook of child psychology. Vol. 3: Social, emotional, and personality development* (S. 646–718). Hoboken, NJ: Wiley.

Erikson, R., Goldthorpe, J. H. & Portocarero, L. (1979). International class mobility in three Western European societies: England, France and Sweden. *British Journal of Sociology, 30* (4), 415–441.

Feingold, A. (1994). Gender differences in personality: A meta-analysis. *Psychological Bulletin, 116* (3), 429–456.

Fend, H. & Prester, H.-G. (1986). *Dokumentation der Skalen des Projekts „Entwicklung im Jugendalter".* Konstanz: Universität Konstanz, Sozialwissenschaftliche Fakultät.

Fend, H. & Stöckli, G. (1997). Der Einfluss des Bildungssystems auf die Humanentwicklung: Entwicklungspsychologie der Schulzeit. In F. E. Weinert (Hrsg.), *Psychologie des Unterrichts und der Schule* (Bd. 3, S. 1–35). Göttingen: Hogrefe.

Fex – Förderung exekutiver Funktionen. (2016). *Die Fex-Akademie – Neurowissenschaft und Bildungspraxis.* Zugriff am 28.06.2016 unter http://www.znl-fex.de/weiteres/Fex-Akademie/fex-akademie.html

Foster, M. A., Lambert, R., Abbott-Shim, M., McCarty, F. & Franze, S. (2005). A model of home learning environment and social risk factors in relation to children's emergent literacy and social outcomes. *Early Childhood Research Quarterly, 20* (1), 13–36.

Frey, K. A. (2013). *Soziale Kompetenz. Eine Fragebogenerfassung in der Grundschule.* Münster: Waxmann.

Frey, K. A. & Bos, W. (2012). A psychometric analysis of a large-scale social competence inventory for elementary school children. *Journal for Educational Research Online, 4* (1), 20–46.

Frey, K. A., Wendt, H. & Kasper, D. (2015). Soziale Kompetenz von Grundschulkindern in Deutschland. In H. Wendt, T. C. Stubbe, K. Schwippert & W. Bos (Hrsg.), *IGLU & TIMSS. 10 Jahre international vergleichende Schulleistungsforschung in der Grundschule. Vertiefende Analysen zu IGLU und TIMSS 2001 bis 2011* (S. 55–75). Münster: Waxmann.

genialsozial. (2016). *Genialsozial 2016 der Film. Deine Arbeit gegen Armut. Projektpräsentation.* Dresden: Sächsische Jugendstiftung. Zugriff am 20.06.2016 unter https://www.youtube.com/watch?v=64HVaxAOu-k

Goodman, R. (1997). The strengths and difficulties questionnaire: A research note. *The Journal of Child Psychology and Psychiatry, 38* (5), 581–586.

Hagelskamp, C., Brackett, M. A., Rivers, S. E. & Salovey, P. (2013). Improving classroom quality with the RULER approach to social and emotional learning: Proximal and distal outcomes. *American Journal of Community Psychology, 14*, 77–87.

Hascher, T. & Neuenschwander, M. (2011). Schule und soziales Selbstkonzept im Jugendalter. In A. Ittel, H. Merkens & L. Stecher (Hrsg.), *Jahrbuch Jugendforschung* (S. 207–232). Wiesbaden: VS Verlag für Sozialwissenschaften.

Huckepack Kinderförderung e. V. (2016). *Was ist Huckepack?* Zugriff am 26.08.2016 unter http://www.huckepack-kinderfoerderung.de/

Humphrey, N. K. (1976). The social function of intellect. In P. P. G. Bateson & R. A. Hinde (Hrsg.), *Growing points in ethology* (S. 303–317). Cambridge: Cambridge University Press.

Hyde, J. S. (2005). The gender similarities hypothesis. *American Psychologist, 60* (6), 581–592.

IfD Allensbach. (2015). *Was Eltern wollen*. Düsseldorf: Vodafone Stiftung Deutschland. Zugriff am 26.06.2016 unter https://www.vodafone-stiftung.de/uploads/tx_newsjson/150311_VSD_Was_Eltern_wollen.pdf

Izard, C., Fine, S., Schultz, D., Mostow, A., Ackerman, B. & Youngstrom, E. (2001). Emotion knowledge as a predictor of social behavior and academic competence in children at risk. *Psychological Science, 12* (1), 18–23.

Jones, D. E., Greenberg, M. & Crowley, M. (2015). Early social-emotional functioning and public health: The relationship between kindergarten social competence and future wellness. *American Journal of Public Health, 105* (11), 2283–2290.

Jonkmann, K., Trautwein, U. & Lüdtke, O. (2009). Social dominance in adolescence: The moderating role of the classroom context and behavioral heterogeneity. *Child Development, 80* (2), 338–355.

Kanning, U. P. (2002). Soziale Kompetenz – Definition, Strukturen und Prozesse. *Zeitschrift für Psychologie, 210* (4), 154–163.

Kanning, U. P. (Hrsg.). (2003). *Diagnostik sozialer Kompetenzen*. Göttingen: Hogrefe.

Kanning, U. P. (Hrsg.). (2005). *Soziale Kompetenzen. Entstehung, Diagnose und Förderung* (Praxis der Personalpsychologie, Bd. 10). Göttingen: Hogrefe.

Klieme, E., Artelt, C. & Stanat, P. (2001). Fächerübergreifende Kompetenzen: Konzepte und Indikatoren. In F. E. Weinert (Hrsg.), *Leistungsmessungen in Schulen* (S. 203–218). Weinheim: Beltz.

KMK – Ständige Konferenz der Kultusminister der Länder in der Bundesrepublik Deutschland. (2005). *Bildungsstandards der Kultusministerkonferenz. Erläuterungen zur Konzeption und Entwicklung*. Zugriff am 20.03.2015 unter http://www.kmk.org/fileadmin/veroeffentlichungen_beschluesse/2004/2004_12_16-Bildungsstandards-Konzeption-Entwicklung.pdf

Kunter, M. & Stanat, P. (2002). Soziale Kompetenz von Schülerinnen und Schülern: Die Rolle von Schulmerkmalen für die Vorhersage ausgewählter Aspekte. *Zeitschrift für Erziehungswissenschaft, 5* (1), 49–71.

Martin, M. O., Mullis, I. V. S. & Hooper, M. (Hrsg.). (2016). *Methods and procedures in TIMSS 2015*. Chestnut Hill, MA: TIMSS & PIRLS International Study Center, Boston College.

McClure, E. B. (2000). A meta-analytic review of sex differences in facial expression processing and their development in infants, children, and adolescents. *Psychological Bulletin, 126* (3), 424–453.

Mischel, W. (2014). *The marshmallow test: Mastering self-control*. New York: Little, Brown and Company.

Petermann, F. (1999). Training sozialer Kompetenzen bei Kindern und Jugendlichen. In J. Margraf & K. Rudolf (Hrsg.), *Soziale Kompetenz – Soziale Phobie. Anwendungsfelder, Entwicklungslinien, Erfolgsaussichten* (2. Aufl., S. 129–144). Baltmannsweiler: Schneider Verlag Hohengehren.

Rindermann, H. (2009). *Emotionale-Kompetenz-Fragebogen (EKF). Ein Verfahren zur Einschätzung emotionaler Kompetenzen und emotionaler Intelligenz aus Selbst- und Fremdsicht*. Göttingen: Hogrefe.

Rost, D. H. (2005). *Interpretation und Bewertung pädagogisch-psychologischer Studien*. Weinheim: Beltz.

Rost, D. H. (2009). *Intelligenz. Fakten und Mythen*. Weinheim: BeltzPVU.

RP Online. (2008). *FDP sieht in Kopfnoten eine Chance*. RP online. Zugriff am 20.09.2016 unter http://www.rp-online.de/nrw/staedte/rheinberg/fdp-sieht-in-kopfnoten-eine-chan-ce-aid-1.876817

Rudolph, S., Franze, M., Gottschling-Lang, A. & Hoffmann, W. (2013). Entwicklungs-gefährdungen im Bereich sozialer Kompetenzen bei 3- bis 6-jährigen Kindern in Kindertageseinrichtungen. Prävalenz und Risikofaktoren. *Kindheit und Entwicklung, 22* (2), 97–104.

Schmitt, N., Sacco, J. M., Ramey, S., Ramey, C. & Chan, D. (1999). Parental employment, school climate, and children's academic and social development. *Journal of Applied Psychology, 84* (5), 737–753.

Sicher-Stark-Initiative. (2016). *Zeitungsartikel*. Zugriff am 28.06.2016 unter http://www.sicher-stark.de/zeitungsartikel.html

sozialgenial. (2013). *Zwischenbilanz: Fünf Jahre sozialgenial. Unterricht und Bürger-engagement verbinden*. Berlin: Aktive Bürgerschaft e. V. Zugriff am 28.06.2016 unter http://www.aktive-buergerschaft.de/fp_files/sozialgenial_Print/sozialgenial_Broschue re_Zwischenbilanz_web.pdf

Stadler, C., Janke, W. & Schmeck, K. (2004). *Inventar zur Erfassung von Impulsivität, Risikoverhalten und Empathie bei 9- bis 14-jährigen Kindern (IVE)*. Göttingen: Hogrefe.

Trautner, H. M. (1991). *Lehrbuch der Entwicklungspsychologie* (Bd. 2: Theorien und Befunde). Göttingen: Hogrefe.

Walker, S. (2005). Gender differences in the relationship between young children's peer-related social competence and individual differences in theory of mind. *Journal of Genetic Psychology, 166* (3), 297–312.

Walker, S., Irving, K. & Berthelsen, D. (2002). Gender influences on preschool children's social problem solving strategies. *Journal of Genetic Psychology, 163* (2), 197–209.

Wendt, H., Bos, W., Tarelli, I., Vaskova, A. & Walzebug, A. (Hrsg.). (2016). *Skalenhandbuch zur Dokumentation der Erhebungsinstrumente und Arbeit mit den Datensätzen*. Münster: Waxmann.

WHO – World Health Organization. (1994). *Life skills education for children and adole-scents in schools*. Genf: World Health Organization.

Kapitel XIII
Der Übergang von der Primar- in die Sekundarstufe

Tobias C. Stubbe, Jennifer Lorenz, Wilfried Bos und Daniel Kasper

1 Einleitung

Der Übergang von der Grundschule auf eine Schulform der Sekundarstufe I hat für den zukünftigen Bildungserfolg von Schülerinnen und Schülern in Deutschland eine zentrale Bedeutung (Bellenberg & Klemm, 2000). Diese im internationalen Vergleich frühe Verteilung von Kindern auf unterschiedliche Bildungsgänge wird von vielen Expertinnen und Experten kritisiert. Zum einen ist eine verlässliche Vorhersage der zukünftigen Leistungsentwicklung von Zehnjährigen problematisch. Zum anderen weisen sowohl die Empfehlungen von Grundschulen als auch die Entscheidungen von Eltern deutliche Zusammenhänge mit dem sozialen Hintergrund und einer möglichen Migrationsgeschichte der Familie auf (im Überblick Maaz & Nagy, 2009).

Von Befürwortern dieser frühen Trennung wird häufig die Möglichkeit der nachträglichen Korrektur der ursprünglichen Schullaufbahnentscheidung im Verlauf der Sekundarstufe angeführt. Schulformwechsel – also Auf- beziehungsweise Abstiege – werden dabei als horizontale Durchlässigkeit bezeichnet. Die Möglichkeit einen höherwertigen Schulabschluss auf einer Schulart zu erwerben, die eigentlich nicht zu diesem Abschluss führt (z.B. Realschulabschluss an einer Hauptschule), wird vertikale Durchlässigkeit genannt. Empirische Daten zeigen, dass Schulformwechsel vor allem in Form von Abstiegen vorkommen und dass diese darüber hinaus – wie auch die ursprünglichen Schullaufbahnentscheidungen – vom sozialen Hintergrund der Eltern abhängen (im Überblick Stubbe, 2009). Die vertikale Durchlässigkeit des deutschen Sekundarschulsystems wird zwar in den vergangenen Jahren verstärkt genutzt, es muss aber bezweifelt werden, ob Abschlüsse, die an Schulen erworben werden, die eigentlich nicht zu diesem Abschluss führen, auf dem Arbeitsmarkt denselben Wert besitzen wie auf der dafür vorgesehenen Schulform erworbene Abschlüsse (Schuchart, 2007).

Traditionell werden in der Bundesrepublik Deutschland in der Sekundarstufe I drei Schulformen unterschieden: Hauptschule, Realschule und Gymnasium. In den 1970er Jahren wurden in einigen Ländern zudem Gesamtschulen eingeführt, die diese drei Schulformen in einer integrieren (Köller, 2008). Dieses Schulsystem erfuhr in den vergangenen Jahren in vielen Ländern zahlreiche Reformen, durch die bestehende Schulformen abgeschafft und neue Schulformen eingeführt wurden. Tabelle 13.1 gibt einen Überblick über die Schulformen in den einzelnen Ländern für das Schuljahr der Erhebung von TIMSS 2015 (Schuljahr 2014/15). Während Hauptschulen zunehmend abgeschafft werden, finden sich in fast allen Ländern neue Schulformen, die mindestens die Haupt- und Realschulbildung anbieten oder aber alle drei traditionellen Bildungsgänge umfassen. Bei letzteren kann weiterhin unterschieden werden zwischen Schulformen, die eine eigene gymnasiale Oberstufe führen, und Schulformen, von denen Schülerinnen und Schüler nach der zehnten Jahrgangsstufe auf eine andere Schule mit diesem Angebot wechseln müssen, um das Abitur zu erwerben.

Nur das Gymnasium findet sich in allen 16 Ländern und ist somit die einzige bundesweit einheitliche Schulform im Sekundarschulsystem. Die ursprüngliche Gliederung in Hauptschule, Realschule und Gymnasium ist in keinem Land des deutschen Schulsystems mehr vorhanden. Zwar gibt es in Baden-Württemberg, Bayern, Hessen, Niedersachsen und Nordrhein-Westfalen noch Hauptschulen (z.T. unter anderer Bezeichnung), diese werden jedoch durch ältere (z.B. Gesamtschule) und neuere integrierte Schulformen (z.B. Sekundarschule) ergänzt. Eine vergleichsweise übersichtliche Schullandschaft findet sich in den Stadtstaaten Bremen und Hamburg sowie in Sachsen. In Bremen und Hamburg besteht neben dem Gymnasium nur eine weitere Schulform, auf der Schülerinnen und Schüler alle Schulabschlüsse erreichen können. In Sachsen wird das Gymnasium ebenfalls nur durch eine weitere Schulform ergänzt, diese bietet jedoch keine Gymnasialbildung und damit keine Möglichkeit zum Erwerb des Abiturs.

Die Benennung neuer (zum Teil auch alter) Schulformen verläuft weitgehend autonom in den Ländern und folgt keiner einheitlichen Regelung. So finden sich für neue Schulformen ohne Gymnasialbildung in den neun Ländern, in denen diese Schulform existiert, sieben unterschiedliche Bezeichnungen. In Mecklenburg-Vorpommern zum Beispiel heißt sie Regionale Schule, in Rheinland-Pfalz hingegen Realschule plus.

Eine weitere Herausforderung bei der Analyse des Übergangs von der Primar- zur Sekundarstufe stellen die gesetzlichen Vorgaben zur Übergangsempfehlung dar. Während in einigen Ländern von der Grundschule eine verbindliche Empfehlung für eine weiterführende Schule ausgesprochen wird (z.B. Bayern), werden von den Grundschulen anderer Länder zwar Empfehlungen gegeben, die endgültige Entscheidung liegt jedoch bei den Eltern (z.B. Nordrhein-Westfalen) (zum Überblick siehe Tabelle 13.2; siehe auch Arnold, Bos, Richert & Stubbe, 2010). Um diesen Unterschieden zu entsprechen, müssten Analysen zum Thema Grundschulübergang eigentlich auf Länderebene durchgeführt werden. Da dies mit den Daten aus TIMSS 2015 jedoch nicht möglich ist, werden in diesem Kapitel alle Befunde auf Bundesebene dargestellt.

Tabelle 13.1: Übersicht über die Schulformen der Sekundarstufe I in den Ländern der Bundesrepublik Deutschland (Schuljahr 2014/15)

Land	Schulen mit einem Bildungsgang			Schulen mit mehreren Bildungsgängen		
				ohne Gymnasialbildung	mit Gymnasialbildung	
	Hauptschule	Realschule	Gymnasium		ohne gymn. Oberstufe	mit gymn. Oberstufe
Baden-Württemberg	Hauptschule Werkrealschule[A]	Realschule	Gymnasium	–	–	Gemeinschaftsschule*
Bayern	Mittelschule[A]	Realschule	Gymnasium	–	(Gesamtschule)[B]	–
Berlin	–	–	Gymnasium	–	–	Integrierte Sekundarschule* Gemeinschaftsschule*
Brandenburg	–	–	Gymnasium	Oberschule[CD]	–	Gesamtschule
Bremen	–	–	Gymnasium	–	–	Oberschule
Hamburg	–	–	Gymnasium	–	–	Stadtteilschule
Hessen	Hauptschule	Realschule	Gymnasium	Mittelstufenschule	–	Gesamtschule*
Meckl.-Vorpommern	–	–	Gymnasium	Regionale Schule[D]	–	Gesamtschule*
Niedersachsen	Hauptschule	Realschule	Gymnasium	Oberschule[E]	Oberschule[E]	Gesamtschule*
Nordrhein-Westfalen	Hauptschule	Realschule	Gymnasium	–	Sekundarschule	Gesamtschule* (Gemeinschaftsschule[F])*
Rheinland-Pfalz	–	–	Gymnasium	Realschule plus[CD]	–	Gesamtschule*
Saarland	–	–	Gymnasium	–	–	Gemeinschaftsschule*
Sachsen	–	–	Gymnasium	Oberschule[CD]	–	–
Sachsen-Anhalt	–	–	Gymnasium	Sekundarschule	–	Gesamtschule Gemeinschaftsschule*
Schleswig-Holstein	–	–	Gymnasium	Regionalschule[GD]	–	Gemeinschaftsschule
Thüringen	–	–	Gymnasium	Regelschule[D]	–	Gesamtschule* Gemeinschaftsschule

* = Eine gymnasiale Oberstufe kann an der jeweiligen Schule oder als Kooperation mit anderen Schulen angeboten werden.
A = An dieser Schulform kann neben dem Hauptschulabschluss auch ein mittlerer Schulabschluss erworben werden, der jedoch nicht dem Realschulabschluss entspricht.
B = Insgesamt 5 Schulen, die als ‚Schulen besonderer Art' geführt werden.
C = An dieser Schulform ist der Erwerb der Fachoberschulreife möglich.
D = Wechsel an ein Gymnasium/ Übertritt in die gymnasiale Oberstufe bei entsprechendem Notendurchschnitt oder dem Besuch spezieller Kurse (Sachsen) explizit möglich.
E = Kann als Oberschule ohne Gymnasialbildung oder als Oberschule mit Gymnasialbildung geführt werden.
F = Schulversuch bis zum Schuljahr 2019/2020.
G = Schulform läuft zum Schuljahr 2018/2019 aus. Bestehende Regionalschulen werden zu Gemeinschaftsschulen umgebaut.
Die Angaben basieren auf verfügbare Veröffentlichungen der Kultusministerien der Länder der Bundesrepublik Deutschland (Stand: Schuljahr 2014/2015).

IEA: Trends in International Mathematics and Science Study   © TIMSS 2015

Tabelle 13.2: Übersicht über die Empfehlungspraktiken in den Ländern der Bundesrepublik Deutschland (Schuljahr 2014/15)

Land	Übergangsempfehlung der Grundschule	Endgültige Übergangsentscheidung liegt ...	
		... bei den Eltern	... bei der Grundschule
Baden-Württemberg	schriftlich	✓	–
Bayern	schriftlich	–	✓
Berlin	mündlich	✓	–
Brandenburg	schriftlich	–	✓
Bremen	(mündlich)[A]	✓	(✓)[B]
Hamburg	schriftlich	✓	–
Hessen	schriftlich	✓	–
Mecklenburg-Vorpommern	schriftlich	✓	(✓)[C]
Niedersachsen	schriftlich	✓	–
Nordrhein-Westfalen	schriftlich	✓	–
Rheinland-Pfalz	schriftlich	✓	–
Saarland	schriftlich	✓	–
Sachsen	schriftlich	–	✓
Sachsen-Anhalt	schriftlich	✓	–
Schleswig-Holstein	schriftlich	✓[D]	(✓)
Thüringen	schriftlich	✓	–

A = Die Eltern werden im Rahmen eines verpflichtenden Beratungsgesprächs über den Leistungsstand ihrer Kinder informiert. Eine Übergangsempfehlung wird von der Grundschule nicht explizit ausgesprochen.
B = Nehmen Eltern nicht am verpflichtenden Beratungsgespräch zum Übergang teil, entscheidet die Grundschule.
C = Entscheiden sich die Eltern abweichend von der Empfehlung der Grundschule für ein Gymnasium oder einen gymnasialen Bildungsgang, besteht dort eine einjährige Probezeit. Wird diese nicht bestanden, muss die Schülerin oder der Schüler das Gymnasium oder den gymnasialen Bildungsgang verlassen.
D = Bei einer von der Empfehlung abweichenden Schulformentscheidung sind Eltern zur Teilnahme an einer Beratung an der weiterführenden Schule verpflichtet.
Die Angaben basieren auf verfügbare Veröffentlichungen der Kultusministerien der Länder der Bundesrepublik Deutschland und der KMK (2015) (Stand: Schuljahr 2014/2015).

IEA: Trends in International Mathematics and Science Study ⓒ TIMSS 2015

Trotz der Unterschiede wird deutlich, dass die Grundschulen in allen Ländern eine Art von Übergangsempfehlung aussprechen. Die Ergebnisse der Studie *Der Übergang von der Grundschule in die weiterführende Schule – Leistungsgerechtigkeit und regionale, soziale und ethnisch-kulturelle Disparitäten* (ÜBERGANG), die als deutsche Erweiterung der TIMS-Studie 2007 durchgeführt wurde, verdeutlichen, dass diese Empfehlungen in erster Linie auf den Leistungen und Noten der Schülerinnen und Schüler basieren (Maaz, Baumert, Gresch & McElvany, 2010). Von zentraler Bedeutung sind hierbei die Leistungen und Noten in Deutsch und Mathematik sowie – wenn auch in geringerem Maße – die Leistungen in der Domäne Naturwissenschaften beziehungsweise die Sachunterrichtsnote (Maaz & Nagy, 2010). Zudem wird in der Untersuchung beschrieben, dass Lehrkräfte ihre Empfehlungen zwar in erster Linie auf Grundlage von Noten und der von ihnen wahrgenommenen Begabung und der Leistungen der Schülerinnen und Schüler formulieren, dass aber auch Merkmale wie Sozialverhalten oder Motivation von Bedeutung sind (Anders, McElvany & Baumert, 2010).

Neben dieser Studie wurden zum Thema ‚Grundschulübergang‘ in den vergangenen Jahren zahlreiche weitere Studien durchgeführt. In den drei bisherigen Zyklen der repräsentativen Grundschulstudie *Internationale Grundschul-Lese-Untersuchung* (IGLU) sowie im Rahmen von TIMSS 2011 wurde dieses Thema beispielsweise – auch unter Berücksichtigung von Länderunterschieden – ausführlich und hinsichtlich verschiedener Aspekte behandelt (Arnold, Bos, Richert & Stubbe, 2007, 2010; Bos et al., 2004; Milek, Lüdtke, Trautwein, Maaz & Stubbe, 2009; Milek, Stubbe, Trautwein, Lüdtke & Maaz, 2010; Stubbe & Bos, 2008; Stubbe, Bos & Euen, 2012).

Zahlreiche regionale Studien haben sich in den vergangenen Jahren ebenfalls mit dem Übergang in die Sekundarstufe (und auch mit anderen Übergängen im Bildungsverlauf) befasst. Hierzu sind beispielsweise die Arbeiten der Forschergruppe *Bildungsprozesse, Kompetenzentwicklung und Selektionsentscheidungen im Vorschul- und Schulalter* (BiKS) in Bayern und Hessen zu nennen (Kleine, Paulus & Blossfeld, 2009).

Interessante Möglichkeiten zur Analyse des Übergangs mit Längsschnittdaten werden sich in den nächsten Jahren durch das *Nationale Bildungspanel* (NEPS) eröffnen. Im Rahmen einer Teilstudie (Startkohorte 2) befragt das NEPS bereits seit 2010 eine Kohorte von Kindern seit deren Kindergartenzeit (LIfBi, 2015). Mit den Daten der sechsten und siebten Erhebungswelle wird es in den nächsten Jahren möglich sein, für diese Kohorte den Übergang von der Primar- in die Sekundarstufe längsschnittlich zu beobachten.

2 Schullaufbahnpräferenzen von Lehrkräften und Eltern: Verteilung und Ausmaß der Übereinstimmung

Lehrkräfte wurden in TIMSS 2015 nach dem erwarteten Schulabschluss der einzelnen Viertklässlerinnen und Viertklässler gefragt. Dieses Vorgehen entspricht dem der IGLU-Studien. In vergangenen TIMS-Studien wurde abweichend nach der ausgesprochenen Übergangsempfehlung gefragt (Stubbe et al., 2012). Dieses Vorgehen ist jedoch schwierig, da die Empfehlungspraktiken und deren Verbindlichkeit zwischen den Ländern stark variieren (siehe Abschnitt 1). Mit der Frage nach dem erwarteten Schulabschluss (im Folgenden als ‚Schullaufbahnpräferenzen der Lehrkräfte‘ bezeichnet) erhält man einen guten Hinweis auf die prognostizierte Entwicklung der einzelnen Schülerinnen und Schüler aus Sicht ihrer Grundschullehrkräfte.

Die Schullaufbahnpräferenzen der Eltern wurden wie in den vergangenen Erhebungen zu IGLU und TIMSS über deren Angabe zu der Schulform erfasst, die ihre Kinder im kommenden Schuljahr voraussichtlich besuchen werden. Da die Eltern in fast allen Ländern die Schulanmeldungen ihrer Kinder vornehmen, kann ihre Präferenz als Indikator für die im Anschluss an die Grundschule besuchte Schule interpretiert werden. In Tabelle 13.3 finden sich die relativen Häufigkeiten der Schullaufbahnpräferenzen der Lehrkräfte und der Eltern für die beiden ersten Erhebungen zu IGLU (2001 und 2006), für IGLU/TIMSS 2011 sowie aktuell für TIMSS 2015. Da in dieser Tabelle keine Leistungsdaten berichtet werden, ist eine studienübergreifende Darstellung durchaus möglich.

Tabelle 13.3: Schullaufbahnpräferenzen der Lehrkräfte und Eltern für Deutschland – IGLU 2001, IGLU 2006, IGLU/
TIMSS 2011 und TIMSS 2015 (Angaben in Zeilenprozent)

Schullaufbahnpräferenz	Hauptschule	Realschule	Gymnasium	Schulen mit mehreren Bildungsgängen
Lehrkräfte				
2015	20.9	40.1	39.0	–
2011	21.6	36.6	41.8	–
2006	24.8	35.5	39.7	–
2001	29.3	35.7	34.9	–
Eltern				
2015	9.8	24.7	37.7	27.9
2011	11.9	28.3	45.5	14.3
2006	14.7	27.0	47.3	11.0
2001	22.1	29.2	40.8	7.8

Differenzen zu 100 Prozent ergeben sich durch Rundungsfehler.

IEA: Trends in International Mathematics and Science Study © TIMSS 2015

Für jeweils rund 40 Prozent der Schülerinnen und Schüler erwarten die Lehrkräfte 2015 einen Realschulabschluss beziehungsweise ein Abitur. Für etwa 20 Prozent wird ein Hauptschulabschluss erwartet. Hinsichtlich dieser Einschätzungen der Lehrkräfte zeigen sich keine erheblichen Unterschiede im Vergleich zu den Daten aus dem Jahr 2011. Zwischen 2001 und 2011 hat es bei dieser Frage hingegen Veränderungen gegeben. So wurden zur Jahrtausendwende noch für knapp 30 Prozent der Kinder Hauptschulabschlüsse erwartet und für jeweils rund 35 Prozent Realschulabschlüsse oder Abitur.

Entsprechend der zunehmenden Verbreitung von Schulen mit mehreren Bildungsgängen findet sich bei den Elternpräferenzen ein deutlicher Anstieg zugunsten dieser Schulen. Nachdem sich der Anteil der Elternpräferenzen in den zehn Jahren von IGLU 2001 bis zu IGLU/TIMSS 2011 von 7.8 Prozent auf 14.3 Prozent fast verdoppelt hatte, zeigt sich in den vier Jahren von 2011 bis 2015 erneut nahezu eine Verdoppelung auf inzwischen 27.9 Prozent.

Die drei traditionellen Schulformen verlieren nach Angabe der Eltern entsprechend Anteile der Schülerschaft. Dabei ist der Verlust an Hauptschulen (17.6 %) und Gymnasien (17.1 %) etwas höher als an Realschulen (12.7 %). Seit 2001 haben die Hauptschulen 55.7 Prozent ihres Anteils der Fünftklässlerkohorten verloren. An Realschulen sind es 15.4 Prozent und an Gymnasien nur 7.6 Prozent. Die Kreuztabelle 13.4 zeigt für die drei Präferenzen der Lehrkräfte den jeweiligen Anteil der Schülerinnen und Schüler nach Elternpräferenz.

Vergleicht man diese Werte mit denen aus dem Jahr 2011 (Stubbe et al., 2012, Tabelle 8.4), zeigen sich relativ große Unterschiede. Diese Veränderungen ergeben sich zum einen durch die Reformen des Schulsystems (siehe Abschnitt 1), zum anderen jedoch auch durch die der Datenanalyse vorausgegangene multiple Imputation der fehlenden Werte (siehe Kapitel 2 in diesem Band).

Nur 22.8 Prozent der Viertklässlerinnen und Viertklässler, deren Lehrkräfte für sie einen Hauptschulabschluss erwarten, werden den Elternangaben zufolge tatsächlich auf diese Schulform wechseln (2011: 54.5 %). Auf ein Gymnasium werden von diesen Kindern 15.0 Prozent wechseln. Dieser Anteil lag vier Jahre zuvor noch bei 1.2 Prozent. Praktisch unverändert ist der Prozentwert für den Wechsel auf eine Realschule (2015: 22.9 %; 2011: 22.1 %). Der Wert für Schulen

Tabelle 13.4: Übereinstimmungen der Schullaufbahnpräferenzen von Lehrkräften und Eltern (Anteile in Zeilenprozent)

		Schullaufbahnpräferenz der Eltern				
		Hauptschule	**Realschule**	**Gymnasium**	**Schule mit mehreren Bildungsgängen**	**n**
Schullaufbahn-präferenz der Lehrkräfte	Hauptschule	22.8	22.9	15.0	39.3	755
	Realschule	8.4	39.9	19.6	32.1	1466
	Gymnasium	4.2	10.1	68.2	17.5	1429
	n	360	881	1379	1030	3650

Differenzen zu 100 Prozent ergeben sich durch Rundungsfehler.

IEA: Trends in International Mathematics and Science Study © TIMSS 2015

mit mehreren Bildungsgängen ist 2015 erwartungsgemäß deutlich höher als 2011 (2015: 39.3 %; 2011: 22.2 %).

Auch bei den Schülerinnen und Schülern, die eine Lehrkräftepräferenz für die Realschule aufweisen, fällt der Anteil derer, die auf eine Realschule wechseln werden, mit 39.9 Prozent geringer aus als 2011 (59.5 %). Besonders deutlich hat sich auch in dieser Gruppe der Wert für die Schulen mit mehreren Bildungsgängen verändert (32.1 % vs. 18.8 %).

Selbst bei den Kindern, für die die Grundschullehrkräfte das Abitur erwarten, liegt der Prozentwert der Schülerinnen und Schüler, die auf ein Gymnasium wechseln werden, mit 68.2 Prozent deutlich niedriger als vier Jahre zuvor (87.2 %). In den anderen drei Gruppen sind die Werte 2015 deutlich höher als 2011, wobei insbesondere überraschend ist, dass für 4.2 Prozent der Viertklässlerinnen und Viertklässler (*n* = 60), für die nach Aussage der Lehrkräfte ein Übergang auf das Gymnasium möglich wäre, die Eltern angeben, dass ihr Kind auf eine Hauptschule wechseln wird. 2011 lag der entsprechende Wert bei 0.4 Prozent.

3 Leistungsrelevante Schülermerkmale und Schullaufbahnpräferenzen der Lehrkräfte

Die Noten der Schülerinnen und Schüler sollen in allen Ländern das wichtigste Kriterium für deren weitere Schullaufbahn sein (KMK, 2015). Entsprechend zeigt sich auch für TIMSS 2015 ein enger Zusammenhang zwischen den Noten in den Hauptfächern und der Schullaufbahnpräferenz der Grundschullehrkräfte (siehe Abbildung 13.1).

Die Varianz der Präferenz kann zu 77 Prozent durch die Noten in Deutsch, in Mathematik, im Sachunterricht und in der ersten Fremdsprache erklärt werden. 2011 konnten durch die Deutsch-, die Mathematik- und die Sachunterrichtsnote 76 Prozent der Varianz erklärt werden. Auch die Koeffizienten der einzelnen Pfade sind fast identisch mit den Werten aus der letzten Erhebung. Demnach ist die Deutschnote gefolgt von der Mathematiknote am wichtigsten für die Schullaufbahnpräferenz der Lehrkräfte. Deutlich geringer ist der Wert für das Fach Sachunterricht und am niedrigsten für die erste Fremdsprache.

Abbildung 13.1: Zusammenhang der Schulnoten mit der Schullaufbahnpräferenz der Lehrkräfte (standardisierte Regressionskoeffizienten)

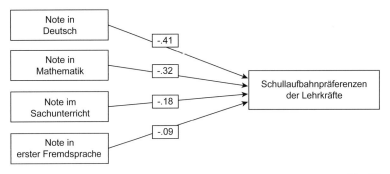

R² = .77
Alle berichteten Pfadkoeffizienten sind signifikant (*p* < .05).

IEA: Trends in International Mathematics and Science Study   © TIMSS 2015

Da aus unterschiedlichen Studien bekannt ist, dass die Korrelation zwischen Schulnoten und standardisierten Leistungstests relativ gering ausfällt (im Überblick Lintorf, 2012), wird dieser Zusammenhang für die Domäne Mathematik (da die Mathematiknote einen deutlich größeren Zusammenhang mit der Präferenz aufweist als die Sachunterrichtsnote) in Abbildung 13.2 visualisiert. Die deutlichen Überlappungen der vier Kurven zeigen, dass Schülerinnen und Schüler mit mittleren Testleistungen je nach Lehrkraft alle Noten von ausreichend bis sehr gut erhalten.

Abbildung 13.2: Testleistungen der Schülerinnen und Schüler differenziert nach Mathematiknoten – Gesamtskala Mathematik

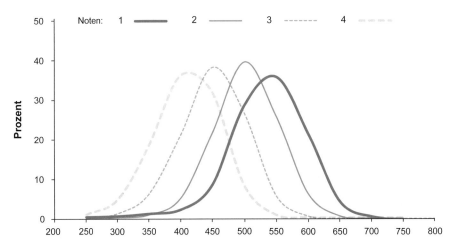

IEA: Trends in International Mathematics and Science Study   © TIMSS 2015

Entsprechend zeigt Abbildung 13.3 den Zusammenhang zwischen der Mathematikkompetenz und den Schullaufbahnpräferenzen der Lehrkräfte. Auch in dieser Abbildung erkennt man die deutlichen Überlappungen der drei Kurven, was darauf hinweist, dass die Lehrkräfte von Schülerinnen und Schülern mit mittleren Testleistungen – insbesondere für diejenigen der Kompetenzstufe III – Präferenzen für alle drei Schulformen aufweisen.

Abbildung 13.3: Testleistungen der Schülerinnen und Schüler differenziert nach Schullaufbahnpräferenzen der Lehrkräfte – Gesamtskala Mathematik

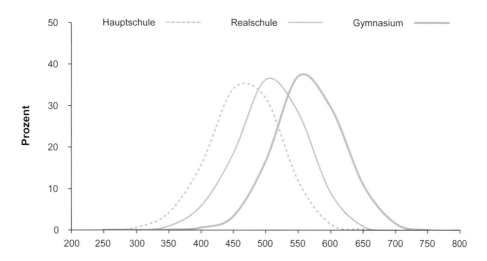

4 Soziale Schülermerkmale und Schullaufbahnpräferenzen

Die soziale Lage von Schülerfamilien wird im Folgenden mit Hilfe der EGP-Klassen (Erikson, Goldthorpe & Portocarero, 1979) beschrieben. Dabei werden Personen ausgehend von Angaben zu ihrer beruflichen Stellung distinkten Gruppen zugeordnet (siehe Kapitel 10 in diesem Band).

In den Tabellen 13.5 und 13.6 sind die relativen Chancen (*odds ratios*) für eine Gymnasialpräferenz der Lehrkräfte beziehungsweise der Eltern in Abhängigkeit von der sozialen Lage der Schülerfamilien beziehungsweise vom Geschlecht der Kinder dargestellt. Als Referenzgruppe dienen jeweils Kinder, deren Lehrkräfte beziehungsweise Eltern eine Präferenz für eine andere Schulform als das Gymnasium haben und deren Eltern der Gruppe der (Fach-)Arbeiter angehören (siehe Tabelle 13.5) beziehungsweise die Jungen sind (siehe Tabelle 13.6).

Tabelle 13.5: Relative Chancen (*odds ratios*) für eine Gymnasialpräferenz der Lehrkräfte bzw. der Eltern nach sozialer Lage (EGP) der Schülerfamilien

Sozioökonomische Stellung der Familie (EGP-Klassen)	Gymnasialpräferenz der Lehrkräfte			Gymnasialpräferenz der Eltern		
	Modell I	Modell II	Modell III	Modell I	Modell II	Modell III
Obere Dienstklasse (I)	3.60**	3.17**	2.47**	2.38**	2.09**	1.71**
Untere Dienstklasse (II)	2.30**	2.09**	1.88**	1.68*	_ns	_ns
Routinedienstklasse (III)	_ns	_ns	_ns	_ns	_ns	_ns
Selbstständige (IV)	_ns	_ns	_ns	_ns	_ns	_ns
(Fach-) Arbeiter (V, VI)	Referenzgruppe (*odds ratio* = 1)					
Un- und angelernte Arbeiter (VII)	_ns	_ns	_ns	_ns	_ns	_ns
Nagelkerkes R^2	0.11	0.30	0.45	0.05	0.11	0.18

Signifikanzniveau: ns = nicht signifikant; * = signifikant ($p < .05$); ** = signifikant ($p < .01$).
Modell I: Ohne Kontrolle von Kovariaten.
Modell II: Kontrolle von kognitiven Fähigkeiten.
Modell III: Kontrolle von kognitiven Fähigkeiten und der Mathematik- und Naturwissenschaftskompetenzen (internationale Skalierung).

Tabelle 13.6: Relative Chancen (*odds ratios*) für eine Gymnasialpräferenz der Lehrkräfte bzw. der Eltern nach Schülergeschlecht

Geschlecht	Gymnasialpräferenz der Lehrkräfte			Gymnasialpräferenz der Eltern		
	Modell I	Modell II	Modell III	Modell I	Modell II	Modell III
Mädchen	1.40*	– ns	1.65**	1.28*	– ns	1.34*
Jungen	Referenzgruppe (*odds ratio* = 1)					
Nagelkerkes R^2	0.01	0.25	0.44	0.01	0.08	0.18

Signifikanzniveau: ns = nicht statistisch signifikant; * = statistisch signifikant ($p < .05$); ** = statistisch signifikant ($p < .01$).
Modell I: Ohne Kontrolle von Kovariaten.
Modell II: Kontrolle von kognitiven Fähigkeiten.
Modell III: Kontrolle von kognitiven Fähigkeiten und der Mathematik- und Naturwissenschaftskompetenzen (internationale Skalierung).

IEA: Trends in International Mathematics and Science Study   © TIMSS 2015

Ohne Berücksichtigung weiterer Einflussfaktoren ist die Chance einer Schülerin beziehungsweise eines Schülers aus der oberen Dienstklasse für eine Gymnasialpräferenz der Lehrkraft 3.60-mal (2011: 4.71-mal) so hoch wie die eines (Fach-) Arbeiterkindes. Der entsprechende Wert für die Elternpräferenz beträgt nur 2.38 (2011: 5.21). Auch diese Veränderungen liegen zum Teil in der erstmalig durchgeführten multiplen Imputation begründet (siehe Abschnitt 2) und sollten daher nicht überinterpretiert werden. Die Tendenz, dass die Herkunftseffekte bei den Eltern erstmalig geringer ausfallen als bei den Lehrkräften, könnte aber bedeuten, dass Familien aus den oberen sozialen Lagen, deren Kinder nur mittelmäßige Leistungen aufweisen, diese in der Vergangenheit trotzdem auf ein Gymnasium geschickt haben, während sie in der aktuellen Erhebung verstärkt auf die immer verbreiteteren Schulen mit mehreren Bildungsgängen ausweichen (siehe auch Tabelle 13.7).

Unter Kontrolle der kognitiven Fähigkeiten (KFT – Wortanalogien; Heller & Perleth, 2000) der Kinder verringern sich die Werte geringfügig. Da bekannt ist, dass die durchschnittlichen schulischen Kompetenzen von Kindern aus bildungsnahen Elternhäusern höher sind als die von Kindern aus bildungsfernen Elternhäusern (siehe Kapitel 10 in diesem Band), werden in einem dritten Modell zusätzlich die Kompetenzen der Schülerinnen und Schüler in den Domänen Mathematik und Naturwissenschaften kontrolliert. So wird geprüft, ob ungleiche Präferenzen in den unterschiedlichen EGP-Klassen in ungleichen Kompetenzen begründet liegen. Die *odds ratios* sind im dritten Modell zwar kleiner als in den ersten beiden Modellen, aber immer noch beträchtlich. Auch wenn man die Leistungen der Viertklässlerinnen und Viertklässler berücksichtigt, lassen sich also unterschiedliche Chancen auf eine Gymnasialpräferenz sowohl der Lehrkräfte als auch der Eltern in Abhängigkeit von der sozialen Lage feststellen. Im Gegensatz zu den Befunden aus IGLU/TIMSS 2011 können für die aktuelle Erhebung jedoch keine signifikanten Effekte beim Vergleich der Gruppe der (Fach-)Arbeiter mit der Gruppe der un- und angelernten Arbeiter festgestellt werden.

Mädchen haben ohne Berücksichtigung weiterer Merkmale eine größere Chance auf eine Gymnasialpräferenz als Jungen – sowohl bei den Lehrkräften als auch bei den Eltern. Im Rahmen von IGLU 2001 und IGLU 2006 konnten entsprechende Effekte gefunden werden. Bei IGLU/TIMSS 2011 gab es hingegen keine unterschiedlichen Chancen von Mädchen und Jungen.

Berücksichtigt man in den Analysen die kognitiven Fähigkeiten der Kinder, lassen sich keine Unterschiede zwischen Mädchen und Jungen feststellen. Die höheren Chancen der Mädchen auf eine Gymnasialpräferenz lassen sich also durch deren im Vergleich zu den Jungen höheren kognitiven Fähigkeiten erklären.

Werden jedoch zusätzlich die mathematischen und naturwissenschaftlichen Kompetenzen der Viertklässlerinnen und Viertklässler kontrolliert, zeigen sich wiederum höhere Chancen auf eine Gymnasialpräferenz bei den Mädchen. An dieser Stelle macht sich das etwas bessere Abschneiden der Jungen in den beiden Kompetenztests bemerkbar (siehe Kapitel 9 in diesem Band). Wäre auch die Lesekompetenz der Mädchen bekannt, ließen sich wahrscheinlich keine signifikanten Unterschiede zwischen den Geschlechtern feststellen.

Wie schon im Rahmen von IGLU/TIMSS 2011 weisen Kinder, bei denen mindestens ein Elternteil in Deutschland geboren wurde, höhere Chancen auf eine Gymnasialpräferenz ihrer Grundschullehrkräfte auf als Kinder, deren Eltern beide im Ausland geboren wurden (ohne Tabelle). Für Kinder, deren Eltern beide in Deutschland geboren wurden, zeigt sich dieser Effekt auch unter Kontrolle der kognitiven Fähigkeiten – nicht aber, wenn ergänzend die Kompetenzen in Mathematik und Naturwissenschaften kontrolliert werden (ebenfalls wie 2011). Im Gegensatz zu den Befunden der letzten Erhebung lassen sich keine unterschiedlichen Chancen einer Gymnasialpräferenz durch die Eltern in Abhängigkeit eines Migrationshintergrunds feststellen.

Eine alternative und anschauliche Möglichkeit, den Zusammenhang zwischen Herkunft und Schullaufbahnentscheidung darzustellen, ist die Berechnung derjenigen Kompetenzen, die notwendig sind, damit Schülerinnen und Schüler mit einer Wahrscheinlichkeit von mehr als 50 Prozent eine Empfehlung für das Gymnasium erhalten. Diese Kompetenzwerte werden im Folgenden als ‚kritische Werte' beziehungsweise gruppenspezifische Standards bezeichnet. In Tabelle 13.7 sind für die Gesamtpopulation die sechs EGP-Klassen, die drei Gruppen nach Geburtsland der Eltern sowie für Mädchen und Jungen die jeweiligen ‚kritischen Werte' (gruppenspezifische Standards) für die Mathematik- und die Naturwissenschaftskompetenzen sowohl für die Lehrerpräferenz als auch für die Elternpräferenz dargestellt.

Tabelle 13.7: Gruppenspezifische Standards (‚kritische Werte') für eine Gymnasialpräferenz der Lehrkräfte und der Eltern – Gesamtskala Mathematik und Naturwissenschaften

	Gruppenspezifischer Standard („kritischer Wert") für eine Gymnasialpräferenz der Lehrkräfte		Gruppenspezifischer Standard („kritischer Wert") für eine Gymnasialpräferenz der Eltern	
	Mathematik	Naturwissenschaften	Mathematik	Naturwissenschaften
Gesamt	547	559	571	586
Obere Dienstklasse (I)	526	530	543	550
Untere Dienstklasse (II)	538	546	557	569
Routinedienstleistungen (III)	549	564	598	629
Selbstständige (IV)	551	568	622	651
(Fach-)Arbeiter (V,VI)	570	594	612	632
Un- und angelernte Arbeiter (VII)	573	604	617	669
kein Elternteil im Ausland geboren	544	558	565	582
ein Elternteil im Ausland geboren	545	554	581	583
beide Elternteile im Ausland geboren	551	558	573	576
Mädchen	535	545	556	569
Jungen	559	573	586	605

IEA: Trends in International Mathematics and Science Study   © TIMSS 2015

Insgesamt wird eine Gymnasialpräferenz der Lehrkräfte ab einer Mathematikkompetenz von 547 Punkten (25 Punkte oberhalb des deutschen Mittelwertes) beziehungsweise einer Naturwissenschaftskompetenz von 559 Punkten (31 Punkte oberhalb des deutschen Mittelwertes) hinreichend wahrscheinlich. Zwischen den EGP-Klassen unterscheiden sich die gruppenspezifischen Standards zum Teil erheblich. Während Kinder aus der oberen Dienstklasse bereits mit einer Kompetenz, die 4 Punkte (Mathematik) beziehungsweise 2 Punkte (Naturwissenschaften) oberhalb der deutschen Mittelwerte liegt, gute Chancen auf eine Gymnasialpräferenz ihrer Lehrkräfte haben, benötigen Kinder von (Fach-) Arbeitern 570 beziehungsweise 594 Punkte. Die Differenzen zwischen diesen beiden EGP-Klassen liegen sowohl für Mathematik als auch für Naturwissenschaften somit deutlich über dem, was Grundschulkinder durchschnittlich in der vierten Klasse dazulernen (Wendt, Kasper, Bos, Vennemann & Goy, in Druck).

Hinsichtlich eines Migrationshintergrundes der Kinder finden sich hingegen keine substantiell unterschiedlichen gruppenspezifischen Standards. Dies bestätigt das Ergebnis, dass bei Kontrolle der schulischen Kompetenzen keine unterschiedlichen Chancen auf eine Gymnasialpräferenz in Abhängigkeit eines Migrationshintergrunds festgestellt wurden (siehe oben in diesem Abschnitt).

Deutlich unterscheiden sich hingegen die ‚kritischen Werte' von Mädchen und Jungen. Letztere benötigen für eine 50-prozentige Wahrscheinlichkeit einer Gymnasialpräferenz eine Mathematikkompetenz, die 24 Punkte höher liegt als bei Mädchen. Im Bereich Naturwissenschaften beträgt diese Differenz 27 Punkte. Auch in diesem Fall sähen die Befunde höchstwahrscheinlich anders aus, wenn auch die Lesekompetenz der Schülerinnen und Schüler bekannt wäre. In Mathematik und in den Naturwissenschaften schneiden Mädchen etwas schlechter ab als Jungen (siehe Kapitel 9 in diesem Band). Da Mädchen zugleich etwas höhere Chancen auf eine Gymnasialpräferenz aufweisen, erhalten sie eine Gymnasialpräferenz schon bei geringeren Leistungen in diesen beiden Fächern als Jungen.

Hinsichtlich der Elternpräferenzen ist insbesondere der Vergleich mit dem IGLU-Trend von 2001 bis 2011 interessant (Stubbe et al., 2012). In den ersten beiden IGLU-Zyklen lagen für den Kompetenzbereich Lesen die ‚kritischen Werte' der Eltern unterhalb der entsprechenden Werte für die Lehrkräfte. Im Jahr 2011 gab es sowohl im Lesen (IGLU) als auch in Mathematik und Naturwissenschaften (TIMSS) kaum nennenswerte Unterschiede zwischen Eltern und Lehrkräften. Wie Tabelle 13.7 zu entnehmen ist, liegen in der aktuellen Studie die ‚kritischen Werte' der Eltern in den beiden Domänen Mathematik und Naturwissenschaften und in allen Subgruppen substantiell über den entsprechenden Werten für die Lehrkräfte. Eine naheliegende Erklärung dieses Befundes ist, dass die neuen Schulformen mit mehreren Bildungsgängen ebenfalls zum Abitur führen können. Während sich Eltern mit sehr leistungsstarken Kindern weiterhin für das Gymnasium entscheiden, wählen Eltern mit Kindern, die nur leicht überdurchschnittliche Leistungen aufweisen, bevorzugt eine andere Schulform.

Die sozialen Disparitäten erweisen sich auch in der aktuellen Erhebung für die Elternpräferenzen größer als die der Lehrerpräferenzen. So benötigen beispielsweise Kinder aus der Gruppe der (Fach-)Arbeiter eine um 68 Punkte höhere Mathematikkompetenz für eine Gymnasialpräferenz ihrer Eltern verglichen mit Kindern aus der oberen Dienstklasse. Bei den Lehrerpräferenzen liegt der Unterschied bei 44 Punkten. Für den Bereich Naturwissenschaften beträgt die Differenz aus Perspektive der Eltern 82 Punkte – also deutlich mehr als zwei Lernjahre. Bei den Lehrkräften liegt sie bei 64 Punkten. Hinsichtlich der

Unterschiede zwischen Mädchen und Jungen zeigen sich bei den Eltern ähnliche Ergebnisse wie bei den Lehrkräften: Jungen benötigen 30 Punkte (Mathematik) beziehungsweise 36 Punkte (Naturwissenschaften) mehr als Mädchen, damit ihre Eltern mit 50-prozentiger Wahrscheinlichkeit eine Gymnasialwahl treffen. Bei den Lehrkräften liegen die Differenzen bei 24 Punkten (Mathematik) beziehungsweise 27 Punkten (Naturwissenschaften).

5   Zusammenfassung

Die vergangenen Jahre waren durch zahlreiche Reformen der Sekundarschulstruktur geprägt. Dieses Kapitel betrachtet, welche Veränderungen sich für den Übergang von der Grundschule in die Sekundarstufe I ergeben haben.

Der wahrscheinlich bedeutsamste Befund des vorliegenden Kapitels sind die deutlich höheren gruppenspezifischen Standards (‚kritische Werte') der Eltern für eine Gymnasialpräferenz. Augenscheinlich nutzen Eltern gezielt alternative Schulformen, die zum Abitur führen können, wenn sie nicht sicher sind, dass ihre Kinder den Anforderungen des Gymnasiums gewachsen sind. Wenn diese Hypothese richtig ist, müsste bereits jetzt das Leistungsniveau an Gymnasien, in deren Nähe es geeignete Alternativschulformen gibt, höher sein als in der Vergangenheit – beziehungsweise höher als an Gymnasien, in deren Umfeld keine anderen Schulformen zum Abitur führen.

Die Veränderungen der Schulstruktur in den deutschen Ländern scheinen also – gewollt oder ungewollt – zu einer stärkeren Selektivität der Gymnasien beizutragen. Und zwar nicht durch gestiegene Zugangshürden, sondern durch die Schaffung von Alternativangeboten.

Wie in den vorangegangenen Studienzyklen von IGLU und TIMSS finden sich auch in dieser Erhebung ausgeprägte Herkunftseffekte auf die Schullaufbahnpräferenzen der Lehrkräfte und der Eltern. Ob die derzeitigen Reformen der Schulstruktur zu einer Reduzierung der sozialen Disparitäten beitragen, ist somit fraglich und muss mit Hilfe vertiefender Analysen zu TIMSS 2015 beziehungsweise im Rahmen weiterer Studien untersucht werden.

Literatur

Anders, Y., McElvany, N. & Baumert, J. (2010). Die Einschätzung lernrelevanter Schülermerkmale zum Zeitpunkt des Übergangs von der Grundschule auf die weiterführende Schule: Wie differenziert urteilen Lehrkräfte? In K. Maaz, J. Baumert, C. Gresch & N. McElvany (Hrsg.), *Der Übergang von der Grundschule in die weiterführende Schule. Leistungsgerechtigkeit und regionale, soziale und ethnisch-kulturelle Disparitäten* (S. 313–330). Bonn: Bundesministerium für Bildung und Forschung.

Arnold, K.-H., Bos, W., Richert, P. & Stubbe, T. C. (2007). Schullaufbahnpräferenzen am Ende der vierten Klassenstufe. In W. Bos, S. Hornberg, K.-H. Arnold, G. Faust, L. Fried, E.-M. Lankes, K. Schwippert & R. Valtin (Hrsg.), *IGLU 2006. Lesekompetenzen von Grundschulkindern in Deutschland im internationalen Vergleich* (S. 271–297). Münster: Waxmann.

Arnold, K.-H., Bos, W., Richert, P. & Stubbe, T. C. (2010). Der Übergang von der Grundschule in die Sekundarstufe: Schullaufbahnpräferenzen von Lehrkräften und Eltern im Ländervergleich. In W. Bos, S. Hornberg, K.-H. Arnold, G. Faust, L. Fried, E.-M. Lankes, K. Schwippert, I. Tarelli & R. Valtin (Hrsg.), *IGLU 2006 – die Grundschule auf dem Prüfstand. Vertiefende Analysen zu Rahmenbedingungen schulischen Lernens* (S. 13–32). Münster: Waxmann.

Bellenberg, G. & Klemm, K. (2000). Scheitern im System, Scheitern des Systems? Ein etwas anderer Blick auf Schulqualität. In H.-G. Rolff, W. Bos, K. Klemm, H. Pfeiffer & R. Schulz-Zander (Hrsg.), *Jahrbuch der Schulentwicklung. Band 11* (S. 51–75). Weinheim: Juventa.

Bos, W., Voss, A., Lankes, E.-M., Schwippert, K., Thiel, O. & Valtin, R. (2004). Schullaufbahnempfehlungen von Lehrkräften für Kinder am Ende der vierten Jahrgangsstufe. In W. Bos, E.-M. Lankes, M. Prenzel, K. Schwippert, R. Valtin & G. Walther (Hrsg.), *IGLU. Einige Länder der Bundesrepublik Deutschland im nationalen und internationalen Vergleich* (S. 191–228). Münster: Waxmann.

Erikson, R., Goldthorpe, H. J. & Portocarero, L. (1979). Intergenerational class mobility in three Western European societies: England, France and Sweden. *British Journal of Sociology, 30* (4), 415–441.

Heller, K. A. & Perleth, C. (2000). *KFT 4–12+R. Kognitiver Fähigkeitstest für 4. bis 12. Klassen, Revision.* Göttingen: Beltz Test.

Kleine, L., Paulus, W. & Blossfeld, H.-P. (2009). Die Formation elterlicher Bildungsentscheidungen beim Übergang von der Grundschule in die Sekundarstufe I. In J. Baumert, K. Maaz & U. Trautwein (Hrsg.), *Bildungsentscheidungen* (Zeitschrift für Erziehungswissenschaft, Sonderheft 12, S. 103–125). Wiesbaden: VS Verlag für Sozialwissenschaften.

KMK – Ständige Konferenz der Kultusminister der Länder in der Bundesrepublik Deutschland. (2015). *Übergang von der Grundschule in Schulen des Sekundarbereichs I und Förderung, Beobachtung und Orientierung in den Jahrgangsstufen 5 und 6 (sog. Orientierungsstufe).* Zugriff am 01.10.2016 unter http://www.kmk.org/fileadmin/ dateien/veroeffentlichungen_beschluesse/2015/2015_02_19-Uebergang_Grundschule-SI-Orientierungsstufe.pdf

Köller, O. (2008). Gesamtschule – Erweiterung statt Alternative. In K. S. Cortina, J. Baumert, A. Leschinsky, K. U. Mayer & L. Trommer (Hrsg.), *Das Bildungswesen in der Bundesrepublik Deutschland. Strukturen und Entwicklungen im Überblick* (S. 437–465). Reinbek: Rowohlt.

LIfBi – Leibniz-Institut für Bildungsverläufe e.V. (2015). *Startkohorte 2: Kindergarten (SC2). Studienübersicht Wellen 1 bis 5.* Zugriff am 01.10.2016 unter https://www.neps-data.de/Portals/0/NEPS/Datenzentrum/Forschungsdaten/SC2/SC2_Studien_W1-5.pdf

Lintorf, K. (2012). *Wie vorhersagbar sind Grundschulnoten? Prädiktionskraft individueller und kontextspezifischer Merkmale.* Wiesbaden: VS Verlag für Sozialwissenschaften.

Maaz, K., Baumert, J., Gresch, C. & McElvany, N. (Hrsg.). (2010). *Der Übergang von der Grundschule in die weiterführende Schule. Leistungsgerechtigkeit und regionale, soziale und ethnisch-kulturelle Disparitäten.* Bonn: Bundesministerium für Bildung und Forschung.

Maaz, K. & Nagy, G. (2009). Der Übergang von der Grundschule in die weiterführenden Schulen des Sekundarschulsystems. Definition, Spezifikation und Quantifizierung primärer und sekundärer Herkunftseffekte. In J. Baumert, K. Maaz & U. Trautwein (Hrsg.), *Bildungsentscheidungen* (Zeitschrift für Erziehungswissenschaft, Sonderheft 12, S. 153–182). Wiesbaden: VS Verlag für Sozialwissenschaften.

Maaz, K. & Nagy, G. (2010). Der Übergang von der Grundschule in die weiterführenden Schulen des Sekundarschulsystems: Definition, Spezifikation und Quantifizierung primärer und sekundärer Herkunftseffekte. In K. Maaz, J. Baumert, C. Gresch & N. McElvany (Hrsg.), *Der Übergang von der Grundschule in die weiterführende Schule – Leistungsgerechtigkeit und regionale, soziale und ethnisch-kulturelle Disparitäten* (S. 151–180). Bonn: Bundesministerium für Bildung und Forschung.

Milek, A., Lüdtke, O., Trautwein, U., Maaz, K. & Stubbe, T. C. (2009). Wie konsistent sind Referenzgruppeneffekte bei der Vergabe von Schulformempfehlungen? Bundeslandspezifische Analysen von Daten der IGLU-Studie. In J. Baumert, K. Maaz & U. Trautwein (Hrsg.), *Bildungsentscheidungen* (Zeitschrift für Erziehungswissenschaft, Sonderheft 12, S. 282–301). Wiesbaden: VS Verlag für Sozialwissenschaften.

Milek, A., Stubbe, T. C., Trautwein, U., Lüdtke, O. & Maaz, K. (2010). *Reference group effects on teachers' school track recommendations: Results from PIRLS 2006 Germany. Vortrag auf der 4th IEA International Research Conference, Göteborg.* Zugriff am 01.10.2016 unter http://www.iea.nl/fileadmin/user_upload/IRC/IRC_2010/Papers/ IRC2010_Milek_Stubbe_etal.pdf

Schuchart, C. (2007). Schulabschluss und Ausbildungsberuf. Zur Bedeutung der schulartbezogenen Bildungsbiografie. *Zeitschrift für Erziehungswissenschaft, 10* (3), 381–398.

Stubbe, T. C. (2009). *Bildungsentscheidungen und sekundäre Herkunftseffekte. Soziale Disparitäten bei Hamburger Schülerinnen und Schülern der Sekundarstufe I.* Münster: Waxmann.

Stubbe, T. C. & Bos, W. (2008). Schullaufbahnempfehlungen von Lehrkräften und Schullaufbahnentscheidungen von Eltern am Ende der vierten Jahrgangsstufe. *Empirische Pädagogik, 22* (1), 49–63.

Stubbe, T. C., Bos, W. & Euen, B. (2012). Der Übergang von der Primar- in die Sekundarstufe. In W. Bos, I. Tarelli, A. Bremerich-Vos & K. Schwippert (Hrsg.), *Lesekompetenzen von Grundschulkindern in Deutschland im internationalen Vergleich* (S. 209–226). Münster: Waxmann.

Wendt, H., Kasper, D., Bos, W., Vennemann, M. & Goy, M. (in Druck). Wie viele Punkte auf der TIMSS-Metrik entsprechen einem Lernjahr? Leistungszuwächse in Mathematik und Naturwissenschaften am Ende der Grundschulzeit. In T. Eckert & B. Gniewosz (Hrsg.), *Bildungsgerechtigkeit* (S. 121–153). Wiesbaden: Springer VS.

Kapitel XIV
Trends in mathematischen und naturwissenschaftlichen Kompetenzen am Ende der Grundschulzeit in Deutschland

Daniel Kasper, Heike Wendt, Wilfried Bos und Olaf Köller

1 Einleitung

Eine zentrale Aufgabe von TIMSS ist es, Indikatoren für das international vergleichende Monitoring von Bildungssystemen bereitzustellen. Mit TIMSS 2015 ist es möglich, Entwicklungen von Leistungsständen in mathematischen und naturwissenschaftlichen Kompetenzen von Viertklässlerinnen und Viertklässlern über die Jahre 2007 und 2011 bis 2015 nachzuzeichnen und diese in international vergleichender Perspektive einzuordnen (Mullis, Martin & Hooper, 2016). Das Design der Studie lässt es jedoch nicht zu, gesicherte Aussagen darüber zu treffen, worauf mögliche beobachtbare Veränderungen zurückzuführen sind. Als Ursachen lassen sich unter anderem gesellschaftliche und demographische Entwicklungen sowie strukturelle und inhaltliche Reformen im Bildungswesen diskutieren. Im Zentrum dieses Beitrags steht daher die Frage, inwieweit sich die Rahmenbedingungen von dem Jahr 2007 bis zu dem Jahr 2015 verändert haben, unter denen die Grundschule in Deutschland arbeitet. Hierzu wird zunächst ein knapper Überblick über zentrale Entwicklungen im Grundschulbereich seit der Jahrtausendwende gegeben. Aus diesem Überblick wird deutlich, dass die demographische Entwicklung sowie die strukturellen Reformbemühungen, integrative Angebote für Schülerinnen und Schüler mit sonderpädagogischem Förderbedarf zu schaffen, zwei mögliche Ursachen für Veränderungen von Schülerleistungen sind. Die Veränderung der Zusammensetzung der in TIMSS 2007, TIMSS 2011 und TIMSS 2015 im Querschnitt untersuchten Schülerpopulation könnte u.a. in einer oder in beiden dieser Ursachen mit begründet sein. Im Folgenden werden daher Veränderungen in den Schülerpopulationen der drei Studienzyklen betrachtet und es wird untersucht, wie sich Trends in mathematischen und naturwissenschaftlichen Kompetenzen von Schülerinnen und Schülern am Ende der vierten Jahrgangsstufe unter Kontrolle von Veränderungen zentraler Merkmale der Schülerinnen und Schüler darstellen.

2 Entwicklungen im Grundschulwesen seit der Jahrtausendwende

Seit der Jahrtausendwende lassen sich in Deutschland neben einer Vielzahl gesellschaftlicher Veränderungsprozesse (Mau & Schöneck, 2013) auch zahlreiche Reformen im Bildungswesen beobachten (vbw, 2011; Wendt, Smith & Bos, 2016), die sogar als Wertewandel im Bildungssystem diskutiert und interpretiert werden (Raidt, 2009). Unabhängig von der Bewertung dieser Entwicklungen stellen sie eine Veränderung von Rahmenbedingungen mathematischen und naturwissenschaftlichen Lernens an Grundschulen in Deutschland dar und sollen im Folgenden knapp umrissen werden.

- *Demographischer Wandel.* Amtliche Statistiken belegen, dass auch das Grundschulwesen in Deutschland vom demographischen Wandel betroffen ist: In Folge gesunkener Geburtenraten (Statistisches Bundesamt, 2013) sind Grundschulen in Deutschland insgesamt mit regionalen und zeitlichen Schwankungen von einem Rückgang der Schülerzahlen betroffen. Dies wird auch deutlich, wenn die Entwicklung von Schülerzahlen für die Schuljahre 2000/2001 bis 2014/2015 vergleichend betrachtet werden: Im Schuljahr 2000/2001 besuchten insgesamt 3 394 647 Schülerinnen und Schüler eine Grundschule in Deutschland, im Schuljahr 2014/2015 nur noch 2 708 752 Schülerinnen und Schüler (Statistisches Bundesamt, 2015a). Mit der Anzahl der Grundschülerinnen und Grundschüler hat sich auch die Anzahl der Grundschulen verringert: Im Jahr 2000 waren es noch 17 275 Grundschulen, im Jahr 2015 nur noch 15 421 Grundschulen in Deutschland (Statistisches Bundesamt, 2015b). Dies entspricht einem Rückgang von knapp 20 Prozent (den Anteil der Schülerinnen und Schüler betreffend) beziehungsweise knapp 11 Prozent (den Anteil der Grundschulen betreffend). Auch in den nächsten Jahren ist mit einem weiteren Rückgang der Schülerzahlen zu rechnen. Nach Vorausberechnungen der Autorengruppe Bildungsberichterstattung (2010, S. 171) wird der Rückgang im Primarbereich im Jahr 2025 schätzungsweise 15 Prozent der Schülerzahl aus dem Jahr 2010 betragen. In Folge von zunehmender Migration ist darüber hinaus ein Anstieg von ausländischen Kindern zu erwarten. Nach Angaben der amtlichen Statistik ist jedoch ein Rückgang zu beobachten: Im Schuljahr 2006/2007 lag der Anteil der ausländischen Grundschülerinnen und Grundschüler bei 10.6 Prozent, im Schuljahr 2011/2012 bei 6.6 Prozent, im Schuljahr 2014/15 bei 7.1 Prozent. Dieser Rückgang lässt sich mit dem reformierten Staatsbürgerschaftsrecht erklären, durch das zunehmend mehr Kinder mit Migrationshintergrund in Deutschland die deutsche Staatsangehörigkeit besitzen (Statistisches Bundesamt, 2012). Differenziert man hingegen nicht nach Staatsangehörigkeit der Schülerinnen und Schüler, sondern fasst ihre Migrationserfahrung unabhängig von Fragen der Nationalität (wie in Kapitel 11 in diesem Band), belegen Statistiken des *Mikrozensus* einen weitaus größeren und mit den Jahren zunehmenden Anteil an Grundschülerinnen und Grundschülern mit Migrationshintergrund: Im Jahr 2009 lag dieser bei 31.4 Prozent (bpb, 2011), im Jahr 2014 bereits bei 35.5 Prozent (bpb, 2016).
- *Gesellschaftlicher Wandel.* Zweifelsohne bedingen gesellschaftliche Veränderungen im Bereich der Familienerziehung ebenso wie allgemeine Voraussetzungen des Aufwachsens von Kindern in Deutschland die Rahmenbedingungen des schulischen und unterrichtlichen Handelns. Als gesellschaft-

liche Entwicklungstrends lassen sich nach Fölling-Albers (2014) unter anderem Individualisierung, eine Pluralisierung von Familienformen, ein Wandel in Erziehungsnormen und Werten, ein veränderter Medieneinfluss, eine zunehmende Multikulturalität sowie ein Anstieg von Kinderarmut feststellen. Darüber hinaus bewirken die rasanten technologischen Entwicklungen, die sich auch seit der Jahrtausendwende beobachten lassen, grundsätzliche und weitreichende Veränderungen des Alltags von Kindern in Deutschland (Eickelmann, Lorenz, Vennemann, Gerick & Bos, 2014).

- *Strukturelle Veränderungen.* Seit Beginn des Jahrtausends lassen sich in Bezug auf die Grundschule in Deutschland mehrere beachtliche strukturelle Veränderungen beobachten. Hierzu zählen insbesondere die Inklusion, der Ausbau von Ganztagsschulen sowie die Gestaltung von Übergängen.
  - *Inklusion.* Im Zusammenhang mit der Ratifizierung der UN-Konvention über die Rechte der Menschen mit Behinderungen durch Deutschland und der Gleichstellungsgesetzgebung in den Ländern werden seit dem Jahr 2006 integrative Angebote für Schülerinnen und Schüler mit sonderpädagogischem Förderbedarf ausgebaut. In Folge ist der Anteil an Kindern mit sonderpädagogischen Förderbedarfen an Grundschulen von 1.7 Prozent im Jahr 2008 auf 2.8 Prozent im Jahr 2014 gestiegen (Autorengruppe Bildungsberichterstattung, 2016, Tabelle D2-10web).
  - *Ganztagsgrundschule.* Seit Ende der 1980er Jahre werden in zahlreichen Bundesländern Maßnahmen getroffen, die darauf abzielen, für Schulkinder im Primarbereich nach Bedarf eine verlässliche Betreuung für den gesamten Schulvormittag zu gewährleisten. Eine Reihe unterschiedlicher Modelle (Holtappels 1997, 2002) dieser erweiterten Betreuung wurde in allen Ländern der Bundesrepublik Deutschland erprobt (Bellenberg & Klemm 2005). Auch in den *Empfehlungen zur Arbeit in der Grundschule* wird die pädagogische Bedeutung der ganztägigen Bildung betont (KMK, 2015a). In den letzten Jahren haben Bund und Länder zudem erhebliche finanzielle Ressourcen bereitgestellt, um ganztägige Bildung und Betreuung an Grundschulen zu ermöglichen (BMBF, 2015). In der Folge hat sich die Zahl der schulischen Verwaltungseinheiten mit Ganztagsbetrieb seit dem Jahr 2002 mehr als vervierfacht, sodass mittlerweile jeder zweite Grundschulstandort in Deutschland ein Ganztagsangebot bereithält (Autorengruppe Bildungsberichterstattung, 2016, Tabelle D3-6web). Institutionelle Ganztagsbetreuung findet in Land aber nicht nur an Schulen statt, sondern je nach Land und entsprechender Tradition auch in Horten. Flächendeckend zeigt sich in Deutschland ein Ausbau beider Angebotsformen (ebd., Tabelle D3-4A). Fast die Hälfte aller Grundschulkinder, so die Schätzung der Autorengruppe Bildungsberichterstattung (2016), besuchte im Schuljahr 2014/2015 ganztägige Angebote.
  - *Schulanfang.* Seit Ende des Jahrtausends lag ein weiterer Schwerpunkt von Reformen im Grundschulbereich bei Maßnahmen, die sich in zeitlicher Perspektive auf die Gestaltung des Schulanfangs bezogen (Faust, 2006). Hierzu zählen unter anderem die Veränderung von ‚Stichtagsregelungen‘ zugunsten einer früheren Einschulung, die Schaffung von Regelungen zur Einschränkung von Zurückstellungen, den Ausbau von Schulen mit flexibler Schuleingangsstufe, die Veränderung und die Ausweitung von Schuleingangsdiagnostik sowie die Schaffung von Bildungsplänen für Kindertagesstätten, die explizit die Förderung in schulischen Vorläuferfähigkeiten vorsehen (Roßbach, 2004). In Folge lässt sich ein

Rückgang in vorzeitigen Einschulungen in Zurückstellungen, aber auch eine Zunahme an verspäteten Einschulungen beobachten (Autorengruppe Bildungsberichterstattung, 2016; Tabellen C5-A2 und C5-A3). Damit verbunden ist ein Rückgang an Klassenwiederholungen (Bellenberg & Klemm, 2014) sowie eine zunehmende Verbreitung von jahrgangsheterogenen Lerngruppen (Götz & Krening, 2014). Darüber hinaus ist zu berücksichtigen, dass sich größere strukturelle Veränderungen im frühkindlichen Bereich ergeben haben (Roßbach, 2004). Als Trend formuliert erleben Kinder heute „nicht nur häufiger, sondern immer früher neben der familialen auch eine institutionell geprägte, pädagogisch gestaltete und konzeptionell vorstrukturierte Kindheit" (Autorengruppe Bildungsberichterstattung, 2016, S. 69).

- *Übergang in die Sekundarstufe I.* In der letzten Dekade sind in der Mehrzahl der Länder eigenständige Haupt- und Realschulen zugunsten kombinierter Schularten abgeschafft worden, die mehrere Abschlussoptionen eröffnen (siehe Kapitel 13 in diesem Band). Diese Entwicklungen haben Einfluss auf Bildungsentscheidungen der Eltern und vermutlich auch auf das schulische Unterstützungsverhalten von Eltern (siehe Kapitel 8 in diesem Band).

Bei einer Betrachtung von eher qualitätsbezogenen Aspekten des Bildungssystems lassen sich für den Zeitraum der letzten 15 Jahre ebenfalls deutliche Veränderungen beobachten. Insbesondere werden diese in den Bereichen der Professionalisierung, der Lehrpläne sowie der Qualitätssicherung deutlich.

- *Zeit und Lehr-Lernbedingungen.* Nach Zahlen der Kultusministerkonferenz (KMK, 2015c) lässt sich für Grundschulen in Deutschland vom dem Jahr 2005 bis zum Jahr 2014 feststellen, dass sich die durchschnittliche Klassengröße um ein bis zwei Kinder verringert, das Schüler-Lehrer-Verhältnis von 19.9 auf 16.3 verbessert hat und die Zahl der erteilten Unterrichtsstunden leicht zugenommen hat.
- *Curriculare Veränderungen.* Sowohl für Mathematik als auch für die Naturwissenschaften lässt sich feststellen, dass – mit der Ausnahme des Landes Schleswig-Holstein, in dem die Lehrpläne aktuell überarbeitet werden – in den vergangenen 15 Jahren alle Länder ihre Lehrpläne für Mathematik und den Sachunterricht grundlegend und zum Teil mehrfach überarbeitet haben (siehe Kapitel 3 und 4 in diesem Band). Für Mathematik lässt sich in der Tendenz eine Angleichung der Lehrpläne feststellen (siehe Kapitel 3). In Bezug auf den Sachunterricht zeigt sich, dass naturwissenschaftliche Inhalte in den Lehrplänen der Länder wieder eine stärkere Berücksichtigung finden (siehe Kapitel 4). Für die Betrachtung von Leistungstrends in TIMSS ist allerdings zu berücksichtigen, dass die Überarbeitungen der Lehrpläne zu unterschiedlichen Zeitpunkten und auch in unterschiedlichen Umfängen stattgefunden haben. Für Mathematik ist beispielsweise festzustellen, dass lediglich 8 der 16 Länder zwischen dem Jahr 2005 (nach Einführung der Bildungsstandards) und dem Jahr 2015 (jüngste TIMSS-Erhebung) neue Lehrpläne erlassen haben. Darüber hinaus lässt sich eine Zunahme von europäischen, nationalen und regionalen Initiativen erkennen, die, oft mit direktem Verweis auf einen drohenden Fachkräftemangel, darauf abzielen, junge Menschen für sogenannte MINT-Berufe (umfasst die Bereiche Mathematik, Informatik, Naturwissenschaft und Technik) vorzubereiten und zu begeistern (BMBF, 2010, 2014; KMK, 2009; Kompetenzzentrum Technik-

Diversity-Chancengleichheit e.V., 2015a, 2015b, 2015c; Lohmar & Eckhardt, 2013) Zu diesen Initiativen zählen beispielsweise die sogenannten *Science Days* (Science & Technologie e.V., 2015), Bildungsprogramme in Museen, Mathematik- und Naturwissenschaftswettbewerbe, *Jugend forscht* (Stiftung Jugend forscht e.V., 2015), Kinderunis, und besondere Ferienakademien, die auf eine Nachwuchsförderung in den MINT-Fächern abzielen. Nicht für die betrachteten Leistungsentwicklungen bedeutsam, aber dennoch für die zukünftige Arbeit in den Grundschulen relevant sind die kürzlich von der KMK überarbeiteten *Empfehlungen zur Arbeit in der Grundschule* (KMK, 2015a).

- *Professionalisierung.* Insbesondere in Bezug auf die universitäre Lehrerausbildung lassen sich seit dem Jahr 2000 mit der Umstellung auf konsekutive Bachelor- und Masterstudiengänge, der länderübergreifenden Formulierung eines Anforderungsrahmens für die Fachwissenschaften und Fachdidaktik in der Lehrerbildung (KMK, 2016) sowie der Einführung von Lehrämtern Primarstufe in einigen Ländern Entwicklungen feststellen (KMK, 2015b). Weitere Veränderungen unterscheiden sich zum Teil deutlich zwischen den Ländern. Als allgemeiner Trend lässt sich eine stärkere Praxisorientierung, die Intensivierung der Bezüge zwischen den einzelnen Ausbildungsphasen, die Einführung studienbegleitender Prüfungen sowie Maßnahmen zur Verbesserung der Lehrertätigkeit im Hinblick auf diagnostische und methodische Kompetenz feststellen. Einige Universitäten gründeten (und gründen) sogenannte *Schools of Education* – neue Lehrerbildungszentren, die den an der Lehrerbildung beteiligten Fächern und Fakultäten ein neues Dach geben, unter dem die verschiedenen Bereiche der Lehreraus- und häufig auch -fortbildung gebündelt werden (KMK, 2015b). Mit Blick auf die Weiterbildung von Lehrkräften lässt sich seit dem Jahr 1998 eine verstärkte Initiative der Länder beobachten, Lehrkräfte bei der qualitativen Weiterentwicklung ihres Mathematik- und Sachunterrichts zu unterstützen. Als größtes Qualifizierungsprogramm sind hier beispielhaft die grundschulspezifischen Programme ‚SINUS-Transfer Grundschule' (IPN, n.d.) und ‚SINUS an Grundschulen zu nennen' (*Steigerung der Effizienz des mathematisch-naturwissenschaftlichen Unterrichts*; BLK, 1997), an denen sich rund 5 500 Lehrerinnen und Lehrer aus zehn Ländern der Bundesrepublik Deutschland mit ausgewählten Projektschulen aktiv beteiligt haben (Dalehefte et al., 2014; Dalehefte et al., 2015; Fischer, Kobarg, Dalehefte & Trepke, 2012; Fischer, Rieck, Döring, Dalehefte & Treptke, 2014).

- *Qualitätssicherung.* Seit dem Konstanzer Beschluss der Kultusministerkonferenz vom 24.10.1997 sind in allen Ländern auch für den Grundschulbereich neue Strategien, Verfahren und Instrumente zur Qualitätssicherung geschaffen worden. Hierzu zählen mit Blick auf die Grundschule die Einführung von nationalen Bildungsstandards für die Fächer Deutsch und Mathematik im Jahr 2004, die flächendeckende Durchführung von Vergleichsarbeiten in der dritten Jahrgangsstufe in den Fächern Mathematik und Deutsch, die regelmäßige Durchführung von nationalen Ländervergleichsstudien sowie die Teilnahme an den internationalen Vergleichsstudien IGLU und TIMSS, die regelmäßige Bildungsberichterstattung sowie die Verfahren der Schulevaluation und Schulinspektion (KMK, 2015d).

3 Charakteristika der Viertklässlerinnen und Viertklässler in TIMSS 2007, 2011 und 2015

Zur Beschreibung der Veränderung in der Zusammensetzung der Schülerschaft in Deutschland werden Merkmale verwendet, die zum einen mit den Leistungen in Mathematik und Naturwissenschaften zusammenhängen und in allen Zyklen von TIMSS erhoben wurden und für die zum anderen basierend auf den vorherigen Überlegungen eine Veränderung über die Zeit vermutet werden kann. So wird beispielsweise aus Kapitel 9 in diesem Band deutlich, dass das Geschlecht der Schülerinnen und Schüler mit differentiellen Leistungsergebnissen zusammenhängt. Auch das Ausmaß an sonderpädagogischen Förderbedarfen hängt mit der Leistung zusammen, und der Anteil an Schülerinnen und Schülern mit entsprechendem Bedarf dürfte in der TIMSS-Stichprobe aufgrund der Inklusion gestiegen sein. Deswegen wird in diesem Kapitel zwischen Schülerinnen und Schülern mit besonderen Unterstützungsbedarfen und Schülerinnen und Schülern ohne sonderpädagogischen Förderbedarf (Regelschülerinnen und Regelschüler) unterschieden.

Zu den Kindern mit besonderen Förderbedarfen zählen zum einen Schülerinnen und Schüler, die an Förderschulen unterrichtet werden. Darüber hinaus wurden für den Studienzyklus 2015 Kinder zu dieser Kategorie gezählt, wenn sie nach Angabe der Schule über einen nach Verfahren des Bundeslandes diagnostizieren sonderpädagogischen Förderbedarf verfügen. Da für TIMSS 2007 und 2011 keine schülerspezifischen Angaben zu sonderpädagogischen Förderbedarfen vorliegen, wurden hier Schülerinnen und Schüler dann zu den Kindern mit besonderen Förderbedarfen gezählt, wenn es sich bei ihnen nach Angabe der Schule um Inklusionskinder handelte (Wendt, Bos, Tarelli, Vaskova & Walzebug, 2016).

Wie die Ausführungen in Kapitel 11 im vorliegenden Band zeigen, sind gruppenspezifische Trendverläufe auch in Abhängigkeit des Migrationsstatus zu erwarten. Dabei scheint die Kontrastierung gemäß des Geburtslandes der Eltern einen deutlicheren Einfluss in Bezug auf die Leistung zu zeigen als die Betrachtung des Sprachgebrauchs in der Familie. Deswegen wird in diesem Kapitel zwischen Schülerinnen und Schülern unterschieden, bei denen beide Eltern nicht in Deutschland geboren sind, Schülerinnen und Schülern, bei denen ein Elternteil nicht in Deutschland geboren ist, und Schülerinnen und Schülern, bei denen beide Eltern in Deutschland geboren sind. Zur Kontrolle von Veränderungen in Bezug auf den sozioökonomischen Status wird der höchste *International Socio-Economic Index of Occupational Status* (HISEI) der Elternteile verwendet (siehe Kapitel 10 in diesem Band). Zur Betrachtung von Veränderungen in den Schülerpopulationen wird zur besseren Anschaulichkeit auf den Indikator zur Armutsgefährdung der Familien zurückgegriffen (siehe ebd.).

Tabelle 14.1 zeigt zentrale Schülermerkmale der Viertklässlerinnen und Viertklässler in Deutschland im Vergleich von TIMSS 2007, 2011 und 2015. Aus der Tabelle werden mehrere Veränderungen ersichtlich: Im Vergleich zu TIMSS 2007 sinkt der Anteil an Schülerinnen und Schülern ohne Migrationshintergrund, während sich im Vergleich von TIMSS 2011 zu TIMSS 2015 ein signifikanter Anstieg der Kinder mit Migrationshintergrund (beide Elternteile im Ausland geboren) feststellen lässt. In Bezug auf den mittleren sozialen Status (HISEI) lässt sich ein positiver Anstieg feststellen. Auch zeigt sich für TIMSS 2011 und 2015 im Vergleich zu TIMSS 2007 ein gestiegener Anteil an Kindern mit besonderen Unterstützungsbedarfen in den TIMSS-Stichproben. Dies kann als Hinweis da-

Tabelle 14.1: Charakteristika von Viertklässlerinnen und Viertklässlern in TIMSS 2007, 2011 und 2015

	TIMSS 2007		TIMSS 2011		TIMSS 2015	
	%	(SE)	%	(SE)	%	(SE)
Geschlecht						
Mädchen	49.0	0.6	49.3	0.8	48.0	0.7
Jungen	51.0	0.6	50.7	0.8	52.0	0.7
Status						
Regelschüler	96.6	0.7	94.1	0.8	94.1	0.5
Kinder mit bes. Unterstützungsbedarfen	3.4	0.7	5.9	0.8*	5.9	0.5▲*
Mitgrationshintergrund						
kein Elternteil	71.4	1.4	72.3	1.4	66.3	1.7▼
ein Elternteil	11.4	0.7	11.6	0.6	11.3	0.7
beide Elternteile	17.2	1.0	16.1	1.1	22.4	1.6*
Kinder aus armutsgefährdeten Familien	33.9	1.3	25.4	1.2▼	28.9	1.2▼

Signifikanzniveau: ✱ = Unterschied zu TIMSS 2011 statistisch signifikant ($p < .05$); ▲/▼= Unterschied zu TIMSS 2007 statistisch signifikant ($p < .05$)

IEA: Trends in International Mathematics and Science Study © TIMSS 2015

rauf gedeutet werden, dass im Zuge von Inklusion zunehmend mehr Kinder mit sonderpädagogischen Förderbedarfen an Regelschulen unterrichtet werden.

4 Trends in den Schülerleistungen

Im internationalen Vergleich hat sich gezeigt, dass sich für etwa die Hälfte aller Staaten, die – wie Deutschland – an TIMSS 2007, 2011 und 2015 teilgenommen haben, zwischen dem Jahr 2007 und dem Jahr 2015 in Mathematik und/oder Naturwissenschaften positive Veränderungen der mittleren Leistungswerte beobachten ließen (siehe Kapitel 3 und 4 in diesem Band). Für Deutschland ließen sich – wie auch für sechs weitere Teilnehmer (Hongkong, Neuseeland, Australien, Slowakei, England und die Niederlande) – hingegen keine signifikanten Veränderungen in den Schülerleistungen zwischen TIMSS 2007 und 2015 feststellen. Im Vergleich der Schülerleistungen in Deutschland zwischen dem Jahr 2011 und dem Jahr 2015 zeigt sich sogar ein statistisch signifikanter Leistungsrückgang von 6 Punkten auf der TIMSS-Gesamtskala. Gleichzeitig lassen sich für den gleichen Zeitraum sowohl in der amtlichen Statistik als auch den TIMSS-Schülerpopulationen Veränderungen in zentralen Schülermerkmalen feststellen.

Eine Möglichkeit, die Bedeutung dieser Veränderungen für die mathematischen und naturwissenschaftlichen Leistungsentwicklungen von Viertklässlerinnen und Viertklässlern abzuschätzen, und damit quasi einen Nettoeffekt der Trendentwicklung zu ermitteln, bietet die Anwendung von Trendmodellen. In diesen Modellen wird die Leistungsdifferenz zwischen den Studienzyklen ermittelt, die sich ergeben hätte, wenn die Verteilung der soziodemographischen Merkmale in der Schülerschaft gleich geblieben wäre. Ein solches Verfahren wurde beispielsweise auch von der OECD in ihrem internationalen Bericht über Trends in der Lesekompetenz zwischen dem Jahr 2000 und dem Jahr 2009 angewendet

(OECD, 2010; Ehmke, Klieme & Stanat, 2013). Um die Leistungsveränderungen über die Zeit nach Kontrolle von Merkmalen zu berücksichtigen, wurde pro teilnehmendes Land eine lineare Regression für die Schülerleistungen bestimmt. Als erklärende Faktoren der Leistung wurden der Messzeitpunkt, die soziodemographischen Merkmale und die Interaktionen zwischen den soziodemographischen Merkmalen und dem Messzeitpunkt berücksichtigt. Vor der Bestimmung dieser linearen Regression wurden fehlende Werte in den soziodemographischen Merkmalen durch multiple Imputation ersetzt (siehe Kapitel 2 in diesem Band).

Die folgenden Analysen basieren auf einem ganz ähnlichen methodischen Vorgehen wie in der OECD-Studie. Im Unterschied zu dieser Studie wurde jedoch kein lineares Regressionsmodell verwendet, sondern ein lineares Modell mit Zufallseffekten (sogenanntes Mehrebenenmodell; McCulloch, Searle & Neuhaus, 2008). Die Verwendung dieses Modelles anstelle der linearen Regression scheint in dem vorliegenden Kontext aus methodischer Sicht geboten. Eine Anwendung der linearen Regression würde voraussetzen, dass die Leistungen der Schülerinnen und Schüler nach Kontrolle aller erklärenden Variablen unabhängig voneinander sind (Werner, 1997). Aus der empirischen Bildungsforschung ist allerdings bekannt, dass die individuelle Schülerleistung auch vom Klassenbeziehungsweise Schulkontext abhängt. Die Leistungen von Schülerinnen und Schülern innerhalb einer Klasse und Schule sind also im Allgemeinen nicht unabhängig voneinander.

Da die Schülerinnen und Schüler in der TIMSS-Stichprobe im Klassenverbund getestet werden (siehe Kapitel 2), ist davon auszugehen, dass auch die Leistungen der Schülerinnen und Schüler in der TIMSS-Stichprobe (ohne Kontrolle der Klassen- und Schulzugehörigkeit) voneinander abhängig sind. Das verwendete Mehrebenenmodell berücksichtigt diese Abhängigkeiten in den Schülerleistungen: Indem die klassenbedingten Gemeinsamkeiten in der Leistung durch einen Interceptwert (der allen Schülerinnen und Schülern einer Klasse gemeinsam ist) modelliert und repräsentiert werden, können die Abhängigkeiten zwischen den Schülerleistungen kontrolliert werden. Da die in TIMSS untersuchten Klassen außerdem eine Zufallsauswahl von allen zur definierten Zielpopulation gehörenden Klassen in Deutschland darstellen, wurde die konkrete Ausprägung des Interceptwerts als zufällig betrachtet, das heißt, es wurde ein sogenanntes *random intercept model* berechnet (Raudenbush & Bryk, 2002).

Ein weiterer Unterschied zu dem Vorgehen in der OECD-Studie besteht in dem Umgang mit fehlenden Werten. Während diese in der OECD-Studie imputiert wurden, basieren die folgenden Analysen auf den nicht imputierten Datensätzen. Durch dieses Vorgehen wird gewährleistet, dass die Ergebnisse der vorliegenden Analysen mit den Trendergebnissen im internationalen Vergleich aus den vorherigen Kapiteln abgeglichen werden können: Abweichungen zwischen den Trendschätzern in diesem und den anderen Kapiteln aufgrund eines unterschiedlichen Umgangs mit fehlenden Werten sind damit also auszuschließen. Das in diesem Kapitel angewendete Verfahren entspricht weitestgehend dem methodischen Vorgehen von Van Damme und Bellens (2016), die ebenfalls Analysen der Trendentwicklung in TIMSS für ausgewählte Länder vorgenommen haben. Die Mehrebenenanalysen wurden mit dem Programm SAS/STAT Software, Version 9.4 (TS1M1) von SAS System für Windows durchgeführt.[1] Durch die Implementierung einer eigens für diese Analysen entwickelten

---

1 © 2002–2012 SAS Institute Inc. SAS and all other SAS Institute Inc. product or service names are registered trademarks or trademarks of SAS Institute Inc., Cary, NC, USA.

Funktion in dem Programm konnte sowohl die *Sampling*-Varianz als auch die Varianz zu Lasten der *Plausible Values* bei den Analysen berücksichtigt werden.

4.1 Trends in Mathematik

Tabelle 14.2 zeigt, wie sich die Leistungsentwicklungen von Viertklässlerinnen und Viertklässlern in Deutschland unter Kontrolle von veränderten Schülercharakteristika für die mathematischen Kompetenzen darstellen. In Deutschland zeigen sich in diesen Analysen zwischen TIMSS 2007 und 2015 keine statistisch signifikanten Veränderungen der durchschnittlichen Leistungsmittelwerte. Unter Kontrolle von veränderten Schülercharakteristika (Modell 3) zwischen den Studienzyklen lassen sich sowohl für TIMSS 2007 als auch für TIMSS 2015 statistisch signifikant höhere Leistungsmittelwerte als in 2011 beobachten. Anders gesagt: In Mathematik sind unter Berücksichtigung von Veränderungen in der Schülerschaft die durchschnittlichen Leistungen von dem Jahr 2007 zu dem Jahr 2011 statistisch signifikant um 11 Leistungspunkte gesunken und von TIMSS 2011 zu 2015 statistisch signifikant um 8 Punkte gestiegen. Damit wurde in TIMSS 2015 wieder das Leistungsniveau von TIMSS 2007 erreicht. Unter Berücksichtigung von Veränderungen der Schülerschaften sowie Veränderungen von Leistungsdisparitäten zwischen den Schülergruppen (Modell 6) lässt sich ein statistisch signifikanter Leistungszuwachs von 12 Punkten beobachten.

Die Modellkoeffizienten für die Schülermerkmale in Modell 3 (Tabelle 14.2) zeigen den generellen Zusammenhang zwischen den Schülercharakteristika und der Mathematikleistung in allen drei Studienzyklen. Diese erklären 32.4 Prozent der Varianz in den Schülerleistungen innerhalb der Schulen. Es zeigt sich, dass unter Kontrolle aller anderen Merkmale Leistungsvorsprünge für Jungen im Vergleich zu Mädchen vorhanden sind. Auch zeigen sich Leistungsunterschiede zwischen Kindern nach sozialer Herkunft sowie ihren kognitiven Fähigkeiten: Umso höher der sozioökonomische Status der Familie ist, desto höher fallen die Mathematikleistungen der Schülerinnen und Schüler aus. Ebenso lässt sich ein positiver Zusammenhang zwischen kognitiven Fähigkeiten und Leistungen in Mathematik feststellen. Der Leistungsvorsprung von Regelschülerinnen und Regelschülern gegenüber ihren Mitschülerinnen und Mitschülern mit besonderen Unterstützungsbedarfen entspricht 48 Punkten und ist ebenfalls signifikant. Darüber hinaus erzielen Kinder ohne Migrationshintergrund signifikant bessere Leistungen als Kinder mit Migrationshintergrund (beide Elternteile im Ausland geboren), wobei sich die Gruppe der Kinder mit einem im Ausland geborenen Elternteil nicht signifikant von Kindern ohne Migrationshintergrund unterscheidet und diese entsprechend ebenfalls bessere Leistungen erzielt als Kinder, deren Eltern beide im Ausland geboren sind. Im Vergleich zu Modell 2, in dem der sozioökonomische Status und der KFT nicht als Kovariaten aufgenommen wurden, fallen die Leistungsdisparitäten geringer aus: Dies ist ein Hinweis auf den bereits bekannten Befund, dass sich ein großer Anteil der festzustellenden Leistungsvorsprünge von Kindern ohne Migrationshintergrund gegenüber ihren Mitschülerinnen und Mitschülern mit Migrationshintergrund auf sozioökonomisch privilegiertere Bedingungen in ihren Familien zurückführen lässt.

Um differentielle Leistungstrends einzelner Schülergruppen zu prüfen, wurden in Modell 4 Interaktionen zwischen Schülermerkmalen und den Studienzyklen aufgenommen. Lediglich für die Gruppen mit unterschiedlichem Migrationsstatus ließen sich statistisch signifikante Veränderungen in den Leistungsunterschieden

Tabelle 14.2: Veränderungen der Schülerleistungen in Mathematik zwischen TIMSS 2007, 2011 und 2015 unter Kontrolle von Schülermerkmalen (Mehrebenenmodelle)

	Modell 1		Modell 2		Modell 3		Modell 4		Modell 5		Modell 6	
	b	(SE)	b	(SE)	b	(SE)	b	(SE)	b	(SE)	b	(SE)
Konstante	523.4	(4.4)**	427.6	(10.8)**	158.7	(7.3)**	160.8	(7.2)**	159.6	(7.9)**	161.7	(8.0)**
Testzeitpunkt												
TIMSS 2007[A]	-0.2	(5.4)ns	-3.6	(4.2)ns	10.7	(3.7)**	4.1	(5.8)ns	7.8	(5.1)ns	1.4	(9.4)ns
TIMSS 2015[B]	-0.5	(6.1)ns	-1.7	(5.1)ns	7.7	(3.8)*	11.3	(4.3)**	8.6	(6.0)ns	12.0	(5.7)**
Merkmale												
Geschlecht[C]			10.3	(2.3)**	15.2	(2.6)**	15.3	(2.5)**	13.0	(3.5)**	13.1	(4.4)**
Migrationshintergrund (kein Elternteil)[D]			32.1	(3.3)**	13.8	(3.8)**	11.4	(4.0)**	13.9	(4.9)**	11.4	(5.1)*
Migrationshintergrund (ein Elternteil)[E]			12.8	(4.6)**	4.4	(4.1)ns	5.0	(4.7)ns	4.4	(5.1)ns	4.8	(6.3)ns
Sonderpädagogischer Förderbedarf[F]			77.3	(10.0)**	48.4	(5.2)**	48.5	(6.3)**	48.1	(7.5)**	48.1	(8.8)**
Interaktionen												
Migrationshintergrund (kein Elternteil) * TIMSS 2007							8.5	(4.9)*			8.4	(7.2)ns
Migrationshintergrund (ein Elternteil) * TIMSS 2007							0.4	(5.4)ns			0.2	(7.4)ns
Migrationshintergrund (kein Elternteil) * TIMSS 2015							-4.0	(4.2)ns			-3.6	(8.5)ns
Migrationshintergrund (ein Elternteil) * TIMSS 2015							-3.6	(5.8)ns			-3.7	(6.6)ns
Geschlecht * TIMSS 2007									6.1	(4.8)ns	6.1	(6.3)ns
Geschlecht * TIMSS 2015									-1.5	(7.9)ns	-1.8	(10.6)ns
Kovariaten												
Familie mit hohem sozioökonomischen Status[G]					0.6	(0.1)**	0.6	(0.1)**	0.6	(0.1)**	0.6	(0.1)**
Kognitive Fähigkeiten					2.7	(0.1)**	2.7	(0.1)**	2.7	(0.1)**	2.7	(0.1)**
Erklärte Varianzanteile												
Zwischen den Schulen (23.3%)	1.4		0.3		0.3		0.3		0.3		0.3	
Innerhalb der Schulen (76.7%)	0		6.7		32.4		32.2		32.2		32.3	
Gesamt	0.3		5.1		24.8		24.6		24.6		24.7	

b = Regressionsgewicht (unstandardisiert).
Signifikanzniveau: ns = nicht signifikant; * = signifikant ($p < .05$); ** = signifikant ($p < .01$).
A = Testzeitpunkt (0 = TIMSS 2011; 1 = TIMSS 2007).
B = Testzeitpunkt (0 = TIMSS 2011; 1 = TIMSS 2015).
C = Geschlecht (0 = Mädchen; 1 = Jungen).
D = Migrationshintergrund nach Geburtsland der Eltern (0 = beide Elternteile im Ausland geboren; 1 = ein Elternteil im Ausland geboren).
E = Migrationshintergrund nach Geburtsland der Eltern (0 = beide Elternteile im Ausland geboren; 1 = kein Elternteil im Ausland geboren).
F = Sonderpädagogischer Förderbedarf (0 = sonderpädagogischer Förderbedarf; 1 = kein sonderpädagogischer Förderbedarf).
G = Berufsstatus: Höchster ISEI (*International Socio-Economic Index of Occupational Status*) im Haushalt.

IEA: Trends in International Mathematics and Science Study © TIMSS 2015

feststellen. Hier zeigt sich, dass in Mathematik der Leistungsvorsprung von Kindern ohne Migrationshintergrund vor den Kindern mit Migrationshintergrund (beide Elternteile im Ausland geboren) in TIMSS 2007 um 8 Punkte höher ausfiel als in TIMSS 2011 und 2015. Wie anhand von Modell 6 ersichtlich wird, verschwindet diese Reduktion migrationsbedingter Leistungsdisparitäten wieder, wenn die geschlechtsspezifischen differentiellen Trendverläufe kontrolliert werden. Unter Kontrolle von veränderten Schülercharakteristika ist also kein Trend zur Reduktion von migrationsbezogenen Leistungsdisparitäten in Mathematik zu beobachten.

4.2 Trends in Naturwissenschaften

Für die Naturwissenschaften zeigen sich zunächst keine signifikanten Veränderungen in den Schülerleistungen zwischen TIMSS 2007, 2011 und 2015 (siehe Kapitel 4 in diesem Band). Um vertiefend zu betrachten, wie sich die Leistungsentwicklungen in Naturwissenschaften unter Kontrolle von veränderten Schülercharakteristika darstellen, wurden ebenfalls Mehrebenenanalysen gerechnet. Tabelle 14.3 zeigt die Ergebnisse dieser Analysen. Im Vergleich sind zwischen den Jahren 2007, 2011 und 2015 deutliche Veränderungen der durchschnittlichen Leistungsmittelwerte für Viertklässlerinnen und Viertklässler in Deutschland zu beobachten. Unter Kontrolle von veränderten Schülercharakteristika (Modell 3) sind keine Unterschiede zwischen den durchschnittlichen naturwissenschaftlichen Kompetenzen der Schülerinnen und Schüler zwischen TIMSS 2007 und 2015 zu verzeichnen. Statistisch signifikante Veränderungen bestehen jedoch zu TIMSS 2011. Unter Berücksichtigung von Veränderungen in den Schülerschaften sowie Veränderungen von Leistungsdisparitäten zwischen einzelnen Schülergruppen, lässt sich von TIMSS 2007 zu TIMSS 2015 jedoch ein deutlicher, statistisch signifikanter durchschnittlicher Leistungszuwachs von 22 Punkten beobachten (Modell 6).

Die Modellkoeffizienten für die Schülermerkmale in Modell 3 in Tabelle 14.3 zeigen den generellen Zusammenhang zwischen den Schülercharakteristika und den naturwissenschaftlichen Kompetenzen der Grundschulkinder in allen drei Studienzyklen. Diese erklären 32.4 Prozent der Varianz in den Schülerleistungen innerhalb der Schulen. Unter Kontrolle aller anderen Merkmale haben Jungen einen Leistungsvorsprung gegenüber Mädchen. Auch zeigen sich Leistungsunterschiede zwischen Kindern nach sozialer Herkunft sowie ihren kognitiven Fähigkeiten: Umso höher der sozioökonomische Status der Familie ist, desto höher fallen die Kompetenzen in den Naturwissenschaften aus. Ebenso lässt sich ein positiver Zusammenhang zwischen kognitiven Fähigkeiten und den naturwissenschaftlichen Kompetenzen feststellen. Der Leistungsvorsprung von Regelschülerinnen und Regelschülern gegenüber ihren Mitschülerinnen und Mitschülern mit besonderen Unterstützungsbedarfen entspricht 45.7 Punkten und ist ebenfalls statistisch signifikant. Darüber hinaus erzielen Kinder ohne Migrationshintergrund statistisch signifikant bessere Leistungen als Kinder mit Migrationshintergrund (beide Elternteile im Ausland geboren). Anders als in Mathematik unterscheiden sich die Leistungen der Gruppe der Kinder mit einem im Ausland geborenen Elternteil von Kindern, die den anderen beiden Statusgruppen zugeordnet wurden: Kinder mit einem im Ausland geborenem Elternteil erzielen bessere Leistungen als Kinder, deren Eltern beide im Ausland geboren wurden; sie erzielen jedoch auch schlechtere Ergebnisse als Kinder ohne Migrationshintergrund.

Um differentielle Leistungstrends einzelner Schülergruppen zu prüfen, wurden in Modell 6 Interaktionen zwischen Schülermerkmalen und den Studienzyklen aufgenommen. Lediglich für die Gruppen mit unterschiedlichem Migrationsstatus ließen sich statistisch signifikante Veränderungen in den Leistungsunterschieden feststellen: Hier zeigt sich, dass in den Naturwissenschaften der Leistungsvorsprung von Kindern ohne Migrationshintergrund vor den Kindern mit Migrationshintergrund (beide Elternteile im Ausland geboren) in TIMSS 2007 um 13.5 Punkte höher ausfiel als in TIMSS 2011 und 2015. Damit ist für die naturwissenschaftlichen Kompetenzen unter Kontrolle von veränderten Schülercharakteristika ein Trend zur Reduktion von migrationsbezogenen Leistungsdisparitäten zu beobachten.

Tabelle 14.3: Veränderungen der Schülerleistungen in Naturwissenschaften zwischen TIMSS 2007, 2011 und 2015 unter Kontrolle von Schülermerkmalen (Mehrebenenmodelle)

	Modell 1		Modell 2		Modell 3		Modell 4		Modell 5		Modell 6	
	b	(SE)	b	(SE)	b	(SE)	b	(SE)	b	(SE)	b	(SE)
Konstante	522.8	(4.7)**	410.9	(11.6)**	149.1	(10.1)**	152.8	(9.5)**	149.0	(10.3)**	152.8	(10.5)**
Testzeitpunkt												
TIMSS 2007[A]	2.6	(5.8)ns	-2.1	(4.4)ns	12.0	(3.3)**	1.4	(4.5)ns	9.8	(3.2)**	-0.9	(5.0)ns
TIMSS 2015[B]	6.7	(6.2)ns	4.7	(5.0)ns	13.9	(3.6)**	18.3	(4.7)**	17.8	(3.7)**	21.9	(4.6)**
Merkmale												
Geschlecht[C]			11.6	(2.4)**	17.4	(2.8)**	17.6	(2.8)**	17.4	(2.9)**	17.3	(2.8)**
Migrationshintergrund (kein Elternteil)[D]			52.1	(3.6)**	31.9	(4.3)**	27.7	(4.6)**	32.2	(4.5)**	27.5	(4.7)**
Migrationshintergrund (ein Elternteil)[E]			24.1	(4.6)**	15.4	(4.1)**	13.9	(5.1)**	15.5	(3.9)**	13.7	(5.3)*
Sonderpädagogischer Förderbedarf [F]			78.6	(10.3)**	45.7	(6.8)**	46.0	(6.8)**	45.1	(7.3)**	45.7	(8.9)**
Interaktionen												
Migrationshintergrund (kein Elternteil) * TIMSS 2007							13.8	(4.4)**			13.5	(4.7)**
Migrationshintergrund (ein Elternteil) * TIMSS 2007							2.8	(5.3)ns			2.7	(5.5)ns
Migrationshintergrund (kein Elternteil) * TIMSS 2015							-5.8	(5.2)*			-4.8	(5.7)ns
Migrationshintergrund (ein Elternteil) * TIMSS 2015							0.1	(5.9)ns			0.0	(5.9)ns
Geschlecht * TIMSS 2007									4.8	(3.7)ns	5.2	(3.8)ns
Geschlecht * TIMSS 2015									-7.9	(3.8)*	-7.9	(4.2)ns
Kovariaten												
Familie mit hohem sozioökonomischen Status[G]					0.7	(0.1)**	0.7	(0.1)**	0.7	(0.1)**	0.7	(0.1)**
Kognitive Fähigkeiten					2.7	(0.1)**	2.6	(0.1)**	2.7	(0.1)**	2.6	(0.1)**
Erklärte Varianzanteile												
Zwischen den Schulen (23.4%)	1.4		1.4		1.4		1.4		1.4		1.4	
Innerhalb der Schulen (76.6%)	0		10.2		32.4		31.9		31.6		32.0	
Gesamt	0.3		7.5		24.4		24.1		23.9		24.1	

b = Regressionsgewicht (unstandardisiert).

Signifikanzniveau: ns = nicht signifikant; * = signifikant ($p < .05$); ** = signifikant ($p < .01$).

A = Testzeitpunkt (0 = TIMSS 2011; 1 = TIMSS 2007).

B = Testzeitpunkt (0 = TIMSS 2011; 1 = TIMSS 2015).

C = Geschlecht (0 = Mädchen; 1 = Jungen).

D = Migrationshintergrund nach Geburtsland der Eltern (0 = beide Elternteile im Ausland geboren; 1 = ein Elternteil im Ausland geboren).

E = Migrationshintergrund nach Geburtsland der Eltern (0 = beide Elternteile im Ausland geboren; 1 = kein Elternteil im Ausland geboren).

F = Sonderpädagogischer Förderbedarf (0 = sonderpädagogischer Förderbedarf; 1 = kein sonderpädagogischer Förderbedarf).

G = Berufsstatus: Höchster ISEI (*International Socio-Economic Index of Occupational Status*) im Haushalt.

IEA: Trends in International Mathematics and Science Study © TIMSS 2015

5 Zusammenfassung und Diskussion

„Nichts ist so beständig wie der Wandel". Diese Weisheit, die auf Heraklit von Ephesos zurückgehen soll, zeigt sich auch für das Grundschulwesen in Deutschland. In der Zusammenschau von Bildungsreformen der letzten 15 Jahre, die dezidiert oder auch auf das Primarschulwesen in Deutschland gerichtet waren, offenbaren sich vielfältige und vielschichtige Veränderungsprozesse, die auf unterschiedlichen Ebenen des Bildungssystems angegangen wurden. Inwiefern diesen Maßnahmen Steuerungsfunktionen zuzuschreiben sind und Reformen auch mit Veränderungen des mathematischen und/oder naturwissenschaftli-

chen Lehrens und Lernens in der Grundschule einhergingen, ist nur schwer abzuschätzen. Eindeutiger festzustellen ist, dass sich in den letzten zehn Jahren Grundschülerinnen und Grundschüler hinsichtlich ihrer soziodemographischen Zusammensetzung, vor allem in Bezug auf die migrationsbezogenen Merkmale der Schülerfamilien, verändert haben. Gleichzeitig ist in Folge struktureller Reformbemühungen, inklusive Beschulungsangebote zu schaffen, ein Anstieg des Anteils von Kindern mit sonderpädagogischen Förderbedarfen an Regelschulen festzustellen. So ist die Schülerschaft im Jahr 2015 etwas mehr von Vielfalt geprägt, als dies noch im Jahr 2007 der Fall war, wobei insbesondere eine prozentuale Zunahme von Kindern zu verzeichnen ist, die besondere pädagogische oder sprachliche Unterstützungsbedarfe aufweisen und als Schülergruppe im Durchschnitt schlechtere Leistungen erzielen als ihre Mitschülerinnen und Mitschüler.

In dieser Perspektive zeigt sich, dass die Grundschule im Jahr 2015 in Bezug auf die Schülerzusammensetzung unter herausfordernderen Bedingungen arbeitet, als dies noch im Jahr 2007 der Fall war. Inwieweit sich die Veränderungen der mittleren Schülerleistungen in Deutschland von TIMSS 2007 zu 2011 und 2015 auf diese Entwicklung zurückführen lassen, wurde in diesem Beitrag anhand von Trendanalysen vertiefend untersucht.

Sowohl für Mathematik als auch für die Naturwissenschaften ist unter Kontrolle von Veränderungen in den Schülercharakteristika und differentiellen Leistungsentwicklungen ein signifikanter Leistungszuwachs von 12 beziehungsweise 22 Punkten zu beobachten. Inwieweit dieser als Erfolg der zahlreichen Bildungsreformen (Überarbeitung von Lehrplänen, Professionalisierungsmaßnahmen, Erweiterung von Bildungsangeboten) zu verbuchen ist, auf eine veränderte Förderpraxis außerhalb der Schule zurückzuführen ist oder im frühkindlichen Bereich liegt, bleibt auf Basis der vorliegenden Analysen im Bereich der Spekulation. Den positiven Trend als Hinweis einer verbesserten Bildungsqualität in Deutschland zu interpretieren scheint, mit gebotener wissenschaftlicher Bedachtsamkeit, nicht abwegig.

Im Hinblick auf Bildungsgerechtigkeit zeichnete sich in den vorgenommenen Analysen ein Trend hin zur Reduktion migrationsbezogener Leistungsdisparitäten in Naturwissenschaften ab. Im Vergleich zu TIMSS 2007 gelingt es in TIMSS 2015 scheinbar besser, insbesondere leistungsschwache Schülerinnen und Schüler mit Migrationshintergrund zu fördern. Wie Stanat, Rauch und Segeritz (2010) sowie Ehmke et al. (2013) gezeigt haben, wäre es, um Konsequenzen aus diesem Befund ableiten zu können, wichtig die Gruppe der Kindern mit Migrationshintergrund nach Generationenstatus und Herkunftsländern zu differenzieren – eine Möglichkeit, die im Rahmen von TIMSS, aufgrund vergleichsweise geringer Fallzahlen für einzelne Schülergruppen, jedoch nur begrenzt gegeben ist.

Einschränkend bleibt zu erwähnen, dass in der vorliegenden Studie lediglich einige zentrale Veränderungen in der Zusammensetzung der Schülerschaft betrachtet wurden. Damit bleibt unklar, inwiefern die gefundenen Trendverläufe auch für Schülergruppen gelten, die hier nicht abgebildet wurden (beispielsweise spezifische Subgruppen unter den Migranten). Auch muss bedacht werden, dass in den vorgestellten Modellen die Veränderung in der Zusammensetzung der Schülerschaft in der Grundgesamtheit über die Zeit untersucht wurde. Denkbar ist hingegen, dass sich diese Veränderung unterschiedlich stark in der Schülerschaft einzelner Schulen dargestellt hat, Schulen also in diesem Sinne differentielle Wandlungsprozesse erfahren haben. Ob diese Wandlungsprozesse auch zu heterogenen Leistungsgradienten beigetragen haben, wäre in vertiefenden Analysen zu untersuchen.

Literatur

Autorengruppe Bildungsberichterstattung. (2010). *Bildung in Deutschland 2010. Ein indikatorengestützter Bericht mit einer Analyse zu Perspektiven des Bildungswesens im demografischen Wandel.* Zugriff am 13.10.2016 unter http://www.bildungsbericht.de/de/bildungsberichte-seit-2006/bildungsbericht-2010/pdf-bildungsbericht-2010/bb-2010.pdf

Autorengruppe Bildungsberichterstattung. (2016). *Bildung in Deutschland 2016. Ein indikatorengestützter Bericht mit einer Analyse zu Bildung und Migration.* Zugriff am 13.10.2016 unter http://www.bildungsbericht.de/de/bildungsberichte-seit-2006/bildungsbericht-2016/pdf-bildungsbericht-2016/bildungsbericht-2016

Bellenberg, G. & Klemm, K. (2005). Die Grundschule im deutschen Schulsystem. In W. Einsiedler, M. Götz, A. Hartinger, F. Heinzel, J. Kahlert & U. Sandfuchs (Hrsg.), *Handbuch Grundschulpädagogik und Grundschuldidaktik* (S. 30–37) Bad Heilbrunn: Klinkhardt.

Bellenberg, G. & Klemm, K. (2014). Die Grundschule im deutschen Schulsystem. In W. Einsiedler, M. Götz, A. Hartinger, F. Heinzel, J. Kahlert & U. Sandfuchs (Hrsg.), *Handbuch Grundschulpädagogik und Grundschuldidaktik* (4. Aufl., S. 46–51). Bad Heilbrunn: Klinkhardt.

BLK – Bund-Länder-Kommission für Bildungsplanung und Forschungsförderung. (1997). *Gutachten zur Vorbereitung des Programms „Steigerung der Effizienz des mathematisch-naturwissenschaftlichen Unterrichts".* Bonn: BLK.

BMBF – Bundesministerium für Bildung und Forschung. (2010). *The new high-tech strategy. Innovations for Germany.* Zugriff am 13.10.2016 unter https://www.bmbf.de/pub/HTS_Broschuere_eng.pdf

BMBF – Bundesministerium für Bildung und Forschung. (2014). *The new high-tech strategy: understanding what belongs together.* Zugriff am 13.10.2016 unter http://www.hightech-strategie.de/de/The-new-High-Tech-Strategy-390.php

BMBF – Bundesministerium für Bildung und Forschung. (2015). *Gut gebildet – ganztägig gefördert. Das Ganztagsschulprogramm.* Zugriff am 13.10.2016 unter https://www.bmbf.de/pub/Gut_gebildet_ganztaegig_gefoerdert.pdf

bpb – Bundeszentrale für politische Bildung. (2011). *Datenreport 2011. Ein Sozialbericht für die Bundesrepublik Deutschland. Band I.* Zugriff am 13.10.2016 unter https://www.destatis.de/DE/Publikationen/Datenreport/Downloads/Datenreport2011.pdf?__blob=publicationFile

bpb – Bundeszentrale für politische Bildung. (2016). *Datenreport 2016. Ein Sozialbericht für die Bundesrepublik Deutschland.* Zugriff am 13.10.2016 unter http://www.bpb.de/nachschlagen/datenreport-2016/225435/der-soziooekonomische-status-der-schuelerinnen-und-schueler

Dalehefte, I. M., Rieck, K., Wendt, H., Kasper, D., Köller, O. & Bos, W. (2015). Mathematische Kompetenzen von Lernenden aus SINUS-Grundschulen im Vergleich zu TIMSS 2011. In H. Wendt, T. Stubbe, K. Schwippert & W. Bos (Hrsg.), *IGLU & TIMSS. 10 Jahre international vergleichende Schulleistungsforschung in der Grundschule. Vertiefende Analysen zu IGLU und TIMSS 2001 bis 2011* (S. 185–200). Münster: Waxmann.

Dalehefte, I.-M., Wendt, H., Köller, O., Wagner, H., Pietsch, M., Fischer, C. & Bos, W. (2014). Bilanz von neun Jahren SINUS an deutschen Grundschulen: Evaluation im Rahmen der TIMSS 2011-Erhebung. *Zeitschrift für Pädagogik, 60* (2), 245–263.

Ehmke, T., Klieme, E. & Stanat, P. (2013). Veränderungen der Lesekompetenz von PISA 2000 und PISA 2009. Die Rolle von Unterschieden in den Bildungswegen und in der Zusammensetzung der Schülerschaft. *Zeitschrift für Pädagogik, 59*, 132–150.

Eickelmann, B., Lorenz, R., Vennemann, M., Gerick, J. & Bos, W. (Hrsg.). (2014). *Grundschule in der digitalen Gesellschaft. Befunde aus den Schulleistungsstudien IGLU und TIMSS 2011.* Münster: Waxmann.

Faust, G. (2006). Zum Stand der Einschulung und der neuen Schuleingangsstufe in Deutschland. *Zeitschrift für Erziehungswissenschaft, 9* (3), 328–347.

Fischer, C., Kobarg, M., Dalehefte, I. M. & Trepke, F. (2012). Wirkungen von Maßnahmen zur Lehrerprofessionalisierung feststellen – Unterrichtsentwicklung im Programm *SINUS an Grundschulen.* In M. Gläser-Zikuda, T. Seidel, C. Rolfs, A. Gröschner & S. Ziegelbauer (Hrsg.), *Mixed Methods in der empirischen Bildungsforschung* (S. 195–208). Münster: Waxmann.

Fischer, C., Rieck, K., Döring, B., Dalehefte, I. M. & Trepke, F. (2014). SINUS in Grundschulen: Eine kurze Bilanz nach neun Jahren. *Unterrichtswissenschaft, 1* (42), 87–91.

Fölling-Albers, M. (2014). Soziokulturelle Bedingungen der Kindheit. In W. Einsiedler, M. Götz, A. Hartinger, F. Heinzel, J. Kahlert & U. Sandfuchs (Hrsg.), *Handbuch Grundschulpädagogik und Grundschuldidaktik* (4. Aufl., S. 175–182). Bad Heilbrunn: Klinkhardt.

Götz, M. & Krening, K. (2014). Jahrgangsmischung in der Grundschule. In W. Einsiedler, M. Götz, A. Hartinger, F. Heinzel, J. Kahlert & U. Sandfuchs (Hrsg.), *Handbuch Grundschulpädagogik und Grundschuldidaktik* (4. Aufl., S. 46–51). Bad Heilbrunn: Klinkhardt.

Holtappels, H. G. (1997). *Grundschule bis mittags. Innovationsstudie über Zeitgestaltung und Lernkultur*. Weinheim: Juventa.

Holtappels, H. G. (2002). *Die Halbtagsgrundschule. Lernkultur und Innovation in Hamburger Grundschulen*. Weinheim: Juventa.

IPN – Leibniz Institut für die Pädagogik der Naturwissenschaften und Mathematik. (n. d.). *SINUS an Grundschulen*. Zugriff am 13.10.2016 unter http://www.sinus-an-grundschulen.de

KMK – Ständige Konferenz der Kultusminister der Länder in der Bundesrepublik Deutschland. (2009). *Empfehlung der Kultusministerkonferenz zur Stärkung der mathematisch-naturwissenschaftlich-technischen Bildung* (Beschluss der Kultusministerkonferenz vom 07.05.2009). Zugriff am 13.10.2016 unter http://www.kmk.org/fileadmin/Dateien/veroeffentlichungen_beschluesse/2009/2009_05_07-Empf-MINT.pdf

KMK – Ständige Konferenz der Kultusminister der Länder in der Bundesrepublik Deutschland. (2015a). *Empfehlungen zur Arbeit in der Grundschule*. Zugriff am 13.10.2016 unter http://www.kmk.org/fileadmin/Dateien/veroeffentlichungen_beschluesse/1970/1970_07_02_Empfehlungen_Grundschule.pdf

KMK – Ständige Konferenz der Kultusminister der Länder in der Bundesrepublik Deutschland. (2015b). *Sachstand in der Lehrerbildung*. Zugriff am 13.10.2016 unter http://www.kmk.org/fileadmin/Dateien/pdf/Bildung/AllgBildung/2015-09-21-Sachstand_LB-mit-Anlagen.pdf

KMK – Ständige Konferenz der Kultusminister der Länder in der Bundesrepublik Deutschland. (2015c). *Schüler, Klassen, Lehrer und Absolventen der Schulen 2005 bis 2014*. Zugriff am 13.10.2016 unter https://www.kmk.org/fileadmin/Dateien/pdf/Statistik/Dokumentationen/Dok_209_SKL_2014.pdf

KMK – Ständige Konferenz der Kultusminister der Länder in der Bundesrepublik Deutschland. (2015d). *Gesamtstrategie der Kultusministerkonferenz zum Bildungsmonitoring*. Zugriff am 13.10.2016 unter https://www.kmk.org/fileadmin/Dateien/veroeffentlichungen_beschluesse/2015/2015_06_11-Gesamtstrategie-Bildungsmonitoring.pdf

KMK – Ständigen Konferenz der Kultusminister der Länder in der Bundesrepublik Deutschland. (2016). *Ländergemeinsame inhaltliche Anforderungen für die Fachwissenschaften und Fachdidaktiken in der Lehrerbildung*. Zugriff am 13.10.2016 unter http://www.kmk.org/fileadmin/Dateien/veroeffentlichungen_beschlu esse/2008/2008_10_16-Fachprofile-Lehrerbildung.pdf

Kompetenzzentrum Technik-Diversity-Chancengleichheit e.V. (2015a). *Nationaler Pakt für Frauen in MINT-Berufen: Komm, mach MINT*. Zugriff am 13.10.2016 unter http://www.komm-mach-mint.de

Kompetenzzentrum Technik-Diversity-Chancengleichheit e.V. (2015b). *Girls' day: Mädchen-Zukunftstag*. Zugriff am 13.10.2016 unter http://www.girls-day.de

Kompetenzzentrum Technik-Diversity-Chancengleichheit e.V. (2015c). *Boys' day: Jungen-Zukunftstag*. Zugriff am 13.10.2016 unter http://www.boys-day.de

Lohmar, B. & Eckhardt, T. (2013). *The Education System in the Federal Republic of Germany 2013/2014: A description of the responsibilities, structures and developments in education policy for the exchange of information in Europe*. Zugriff am 13.10.2016 unter https://www.kmk.org/fileadmin/Dateien/pdf/Eurydice/Bildungswesen-engl-pdfs/dossier_en_ebook.pdf

Mau, S. & Schöneck, N. M. (2013). *Handwörterbuch zur Gesellschaft Deutschlands*. Wiesbaden: Springer VS.

McCulloch, C. E., Searle, S. R. & Neuhaus, J. M. (2008). *Generalized, linear, and mixed models*. Hoboken, NJ: Wiley.

Mullis, I. V. S., Martin, M. O. & Hooper, M. (2016). Measuring changing educational contexts in a changing world: evolution of the TIMSS and PIRLS questionnaires. In M. Rosén, Yang Hansen, K. & Wolff, U. (Hrsg.), *Cognitive abilities and educational outcomes* (S. 207–222). Cham: Springer.

OECD – Organisation for Economic Co-operation and Development. (2010). *PISA 2009 assessment framework. Key competencies in reading, mathematics and science*. Paris: OECD.

Raidt, T. (2009). *Bildungsreformen nach PISA. Paradigmenwechsel und Wertewandel*. Zugriff am 13.10.2016 unter http://www.wib-potsdam.de/wp-content/uploads/2014/06/Raidt.pdf

Raudenbush, S. W. & Bryk, A. S. (2002). *Hierarchical linear models. Applications and data analysis methods*. London: Sage Publication.

Roßbach, H. G. (2004), Kognitiv anregende Lernumwelten im Kindergarten. In J. Baumert, D. Lenzen, R. Watermann & U. Trautwein (Hrsg.), *PISA und die Konsequenzen für die erziehungswissenschaftliche Forschung* (Zeitschrift für Erziehungswissenschaft, Beiheft 3, S. 9–24). Wiesbaden: VS Verlag für Sozialwissenschaften.

Science & Technologie e.V. (2015). *Science Days für Kinder.* Zugriff am 13.10.2016 unter http://www.science-days.de/science-days-fuer-kinder/

Stanat, P., Rauch, D. & Segeritz, M. (2010). Schülerinnen und Schüler mit Migrationshintergrund. In E. Klieme, C. Artelt, J. Hartig, N. Jude, O. Köller, M. Prenzel, W. Schneider & P. Stanat (Hrsg.), *PISA 2009. Bilanz nach einem Jahrzehnt* (S. 200–230). Münster: Waxmann.

Statistisches Bundesamt. (2012). *Schulen auf einen Blick*. Wiesbaden: Statistisches Bundesamt.

Statistisches Bundesamt. (2013). *Geburtentrends und Familiensituation in Deutschland*. Wiesbaden: Statistisches Bundesamt. Zugriff am 10.10.2016 unter https://www.destatis.de/DE/Publikationen/Thematisch/Bevoelkerung/HaushalteMikrozensus/Geburtentrends5122203129004.pdf?__blob=publicationFile

Statistisches Bundesamt. (2015a). *Bildung und Kultur. Allgemeinbildende Schulen. Schuljahr 2014/2015* (Fachserie 11, Reihe 1). Wiesbaden: Statistisches Bundesamt. Zugriff am 11.10.2016 unter https://www.destatis.de/DE/Publikationen/Thematisch/BildungForschungKultur/Schulen/AllgemeinbildendeSchulen2110100157004.pdf?__blob=publicationFile

Statistisches Bundesamt. (2015b). *Anzahl der Grundschulen in Deutschland von 2002 bis 2015*. Wiesbaden: Statistisches Bundesamt. Zugriff am 11.10.2016 unter https://de.statista.com/statistik/daten/studie/235833/umfrage/grundschulen-in-deutschland/

Stiftung Jugend forscht e.V. (2015). *Vision & Mission.* Zugriff am 10.10.2016 unter http://www.jugend-forscht.de/stiftung-jugend-forscht/stiftung-jugend-forscht/vision-mission.html

Van Damme, J. & Bellens, K. (2016). Countries strive towards more quality and equity in education: Do they show success or failure? Evidence from TIMSS 2003 and 2011, for Grade 4. In M. Rosén, K. Yang Hansen & U. Wolff (Hrsg.), *Cognitive Abilities and Educational Outcomes. A Festschrift in Honour of Jan-Eric Gustafsson* (S. 127–148). Cham: Springer.

vbw – Vereinigung der Bayrischen Wirtschaft e.V. (2011). *Bildungsreform 2000 – 2010 – 2020. Jahresgutachten 2011*. Wiesbaden: VS Verlag für Sozialwissenschaften. Zugriff am 13.10.2016 unter http://www.aktionsrat-bildung.de/fileadmin/Bilder/Zukunft_D_22.03.2011/5._Jahresgutachten_2011.pdf

Wendt, H., Bos, W., Tarelli, I., Vaskova, A. & Walzebug, A. (Hrsg.). (2016). *IGLU & TIMSS 2011. Skalenhandbuch zur Dokumentation der Erhebungsinstrumente und Arbeit mit den Datensätzen*. Münster: Waxmann.

Wendt, H., Smith, D.S. & Bos, W. (2016). Germany. In I. V. S. Mullis, M. O. Martin, S. Goh & K. Cotter (Hrsg.), *TIMSS 2015 encyclopedia: Education policy and curriculum in mathematics and science*. Zugriff am 13.10.2016 unter http://timssandpirls.bc.edu/timss2015/encyclopedia/

Werner, J. (1997). *Lineare Statistik*. Weinheim: Beltz.

Anhang A

Tabelle A.1: Weiterführende Informationen zu den Teilnehmerstaaten – TIMSS 2007

	TIMSS 2007 Teilnehmer	Teil-nahme an TIMSS 2011	Besonderheiten bzgl. der nationalen Zielpopulation				Besonderheiten bzgl. der nationalen Schul- und Schülerteilnahmequoten				
			Getestete Jahr-gangs-stufe	Durch-schnitts-alter*	Aus-schöp-fungs-grad**	Aus-schlüsse***	Schulteilnahme-quote in %		Schüler-teil-nahme-quote in %	Gesamtteilnahme-quote in %	
							ohne Ersatz-schulen	mit Ersatz-schulen		ohne Ersatz-schulen	mit Ersatz-schulen
	Algerien		4	10.2	100	2.1	99	99	97	97	97
	Armenien	✓	4	10.6	100	3.4	93	100	96	90	96
	Australien	✓	4	9.9	100	4.0	99	100	95	94	95
3	Dänemark	✓	4	11.0	100	4.1	71	91	94	66	85
	Deutschland	✓	4	10.4	100	1.3	96	100	97	93	96
	El Salvador		4	11.0	100	2.3	99	100	98	97	98
1 3	England^A	✓	5	10.2	100	2.1	83	90	93	77	84
2	Georgien	✓	4	10.1	85	4.8	92	100	98	90	98
2 3	Hongkong	✓	4	10.2	100	5.4	81	84	96	78	81
	Iran	✓	4	10.2	100	3.0	100	100	99	99	99
2	Italien	✓	4	9.8	100	5.3	91	100	97	88	97
	Japan	✓	4	10.5	100	1.1	97	99	97	94	95
	Jemen	✓	4	11.2	100	2.0	99	100	98	97	98
2	Kasachstan	✓	4	10.6	94	5.3	99	100	100	99	100
	Katar	✓	4	9.7	100	1.8	100	100	97	97	97
	Kolumbien		4	10.4	100	2.1	93	99	98	91	97
6	Kuwait	✓	4	10.2	100	0.0	100	100	85	85	85
2	Lettland		4	11.0	72	4.6	93	97	95	89	92
2	Litauen	✓	4	10.8	93	5.4	99	100	94	93	94
3	Marokko	✓	4	10.6	100	1.4	81	81	96	77	77
1 2	Neuseeland^A	✓	4.5-5.5	10.0	100	5.4	97	100	96	93	96
3	Niederlande	✓	4	10.2	100	4.8	48	95	97	46	91
2	Norwegen	✓	4	9.8	100	5.1	88	97	95	83	92
	Österreich	✓	4	10.3	100	5.0	98	99	98	96	97
	Russische Föderation	✓	4	10.8	100	3.6	100	100	98	98	98
1 3	Schottland^A		5	9.8	100	4.5	77	94	94	72	88
	Schweden	✓	4	10.8	100	3.1	98	100	97	94	97
	Singapur	✓	4	10.4	100	1.5	100	100	96	96	96
	Slowakei	✓	4	10.4	100	3.3	98	100	97	95	97
	Slowenien	✓	4	9.8	100	2.1	92	99	95	87	93
	Taiwan	✓	4	10.2	100	2.8	100	100	100	100	100
	Tschechische Republik	✓	4	10.3	100	4.9	89	98	94	83	92
	Tunesien	✓	4	10.2	100	2.9	100	100	99	99	99
	Ukraine		4	10.3	100	0.6	96	96	97	93	93
	Ungarn	✓	4	10.7	100	4.4	93	99	97	90	96
2 3	USA	✓	4	10.3	100	9.2	70	89	95	66	84
	Benchmark-Teilnehmer										
2	Alberta, Kanada	✓	4	9.8	100	7.6	99	99	96	94	94
2	Britisch-Kolumbien, Kanada		4	9.8	100	9.2	98	100	96	94	96
2 3 6	Dubai, VAE	✓	4	10.0	100	5.4	75	75	91	67	67
2	Massachusetts, USA		4	10.3	100	10.4	92	96	96	88	92
2 3	Minnesota, USA		4	10.3	100	8.3	53	100	97	52	97
2	Ontario, Kanada	✓	4	9.8	100	6.3	95	96	95	91	92
2	Québec, Kanada	✓	4	10.1	100	6.4	97	98	86	83	84

Tabelle A.2: Weiterführende Informationen zu den Teilnehmerstaaten – TIMSS 2011

	TIMSS 2011 Teilnehmer	Teilnahme an TIMSS 2007	Getestete Jahrgangsstufe	Durchschnittsalter*	Ausschöpfungsgrad**	Ausschlüsse***	Schulteilnahmequote in % ohne Ersatzschulen	Schulteilnahmequote in % mit Ersatzschulen	Schülerteilnahmequote in %	Gesamtteilnahmequote in % ohne Ersatzschulen	Gesamtteilnahmequote in % mit Ersatzschulen	Anteil ... Naturwissenschaften	Anteil ... Mathematik
	Armenien	✓	4	10.0	100	2.0	100	100	98	98	98	8	8
2 3	Aserbaidschan		4	10.2	100	7.2	84	100	100	84	100	5	7
	Australien	✓	4	10.0	100	4.4	96	98	95	91	93	2	3
	Bahrain		4	10.4	100	1.1	92	92	98	90	90	5	9
3	Belgien (Fläm. Gem.)		4	10.0	100	5.0	76	95	98	75	92	1	0
	Chile		4	10.1	100	3.7	86	99	96	82	95	3	6
2 3	Dänemark	✓	4	11.0	100	6.3	79	92	95	75	87	1	1
	Deutschland	✓	4	10.4	100	1.9	96	99	96	92	95	1	1
1 3	England[B]	✓	5	10.2	100	2.0	81	83	94	76	78	2	2
	Finnland		4	10.8	100	3.1	97	99	96	93	96	0	1
2	Georgien	✓	4	10.0	92	4.9	97	98	99	95	96	4	9
2	Hongkong	✓	4	10.1	100	8.6	87	88	93	81	82	1	0
	Iran	✓	4	10.2	100	4.5	100	100	99	99	99	5	11
	Irland		4	10.3	100	2.5	97	99	95	93	95	2	2
3	Italien	✓	4	9.7	100	3.7	81	98	97	78	95	1	2
	Japan	✓	4	10.5	100	3.2	96	99	97	93	97	0	0
4 5	Jemen	✓	4	11.2	100	3.7	99	99	97	95	95	39	48
2	Kasachstan	✓	4	10.4	100	6.3	99	100	99	98	99	2	3
2	Katar	✓	4	10.0	100	6.2	100	100	99	99	99	11	15
2	Kroatien		4	10.7	100	7.9	99	100	95	94	95	1	3
2 4 5	Kuwait	✓	4	9.7	78	0.3	99	99	94	91	91	18	28
2	Litauen	✓	4	10.7	93	5.6	94	100	94	89	94	1	1
1	Malta[B]		5	9.8	100	3.6	100	100	95	95	95	6	4
4 5	Marokko	✓	4	10.5	100	2.0	100	100	97	96	96	28	27
1 3	Neuseeland[B]	✓	4.5-5.5	9.9	100	4.9	83	96	94	77	90	2	5
3	Niederlande	✓	4	10.2	100	4.0	49	82	97	47	79	0	0
3	Nordirland		4	10.4	100	3.5	62	85	93	58	79	2	2
3	Norwegen	✓	4	9.7	100	4.3	57	82	85	48	70	1	3
4	Oman		4	9.9	100	1.5	98	98	98	96	96	13	19
2	Österreich	✓	4	10.3	100	5.1	100	100	98	98	98	0	1
	Polen		4	9.9	100	3.8	100	100	96	96	96	2	4
	Portugal		4	10.0	100	2.5	87	98	94	81	92	1	1
	Republik Korea (Südkorea)		4	10.4	100	2.5	100	100	98	98	98	0	0
	Rumänien		4	10.9	100	4.0	99	100	98	97	97	5	8
2	Russische Föderation	✓	4	10.8	100	5.3	100	100	98	98	98	0	1
	Saudi-Arabien		4	10.0	100	1.6	95	100	99	94	99	6	14
	Schweden	✓	4	10.7	100	4.1	97	99	92	89	91	1	2
2	Serbien		4	10.8	100	9.4	97	100	97	94	97	2	4
2	Singapur	✓	4	10.4	100	6.3	100	100	96	96	96	1	1
	Slowakei	✓	4	10.4	100	4.6	95	99	96	91	96	1	3
	Slowenien	✓	4	9.9	100	2.6	96	97	97	93	94	1	2
2	Spanien		4	9.8	100	5.3	96	99	97	94	97	1	3
	Taiwan	✓	4	10.2	100	1.4	100	100	99	99	99	0	0
	Thailand		4	10.5	100	1.5	85	100	99	84	99	4	6
2	Tschechische Republik	✓	4	10.4	100	5.1	90	99	95	85	94	0	2
4 5	Tunesien	✓	4	10.0	100	2.5	100	100	99	99	99	21	25
	Türkei		4	10.1	100	2.5	97	100	98	95	98	4	6
	Ungarn	✓	4	10.7	100	4.2	98	99	97	94	96	2	4
2 3	USA	✓	4	10.2	100	7.0	79	84	95	76	80	1	1
	Vereinigte Arabische Emirate (VAE)		4	9.8	100	3.3	100	100	97	97	97	7	11
	Teilnahme mit Jgst. 6												
1	Botsuana		6	12.8	100	0.3	100	100	99	99	99	14	11
1 4	Honduras		6	12.7	100	4.5	91	100	97	88	97	6	17
1 4	Jemen		6	13.2	100	4.0	99	99	96	96	96	15	26
	Benchmark-Teilnehmer												
	Abu Dhabi, VAE		4	9.7	100	2.7	99	99	98	97	97	8	14
2	Alberta, Kanada	✓	4	9.9	100	7.5	98	99	96	93	95	1	2
2	Dubai, VAE	✓	4	9.8	100	5.1	100	100	96	96	96	5	8
2	Florida, USA		4	10.4	89	12.1	96	96	95	91	91	1	1
2	North Carolina, USA		4	10.2	93	10.1	94	94	95	89	89	1	1
2	Ontario, Kanada	✓	4	9.8	100	5.3	97	98	96	93	94	1	2
	Québec, Kanada	✓	4	10.1	100	3.7	95	96	95	90	91	0	0

Tabelle A.3: Weiterführende Informationen zu den Teilnehmerstaaten – TIMSS 2015

	TIMSS 2015 Teilnehmer	Teilnahme an TIMSS 2011	Teilnahme an TIMSS 2007	Getestete Jahrgangsstufe	Durchschnittsalter*	Ausschöpfungsgrad**	Ausschlüsse***	Schulteilnahmequote in % – ohne Ersatzschulen	Schulteilnahmequote in % – mit Ersatzschulen	Schülerteilnahmequote in %	Gesamtteilnahmequote in % – ohne Ersatzschulen	Gesamtteilnahmequote in % – mit Ersatzschulen	Anteil ohne gültige Leistungswerte – Naturwissenschaften	Mathematik G
	Armenien^E	✓	✓	4	9.9	--	--	--	--	--	--	--	--	--
	Australien	✓	✓	4	10.0	100	4.2	98	99	95	94	94	2	3
2 7	Bahrain	✓		4	9.9	100	5.6	100 100	100 100	99 99	99 99	99 99	7	5
3	Belgien (Fläm. Gem.)	✓		4	10.1	100	1.4	74	97	98	73	95	1	1
	Bulgarien			4	10.8	100	2.9	97	97	96	93	93	2	4
	Chile	✓		4	10.2	100	3.7	87	94	94	82	88	3	7
2 3 8	Dänemark	✓	✓	4	10.9	100	7.5	53	91	95	50	86	2	2
	Deutschland	✓	✓	4	10.4	100	2.7	97	99	96	93	95	1	2
1 8	England^C	✓	✓	5	10.1	100	2.3	95	98	98	92	96	1	2
	Finnland	✓		4	10.8	100	2.0	99	100	97	95	97	1	1
2	Frankreich			4	9.9	100	5.3	96	99	98	93	97	3	4
2	Georgien^D	✓	✓	4	9.7	90	4.9	99	100	98	97	98	5	8
3 8	Hongkong	✓	✓	4	10.1	100	2.2	76	82	93	70	76	1	0
7	Indonesien			4	10.4	100	0.2	100 100	100 100	99 99	99 99	99 99	12	11
7 8	Iran	✓	✓	4	10.2	100	4.0	100 100	100 100	99 99	99 99	99 99	11	9
	Irland	✓		4	10.4	100	2.7	100	100	96	96	96	1	1
2 3 8	Italien	✓	✓	4	9.7	100	6.2	80	99	95	75	94	1	3
	Japan	✓	✓	4	10.5	100	2.9	96	99	98	94	97	1	0
2 3	Kanada^D			4	9.9	79	6.1	80	86	94	74	80	2	3
8	Kasachstan	✓	✓	4	10.3	100	3.9	97	99	98	95	97	1	1
8	Katar	✓	✓	4	10.1	100	3.8	100	100	99	99	99	9	13
	Kroatien	✓		4	10.6	100	4.4	99	100	95	93	94	1	3
4 5 7 8	Kuwait	✓	✓	4	9.7	100	3.0	94 94	94 94	96 97	90 90	90 90	25	20
2 8	Litauen	✓	✓	4	10.7	100	6.1	99	100	94	93	94	1	1
5 7 8	Marokko	✓	✓	4	10.3	100	1.5	100 100	100 100	99 99	99 99	99 99	19	12
1 3 8	Neuseeland^C	✓	✓	4.5-5.5	10.0	100	4.8	81	96	94	76	90	4	6
3	Niederlande	✓	✓	4	10.0	100	3.2	48	87	96	46	83	1	1
3	Nordirland	✓		4	10.4	100	2.7	65	76	93	60	71	1	2
	Oman	✓		4	9.6	100	0.8	97	98	99	96	97	9	14
	Polen	✓		4	10.7	100	4.0	91	100	92	84	92	1	2
2	Portugal	✓		4	9.9	100	6.5	89	99	93	83	92	1	1
	Republik Korea (Südkorea)	✓		4	10.5	100	2.5	100	100	97	97	97	0	0
	Russische Föderation	✓	✓	4	10.8	100	4.0	100	100	98	98	98	0	1
4	Saudi-Arabien	✓		4	10.0	100	1.9	95	100	93	88	93	14	22
2	Schweden	✓	✓	4	10.8	100	5.7	100	100	95	95	95	1	2
2	Serbien	✓		4	10.7	100	11.3	99	100	96	95	96	2	4
2 8	Singapur	✓	✓	4	10.4	100	10.1	100	100	96	96	96	1	1
	Slowakei	✓	✓	4	10.4	100	4.2	98	100	97	95	97	2	5
	Slowenien	✓	✓	4	9.8	100	4.5	96	99	95	91	93	1	2
2	Spanien	✓		4	9.9	100	5.6	98	99	96	95	95	1	3
	Taiwan	✓	✓	4	10.2	100	2.4	99	100	99	98	99	1	0
	Tschechische Republik	✓	✓	4	10.4	100	4.2	100	100	95	95	95	1	2
	Türkei	✓		4	9.9	100	3.6	100	100	98	98	98	4	7
	Ungarn	✓	✓	4	10.7	100	4.8	99	99	97	96	96	2	4
2 3	USA	✓	✓	4	10.2	100	6.8	77	85	96	74	81	1	2
	Vereinigte Arabische Emirate (VAE)	✓		4	9.8	100	4.7	100	100	97	97	97	8	12
	Zypern			4	9.8	100	4.6	100	100	98	98	98	4	3
Teilnahme mit Jgst. 5														
1	Norwegen			5	10.7	100	4.7	93	93	95	89	89	1	1
Benchmark-Teilnehmer														
2 4	Abu Dhabi, VAE	✓		4	9.8	100	5.8	100	100	97	97	97	13	18
3 7	Buenos Aires, Argentinien			4	9.8	100	1.9	86 86	91 91	93 93	74 75	79 79	14	10
2 8	Dubai, VAE	✓	✓	4	9.8	100	5.3	100	100	97	97	97	3	5
2	Florida, USA^D E	✓		4	10.4	90	4.7	100	100	95	95	95	1	2
8	Norwegen (4. Jgst.)	✓	✓	4	9.7	100	5.0	94	94	95	89	89	3	4
	Ontario, Kanada	✓	✓	4	9.8	100	3.4	95	95	95	90	90	1	3
2 3 8	Québec, Kanada	✓	✓	4	10.1	100	5.4	48	62	95	46	59	1	1

▪ Als Abweichung von der internationalen Vorgabe werden folgende Fälle gekennzeichnet: Getestete Jahrgangsstufe entspricht nicht der vierten Jahrgangsstufe (vgl. zugleich Fußnoten A, B und C); Ausschöpfungsgrad der nationalen Zielpopulation kleiner 100 %; Ausschlüsse von der nationalen Zielpopulation (Gesamtquote) größer 5 %, aber kleiner oder gleich 10 %; Schulteilnahmequote kleiner 85 %, aber größer oder gleich 75 %; Gesamtteilnahmequote kleiner 75 %, aber größer oder gleich 60 %; Anteil der Schülerinnen und Schüler ohne gültige Leistungswerte in Mathematik bzw. Naturwissenschaften größer 15 %, aber kleiner oder gleich 25 %.

▪ Als starke Abweichung von der internationalen Vorgabe werden folgende Fälle gekennzeichnet: Ausschlüsse von der nationalen Zielpopulation (Gesamtquote) größer 10 %; Schulteilnahmequote kleiner 75 %; Gesamtteilnahmequote kleiner 60 %; Anteil der Schülerinnen und Schüler ohne gültige Leistungswerte in Mathematik bzw. Naturwissenschaften größer 25 %.

1 = Die nationale Zielpopulation entspricht nicht oder nicht ausschließlich der vierten Jahrgangsstufe.

2 = Der Ausschöpfungsgrad und/oder die Ausschlüsse von der nationalen Zielpopulation erfüllen nicht die internationalen Vorgaben.

3 = Die Teilnahmequoten auf Schul- und/oder Schülerebene erreichen nicht die internationalen Vorgaben.

4 = Sehr hoher Anteil an Schülerinnen und Schülern mit nicht skalierbaren Leistungswerten in Mathematik.

5 = Sehr hoher Anteil an Schülerinnen und Schülern mit nicht skalierbaren Leistungswerten in Naturwissenschaften.

6 = Abweichender Testzeitpunkt (in Kuwait und Dubai, VAE erfolgte die Testung zeitlich verzögert).

7 = Fünf Teilnehmer sowie ein Benchmark-Teilnehmer haben sowohl an TIMSS 2015 als auch an TIMSS Numeracy teilgenommen: Bahrain, Indonesien, Iran, Kuwait, Marokko und Buenos Aires. Die zugehörigen Mathematikresultate basieren in Anlehnung an die internationale Berichterstattung auf einer Zusammenführung der Ergebnisse beider Studienkomponenten (Mullis, Martin, Foy & Hooper, 2016). Jordanien und Südafrika haben sich ausschließlich an TIMSS Numeracy beteiligt (ebd.), sie sind somit nicht Teil dieser Berichterstattung zu TIMSS 2015.

8 = Bei Trendvergleichen über die Studienzyklen TIMSS 2007, 2011 und 2015 werden vier Teilnehmer aufgrund von Änderungen in den Übersetzungen der Testinstrumente oder in den Erhebungsbedingungen nicht berücksichtigt: Kasachstan, Katar, Kuwait und Marokko. Darüber hinaus sind bei Trendvergleichen folgende Besonderheiten hinsichtlich Schulstichproben und eingesetzten Testsprachen zu beachten: In Litauen berücksichtigen die Trendergebnisse keine Schülerinnen und Schüler, die in Polnisch oder Russisch unterrichtet wurden. In Italien, Litauen und Norwegen sind die Testsprachen bzw. Kombinationen von Testsprachen nicht über alle Studienzyklen identisch. Weiterhin sollten bei folgenden Teilnehmern und Benchmark-Teilnehmern Änderungen in den Ausschluss- und Teilnahmequoten über die drei Studienzyklen bei Trendvergleichen berücksichtigt werden: Dänemark, England, Hongkong, Italien, Neuseeland und Singapur sowie Dubai (VAE), Norwegen (4. Jahrgangsstufe) und Québec (Kanada). Für Iran ist im Trendvergleich zu beachten, dass die Ergebnisse für 2015 auf zusammengeführten Testleistungen aus TIMSS 2015 und TIMSS Numeracy beruhen (Martin, Mullis, Foy & Hooper, 2016; Mullis, Martin, Foy & Hooper, 2016; zu den Testsprachen siehe Ebbs & Korsnakova, 2016; Johansone & Malak, 2008; Martin & Mullis, 2012).

* = Durchschnittsalter berechnet als: Anzahl der Jahre + Anzahl der Monate/12 (z.B. 9 Jahre, 3 Monate = 9 + 3/12 = 9.25 Jahre).

** = Ausschöpfungsgrad der nationalen Zielpopulation in Prozent bezogen auf die internationale Vorgabe (100 %).

*** = Ausschlüsse von der nationalen Zielpopulation (Gesamtquote) in Prozent.

A = Da das Durchschnittsalter der Viertklässlerinnen und Viertklässler in England, Neuseeland und Schottland bedeutsam unter der internationalen Vorgabe (9.5 Jahre) lag, wurde gemäß der Kombination der Kriterien ‚formale Beschulungszeit' und ‚Durchschnittsalter des Schülerjahrgangs' eine höhere Jahrgangsstufe als äquivalente nationale Zielpopulation festgelegt (Mullis, Martin & Foy, 2008).

B = Da das Durchschnittsalter der Viertklässlerinnen und Viertklässler in England, Malta und Neuseeland bedeutsam unter der internationalen Vorgabe (9.5 Jahre) lag, wurde gemäß der Kombination der Kriterien ‚formale Beschulungszeit' und ‚Durchschnittsalter des Schülerjahrgangs' eine höhere Jahrgangsstufe als äquivalente nationale Zielpopulation festgelegt (Mullis, Martin, Foy & Arora, 2012; Martin, Mullis, Foy & Stanco, 2012).

C = Da das Durchschnittsalter der Viertklässlerinnen und Viertklässler in England und Neuseeland bedeutsam unter der internationalen Vorgabe (9.5 Jahre) lag, wurde gemäß der Kombination der Kriterien ‚formale Beschulungszeit' und ‚Durchschnittsalter des Schülerjahrgangs' eine höhere Jahrgangsstufe als äquivalente nationale Zielpopulation festgelegt (Martin, Mullis, Foy & Hooper, 2016; Mullis, Martin, Foy & Hooper, 2016).

D = Hinweise zum geringen Ausschöpfungsgrad: In Georgien wurden nur in Georgisch unterrichtete Schülerinnen und Schüler getestet. In Kanada wurden nur Schülerinnen und Schüler aus den Provinzen Alberta, Manitoba, Neufundland, Ontario und Québec getestet. In Florida wurden nur Schülerinnen und Schüler getestet, die staatliche Schulen besuchen (Martin, Mullis, Foy & Hooper, 2016; Mullis, Martin, Foy & Hooper, 2016).

E = Ergebnisse aus TIMSS 2015 zu Armenien und Florida werden nicht berichtet. Armenien ist zum Zeitpunkt dieser Berichtslegung aufgrund verzögerter Datenaufbereitung nicht Teil der internationalen Berichterstattung zu TIMSS 2015; Florida hat den Datensatz nicht für eine Nutzung freigegeben.

F = Für Bahrein, Indonesien, Iran, Kuwait, Marokko und Buenos Aires werden die Teilnahmequoten für Mathematik (Zusammenführung von TIMSS 2015 und TIMSS Numeracy) und Naturwissenschaften separat ausgewiesen.

G = Für Bahrein, Indonesien, Iran, Kuwait, Marokko und Buenos Aires werden die Anteile von Schülerinnen und Schülern ohne gültige Leistungswerte in Mathematik für die Zusammenführung von TIMSS 2015 und TIMSS Numeracy berichtet.

Literatur

Ebbs, D. & Korsnakova, P. (2016). Translation and translation verification. In M. O. Martin, I. V. S. Mullis & M. Hooper (Hrsg.), *Methods and procedures in TIMSS 2015* (S. 7.1–7.16). Chestnut Hill, MA: TIMSS & PIRLS International Study Center, Boston College. Zugriff am 15.10.2016 unter http://timssandpirls.bc.edu/publications/timss/2015-methods/chapter-7.html

Johansone, I. & Malak, B. (2008). Translation and national adaptations of the TIMSS 2007 assessment and questionnaires. In J. F. Olson, M. O. Martin & I. V. S. Mullis (Hrsg.), *TIMSS 2007 technical report* (S. 63–75). Chestnut Hill, MA: TIMSS & PIRLS International Study Center, Boston College.

Martin, M. O. & Mullis, I. V. S. (Hrsg.). (2012). *Methods and procedures in TIMSS and PIRLS 2011*. Chestnut Hill, MA: TIMSS & PIRLS International Study Center, Boston College.

Martin, M. O., Mullis, I. V. S., Foy, P. & Stanco, G. M. (2012). *TIMSS 2011 international results in science*. Chestnut Hill, MA: TIMSS & PIRLS International Study Center, Boston College.

Martin, M. O., Mullis, I. V. S., Foy, P. & Hooper, M. (2016). *TIMSS 2015 international results in science*. Chestnut Hill, MA: TIMSS & PIRLS International Study Center, Boston College.

Mullis, I. V. S., Martin, M. O. & Foy, P. (2008). *TIMSS 2007 international mathematics report. Findings from IEA's Trends in International Mathematics and Science Study at the fourth and eighth grades*. Chestnut Hill, MA: TIMSS & PIRLS International Study Center, Boston College.

Mullis, I. V. S., Martin, M. O., Foy, P. & Arora, A. (2012). *TIMSS 2011 international results in mathematics*. Chestnut Hill, MA: TIMSS & PIRLS International Study Center, Boston College.

Mullis, I. V. S., Martin, M. O., Foy, P. & Hooper, M. (2016). *TIMSS 2015 international results in mathematics*. Chestnut Hill, MA: TIMSS & PIRLS International Study Center, Boston College.

Anhang B
Beschreibung der internationalen Benchmarks für das Mathematik-Kompetenzmodell in TIMSS 2015

Benchmark 1 für die Gesamtskala Mathematik
(Kompetenzstufe II – ab 400 Punkten)
– Low International Benchmark –

Zusammenfassung

Die Schülerinnen und Schüler verfügen über elementares mathematisches Wissen sowie elementare mathematische Fertigkeiten und Fähigkeiten. Sie können einfache Additions- und Subtraktionsaufgaben mit natürlichen Zahlen lösen, verfügen über anfängliches Verständnis der Multiplikation mit einstelligen Zahlen und können einfache Textaufgaben lösen. Sie haben Kenntnisse über einfache Brüche, geometrische Grundformen und Maßeinheiten. Die Schülerinnen und Schüler können einfache Balkendiagramme und Tabellen lesen und vervollständigen.

Schülerinnen und Schüler auf dieser Kompetenzstufe sind mit dem Zahlenraum bis 1000 vertraut. Sie können Additions- und Subtraktionsaufgaben mit natürlichen Zahlen lösen, haben ein anfängliches Verständnis bezüglich der Multiplikation mit einstelligen Zahlen und können einfache Textaufgaben lösen. Sie können bildliche Darstellungen einfacher Brüche erkennen.

Die Schülerinnen und Schüler verfügen über Grundkenntnisse zu zwei- und dreidimensionalen geometrischen Grundformen und über das Messen.

Schülerinnen und Schüler können einfache Balkendiagramme und Tabellen lesen und vervollständigen.

Benchmark 2 für die Gesamtskala Mathematik (Kompetenzstufe III – ab 475 Punkten)
– Intermediate International Benchmark –

Zusammenfassung

Die Schülerinnen und Schüler können elementares mathematisches Wissen sowie elementare mathematische Fertigkeiten und Fähigkeiten in einfachen Situationen anwenden. Sie zeigen Grundwissen über natürliche Zahlen und anfängliches Wissen über Brüche und Dezimalzahlen. Die Schülerinnen und Schüler können einfache zwei- und dreidimensionale Figuren aufeinander beziehen, sowie einfache Figuren erkennen und zeichnen. Die Schülerinnen und Schüler können Säulendiagramme und Tabellen lesen und interpretieren.

Schülerinnen und Schüler auf dieser Kompetenzstufe zeigen ein grundlegendes Verständnis im Bereich der natürlichen Zahlen. In einer Vielzahl von Situationen können sie addieren, subtrahieren sowie multiplizieren und durch einstellige Zahlen dividieren, auch bei zweischrittigen Textaufgaben. Die Schülerinnen und Schüler verfügen über ein grundlegendes Verständnis von Brüchen und Dezimalzahlen. Sie können Terme für einfache Sachsituationen identifizieren.

Die Schülerinnen und Schüler können zwei- und dreidimensionale geometrische Figuren aufeinander beziehen und Volumina mit Einheitswürfeln vergleichen. Sie können einfache geometrische Figuren und rechte Winkel identifizieren und zeichnen.

Schülerinnen und Schüler können Informationen aus Balkendiagrammen und Tabellen entnehmen und interpretieren.

Benchmark 3 für die Gesamtskala Mathematik (Kompetenzstufe IV – ab 550 Punkten)
– High International Benchmark –

Zusammenfassung

Die Schülerinnen und Schüler können ihre mathematischen Fertigkeiten und Fähigkeiten für das Lösen von Problemen anwenden. Sie können Textaufgaben lösen, die natürliche Zahlen, einfache Brüche und Dezimalzahlen mit zwei Nachkommastellen umfassen. Schülerinnen und Schüler zeigen Verständnis von geometrischen Eigenschaften von Figuren sowie von Winkeln, die kleiner oder größer als ein rechter Winkel sind. Sie können Daten aus Tabellen und verschiedenen Diagrammen interpretieren und nutzen, um Probleme zu lösen.

Auf dieser Kompetenzstufe haben Schülerinnen und Schüler ein konzeptuelles Verständnis von natürlichen Zahlen, das sie zur Lösung von Textaufgaben anwenden. Sie können zweistellige Zahlen multiplizieren und Divisionen mit Rest durchführen. Sie zeigen ein anfängliches Verständnis über Vielfache und Teiler und können Zahlen runden. Schülerinnen und Schüler können Dezimalzahlen mit zwei Nachkommastellen addieren und subtrahieren. Sie können verschiedene Darstellungen von Brüchen in Problemsituationen verknüpfen. Schülerinnen und Schüler können einen Term identifizieren, der eine Realsituation darstellt und Zahlensätze lösen.

Schülerinnen und Schüler können eine Vielzahl an Figuren auf der Grundlage ihrer geometrischen Eigenschaften klassifizieren und vergleichen. Sie können Winkel, die kleiner oder größer als ein rechter Winkel sind, vergleichen und zeichnen. Die Schülerinnen und Schüler können in einem Koordinatensystem Positionen ermitteln und Bewegungen durchführen. Sie zeigen Verständnis von Achsensymmetrie.

Schülerinnen und Schüler können Probleme lösen, indem sie in Tabellen, Kreisdiagrammen, Piktogrammen und Balkendiagrammen dargestellte Daten interpretieren, wobei die Darstellungen Abstände aufweisen, die größer als eins sind. Sie können Daten in zwei verschiedenen Darstellungen miteinander vergleichen und daraus Schlussfolgerungen ziehen.

Benchmark 4 für die Gesamtskala Mathematik
(Kompetenzstufe V – ab 625 Punkten)
– Advanced International Benchmark –

Zusammenfassung

Die Schülerinnen und Schüler können ihre mathematischen Fertigkeiten und Fähigkeiten für das Lösen von relativ komplexen Problemen anwenden und ihre Begründungen erklären. Sie können vielfältige, auch mehrschrittige Textaufgaben im Bereich der natürlichen Zahlen lösen. Auf dieser Kompetenzstufe zeigen Schülerinnen und Schüler ein zunehmendes Verständnis von Brüchen und Dezimalzahlen. Sie können ihr Wissen über zwei- und dreidimensionale geometrische Figuren in vielfältigen Situationen anwenden. Sie können Daten interpretieren und darstellen, um mehrschrittige Aufgaben zu lösen.

Die Schülerinnen und Schüler können mehrschrittige Textaufgaben in vielfältigen Kontexten mit natürlichen Zahlen lösen. Sie können mehr als eine Lösung für eine Aufgabe finden und lösen einfache Zahlensätze, die Operationen auf beiden Seiten des Gleichheitszeichens erfordern. Schülerinnen und Schüler können Probleme lösen, die ein zunehmendes Verständnis von Brüchen erfordern und auch die Interpretation bildlicher Darstellungen von Brüchen umfassen. Sie können Probleme mit Dezimalzahlen lösen, die eine oder zwei Nachkommastellen aufweisen.

Schülerinnen und Schüler können ihr Wissen über eine Vielzahl von zwei- und dreidimensionalen geometrischen Figuren in zahlreichen Situationen anwenden. Sie können parallele und senkrechte Geraden zeichnen und dabei vorgegebene Bedingungen erfüllen. Die Schülerinnen und Schüler können den Flächeninhalt und den Umfang einfacher Figuren bestimmen. Sie können ein Lineal nutzen, um die Länge eines Objektes zu ermitteln und dabei auch mit einer halben Einheit beginnen oder enden.

Die Schülerinnen und Schüler können Daten interpretieren und darstellen, um mehrschrittige Aufgaben zu lösen.

Anhang C
Beschreibung der internationalen Benchmarks für das Naturwissenschafts-Kompetenzmodell in TIMSS 2015

Benchmark 1 für die Gesamtskala Naturwissenschaften (Kompetenzstufe II – ab 400 Punkten)
– Low International Benchmark –

Zusammenfassung

Die Schülerinnen und Schüler verfügen über ein Basiswissen in den Bereichen *Biologie* und *Physik/Chemie*. Sie haben ein Basiswissen zum Körperbau von Tieren, zu deren Verhalten, zu Merkmalen von Pflanzen und Interaktionen zwischen Lebewesen sowie über einfache Fakten zur menschlichen Gesundheit. Die Schülerinnen und Schüler zeigen basales Wissen über die Aggregatzustände und kennen einige Eigenschaften von Materialen. Sie interpretieren einfache Diagramme, vervollständigen einfache Tabellen und geben kurze schriftliche Erläuterungen auf Fragen nach naturwissenschaftlichen Fakten.

Im Inhaltsbereich *Biologie* verfügen die Schülerinnen und Schüler über ein Basiswissen zum Körperbau von Tieren, zu deren Verhalten sowie zu Merkmalen von Pflanzen. Beispielsweise können sie Tiere identifizieren, die Eier legen, Wirbeltiere erkennen und Voraussetzungen für das Wachstum von Pflanzen benennen. Außerdem weisen sie Wissen über Interaktionen zwischen Lebewesen und ihrer Umwelt auf, beispielsweise können sie verschiedene Tiere ihren jeweiligen Ökosystemen zuordnen und Lebewesen erkennen, die ihre eigene Nahrung erzeugen. Sie kennen zudem einfache Fakten zur menschlichen Gesundheit, zum Beispiel zu einem gesundheitsförderlichen Verhalten, sowie Maßnahmen, um bestimmte Krankheiten zu vermeiden.

Im Inhaltsbereich *Physik/Chemie* verfügen die Schülerinnen und Schüler über ein Basiswissen über die Aggregatzustände sowie Eigenschaften von Materialien. Beispielsweise können sie Materialien als fest, flüssig oder gasförmig identifizieren, die elektrische Leitfähigkeit als Eigenschaft von Metallen beschreiben und sie wissen, dass einige Metalle magnetische Eigenschaften haben.

Denk- und Arbeitsweisen: Die Schülerinnen und Schüler interpretieren einfache Diagramme, vervollständigen einfache Tabellen (ordnen z.B. Tiere Ökosystemen zu) und generieren kurze schriftliche und faktenbasierte Erläuterungen auf Fragen nach Sachinformationen (z.B. eine mögliche Wirkung der Sonne auf ungeschützte Haut).

Benchmark 2 für die Gesamtskala Naturwissenschaften (Kompetenzstufe III – ab 475 Punkten)
– Intermediate International Benchmark –

Zusammenfassung

Die Schülerinnen und Schüler verfügen über ein Basiswissen in den drei Inhaltsbereichen *Biologie*, *Physik/Chemie* und *Geographie*. Sie haben ein Basiswissen über die Entwicklung von Pflanzen und Menschen sowie über das Thema Gesundheit. Außerdem verfügen sie über Wissen über Interaktionen zwischen Lebewesen und ihrer Umwelt sowie über Wissen über den Einfluss von Menschen auf ihre Umwelt und sie sind in der Lage, dieses Wissen anzuwenden. Darüber hinaus haben sie ein Basiswissen über ausgewählte Eigenschaften von Materialien und über ausgewählte Fakten zu den Themen elektrischer Strom, Energietransfer sowie Kräfte und Bewegungen und sie sind dazu in der Lage, dieses Basiswissen anzuwenden. Außerdem kennen sie grundlegende Fakten über das Sonnensystem und Charakteristika der Erde sowie spezifische Landschaftsmerkmale. Sie verfügen über die Fähigkeiten, Informationen aus Bilddiagrammen zu interpretieren, einfache Erklärungen für Phänomene der Biologie und Physik/Chemie vorzunehmen und Faktenwissen auf naturwissenschaftsbezogene Alltagssituationen anzuwenden.

Im Inhaltsbereich *Biologie* verfügen die Schülerinnen und Schüler über ein Basiswissen über die Entwicklung von Pflanzen und Menschen. Beispielsweise wissen sie, dass die Fortpflanzung eine wichtige Phase im Lebenszyklus von Pflanzen ist. Sie geben an, dass Pflanzen Sonnenlicht und Wasser zum Wachstum benötigen, und sie wissen auch, dass der Sauerstoffbedarf des Körpers beim Sport erhöht ist. Außerdem verfügen sie über Wissen über Interaktionen zwischen Lebewesen und ihrer Umwelt sowie über den Einfluss von Menschen auf ihre Umwelt und sie sind in der Lage, dieses Wissen anzuwenden. Beispielsweise können sie eine Nahrungskette im Ökosystem Wüste vervollständigen, beschreiben, welche Bedeutung der Pelz des Eisbären für sein Überleben hat, und erläutern, wie Plastikmüll marine Organismen schädigen kann. Weiterhin haben sie ein Basiswissen über das Thema Gesundheit, so können sie zum Beispiel beschreiben, wie Zähne geschützt werden können und welche Effekte die Sonne auf die ungeschützte Haut haben kann.

Im Inhaltsbereich *Physik/Chemie* verfügen die Schülerinnen und Schüler über ein Basiswissen über ausgewählte Eigenschaften von Materialien. Beispielsweise können sie eine Eigenschaft von Stahl benennen, die Stahl für bestimmte Funktionen geeigneter macht als Holz. Sie wenden zudem ein Basiswissen zum Thema elektrischer Strom und Energietransfer an. Zum Beispiel identifizieren sie die Ursache, warum eine Glühlampe in einem nicht geschlossenen elektrischen Stromkreis nicht leuchtet oder welche Hitzequelle für das Schmelzen von Eiswürfeln in bestimmten Kontexten verantwortlich ist. Weiterhin wenden Schülerinnen und Schüler ein Basiswissen zum Thema Kräfte und Bewegungen an, so können sie die Richtung der Schwerkraft in einer Abbildung identifizieren und qualitative Angaben zur Kraft machen, die notwendig ist, um Gegenstände unterschiedlicher Masse in Bewegung zu bringen.

Im Inhaltsbereich *Geographie* kennen die Schülerinnen und Schüler grundlegende Fakten über Charakteristika der Erde. Sie können beispielsweise evidenzbasiert erläutern, dass Luft ein Stoff(gemisch) und nicht Nichts ist. Weiterhin kennen sie grundlegende Fakten über das Sonnensystem und können beispielsweise außer der Erde zwei weitere Planeten angeben, die die Sonne umkreisen.

Denk- und Arbeitsweisen: Die Schülerinnen und Schüler verfügen über die Fähigkeit, Informationen aus Diagrammen zu interpretieren und Faktenwissen auf naturwissenschaftsbezogene Situationen anzuwenden sowie einfache Erklärungen für biologische und physikalische/chemische Phänomene vorzunehmen.

Benchmark 3 für die Gesamtskala Naturwissenschaften (Kompetenzstufe IV – ab 550 Punkten)
– High International Benchmark –

Zusammenfassung

Die Schülerinnen und Schüler verfügen über Wissen in den drei Inhaltsbereichen *Biologie*, *Physik/Chemie* und *Geographie* und können dieses in alltäglichen und abstrakteren Kontexten anwenden. Sie verfügen über Wissen über Merkmale und Lebenszyklen von Pflanzen und Tieren, Ökosystemen und Interaktionen zwischen Lebewesen und ihrer Umwelt und können dieses auch anwenden. Weiterhin zeigen sie Wissen über die Aggregatzustände, Eigenschaften von Stoffen und Energietransfer in praktischen Kontexten und können dies auch anwenden. Zudem weisen sie Wissen über Kräfte und Bewegungen auf. Die Schülerinnen und Schüler können ihr Wissen über die Struktur, Vorgänge und Ressourcen der Erde und ihr Wissen über die Erdgeschichte anwenden und sie verfügen über Wissen über das Sonnensystem. Sie zeigen elementare Kenntnisse und Fähigkeiten bezüglich naturwissenschaftlicher Denk- und Arbeitsweisen. So können sie vergleichen, kontrastieren und einfache Schlussfolgerungen aus Beschreibungen von Versuchen, Modellen und Diagrammen ziehen. Sie geben Erklärungen, bei denen sie ihr Wissen über naturwissenschaftliche Konzepte mit alltäglichen Erfahrungen und auch abstrakten Kontexten verbinden.

Im Inhaltsbereich *Biologie* verfügen die Schülerinnen und Schüler über Wissen über Merkmale von Pflanzen und Tieren. Beispielsweise unterscheiden sie zwischen lebenden und nicht lebenden Dingen und beschreiben charakteristische Merkmale von Pflanzen und Tieren. Sie sind dazu in der Lage, Beobachtungen und Daten aus Untersuchungen zur Funktion des Stängels und zu den Bedingungen des Wachstums von Pflanzen zu interpretieren. Zudem haben sie Wissen über die Lebenszyklen von Pflanzen und Tieren. So erkennen sie zum Beispiel den Teil einer Blütenpflanze, der Samen bildet, beschreiben, wie sich Pollen verbreiten, differenzieren zwischen vererbten und nicht vererbten Merkmalen und beschreiben Wege, wie zum Beispiel Löwen ihren Jungen helfen zu überleben. Weiterhin wenden sie ihr Wissen über Ökosysteme und Interaktionen zwischen Lebewesen und ihrer Umwelt an. Beispielsweise erläutern sie die Rolle von Spinnen in einem Garten, in welcher Weise der Wettbewerb zwischen den Bäumen ursächlich für die unterschiedliche Größe von Bäumen ist und sie erkennen spezifische Merkmale von Tieren, die vorteilhaft für das Leben in einem spezifischen Lebensraum sind.

Im Inhaltsbereich *Physik/Chemie* können die Schülerinnen und Schüler ihr Wissen über die Aggregatzustände und Eigenschaften von Materialien anwenden. Zum Beispiel erklären sie, dass Wasser beim Sieden in die Luft geht und sich Wasserdampf als kleine Wassertröpfchen an kalten Oberflächen absetzen kann. Sie erkennen außerdem, dass bestimmte Veränderungen auf der Oberfläche von Gegenständen aus Metall auf den Vorgang des Rostens hinweisen und sie erklären bei einem Versuch, dass sich Feststoffe (z.B. Bonbons) schneller im warmen als im kalten Wasser lösen. Zudem können sie sagen, wie zwei Magneten angeordnet werden müssen, damit sie sich abstoßen. Weiterhin wenden die Schülerinnen und Schüler ihr Wissen über Energie in praktischen Kontexten an. So können sie alltägliche Gegenstände identifizieren, die elektrisch leitfähig sind, sie identifizieren Energieformen und -quellen und benennen, welche davon zur Erzeugung von Strom verwendet werden können, und sie erläutern die Funktion einer Batterie im Stromkreis. Weiterhin sind sie in der Lage zu erläutern, wie ein Pullover genutzt werden kann, um eine Flasche kühl zu halten. Die Schülerinnen und Schüler verfügen zudem über Wissen über Kräfte und Bewegungen, beispielsweise können sie angeben, in welche Richtung eine Kraft wirken muss, um die Richtung eines sich bewegenden Objekts umzudrehen.

Im Inhaltsbereich *Geographie* können die Schülerinnen und Schüler ihr Wissen über die Struktur, Vorgänge und Ressourcen der Erde und Erdgeschichte anwenden. So können sie beispielsweise eine Komponente der Erdkruste angeben. Außerdem wissen sie, wie sich Gesteinsformationen über die Zeit ändern können. Anhand von tabellarischen Daten über das Wetter erkennen die Schülerinnen und Schüler den Ort, an dem die Schneefallwahrscheinlichkeit hoch ist und an dem bestimmte Pflanzen gut wachsen. Zudem erkennen sie einzelne Phasen des Wasserkreislaufs. Darüber hinaus wissen sie, dass Tierfossilien ein Beweis dafür sind, dass es auf der Erde früher zahlreiche Tierarten gab, die heute ausgestorben sind. Weiterhin verfügen Schülerinnen und Schüler über Wissen über das Sonnensystem. Zum Beispiel können sie erläutern, warum der Mond zu verschiedenen Zeiten im Monat von der Erde aus unterschiedlich ausschaut, und warum der Schatten eines Objekts im Sonnenlicht sich im Laufe des Tages verändert.

Denk- und Arbeitsweisen: Die Schülerinnen und Schüler können vergleichen, kontrastieren und einfache Schlussfolgerungen aus Beschreibungen von Versuchen, Modellen und Diagrammen ziehen. Sie nehmen Erklärungen vor, bei denen sie ihr Wissen über naturwissenschaftliche Konzepte mit alltäglichen Erfahrungen und auch abstrakten Kontexten verbinden.

Benchmark 4 für die Gesamtskala Naturwissenschaften (Kompetenzstufe V – ab 625 Punkten)
– Advanced International Benchmark –

Zusammenfassung

Die Schülerinnen und Schüler zeigen ein grundlegendes Verständnis in den drei Inhaltsbereichen *Biologie*, *Physik/Chemie* und *Geographie* sowie ein Verständnis der naturwissenschaftlichen Denk- und Arbeitsweisen. Sie sind dazu in der Lage, ihr Wissen über Merkmale und Lebensvorgänge einer Vielzahl von Lebewesen, Beziehungen in Ökosystemen und das Interagieren von Organismen mit Lebensräumen sowie über Faktoren gesundheitsbezogener Lebensführung darzustellen. Sie zeigen weiterhin ein grundlegendes Verständnis von Stoffeigenschaften, den Aggregatzuständen sowie physikalischen und chemischen Veränderungen von Stoffen, von Energieformen und -quellen sowie dem Transfer von Energie sowie von Kräften und deren Wirkungen. Auch im Bereich der Geographie verfügen sie über ein grundlegendes Verständnis von Landschaftsmerkmalen, abgelaufenen und laufenden naturgeographischen Prozessen sowie der Erde im Sonnensystem. Die Schülerinnen und Schüler weisen zudem elementare Fähigkeiten im Bereich der naturwissenschaftlichen Denk- und Arbeitsweisen auf. So können sie einfache Experimente planen, Ergebnisse aus Experimenten interpretieren, Schlüsse aus Beschreibungen und Diagrammen ziehen und Argumente bewerten.

Im Inhaltsbereich *Biologie* verfügen die Schülerinnen und Schüler über Wissen über Merkmale und Entwicklungen einer Vielzahl von Lebewesen. So geben sie beispielsweise außer Wasser zwei weitere Dinge an, die Tiere zum Leben benötigen, sie erkennen, dass Muskeln benötigt werden, um Knochen zu bewegen, und sie identifizieren die Funktion verschiedener Strukturmerkmale von Blumen. Weiterhin verfügen sie über Wissen über Beziehungen in Ökosystemen und das Interagieren von Organismen mit Lebensräumen. Hier können sie zum Beispiel Räuber-Beute-Beziehungen identifizieren und anhand eines Nahrungsnetzes Tiere identifizieren, die um Nahrung konkurrieren. Sie bewerten und entwickeln Versuchsanordnungen, mit denen man herausfinden kann, welche Licht- und Wasserbedingungen das Wachsen von Pflanzen beeinflussen. Zudem erkennen sie Merkmale von Kakteen, die ihnen das Leben in der Wüste ermöglichen. Weiterhin beschreiben sie menschliches Verhalten, das zum Aussterben von Tierarten führen kann. Darüber hinaus beschreiben sie, welche körperlichen Veränderungen bei Säugetieren im Winter ablaufen können. Schülerinnen und Schüler sind zudem dazu in der Lage, Faktoren präventiver gesundheitsbezogener Lebensführung darzustellen. Sie können zum Beispiel erläutern, warum Menschen viel Flüssigkeit zu sich nehmen sollten. Zudem erläutern sie, wie sich Krankheiten (z.B. Erkältungen) verbreiten und dass abgekochtes Wasser als Trinkwasser geeigneter ist als anderes Wasser.

Im Inhaltsbereich *Physik/Chemie* verfügen die Schülerinnen und Schüler über ein Verständnis der Aggregatzustände, Eigenschaften von Materialien sowie chemischer und physikalischer Prozesse. Beispielsweise erklären sie, wie man Magnete so anordnen muss, dass diese sich anziehen oder abstoßen, und sie beschreiben, warum elektrische Kabel aus Metall hergestellt werden. Aus schematischen Darstellungen ziehen sie richtige Schlüsse über die unterschiedliche Masse von Objekten gleicher Größe und Form. Anhand eines Experiments können die Schülerinnen und Schüler beschreiben, unter welchen Bedingungen sich Feststoffe schneller in Wasser lösen, wie man eine Lösung verdünnen kann und welche Parameter entscheidend sind, um einen fairen (im Sinne von kontrollierten) Versuch durchzuführen. Zudem können sie erklären, was mit Wasser beim Trocknen passiert. Außerdem bewerten sie Methoden, mit denen Mischungen von Feststoffen verschiedener beziehungsweise gleicher Größe getrennt werden können. Sie wenden außerdem Wissen über Energieformen und -quellen sowie den Transfer von Energie an. Zum Beispiel benennen sie eine Energieform und -quelle in einem geschlossenen Schaltkreis, geben aus einer vorgegebenen Liste an, welches Material den Strom am besten leitet und erläutern, warum ein Metalltopf besonders geeignet zum Kochen von Wasser ist. Weiterhin zeigen sie ein erstes Verständnis über Kräfte und Bewegungen, zum Beispiel identifizieren sie die Schwerkraft als ursächlich dafür, dass Objekte herunterfallen, und sie geben an, in welche Richtung eine Kraft wirken muss, um die Richtung eines sich bewegenden Objekts zu ändern.

Im Inhaltsbereich *Geographie* verfügen Schülerinnen und Schüler über ein grundlegendes Verständnis von Landschaftsmerkmalen, abgelaufenen und laufenden naturgeographischen Prozessen. Sie können zwei Bestandteile der Erdkruste angeben, sie wissen, dass die Erdoberfläche zu großen Teilen mit Wasser bedeckt ist und dass Wolken aus Wassertröpfchen bestehen. Zudem wissen sie, wie Fossilen (z.B. Fische) entstehen. Weiterhin wissen sie, wie lange eine Umdrehung der Erde um ihre eigene Achse und eine Umrundung der Erde um die Sonne dauert und sie können erklären, wie der Tag-Nacht-Rhythmus zustande kommt.

Denk- und Arbeitsweisen: Die Schülerinnen und Schüler haben ein Verständnis der naturwissenschaftlichen Erkenntnisgewinnung. So können sie einfache Experimente planen, Ergebnisse aus Experimenten interpretieren, Schlüsse aus Beschreibungen und Diagrammen ziehen und Argumente bewerten.

Abbildungsverzeichnis

Tabellenverzeichnis

Petra Stanat, Katrin Böhme,
Stefan Schipolowski, Nicole Haag
(Hrsg.)

IQB-Bildungstrend 2015

Sprachliche Kompetenzen
am Ende der 9. Jahrgangsstufe
im zweiten Ländervergleich

*2016, 544 Seiten, br., 44,90 €,
ISBN 978-3-8309-3535-3*

Im IQB-Bildungstrend 2015 wird über die Ergebnisse des zweiten Ländervergleichs des Instituts zur Qualitätsentwicklung im Bildungswesen (IQB) in den sprachlichen Fächern berichtet. Untersucht werden Kompetenzen von Schülerinnen und Schülern der 9. Jahrgangsstufe im Jahr 2015 in den Fächern Deutsch, Englisch und Französisch. Ein Fokus liegt dabei auf Trendanalysen, die zeigen, inwieweit sich das von Neuntklässlerinnen und Neuntklässlern erreichte Kompetenzniveau in den sprachlichen Fächern seit dem IQB-Ländervergleich 2009 verändert hat. Die Referenzgröße bilden die länderübergreifenden Bildungsstandards der Kultusministerkonferenz, die fächerspezifisch festlegen, welche Kompetenzen Schülerinnen und Schüler bis zu einem bestimmten Punkt in ihrer Schullaufbahn entwickelt haben sollen.

Neben der Untersuchung der sprachlichen Kompetenzen in den Bereichen *Lesen*, *Zuhören* und *Orthografie* im Fach Deutsch sowie im *Lese-* und *Hörverstehen* in den fremdsprachlichen Fächern werden in diesem Bericht auch geschlechtsbezogene, soziale und zuwanderungsbezogene Disparitäten analysiert und ebenfalls überprüft, inwieweit hierfür seit dem Jahr 2009 Veränderungen festzustellen sind. Ergänzend werden Befunde zur Aus- und Fortbildung von Deutsch- und Englischlehrkräften berichtet.

Wilfried Bos, Ramona Lorenz,
Manuela Endberg, Birgit Eickelmann,
Rudolf Kammerl, Stefan Welling
(Hrsg.)

Schule digital – der Länderindikator 2016

Kompetenzen von Lehrpersonen
der Sekundarstufe I
im Umgang mit digitalen Medien
im Bundesländervergleich

2016, 292 Seiten, br., 34,90 €,
ISBN 978-3-8309-3540-7

Der *Länderindikator 2016* stellt zum zweiten Mal für Deutschland repräsentative Befunde zur schulischen Medienbildung vor. Mit diesem Bildungsmonitoring kann der Stand der Implementation digitaler Medien in Lehr- und Lernprozessen auf Bundeslandebene erfasst werden, sodass auch spezifische Entwicklungsimpulse gegeben werden können. Entwicklungen seit dem *Länderindikator 2015* können dabei für die Bereiche der schulischen Ausstattung mit digitalen Medien, deren Nutzung im Unterricht sowie für die Förderung der medienbezogenen Kompetenzen von Schülerinnen und Schülern abgebildet werden.

Darüber hinaus wird mit dem *Länderindikator 2016* der thematische Schwerpunkt auf die medienbezogenen Kompetenzen von Lehrkräften gelegt. Dazu wird die Relevanz der Lehrerausbildung für die Vermittlung entsprechender Kompetenzen, die Selbsteinschätzung der Lehrkräfte ihrer medienbezogenen Kompetenzen, Fortbildungsaktivitäten sowie die medienbezogene Kooperation unter Lehrkräften vertiefend im Bundesländervergleich in den Blick genommen. Zudem wird mit einem Länderportrait zur schulischen Medienbildung in Dänemark ein Land hervorgehoben, das im Vergleich zu Deutschland einen vertieften Implementationsstand digitaler Medien im Schulsystem aufweist.

www.waxmann.com